N.T.Wright
The New Testament and The People of God
Christian Origins and the Question of God 1

キリスト教の起源と神の問題 1

新約聖書と神の民

上巻

N・T・ライト

山口希生訳

新教出版社

The New Testament and The People of God
by N.T.Wright
Copyright © 1992 Nicholas Thomas Wright
Published in Great Britain by SPCK

Translated into Japanese
by Norio Yamaguchi
First published 2015 in Japan
by Shinkyo Shuppansha in two volumes

This book is published in Japan
by direct arrangement
with SPCK.

目　　次

日本語版のための序文 ……………………………………………… 12

序　文 ……………………………………………………………… 14

第Ⅰ部　序　論

第 1 章　キリスト教の起源と新約聖書 ………………………… 28
　1．序　論 ………………………………………………………… 28
　2．課　題 ………………………………………………………… 33
　　（ⅰ）「不正なぶどう園の農夫たち」をめぐって ……………… 33
　　（ⅱ）疑問点 …………………………………………………… 42
　　（ⅲ）これまでの研究①：原始キリスト教の「歴史」 ………… 48
　　（ⅳ）これまでの研究②：新約聖書「神学」 ………………… 56
　　（ⅴ）これまでの研究③：「文学」批評 ……………………… 67
　　（ⅵ）課題の再提示 …………………………………………… 70

第Ⅱ部　課題のための方法

第 2 章　知　識 …………………………………………………… 74
　　　　　その問題と多様性
　1．序　論 ………………………………………………………… 74
　2．批判的実在論について ……………………………………… 76

　　　　（ⅰ）実証主義 …………………………………………………… 77
　　　　（ⅱ）経験論 ……………………………………………………… 80
　　　　（ⅲ）批判的実在論 ……………………………………………… 81
　　　　（ⅳ）仮説と検証 ………………………………………………… 84
　　3．ストーリー、世界観、そして知識 ……………………………… 85
　　　　（ⅰ）「ストーリー」と「世界観」 …………………………… 85
　　　　（ⅱ）「ストーリー」と「ユダヤ人の世界観」 ……………… 88
　　　　（ⅲ）「ストーリー」の持つ力 ………………………………… 88
　　　　（ⅳ）「ストーリー」、そして「新約聖書」 ………………… 91
　　　　（ⅴ）競合する「ストーリー」 ………………………………… 92
　　　　（ⅵ）「ストーリー」と「仮説と検証」 ……………………… 94
　　　　（ⅶ）「ストーリー」と「批判的実在論」 …………………… 96
　　4．結　論 ……………………………………………………………… 98

第3章　「文学」、ストーリー、そして世界観の表明 ……………… 101

　　1．序　論 ……………………………………………………………… 101
　　2．読書について ……………………………………………………… 107
　　　　（ⅰ）序　論 ……………………………………………………… 107
　　　　（ⅱ）「誰かそこにいるのですか」 …………………………… 115
　　　　（ⅲ）読書と批判的実在論 ……………………………………… 126
　　3．文学について ……………………………………………………… 132
　　4．ストーリーの性格 ………………………………………………… 140
　　　　（ⅰ）ストーリーの分析：物語構造（narrative structure） … 140
　　　　（ⅱ）ストーリーの分析：不正なぶどう園の農夫たち ……… 148
　　　　（ⅲ）イエス、パウロ、そしてユダヤ人たちのストーリー … 153

第4章　「歴史」、そして紀元1世紀 ………………………………… 159

　　1．序　論 ……………………………………………………………… 159

2.「ありのままの歴史」は不可能だ ………………………………………161
　3.「事実は存在しない」ということではない …………………………171
　　　（ⅰ）客観性は失われてしまったのだろうか …………………171
　　　（ⅱ）誤解の原因 …………………………………………………178
　　　（ⅲ）求む、新しいカテゴリー …………………………………185
　4. 歴史学のための方法論：仮説と検証 …………………………………189
　　　（ⅰ）序　論 ………………………………………………………189
　　　（ⅱ）良い仮説の必要条件 ………………………………………190
　　　（ⅲ）検証における問題点 ………………………………………199
　5. 出来事から意味へ ………………………………………………………207
　　　（ⅰ）出来事と意図 ………………………………………………207
　　　（ⅱ）歴史と物語 …………………………………………………213
　　　（ⅲ）歴史と意味 …………………………………………………217
　　　（ⅳ）結　論 ………………………………………………………221
　6. 1世紀の宗教運動の歴史的研究 ………………………………………222
　　　（ⅰ）序　論 ………………………………………………………222
　　　（ⅱ）1世紀のユダヤ教 …………………………………………223
　　　（ⅲ）1世紀のキリスト教 ………………………………………224

第5章　「神学」、権威、そして新約聖書 ……………………………226

　1. 序　論：「文学」と「歴史」から「神学」へ ………………………226
　2. 世界観と神学 ……………………………………………………………228
　　　（ⅰ）世界観について ……………………………………………228
　　　（ⅱ）神学について ………………………………………………234
　　　（ⅲ）キリスト教神学について …………………………………242
　　　（ⅳ）世界観、神学そして聖書学 ………………………………252
　3. 神学、物語、そして権威 ………………………………………………256
　4. 結　論 ……………………………………………………………………263

第Ⅲ部　ギリシャ・ローマ世界における1世紀のユダヤ教

第6章　背景とストーリー ……………………………………………266

1. 序　論 ………………………………………………………………266
   （ⅰ）目　的 ………………………………………………………266
   （ⅱ）資　料 ………………………………………………………273
2. 古代ユダヤ教の背景としてのギリシャ・ローマ世界 ……………276
3. イスラエルのストーリー、紀元前587年〜紀元70年 ……………284
   （ⅰ）バビロンからローマへ（紀元前587年〜紀元前63年）……284
   （ⅱ）ローマの支配下にあるユダヤ人（紀元前63年〜紀元70年）……288
   （ⅲ）再構築されるユダヤ教（紀元70年〜紀元135年）…………292
   （ⅳ）結　論 ………………………………………………………300

第7章　多様性の広がり ………………………………………………301

1. 序　論：社会的背景 ………………………………………………301
2. 反乱への動き ………………………………………………………306
3. ファリサイ派 ………………………………………………………326
   （ⅰ）資　料 ………………………………………………………326
   （ⅱ）ファリサイ派のアイデンティティ ………………………331
   （ⅲ）ファリサイ派のアジェンダと影響力 ……………………334
4. エッセネ派：脚光を浴びるセクト ………………………………364
5. 祭司たち、貴族たち、そしてサドカイ派 ………………………375
6. 「普通のユダヤ人たち」：序　論 …………………………………382

第8章　ストーリー、シンボル、実践 ……………………… 385
　　　　　イスラエルの世界観を構成するもの

1. 序　論 …………………………………………………………………… 385
2. ストーリー ……………………………………………………………… 386
　　　（ⅰ）序　論 ……………………………………………………… 386
　　　（ⅱ）根幹となるストーリー …………………………………… 386
　　　（ⅲ）より小さなストーリー …………………………………… 393
　　　（ⅳ）結　論 ……………………………………………………… 396
3. シンボル ………………………………………………………………… 400
　　　（ⅰ）序　論 ……………………………………………………… 400
　　　（ⅱ）神　殿 ……………………………………………………… 401
　　　（ⅲ）土　地 ……………………………………………………… 404
　　　（ⅳ）トーラー …………………………………………………… 406
　　　（ⅴ）民族的アイデンティティ ………………………………… 411
　　　（ⅵ）結　論 ……………………………………………………… 415
4. 実　践 …………………………………………………………………… 415
　　　（ⅰ）序　論 ……………………………………………………… 415
　　　（ⅱ）礼拝と祝祭 ………………………………………………… 416
　　　（ⅲ）トーラーの研究と学び …………………………………… 419
　　　（ⅳ）トーラーの実践 …………………………………………… 422
5. 「聖書に書かれているとおりに」世界観の錨 ……………………… 430
6. 結　論：イスラエルの世界観 ………………………………………… 433

第9章　イスラエルの信仰内容（beliefs） ……………… 435

1. 序　論 …………………………………………………………………… 435
2. 1世紀のユダヤ人の唯一神信仰 ……………………………………… 442
　　　（ⅰ）創造主である唯一の神への信仰 ………………………… 443

　　　　（ⅱ）摂理を通じて働く唯一の神への信仰 ……………………… 445
　　　　（ⅲ）契約的な唯一の神への信仰 …………………………………… 447
　　　　（ⅳ）二元論の様々な形 ……………………………………………… 449
　　　　（ⅴ）唯一の神への信仰とその変形 ……………………………… 455
　３．選びと契約 ……………………………………………………………… 460
　　　　（ⅰ）序　　論 ………………………………………………………… 460
　　　　（ⅱ）契　　約 ………………………………………………………… 462
　　　　（ⅲ）イスラエル、アダム、そして世界 ………………………… 465
　４．契約と終末論 …………………………………………………………… 474
　５．契約、贖い、そして救し ……………………………………………… 483
　６．結　　論：信仰内容 …………………………………………………… 495

第10章　イスラエルの希望 …………………………………………… 497

　１．黙示的なるもの（Apocalyptic）…………………………………… 497
　　　　（ⅰ）序　　論 ………………………………………………………… 497
　　　　（ⅱ）文学様式と言語的慣習 ……………………………………… 498
　　　　（ⅲ）「黙示」の文脈 ………………………………………………… 507
　　　　（ⅳ）「表象」について ……………………………………………… 512
　　　　（ⅴ）ダニエル書７章と「人の子」 ……………………………… 515
　　　　（ⅵ）黙示的なるもの、歴史、そして「二元性」…………… 524
　２．捕囚の終わり、来るべき世、そして新しい契約 ………………… 528
　３．神より他に王なし ……………………………………………………… 533
　４．来るべき王 ……………………………………………………………… 543
　５．世界、イスラエル、そして人類の刷新 …………………………… 566
　６．救いと義認 ……………………………………………………………… 590
　７．結　　論：１世紀のユダヤ教 ………………………………………… 596

訳者あとがき ……………………………………………………599
　N. T. ライトについて ……………………………………599
　本書について ………………………………………………601
　「世界観」について ………………………………………602
　新約聖書のユダヤ的背景 …………………………………603
　ライトとカルヴァン ………………………………………606
　本書出版までの経緯 ………………………………………608

新約聖書と神の民

上巻

日本語版のための序文

　この度、拙著 The New Testament and the People of God が日本語に訳されることを名誉に思い、また嬉しく思っています。本書の出版のために労を取って下さった新教出版社に深謝いたします。また特に、注意深く辛抱強い努力が必要とされる本書の翻訳をやり遂げてくれた山口希生さんに感謝します。

　本書はあらゆる世代の学生たちに私が伝えようとしてきた内容が込められた書です。「君たちが真摯に新約聖書の研究を始める前に、知っておくべき事柄がここに書かれています」と私は学生諸君に語り続けてきました。もちろん、本書が上梓されてから20年以上の年月が流れていますので、本書に付け加えるべき様々な点があります。それらについては、本シリーズの続編、特に第4巻の Paul and the Faithfulness of God の前半部分で扱っています。それでも、本書の多くの部分、特に方法論に関する第Ⅱ部と、紀元1世紀のユダヤ教の世界を提示した第Ⅲ部は、新約聖書を新鮮な目で読むための基礎を多くの読者に提示してきたと考えています。私はこれからもそうであることを期待し、また信じています。

　もちろん、神の憐れみにより、謙虚に祈りと期待とをもって聖書を読むすべての人々に神は語りかけ、道を示し、導き、救いを与えてこられました。しかし、あらゆる時代の教会は原始キリスト教徒たちによって書かれたこの驚くべき書の本来の意味についてもっと深く掘り下げていく必要があります。牧会者や説教者、そして教師にはこれを行っていく特別な責任があります。本書はそのような課題を遂行し続けていく人々の助けとなるよう執筆されたものです。この日本語版が多くの日本の読者に聖書の新鮮な理解を提供し、さらにはイスラエルのメシアであり全世界の真の主であ

るイエスによって啓示された神の王国と神の愛について、新鮮なビジョンが示されることを祈っています。

　　　　セント・アンドリュース、セント・メアリーズ・カレッジにて
2015年7月
N. T. ライト

序　文

　私は何年もの間、2冊の本を並行して書き進めるというアイデアを温めてきました。1冊はパウロと彼の神学について、もう1冊はイエスをその歴史的背景の中で描こうというものです。私は徐々に、この2冊の本が思っていた以上に関連し合うことに気づいてきました。そのどちらも、1世紀における出来事や信仰について歴史的に描写する必要があり、また関連するテクストや出来事についてある特定の仕方で理解する必要性を強調しています。そしてどちらの研究においても1世紀のユダヤ教について事前に理解することが求められ、神学的また実践的省察をもって締めくくることが必要になります。こうして私はイエスとパウロについての2巻から成る研究作品を執筆するようにと促されていきました。

　しかし論じるべき題材と、私が展開しようとしている議論の性格上、それは実現できそうもありませんでした。イエスを探求する上で問われる重要な問題の一つに、どうすればその本来の姿で福音書に取り組むことができるのか、という問いがあります。このような大きな問題は、1冊の本のどこか1章だけで論じ切れるようなものではありません。2巻ではとても無理だろうということで、では3巻ものの作品にしようと考え始めました。そうすると、いや実際は5巻からなる作品が必要だ、と気づくのにはさして時間はかかりませんでした。イエスとパウロにそれぞれ1冊ずつ、そして福音書のためにもう1冊、更に導入（本書）及び結論のために1冊ずつが必要になるのです。この導入と結論のための2巻において、その間の3巻の冒頭や巻末で論じられるべき様々な事柄を総合的に扱います。結果として本プロジェクトは、イエスとパウロに焦点を合わせつつも新約聖書全体をカバーするものになるでしょう。

　本プロジェクトの題材をこのように拡大しようとする一つの理由は、20

世紀に上梓されてきた様々な「新約聖書神学」と銘打たれた1巻または2巻から成る研究作品があまりにも短すぎると感じられるからです。イエスのたとえ話や信仰義認といったテーマについての議論を僅か数ページにまとめてしまうのは、一般の読者にとっても学界の発展にとってもあまり有益なものとはならないでしょう。このようなやり方で望み得るのは、いくつかの問題提起をして、誰かがそれらの問題を解決してくれるかどうかを見守る、という程度のことでしょう。私はもう少し大きなことを成し遂げたいと願っていますし、実際に主要な問題に取り組み、いくつかの重要な点について反対意見と対話をしようと願っています。

　新約聖書を短く全般的に概説しようというアプローチの対極に位置するものとして新約聖書学において非常に多く見られるのは、ある一つの小さな分野に学者としての全精力を傾けるけれども、より大きな仮説について総合的に扱おうとは決してしない、というアプローチです。私は統合を試みることは重要であると信じていますが、しかしそれが誤った簡素化や過度の単純化であってはならないとも考えています。私が望んでいるのは、キリスト教の起源について一貫性を持った仮説を提供することであり、その中に特にイエス、パウロ、そして福音書を適切に位置づけようというものです。そしてそれが、原始キリスト教の中のいくつかの主要な動きや思考パターンについて新しい理解の仕方に道を拓くものとなり、また聖書釈義を行うための新しい道筋を示唆するものとなることを願っています。私はこのような新約聖書学の課題に貢献したいと望んでいるのです。

　本書の第1章で論じられる「新約聖書学」というフレーズは、今日において様々な含意を持つ言葉です。私が取り組もうとしていることは、多くの面で似たようなタイトルの他の研究作品と重なり合いますが、私は本シリーズの各巻のタイトルを抽象的なものではなく、具体的なものにしたいと思っています。本シリーズを通じて探求される根本的なテーマの一つは唯一の神（God）という言葉の意味について、また神（god）という言葉の意味についてなのですが、新約聖書の作者たちを含む原始キリスト教徒たちはこの問いについて、私たちが想像している以上に真摯に取り組んで

いたと思われます。ギリシャ語の「セオス」という言葉（そして、1世紀に話されていたギリシャ語以外の言語における同義語）はギリシャ語を話す人々にとっては複数の意味を持つ言葉だったのですが、原始キリスト教徒たちはある特定の意味でこの言葉を理解するための見事なまでの説明を提示しました。それゆえ、私は単に「神学」という一般的な学問分野（つまり、あらゆる主題についての「神学的」考察）について研究しようというのではなく、「神」学そのもの、つまり「神（god）」という言葉が指し示す意味や対象について、特に焦点を当てたいと思っています。驚かれるかもしれませんが、このことは「新約聖書神学」においてあまり顧みられてこなかった点であり、私はそのような状況を改めるのは時宜を得たことだと考えています。

さて、言葉の用い方について5点ほどここで述べる必要がありますが、どの弁明においても実は弁明は不要であることが明らかになるでしょう。第一に、イエスのことを以前からよくなされてきたように「キリスト」と呼ぶのではなく、「イエス」と呼ぶことにしています。これは私のユダヤ人の友人たちや、イエスがメシアであることを疑問視している人々を不愉快にさせるのを避けようというのではありません。それはイエスがメシアであるかどうかという点が福音書を通じて問われているためであり、歴史家としての仕事は出来うる限り当時の人々の視点で物事を考察しようと努めることだからです。特に、「キリスト」という言葉が特別な、極めて限定された意味を持った称号であるということを思い起こさせるためにも、イエスを「イエス」と呼ぶことは有用であろうと思われます（これについての議論は、第2巻と第3巻を参照下さい）。「キリスト」という言葉がキリスト教徒たちの間で神的な意味合いで用いられる場合が多いにせよ、この言葉はそれ自体では神を表すタイトルではないし、原始キリスト教においてこの言葉がイエスの名前の代わりに使われていたのでもなかったのです。[1]

---

1 Wright 1991a、本書3章を参照下さい。

第二に、私は頻繁に、God ではなく god という言葉を用いています。これは誤植ではなく、ことさらに不敬虔な態度を装っているのでもありません。冠詞を省いて最初の G を大文字にする現在の用法は、私には危なっかしく思えるのです。このような用法によって「God」が普通名詞というよりも、神的な存在を表すための相応しい名称であるかのように見なされがちです。そうなると、世界中のこの言葉を用いる人々が皆一神教の信者で、皆同じ神を信じていることが示唆されてしまいます。このような二つの前提はどちらも明らかに真実ではないでしょう。どの神を礼拝していても、結局は神秘的な恵みによって同じ唯一の生ける神を礼拝することになるのだ、というような主張は本当かもしれないし、そうではないかもしれません。宗教学を学ぶ学徒の幾人かはこのように信じています。しかし、主な一神教（ユダヤ教、キリスト教、イスラム教）の大多数の信者はそのようには信じてはいないし、また非一神教（ヒンズー教、仏教等）の場合も同様です。1世紀のユダヤ人やキリスト教徒は明らかにそのようなことを信じていませんでした。彼らは、異邦人は偶像、更には悪霊を礼拝していると信じていたのです（ユダヤ人とキリスト教徒が互いの信仰をどのように見ていたのかという問いは、本書の第V部で論じます）。

　このため「God」という言葉を本書を通じて用いてしまえば、間違った印象を与えるように思えるのです。私はしばしばイスラエルの神を指し示すために、聖書的な名称であるヤハウェを（この言葉が第二神殿時代にどのように用いられていたかについての議論にかかわらず）用い、あるいは私たちがどのような神について話しているのかを思い起こさせるようなフレーズ、つまり「創造主」、「契約の神」、「イスラエルの神」、というような言葉を好んで用いました。原始キリスト教徒たちはこのような神を指して「the god（セオス）」という言葉を用いました。そしてこれは多神教に対する、本質的にユダヤ・一神教的で論争的な主張だったのです。多くの太陽があるような世界では、人は「the sun」とは言わないものです。さらに言えば、通常原始キリスト教徒たちは彼らがどの神を指して話しているかを明確にする必要性を感じ、この言葉に説明を加えていました。パウロ

もしばしば、ナザレのイエスを通じて自らを啓示する神であるとの説明を加えています。実際、本プロジェクトのいくつかの目論みの一つは、「god」という言葉について、そして究極的には「God」という言葉の意味と内容について、イエスと聖霊と新約聖書に照らして新鮮な理解を提示しようとするものです。ですから、「God」という言葉を初めから使ってしまえば、議論をする前から答えが分かっている、ということを仄めかすことになってしまいます。本書を手に取って下さる読者の方の多くは、「イエスは神である」という強い確信をお持ちであろうと思いますが、そのようには信じておられない多くの読者の方々も、ご自分の「god」または「God」という言葉の理解の仕方について、新約聖書によって別の見方を促されるようになるかもしれません。キリスト論に関して、「イエスは神である」という声明が真実なのかどうか、もしそれが本当ならばどのような意味でイエスは神であるのかが問われる際に、あたかも神については知り得るけれどもイエスについては知り得ないかのように問いがなされることがあります。これは明らかに間違いであると指摘すべきでしょう。実際はその反対なのです。[2]

　第三に、ある人々はイエス生誕の前後を区分としてBCやADの年号が使われているのを見て機嫌を損ねるでしょう、なぜなら彼らはこの年号にキリスト教帝国主義の兆候を見て取るからです。他の人々はキリスト教徒たちが、ますます人気を博してきている「中立的な」年代表記であるBCE（Before the Common Era）とCE（Common Era）を用いているのを見ていらだちを覚えるでしょう、なぜならそれが気取った、もしくは優柔不断なものに映るからです。同様のことは、ヘブライ語聖書の呼び名として「タナッハ」か「旧約聖書」、または「より旧い聖書（The Older Testament）」（私見では、これが一番恩着せがましい言い回しに思えます）のどれを用いるべきか、という激論の場合にも当てはまります。あるいは、

2　このような言葉の使い方は私特有のものではありません。Lane Fox 1986, 27; Hengel 1974, 266f. を参照下さい。

序文 19

「第一の聖書」と「第二の聖書」の方が妥当なのでしょうか。こうした問題に一番頭を悩ましているのがキリスト教徒の学者たちだというのは奇妙なことです。ユダヤ人の学者たちは「キリスト教的」な年号や書名を意に介しませんし、またそうあって欲しくないと私は願っています。これら全てのケースには、あたかも自分たちがオリュンポスの高みから地上を見下ろす私心のない歴史家であるかのように、「中立的」で「客観的」な見解を提供したいという学者たちの願望があるのでは、という懸念を私は抱いています。本書の第II部で論じるように、このような認識論は不適切であるばかりでなく、不可能でもあります。そこで、全ての人々をいつでも喜ばせるのは不可能だとの認識から、私は慣れ親しんで来た言葉遣い（つまりADとBC、そして旧約聖書またはヘブライ語聖書）を使い続けることにしますが、それは帝国主義的意図にも恩着せがましい意図にも基づくものではありません。実際、ゲーザ・ヴェルメシュ教授のリーダーシップの下で、幅広いバックグラウンドを持つ歴史家のチームによって改訂されたシューラーの古典的作品でも同様の言葉遣いが採用されています。[3]

　第四に、私たちは「神」、あるいは神々の性別をどう表記すべきか、という悩ましい問題に直面しています。ここでもまた私たちは当惑させられるのです。イスラム教の神学者で、神を「彼女」と表記すべきだと主張する人は誰もいません。これは好都合なことであり、さもなければイスラム教徒はあまり神学について書けなくなってしまうでしょう。つい最近まで、同様のことは全てのユダヤ人についても言えましたし、今でも大多数のユダヤ人についてそのように言えるでしょう。全てのヒンズー教の神々について、中性的に表記すべきだと主張する人もいません。幾人かの神々は明らかに男性であり、他の神々は明らかに女性だからです。古代社会の異教の神々や女神たちは、彼らの信者によって性別を曖昧にされるのを喜びはしなかったでしょう。歴史研究において、ユダヤ教の神、ギリシャ・ローマ世界の神々、そして原始教会の神の性別については、当時の人々の認識

3　Schürer 1978-87. Goodman 1987 も参照下さい。

に倣うのが適当であると考えます。

　第五に、私は福音書の出来事の背景となったパレスチナの地域について常に言及していく必要があります。もし私がこの地域を「パレスチナ」と呼び続ければ、ユダヤ人の友人たちは異議を唱えるでしょう。一方で、もし私がこの地域を「イスラエル」と呼び続ければ、今度はパレスチナの友人たちがないがしろにされていると感じるでしょう（そしてこの地域に生まれ、暮らしているキリスト教徒たちは、パレスチナ人と呼ばれています）。そこで私はこの地域の呼称については一貫した原則は設けないことによって、全ての関係当事者の方たちの心情、懸念、そして渇望に配慮したいと願っています。こうして本プロジェクトの第3巻までの執筆のために1989年にエルサレムで過ごした際、両方の立場の方たちから受けた素晴らしい歓迎やもてなしに感謝の意を表したいと思います。

　本書のカバーする範囲について、なにがしかをここで述べる必要があるでしょう。本書は基本的に、今後のイエス、パウロ、福音書のさらなる研究のための地ならしをすることを目的としています。そうすることによって、本書で問題提起される多くの問いについて、後続の各巻の冒頭で無理に短くまとめなければならないような事態を回避したいと思っています。本書の多くの内容について、私は熟練したプロフェッショナルであるよりも、熱心なアマチュアとして執筆しようと思っています。私の専門分野はイエスとパウロであり、彼らについての釈義的、神学的な理論を胸に抱いています。一方で1世紀のユダヤ教の研究については、熱心な門外漢として問題に取り組もうとしています。聖書釈義に強い関心を持っている方にとっては、本書の多くの部分は難解で不必要に思えるでしょう。また、私が足早にまとめ上げた個々の題材を精査するのに人生を費やしてこられた方にとっては、重要な問いが棚上げされているように感じられるでしょう（特に第II部の議論については）。しかし、私は様々な学問領域に立ち入ることは必要であると感じています。なぜなら、現在の新約聖書学はその方法論や内容に関してあまりにも多くの混乱を生じさせているからであり、

原点に戻ることこそが前進への希望であると思っているからです。本書の各論における不十分さを補う唯一の道は、各部を全体に統合することにあるのでしょう。

　他の事柄と並んで、以上に述べたことが意味するのは、長々とした「研究の歴史」を読みたいと願っている読者の方は失望させられるだろうということです。この手の題材を含めようとすれば、本書は更に五割増しの分量になってしまうでしょう。私は他の研究書において新約聖書研究の現状について、また昨今の学界で特に問題となっている事柄について書き記しておりますし、今後もそうしたことを続けていきます。[4] しかし、本書のような研究においては、対話のパートナーについて極めて選別的にならざるを得ず、ある種の疑問については論じるのを回避しているような印象すら持たれるでしょう。もっと細部について調べ上げたり論じたりしたいと願っている方には、そのための助けとなるような多くの本が出版されています。[5] 私自身の提案を明確にするために、私は少なくとも脚注に掲載されている著者以上の人々と対話をしようとしています。ほとんど全てのページで、二倍か三倍の文献を引用することも可能ですが、しかしどこかで線引きをする必要があります。私はより最近の作品を引用していますが、それらの作品には、更に前の研究作品についての十分な参考文献一覧が付されています。

　ここで、「ストーリー」というカテゴリーについて話す必要があります。私はこの言葉を頻繁に使用しています。文芸批評のみならず、人類学、哲学、心理学、教育、倫理、そして神学などの様々な学問分野において、「ストーリー」は有益であることが実証されています。ある人々は私がこの言葉を使っているのを見て、流行に流されていると思うことでしょう。「ストーリー」が、啓蒙思想の反伝統、反物語的な見方を拒絶するポ

---

[4] Neil & Wright 1988。また現代のイエス探求に関する私の記事については、アンカー聖書辞典を参照下さい。

[5] 例として、新約聖書については Epp & MacRae 1989、古代ユダヤ教については Kraft & Nickelsburg を参照下さい。

ストモダン批評の大きな特徴であるのは事実です。しかし私は、このカテゴリーを活用することによってポストモダニズムを丸ごと受け入れようとしているのではありません。全く逆です。ポストモダニズムは時として、ストーリーという手段によって時空間の現実以外のことを語ろうとするのに対し、私はストーリーを、第Ⅱ部で詳しく論じる「批判的実在論」の認識論の中に統合しようと試みているのです。更には、歴史、神学、そして文学の研究においても、ストーリーを成功への手段として用いようと思っています。

　これら全てのことは、最後の警告の言葉へとつながっていきます。私は頻繁に自分の学生たちに、私の語っていることのかなりの部分は間違っているか、あるいは少なくとも歪められているかもしれない、ということを語ってきました。しかし、自分自身では何が問題なのか、今のところ気づいていません。唯一の問題は、どの部分が間違っているのか自分では分からないことなのです。もし分かっていたら、それをなんとかしたでしょう。人生の他の分野でのことを例に用いると、このことは容易に理解されるでしょう。私は道徳的または実際的な事柄で多くの失敗を犯してきました。では、思想の上ではそういう失敗をすることはないなどと、どうして思えるでしょうか。私が誰かを傷つけたり、または道を踏み外してしまったような場合には、その失敗にすぐ気づくでしょう。しかし学問の分野で間違った見解を述べている場合に、自分が矛盾したことを言っていると気づかされるのはそんなに簡単なことではありません（ここでの第一人称は、パウロの書簡でも時々見られるように、私だけでなく誰にでも当てはまるような意味で使っています）。私たちは皆、自らの見解を変えることなく、批判的なコメントに対処する術を身につけています。しかし、私は自分の執筆していることの中に必ず誤りが含まれていることを自覚しています。そして私は、そのような誤りを私に気づかせようとしている人々（そうした人々は間違いなく多くおられるでしょう）にきちんと注意を払いたいと願っています。彼らは私の証拠の扱いの不適切さや、私の議論の弱さや、私の提示する結論の問題点に気づいているのです。真剣に議論し、こ

れらの批判にきちんと対峙することは、学問の世界の生命線とも言えるものです。もちろん不安もありますが、私は本プロジェクトがこうした議論を更に喚起していくことに期待しています。

　三つの小さな技術的問題について述べておきます。第一に、私はますます人気を博している参考文献の表示の仕方を採用しています。それは本文中には名前と日付を表記し、巻末の参考文献のところに全ての情報を載せるというやり方です（原語での出版や初版が最新の版より2、3年以上先行している場合には、最初の版の年号をかぎ括弧の中に示します）。これは脚注をそのあるべき場所に記しながらも、それが長過ぎないようにするためです。第二に、聖書や他の古代の文献から引用する場合、私は多くの場合、自分自身の訳を使っています。他の訳を用いている場合、私がそうするのは一貫したポリシーからではなく、それはその訳が適切だと思われるからです。自分の訳以外の場合、特に注記が無ければ、私はNRSV訳を用いています（「主」の代わりに「ヤハウェ」と表記していますが）。第三に、私は意識して古代の言語をそのまま引用せずに、ヘブライ語かギリシャ語はできるだけ簡単な形で音訳しています。

　最後に、本プロジェクトに貢献してくれた友人たちに謝意を表したいと思います。彼らは私の原稿をいくらか読んで批判したり励ましたりし、あらゆる種類の示唆を与え、そしてこの巨大で扱いにくいプロジェクトが誕生するのをいつも助けてくれました。様々な部分での貴重な読者であり批評家である人々の中には、ヘブライ大学のマイケル・ストーン教授や故サラ・カミン教授が含まれています。ノース・カロライナのダラムに所在するデューク大学神学校のリチャード・ヘイズ教授、先のケンブリッジ大学の教授であったチャーリー・マウル、オックスフォードのクリストファー・ローランド教授とオリバー・オドノバン教授もそうです。特に最後の三名の方との親交は、オックスフォードで生活し働くことの中でも最も大きな祝福でした。また、未発表の段階の研究作品を私に読ませて下さっ

た方々に、特に感謝しています。特筆すべきはダラム大学のセント・ジョン・カレッジのアンソニー・ティセルトン教授です。彼の *New Horizons in Hermeneutics* のタイプ打ち原稿を読ませていただく特権に与りました。また、大学院や学部の学生たちにも感謝します。彼らは何年もの間、私のアイデアを辛抱強く聞いて、いつも鋭い観察と批評を与えてくれました。SPCK とフォートレス出版社の編集者やスタッフの方々、特にフィリップ・ロウ氏に感謝します。彼らの本プロジェクトへの情熱と溢れんばかりの配慮、そして私が書き上げるのを待つ（今も待ち続けていますが！）忍耐に謝意を表します。デビッド・マッキンダー氏、アンドリュー・ゴッダード氏、トニー・カミンズ氏は原稿を全て読んで下さり、改善や意味の明確化のために資する多くの指摘をしてくれました。このことに私は非常に感謝しています。Nota Bene ソフトウェアの製造者にも特別の謝意を表します。このソフトは私の要求する全てのことをやり遂げてくれ、私自身の研究が活字化されるのを可能にしてくれました。もちろん、その他の大なり小なりのあらゆる間違いは、全て私の責任です。

　ジェイン・カミンズさん、エリザベス・ゴッダードさん、ルーシー・ダッフルさん、そして特に後半部分について、手に負えないほど大量の原稿に素晴らしい組織性と明確さを与え、また索引の編纂をして下さったキャサリン・マイルスさん、彼女たちは非常に質の高い秘書としての、また編集者としての助けを提供してくれました。彼女たち四人に謝意を表すると共に、大学の苦しい台所事情の中で、彼女たちを雇用するのに必要な資金を提供して下さった方々に感謝します。このことに関して特に感謝したいのは、カリフォルニア州オレンジ郡のポール・ジャンソン氏と、ケンブリッジのクライスト・カレッジのマイケル・ロイド師です。彼らはこのことにおいても他の多くのことにおいても、価値ある支援と励ましと実用的な助けを提供してくれました。

　本プロジェクトの第1巻、第2巻と、第3巻の前半部分の主な原稿は、1989年の夏期のエルサレムにおけるサバティカル・リーブの間に書き上げました。このことについて、私に休暇を与えてくれたオックスフォード

大学のウスター・カレッジと、気前の良い旅費を提供して下さったリーバーヒューム・トラストに感謝します。そしてエルサレムで私のホストとして、私の授業のための手配をして下さったヘブライ大学のデビット・サトラン教授、また特にセント・ジョージ大聖堂の修道院長ヒュー・ワイブリュー師にも感謝します。ワイブリュー師は彼の住居に私のための素晴らしい仮の宿を提供して下さり、住居としても教会生活おいてもほとんど理想的な、執筆のための最高の条件を整えて下さいました。また、マイケル・ロイド師、アンドリュー・ムーア師、スーザン・ギリングハム博士は私の不在の間、私の別の仕事について面倒を見て下さいました。このことについて感謝します。また、ムーア師とギリングハム博士は原稿を部分的に読んでコメントして下さいました。このことは彼らが同僚として最善の人々であることのしるしです。ヘブライ大学とエコール・ビブリークの図書館司書の方たちも非常によく助けて下さいました。オックスフォードに戻った後も、ボドリアン図書館は快適な雰囲気のままであり、仕事をするには特別恵まれた場所なのですが、蔵書が減少するという問題も抱えています。オリエンタル研究学部と神学部の図書館も非常に役立ちました。

　いつものように、謝意を表する先は私の愛する妻と子供たちから受けたサポートへと向けられるべきでしょう。彼らはエルサレム滞在のための私の不在を我慢し、他の様々な理由での不在も耐え忍んでくれました。解釈学と、そして歴史そのものが不可避的に読者と証拠との相互作用であるのなら、読者が読者であることを手伝ってくれる人々、また読者があるべき自分になることを手助けしてくれる人々のことを、読書における同労者として認識すべきでしょう。

　この全プロジェクトに色々な意味で不可欠の働きをしてくれ、また私の神学的そして特に釈義的思考を大いに助けてくれたのはトロントのブライアン・ウォルシュ博士です。1991年の夏に6週間にわたって本書の最初の5章について考え、再構成するように私を助けてくれたことは、本研究への彼の情熱の証しでした。本書の多くの短所は私のみに責任があります。本書にいくらかの強みがあるとすれば、彼の学者としての寛大さと友情の

お陰です。それに対して十分に報いることなどできませんが、本書を彼に捧げることで感謝の気持ちを表したいと思います。

オックスフォード、ウスター・カレッジにて
1992年6月　聖ペトロの日
N. T. ライト

第Ⅰ部 序 論

第1章　キリスト教の起源と新約聖書

1. 序　論

　イスラエルの国土は狭い。北から南まで歩き通すのには数日もあれば十分だし、中央の山々から東西を見下ろせば国境沿いの海と川とを一望できる。しかしこの国の重要性はその狭さに較べてずっと大きく、多くの帝国がこの国をめぐって争い、過去4千年の間に平均すると44年に一度の割合で外国の軍隊がこの国に侵攻してきた。征服を目的とする場合もあれば、逆に征服者からの救出を目的とする場合もあった。また、中立国なのに外部の争いに巻き込まれることもあれば、別の地域に侵攻する軍団がこの地を経由していくこともあった。[1] かつて美しかった多くの場所は、今や戦争の傷跡を残す荒れ果てた姿をさらしている。それでもなおイスラエルは美しい国で、今もブドウやイチジクを実らす、乳と蜜の流れる地なのである。

　イスラエルの国土が狭いように、新約聖書もまた短い。他のどの宗教の聖典と比較しても短く、読み通すには一日や二日で十分である。しかし、この書はその短さからは想像もできないような重要性を秘めていて、それをめぐって様々な勢力による争奪戦が何度も繰り返されてきた。実際、新約聖書という国土に眠る豊かな富を奪いにやってくる侵略者たちは後を絶たない。帝国の領土拡大のために、その国土のある部分を併合しようとす

---

[1] この統計データは、エルサレムのジョージ・カレッジに所属していたデビット・プレイル師による。

る者たちもいる。彼らにはその国土の山々、特に聖なる山々が戦略上必要なのだ。また、新約聖書とその関心事とはあまり関係のない問題、たとえば異なる世界観の対立や哲学上の議論をめぐって、新約聖書の中のある文書や言葉が格好のネタとして使われてしまうこともある。ギリシャ語の語源を研究する聖書学者、説教のための題材を手っ取り早く手に入れようとする説教者、聖書の言葉を政治的スローガンに利用しようとする政治家、こうした人々によって新約聖書の脆くも壊れやすい美しさはいつも台無しにされてきた。それでもなお新約聖書は力強く示唆に富み、繊細でありながら同時に雄大で、涙と笑いを呼び起こし続ける書なのである。

　私たちはどのように新約聖書と向き合うべきだろうか。新約聖書の奪い合いはやめるべきだと、誰もが思うだろう。新約聖書という国土の外側に鉄柵を打ち立てたところで、哲学者や言語学者、政治家や気ままな旅行者は閉め出せないし、そんな鉄柵は新約聖書には似合わない。そこには不純な動機で近づく人もいれば、巡礼のためにやって来る人もいるだろうが、新約聖書の全体であれ一部であれ聖なる鉄柵で囲い込むようなことをすれば主イエスから叱られてしまうだろう。「わたしの家は、すべての国民の祈りの家ととなえられるべきである」。新約聖書を自分たちのグループのためだけに利用しようとする今までなされてきた試み（学者や敬虔主義者、原理主義者や社会活動家たちの、金融用語で言えば新約聖書の「公開買い付け（TOB）」）は見苦しい争いとなり、イスラエルでの聖なる場所の支配権をめぐる争いと少しも変わらない残念な結果になっている。新約聖書はすべての国民のための英知の書であるはずなのに、実際は学者たちや、心が狭く排他的で敬虔ぶった人々のための「巣窟」になってしまっている。

　新約聖書という国土を受け継ぎ、我がものとしようとしているグループは大きく分けて二つある。現在、イスラエルの領有権をめぐって争う二つのグループのように、新約聖書をめぐって争っている二つのグループにも、相手方を完全に閉め出そうとやっきになる者もいれば、妥協点を見つけ出そうと苦心している者もいる。私たちがこれから取り組もうとする課題の全体像、そして個別の課題（イエス、パウロ、そして福音書の研究）につ

いて理解するために、この二つのグループについていくらか知っておく必要があるだろう。

　第一のグループは、ここ1、2世紀の間に指導的な立場にある人々で、多くの重要な拠点（有名な大学での教授職や、よく知られた出版社など）をその傘下に置いている。彼らは、新約聖書は徹頭徹尾、歴史的な方法で読まれるべきで、神学的な規範として見るべきではないと主張する。聖書テクストの元来の意味を探し求め、それを注意深く取り出すことが必要となる。特定の聖書箇所をまるで現代の読者に向けられたメッセージであるように感じたり、何か別の意味がテクストに隠されているように思ったりすべきではない。こうした立場に立つ人々は、ときどき傲慢に思えるほど自分たちの力を誇示する。学者たちは歴史学の明らかな強みによって、彼らの先輩たちの前近代的で単純なやり方を非難し、ぶどう園の前に頑丈な砲撃台を打ち立て、古くさくて単純な解釈法に固執する人々を排斥しようと街頭パトロールに精を出している。

　もう一方のグループは、第一のグループに負けじと不退転の決意で新しい解釈学の侵略に抵抗する人々だ。今でも新約聖書を魔法の本か何かのように見なしている彼らにとって、1世紀の聖書記者たちがテクストに込めた「意味」とは何なのかということはあまり重要ではない。むしろ聖書は、彼らの間で慣れ親しまれてきたある種の精神世界や生活様式に関するものなのだ。これらは、プロテスタントの中でもキリスト教原理主義者（ファンダメンタリスト）と呼ばれる人々によく見られる態度だが、だからといってこれは原理主義だけの専売特許ではない。ある人々にとっては、新約聖書は単なる典礼の一部でしかなく、詠唱され、切れ切れに朗読され、また公の祈りの場で用いられることはあっても、聖書自体は学ぶための対象ではない。まだ見いだされていない意味を見つけ出すために深く研究されるべきものでもない。新約聖書は魂を養うためのものではあっても、知性を存分に働かせるためのものではなさそうなのである。こうした態度は、第一のグループの傲慢さに対抗するために、同じく傲慢さで立ち向かおうという意思の現れだ。つまり、学者たちの占領軍が入り込めないよう

な「立ち入り禁止」区域を作り出すために、人間バリケードを石のように固い信仰心で打ち立て、学者たちの暴挙の数々を語り継ぐことで自らの士気を奮い立たせようとしている。

　政治の世界にお決まりの駆け引きを目にする時に感じる思い、つまりどちらか一方だけが絶対的に正しく、他方は間違っているなどということはあり得ないという思い、それはこれら二つのグループの間の議論にも当てはまる。新約聖書は特定の時代に特定の人々によって書かれた文書を編纂したものだ。もし人々が聖書の由来について、革表紙の地図付き欽定訳聖書（キング・ジェームズ版）が完全な形で突然天から与えられたかのように考えているのなら、1948 年以前に起きた事については何も知らなくとも結構、というような態度の現代のイスラエルと何も変わらないだろう。忘れてはいけないのは、私たちの使う聖書が成立するずっと前から聖書は存在し続けていたこと、そしてパウロは 17 世紀の英語ではなくギリシャ語で語ったということだ。反対に、原理主義を嫌うあまりに、新約聖書の歴史的側面だけを重視して、宗教的、神学的、また霊的側面を切り捨てるような還元主義に陥るのは、ヨシュア記に記された古代のカナン征服劇について知っていれば十分だとして、現在のイスラエルの国土を巡る緊迫した諸問題を無視するようなものだ。歴史が重要なのは、当時の出来事についての認識に深みや展望を与えてくれるからだという主張は正しい。一方で、歴史的な記述だけでは不完全だという主張も同じく正当性を持つ。実際のところ、双方の立場とも現代的な思想潮流を代弁していると言えよう。つまり、啓蒙主義運動に続いて登場した合理主義と、もう一方は反啓蒙主義の超自然主義である。双方の立場の人々が考えなければならないのは、他にも選択肢があるかもしれないということ、そして 18 世紀的な二者択一の押しつけは間違いかもしれないということである。

　さて、ここで私たちはよく気をつけないと別の単純化の罠に落ち込むことになる。目下のところ聖書をめぐる争いに参戦している両陣営の中に

2　マイケル・ラムゼイ大主教、1980 年のケンブリッジでの講演にて。

も、もっと古くからの大義に忠誠を誓っている人々がいるからだ。「学問のためか、大衆のためか」という問題をめぐる軋轢は、18世紀の「歴史か、神学か」という論争よりもずっと根が深い。モンタヌス主義、フランシスコ修道会、ロラード主義、プロテスタント運動やクエーカー運動などの抵抗運動は、こうした軋轢の中から生じ、様々な形で現れてきた。キリスト教は神の奇跡についてなのだと考える人々と、心の中の問題だと思っている人々との間の言い争いはいつ果てるともない。同様に、「単純な信仰」を掲げる人たちと、「知解を求める信仰」を提唱する人々を分け隔てる不信感の根も深い。これらの立場を掲げる闘士たちは、おそらく既に現在の聖書を巡る闘争に加わっているのだろうが、必ずしも現代の二つのグループが掲げる「大義」を支持しているわけではなく、単に自分たちの好みにもっとも近そうなスローガンに引き寄せられているだけなのかもしれない。また、国連のオブザーバーのような立場でありたいと考える人々、つまり新約聖書に対して「中立的な」立場から議論に加わろうとする人々もいる。文学理論の専門家として、または古代史家として、彼らは時として現在進行中の議論の内容を精査し、論陣を張る闘士たちに向かって、「あなたたちは皆間違っている」と宣告する。彼らの指摘は時には正しいこともあるが、かえって議論の妨げになることもしばしばだ[3]。

　では、この奇妙だが力強い、新約聖書という小さな書物とどのように向き合えばよいのだろう。本書の狙いはこの問いに対する一連の答えを提示することにある。たとえそれが更なる議論を引き起こすことになろうとも。私はここでまず初めに、たとえ皮相なものであろうとも合意が成り立ちうるという希望を表明したい。そのような合意は新約聖書や他のどんな本にも成り立つ。1冊のシェイクスピアは、テーブル脚の高さを調整するために使うこともできれば、哲学理論のための基礎として用いることもできるだろう。しかし劇場での上演のために用いられる方が、ほかの二つのケースよりもずっとまともなシェイクスピア戯曲の用い方であることはすぐ

3　Kermode（1968, 1979 等）、Sherwin-White（1969 [1963]）を参照のこと。

に分かるだろう（もっとも、現代風の舞台衣装のほうが時代がかった衣装よりも相応しいのかどうか、というような疑問は当然生じるのだが）。シェイクスピアは舞台演出のために用いられるべきだという主張の妥当性は、議論の余地なく受け入れられる類いのものなのである。

　新約聖書について、こうした合意点を見つけられるのはどのようなことについてだろう。[4]これを見つけるのが私たちの課題なのである。当然ながら新約聖書を読むのはそれを理解するためだ。適切な文脈に沿って、また豊かなニュアンスを注意深く汲み取りながら読んでいく必要がある。できるだけ本文の意味を歪曲せず、また微妙に異なる意味合いによく注意せねばならない。新約聖書はいくつかのストーリーとして、そして一つのストーリーとして読まれるべきだ。新約聖書はとりとめがなくストーリー性もないような「思いつき」の羅列ではない。それはストーリーとして読むことができる。新約聖書の内容はもう分かっているなどと決めてかかって読むべきではない。どんなグループの人々も、ある特定の聖句や文書や聖書記者が自分たちだけのために代々引き継がれてきたのだ、などという傲慢さを持ってはいけない。そこに隠されているドラマが十分に引き出されるような読み方が求められている。本書は、以上に述べたことが満たされるような新約聖書の読み方を明確に示すことを目的とする試みである。

2. 課　題

（ i ）「不正なぶどう園の農夫たち」をめぐって

　では、私たちの取り組む課題とはどんな性質のものか。これを理解するために、ここで一つの例を取り上げてみたい。それは、またもや領土をめ

4　同様の疑問は、音楽演奏のアナロジーを用いて Young 1990 により提起されている。

ぐる争いに関するものだ。

　イエスは、たとえで彼らに話し始められた。
「ある人がぶどう園を作り、垣を巡らし、絞り場を掘り、見張りのやぐらを立て、これを農夫たちに貸して旅に出た。収穫の時になったので、ぶどう園の収穫を受け取るために、僕(しもべ)を農夫たちのところへ送った。だが、農夫たちは、この僕を捕まえて袋だたきにし、何も持たせないで帰した。そこでまた、他の僕を送ったが、農夫たちはその頭を殴り、侮辱した。更に、もう一人を送ったが、今度は殺した。そのほかに多くの僕を送ったが、ある者は殴られ、ある者は殺された。まだ一人、愛する息子がいた。『わたしの息子なら敬ってくれるだろう』と言って、最後に息子を送った。農夫たちは話し合った。『これは跡取りだ。さあ、殺してしまおう。そうすれば、相続財産は我々のものになる。』そして、息子を捕まえて殺し、ぶどう園の外にほうり出してしまった。さて、このぶどう園の主人は、どうするだろうか。戻って来て農夫たちを殺し、ぶどう園をほかの人たちに与えるにちがいない。聖書にこう書いてあるのを読んだことがないのか。
『家を建てる者の捨てた石、
これが隅の親石となった。
これは、主がなさったことで、
わたしたちの目には不思議に見える。』」[5]

　私たちはこのテクストをどう読むべきなのだろう。この問いに取り組むために、現代文明の混乱によって生じた圧力が私たちの上にのしかかっているという事実に気づく必要がある。私たちは西洋文明における大きな変革期のただ中に生きている。それはモダンからポストモダンへ、啓蒙主義的二元論から「ニュー・エイジ」的汎神論へ、実存主義から新手の異教礼

5　マルコ12章1節–11節。

拝の時代へ、という変化だ。さらにやっかいなことに、これらすべての要素は隣り合い、こうした隣接状態は一つの都市の中に、また一つの家族の中に、また時として一個人の心や想像の世界の中にすら見られる。世界のあり方、その中で人間の果たす役割、これらについて私たちがどう理解するのかによって、今後私たちが取り組んでいく問題も影響を受けることを知っておくべきだ。これらの事柄についてコンセンサスが形成される見通しが立たない中で、たった一つ可能なことは、細心の注意をもって議論を進めていくことと、少なくとも始めに合理的に考えうるあらゆる選択肢に目を向けることである。

新約聖書の解釈法は四つ挙げられるが、それらは新約聖書の解釈学の歴史における四つの潮流を示している。これらについて以下で詳しく見ていこう。4種類の方法論（前-批評学的、「歴史」的、「神学」的、ポストモダン「文学」的解釈）は、大まかに言って過去数百年の西洋文明に登場してきた三つの動き（前近代、モダン、ポストモダン）に呼応している。第一の潮流は18世紀の啓蒙思想の登場以前の時代区分に属している。第二の潮流は特に啓蒙主義運動に力点を置いており、「モダニズム」や「近代性」として知られている。第三のものは第二のものを修正するかたちで現れたものだが、それとても啓蒙主義的世界観から生じた。そして現在に至るまで続く第四の潮流とは、啓蒙主義的な世界観が様々な面で崩壊していくなかで「ポストモダン」として知られるようになった。[6]

a.「前-批評学的」解釈

このたとえ話の第一の解釈法は、聖書を「聖なる書」と信じる人々のものだ。彼らはこのぶどう園の話の歴史的な文脈についてはほとんど考えず、テクストを読む際に聞こえてくる神の声に耳をそばだてようとする。彼らは、読者を不正な農夫たちになぞらえるかもしれない。つまり、「神の子」を信じ損なうという失敗のために、読者は叱責されねばならないとい

---

[6] 啓蒙主義的世界観の崩壊を分析したものとしては、Gilkey 1981; Louth 1983; MacIntyre 1985; Gunton 1985; O'Donovan 1986; Meyer 1989; Newbigin 1989; Milbank 1990 その他多数を参照せよ。

うことだ。あるいは教会が迫害されている場合、読者は自分たちを、農園を占拠している農夫たちから拒絶されるが最後には義と認められる預言者たちに重ね合わせようとするかもしれない。この前-批評学的アプローチは、聖書の権威を重く受けとめようとしてはいるが、今日においては少なくとも三つの面からの批判を免れない。その三つは、「**歴史**」、「**神学**」、そして「**文学**」に関する聖書解釈法にそれぞれ対応している。まず、テクストが歴史的文書であることを認識していないこと、次にこのテクストを新約聖書全体の神学に組み込んで読もうとしていないこと、また文学批評の観点からは、テクストを読むにあたっての彼ら自身の予断や独自の視点について無批判なことである。

b.「歴史的」解釈

それぞれの批判について、もっと詳しく見ていこう。まずは歴史的観点からの批判だ。啓蒙主義者たちは歴史の重要性を強調し、次のように問う。(1) イエスは本当にこのたとえ話を語ったのか。もしそうなら、彼は何を言おうとしたのか。ユダヤ人たちの間では、農園主と農夫についてのこのたとえ話と似たようなストーリーが語られていたのだろうか。その場合、このたとえ話を聞いたユダヤ人たちはどんな微妙なニュアンスを汲み取ったのか。(2) 原始教会は、その宣教活動の中でこのたとえ話をどのように用いたのか。大部分のユダヤ人たちがイエスの使信を拒否した理由を説明する必要が生じた際に、このたとえ話が繰り返し語られたのだろうか。新しい状況下で、このたとえ話はどのような新たなインパクトをもたらしたのだろうか。たとえばイエスの神性を強調する宣教目的のために用いられたのだろうか。ひょっとするとこれらはイエスが実際に語った言葉ではなくて、宣教上の必要性にかられて創作された話なのだろうか。(3) 福音書記者マルコはこのたとえ話を福音書の中でどのように用いたのか。このたとえ話は物語が展開していく中で、この特定の箇所に挿入されることでどんな新たな意味合いを帯びることになったのか。特に、イエスが神殿で衝撃的な宮清めを行い、それ以降十字架に向かう物語のテンポが急速に早まっていく中でのこのたとえ話の役割とは何か。マルコはイエスの受難に対

する彼独自の理解に合うように、このたとえ話の内容に修正を加えているのだろうか。

以上の三つはそれぞれ（1）歴史的批評、（2）様式史批評および文献批評、（3）編集史批評という批評学の分野に対応しているが、これらについては第Ⅳ部で詳しく論じる。大部分の研究者はこれらの問題提起はテクストの真摯な分析に必要不可欠だと認めている。

テクストを様々な面から歴史的に探求していくことで、実りある成果が期待できるかもしれない。このマルコのテクストの歴史的文脈を考えずに読んでしまうと、この話をどこか本当らしくないけれど実際に起きた出来事の歴史的、またはそれに類した記述だと受け取ってしまうこともありうる。きっとこれは当時の社会史を知る上で興味深いエピソードなのだろう。しかし、歴史学の観点からは、このストーリーは「字義通りに受け取られる」べきではないというシグナルをテクストそのものの中に見つけることができる。このストーリーが「本当らしくない」のは、それが表面的な意味とは別のことを伝えようとしているためだということを暗に示している。このストーリーは物語として理解されるべきだが、特にそれは「たとえ話」というジャンルに分類される。そしてこのたとえ話は、イザヤ書5章1節-7節の「ぶどう畑の歌」のようなタイプのたとえ話の伝統に連なるものだということも分かってくる。さらに、このたとえ話はメタストーリーとして読まれるべきで、表面上の意味よりも何か別のことを指し示しているのだという結論に落ち着く。こうした議論は、歴史的解釈法（このテクストを、適切な歴史的文脈の中に位置づけようと試みること）の枠組の中で行われる。

この歴史的解釈については三つの異論がなされるだろう。第一に、テクストがこのように読まれる場合、それが教会にとって、また現在の世界に対して、いったいどのような「権威」を持ちうるだろうか。これは特にそうした権威ある言葉を期待して新約聖書を読もうとする多くの人々からの問いかけである。第二に、歴史的解釈は各文書の神学的な意味を問うものではないと思われてきたが、神学的な観点からの問いは適切かつ必要だと

いうことが近年広く認識されるようになってきた。第三に、「実際に何が起きたのか」を知ることが可能で「客観的な」事実にたどり着くことができると考えるのは、楽観的過ぎるのではないか。これらの理由から、歴史的批評学は、特にここ1世紀の間にテクストの神学的な意味を検討する方向へと拡大していった。

c.「神学的」解釈

　神学的解釈は、歴史的解釈とは異なるが、重複もする問題について問う。このたとえ話の根底に流れる神学とは何か。このたとえ話に登場する「息子」の描写からどのようなキリスト論を読み取ることができるのか。そこにある神学は、マルコの（あるいはマタイやルカ、原始教会の）神学的見解の全体像の中でどのように位置づけられるのか。これらの問いは20世紀半ばにルドルフ・ブルトマンによって提起された「新約聖書神学」研究から発せられたものだが、今でも大いに議論されている。これらの問いに対する回答を聖書の権威や歴史について検討する過程で見つけることもできるが、同時に権威や歴史の問題は神学的解釈によって巧みに回避される。つまり、「規範的」と見なしうる記述や、「歴史的」と見なしうる記述を、「単なるマタイ独自の神学の一側面」という具合に片づけてしまうのだ。この神学的解釈法もまた、その解釈の各プロセスの妥当性についてより注意を払うべきだという批判を真摯に受け止めきれていないと言えるだろう。

d.「文学的」解釈

　第四の、そして最後の解釈とは、ポストモダン文学批評と呼ばれるものだ。この解釈法は前・批評学的な敬虔主義を拒否する一方で、歴史に基づく啓蒙主義的な研究方法も同時に拒絶し、解釈におけるプロセスそのものを批判的に検証するようにと促す。このたとえ話のテクストを読んでいる時に、私たちはいったい何をしているのだろうか。どのような予断を持って私たちはこのテクストを読んでいるのか。そして、このテクストを読むことによって私たちはどのように変えられていくのか。こうした問いに対する回答は、イエスがこのたとえ話を実際に語ったのかどうかについて、

「わたし」がどのように考えているかに依存する部分もある。しかし、こういった歴史的な事柄への問いというのは付随的なものに過ぎず、本質的な問いとは、「わたし」個人がどのようにテクストを読んでいるかということだ。このような文学的な解釈法が、他の解釈法では満足できないという理由から支持を集めたとしても、以下のような反対意見がごく自然にわき起こってくるだろう。「『わたし』は結局のところ、何が『わたし』の中で起こったのか、ということしか知りえないのではないか。しかし、『わたし』が見いだしたいと願っていたのは、神について、イエスについて、あるいは原始キリスト教徒たちについてだったのではなかったのか。『わたし』はこれらのことについて知ろうとすること自体、諦めるべきなのだろうか。この解釈は、聖書の権威や、歴史、神学の問題と両立可能なのだろうか」。おそらくこのような懸念から、ポストモダンの文学批評は主流の聖書学研究者の間では大きな支持を受けていないが、ほどなく彼らから支持を受けることになるだろうと考えられる理由は大いにある。[7]

　これらの異なる研究方法を同時に用いる際に浮かび上がってくる種々の問題点は、しばしば一つの重要な点に集約されていく。それは、キリスト教徒にとっての規範を打ち立てようとする解釈法と、歴史に忠実であろうとする解釈法とが衝突してしまうことである。現代の（ポストモダンと対立する概念としての「現代（モダン）」という意味だが）読者は、これら二つの解釈法の板挟みに悩むことになる。歴史を重視する啓蒙主義者は、全ての教理（ドグマ）は歴史学の審判を経なければならないと主張する。新約聖書学における啓蒙主義運動を代表するH. S. ライマールス（1694年–1768年）は、イエスを単なるユダヤの革命家の一人にすぎないと考え、それゆえ正統的なキリスト教が誤りであると信じていた。一方でキリスト教徒は、キリスト教の信仰と実践にとって重要な出来事はこの世界で実際に起きた歴史上の出来事でなければならないし、架空のものではありえな

7　3章以下を見よ。

いと主張する。ポンテオ・ピラトは使徒信条に欠くことができない人物で、したがって彼が実在した人物であるということが重要だ。キリスト教が歴史に根ざしたものだというのは譲れない一線である。歴史的検証によって信仰の是非を問うことはできないなどと言って啓蒙主義からの批判をかわすことは不可能だ（少なくとも、初期のグノーシス主義から始まって近年のパウル・ティリッヒに至るまで続けられた試みは、この問題に取り組まず、回避しただけだと、広く認識されるようになってきた）。

　この問題の難しさは、啓蒙主義運動を受け継いだ人々が伝統的なキリスト教を糾弾することに殊の外夢中になっていることにその原因の一端があるだろう。他方で、キリスト教側はしばしば度し難いほどの傲慢さで、新しく発せられた問いと、特にそれへの答えをはねつけて断固として守りを固めてきた（しかし、その守るべきものとはいったい何なのだろうか）。キリスト教徒たちは啓蒙主義からの攻撃に抵抗する際に、しばしば自分たちはキリスト教を守っているのだという風に考えてきた。しかし、自称「正統派」キリスト教徒たちが守ろうとしてきたのは、実は啓蒙思想以前の世界観であることもよくあり、それら自体は特段「キリスト教的」なものではなかったという指摘も妥当なのである。新約聖書という名のぶどう園の本当の農夫は誰なのか。農夫に課される責任とは何か。そして、農園を不法占拠している農夫の手から農園を救い出すべく派遣された預言者たちに相当する人々とは誰なのだろうか。

　キリスト教の起源を探ろうという試みの核心部分にはパラドックスがある。啓蒙主義運動の主な目的の一つは正統的なキリスト教を批判することだったが、それはキリスト教の起源という歴史問題の重要性についてキリスト教会に再考を迫るという可能性を秘めた運動でもあり、実際にそのような役割を果たしてきた。多くのキリスト教徒は歴史を恐れ、「もし私たちが1世紀に何が実際に起きたのかを発見してしまうと、私たちの信仰は崩壊してしまうのではないか」と懸念している。しかし、歴史を探究することをやめてしまえば、キリスト教会が陥りがちな性癖、つまりイエスを自分たちのイメージに合うように、自分たちの神として「作り替えてしま

う」という危険を防止する手だてを失うことになる。また、多くのキリスト教徒は学者たちの研究成果を恐れて、啓蒙主義運動が知的な冒険主義であるとみなし、「単純な」信仰でそれを迎え撃ってきた。しかし、学問への愛情なしに学ぶことは無味乾燥であるように、探究心のない宗教的熱情はいとも簡単に妄信的な尊大さに成り果てる危険がある。さらには、多くのキリスト教徒は神の超自然的な力への信仰が合理主義的見解の範疇に矮小化されてしまうことを恐れている。しかし、「超自然性」や「合理性」という明確な区分自体、啓蒙主義的な思考法の産物なのである。したがって、「合理性」や「自然性」を犠牲にする形で「超自然性」を強調することは啓蒙主義運動後の合理主義を単に追認してしまうことを意味する。

　キリスト教は18世紀以降の「近代主義者たち」からの挑戦を無視したり、相対化したりすることはできない。もちろん啓蒙主義からの批判を支持しようというのではないが、それでも彼らからの問題提起は議論の俎上に乗せ続けなければならない。後に論じるように、ポストモダニズムの啓蒙主義への批判は啓蒙主義者の野心に適切な制約を課しているものの、近代主義の試みに対する決定的な反論にはなっていない。ぶどう園の所有権をめぐる農夫間の口論の最中に、「自分はぶどう園の主人を代弁するために来たのだ」などと言い張れるのは、よほど大胆不敵な人物であるに違いない。

　これまでの議論は悲観的に響くかもしれない。新約聖書を真剣に読むことは現代の西洋文明においては断念した方が賢明だと感じるくらい問題含みに思われる。この農園は農夫たちでごった返しており、明らかに不毛の地になっているではないか。しかしこうした問題の捉え方も適切ではない。あらゆる観点からこのテクストは重要である。新約聖書についてのキリスト教徒の主張が真理から遠くないのであれば、私たちはこの書が現代社会からの安全な逃避先をキリスト教徒に提供していると考えることはできない。創造主である神は現代社会に対して問いかけ、また呼びかけているのだが、新約聖書はその一翼を担うものでなければならない。しかし、新約聖書についてのキリスト教徒の主張が誤りであるならば、(18世紀以降の

批判者たちが言い続けてきたように）そのような瑕疵については速やかに指摘するほうがずっと良い。したがって、キリスト教徒としての観点からであろうとなかろうと、この新約聖書というテクストの徹底的な検証がなされる必要がある。

こうした難題の根底には、避けて通れない大きな問題が横たわっている。その問題とは、
- (1) どのようにしてキリスト教は誕生したのか。また、なぜ1世紀の原始キリスト教会という形態をとって現れたのか。
- (2) キリスト教が信じるものとは何か。また、それは理に適うものなのか。

この二つの大きな問題に取り組むために、本巻を含む全プロジェクトの題目は「キリスト教の起源と神の問題」と名づけられた。言うまでもないが、これら二つの問いには新約聖書自体についての疑問も含まれている。「なぜ原始キリスト教徒たちはこのような書物を書き残したのか」という問いは第一の疑問に含まれる。また、新約聖書が証言している内容と、キリスト教徒たちが信じている内容との動的な関連性について考察することは、第二の疑問点の一部分を構成している。そして新約聖書の内容とキリスト教徒の信仰の中身が果たして合致しているのか、という問いへとつながっていく。

(ⅱ) 疑問点

上記の二つの重要な問題点は、さらに細かく分解できる。

a.「文学」の疑問

まずは、新約聖書テクストの文学的研究をする際に生じる疑問だ。新約聖書に相応しい読み方とは何か。それについてどんなことが言えるのか。制度化され、神聖視さえされてきた新約聖書の教会での読まれ方（公私いずれの場合においても）は、聖書テクストを正しく扱っていると言えるのか。例えば、マルコ福音書から前後の文脈を無視して十数節を取り出して

読むことは、妥当な聖書の読み方と言えるだろうか。私たちは新約聖書に相応しい読み方を探し求めているのだが、ではいったい何が大切なのかということについて意見の一致を見ていない。この問題については第3章で再び論じよう。

b.「歴史」の疑問

　次に歴史的な問題だが、それはイエス、パウロ、そして福音書についての次のような問いである。(a) イエスとは何者だったのか。イエスはどんな意味にせよ、「キリスト教」を誕生させたと言えるのか。イエスが目指したものは何だったのか。イエスは何を成し遂げようとしたのか。なぜイエスは死んだのか、またなぜ教会は誕生したのか。(b) パウロはキリスト教の本当の創設者なのだろうか。パウロはイエスの教えを歪曲したのか、それとも彼こそがイエスを正しく理解した人物だったのか。パウロをかくも並外れた働きへと駆り立てた、その信仰体系はどのような構造と内容を持っていたのか。(c) なぜ四つの福音書はこのようなかたちをとったのだろうか。イエスとパウロとの関係において、四つの福音書はどのように位置づけられるのか。イエス、パウロ、そして福音書についての疑問を考えていく中で、それらを互いに関連づけていくことができるのか。原始キリスト教の様々な思考や信仰がどのように発展していったのかを描写することができるだろうか。もしそれが可能なら、今まで個別に研究されてきた、歴史のイエスの研究や、パウロや福音書についての研究を結びつけられるだろうか。そうすることで、より一貫性のある原始キリスト教の姿を描くことが可能になるだろうか。私たちが取り組むべきは、こうした問題である（ヘブライ人への手紙の起源や神学といった問題、また正典以外の「十二使徒の遺訓（ディダケー）」や「トマスの福音書」、などの他の重要な問題については言うまでもない）。1世紀に生まれた、この新しくて極めて強力な驚くべき運動、それは「宗教」と呼ばれ、「セクト」とも、また信奉者にとっては「道」とも呼ばれる運動だが、その起源について、真剣に理解し正当な評価を下そうと願う全ての歴史家にとって、これらは開かれた問題なのである。

原始キリスト教に関する歴史的諸問題について考える上で、新約聖書を深く研究する以外に手だてが無いのは残念だという見方がある。原始キリスト教の歴史的な問題に対して回答を与えてくれるような新約聖書に代わる優れた歴史的文書が存在していれば、キリスト教徒によって書かれた文書は時折参照される程度で済んだかもしれない。もちろん、他の人々はこのような見方に対して異議を唱えようとするだろう。彼らは、「これらの出来事は信仰の目を通じてのみ理解できるのだから、新約聖書に不足しているところなど何もない。かえって他の歴史的文書がほとんど現存していないのは出来事の意味づけを明確にするための神の摂理によるものだ」と主張するかもしれない。このような主張は証拠をごまかしているだけのようにも響いてしまうので、このように反論するためには十分な事実の検証がなされる必要があるだろう。しかし、上記のどちらの意見に与するにせよ、これらの問いはあくまでも歴史の範疇に関するものだ。この探求に伴って生じる方法論上の問題は第4章で考察することにしよう。

c.「神学」の疑問

　文学や歴史と並んで取り組まなければならない三番目の問いとは神学についてである。キリスト教「神学」とは何か。現在のキリスト教神学は、その1世紀の始まりにおける神学と同じだと言えるのか。2千年間もの神学の連続性はそもそも可能なのだろうか。規範的なキリスト教とみなしうるものは何か。どうやってそれを知ることができるのか。現代人が理解でき、同時に1世紀の原始キリスト教徒とも共有しうるような、適切で認識可能な世界観は存在するのか。私たちは正しい信仰や生き方についての権威ある言葉を探し求めるべきなのか、またどこでそれを見いだすことができるのか。現代の教会や社会もそうした言葉を生み出すべきなのか。これら全ての問いの根底にあるのは「神」、もしくは「唯一の神」という言葉が何を意味するのか、という問いである。

d.「歴史」と「神学」

　ある人々は（大抵は、「自称」歴史家たちであるが）、神学的問題と歴史

第1章　キリスト教の起源と新約聖書　　45

的問題を混同すべきでないと抗議するだろう。[8] 神学者の中にはこのような警告を真摯に受け止めて、キリスト教神学について執筆する際にキリスト教の起源という歴史的問題にほとんど触れようとしない人々もいる。[9] にもかかわらず、実際にキリスト教神学について書こうとする多くの人々は歴史的問題についてある程度の紙面を割く必要があると考えてきたし、新約聖書を歴史的観点から真剣に読もうとし、またそれについて執筆しようとする圧倒的多数の人々は何らかの形で神学的問題に取り組もうとしてきた（その問題についての答えは実に様々なのだが）。[10] 無理からぬことだが、この二つの分野についての問いはしばしば互いに混同されてきたし、または歪曲が生じてしまうような形で相互に影響を及ぼしてきた。通常、歴史分野の探求のほうがこれによって悪い影響を受けてきた。というのも、神学的あるいは実践的な様々な課題を時代錯誤的に1世紀に投影させてしまうことがあるからだ。[11] 幸いなことに、こうした問題点にもかかわらず、文学的、歴史的、神学的問題（つまり原始キリスト教の諸文献、キリスト教の起源およびキリスト教の神についての諸問題）を統合的に考察できるような適切な方法を見いだそうと奮闘する人々が途絶えることはない。では、その適切な方法とはどんなものなのだろう。[13]

8　例として、Vermes 1973a; Sanders 1985。
9　例として、Macquarrie 1966。彼のキリスト論についての最近の本（1990）ではこの点がある程度補完されているが、しかしある程度にすぎない。
10　例として、Pannenberg 1968 [1964]; Moltmann 1990。
11　実例として、以下の様々な系譜に属する新約聖書学者たちが挙げられる。ブルトマン、ペリン、ケーゼマン、またライトフット、ドッド、モール、またシュヴァイツァー、サンダース、そしてモンテフィオーレ、クラウスナー、ヴェルメシュ、マコービー。この点については Neill & Wright 1988 の諸所に触れられている。
12　極端な例として、ユダヤ人護教家の著作（Rivkin 1984; Maccoby 1986, 1991）が挙げられよう。あるいは自称キリスト教護教家としてゲアハルト・キッテルが挙げられるが、彼については MacKinnon 1979, 9章を参照せよ。
13　今世紀におけるそうした実例として、ブルトマン、ケーゼマン、モール、ケアード、メイヤー、シュトゥールマッハー、モーガンそしてダンが挙げら

こうした統合の努力をやめてしまえば、歴史と神学が袂を分かってしまう危険性はいつも存在する。新約聖書を研究する者にとっての唯一の責務とは、「中立的な」歴史的記述を提示することだと主張する人々は今でも大勢いる。[14]「歴史」の探求は公共的な問題で、それは公の場でなされる必要がある。誰でもそれに参加できるし、きっと誰もが参加したいと願うだろう。なぜなら、ライサネンが論じるように、原始キリスト教は極めて重要な世界史の一幕であり、これを理解することは世界に広がる私たち地球共同体の、より深い相互理解に役立つからだ。その一方で、神学とはキリスト教徒たちの内輪もめにすぎず、外部からの手厳しい批判を受けずに済む分野であるかのように見られることもある。実際、多くのキリスト教徒は神学のこうした理解を奨励してきたし、そのように行動してきた。多くの人々は、歴史の研究に現代的な意義がある限りにおいてそれを「正当なもの」と見なすだろう（「しかし、それが現代の私たちにとってどんな意味があるのか」という、相手が即答できないことを見透かしたような問いが生じることからも、この見方がどこか間違っていることが仄めかされる)。[15]

このような「歴史」と「神学」に潜む相互不信は、新約聖書学の講義の「序論」では純粋に歴史的な研究を扱い、「神学」という項目では歴史よりも総合的な研究を扱う、というよくある分類をもたらすことになった。こ

---

14 一例として Räisänen 1990a が挙げられるが、この著作はヴレーデによってしっかりと確立された道を辿っている。このことについては本文での以下の議論を参照せよ。

15 このような見方への抗議については Käsemann 1980, viii を見よ。「結果や実際的な適用にしか興味を示さないせっかちな人は、釈義に手を出さない方がよい。彼らは釈義学にとって何の価値もない人々であり、また適切になされた釈義は彼らにとって何の価値もない」。これは明らかに言い過ぎであり、ケーゼマン自身の言葉によってバランスが保たれる必要があるだろう。例として、Käsemann 1973, 236 では、もし彼の著作がドン・ヘルダー・カマラのような人にとって価値の無いものなら、「もう私は新約聖書学者であり続けることを望まないだろう」と宣言している。

うした区分は多くの大学のシラバスで用いられ、さらには撤回が不可能なメディアとペルシャの法律のように図書館の分類体系に採用されている。しかしこうした厳密な区分は、それがどんなに多くの場合に推奨されるものだとしても、必要でも自明でもなく、それどころか大きな誤解を招くものだ。なぜなら、新約聖書の「神学」の研究は、1世紀に起こった「歴史的」な出来事が、その後に誕生したキリスト教にとって規範となり権威を持つという確信に基づいてなされるからだ。他方で原始キリスト教の「歴史」の研究は、原始キリスト教徒の「信仰」内容を理解することなしには行いえない。歴史と神学のこうした微妙な関係から生じる問題点を克服していくのはとても難しい。しかし神学が、特にキリスト教神学が、一般社会からの監視や疑問の声に煩わされない閉じられた世界では存続できないという事実は、この困難さによっていっそう強調される。どんなに困難でも、神学と歴史の統合は必要とされる課題なのである。

e.「歴史」、「神学」、そして「文学」

歴史と神学が緊張関係の中で協同する一方、その二つの分野からの影響を受けずにポストモダニズムの潮流に位置する文学批評だけが先を行ってしまうという危険もある。「わたしのテクストの読み方」が大事なのだという風潮が強まるにつれ、テクストをその歴史的文脈の中で読むことや、またはあるテクストの主張を他のテクストと関連づけて統合的な神学的主張を見いだそうという要望は弱まっていくだろう。後に論じるように、この風潮に抗うことは必ずしも容易ではないが、こうした方向性を受け入れる必要もない。

本書は、全く異質なものだと思われがちな「歴史」、「神学」、そして「文学」という分野を統合しようという試みである。時として、ある分野についての問いを他の分野よりも優先させる場合もあるだろう。ある意味で、イエスについての研究は何よりもまず歴史の問題であり、テクストの文学批評や神学的な意義の研究は補助的なものとして注意を払っていく。イエスの描写は、文学的、神学的革命をもたらした歴史的出来事という視点からなされていく。ある意味でパウロについての研究は神学の問題であ

り、歴史的、文学的研究は補助的に用いられる。パウロについての議論は、歴史的な偉業を伴った神学上の革命という観点からなされていく。福音書の研究はそれ自体が何よりもまず文学批評なのだが、同時に歴史的、神学的な背景、文脈、意義にも細心の注意を払う必要がある。福音書の分析は、革命的な世界観（あるいは複数の革命的な世界観）を具現した文学的革命という視座に立ってなされる。本書の第Ⅱ部で論じるように、これらの研究課題は一つとして第三者的で実証主義的な「客観性」に立つことではなしえない。全ての知的営みがそうであるように、これら全ての研究には血の通った知識人や研究者、学生や読者が携わっているのだ。まず始めにこの点をしっかりと認識しておかないと、私たちはあまりにも単純な想定の下で作業を進めてしまうことになる。そうなると先行きが楽観的に思えても、先に進むに連れて問題が山積していってしまうだろう。

　この研究を推し進めてゆくために、「歴史」、「神学」、「文学」という分野でなされてきた学問上の業績について手短に振り返り、寸評を加えていこう。過去1世紀に亘って新約聖書研究の分野に影響を与えてきたこれらの研究について、順を追って見ていこう。

(ⅲ) これまでの研究 ①：原始キリスト教の「歴史」

a. 原始キリスト教の歴史研究における課題

　過去二百年以上の間、研究者たちは「原始キリスト教の歴史」と呼ばれる分野の研究に勤しんできた。原始キリスト教会とはいったいどのようなものだったのか。彼らの活動の中心は何だったのか。僅か百年の間に、ユダヤ教の小さなセクトの一つに過ぎなかった運動が、ローマ帝国全域に及ぶほどの様々な民族グループを緩やかに結びつける巨大な組織にどのように発展してきたのだろうか。[16]これらについては本書の第Ⅳ部で詳しく考察していくことにしよう。これまでに論じてきたように、この歴史的研究

16　この議論の歴史については、Kümmel 1972 を参照せよ。より十全な（論議を呼ぶものでもあるが）現代の研究については Koester 1982b 参照。

には「原始キリスト教の神学」の研究が含まれねばならない。つまり、紀元30年から130年の間の、信仰を告白してきたキリスト教徒たちの世界観と信仰体系を歴史的に詳述する必要がある。[17] そのために、何はさておいても新約聖書に向かわなければならない。この際、行間を読んでいくという作業がとても重要になる。なぜなら、新約聖書の記者たちは、しばしば私たちが探し求めているような情報を読者に提供するためにではなく、実際は原始キリスト教徒たちの間に生じたある種の信仰体系と対峙するために執筆したからだ。原始キリスト教の神学を再構築するということは、保存されなかった当時の文書（もしそれらが実在していたら、という留保付きではあるが）の神学の再構築をも含むだろう。以上の点について異論はないだろう。というのも、行間を読んでいく作業は歴史家たちがしばしば行うものだし、原則的にそれは可能だ。実際、ここ数十年の間非常に大きな労力がこの分野で払われてきた。[18]

　この研究の大きな利点は、それが公共的なものだということだ。それはどんな人にも開かれていて、その研究手段は歴史家があらゆる社会やその信仰体系を再構築する際に用いているものである。加えて、現代の研究者には絶好の機会が到来している。新たな手法や新しく発見された文献は、1世紀前の研究者たちが知ることのなかった思想世界や生活様式を明らかにしてくれている。原始キリスト教と、その信仰体系の歴史を研究することは可能だし、刺激的で有意義なものになりうる。

　同時に、この研究にはいくつかの困難が伴う。まず、他の古代史の研究の場合と同様に、包括的な研究を行うために充分な当時の文献が残されていないことが挙げられる。私たちが望むほどには原始キリスト教についての、そしてその神学についての記述を手にすることはできない。参考となる文献は私たちに情報を提供するために書かれたわけではない。その結果、悪循環に陥る危険性は常に存在する。原始キリスト教の研究の一つの目的

17　世界観と信仰体系、及びそれらの関係については本書5章を見よ。
18　一例として、Dunn 1977を見よ。またパウロの敵対者についての研究はGeorgi 1987 [1964]; Barclay 1987などである。

は、新約聖書をその一部分として含む原始キリスト教の全体像が見渡せるような、鳥瞰的な地点にまで上り詰めていくことなのだが、しかしその目的のために用いられる資料のほとんどは新約聖書の中にしか見いだせない。その結果、この研究はいつ果てるとも知れない不毛な憶測の域を出ないことにもなりうる。あたかもヨナ書に登場する、一夜にして生じたとうごまのような途方もない仮説が一夜にして出現しても、それを枯らすための東風が翌日には吹きすさぶ、ということは期待できない。このような仮説は生き残り、擁護するに値するとは思えないようなキリスト教についての様々な諸説（珍説？）に格好の日陰を提供している。キリスト教の起源について「ビッグバン仮説」というものがある。それによると、真実で純粋で混じりけのないキリスト教が誕生したのも束の間、すぐさま初めの熱意を失って、それ以降は外部からの影響によって混合宗教に成り果ててしまったというのである。また、「順調な発展」仮説というものもあり、これによると神学的にも実践上も、教義や行動規範は右にも左にも逸れることなく順調に発展してきたとされる。更には、伝統ある「テュービンゲン学派」によると、原始キリスト教は人種的に異なるルーツを持つ、ヘブライズム的キリスト教（エルサレム教会）とヘレニズム的キリスト教（異邦人教会）という二つの相容れないグループとして別々に発展したが、第二世代においてこの二つのグループの相克が（ヘーゲルの弁証法的な意味で）止揚されてカトリック主義という形に結実したということになる。これらの各仮説について反駁することは可能だが、しかしこれらは今でも見えない形で私たちに影響を及ぼし続けている。

　私たちの課題を追求していく上で障害となるのが、実証主義的な物の見方である。第4章では、歴史の記述はすべからく歴史情報の（主観的な）取捨選択とその再構築を伴うものであり、「中立的」あるいは「客観的」歴史という考え方そのものが啓蒙主義後に生まれた絵空事にすぎないことを論じる。あえて区分を設ける必要があるのなら、「客観的」歴史か「主観的」歴史かという区分より、「公共的」歴史か「私的（プライベート）」歴史かという区分の方がずっと良いだろう。今でも実証主義的な見方は根

強く残っていて、それが実現可能であるかのように「中立的」で「ドグマから解放された」歴史科学が提唱されているが、[19]このようなアプローチはどこか自家撞着的である。ライサネンのこの学問領域の歴史の記述自体、先験的理解に基づく歴史の取捨選択と再構築の格好の一例と言えよう。

　客観主義と同様に、私たちは主観主義にも抗わなくてはならない。歴史上の知識を得ることは可能だ。その上で、私たちはこう問わなければならない、「この研究はいったい何の役に立つのだろうか」と。歴史の探求とはそれ自体のために取り組まれるべきで、それは単に何が過去に起きたのかを見いだすことなのだとある人々は言うだろうし、至極穏当な回答だ。しかし、新約聖書および原始キリスト教の全ての記者たちは、私の知る限り一人の例外もなく彼らの記述する出来事の重要性について認識していたし、それらについての最低限の記述だけでは満足しなかったという事実は消えない。また、過去の特定の時期に起きたこれらの出来事を物語ることが今日的な意義を帯びていることは世界中の人々に認識されている。ここまでは良いとして、ではどのように原始キリスト教の歴史が今日的な意義を持つと言えるのだろう。現時点では、これについての合意は形成されていないし、それどころか議論は混乱をきたしている。

b. 原始キリスト教の規範性

　第一に、キリスト教が誕生した1世紀およびその後の数世紀の問題に取り組む多くの研究者は、原始キリスト教徒の宗教体験（それはしばしば彼らの「神学」をも含む）はその後のキリスト教にとっての「規範」となるものだと考えている。このように考えることの明らかな利点は、それが「科学的な」、あるいは「客観的な」原始キリスト教とその神学の研究を可能にし、これらを通じて得られる知識によってキリスト教のあるべき姿の真のモデルを手にするのが可能になることだ。宣教と祈りを通じて、このモデルを現代の教会生活に復活させようと願う者も現れるだろう。[20]ヴレ

19　このような主張をしてきた学者たちの系譜はヴレーデ（彼の論考は Morgan 1973, 68–116 の中に収録されている）から Räisänen 1990a にまで至る。

20　この目論見はルドルフ・ブルトマンと彼の門下生による研究をおおざっぱ

ーデとライサネンの研究の狙い、すなわち全ての人が観察可能な歴史に訴えること、それはこのような研究によって実現される。またこの見方は、戦後に生まれた聖書神学（Biblical theology）運動ともうまく合致する。聖書神学運動は、聖書そのものが神の「啓示」であるという見方を拒否する。むしろ神は歴史における力強い御業によって自身を啓示するとの見方に立ち、その場に立ち会った人々、特に原始キリスト教徒たちはその証人となって諸文書を書き記したのだと主張する。[21] 歴史書としての新約聖書は「権威」を持つが、それはその諸文書が歴史的事実に対してもっとも近いところに位置するという理由による。換言すれば、聖書が「権威」を持っているというのは、スエトニウスが皇帝ドミティアヌスの生涯についてもっとも「権威」ある作家である、というのと同じことなのだ。しかし、この例はそうした「権威」が実際にはいかに頼りないものであるかを端的に示している。スエトニウスは英国のタブロイド紙より確かな情報源だとは言い切れない。単に歴史的出来事の近くにいたというだけでは十分でない。

c.「規範」選択の問題

　第二に、原始キリスト教が何らかの規範となりうるとしても、その規範を決定するプロセスには取捨選択が含まれる。それは単に、あらゆる歴史の記述は選択に基づいているということだけに留まらない。原始キリスト教についての複数の類型的な理解の中から、その一つを予断に基づいて選択しなければならない。当然ながら、それは他の選択肢を切り捨てることを意味する。原始キリスト教は簡単にグループ化したり、そのどれかを正統化するにはあまりにも多様だ。正典の新約聖書はこの取捨選択のための基準にはなりえないので、私たちは原始教会の「正しい」宗教体験を「間違った」ものから峻別するための判断基準を他から導入しなくてはならない。「時間的にもっとも古いキリスト教こそが素朴で、もっとも純粋なの

　　に描いたものだが、それはヴレーデの「記述的」なプログラムと、神学的に規範的なプログラムとを結び合わせようというものだ。

21　Stendahl 1962 の名高いエッセイを参照せよ（Morgan 1987, 189; Räisänen 1990a, 74 以下にて論じられている）。

だ」、というように時間軸を判断基準とするべきだと主張する人もいる。[22]
また、他の人々は特定の宗教的な類型、つまり人種に基づくもの（ユダヤ的、あるいはギリシャ的）や特定の神学的立場（パウロ的キリスト教など）への適合性を判断基準として採用する場合もある。[23]だがこれらの基準は非常に問題含みである。その基準はどこから生じたのだろうか。これは聖書や原始教会からの伝統に基づくものではないし、実際は「支配的な、あるいは『権威ある』原始キリスト教とはどんなものだったか」という問いへの研究者たちの独自の見方を投影しているにすぎない。「客観的」なキリスト教研究は既に捨て去られてしまっている。そこで論じられるのは、もっと広い意味での一般的なキリスト教神学か、あるいはより狭い意味での新約聖書神学の一分野かのどちらかでしかない。[24]

こうした問題はライサネンの研究においても同様に明らかだ。ライサネンは原始キリスト教徒たちの信仰の歴史についての「客観的な」研究を提唱しており、新約聖書研究の成果を教会だけにとどめず、外部の世界にも適用することを論じている。このような考え方は、ライサネンが適切にも指摘しているように、1世紀のユダヤ人とキリスト教徒が前提としていた

---

22 この好例は Küng 1967, 180, 293-4 に見いだせるかもしれない。他の例はクロッサン、マックによる現代の試みで、Qとトマスによる福音書は正典の福音書よりも古い、イエスの生涯についての最古の資料だと論じている（本書14章以下参照）。ここでのポイントは、この見方が正しいかどうかではなく、「最古」の資料がもっとも「権威」を有するという前提についてであり、その前提が多くの人たちをして、彼らの選好する資料をなるべく古いものにしようと駆り立てるのだ。この点は、ケーゼマンに代表される主流の現代のルター派の見解とは異なっており、ケーゼマンによれば、もっとも古い（ユダヤ的）キリスト教はパウロによって修正されたということになる。この場合、ある伝統に占めるパウロの地位はあまりにも強力なので、最古の題材を選好するという強い傾向をも凌駕することになる。

23 20世紀前半のより古風な宗教史学派（W. ブセット等に代表される）はギリシャ的なカテゴリーを重視した。戦後の宗教史学派はユダヤ的なものを理想化した。パウロ的キリスト教は常にプロテスタントの正典聖書の中核に位置しているが、それはケーゼマン等の著作に見られる。

24 ブルトマンは前者の道をゆき、ダンは後者を採った。

考え方と合致する（もっとも、興味深いことにライサネンはこの現象を歴史的、また神学的に説明できていない）。[25] しかし、ここで二つの問題が生じる。ユダヤ教やキリスト教の伝統に属さない人にとって、それらの宗教にかかわる歴史の1コマを再現することはどんな理由から今日的意義を持つのか。ある人にとっては、人間の愚かさや騙されやすさ、または人間の勇気や不屈さ、あるいはそれらが交錯したもの、そういったものの一つの実例にすぎないのかもしれない。彼らはライサネンを含む研究者たちが大きな関心を寄せている題材にはほとんど注意を払わないだろう。加えて、新約聖書を読み、そこに現代世界の課題に取り組むための題材を見つけ出すというライサネンの主張には取捨選択の問題が潜んでいる。麦を籾殻の中から選り分けるように、現代世界の問題に取り組むのに有益な部分を新約聖書から抽出するための「彼の」判断基準をライサネンはどこから持ってくるのだろう。ライサネンの研究から浮かび上がる主要なメッセージとは、ユダヤ教とキリスト教についての古くからの区分はあまりにも混乱しており、この二つの宗教に関する全ての疑問点について一から考え直したほうがよいというものだ。同様の一般的なメッセージは、記述的表記から規範的表記に力点を移そうとしている歴史家たちからも発せられている。[26] 他の研究者たちは、イエスと彼の直接の弟子たちの本来の姿を再現することを通じて、後世のキリスト教が彼らに特別の地位を与えたことは誤りだった、という別の提案を示そうとしている。[27]

d. 原始キリスト教研究における「イエス」の位置づけ

　最後に、原始キリスト教理解の体系の中にイエスはどのように位置づけられるのだろうか。イエスを「原始キリスト教徒の宗教体験」及び彼らの神学と信条の一部として組み込むこと、つまりイエス自身の宗教体験こそがもっとも重要であるとして、イエスがあたかも最初のキリスト教徒であ

25　Räisänen 1990a, 199 n.48.
26　例として、Theissen 1978,119; Meeks 1986, 161 以下。
27　このような説を唱える学者たちの系譜の一例として、ライマールス、ヴェルメシュ、そしてサンダースが挙げられる。

ったかのように考えるのは、どこかおかしい。[28]もちろん後に論じるように、イエスを歴史的にできるだけ正確に描写することは私たちの研究に不可欠な課題だ。しかし、イエス自身の「神の体験」を彼の後に続くキリスト教徒たちの規範的なモデルであるかのように論じるのは行き過ぎだろう。確かに、(「アッバ、父よ」という祈りに見られるように) イエスの行動とキリスト教徒のそれには類似した点があるし、新約聖書には「キリストに倣いて」というようなテーマが流れてもいる。しかし、イエス自身の体験や信仰が原始キリスト教徒の倣うべき規範の一部であったかのように考え、それに続く各時代のキリスト教徒もイエスをできる限り模倣しようとするのは、どこか奇妙に思われる。なぜなら、模倣できないイエスの独自性というものが確かに存在すると考えられているからだ。

e.「歴史」を超えて

これら全ての理由から、原始キリスト教とその神学を歴史的観点からのみ記述しようとしても、それだけでは自己完結できないのは明らかだろう。もちろん歴史研究は原始キリスト教研究の不可欠な要素である。歴史的探求なしに新約聖書を読み、その神学を考えようとしても、それは失敗に終る運命にある。私たちはこのことを今後見ていくことになるだろう。歴史的探求は確かにシンプルで明快な研究指針に基づいている。しかしその明快さは皮相であり、他の様々な問題の犠牲の上に成り立っている単純さなのだ。その指針は、理論的には実証主義か観念論、あるいは望ましからぬその二つの混同のうちのどれかに依拠している。しかし実際は、原始キリスト教の歴史的研究は二つの点で行き詰まってしまっている。一点目は、規範となるべき原始キリスト教の具体的なモデルを選ぶのに際して、明らかに恣意的に、少なくとも循環論法的になってしまう点である。二点目は、異なる文化や時代の人々にとっても役立つような、1世紀の文化的特殊性を取り去った規範的キリスト教の像を描き出すことの困難さである。[29]歴

---

28 さまざまな手法でこうした試みがなされている (キュンメル、エレミアス、ゴッペルト、そしてダン)。Morgan 1987; Räisänen 19901 の議論を参照。
29 ジェームズ M. ロビンソンへの Meyer (1989, 63) の批判を参照せよ。

史的探求は、それ自体の成功のためにも、その研究範囲を押し広げるべきだ。

(ⅳ) これまでの研究 ②：新約聖書「神学」

a. 新約聖書神学の特徴

　私たちが考察しなければならない第二の研究分野は、新約聖書に固有のものだ。新約聖書神学という用語は、多かれ少なかれ以下のような試みを指して使われるようになった。それは、新約聖書を歴史的観点から読み解くだけでなく、その神学的強調点をも同時に描き出し、現代に至るまでのあらゆる時代のキリスト教徒に向けて語りかけられるような、歴史と神学について一貫性を持った記述をしようという試みである。[30]

　二つの側面を持った「新約聖書神学」という用語について、主に論じられなければならないのは以下のような点である。[31] その第一の側面（新約聖書の神学について記述すること）は、私たちがこれまでに論じてきた研究分野の一部を形成している。新約聖書神学は原始キリスト教神学の一部分であり、原始キリスト教神学は原始キリスト教史の一部分である。この三つの分類は混同されてはならない。加えて、個々の新約聖書記者が皆同じ神学的理解に立っていたと仮定することはできないし、実際に近年の多くの研究書は彼らの相違点について鋭く指摘してきている。この用語を用いる際には十分な正確さが求められている。

　第二の側面（新約聖書の神学に基づいて現代世界に関与していくこと）はもっと複雑だ。これは、「聖書解釈学」（hermeneutics）と通常呼ばれる

30　「新約聖書神学」についてのベーシックな議論は特に以下を参照せよ。Räisänen1990a; Meyer 1989、3章と特に10章。同様に以下も参照 Morgan 1973, 1977, 1987; Käsemann 1973; Strecker 1975; Stuhlmacher 1977; Dunn & Mackey 1987; Fuller 1989. 実際の「新約聖書神学」の例として Bultmann 1951–5; Conzelmann 1969; Kümmel 1973; Neill 1976; Goppelt 1981–2。

31　このことについての微妙な声明として、Morgan 1987, 198以下を参照せよ。

分野に係わる。[32]ここで私たちはまず質問の大元に目を向けなければならない。人々はなぜ、新約聖書を学ぶことを通じて神から新たな言葉を授かることができると考えるのだろう。

　このような信念は、キリスト教が誕生した当時から今日まで続く根強いキリスト教徒の確信から生じたものだ。その確信とは、キリスト教徒であるということは、その生き方、信仰、そして行動において新約聖書と一致していることだという確信である（もちろん旧約聖書とも一致したものであるべきなのだが、このことから生じる更なる問題については本書では扱わない）。この信念は宗教改革により更に押し上げられることになった。「聖書のみ」の原則が掲げられ、聖書（事実上、特に「新約聖書」）には最高の権威が与えられた。プロテスタント運動では常に新約聖書を読むことがキリスト教徒としての出発点であり、それを通じて自身の信仰と生活の基礎が備えられ、見直しを迫られ、強められ、また与えられていくのだと信じられてきた。

　プロテスタント主義の主張の中での際立った強調点、すなわち字義通りの、または歴史的な意味こそがテクストの意味を決定するものであり、それゆえ権威の担い手だという主張、これは今日使われる意味での「新約聖書神学」という用語を生み出す要因となった。この原則的主張はもともと気まぐれな寓意的解釈を排除するために打ち立てられたが、宗教改革によって生まれた諸教会が、聖書の字義通りの意味とそれの持つ権威とは何かという問題に取り組んでいくプロセスの中で、新たな未解決の問題を生じさせる原因ともなった。啓蒙主義運動が新たなステージに入り、聖書批評

32　この専門用語（hermeneutics）はしばしば、解釈のプロセスにおける「適用」段階のことを指して使われる（「適用」はテクストを歴史的に理解した「後に」初めて実施される）。私は第Ⅱ部において、こうした本質的に実証主義的な解釈プロセスに反対し、この専門用語をより広い意味で使うことを提起する（つまり、歴史的解釈をテクスト理解のための活動全般の一部として考えること）。「解釈（hermeneutics）」という言葉はこのような意味で過去2世紀の間使われてきたのだ。特にThiselton 1980,1992と簡単な要約としてJeanrond 1990を参照せよ。

学が興隆していくのに伴い、このような諸問題は白日の下に晒されることになった。聖書の字義通りの意味が強調される際に、それが引き起こすリアクションは二通りになるだろう。一つは、歴史的な意味で聖書の記述内容が誤りであることが明らかになる可能性であり、それはキリスト教の真実性そのものに疑問を呈されてしまうことを意味する。もう一つは、聖書を歴史的に読み解く真の目的が時代を超越した神学上の真理を見つけ出すことであるとし、その真理が現代社会にも新しい息吹を吹き込んでくれることを期待しようというものだ。この二つのリアクションの中には、19世紀そして20世紀に新約聖書を巡る議論を生じさせた緊張関係が潜在的に含まれている。歴史的な聖書解釈は宣教のためのメッセージを与えてくれるのだろうか。それとも宣教において直面すべき、あるいは回避すべき問題を提起するのだろうか。聖書の歴史的な読み方と規範的な読み方とは両立可能なのだろうか。言い換えれば、両者を結び合わせた意味での「新約聖書神学」は実現できるのだろうか。

b. 第一のモデル：「ブルトマン」学派

　この結合を実現するために試みられてきた二つの解決策は、最終的には不満足な結果に終わったことが明らかになった。第一のものは、18世紀のレッシングから20世紀のブルトマンに至るまで試みられてきた、歴史的研究とは歴史の制約を乗り越えて時空を超越した究極の真理に至るためになされるのだという考えに沿ったものである。求められているのは時間を超越した使信、時間を超越した真理、あるいは時間を超越した決断への呼びかけなのである。これこそ現代に生きる私たちが手にすることのできるものだ。こうした時間を超越した神学こそ、歴史的探求による真の研究対象なのである。もし新約聖書記者たちの信仰を発見することが可能なら、あたかも神学の考古学者のようにキリスト教の本質的な土台を掘り出したことになり、全ての時代の人々が閲覧できるように、それらを美術館に展示することもできるようになるだろう。「神学」こそ実体であり、新約聖書とは「神学について」書かれたものにすぎない。歴史的状況という外皮をはがせばその中から本物の実が現れてくる。このような考え方が、「時

代を超えた真理である」だとか、逆に「文化的制約を受けている」というような、しばしば使われる言い回しの根底にある。

　こうした方法論の問題点は、外皮をきれいにはがすことは果たして可能なのかということである。新約聖書から「時代を超えた」と分類されるような神学を抽出するのは非常に困難だし、仮に成功したとしても、実際のところ大部分の「実」は「外皮」にくっついたまま投げ捨てられてしまったのではないかと疑ったとしても無理からぬことだろう。新約聖書は全て「文化的制約を受けた」書なのである。この事実によって、新約聖書に含まれる思想やテーマを異なる時代や文化に適用することが不適切だと見なされることがあったとしても、新約聖書そのものが不適切だと見なされることはない。

　20世紀の学者によって成し遂げられたこの方法論による二つの実例とは、(1)「**非神話化**」、1世紀の人々の言動の文化的特殊性を取り除くことによって、時代を超えた使信や呼びかけを新約聖書の中から救い出そうという試み、(2)「**様式史批評**」、歴史上のイエスの物語を提供していると見られる題材を分析し、そこから原始キリスト教会のいわゆる「時代を超えた」信仰を明らかにしようという試みである。この2種類の方法論の文化的また神学的なルーツは近代聖書批評学だけにあるのではない。近代以前の敬虔主義的な聖書の読み方、すなわち字義通りの聖書の意味とは異なる「使信」を読み取ろうとするあり方にもその起源を認めることが可能だ。この方法論の最古のルーツとして、教父たちの寓話的な解釈学に遡ることができるだろう。[33] ここにブルトマン学派の目論みへの少なからぬアイロニーがある。この学派の神学上の主張はプロテスタント神学の土壌から生まれたもので、歴史と律法によって課された束縛から解き放たれた、値なしの赦しと恵みと新しいスタートという使信を発しようというものだ。しかしそうすると、一方で福音書は罪の赦しの使信を文字通りに強調してい

33　Kermode 1979, 44 を参照せよ。「寓話とは、無尽蔵の解釈学の可能性を取り扱うための教父たちの方法である」; Louth 1983 も参照のこと。

るのに、他方では聖書の真の使信を聞き取るために私たちは文字通りの意味を乗り越えねばならないと主張することになってしまう。この学派によると、福音書とはイエスその人についてというより、実際はイエスについての「キリスト教徒の信仰」の記録だとされる。そうして歴史上の種々の出来事は相対化され、イエスでさえ時間を超越した使信を伝えるメッセンジャーの一人となってしまう。そしてイエスの死というむき出しの出来事こそが教会におけるもっとも初期の信仰を生み出し、彼の死についての原初の「経験」が新約聖書に書き表され、それが後のキリスト教徒が追体験すべき規範的出来事となったとされる。[34] この学説に対する手厳しい批判は、新約聖書が歴史や神の創造について大変重要視しているにもかかわらず、釈義においてそれらを十分に考慮していないというものだ。歴史から時間を超越した真理へと進んでゆこうというこの第一のモデルは大きな問題をもたらし、受け入れ難いものになってしまった。

c. 第二のモデル：「聖書神学」学派

　第二のモデルは1950年代から60年代にかけて**「聖書神学」**学派（the 'biblical theology' school）によって提唱された。[35] 哲学的観点から見れば、この学派はブルトマンに代表される観念論に一種の実在論で対抗しようというものだ。新約聖書は時代を超えた真理を証ししているという理由からではなく、創造主である神の歴史における力強い御業、特にイエスにおける歴史的出来事、それらについて証しをしているという理由から権威あるものとされる。テクストは「実物」、つまり歴史上の出来事を証しする限りで啓示的であり、したがって権威を持つ。このような第二のモデルは、教会の歴史の黎明期は「純粋」であったとする見解と結びつけられ、それゆえ原始キリスト教を規範形成のための研究対象とすることが可能だという見解とも結びつけられる。しかしこれでは、新約聖書はそれ自体が神の

34　私は Bornkamm 1969（*Early Christian Experience*）のような作品の中に、この要旨の背後にある強調点（それはこの本のタイトルそのものだが）を見出す。

35　Wright 1962; Stendahl 1962 を参照せよ。

第1章　キリスト教の起源と新約聖書　　61

啓示なのだと言うプロテスタントの主張にしっかりと向き合っているとは言い難いだろう。この第二のモデルは、啓示と見なされるべき歴史上の出来事の重要性を強調することにおいても、あるいは出来事を通じての啓示がどのように理解されるべきかについての明確な神学上の説明を提示する点においても成功しているとは言えない。

d. 二つのモデルのさらなる問題点

　研究対象となる文献が多様であることは、これら二つのモデルのさらなる問題点を浮き彫りにする。新約聖書から「規範的な」公式的見解を導き出すために、ある特定のテクスト箇所だけを強調して、他の箇所については目をつぶるというようなことが実際に起きてしまうのは避けられない。これは研究者にも一般の読者にも等しく見られるが、例えばパウロ神学を「正典の中の正典」と持ち上げてしまうような、特定の聖書箇所を別格扱いしてしまうという現象だ。このような方法論は、聖書の中の難解な箇所は分かりやすい箇所を参照して解釈されるべきだという原則論によってしばしば擁護されてきた。こうした「原則論」があまりにも主観主義に偏っていることを考えると、それがこれほど長い間受け入れられてきたのは驚くべきことだ。[36]いったい何が「難解」で何が「分かりやすい」のかということは当然各人が置かれた時代や文化的な背景によって大いに異なるだろう。それは、「黙示的」という言葉についての 20 世紀の人々の様々な反応を見れば明らかである。[37]ここでは何も、特定のテクストを特別視することをすべからく回避すべきだと言っているのではない。全ての解釈者は、認めようと認めまいとある種の疑問を抱いてテクストに向かい、そうした疑問はテクストに取り組む上での出発点になる。ここで問題なのは、この

36　Kermode 1979, 35 を参照のこと。「良きサマリア人のたとえ話の細部についての私の解釈の仕方は中立的に見える。しかし、これは単に私の自己認証、または普遍性の主張の仕方にすぎないのであり、文化的で恣意的な考え方の癖にすぎないのだ」。

37　「正典の中の正典」の問題については、Käsemann 1970; Schrage 1970 の古典的議論、そして現代の Räisänen 1990a を参照のこと。「黙示的」という言葉の様々な命運については Koch 1970 と本書 10 章以下を参照のこと。

出発点について私たちがどう考えているかということだ。ある特定の動機を持って新約聖書を読み始めればテクストの読み方にバイアスがかかることを自覚しながらも、それを承知の上で研究を進めていくべきなのか。あるいはプロクルステスのベッドさながらに、テクストを型にはめたり、あるいは規格外だと退けたりするために自分自身の疑問を物差しとして用いるべきなのだろうか。前者のケースは理論的には可能だろうが、実際には後者のケースに陥る誘惑を避けるのは困難だろう。

「新約聖書神学」の試み、特にブルトマンによって確立されたパラダイムとその亜流の最大の問題点は、イエスをどのように扱うかという点にある。厳密に言えば、ブルトマンの「新約聖書神学」にはイエスの教え（あるいは彼の生と死と復活という事実）は含まれず、それは単にイエスについての新約聖書記者たちの信仰、または「イエスのストーリー」という観点から神話的に語られる新約聖書記者たちの信仰を扱っているにすぎない。奇妙なことだが、プロテスタント運動が生み出した基本的なモデルの一つは、聖書釈義とその権威保持という面でイエスその人をほとんど排除してしまっている。このため、プロテスタント主義の「聖書のみ」の原則は脅かされることになった。これはイエス本人が新約聖書に1冊も書物を残さなかったことにもよるが、この観点からは、ブルトマンの著作「新約聖書神学」のよく知られた冒頭の一文は全く正しいということになる。「イエスのメッセージは新約聖書の神学そのものの一部分というよりも、その神学の前提である」。[38] ここで私たちはメランヒトンからブルトマンに至るまで、またその後にも続く思想的な流れを見て取ることができる。私たちが「私のための福音」、つまり「神は私のために恵み深い」という理解に辿り着くことができれば、歴史にしっかりと根ざしたイエスはもはや必要なくなる。[39] しかし、ライマールスやその他の人々、そして今日の多くのユ

38　Bultmann 1951, 3.
39　このことの興味深い一例はティリッヒの立場であり、C. H. ドッドとの論争においてそれはたいへん際立ったものとなった（ラングドン・ギルキーにより記録され、Dillstone 1977, 241-3 において発行された）。メランヒトンにつ

ダヤ人作家による修正主義的な試みについては言うまでもないが、彼らによって提起されたキリスト教への批判に対しては、ケーラーやブルトマン、ティリッヒによって示された歴史からの退避という方法論は充分な説得力を持たないだろう。また、サンダースのような現代の研究者によって描かれたイエス像が内包している問題も消えて無くなりはしない。もしイエスが、実はライマールスやシュヴァイツァー、あるいはサンダースによって描かれたような人物であったなら、その時教会は少なくともその信仰についての実質的な修正を迫られるだろう。

　加えて、第Ⅳ部で見ていくように、ブルトマンによってなされた「新約聖書神学」をイエスの評価基準として用いるようなやり方にはどこかおかしなところがある。新約聖書が提示するのはパウロ、マルコ、ルカ等々のイエスについての神学であって、イエス個人の神学的見解は新約聖書を表面的に読んだだけでは読み取ることができない、という主張は妥当である。ある人々は、本当のイエスを再発見するのは不可能で、修復不可能なほどにイエスの真実の姿は福音書記者の神学によって歪められていると主張している。他の人々は、本当のイエスは探し求められるべきではないと言う。福音書記者の背後にいるイエスを追い求めて得られるのはせいぜい歴史家によるイエスの再構築（あるいは「理想的な」形姿）に過ぎず、それは原始キリスト教徒が信じまた従った主ではないのだ、と主張する。しかし、これまで見てきたように、新約聖書記者たちは、執筆を通じてイエスその人の権威に取って代わるような権威を打ち立てようとしたのではないだろう。よく言われるように、新約聖書記者たちは、自分たちが『聖書』を執筆しているとは思っていなかった。このような見方は、特に編集史批評の観点からは修正されるべきかもしれない。しかし、新約聖書記者たちにと

いては、彼の 1521 年の *Loci Communes* における声明を参照されたい。キリストの受肉と十字架での受難の理由を知ること以外に、その生涯を研究して得られるどんな利益があろうか？　このような考えを奉じる現代のある解釈者は、キリストを知ることは「歴史上の、あるいは地上でのイエスを知る」ことによっては達成されない、と記した（Hultgren 1987, 3）。

ってイスラエルの神が世界の救済のために決定的な行動をなされた瞬間とは、彼らが福音書を書くために筆を執った時ではなく、彼らの神が血肉を持って十字架の上で死なれた時なのである。彼らの著書はこの事実から派生し、また依存していると考えられてきた。したがって、厳密に言えばイエスと彼の信仰体系は新約聖書神学の一部ではないと言うのは妥当だとしても、イエスと彼の宣教が「本体」(つまり新約聖書神学)の陰に隠れて相対的な価値しか持たないということにはならない。[40] そして、新約聖書神学を最重視しようとする人々にはやっかいなことに、ある人はこのように言うだろう。「もし新約聖書がイエスの本質的な宣教を含まないのならば、それはもっとも重要で究極の啓示、権威の最終的なよりどころ、あらゆる新約聖書の研究が見いだそうとする対象にはなり得ない」。

e. 新約聖書神学の必要性

もし「新約聖書神学」を確立しようとする試みにこれだけの問題が山積しているのであれば、なぜこのような試みを続ける必要があるのだろうか。どんな理由で私たちは、一般的あるいはアカデミックなレベルにおいて「新約聖書神学」と呼べるような何かを見つけ出し、抽出し、救い出し、あるいは創作さえする必死の努力と向き合わなければならないのだろうか。なぜそのような神学がアカデミックな研究の対象となり、また教会生活、説教、布教活動、そして福音主義の出発点でなければならないのだろうか。その答えは三つ挙げられる。第一に、この試みが喫緊の課題として続けられていく必要性がもっとも強いキリスト教界のグループはプロテスタントである。それは、プロテスタントがどのような意味においても新約聖書をキリスト教徒のための「真の」権威であると今でも見なしているからだ。第二に、この試みの哲学的背景の多くは観念論に求められるが、観念論は厳密な歴史よりも抽象的な観念との相性が良い。そのため、このような観念から形成される神学には特別な重要性が与えられる。第三に、「新約聖書神学」が実際に用いられるのは、真実の神の言葉を教会とより広い

---

40 Räisänen 1990a, 114 以下における議論を参照のこと。

世界に宣べ伝えるという教会の果たすべき任務においてである。「新約聖書神学」は宣教に活力を与えると信じられているからだ。新約聖書神学が抱え込んでしまっている様々な問題点のために、ある人々はこう抗議したい気持ちに駆られるだろう。「新約聖書の中に権威や一貫性、あるいは社会性を探し求めるなどというのは愚かなことだ。客観的な歴史研究を通じて、そのような全ての先験的なもの（a prioris）は聖書理解から捨て去られるべきだ。新約聖書神学は、結局はヴレーデや、より最近ではライサネンによって明確に述べられた歴史学的主張（歴史的な背景を踏まえた上で、宗教書について「客観的に」記述すること）の軍門に下るべきだ」と。また他の人々は、未だに「新約聖書神学」と呼ばれ得るような研究を続けていくための方法を再び提唱しようとする。それはテクストの記述性と規範性をしっかりと捉え、それらによって新約聖書全体、あるいは少なくとも「主要な証言」と呼ばれるものを取り扱おうというものだ。しかし、この新約聖書神学の陥った窮状から抜け出すための適切な方法がヴレーデ（あるいはライサネン）に戻ることであるとか、修正されたポストモダン的なブルトマン主義（モーガン）であるというのはどうにも疑わしい。むしろ、「権威」、「神学」、そして「社会性」について新しい見方を伴う、もっと大きな次元に目を向けるべきだろう。

　あらゆる伝統的なキリスト教の信仰体系において、全ての権威は究極的には創造主である神に属する。そして、伝統的なキリスト教が主張し続けてきたように、創造主である神が比類ない形で世界に啓示されたのがイエスを通じてであるならば、このイエスもまた彼について書かれた全ての書物を超えた権威を保持していなければならない。多くの人々は、このような聖書とイエスの関係についての見方は誤ったものだと考えるかもしれない。なぜなら、私たちがイエスについて知っていることは、まさに聖書の中に書かれていることだからだ。だが、この伝統的な見解は主流の「新約聖書神学」の中にはほとんど見られない。それは今までに論じてきたように、福音書はイエスその人ではなく、単に福音書記者と彼らの後継者たちの神学を提示しているだけだということが当然視されているからだ。もし

全ての権威が創造主である神に属するのならば、新約聖書にはどのように神からの「権威」が授与されているのか、また聖書の「権威」に神が課している制限とは何なのかを言い表すのは微妙な事柄なのである。

　これまでに私たちが論じてきた三つのアプローチ（原始教会の歴史と、「新約聖書神学」の中の二つの代表的な形態）について、新約聖書学者たちの研究が続けられている。クーンが言うところの「通常科学」[41]としての新約聖書研究の多くは、ヴレーデの歴史的研究、ブルトマン学派の「新約聖書神学」、そして「新約聖書神学」運動の余波、この三つのパラダイムの間隙を縫うようにして続けられている。これらは、注解書や投稿論文、学術論文に勤しむ聖書学者の綿密な諸活動に意味と目的、高揚感を吹き込もうという気宇壮大な目論みだ。啓蒙主義者たちの歴史重視の姿勢は、歴史のイエスの探求という方向へ向かい、無数の問題を生み出しつつも同時に研究者にも教会にも等しく新たな可能性をもたらした。ブルトマン学派の新約聖書神学への情熱は、何にも増してパウロ神学の研究と福音書の伝承問題についての再検討という二つの方面に向けられた。戦後の「聖書神学運動」においては、何よりも「救済史」論に光が当てられた。新たなアジェンダも登場し始めたが、戦後に登場したこのアジェンダは、キリスト教と新約聖書をホロコーストの共犯の容疑から免れさせたいという下心を持っていた（あるいは、ホロコーストの責めをキリスト教に負わせようという意図の場合もあった）。これら全ての分野で活発な活動がなされてきた。

　これらの互いに連動し合う様々な分野の争点について、新しく建設的な提案を持って本章とこのプロジェクト全巻は取り組もうとしている。私たちは歴史も神学も共に必要としている。そのためにはどうすればいいのだろうか。究極的な意味で本プロジェクトはもっと大きな課題の一部である。その課題とは、過去2世紀に亘って西洋世界に影響を及ぼし続けてきた世界観が内側から崩壊していくのを目の当たりにして、その基本的な世界観

41　Kuhn 1970 [1962]、諸所に。

について再考しようという試みである。それは神学者やキリスト教徒だけに留まる課題ではない。批判にさらされているこの世界観の一つの側面は、「歴史」と「神学」は異なる範疇に属するという見方そのものである。私たちにとっての挑戦とは、この有害な二元論に陥らず、また一方が他方の陰に隠れてしまうような疑わしい一元論によってでもなく、考察する題材を正当に扱うことのできる新しいカテゴリーを明確に提示することだ。それはあらゆる分野で私たちが直面している挑戦であり、新約聖書研究もその一つである。しかし、この点をさらに論じる前に、新約聖書学の第三の分野について手短に見ていく必要がある。私たちは歴史家や神学者だけでなく、文学評論家であることも求められているのである。

(v) これまでの研究 ③:「文学」批評

a. 新約聖書研究における新たな潮流

　ある新約聖書学者にとっては、「文学批評」とは20世紀初頭に広く知られるようになった批評学の方法論を新約聖書に適用することを意味する。文献批評、様式史批評および編集史批評はその当時の規範的な区分で、今日でもそのままであって欲しいと願う人々もいる。多くの専門的な新約聖書研究家はこれらに取り組んできたし、これらを通じて今日私たちが手にしている新約聖書の記者や伝承の伝達者たちの意図を歴史的に分析してきた。

　しかし、この学問分野の風景は過去数年間で見違えるほどに変わってしまった。ポストモダン主義者による文学批評の登場は（第3章参照）、近代主義者の中核的な学問領域（伝承を継承してきた共同体についての研究、複雑な文献の出所を探り当てること、また福音書記者がどのように伝承資料を取り扱ってきたかを解明すること）を完全に色あせたものにしてしまったように見える。福音書研究における新たな強調点は、創造性溢れる福音書記者についてよりも、テクストそのものになった。読書という行為の現象論的研究と、それを「今日において新約聖書を読む時に、いったい何が読者に起こるのか」という問いに適用していくことがますます人気の高

い分野になってきている。[42] 現在議論されているのは、歴史的批評は充分な成果を達成できなかったので、ポストモダンの文学研究という新しい領域に入っていくべきだということだ。読者がどのように読書を自分のために役立てようとしているのかを観察することによって、新しく満足のゆく新約聖書の読み方が導き出されるかもしれない。[43]

　以上の試みによって生み出されるのは、実はブルトマニアンとしての新しいあり方である。つまり、歴史研究を通じて時代を超えた「真理」を見いだす代わりに、時空を超えた「使信」を受け取るために聖書文学の研究を続けようというのである。ブルトマンの一連の試みが近代という文脈の中で達成できなかったことを、ポストモダンの文脈の中で達成しようというというのだ。この提案そのものが、ヴレーデやライサネンの味気ない歴史学の実証主義からの脱却である。テクストが書かれた時代とはまったく異なる時代背景の下で、どのような新たな使信を聞き取ることができるのかを説明することで、新たな可能性を切り開こうというのだ。特に、古典的なブルトマン神学とは異なる、この方法論の計り知れない利点は、それが未知の事柄（新約聖書の行間から再構築される、不確実な原始キリスト教像）ではなく、既知の事柄（実際のテクストそのもの）から研究をスタートさせることにある。

b. ポストモダン文学批評の問題点

　しかしこの提案もまた、いくつかの深刻な問題に直面している。このモデルからは、なぜ人はこのような目的（つまり不朽の「使信」を得ること）のために新約聖書を読まなければならないのだろうか、という点がはっきりしない。なぜ同様に価値のある「トマスの福音書」や「父祖たちの教訓」（ピルケ・アボット）、あるいはジェイン・オースティンの『高慢と偏見』を読む必要がないのだろう。同様に、このモデルにおける歴史の役割とは何か、また文学だけになぜ特に注目する必要があるのか、というこ

42　Sanders & Davies 1989, 15-16 章を参照せよ。
43　Morgan 1988, 199, 286 を参照。最近の関連した文学を数多く引用している。

とも判然としない。どうして原始キリスト教の芸術や芸術品ではいけないのだろう。文学が明らかにポストモダンの研究と相性が良いからなのか。あるいは新約聖書という複雑な書物が原始キリスト教研究のあらゆる領域に影を落としているために、新約聖書さえ研究すれば原始キリスト教の全ての研究課題に取り組むことになるのだと、私たちは誤解してしまっているのだろうか。特にイエスの存在と、こうした新約聖書の読み方との関係も明確でない。イエスのたとえ話を読むということは、彼の文学的な口述芸術を読んでいるのだと考えればよいのだろうか。この方法論はどうすれば主観主義に陥ることを避けられるのか。これらの疑問について、3章で詳しく検討していくことにする。

c. 古代文学の修辞法

ポストモダニズムが「現代の読者側の視点に立った」研究に力点を移していく中で、文書が書かれた当時の歴史的背景に照らした研究も同時に続けられている。しかしこのような歴史的研究に従事する者は、彼らの前任者たちが従事してきたのとは相当に異なる事象を研究している。聖書研究の専門家は終わりのない苦役のような文献資料の再構築という作業を断念して、とうとう古典的な研究者たちのひそみに倣うようになった。[44] 私たちは古代の修辞学的、文学的な表現法や様式についての昨今の多くの研究と、新約聖書研究においてそれらを重視すべきだという主張を目にしている。[45] これらの研究は、ある意味で新約聖書文献をその当時の歴史的背景の中に位置づけようというヴレーデの研究プログラムの不足分を補う試みにすぎない。しかし同時に、ある文書がそれを生み出した共同体の中でどのように受容されていたかを評価しようという試みでもある。実際これは、ポストモダニズムが着目している事象についての近代主義者による（歴史的）分析である。あまりにも長いこと研究者たちは、パウロやマタイの当

---

44 これはもちろん一般化した言い方である。歴史的な Q の探求を常に必須なものとする研究者は今でもいるのだ。それについては 14 章以下を参照。

45 Betz 1979 はその好例だ。Stowers 1986 も参照せよ。ブルトマン自身も、彼のキャリアをこの種の研究からスタートさせた（1910）。

時の読者層は基本的には現代の読者と変わらないので、現代の私たちにとって難解に思えるものは彼らにも難しかったのだろうと考えてきてしまった。古代の修辞学や文書の表現法の研究は、こうしたひどい時代錯誤を白日の下に晒した。それだけでも大いに歓迎されるべきだ。ポストモダン文芸批評はそれだけでは完全な新約聖書の読み方を提示するものではないとしても、明らかに大きな貢献をすることができる。

(vi) 課題の再提示

私たちはこれまで提起されている議論とその方向性という視点から新約聖書を読むという課題の主要な構成要素について論じてきた。私たちに求められているのは、それら全てを創造的に統合することである。つまり、近代以前の新約聖書の権威の強調、歴史と神学はテクスト（とキリスト教そのもの）の研究に不可分のものだという近代の主張、またテクストを読むという行為自体についてのポストモダニズムの高い関心、これらを結び合わせようというのだ。換言すれば、ヴレーデにとっての歴史、ブルトマンにとっての規範的な神学、そして文学の分野でのポストモダン的なテクストとその読者の捉え方、これらを統合的に考えるということだ。もちろん、それぞれの研究分野の独自性を主張し、その固有の領域が脅かされるような統合化の試みに不快感を示す人もいるだろう。しかし、このような尊大な主張には抗っていかねばならない。[46]

「歴史」を強調して実証主義の道を進むこと（第2章参照）、「神学」を強調して時代を超えた真理を探し求めること、また「文学」の観点からわたしが今ここでどのようにテクストを読んでいるのかに着目すること、これらを別々に論じていたのでは前に進んでゆけない。これらを統合する唯一の方法とは、現代のキリスト教の「文学」、「歴史」、「神学」の研究がどのようなものかを新鮮な視点で見つめ直すことだ。これが第II部の主眼である。それを通じて、これらの研究の方法論に関するいくつかの「ストー

46　リクールに倣って、Kermode 1979, 79 以下が論じたように。

リー」について語ることができるようになるだろう。それを通じて、これまで語り継がれてきた研究論についての別の「ストーリー」を覆していくことになるだろう。この研究の新たな可能性は、前近代的で受け入れ難い歴史や神学体系の枠内に閉じ込められてはならない。これまでの全ての支配的なパラダイムが不確実性にさらされている現代社会において、私たちにはこうした課題に新しい方法で取り組んでいく機会が与えられている。単なる個人的な啓発や学問的な満足感に留まることなく、より大きな目的、特に「神の国」を前進させていくことに貢献することが本書の願いである。しかし、それはもう少し議論を押し進めていく先に見えてくることだろう。

　第Ⅱ部での考察を踏まえた上で、新約聖書の各文書が生まれた歴史的状況についてのいくつかの仮説を提示する必要がある。この作業には、1世紀のユダヤ教とキリスト教の歴史的再構築が含まれる。私たちは古代ユダヤ教についてこれまでよりも多くのことを知ることができる立場にあり、第Ⅲ部ではユダヤ教についての詳細な新しい知識を活用していく。原始教会の歴史を再構築する試みはそれほど多くはなされてこなかった。かえって資料不足のためにひどく空想的な原始教会像が生み出されることになってしまった。私たちにとって特に重要な課題は、イエスやパウロについて論じることなく紀元30年から150年までのキリスト教を記述しようというものだが、これは1750年から1850年までの西洋音楽をモーツァルトとベートヴェンについて触れずに論じようとするぐらい、どこか作為的なところがある。しかし、あえてそれを試みようとする理由は二つある。第一に、二つの主要な主題、つまりイエスとパウロを研究するための歴史的文脈を可能な限り正確に確立する必要があるためだ。第二に、私たちがイエスについて知りうる全ての情報源は事実上、キリスト教の黎明期に生き、またその時代の要請に取り組んでいたキリスト教徒たちの手によって伝承として受け継がれ、最終的に書き記された文書から得られるものだからだ。したがって、適切な歴史への感受性と配慮をもって福音書を読むためには、原始教会そのものについて理解しなければならない。これが第Ⅳ部の主題であり、それはまた第Ⅴ部における主要な争点をあらかじめ提示すること

も意味する。ここには避けられない「議論の循環性」という問題があるが、しかしこれが決して負の循環ではないことを第Ⅱ部で論じていく。全ての真摯な歴史的、また実に認識論的な再構築の作業には、必要な循環性というものがあるのだ。

　以上の本書における議論は、本書に引き続く本シリーズの一連の著作（それらはイエスやパウロ、福音書を扱う）の背景を形成することになる。これらの各分野において、近年新たな研究の潮流が生まれてきている。しかし、こうした新しい波は、歴史的または神学的課題を統合しようというものではなかった。この大変な課題に取り組むために、私は「新約聖書における複数の神学」について執筆していくことになる。このような試みはこれまでも時々なされてきたが、しかし古典的な研究モデルと、私の抱いている課題とゴールとは異なっている。

　この第1巻は、目下の全プロジェクトの全貌を提示するものである反面、それ自体で独立したものでもある。本書は、1世紀の問題に係わる歴史、神学、そして文学研究の特定の方法論を論じる。また、1世紀のユダヤ教と1世紀のキリスト教の、ある種の理解の仕方について論じていく。そして、それら二つのグループの思考形態における「神」という言葉の意味についての議論のたたき台を提示していく。そして、これらの歴史的、神学的研究が現代世界との関連性を持ちうるような在り方をも提示していきたい。そして、もしこれらの課題に取り組むことが、約束の地に入ってそれを手に入れるという任務の準備作業にすぎなかったとしても、それは悪いことではないのかもしれない。もし農夫たちがぶどう園の主人の声に聞き従ってさえいれば、ぶどう園を巡る争いは起きなかっただろう。もしイスラエルの子らが申命記の警告に聞き従っていれば、彼らがヨルダン川を渡った時、もっと多くの乳と蜜を得ていただろうし、悲惨や不正はずっと少なくてすんだだろう。

第Ⅱ部　課題のための方法

第2章　知　識

その問題と多様性

1. 序　論

　ここまで、新約聖書の研究対象が特に三つの学問分野（文学、歴史、神学）に関係していることを見てきた。これらの学問分野は、新約聖書という戦場に集まってくる研究者たちにぐるりと取り囲まれている。福音書や使徒書簡を巡る争いに参戦する研究者たちが関心を持っている多くの課題は、特定の聖書箇所を詳細に分析することだけではない。むしろ、どんな歴史観や神学体系を掲げ、どの領土を併合できるのかという、もっと大きな争点について論じている。ある人はうんざりするかもしれないが、こうした巨大な争点について理解し、その答えにはどのような選択肢があるのかを知っておくことが是非とも必要である。これらを考えずに、イエス、パウロ、そして福音書の研究を行っていくことはできない。議論の前提となる事柄についてよく考えないと、議論そのものが迷路のような実りのないものとなってしまうからだ。もっと早く「本題」に辿り着きたいと願う方々は、このセクションを飛ばしてもらっても一向に構わないが、そういう人々には後でさらなる難題にぶつかることを覚悟してもらおう。その時には、いつでもここに戻って来てほしい。

　本書の第Ⅱ部は、「文学」、「歴史」、そして「神学」の研究を通じて取り組むべき問題は全て同じ性質をもっているという認識に基づいている。その三つの分野で適切に考察されるべきものは、基本的に「**知識**」に関する問題である。このこと自体は驚くには当たらないだろうが、ここで改めて

第 2 章 知 識　75

指摘しておくのは有意義だろう。なぜなら、「文学」、「歴史」、「神学」のいろいろな問題に段階的に取り組んで行く際に、それらに共通する広い意味での類似性を認識し損なうと、全体の議論の方向感を見失ってしまうからだ。そのため、特定の問題の詳細な考察に踏み込む前に、より大きな争点を取り扱っておく方がずっと良いだろう。

　このように問題の核心に切り込むことは、以前にもまして現在ではさらに必要とされる。現在、人間の危機的状況が広く認識され、また議論されている。過去 200 年に亘って支配的だった啓蒙主義に根ざした世界観は機能不全を起こしてしまい、「モダニズム」は「ポストモダニズム」と不幸にも名づけられたものに徐々に取って代わられてきている。[1] こうして確実性は不確実性へと道を譲ることになった。この不安定な時代に本書のような試みを遂行していくためには、方法論をめぐる基本的な問題点についての立場を明確にすることがどうしても必要になる。とはいえ、私が提唱する見解について詳しく論じるのは不可能だ。そんなことをすれば、1 冊の本を丸ごとそれに充てなければならないだろう。むしろ論より証拠というわけで、私が採用する方法論の可否は、これから取り組んでいくテーマについて理にかなった記述ができるかどうかによって審判が下されるだろう。[2] この検証のため、これらの問題については本プロジェクトの最終巻で再び取り上げよう。

　本書の第 II 部で進めていく基本的な議論は以下の通りである。知識そのものについての問題、そして私たちが特別な関心を持っている「文学」、「歴史」、「神学」における知識の問題、それらを「**世界観**」という観点から考えていく。世界観は、個人や集団としての人間が、全ての現実を認識

1　この記述と議論については、Lyotard 1984; MacIntyre 1985; Appignanesi & Lawson 1989; Falck 1989; Harvey 1989; Jencks 1989 [1986]; Sorri & Gill 1989; Milbank 1990、その他多くの同様のテクストを参照せよ。

2　Crites 1989 [1971], 72 n.6 を参照せよ。「……この議論は結局、他の優れた哲学的議論と同様に、循環論法になってしまう。そしてこの特定の循環が良いとされるのは、結局のところその説明力によるためだ」。

するための枠組を提供する。そして、あらゆる世界観に備わる特に重要な特徴の一つが「**ストーリー**」である。このことは新約聖書と原始キリスト教に関しても非常に重要だが、それはストーリーが普遍的なものであることの証拠でもある。「ストーリー」は、第一に「批判的実在論」に立脚する認識論を明確に説明する助けになる。そして、「文学」、「歴史」そして「神学」の研究という、もっと広範な用途に用いることもできる。[3]

2. 批判的実在論について

これから概説する知識についての理論は「**批判的実在論（Critical Realism）**」として知られている。[4] これは人々がどのように物事を知るのかに関する理論で、私たちの関心事である「文学」、「歴史」、「神学」の3分野でよく用いられている（しかし今や崩壊の危機に瀕している）他の競合理論よりも優れている。この理論を明確に理解するために、競合する他の理論の内容について簡潔で大まかな説明をしておく必要があるだろう。それらの競合理論は、程度の差こそあれ楽観的または悲観的な啓蒙主義に立つ認識論、あるいは広義の経験論だと言える。本書ではなるべく一般的な用語を用いるように心がけるが、それらの用語の意味自体が議論の的になってしまっているのが現状だ。しかし、以下に述べる概略が読みやすいものであることを願っている。

3 　私がこのセクションの初稿を書き終えた後に、ベン・メイヤーの著作 *Critical Realism and the New Testament* (1989) が公表されたが、そこでは私が論じようとしていた多くの内容が詳しく説明され、論じられ、そして（私にとっては）堅固な基礎が与えられていた。私はさらに、以下の研究でのより洗練された議論と、私の大まかな議論との間の類似性に勇気づけられている。例として、Torrance 1976, 2-7; Louth 1983; Gunton 1985、そして Thiselton 1992。

4 　この用語は様々な学問分野で非常に広範に用いられている。新約聖書に関しては、Meyer 1989 の議論が助けになる。

（ⅰ）実証主義

　まず第一に、「**実証主義者（positivist）**」の掲げる楽観的な立場がある。[5] 実証主義者は、観察する対象についての明確な知識が得られると信じている。「客観的」な真理は存在し、確かな知識としてそれを知ることは可能で、また実際にそのような知識を得ている。それは実験によって、すなわち物質世界の中で観察や計測によって検証できる。したがって、このような検証が不可能なものについて語ることはナンセンスだということになる。[6] こうした見方は哲学者たちからは概ね捨て去られているが、ほかの領域、特に物理化学の分野では根強く残っている。科学哲学などの社会学の知識を通じて、自己認識についての研究が長足の進歩を遂げているにもかかわらず、科学者たちや科学について語る人々には、未だに科学とは単に物事を客観的に観察することだと信じている人が多い。[7] この信念を裏返して言えば、実証主義によって強い確証が得られなければ、主観主義か相対主義しか残らないということになる。現代、議論の的になっている文化的また神学的相対主義という現象は、ある意味で実証主義の負の側面なのである。

　啓蒙主義後の実証主義の時代には、人々は物事を「**直接的に**」知ることができると考える。多くの人にとってそれは常識的なことだが、このような立場を「**ナイーブな実在論**」と呼ぶことができるだろう。視覚的な錯覚等は異常なもの、つまり標準からの逸脱と見なされる。ここでは、正しい科学的プロセスによって、人は五感を通じてありのままの対象を直接的に

5　実証主義と論理実証主義については、Abbagnano 1967; Passmore 1967 を参照せよ。

6　このような立場のもっとも明白な解説は、Ayer 1946 [1936] である。

7　社会学の知識については、Berger & Luckmann 1966; Berger 1969; Wilson 1982、そして Thiselton 1992, 16 章セクション 2 の議論を参照せよ。科学哲学については Polanyi 1958, 1966; Kuhn 1970 [1962]; Barbour 1974; Greene 1981; Newton-Smith 1981; Gerhart & Russell 1984; Yee 1987; Banner 1990 を参照のこと。

観察し、それについて正確に記述することができると想定されている。全ての人間の知識がこの種のものではないのは明らかなので、それ以外のタイプの知識は軽視される。古典的な20世紀の実証主義では、形而上学や神学がこうした扱いを受けてきた。こうした分野については検証する手だてがないので、プラトンが遥か昔に論じたように、これらは知識ではなく信念だとされ、エイヤーが論じているように無意味またはナンセンスな信念だとされる。美学と倫理学における知識は、一人あるいは複数の人々の経験から得られたものにすぎない。「美しい」だとか「良い」などというのは、単に「私は／私たちはこれが好きだ」とか、「私／私たちはそれを正しいと判定する」ということを意味するだけなのだ。こうして実証主義は、ある種の知識を救い出そうとして他の類いの知識についてはなおざりにしている。実証主義者は、原則的に神のような中立的な視点から対象を客観的に観察することができると主張する。しかし、そのような観察に適さない対象について私たちが持ちうるのは偏見や気まぐれでしかないとも主張する。実証主義は近年手厳しい批判に晒され、エイヤーを含む指導的な提唱者でさえ自説の大幅な修正を余儀なくされている。それでも大衆的なレベルではこの説の影響力は衰えを見せない。それは実証主義が、科学的知識やテクノロジーによる制御や力に重きを置き、他方で無形価値や人間社会の信仰体系を相対化するという西洋文明の支配的な世界観とうまく合致しているからだ。「**ナイーブな実在論**」の立場に立つ神学者たちは、他の人たちはある種の「前提」にとらわれるが、自分たちは単にテクストそのものを読んでいるのだと主張する。また、イエスについての「事実」を「直接知る」のは不可能なので、私たちに残されているのは1世紀の幻想という泥沼だけだと主張する学者もいる。今後議論を進めていく中で、このような類いの意見には幾度も遭遇するだろう。[8]

---

8 この問題には音楽の領域で遭遇するかもしれない。モントリオールは二つの卓越したクラシック音楽のラジオ局を持っていて、一つはフランス語の、もう一つは英語のものだ。英語を話すアナウンサーは通常音楽が「誰それによって演奏され」と言うが、フランス語のアナウンサーは「誰それによって解

歴史は両極の狭間で立ち往生させられる。歴史とは「客観的」な知識と言えるのか、あるいは「主観的」なものなのか。または、これらは誤った二分法なのか。[9] 歴史上の事件について、どのような知識を得ることができるのか。歴史的知識は全ての一般的な知識の場合と同じような「但し書き」の下にある。間違いは起こり得る。本を持っていると思っていても、実際は角材を持ち運んでいるだけかもしれない。シーザーが渡ったのはルビコン川だと信じていても、本当は別の川だったのかもしれない。パウロはフィリピで最初に教会を立ち上げたのだと信じられているが、誰か他の人がそれ以前にそこに行っていたということもあり得る。そのため、人々はあれやこれやの歴史的「出来事」について「確実な証拠」があるのかどうかを不安げに論じる際に、実証主義の罠に危うく陥りそうになりながらも、通常はこのように結論づける。すなわち、「絶対的に確実な事実」対「根拠のないただの意見」という二者択一的な図式は見当違いなのだと。シーザーがルビコン川を渡ったことの証拠は、私が本を持っているという証拠と究極的には同じ部類に属している。実際には非常に似通った検証プロセスが両方の命題に適用されている。いずれも絶対的に正しくはないが、役に立たないほど不確実でもない。この根本的な類似性に気づかないと、私たちは日常生活においてデカルト的疑問を無視しながら、より重大な問題についてはこのデカルト的疑問を無批判に受け入れることになってしまう。新約聖書の分野では、ある批評家たちは、イエスの生涯の細かな点や彼の復活の事実は「科学的」に証明不可能だと滔々と述べている。彼らに対しては、同じような問題は人間のあらゆる知識に関しても言えるということを認識させるべきだろう。

釈され」と言う。簡単に言えば、ここで私たちはアングロ・サクソン的実証主義と、大陸的な慎重さに出会うのだ。デカルトからダメットに至る、「中立的な」視点を探る試みについては Kerr 1989 などを参照せよ。

9　Bernstein 1983 を参照のこと。

（ii）経験論

　啓蒙主義運動の悲観的な側面は、より穏健な経験主義、特に「**現象論 (phenomenalism)**」にもっとも顕著に見られる。[10] 自分の外側（にあると思われる）の世界でなにかの事象に直面した際に、私にとって唯一確かなものは、自分の五感を通じて得られた情報だけだ。この見解は、ある種の認識論的謙虚さで、外部の対象物（「マグカップ」）を、感覚から得られる情報（「私は、固く、丸く、滑らかで、そして暖かい感触が手の中にあるのを認識している」）に翻訳する。この場合、実証主義者は外部の対象物が存在していると推定し、もし可能なら実証しようとするだろう。現象論者はもっと慎重で、この慎重さは一般のスピーチにもかなりの影響を及ぼしている。厚かましくも「これは正しい」と言う代わりに、「私はこれが正しいと論じようと思う」と語る。世界についての危ういほど傲慢な発言を、自分自身についての穏当で謙虚な発言へと変化させるのだ。このような見方の問題点は広く知られているが、その計り知れない影響は特にポストモダニズムのある分野においてとどまるところを知らない。私がテクストを、またはテクストの中の著者の見解を、あるいはテクストが語っているように思われる出来事を、見つめているように思う時、私がしていることとはいったい何なのだろうか。私は出来事についての著者の見解を、または著者の見解と推測されるものを、あるいはもしかするとテクストに重ね合わせた私自身の見解を、（それとも単にテクストそのものを）見つめているのだろうか。[11]

　以上の点を理解するために、ダイアグラムが助けになるだろう。実証主義者は「知ること」を、観察者から対象物への単純な線として思い描く（次ページの上の図）。

　しかし現象論者は以下のモデルを用いて、知識とは人間の内側で生じた

10　現象論については Hirst 1967 を参照せよ。
11　3 章を見よ。

```
         観察者   ·················>   対象物
 — 対象物を観察し、
 — それを実験によって検証する。
 — 検証ができないものは、無意味なものに違いない。
```

ものにすぎないと主張する（下の図）。

```
         観察者   ·················>   対象物
 — 私は外部の事象についての証拠を得ているようだ。
              <·················
 — しかし実は、私が得たのは自分の知覚情報だけなのだ。
```

　もちろん、これらにはありとあらゆるバリエーションがあるのだが、それらは二つの大きな立場の違いを示している。このことをはっきりさせるために、実例を示そう。もし「何かを知ること」が望遠鏡をのぞき込むようなものであるならば、単純な実証主義者は自分が単に対象物を見ているだけだと思い、自分がレンズを通して見ているという事実を失念してしまうだろう。他方で現象論者は、自分が見ているのは鏡であって、そこには自分の目が映し出されているのではないのかと疑うかもしれない。後者の立場は独我論、つまり私だけが存在しているという信念につながっていく。私がいるということ以外、他にどんな証拠があるというのか。

（ⅲ）批判的実在論

　これらの二つの立場に対し、私は「**批判的実在論**」の一形態を提唱する。これは「知る」というプロセスを描く一つの方法である。「知られている実在する対象」を「知る人とは別の何か」として認識する一方で（すなわち「実在論」）、この実在するものに近づくためには、「**知る人と知られる事物との間の適切な対話、あるいは会話**」というスパイラル状の経路に沿

っていく他はないことを全面的に認める（すなわち「批判的」)。[12] 私たちの「実在」への探求プロセスを批判的に見ることで、「実在する対象」についての私たちの認識は不完全であることを自覚する。言い換えれば、知識とは「知る人」とは別の「実在する対象」に関するものだが、知識そのものは「知る人」から独立したものではない。[13]

では、批判的実在論のモデルに基づいた、知識のかたちについての導入的な素描を試みてみよう。

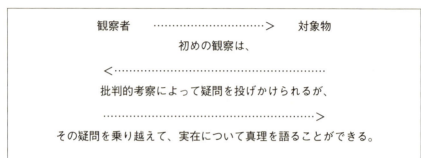

これらの第二と第三のステージについては、さらなる考察が必要だ。批判的な認識により、知ることのプロセスに関して少なくとも三つのことが明らかにされるが、それらはナイーブな実在論、あるいは主流の実証主義に異議を唱える。第一に、観察者はある一つの観点から観察するが、それは一つだけの観点でしかない。人間には、神のように中立的で完全な視点を持つことなど不可能だ（ここで言う神とは理神論的な神だが)。[14] そこか

---

12 「批判的実在論」というフレーズにおいての「批判的」という形容詞は、「批判的理性（critical reason）というフレーズでの同じ形容詞とは異なる機能を持っていることに注意すべきかもしれない。カントなどが用いる「批判的理性」の場合、「批判的」は能動的機能を果たしているが、「批判的実在論」の場合は受動態である。つまり、「批判に服する実在論（realism *subject* to critique)」という意味になる。

13 原則を証明する例外とは、自己認識という特別な（また非常に複雑な）ケースである。

14 この議論における神（god）／唯一の神（God）のそれぞれに異なる視点の

ら導かれる第二の点として、全ての人は必ず、そしてごく自然に、自らの知覚を通じて得られる情報を期待、記憶、物語、心理的な状態、等々という網の目（グリッド）を通して解釈するということだ。視点とは単に地理的なことを指すのではない（私は部屋のこちら側に立っていて、あちら側ではないので、私の視点はあなたのものとは異なる、というような意味で）。人は、自分の持つ世界観というレンズを通じて対象を観察するが、各人の世界観には独自性が備わっている（様々な作家が指摘しているように、人々が心の中で抱いている視点は、どんな認識や知識を得るためにも必要だ）。[15] もっとも重要な第三の点は、私が観察のために用いる（比喩的な意味での）世界観というレンズは、私が属しているいくつかのコミュニティに非常に大きく関連しているということである。私がある特定の見方でものごとを観察するのは、私がある特定の地域集団や、家族や友人のネットワークに属しているからだ。私の持つ視点は、私が属している職種やアマチュア音楽団体などの影響を受けている。全ての人間の共同体は、ある特定の了解事項、伝統、期待、不安といったものを共有し、また大切にしている。共同体は、その構成員に現実を特定の見方で解釈するように促し、ある種の発言が道理に適ったものとして理解されるような文脈を作りだす。「中立的」または「客観的」な観察者なる者は存在しないし、同様に「第三者的立場の」観察者もありはしない。[16]

これらのことが指し示しているのは、今後も「実在論」を用いていくた

重要性については5章を参照せよ。注目すべきは、例えば Hawking 1988 の神についての議論では、神（God）という言葉は（もしそれが指示対象を持つなら）理神論者によって想像されるような神を指していて、他の可能性（例えば聖書の神（々））については考慮されていないことだ。理神論的な神は究極のナイーブ実在論者と言えよう。アブラハム、イサク、ヤコブ、そして（イエスの）神が物事や人々を「知る」時、理神論的な神とは全く別の関係、積極的な関与がある。

15　Polanyi 1958; Wolterstorff 1984 [1976] を参照せよ。
16　MacIntyre 1985, 220 以下を見よ。この全体の批評は、リクール的な意味での「説明」に対応している。Thiselton 1992, 10 章の議論を参照せよ。

めには、全ての知識は不完全であることを十分に理解する必要があることだ。では、具体的にはどうすればよいのだろうか。

ここで私たちが採り得ないのは、実証主義を改良して復活させようという試みだ。以下のような見解は否定されねばならない。「これら全てのことを考慮に入れても、私たちが語ることができるのは、観察者の知覚情報に基づく外部世界に関するものだけだ」。否である。個別的な知覚情報を基に、外界の現実について明確に語るという実証主義モデルに代わるものとして、批判的実在論は、ストーリーや世界観という大きな枠組の中でこそ知識を獲得できると主張する。ストーリーや世界観は、観察者と世界との関係の基礎をなしている（世界観とは何で、それがどういう働きをするのかは第5章で論じる）。知覚情報から確固たる知識へという実証主義のモデルは否定されねばならない、それがどんなに練り上げられ、慎重なものであっても。私たちが知識を獲得するのは以下のモデルにおいてだ。「人がいつも忠実に心に抱いてきたある一つのストーリー（それは複数あるのかもしれない）と現実が合致する時に、それはその人の知識となる」。このモデルから生じるさらなる問題点について論じてみよう。

これまでの議論が謎めいて響くことはよく理解している。批判的実在論を通じて得られる「知識」とは、単に個人的な事柄のように思えてしまうかもしれない。結局のところ、現象論者、または主観論者が正しかったのだろうか。私が知っている全ての事柄は、私自身のストーリーの中で起こった主観的な事柄にすぎないのだろうか。批判的実在論についてのこうした単純な見方が間違っていることを示すために、実証という問題について見ていく必要がある。知識だとされるものは、どうすれば「実証」されたと見なされるのだろう。[17]

（iv）仮説と検証

「科学的」方法を説明するとき、通常「仮説とその実証／反証」に焦点

---

17 以下で論じる事柄について、Barbour 1966, 2部を見よ。

を合わせるのには正しい理由がある。私たちは真理についての仮説を立て、それについて実験を通じて実証あるいは反証しようとする。では、私たちはどのように仮説を立てるのだろう。また、どうなれば実証または反証されたと言えるのか。実証主義のモデルでは、仮説は知覚情報を通じて構築され、そして構築された仮説を確認、修正、あるいは廃棄するために、さらに多くの知覚情報が求められる。私はこのような記述は誤解を招くものだと見ている。優れた作業仮説が知覚情報だけで構築されるというのは事実とは異なる。実際、どの分野の思慮深い思想家もそのようには考えていない。仮説の構築には、もっと大きな枠組が必要とされる。その枠組とは「ストーリー」である。世界の中で生起する物事について知識を得るためには、より大きな一連のストーリーが求められる。ここには常に飛躍がある。それは、ある特定の主題についての想像力によって生み出される飛躍であり、現象の無作為的な観察から、ある種のパターンについての仮説を立てるに至る飛躍である。また実証とは無作為にデータを拾い上げ、それらが仮説と整合するかどうかを確認する作業ではない。むしろ、仮説のある面についての疑問を解消するために、仮説そのものをも含むもっと大きなストーリーに基づいた方法論が必要なのだ。しかし、ここで厳しい質問が投げかけられる。どのように大きなストーリーと特定のデータとが「整合」すると言えるのか。この点について考察するために、ストーリーそのものについて詳しく見ていく必要がある。

3. ストーリー、世界観、そして知識

(i)「ストーリー」と「世界観」

ストーリーは人間生活のもっとも基本的な在り様の一つである。[18] 私

---

18 この現在多いに議論されているトピックについて、特に以下を参照せ

たちは行き当たりばったりの行動をして、後からそれらを理屈づけようとはしない。人がそのように振る舞えば、彼らは酔っているか、正気を失っていると思われるだろう。マッキンタイアーが論じるように、人間行動一般は、そして特に会話は「演じられる物語」なのだ。この物語が私たちの生活の基本的な枠組であって、人々の行動や各人物はその文脈の中でのみ理解されうる。[19]

> 歴史とは一連の行動を指すのではない。行動という概念は、歴史からある目的のために取り出された実際に起こった、または起こり得た歴史のある瞬間についての概念である。それと同様に、歴史上の人物群も人間のコレクションを指すのではない。人間という概念は、歴史の中からから選び出されたある人間に関するものなのである。[20]

人生は暗黙の、または明確に示されたストーリーを土台としており、それによって形成されていると言える。ストーリーは、「人が自分自身について、あるいはお互いについて語り合うため」に必要なものなのだ。このようなストーリーへの評価は、「ストーリーとは何かを説明するための道具にすぎない。だが、ストーリーなど使わなくても、言いたい事は伝わるのだ」という一般的な通念とは相容れない。ストーリーはしばしば、「抽象的な真理」や「ありのままの事実」よりも劣るという不当な評価をされてきた。もう一つの不満足な見方は、ストーリーを修辞的な格言やそれに

よ。Frei 1974; Alter 1981; Ricoeur 1984, 1985, 1988; Funk 1988; Hauerwas & Jones 1989（特に、クライテスの論文（65-88）ハート、クライテス及びハワワースの間の議論（279-319））。MacIntyre 1985、特に 15 章も重要である。この章の推敲の最終段階で、「真のキリスト教徒の大きな物語の実在論（metanarative realism）」についての John Milbank の説明（1990,12 章）を読んだが、私がそれを正しく理解しているならば、それは私の議論と極めて近いものだった（もちろん、もっと詳しく論じられているが）。

19　MacIntyre 1985, 211。
20　同書、217。

類するもののショー・ケースと見なすものだ。ストーリーは人間生活の基本的な構成要素である。つまり、ストーリーは世界観の包括的な形成における重要な要素の一つなのである。私は5章で、全ての世界観はこれ以上簡略化できない物語的要素を含んでいること、また物語的要素は他の世界観の構成要素（「シンボル」、「実践」、「根本的な問いと答え」）と並んで、それら全てが他の要素に「簡略化」できないことを論じる。これから見ていくように、人間が現実を認識するためのグリッドとしての世界観は、人間の「信仰」や「目的」という形で意識に上ってくる。それらの信仰や目的は、原則的に論議の対象となる世界観を表明するための役割を果たす。そのため、世界観そのものを特徴づけるストーリーは、人間の知識という地図の上では、神学的信条のような定式化された信仰よりも、さらに根源的な地点に位置づけられる。

　言うまでもないが、世界観をもっとも分かりやすい形で具体的に表しているストーリーは、未開で素朴な世界の住民たちが語る、世界全体や特定の民族の起源について説き起こす創世神話である。人類学者たち（より文明化された現代人の目からは隠されている、原始の視点を明らかにすることに熱心な人々）は、この目的を達成するために創世神話のストーリーを研究している。しかし、現代においても似たようなストーリーを見いだすことができる。たとえば政治論争で物語が活用されている。世界大恐慌の時代に関するストーリーは、抑圧された労働者階級の共感を喚起するために用いられる。テロリズムについてのストーリーは、テロ撲滅を叫ぶ右派政治体制を正当化するために使われる。もっと身近な例を挙げよう。ストーリーは個人間で、または家族の会話の中で起こった出来事についての情報を単純に提供するためだけのものではない。それは家族、職場、同好会、またはカレッジにおいて共有されている世界観を体現し、強化し、おそらく修正するものだ。そのため、ストーリーは世界を体験するために不可欠な枠組を提供する。ストーリーは、世界についてのある見方に疑問を呈するための手段ともなりうる。

（ⅱ）「ストーリー」と「ユダヤ人の世界観」

　ストーリーが世界観の基本的な特徴だという事実は、ユダヤ人の世界観とその多様な変種に優れた実例を見いだせる。それらは決して一連の信条には単純化できない。もっとも諺的で警句的なものでさえ、ユダヤ人の文学は契約の神、世界、そしてイスラエルについてのユダヤ人のストーリーという、根本的な土台の上に成り立っている。1世紀の大部分のユダヤ人にとって、ストーリーという様式は間違いなく彼らの世界観を表明するための自然で至極当たり前の手段だった。過去になされた神の民のためのヤハウェの力強い御業のストーリーを語り継ぎ、今ここで忍耐と服従を続けている忠実な者たちを燃え立たせるための新しいストーリーを創作すること、あるいはこれまでの全ての出来事の有終の美を飾り、イスラエルに真実で永遠の解放を完全にもたらす、来るべき神の力強い御業への待望、それらはストーリーを通じて世界観として表明される。[21]

（ⅲ）「ストーリー」の持つ力

　ストーリーは、子供たちや純粋に楽しみのためにそれを読む人々の間では決して人気が衰えないものだが、それは学者の間でも、特に聖書学者たちのギルドの中で近年人気を博するようになった。最近の世代では幾人かの著作家が、聖書の様々な部分の構造や重要性を理解する助けとして、ウラジミール・プロップのような昔話の分析者の研究を利用するようになった。物語を何か別のものに「翻訳する」代わりに、私たちは今こそ物語を

21　本書第Ⅲ部を見よ。この時代の例として、ヨベル書、第4マカバイ、ヨセフスが挙げられる。これらの著作の様式はストーリーではないのにもかかわらず、ストーリーを物語っている。クムランの聖書注解は、詳細な「ペシャー」解釈法を通じて、共同体とその起源、奮闘と運命について物語っている。フィロンは、その例外性によって原則の存在が確認できるケースかもしれないが、プラトン自身もそうしていたように、フィロンもある段階ではストーリーを用いていた。

第 2 章 知 識　89

あるがままに読み、そのものとして理解するように促されている。[22]文学的にも神学的にも、これは素晴らしい展開だろう。もちろんある程度のチェック・アンド・バランスは必要だが、大筋では諸手を挙げて歓迎すべきことだ。

　さらにこの探求において、ストーリーがそれ自体で、また他のストーリーとの関連で、どういう働きをするのかを考察する。ストーリーはその内部に、構造、プロット、登場人物を含んでいる。ストーリーにはさまざまな修辞的技法が用いられるが、それらはナレーション様式（ナレーターは劇中の登場人物の場合もあれば、全ての出来事への特権的な洞察を持っている場合もある）、アイロニー、葛藤、「フレーミング」のような異なる物語様式、等々を含む。ストーリーは「理想的な読者」と呼ばれる読者層を想定している。つまり、ストーリーそのものが読者にある種の適切な読み方をするように促していることになる。これら全ては、読者のストーリー理解に特有の影響を及ぼす。次章で考察するように、私たちは文学批評家たちのように、複雑なストーリーに取り組むべく招かれている。つまり、文学が創出する効果と、その効果を生み出すための方法を研究するのだ。この研究から作者の意図を除外すべきではない。古代のテクストを扱う際に、古代の修辞学の解説者が物語のもたらしうる様々な効果について完全に把握していたことを私たちは忘れてはならないし、全ての福音書記者がそのような知識について無知であったと考える必要もない。マルコのような記者は、「生まれついての」雄弁家がしていたのと同じようにそうした効果を生み出したのかもしれないし、さまざまな技法を無意識の内に、あるいはそれらについての知識なしに用いていたのかもしれない。[23]

22　特に Frei 1974; Alter 1981 を参照せよ。
23　これらについては、3 章を見よ。Beardslee 1969; Rhoads & Michie 1982、その他の近年の著作。また、H. D. Betz のガラテヤ書の注解書（1979）と比較せよ。福音書をストーリーとして見る最近の研究（例えば Mack 1988）では、「ストーリー」が生じるのは後期の発展段階だと想定しているが、これはおかしな見方だ。本書第Ⅳ部、特に 14 章を参照せよ。

ストーリーが他のストーリーとの関連でどのように機能するのかを検討する時、人間がストーリーを語るのは、私たちがどのように世界を認識し、実際に係わるのかについて語るためだということに気づく。孤立した、だが相互に関連している無数の小さな出来事を結びつける大きなストーリーを理解するために、私たちはある程度知られている物語形式を引き合いに出し、情報をその物語形式の中に位置づけようとする。ストーリーは「問題と葛藤」、「それを解決するための試み、失敗」、そして「最終的な結末」（それが良いものであれ、悪いものであれ）といったパターンを持っている。世界中の事例から見ても、ストーリーは世界が実際にどのようであるかについて語るためのベストな方法だと言えよう。喜劇であれ悲劇であれ、良質のストーリーは、世界が「葛藤と解決」の場であることを想定している。良質のストーリーは、題材をしかるべく選択し、編纂する。そして、既に示唆したように、ストーリーは世界観を体現し、強化し、おそらく修正することができる[24]。

　実際にストーリーは、別のストーリーとその世界観を修正し覆すのに際立った威力を発揮する。真っ向からの批判ではラチがあかないところに、たとえ話は鳩のような素直さの陰に蛇のような英知を隠し持って聞き手にすっと忍び込み、普段なら安全に隠されている聞き手の通念に変化をもたらす。ナタンはダビデに、富んでいる人、貧しい人、そして小さな子羊についての話をする。ダビデは激怒する。そこにナタンの落とし穴がある。ある人に何か言葉で指示しても、それは彼の生き方を１日だけ変えるだけだ。だが、ある人にストーリーを語って聞かせれば、彼の人生を変えることになる。ストーリーには比喩的な効果がある。比喩は、異なる二つのアイデアの橋渡しをし、聞き手が直感的にそれら二つを結びつけられるようにする。しかしそれら二つのアイデアは重ね合わされることもなく、一方が他方の意味を明らかにするように作用する。そして聞き手の見方が変え

24　ストーリーがなし得る他の事柄については、Thiselton 1992, 15 章, セクション 3 を参照せよ。

られていく。[25] 既存の見方を覆すストーリーも、直感的に理解できるほどに聞き手が抱いているストーリーと非常に良く似た形で提示される。そして聞き手の意識の全てが一変させられる。

　この洞察をもっと多くの具体例を通じて追求することができるし、それは望ましいものだ。社会は複雑で、社会に影響を及ぼす世界観は明快なストーリーを生み出すだけでなく、断片的で歪められたストーリーをも作り出す。こうした状況下で、グループや個人は自分の歩みを選び取る。重なり合う世界の中で、人は個人としてまたグループとして、重複し競合するストーリーを語る。グループや個人によって積極的に語られるストーリーは、意図的にあるいは無意識の内に人を欺くものである場合もある。これらのストーリーは、実際の実践や、より大きな象徴世界を踏まえて検証される必要があるだろう。ある人が常々「行っている」こと、またその人々の生活を秩序づけているシンボル、それらは少なくとも、彼らが「公式に」語るストーリーと同様に、彼らの世界観を計るための信頼できる指標なのである。[26]

（iv）「ストーリー」、そして「新約聖書」

　私たちの研究分野、つまり新約聖書において、これらのことから得られる結論は以下のようになる。1世紀のユダヤ人グループの一つは、世界観の一つを取り上げ、それを称揚しようと願っていた。彼らが表明しようとしたのは、「私たちの世界観を特徴づける希望は、ある一連の出来事において成就した」という確信だった。彼らがその確信を言い表すために選択したもっとも自然で、明らかにユダヤ的な方法とはストーリーを語ることだった。そうすることで、これまでの世界に見方を覆そうとした。他の全ての人々と同様、1世紀のユダヤ人は世界とそこでの出来事を、「解釈と

25　Crossan 1988b [1975] を見よ。メタファーについては、Ricoeur 1977; Caird 1980; Soskice 1985。

26　本書5章を参照。クリストファー・ローランド教授がこの点を私に強調して下さったことに謝意を表する。

期待」というグリッドを通じて認識した。彼らのグリッドの中心には、世界は善なる賢明な全能の神によって創造され、その神がイスラエルを彼の特別な民として選んだという信仰があった。彼らは、自分たちの歴史や共同体的で伝統的なストーリーが世界の中での出来事を認識するためのレンズを提供してくれると信じていた。そのレンズは彼らの生活を方向づけるような役割をも果たした。彼らは、自分たちの世界観を体現し、具体化し、強化するストーリーを語り、そうすることで別の世界観に対して強力な挑戦を投げかけた。同胞のユダヤ人に異なる考え方をするように促そうとした人々は、同じストーリーを語りながらも話の末尾に予想外のひねりを加えた。エッセネ派の人々は、新しい契約のひそやかな始まりについての物語を語った。ヨセフスは、ローマ人の側に立ってしまったイスラエルの神についてのストーリーを語った。イエスは、農夫たちの不忠実がぶどう園の主人の息子の死と、彼ら自身の追放を招くだろうというストーリーを語った。原始キリスト教徒は、神の国と、イエスを通じた神の国の始まりのストーリーを語った。しかし、たった一つ、彼らが決してしなかったことがあった。彼らは、自分たちの神が創造された世界や彼の民の運命について無関心だったとか、関与しなかったなどという世界観を決して表明しなかった。このことについては後で論じることにする。

(v) 競合する「ストーリー」

複数のストーリーが互いに衝突し合う理由は、世界観とそれを特徴づけるストーリーが原理的に「規範的」だからである。ストーリーは全ての現実の意味を明らかにすると主張する。全ての人の意見は、全く正反対の意見ですら等しく正当なものだと信じる相対主義者ですら、現実についての彼ら自身の基本的なストーリーには忠実なのである。相対主義者のストーリーは、他の大部分のストーリーと明らかに衝突する。それは、現実とは要するに継ぎ目のない織物であり、原則的に経験、観察、そして議論に対して開かれたものだと物語る。皮肉にも、現代社会の多くの人々は、キリスト教とは個人的な世界観であり、一連の個人的なストーリーだと見なし

ている。あるキリスト教徒は、あきらかにこの罠に陥っている。しかし、キリスト教の本質は全世界のストーリーとしてのストーリーを提供することにある。それは公共的な真理だからだ。さもなければキリスト教はグノーシス主義の亜種と化してしまう。[27]

あるグループの語る世界についてのストーリーが、他のグループの語る別のストーリーと遭遇する時、何が起きるのだろうか。ある極端なケースは、私が観察する対象、ある人の行動、または出来事、そしてそれらが示唆するストーリーが、自分の世界観にぴたっと当てはまるという場合だ。その正反対は、私の面前で演じられているある出来事（とそれが示唆するストーリー）が自分の世界観と全く相容れないという場合だ。その出来事が納得できるものになるために、私は自分が抱いてきた**「根幹となるストーリー」**（the controlling story）を捨てざるを得ないのかもしれない。この場合、私は現状を説明できるような新しいストーリーを見つけねばならない。しかし私はその新しいストーリーを、知覚情報を通じて自分で構築するのではない。そうではなく、目下のところ私を困惑させている出来事についてもっと合点がいくような他の共同体のストーリーを借りてくるのである。[28] このように二つのストーリーが衝突してしまう場合に、自分を納得させるための別の方法が一つだけある。それは、疑問を投げかけるスト

---

27 Newbigin 1986, 1989; Walsh 1989、その他多くの著述家を参照のこと。
28 私の「controlling stories」という言葉の用い方は、ウォルターストローフの議論での「controlling belief」（1984 [1976] 1部、特に1章）と似ている。人が矛盾する証拠を実際に「観察」することができるのかどうか（そのような証拠が存在するはずがない、という世界観によって、問題の証拠は「排除」されることが想定されるため）という問いは複雑だが、私はこの問題がウサギとカメのパラドックスの変種であると強く示唆したい。私たちは実際の証拠によって、ウサギが実際にはカメを追い越すことをよく知っている。私たちはある証拠（ウサギがカメを追い越す）によって自らの世界観（ウサギがカメに追いつくことはない）を覆えされてしまい、その新たな証拠に合致する別の世界観を受け入れることを迫られるケースがあることを知っているのだ。むろん、そのような急激な世界観の変更は、ある種のトラウマを伴うこともしばしばだが。

ーリー（the challenging story）の証拠が実際は当てにならないことを説明してくれる、別のストーリーを見つけることだ。これは科学（「実験がうまくいかない。だから、予期しない変数が手順のなかに紛れ込んでいるに違いない」）、歴史（「テクストが事実とうまく符合しない。だから、誰かが歴史的事実を歪めてしまったのだ」）、そして他の分野でも非常によく見られる手段だ。実際の場合は、この両極端の間のどこかということになろう。私たちの目にする出来事や対象物は、私たちが抱いてきたストーリーに修正を迫ったり、覆したりする。証拠は常に検証されるためにあるが、それについての中立的な、または客観的な立証などは存在しないのだ。私たちの抱く世界についてのストーリーが、他のライバルとなるストーリーとの比較で、全体的にも細部においてもより優れているかどうか、それが問題なのである。全体像の単純さ、細部においての簡潔さ、ストーリーが全ての情報を含んでいること、目の前の現実を納得ゆくものにしてくれるかどうか、そうしたことが重要になる[29]。

（vi）「ストーリー」と「仮説と検証」

　ここで私たちは、仮説とその検証という概念に戻ってきた。通常仮説が「立証」されたとされるのは、その仮説がある種の単純さで全てのデータを含み、そして目の前の観察対象を超えた広い分野でも有効であることが証明された場合だ。だが、ここまで私たちは、仮説とは実際は何かという説明と、立証において何が重要なのかという説明との溝を埋めようとしてきた。十分な説明には、「疑問」、「仮説」、そして「仮説の検証」が含まれる必要がある[30]。

　まず初めに「疑問」が生じ、それに答えるための仮説が立てられる。疑問は何も無いところから突然現れるのではない。それはどんな場合でも、自分自身についてのストーリーから浮かび上がってくる。ある人が疑問を

29　本書4章以下を見よ。
30　Meyer 1979, 80。

抱くのは、その人の現在のストーリーに何かしら不可解な点があったり、不完全な点があるからだ。例を上げてみよう。私はドライブしていて、いろいろな事柄について思いを巡らせている。しかし、車とドライブと道路についての基本的なストーリーについては何の疑問も持っていない。そのうち車がガタガタし始める。そこで私は、この現象を説明してくれそうなさまざまなストーリーを自問し始める。「たぶん市議会が道路工事をしていて、まだ整地を終えていないのだろう。」、「ひょっとするとパンクしたのかもしれない。」、「おそらくサスペンションに何か問題があるのだろう。」これらの仮説は、ストーリーに潜在的に欠けている部分を埋め合わせてくれる。仮説が適切にストーリーに加わることにより、私の日常的なストーリーは「説明的なストーリー」に変化する。これらの仮説がどこから生じてくるのかを説明するのは困難だが、これは大切なことだ。それらは直感というプロセスを通じて現れるようだ。そして、（前記の例に戻ると）私の前の車がフラッシュで合図してきて、そのドライバーが指で私の車のタイヤの一つを指差す。ただちに二番目のストーリーが大きく浮かび上がってくる。私は車を停めて、タイヤを点検する。案の定、タイヤはひどい状態だった。さらなる二つの情報、つまり他のドライバーの行動とタイヤの状態、それらは私に二番目のストーリーが現実とぴったり符合することを確信させてくれる。私の語ったストーリーの内の一つが、「満足のゆく説明的なストーリー」として浮上した。もちろん、道路やサスペンションに多少の問題があったのかもしれない。しかし、もっともすっきりとした説明は、車の振動はパンクによって引き起こされたのだというものだ。このプロセスの各段階の要諦はストーリーという用語によってもっともうまく言い表すことができる。疑問を促すストーリーがあり、説明を提供するいくつかの新しいストーリーが現れ、その内の一つのストーリーが、全ての関連したデータを明快で単純な枠組の中に含めるのに成功し、そうして他のストーリーのもっと良い理解に資することになる（私は常々、そのタイヤを購入したガソリンスタンドのことを少し疑っていた）。この極めて単純な知識のプロセスについての記述は、「仮説と検証」モデルに含まれる

ものを明示し、それを世界観の特性とその中でのストーリーの位置を示す地図(これについては5章でより深く論じる)の上に位置づける。このことは、特に歴史について論じる際に極めて重要になるのだが(4章参照)、そこでは「検証」プロセスについてのより詳細な問題について論じることにする。

(vii)「ストーリー」と「批判的実在論」

このように、私たちが外部の現実を認識する時、既存の枠組の中でそれを行う。この枠組は、もっとも根本的な意味で世界観によって成り立っている。またこれまで強調してきたように、世界観は他の要素と共に、ある種のストーリーによって特徴づけられる。実証主義や現象論の伝統的理解は、認識はより大きな実在を把握する前に生じると考える点で誤っている。反対である。細かな知覚による認識は、ストーリーの中でのみ生じる。それだけでなく、個々の認識はストーリーの中で検証される(それらがストーリーに含まれていればだが)。理解すべき重要な点は、実証主義的伝統が「事実」だと見なすものは、それに付随する理論と共に現れるということだ。そしてその理論とは、「事実」を含む枠組としてのストーリーなのだ。「事実」について言えることは、そのまま「対象物」にも当てはまる。「対象物」もまた、それについてのストーリーを伴って現れる。「カップ」という言葉は、単にある物理的特性を持った対象物を意味するのではないし、カップを見たり触れたりする時のそのカップの物理的特性についての私の視覚的、感覚的認識を指すものでもない。カップという言葉とカップという物体は、カップが登場する一連の暗黙のストーリーと関係している。それは陶芸教室や、家族の伝統や、ティー・パーティーや、あるいはお隣さんから砂糖を借りてくる、というようなストーリーだ。言い換えれば、私たちは対象物を少なくとも暗黙の内に「出来事」の一部として見る時にのみ、それらが何であるかを知る。そして出来事は、(原則として)理解できる行動に関連する。つまり知るというプロセスにおける「観察者」と「対象物」との関係は、先に見た経験主義の伝統に見られるようなモデル

ではない。それは、「人間」（中立的で客観的な観察者ではない）と「出来事」（孤立した無意味な対象物ではない）との間での対話や会話だ。そして、対話をするどちらの側にもストーリーがある。人間には暗黙の内に世界について物語るストーリーがあり、出来事とそれを構成する「対象物」にも、それらに関するストーリーがあるのだ。[31]

これまで見てきた細かな点を考慮に入れることで、批判的実在論の認識論についての先に提示したダイアグラムの修正版を描くことができるだろう。

ストーリーを語る人　………………………>　　ストーリーを帯びた世界

　　　　　　　（既にストーリーの中でなされる）初めの観察は

　　　　　　　　　　<………………………

ストーリーの語り手である私たち自身を批判的に考察することで疑問を投げかけられるが（つまり、現実についての私たちの主張が誤りかもしれないと認識する）、

　　　　　　　　………………………>

世界について正しく語るための代わりの方法を、新たなまたは修正されたストーリーの中に見いだすことができる（このプロセス自体が私たちの物語の続きなのである）

思うに、これはポール・リクールによって提唱された「疑念と回復」という解釈法といくつかの点で類似しているが、この点をここで論じては本題から乖離し過ぎてしまう。[32] 西洋世界が知識を「客観的」なものと「主観的」なものとに区分する以前の時代ならば、より誤解を招きにくい「公共的」と「個人的（プライベート）」という知識区分の観点から考えるこ

31　この段落全体はMacIntyre 1985に負うている。
32　Thiselton 1992, 372を参照せよ。「リクールの思想の中心にあるのは、解釈法の二重の機能である。人間の願望充足と偶像の破片を暴く疑念の解釈法と、象徴と象徴的物語話法に耳を傾ける回復の解釈法である。批評学の影響下では、批評学の砂漠のもっと先にあるポスト批評学的創造性に到達することが、唯一の取るべき道である。」

とができただろう。ある種の知識の公共性は絶滅の危機に瀕してはいない。それらは、ある人々が知っていることを実践しているという事実によって、より強固なものとされる。

4. 結論

　「客観」と「主観」という厳格な区分は無益なものとして廃棄されるべきだ。これを読んで、もし誰かがすぐに「では客観的な知識などはないのだ」と考えるとしたら、それは実証主義の伝統が私たちの文化にどんなに深く根づいているかを示し、しかもそう考えていた張本人がそれを誤りだと認める瞬間でもある。ここまで論じてきたように、必要なのはきめ細かい認識論であり、本書の制約と自らの知識の限界を知った上で、私はそれを提示している。しかし、差し当たってキリスト教徒の世界観に関して、少なくともこれだけは明言できる。それは、知識とは、人間と創造された世界との相互関係を扱うものだということである。このように知識を理解することは、「人間は創造主のイメージに創造され、またその結果として人間は創造された世界の秩序の下で賢明に自己の責任を果たすという任務が託されている」という聖書的信仰の領域で知識について考えることになる。人間は客観的な観察者でもなければ、創造世界の略奪者でもない。この観点からすれば、知識は管理者責任の一形態だとも言える。現在の世界の状況から見て、知識は「世界を回復させる」ための管理者責任の一つとなりうる。ある意味で、知識は愛のかたちとなる可能性を持っている（もし誤用されてしまうと、知識はこれら全てのものとは正反対のものになってしまう。知識は管理者の職責において「利用される」ためにあてがわれた贈り物だと見なされるかもしれない）。知るということは、知られるもの（the known）との間に関係が生じることを意味する。これは、「知られるもの」が自分の期待し、望んでいたものとは異なっている可能性を「知る人」が受け入れねばらないことでもある。しかし同時に、「知られるも

の」を単に遠くから眺めるだけでなく、「知る人」はそれに適切に応答するべく準備する必要があることをも示唆する。

　私が提示している批判的実在論は、その本質において「**リレーショナル**」な認識論であり、孤立した認識論とは対極にある。人が現実を正しく認識するために、ストーリーはその道筋を提供してくれる。ストーリーとは、人間と、人間が観察する対象（それには他の人間も含まれる）との相互関係についてのものだ。また、世界観を決定づけるストーリーは、世界観を共有する者同士の関係においても（彼らは世界観を確認し、また手直しするためにストーリーを語り合う）、また異なる世界観を持つ者たちの関係においても（彼らは相手方の立場を覆すためにストーリーを語り合う）、欠くことのできないものだ。批判的実在論は、「客観主義者」の主張する知覚情報によって得られる知識よりも、もっと大きな知識を得ることを可能にする。同時に、「主観主義者」の指摘する、知るという行為における「知る人」の役割の重要性をも正しく認識させてくれる。このモデルには大きな有効性がある。それはアリアドネーの糸のように、新約聖書という迷宮の中で私たちを導いてくれるだろう。

　批判的実在論における知識とその検証は、「人間の知識、思考、行動は本質的にストーリー的である」という認識に立って行われる。批判的実在論は、外部の現実に関する全ての知識が、ストーリーを本質的要素とする世界観という枠組の中で得られると認識しているからだ。この理論は、世界一般について、またそこでの具体的な事象について、それらを説明してくれるストーリーを仮説として提示する。そして、その仮説的ストーリーが目の前の現象と「適合する」のかどうかを観察し、検証する。では、私が提案しているこの理論が正しいことを示すための決定的な議論を求められた場合はどうすべきだろうか。経験主義的な観点からこの問いに答えようとすれば、明らかに自家撞着的になってしまうだろう。唯一の適切な議論は、いつものように論より証拠なのである。新しい認識論を提案するのは、経験主義そのものが抱えている問題のためにそもそも難しいものなのだ。拠って立つことのできる堅固な（「客観的な」）土台を見つけるのは不

可能だ。そんなものは存在しない。だから、全ての認識論は仮説として論じられねばならない。それらの有効性は、あらかじめ合意が得られている事柄との一貫性によってではなく、他の仮説と同じように、その簡潔さや、様々な経験や出来事をうまく説明できる能力によって試される。私はここまで、人間がどのように物事を知るのかについてのストーリーを語ってきた。だが今こそ、このストーリーの実例を示そう。そして人間がある特定の事柄、つまり文学と歴史と神学をどのように理解することが可能なのか、その方法を観察することで、私の語るストーリーが正しいことを適切に立証していきたい。

第3章 「文学」、ストーリー、そして世界観の表明

1. 序　論

　原始キリスト教、イエスとパウロ、そして初期キリスト教運動全般と個別の神学の研究、これらは文学の研究という方法でなされる。このルールから除外されるのは、貨幣、碑文、その他の考古学上の偶発的な発見に限られる。こうした文学の重要性のため、「文学」そのものについて、またその役割について平易な言葉で説明する必要がある。さらには、文学について論じるためのベストな方法についても問わねばならない。新約聖書にどう取り組むべきかという問題は、書物一般にどう取り組むべきかという一般的な問題の中の特殊なケースなのである。新約聖書も文学の一つなのだという事実は、20世紀後半に生きる私たちの上に重くのしかかっている。文学批評の波はとうとう神学者たちが砂遊びをしている海辺にまで押し寄せてきて、彼らの作っていた砂の城の周りの堀を水で満たしてしまった。堀をもっと深く掘って城を補強しないことには、砂の城は脆くも崩れさってしまうだろう。

　文学についての現代の課題と、私たちがこれまで検討してきたことには強い共通性がある。[1] 私たちは再び「知識」についての問題に向き合うことになるが、それは非常に特殊なものでもある。まず初めに、読書という行為そのものについて議論せねばならない。読者がテクストに向き合う

---

[1] 例としては既に見てきたように、Young & Ford 1987, 5章；Morgan 1988, 7章を参照せよ。

際に、いったい何が起きるのだろう。第二に、文学とはそもそも何なのかを問わねばならない。第三に、これらの点を考えた上で、文学批評の課題とは何かを問う。この問いは、再び「ストーリー」についての問題に私たちを導く。そこで、ストーリーの役割についてより詳しく見ていく必要がある。最後に、これら全てを綿密に新約聖書に適用せねばならない。[2]

まず、この考察の助けになるいくつかの実例から始めるのがよいだろう。

「誰かそこにいるのですか」
月明かりに照らされた扉を叩きながら、旅人は尋ねた。
馬は黙々と、
シダの生い茂る森の面の草を食んでいた。

鳥が小塔から、
旅人の頭上高く羽ばたいていった。
彼はもう一度扉を強く叩き、そして言った。
「誰かそこにいるのですか」

しかし、旅人の元へは誰も降りて来なかった。
リーフの飾りのついた敷居から
困惑して佇んでいる旅人の灰色の瞳を見つめようと
身を乗り出す者は誰もいなかった。

しかし、この人里離れた屋敷に住みついた
亡霊の聞き手の群れだけは、

---

2 その背景として、Beardslee 1969, 1989; Frei 1974; Alter 1981; Frye 1983; Barton 1984; Cotterell & Turner 1989; Hauerwas & Jones 1989; Sanders & Davies 1989, 15–16 章; Warner 1990、そして Poythress 1978 などその他多数。近年の研究の中で、本章の全分野についてもっとも重要な二つは Moore 1989 と Thiselton 1992 である。

静かな月明かりの下で
人の世から聞こえて来るこの声に、じっと耳をそばだてていた。

誰もいない広間へと下っていく薄暗い階段の
仄かな月の光の中に群れをなして、
孤独な旅人の呼びかけによって生じた
かすかな空気の振動に耳を傾けていた。

旅人は心に奇妙な感覚を覚えたが、
彼の叫びに応えたのはそれらの静寂だった。
星々と木の葉に覆われた空のもと、
彼の馬は体を揺り動かし、黒ずんだ芝を食んでいた。

突然、彼は扉を激しく叩き、
さらに大きな声で叫び、顔を上げた。
「私がやって来たこと、誰も返事をしなかったこと、
そして私が約束を守ったことを、彼らに伝えてください」と彼は言った。

聞き手たちは身じろぎひとつしなかったが、
彼の語った全ての言葉は
静寂の家の薄暗い闇の中を木霊し
この男はその静寂から屋敷を目覚めさせた。

ああ、彼らは彼の脚があぶみにかかり、
蹄鉄の音が石畳の上に鳴り響くのを聞いた。
そしてどのように静寂がそっと立ち戻ってくるのかを。
そして、猛然とひずめの音は走り去って行った。[3]

3　Walter de la Mare, 'The Listeners', de la Mare 1938, 316–17 に収録。

この一編の文章をどう読むべきだろうか。それで事足りるのなら、このデ・ラ・メアの詩を頭韻法のような文学技法の観点から論評できるだろう。森の静かで柔らかな感じは、4行目の一連の「f」［以下原文 of the forest's ferny floor］によって伝えられ、一度かき乱された小池が、再び静寂を取り戻すような、そんな静けさが戻ってくる感じは、最後から2行目の複数の「s」［以下原文 And how the silence surged softly backward］によって届けられる。私たちはこうした文学的効果と、その効果を生み出す手法について観察する。しかし、ここには考察に値するずっと大きな効果が見られる。この詩のタイトルは「ザ・リスナーズ」で、私たちが名づけそうなタイトル（「孤独な馬乗り」や「月下の騎手」）とは異なる。この詩の導入部が何か別のことに注意を向けさせるように、このタイトルも読者の注意をある方向へと向けさせる。それは読者に考察を促す。これらの亡霊のような聞き手は一体誰なのか。彼らは何をしているのか。誰がこの馬乗りに戻って来るように約束させたのだろうか、またその約束をさせた男または女は、今どこにいるのか。亡霊のような聞き手たちが後半部分の主語になることによってある程度は解消されるタイトルと詩との緊張関係は、十分な説明のない仄めかし（「私が約束を守ったことを、彼らに伝えてください」）と結び合わさって、壮大で厳粛な神秘性という効果を創出する。私たちはその神秘の内情に通じているようで、実際はそうではない。ここで目撃しているのは、示唆に富み、とても重要な、もっと長くて複雑なドラマのクライマックスなのだということに気づく。実際に、私たちは抗いようも無く「ストーリー」の世界に引き込まれていく。そのストーリーは、現代の「短編小説」のように、それが物語ることによるのと同じくらい、物語らないことによって読者をストーリーの世界に誘う。詩全体の持つ効果は、リズム、母音韻、心を揺さぶる情景、それら個別の効果を足し合わせた以上のものだ。個々の効果は、ストーリーそのものが持つ、もっと大きな効果の影響下に置かれる（もちろん、この詩は優れたものであるので、各々の効果は全体の効果を高めるように作用している）。これと似たこと

は、福音書においても認められよう。このような議論を通じて、私たちはある疑問にぶつかる。この詩に対する新しくて斬新な解釈上のアプローチは、どの程度まで許容されるのだろうか。正しい読み方とされるのはいったい何で、そうした読み方を確立しようとするのはどれほど大切なのだろう。[4]

ここで二つ目の例を見てみよう。トーマス・マンの名高く警鐘的な小説『ファウスト博士』には、アードリアン・レーヴァーキューンが登場する。彼は異彩を放つ作曲家で、全く新しい作曲技法を編み出した人物だ。[5] マンは一度だけ、この作曲家と悪魔との間のファウスト的契約を仄めかしてしまうが、こんなにも重要なテーマを早い段階で漏らしてしまったことについて、ナレーターとしての作家自身に腹を立てているふりをしている。しかし、本当に重要なテーマは隠されたままになっていて、小説の衝撃的なクライマックスが近づくにつれて、徐々に明らかにされていく。この作曲家の生涯と対になっているのは近現代のドイツの国家としての歩みであり、それはヒットラーの台頭と第二次世界大戦によってその頂点を迎える。この小説の結びの一文で、ナレーターは彼の友人のレーヴァーキューンの破滅とドイツの破滅を重ね合わせる。その時に、ついに作曲家とドイツとの関係が明白なものとなる。「神よ、あなたの哀れな魂に、我が友に、我が祖国に、どうか御慈悲を！」。[6] ここで劇的に示されるのは、20世紀のドイツに対する強烈で一貫した同国人からの批判、ドイツを愛し、現

4　Louth 1983, 103 を見よ。「正しくある」ことができ、またそうでならなければならないものと、「開かれて」いなければならないものとのエリオットの区分を論じている。

5　Mann 1968 [1947]。マンは本小説の巻末の脚注において（491）、12音階が「現代音楽家であり理論家でもあるアーノルド・シェーンベルクの真正な知的財産である」ことを認めている。もしこの小説全体が示唆することを考えるならば、シェーンベルクの困惑が見て取れよう。Carnegy 1973, 4章を参照せよ（私はこの参照と、いくつかの有意義な議論に関して、同僚のM. F. ランパート氏に謝意を表する）。

6　Mann 1968 [1947], 490.

在のドイツについて悲嘆に暮れている人物からの批判である。この劇的効果は、大きなスケールの並列法と対比法によって達成されるが、それは決して誇張されたものではなく、徐々に暗闇から現れてくるような類いのものだ。言い換えれば、マンの卓越した文字による音楽描写(架空の音楽を描写するとは大胆な作家である!)と人物描写の背後にある、ストーリーそのものが効果を秘めている。西洋文明の文脈では、このストーリーの持つ力の一部は、マンがファウスト神話を新たに語り直す手法そのものにある。それは他の人々、特にゲーテが『ファウスト』で語ったストーリーを覆す。マンが示そうとしているのは、このストーリーが本当は何を語っているのかということなのだ。

　ここにはあらゆる意味で福音書との興味深い類似性がある。また、ある疑問がわき起こってくる。この『ファウスト博士』のような文学を、私たちはどの程度本当に理解できているのか、またそうする必要があるのか。また、この文学作品の新しくて斬新な読み方や解釈は、どの程度まで許されるのだろうか。

　第三の例では、私たちはこれまでに親しんできた領分に戻ろう。共観福音書で語られる、イエスの不正なぶどう園の農夫たちのたとえ話において、私たちは覆すストーリー(subversive story)の古典的な例を見いだす。マンの小説の結びが作品を読み返す起点となるように、イザヤ書5章の「ぶどう畑の歌」と福音書のたとえ話との類似性は、私たちに考察の出発点を与える。これはイスラエルのストーリーなのである。イザヤが語った時にはすでに悲劇的なストーリーだったが、イエスが語る時にそれはさらに辛辣なものになった。それはぶどう園の主人とその農夫とのストーリーであるだけでなく、父と子のストーリーでもある。この要素もまた、(旧約聖書に親しんできた)読者のそれまでの見方を覆す。旧約聖書においては、イスラエルこそが創造主である神に愛される息子なのだが、イエスのたとえ話では、イスラエル人でありながらもイスラエルと敵対する息子が登場する。私たちはどのようにストーリーが各段階で組み立てられ、クライマックスに向かうのかを観察する。(1)ぶどう園が収穫の時期を迎える。

(2) ぶどう園の主人はしもべたちを遣わすが、彼らの受ける扱いはますますひどくなっていく。(3) 最後に息子を遣わすが、彼は拒絶され、殺されてしまう。(4) ぶどう園は取り上げられ、ほかの人たちに与えられる。劇的なドラマはこうして完結するが、(後に見ていくように、それは興味深いことに) 本質的に悲劇的である。農夫たちは、本来あるべき姿から遠く隔たり、彼ら自身の破滅の原因となってしまった。農夫として召されたのだが、彼らは主人になることを渇望する。多くの悲劇でそうであるように、ここには本質的にプロメテウス的な強調がある。ここで私たちは、イエスの語ったストーリーが旧約聖書の背景の下でどのように読まれるのかを観察した。このストーリーは、それ自体でどんな構造を持っていて、(聖書の様々な) ストーリーズという大きな全体図の中でどのように位置づけられるのか。再び、私たちはこう尋ねる。このストーリーの細かな部分を正しく理解するのはどれほど重要なのだろう。さらなる疑問も浮かんでくる。このイエスのストーリーが「聖書」の一部として読まれることで、どんな違いが生じるのだろう (もし違いがあればだが)。

2. 読書について

(i) 序 論

　上記の例を念頭に置いて、以下の問いを考えてみよう。私たちが読書をする時に、何が起きるのだろうか。第2章での知識の性質についての考察を、ここで文学の分野に当てはめてみよう。私たちは読書を通じて、どのような「知識」を獲得するのだろうか。
　現代の西洋世界の読者は、しばしばこの問いについて「ナイーブな実在論者」として答えてしまいがちだ。テクストという「望遠鏡」は単なる窓で、私たちはそこから現実を見つめる。私たちは歴史の本を読み、そして過去のある時点で「何が起きたのか」を単純に見いだす。これが「ナイー

ブな実在論」の読書の理解だ。しかしある日、私たちは新聞を読み、あるいは歴史の本を読み、自分が知っていると思っていることについて異なる情報源からの説明を読むことになる。このことは私たちをはたと立ち止まらせ、考えさせる。突然、ナイーブな実在論は怪しくなってきて、反対に現象主義的な「ナイーブな還元主義」の方へと、ぐらりと引き寄せられてしまう。これらの言葉が示すのは現実についてではなく、単なる著者の意見についてなのではないかと。私の中にある変化が起きる。作者を通じて、または出来事について書かれた言葉を通じて現実を見ているのではなく、私はただ作者を見ているだけなのではないか、と疑い始める。望遠鏡は屈折鏡になってしまった。観察しているのは出来事ではなく、単に作者なのである。このことは以下のダイアグラムで示すことができる。

	読　者	テクスト	作　者	出来事
ナイーブな実在論者	………>	………>	………>	

（テクストを読み、作者を通じて出来事にアクセスする）

現象主義者	………>	………>	………>	
			<………	

（テクストを読むことで作者にアクセスするにすぎず、出来事はそこにはない）

　文学とは別の分野で、このようなケースの好例をモネの絵画の中に見いだすことができる。他の大部分の画家と同様に、モネは現実世界の対象物を描き始める。それらは橋や大聖堂、彼の庭園や妻だったりする。印象主義がますます印象主義的になっていったように、そして特に興味深いことには、モネの視力が悪化していくにつれて、彼はますます対象物のあるがままの姿よりも、彼の対象物への「印象」を描くようになっていった。そのため、彼の中期の作風において、私たちは（時に大きな喜びをもって）

写実的な絵画ではなく、モネという人物の知覚情報の描写を見つめている自分自身を発見することになる。しかし、モネ自身の説明によれば、彼は対象物自体が彼に提示する知覚情報に興味を失っていき、そして彼が単に想像しているパターンや形、色彩や動きに関心を深めていった。晩年の作品において、モネは純粋な抽象性の方へと向かっていった。もちろん、モネの絵画の発展の軌跡をこのようにまとめるのは、本書の2章においての他の例と同様、粗雑で過度の単純化なのだが、ここでは話のポイントがつかめればそれで十分だろう。[7]

　実際、大部分の人々は状況に応じてある立場から他方へとふらついてしまう。イギリス人は自分たちのことを確固たる実在論者だと考えたがる。私たちは単に事実を観察し、それを描写する。私たちはテクストをあるがままに読む。しかし、(これまで見てきたように)自分がいくらかそれについて知っている出来事について、ある新聞記事を読むや否や、記者の視点と自分自身のそれとの違いに気づく。また、例えば心理カウンセリングを受けると、自分があまりにも無邪気に、心に抱いているイメージを他人に重ねたり「投影」してしまっていることに気づく。ジャーナリズムの例に戻れば、例えばテレビのドキュメンタリーやそれに類するものは、視聴者にとっては単なる事実の報道のように思える。しかし実際に視聴者が見ているのは、(a) ある出来事について、リポーターのそれがどうあるべきかという見解が現実の世界に投影されたもの (b) リポーターのある出来事についての見解、(c) リポーターの個人的見解が現実そのもののように提示されたもの、これらのいずれかだという可能性が非常に高い。[8] あなたがリポーターの視点に同意する場合は、あなたはナイーブな実在論者としてテレビを観るだろうが(これは出来事のありのままの姿を提示している)、同意できない場合は、たちどころにリポーターや出来事について現

---

[7] モネの意図や業績の展開については、House 1977, 3–13、ここでのポイントについては、特に12ページ以下を参照せよ。

[8] 何ものかが、別の何もののように見えるというアイデアについては、特にBerger 1969 を参照せよ。

象主義者になってしまうか（これは単なるリポーターの視点にすぎない）、あるいは主観主義者になってしまう（これはリポーターのでっち上げだ）。

　これらのことは新約聖書とはあまり関係ないように思われるかもしれない。しかし実際は、福音書に関する現代の書籍を手に取ってみるや否や、はっとさせられるだろう。ドイツの学者シュトレッカーは、山上の垂訓についての著作を先頃出版したが、[9]その裏表紙に高らかに謳われているのは、山上の垂訓はイエスが語ったことではなく、むしろマタイの神学だということだ。私が思うに、これは釈義でもないし、歴史的判断ですらなく、単なるシュトレッカーの哲学的な見解にすぎない。シュトレッカーは、イエスその人について何かしらのことを述べる危険を冒すよりも、明らかに安全でもっと確実な道をゆくこと、つまりこれはマタイ自身の心の中を言い表していると考えるように、私たちを誘導している。[10]私たちは山上の垂訓を読み、このように問う。「誰かそこにいるのですか。」そこには誰もいないのである。山の上に座って群衆に語るイエスはそこにはいなかった。そこにいたのはマタイだけだった。私たちはナイーブな実在論から立ち去り、経験主義的な読み方（マタイの抱いたイエスの「印象」）を通り越し、そして現象論（マタイの「心の中」）にたどり着く。シュトレッカーの提案の明らかな強みは、1世紀の歴史についてほとんど扱わずに、20世紀後半の心理的傾向や解釈ばかりに目を向けていることにある。

　また別の例として、ヨセフスのファリサイ派の描写についてのありふれた解説を取り上げてみよう。ヨセフスはファリサイ派について、あたかも彼らが運命論的な見解を持つ哲学の学派であるかのように描いている。[11]

9　Strecker 1988。

10　哲学的に見て、イエスについて語ることは、「私は家を見ている」と言うのと同じように（究極的には）危険を伴う。それらは誤解されているのかもしれない。後に見ていくように、そこには神学的危険もある。特に、もし私たちがイエスを発見してしまうと、彼をどう扱えばよいのか分からなくなるという危険がある。

11　例を挙げると、ヨセフス「ユダヤ古代誌」18.12-15。

ファリサイ派が実在したことや、彼らがある特定の見解を持っていたことを疑う人はいないだろうが、彼らが実はギリシャ人の哲学者のような人たちだった、という見方には誰もが疑念を抱く。私たちは、ここでは用心深い経験主義的な解釈を選択している。私たちはこう言う、「ヨセフスは彼自身のファリサイ派についての認識を示した。もっと正確に言えば、異邦人の聴衆にも理解されるような仕方で、ファリサイ派についての認識を示した。」この認識は、単なるヨセフスの心の中のアイデアではないし、ファリサイ派が実際にはどういう人々だったかということを正確に言い表したものでもない。

　三番目の例は近年の口述伝承によって伝えられたものだが、大変興味深いものでもある。私が近頃訪れた大学院で、複数の目撃証言者や研究生から確認したところ、彼らの教授の一人が公衆の前で厳かにこう宣言したという。ルドルフ・ブルトマンは共観福音書の伝承について研究する際に、どんな神学的または哲学的な見解にも影響されず、純粋に「客観的な」歴史研究に従事したというのである。ブルトマン自身による、彼の研究についての歴史的、解釈学的方法の説明と相容れないこの主張は、このように考える人を複雑な立場に立たせることになる。すなわち、ブルトマンの原始教会に関する記述については実証主義的立場を採り（ブルトマンは原始教会をありのままに描写した）、ブルトマン自身の彼の研究についての説明には懐疑的立場を採り（ブルトマンは自分が完全に中立的ではないことを認めているが、実際は完全に中立的、客観的だった）、そして原始教会と福音書との関係についてはブルトマンの掲げる現象論の立場を採る（原始キリスト教徒たちはイエスについて書いたのではなく、実際は彼ら自身の信仰について語ったにすぎない）、ということになる。

　これらのテーマにおける一つの非常に重要な変化は、現代の一部の聖書研究において、テクストの背後にあると推定される「共同体」への関心が特別に高くなったことである。テクストを用いた歴史のイエスについての

12　Bultmann 1960, 342-51。

研究が様々な分野で福音書記者についての研究へと取って代わられているように、70年前に様式史批評が台頭して以来、研究者の関心事はテクストの背後にある「指示対象」ではなく、伝承を伝達した共同体に向かっていった。様式史批評から編集史批評に移行していった時でさえ、福音書記者の研究が単に彼らの属していた教会や共同体の研究へと絞り込まれていくこともしばしばだった。「共同体」は、テクストの先にある、または背後にある指示対象の代替物として機能するようになった。

読者[13] ………> テクスト ………> ［作者］ ………> 共同体

　20世紀の多くの神学者にとって、このような変化は釈義的、神学的に明らかに有益なものだった。福音書の作者の背後にある共同体とその神学を取り扱う術は知っている（と私たちは思っている）。しかし、福音書に描かれている出来事をどう理解するのかは難しい課題である。しかし、やがてすぐに明らかになってきたのは、この編集史批評でさえ、その土台から切り崩される可能性があるということだ。つまり、ある種のポストモダン的な福音書の読み方によれば、マタイの胸中や、ましてや共同体の心理状態を福音書の中に見いだすことはできないとされ、それに代わって読者とテクストとの相互作用（または、読者とその読者の心との相互作用）によってテクストの「意味」が生まれるとされる。このようなテクストの読み方は、非常に不安定である。物事を認識することの哲学的な根拠は「私が存在している」という確信なのだが（「我思う、故に我あり」というデカルト的認識）、今度は「私」そのものが疑いの対象になってしまうだろう。

　これら全てのことが意味するのは、読書という現象がほとんど全ての場合にひどく混乱したものになっていくということだ。人々は偉大な文学作品のテクストや聖書を、ありとあらゆる多様な仕方で読むことになる。時

13　もちろん、読者は孤立した一個人ではない。本書2章を参照せよ。

第 3 章 「文学」、ストーリー、そして世界観の表明　113

として、彼らは「ナイーブな実在論」者になる。シェイクスピアはジュリアス・シーザーについての物語を語ったが、それは全てありのままの事実であるはずだと。またある時には彼らは別の響きを聞き取る。シェイクスピアはもしかすると、独裁政治と民主主義について語っているのだろうか。彼はシーザーを独裁者の分かりやすいたとえとして用いているのだろうか。私たちはどう考えるべきだろう。デ・ラ・メアは馬乗りと空き家について語った。本当にそれだけなのだろうか。彼が本当に話しているのは、「神」を探し求めているある人物のことなのではないのか。彼が話しているのは現代文学そのものなのではないのか。つまり、かつてはテクストの「内側に」作者がいたのだが今では家には誰もいなくなってしまった、という意味で。だが、どうやって私たちは作者を見いだせるのだろう。[14] トーマス・マンは架空の作曲家についてのストーリーを語った。しかしマンは同時に、間違いなく近現代のドイツについてのストーリーをも語ったのだ。そうすることでマンは自分の意見や信念を明らかにしたのだが、それらは彼が描く現実の中にすっぽりと包みこまれている。ここで私たちはこのストーリーを理解するための明らかな手がかりを手にする。マンの最後の一文は、芸術的に妥当な仕方で（つまり、強引に救いの神を舞台に登場させるという手法ではなく）手がかりを与えてくれる。[15] 同じように、イエスはぶどう園の農夫たちのストーリーを語った（もっと複雑な言い方をすれば、福音書は、ぶどう園の農夫たちのストーリーを語るイエスについてのストーリーを語っている）。しかし、多くの読者は、ある意味では農夫たちについてのストーリーが、実は神についてのストーリーなのだ、という結論に

14　探し求めている何かは手の届かないものだという、デ・ラ・メアの多くの作品に見られる奇妙な感覚については、Leavis 1963 [1932], 47–51 を参照せよ。
15　ここで私たちは、まるで作者の意図について「調べている」かのようだ。マンはこの本の最後の行を 1963 年 1 月 27 日に記したと述懐している。「私は長いこと、それらの構想を心の中で練ってきた」（Mann 1963, 183. しかしこの説明は非常に型にはまったものなので、マンがこの点について信頼に足るのかについて疑問を呈するのは適切かもしれない）。ドイツと作曲家の対比については、同書の 107 ページを参照せよ。

達する。私たちが直面しているのは様々なレベルでの混乱なのである（下の図）。

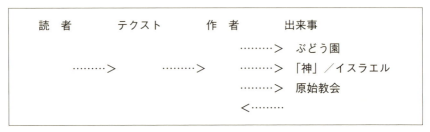

多くの敬虔な読者は、テクストを歴史的に研究する解釈法には興味を示さずに、テクストを彼ら自身についてのストーリーとして読んでいる。では、こうした読書のあり方をどう理解すればよいのだろうか。聖書記者たちは「神」についてのストーリーを語っている。「神」はいつの時代にも変わらないので、この神のストーリーは現代に生きる「私たちの」ストーリーにもなる、と簡単に言い切れるだろうか。トーマス・マンの作品を用いて考えてみよう。マンと聖書記者は、本当は「ドイツ」と「神」について書いていた。『ファウスト博士』の主人公「レーヴァーキューン」は本当の関心事である「ドイツ」を示唆するための架空の人物にすぎない。だが、これを聖書に当てはめると、福音書の主人公の「イエス」は「神」を示すための架空の人物にすぎない、と言えるのではないか。こんなアナロジーが成り立ってしまうのだろうか。もしそうでないなら、どんな点で、またどういう理由で、このような分析は不適切なのだろうか。こうして私たちは、以下のダイアグラムに示す状況に直面してしまう。つまり、ポストモダン的なテクストの読み方は、近代批評学が登場する前のテクストの読み方への揺り戻しとも言えそうだ（次ページの図）。

「神」がテクストの指示対象であり源泉でもあるという、敬虔主義的なテクストの読み方に代わる方法論を求めれば、私たちは「**構造主義的**」なテクスト解釈のモデルにたどり着く。この可能性を追求すれば、敬虔主義の伝統に深く根づきながらも、バルト、デリダ、ローティまたはフィッシュによるポストモダニズムによるのと全く同じような読み方をすることが

```
読 者 ………… >  テクスト      作 者       出来事
    テクストを敬虔な態度で読むことにより、
        <…………
    テクストは、読者に対するメッセージへとたちどころに翻訳される。
        …………>
              [神的なインスピレーション]
    「神」がテクストの指し示す指示対象であり、またテクストの源泉
    であると想定することで、このように説明されうる。
```

可能になる（以下を参照のこと）。問題なのは、「テクストが私に何を語っているか」なのである。

　これらの一連の問いをしっかりと考察することなしに、読書の際に何が起きているのかを本当に理解することはできないだろう。テクストの読解に関する多くの批判的な方法論は中立的に見えるものの、実際には問題のある哲学的立場を含んでしまっている。そのため、テクストを読む際のあらゆるプロセスについての徹底的な分析が必要だろう。

(ii)「誰かそこにいるのですか」

　既に考察してきたように、「**ナイーブな実在論**」では、テクストの中で語られている出来事や対象に直接近づけると見なすのに対し、より「**現象主義的**」な立場からは、確かなものは作者の視点だけだということになる。これは控えめな主張で、安全なアプローチに見える。今まで取り上げてきた実例は、テクストと、それが描写している（と見られる）現実との関係を扱うものだ。同じような問題は、私たち自身とテクストとの関係を考える際にも生じる。先に、批評学の狙いは文章の持つ効果と、その効果の働きについて示すことにあると述べた（当然これには否定的な論評も含まれる）。しかし、作者が本当にこうした効果を生み出そうと意図していたと言えるのだろうか。これまで見てきたような効果について説明することで、私たちは作者の心の中を読み取れると言えるのだろうか。「誰か（つまり

作者）そこにいるのですか。」

　この点についての膨大な議論の説明は数冊の本を必要とするほどだが、ここではあまり詳しい議論には立ち入らない。しかし、今世紀のこの批評運動についていくらかコメントできるだろう。[16]「新批評（New Criticism）」として知られている批評学の一例として、C. S. ルイスが E. M. W. ティリヤードとの有名な論争の中で提起した問題を取り上げてみよう。[17]ルイスは、研究対象の文献から作者の生き様、習慣、感情などを見いだそうとする批評学的スタイルに対して強力な異論を投げかけた。ルイスは、これらは批評学のやるべきことではないと主張した。それに対するティリヤードの応答は、適切な批評学の枠組の中に、作者についての考察をいくらかは残すべきだという穏当なものだった。[18]しかし、ルイスの主張の方が勝利を収めた。現代の多くの文学研究は、私たちが作者の心の中や意図を見いだせるという考えを明確に否定する。作者の意図は、文学批評の成功の鍵ではない（The road to hell is paved with authorial intentions）。私たちが手にしているのは、独立した存在として見られるべき作品そのものだ。重要なのはテクストを介した読者と作者との対話ではなくて、読者とテクストとの対話なのである。「誰かそこにいるのですか」と、古代のテクストや現代の作品に向けていくら叫んでみても、読者が草ぼうぼうの森の中に埋もれたテクストを約束通りに訪れたことを、亡霊のような聞き手たちが証人になってくれるのがせいぜいだろう。亡霊たちは読者がテクストを読んでいることは知っていても、屋敷そのもの（そこは、かつて作者が住んでいたプライベートな世界だ）は閉ざされ、錠が下ろされたままなのである。

　もちろんルイスはこのような立場を徹底的に押し進めようとしたのでは

16　特に Meyer 1989, 2 章 ; Bergonzi 1990, 諸所 ; Thiselton 1992, 諸所を見よ。
17　「新批評」一般とその聖書研究への影響については、Morgan 1988, 217 以下 ; Moore 1989, 9-13; Thiselton 1992, 2 章 , セクション 2 を見よ。
18　Tillyard & Lewis 1939。この議論については、Bergonzi 1990, 62 以下での議論が助けになる。いわゆる新批評のより大きなコンテクストで論考されている。また、Moore 1989, 9-13 も参照せよ。

ない。ルイスはある種の誇張に対して反駁し、(彼の著作『批評学の新手法』 Experiment in Criticism の中で主張したように) テクストが読者に及ぼす効果の重要性を強調した。[19] これはポストモダン的な作者不在の方向を指し示してはいるが、ルイスはそうした読み方そのものを奨励したかったのではない。多くの議論と同様に、ルイス／ティリヤード両方の言い分に正しい点があった (ように思える)。ルイスは、ロマン主義と経験主義の結合のような考え方を拒否した点で全く正しかった。彼が拒否したのは、詩の行間を読むことで作者がどんな朝食を食べたのか、あるいは作家がメイドと恋に落ちたのかどうか、そんなことを解明しようとする批評学であり、またそうすべきだという考え方だった。もちろんある場合には、詩そのものがこれらのテーマを扱っていたり、または寓意的に用いていることもあろう。だがそれはまた別の話である。このややこしい状況が生じた原因の一つは、19世紀の多くの詩人が自分の心の内側や感情について語ろうとしていたことにある。このため、多くの批評家は詩人の内面を発見することが文学批評の規範的な仕事なのだという考えに取り憑かれてしまった。だが、「テクスト」は「作者」という重荷から解放されるべきだろう。

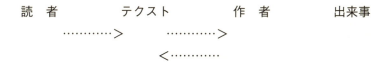

詩人の内面生活を発見することに夢中になるあまり、詩の「意味」を詩人の内面生活へと矮小化することをルイスが拒否したのは正しいことだった。しかし今度はルイスが思いもよらないほどに、現在の批評学が逆の方向に振れ過ぎてしまっていることを指摘すべきだろう。つまり、作者の意図を知ることの重要性だけでなく、その可能性までも拒否してしまうよう

---

19 Lewis 1961。ルイスの立場のほとんど預言者的な重要性は、Bergonzi 1990, 64 以下でも論じられている。ルイスは、「ポスト構造主義者の理論が『漠然と指し示すもの』についてすらヒントを与えていた。」

な傾向についてである。この場合、テクストだけが問題となる。聖書学で言えば、「構成批評」(福音書の構成について、ルカが果たした役割を考える)から「物語批評」(ルカについては考慮せず、福音書そのものが物語る内容に関心を集中させる)への移行ということになる。[20]だが、今や研究の焦点がテクストそのものになり、作者の意図を垣間見ることすら不可能だというのなら、ではテクストについていったい何を語ることができるというのだろう。この疑問への答えは複数あるだろうが、これはあらゆる聖書研究にとって重要なことである。

　第一に、少なくともシュライエルマッハー以降、一般に西洋の釈義学では、詩人または福音書記者が明確な意図のもとに執筆をしていたとしても、読者は作者が意図しなかった意味をもその作品の中に見いだすことができるという見方が一般的になっている。例えばある人が何気なく語ったことがだじゃれになっていた、というような場合である。フロイト的に言えば、それは語り手が思わず自分の内面を垣間見せたということになるだろう。作者は知らず知らずのうちに内側からも外部からも影響を受けており、彼の作品はそのために何かを指し示しているのだが、そのことは後になって初めて明らかになることで、それは作者が思いもよらないことかもしれない。私たちは後講釈できる強みや、心理学的分析によって(フロイトの作品は、当時の人々から心理学者による文学批評のように読まれていた)これを解明できるだろう。だが、私たちは作者について、作者以上に知ることができるのだろうか。[21]もちろんこれは雲を掴むようにあいまいな意識

20　Moore 1989, 4–13 を参照せよ。
21　現代聖書研究におけるこれについての一例は、*Sachkritik*（作者自身のアイデアの内的論理を基礎とする、作者についての批評学）として知られる技法である。この批評法の一例を挙げれば、パウロ書簡のある部分を相対化するようなケースであり（ブルトマンがローマ書9–11章についてそうしたように）、その理由として、もしパウロが彼のアイデアについて適切に考え抜いたなら、このようには書かなかっただろうというのである。この別の例としては、ブルトマンを批判する人々が、彼が十字架の歴史性に固執する点において彼自身の神学を貫徹しなかったことを指摘するような場合だ。Wright 1991a, 4,6

第3章 「文学」、ストーリー、そして世界観の表明   119

に係わることなので、そこには避けようのない一般的な問題も存在している。

　第二の点は第一の点をより大きく敷衍したものである。それは、詩が全人類の思想の深層構造を知るための手がかりとなるという主張である。人類と社会の性質についての結論を導くことは、人類学での研究成果の集積により、詩についての批判的研究においても大切なテーマとなってきた。これは「**構造主義**」と呼ばれる、人文・社会科学分野での研究における方法論である。テクストから人間の深い思想構造を探り、さらにそこから通常の認識を超える実体についての考察へと進んでゆこうというのだ。この構造主義は、現代版プラトニズムの一形態だと言えるかもしれない。それは目の前にある現象を超えたところに本当は何があるのかを分析しようという試みなのである。[22] 構造主義の魅力の一つは、それが多くの聖書釈義者たちを悩ますある種の課題を回避する方法を提示しているように見える点にありそうだ。その課題とは、テクストの真の意味を理解するためには、そこに描かれている出来事や、そのテクストを書いた作者の内面を探らねばならない、ということである。もし普遍的な意味がテクストに奥深く秘められているのなら、その普遍的な意味は科学的に響くし、より良いものに思える。こうして作者の意図は普遍化されていく。深層構造というアイデアは耳目を集めるものなのである。[23] こうした理由から、特に北米で、あらゆる分野の著者たちが構造主義によってテクストを解明しようと

　を見よ。

22　Caird 1980, 222 以下、Meyer 1989, 28 は構造主義者による分析について、他の様々な今日の選択肢と並んで、「解釈からの現代的な逃避」として描写している。

23　構造主義の根拠（それらは作者の意図の研究が無効だと宣言されてしまった後の、戦後の文学研究における疑似的な客観目標の一部として浮かび上がってきた）について、Thiselton 1992 を見よ。しかし、少なくとも聖書研究においては、論より証拠はある程度有効だ。構造主義的分析は、多くの読者が聖書に見いだす力や約束と共鳴することにおいて失敗している。深層構造から毎週の説教を作り上げることができるだろうか？

している。[24] このような研究によって、今まで他の批評学の陰に隠れて見逃されてきた問題が聖書学の分野で再び問われるようになった。従来、批評家たちは2種類の疑問を探求してきた。(a) テクストが言及しているのはどんな出来事なのだろうか。また、それらの出来事は何を意味するのか。(b) テクストの作者の神学的な考えはどんなものか。このような考察では、「意味」は出来事の中に、あるいは作者の信仰の中に見いだされる。しかし、形式主義や構造主義を掲げる文芸批評家は、「意味」をそのどちらにも求めず、文学形式や構造そのものの中に追求しようとしている。[25] 構造主義によって、どのようにテクストの中の「意味」が見いだされ、またそこから何が得られるのだろう。

　第三の点は、こうした構造主義的な探求と、より伝統的な聖書釈義の間には類似性があるということだ。伝統的な釈義では、作者の意図を超えたより深い意味（sensus plenior）が存在し、霊感されたテクストは作者が執筆当時考えていた以上のことを語っていると見なされる。聖霊の働きで作者が気づいていなかった、または意図していなかった預言がなされる。大祭司カイアファは他のことを言おうとしたのに、実は主の言葉を語っていたというようなケースである（ヨハネ福音書11章49–51節）。こうしてテクストのより深い意味が読み取られ、それによって寓意的な他の解釈の可能性が開かれる。聖書が教会の様々な場面で読まれる際に、テクストが読者に語りかけるメッセージは聖書記者が思いもよらなかったことだったという経験は、このケースの一例と言える。[26] こうして私たちは聖書の読み方について、新しい様々な可能性を持つことになる。

　以上のいくつかの試みは（教会の伝統的な聖書釈義は、明らかに新約聖

24　Beardslee 1969; Johnson 1976; Polzin 1977; Patte 1976, 1978, 1983; Petersen 1978, 1985。Barton 1984, 8–9章；Tuckett 1987, 10章；Sanders & Davies 1989, 15章；そして Thiselton 1992 を参照せよ。

25　これら全てについて、Petersen 1978; 20以下；Galland 1976, 3以下を参照せよ。

26　寓意的な、そして他の近代批評学以前の聖書解釈の方法論については、Louth 1983; Thiselton 1992, 4–5章を参照のこと。

第3章 「文学」、ストーリー、そして世界観の表明　121

```
  読 者      テクスト      作者の意図しない意味
                  ………>   「作者が意図した以上の意味」
       ………>    ………>    深い構造
                  ………>   より深い意味（sensus plenior）
```

書そのものの中に見いだされる）、「意味」を作者の意図した範囲に限定しないようにするための方法である。構造主義に立とうが立つまいが、執筆当時の作者の胸中にあったことを超えた、何とも言い難い何か（*je ne sais quoi*）を考慮に入れなければならない。それを記述し解釈するのが困難だとしても、批評学がこうした可能性を排除できないのは容易に理解されよう。だが、このようなやり方では主観主義的なテクスト解釈に逆戻りしてしまうと批判されたとしても、作者の意図が重要でないとか、結局は理解不能なのだということにはならない。作者の意図を完全に説明することはもちろん不可能である。初期の行動主義心理学者が夢見た、あらゆる動機についての知識を得ようとする試みは「逃げ水」のようなものだ。[27] しかし、しばしば指摘されるように、純粋に読者中心の主観的な解釈というのも擁護しづらい。熱烈な構造主義者でさえ、自らが作者である場合には、自分の書いたテクストが何事かについて語っていると考える。たとえ彼がオープンな解釈を受け入れたとしても、自分のテクストがある特定の事柄を意味し、また意図していて、他の意味ではないと主張したがるものだ。したがって少なくとも原則的には、作者の基本的な意図を知ることは可能なのである。また、作者以外の人が作者の意図を知る可能性も残されている。例えば、ある解釈について、その作者自身と検証するような場合である（義認についてのバルトの論述の中に、バルト自身の心の内側を読み取ろうとしたハンス・キュンクの試みへのバルトの肯定的なコメントを思い起こされたい）。[28]「政府はこの法律によってXという成果を上げるこ

27　聖書学研究との関連では、Moore 1989, 174 を参照せよ。
28　Küng 1964 [1957], xvii. この序文で、バルトは次のように書いている。「あなたの読者は安心させられるだろう……あなたが私に語らせるのは私が実際に

とを目論んでいたが、実際にはYという結果になってしまった」というコメントは、このXとYが明らかに相反する場合にはまっとうなコメントだと言える。また、ある劇作家がX（大いなる悲劇）を意図していたのに、実際はY（騒々しい茶番劇）になってしまった、というのも妥当な寸評である。これらのケースでは、政府や劇作者はその無能さや失敗について暗に非難されている。だが、シリアスな内容だと思われている書物について、「作者はXについて書こうとしたが、その著作が実際に意味しているのはYだ」という指摘は非常に辛辣な批判となる。このようなコメントは無意味だというのは、「ウサギはカメを追越すことはできない。なぜならウサギはカメとの距離を半減させることで、彼らの間の距離を縮め続けているだけだからだ」と主張するようなものだ。作者の意図を考慮しない解釈という哲学的トリックは、永遠にカメに追いつけないウサギという、よく知られた数学的トリックとさして変わらないのである。

　テクストのより深い意味を作者の意図を考慮せずに追求するという試みが内包する問題点の一つは、そうした分析が収拾のつかないものになってしまうことである。著作の中に発見されるべき深い構造とは何かという問いや、そのような探求を通じて見いだされた構造の妥当性を検証する手法について、構造主義者たちの間にコンセンサスは形成されていない。宗教改革者たちが論じたように聖書にはもっと深い意味があるのだとしても、実際には読者が自分の神学的アイデアや信念を聖書に押しつけているだけなのかもしれない。では、「文字通りの意味」によってこうした解釈の恣意性を回避しながら、より洗練された解釈法によってテクストから新しい意味を見いだすことは可能なのだろうか。

　作者の内面を考慮せずにテクストを超えた意味にたどり着こうという、この有望な「**構造主義**」という解釈モデルの抱える困難さのために、多くの批評家は単純にテクストそのものに注意を集中すべきだと主張するよう

語っていることだし、あなたが私に語らせることは私が言おうとしていることだからだ。」

になった。しかし、「作者の意図しない意味」から「テクスト」への回帰は、さらに「テクスト」と「読者」の関係についても再考を促す。初めのプロセス（「読者」が単純に「テクスト」を読んでいる、というプロセス）の**「ナイーブな実在論」**は崩壊の危機に瀕する。優れた現象論のモデルでは、テクストから私が得られるのは私自身の知覚情報にすぎない。全ては私がテクストから受ける感情、思考、印象に還元されてしまう。

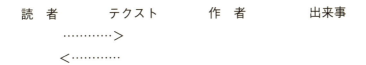

こうなってしまえば、そこには出来事は存在せず、また作者の意図も存在せず、テクストすら存在しなくなってしまう。こうして「読書」について無数の可能性が生まれ、しばしば微に入り細に入る際限のない議論につながる。こうして生まれた解釈は、門外漢の人からはひどく懐疑的に見られるものになってしまいかねない。[29] このあらゆる解釈や批評学の死とも思われかねないような見解は、実際は文学批評の新学派にとっては出発点ともなるものであり、彼らにとっては**「脱構築主義」**こそ唯一の突破口となる。スティーブン・ムーアは近年の著作の中でカーモード、フィッシュ、そして究極的にはロラン・バルトやジャック・デリダといった作家たちによって代表される近年の脱構築的な批評学の進展について解説した。[30] 脱

---

[29] Meyer 1989, 87 を参照せよ。「人間の権威無しには、解釈は気まぐれなものとなり、傲慢な、または控えめな些事と成り果ててしまう……いかなる理由にせよ、説得力のある、または明確なことが何もできないことを自覚している文芸批評家たちの、創造性や独創性への場違いな渇望もこれに含まれる。そして文献学や歴史の束縛、意図されたテクストの意味、そして遂にはテクスト自体からの独立宣言が続くことになる。しかし、流行を追いかけること、特に疎外感に左右されるような流行性というものは、極めて非効率的な職業療法である。」

[30] Moore 1989, 7-8 章。バルトと、彼の言う「意味の果てしの無い多義性」に

構築学派の思想を至極単純化して言えば、テクストを読む上で唯一なすべきことは自分のためにそれを読むということだ。つまり、テクストが自分にとってどんな意味を持つのかを問う必要はあるけれども、テクストの背後に作者の心を見いだそうとする必要はない。[31] もしこれが妥当であるなら、あるテクストについて他の誰かと意見交換をしてもあまり意味はないことになる。「正しい」、あるいは「間違った」読み方など存在しない。私の読み方、またはあなたの読み方があるだけだ。[32]

　このような立場が現代人の潜在意識にどんなに強く訴えるかは明らかだろう。私たちは相対主義と多元主義の時代に生きている。そしてこの時代は、自分が満足することが他の人と和合することよりも重要だとされる。もちろん、このような世界の見方に対しては多くの批判が向けられよう。この立場の哲学的、文学的なルーツは、ニヒリズムと、現代文明に根を張り続けている実証主義（私見ではこれはニヒリズムの双生児である）に求められ、特にフーコーやニーチェの著述の中に認められる。しかし、脱構築主義への様々な理由からの批判については棚上げして、別の機会にそれについて述べることにしたい。なぜなら、奇妙な栄光に包まれたこの脱構築主義はこれまでのところ新約聖書研究の世界に十分な影響を及ぼしておらず、本書での私たちの探求にとって重要ではないからだ。脱構築主義を新約聖書学に導入しようという試みは続いており、優れた作家である J.

　については、Thiselton 1992, 3 章のセクション 3、デリダについては同書の 3 章のセクション 5 を参照せよ。また Bergonzi 1990, 8 章を見よ。フィッシュ（とローティ）への十全な批判は Thiselton 1992, 14 章を見よ。Moore 1989, 7 章参照。

31　Taylor 1982, 114 を参照せよ。自己性愛の観点から読むことについて語っている。これはロラン・バルトの、読者が「彼の快楽をテクストに見いだす」というセリフと大きく異なるものではないが、そこでの強調点は「彼の」ということなのである。Moore 1989, 144 を見よ。これに対するランディンの批判を参照せよ。Lundin, Walhout & Thiselton 1985。

32　この先鋭的なポイントは、近年の聖書学において、読み手応答批評（reader-response criticism）と呼ばれる批評学で更に押し進められている。Sanders & Davies 1989, 16 章を見よ。

ドミニク・クロッサンの様々な作品の中に特に顕著である[33]。彼の作品は広く読まれているにもかかわらず、クロッサンは未だ多くの追従者を獲得していない。その理由は、おそらくムーアが指摘しているように、クロッサンは福音書テクストを脱構築しようとしながらも、その行為を通じて歴史のイエスを構築しようとすることで、自らの主張を覆してしまっているからだろう[34]。真の脱構築主義への道は険しく、その道をたゆまず歩もうという者は少ない。

　保守的な大半の聖書読者は脱構築主義に疑いの目を向けるだろう。しかし、脱構築主義の提唱するモデルは、実のところ敬虔主義の伝統の中で暗黙の内に育まれてきた種々のモデルにあまりにも似ている。実際、教会はポストモダニズムの流れに奇妙にも似通った聖書の読み方を制度化し、組織化してきた。教会はその誕生からずっと福音書とともに歩んできたが、そうした親密な関係はあまり褒められないような種々の解釈法のモデルを生み出してきた。聖書をもっとも厳粛に受け止めていると主張するような人々でさえ、実際にはそうするのを拒否してきた（福音書については特に）。霊感と聖書の権威に基づくとされる聖書の読み方や解釈モデルは様々なグループによって採用されてきた。だが、それらのモデルは聖書を歴史的に読もうという試みをしばしば無意味なものにしてきた。敬虔主義を先駆けとする脱構築主義の方法論によれば、聖書が「今」「私に」語りかけていることこそが、聖書の意味するものなのだとされる。それは福音書記者の意図、原始教会の実像、さらにはイエスの真の人物像さえ知ろうとしない

33　例として Crossan 1976, 1980, 1988b を見よ。

34　Moore 1989, 143-6 を見よ。また、Wilder 1982, 29-33; Thiselton 1992, 3 章のセクション 6; Crossan 1991 をも参照せよ。クロッサンが見いだしたいと願っている「イエス」とは、共観福音書に描かれているよりもずっとグノーシス的なイエスである。したがって、彼はトマス福音書や再構築（または再解釈）された「Q」資料を選好している（特に 14 章以下を参照）。しかし、優れた脱構築主義者が歴史的な指示対象を見いだそうと願う事は本当に可能なのだろうか、特にその指示対象が別の脱構築主義者（クロッサンはイエスがそのような人物だと想定している）の場合はどうなのだろうか。

聖書の読み方である。文学認識論の世界では、奇妙な呉越同舟が生じている。

　もちろん、聖書を実際に読むことは、聖書読解の理論を単に論じ続けるよりもマシなこともあろう。読者や解釈者がひどく混乱した状態に迷いこんだとしても、彼らの神からの声は聞こえ続けるだろう。神は全ての人に恵み深く、また多分ユーモアのセンスに富んだ方であるに違いない。だがそのような神の寛容さは、人々が福音書の適切な読み方を見つけ出すことに失敗することの言い訳にはならない。これまでの議論をさらに押し進めるためには、様々な種類の文書と、その特殊事例としての福音書に相応しい読み方の方法論を考察する必要があるのだが、それはかなり後までお預けにしなければならない。

　以上のように、聖書をポストモダン風に読むことに対する抗議は骨抜きにされてしまいがちだ。福音書を真摯に読むことに心を砕いている人たちがより優れたテクストの認識論を明確に示さない限り、それは避けられない。一般にテクストを読む時に何が起きるのか、特に聖なる書を読む時に何が起きるのか、さらには歴史的な文書である聖なる書を読む場合にはどうなのか、これらの問いについての優れた認識論が求められている。そして特に、福音書を読むことについてのもっと良い説明が必要とされている。生涯を費やすに値する仕事を探し求めている哲学的な文学批評家は、このような認識論を見いだすのは可能だと考えるかもしれない。私は自分がこの仕事に相応しい人物だとは思わないし、それを成し遂げるための時間と忍耐を備えた人間である振りをするつもりもない。しかし、この章では既に私が十分に習熟していない分野における難題に立ち入ってしまっているので、こうした試みについて私がどのように考えているかを述べる必要があるだろう。

(ⅲ) 読書と批判的実在論

　私たちに求められているのは、読書という行為のあらゆるプロセスに

ついての、**批判的実在論**に立脚した説明である。[35] 実証主義者やナイーブな実在論者たちは、「読者」、「テクスト」、「作者」、そして「指示対象」（referent）という流れをスムーズに移行していけると考えるが、その全てのステップに潜む藪の中の蛇には気づいていない。他方で、還元主義者は蛇を見て立ちすくみ、気圧されてしまってそれ以上前に進めなくなっている。このどちらをも回避し、テクストを読むという現象全体を、物語的で相互関係的な性質を持つ人間の意識という観点から捉える理論を明確に述べなければならない。

この理論について、以下のように言うことができるだろう。私たち（人間一般、そして読者としてのあなたや私が属している共同体）は世界について、そこに生きる自らの人生についてのストーリーを自分に語りかける存在である。そして、読者が自らに語ってきたストーリーと、テクストが描く世界とが符合するとき、読むという行為は納得のゆくものとなる。脱構築主義者たちでさえ、自分たちが言わんとすることを他の人々が理解してくれるようにと願って作品を書いていることに注目すべきだ。[36] 読書を通じて私たちは自分自身を見いだし、作者の心情や意図と出会い、それに共感したり納得したりすることもできる。作者の心を論じることは簡単かもしれないし、そうではないかもしれない。そのどちらも本当だろうし、それは望ましくもある。[37] デ・ラ・メアの詩の、より深い意味は仮説や議

---

35 私はこの認識についてメイヤーから示唆を受け続けている。Meyer 1989、また他の記事として 1990, 1991b。

36 この点については、Bergonzi 1990, 111 を引き合いに出した Meyer 1991b, 10 を参照せよ。「ニーチェやフーコーの熱心な追従者たちは、真理とは抑圧という目的のために用いられるレトリックにすぎないのだと、滔々と述べ立てる。私たちは彼らに選択を与えるべきなのだ。これは間違いだろうか。それとも抑圧のために使われているのだろうか。」クロッサンに対するムーアの批評（1989, 145f.）をも参考にせよ。ムーア自身は、多くの点でテクストのポストモダン的な読み方の提唱者でありながら、彼の論じている作家たちについての本質的に「モダン」な読み方を提示している。最後に、ローティに対するノリスの批判について、Thiselton 1992, 11 章セクション 3 を参照せよ。

37 この点についての断固たる擁護については、Meyer 1989, xif.、特に 17-55

論の対象にすぎないとしても、詩にはっきりと表れている効果を彼が意図していなかったという説は私にはどうしても納得できない。デ・ラ・メアは他の機会にそれらの効果について説明していたかもしれない。[38]また、マンが小説を執筆している時に、レーヴァーキューンとドイツとの対比が彼の心に浮かんでいなかったという説も信じられない。

　この二人の作家が読者に望んでいたことは、作家よりも作品の主題そのものについて考えてくれることだったということも強調したい。彼らの作品は「読者」の心の中を反映しているのでもなければ、「作者」の頭の中を映し出しているのでもない。これらの作品は読者や作者を映し出す鏡や万華鏡ではない。それらは望遠鏡を提供している（あるいは顕微鏡かもしれない。どちらでも同じことだ）。その望遠鏡は、外の世界の現実や、それを超えた実在さえも新しい視点から眺めることを可能にしてくれる。新たな光に照らされた外の世界やそれを超えた実在と、私たちの抱くストーリーとが「符合」するとき、私たちの読むという行為は意味あるものとなる。デ・ラ・メアの詩の指示対象は馬乗りと森の中の空き家だけで、マンの小説で描写されているのは悪魔に取り付かれた作曲家だけなのだと主張するのはナイーブな読者だけだろう。そうした人々は、イエスのたとえ話が示す現実は、単にぶどう畑農園のよくある悲話にすぎないと示唆するに違いない。これらのケースの真実の指示対象を描写するのは真剣な文学批

を見よ。Young & Ford 1987, 137 も参照せよ。「理解の進展は現実の経験である。原則として意味は特定できる、たとえ私たちが多くの面で不確実性の中に生き、またテクストの意味を作者の意図に限定するのを拒否したとしても、である。意味についての議論は必ずしも決着のつくものではないが、しかしそれは客観的な現実についての議論なのだ。私的解釈と釈義には違いがあり、より多くの知識を得ることによって、その違いを見分ける事がいっそう可能になるだろう。」

38　私たちはドイツ的観念について語っているので、それをワーグナーのオペラを彼のあまりよく知られていない散文によって解釈することに比することができよう。そのような試みはマーガレット・ブレーバリー博士によってなされた（1988）。

評にとっての困難な課題だが、それについて考えてみよう。

　私たちが必要としているのは読書についての優れた理論である。まず、「読者」と「テクスト」の関係については、読者がある特定の人間であり、テクストは読者が気ままに操れるようなものではないという事実に基づいた理論でなければならない。また、「テクスト」と「作者」との関係では、作者がある特定の効果を狙っているという事実と、テクストが作者の意図しない他の要素、つまりエコー、喚起、構造など（それらが作者の心にも、また読者の心にも思い浮かばなかったとしても）をも持ちうるという事実も考慮した理論でなければならない。私たちが求めている読書についての理論は、これら全ての要素に注意を払うものでなければならない。[39]「テクスト」と「読者」との関係においては、聖書を含むあらゆるテクストは作者の内面を完全に映し出すものではないことに注意しなければならない（作者の内面を明らかに吐露している場合もあるが）。一方で、テクストは作者について多くのことを読者に語りうるという事実も考慮しなければならない。最後に、「作者」と「出来事」の関係については、作者とて人間なのだから、物事を特定のアングルから見ているが、それでも出来事や対象について本当のことを語り、書くことができること（出来事と対象については第2章で十分に論じた）、また出来事や対象は単に作者の心の中に生じたことではないこと、これらの事実を正当に扱う理論が求められている。

　読書についての理論を構築するために、「言語」についていくらか知っておく必要がある。言語がどのように機能するのかについて、深い洞察が必要である。言語はいろいろな形で出来事を描写する。一つの例を挙げよ

39　Funk 1988, 298 を参照せよ。「私はテクスト間の相互作用は不可避で絶え間の無いものだという確信を共有しているが、人間は時として、同胞の男女のありのままの姿について、またテクストを『超えたもの』について、生まれつつある真実を垣間みることがあるということをも確信しているのだ。」モダン、そしてポストモダンの理論についてのこの可能性については、ハイデガーの 'opening' という概念についての Thiselton, 1992, 3 章セクション 5 の議論を見よ。

う。地球を訪れた火星人は、人々が小さなブリキ箱に紙切れを投じているのを目撃する。火星人が目撃したのは緊迫した選挙投票だったのだが、政治家たちはその行方を固唾を飲んで見つめていた。その出来事を振り返る歴史家たちは、ある国における一つの時代から別の時代への歴史の転換をそこに見いだすだろう。「出来事」のこれら三つのレベル全て（物理的な行動、当時認識されていた重要性、後世になって理解される重要性）について語るために、言語は比喩、象徴、イメージ、神話など、あらゆる微妙な方法を用いる。この点は自明だろう。[40] そして言語は他にも様々な働きをする。言語は啓発し、困惑させ、楽しませ、連想を促し、新しい理解の可能性を切り開く、等々の働きをする。ここで注意すべきは、ある種の還元主義に陥ってしまうことである。私たちは、歴史家が投票行動に「重要性」を付け加えたと考えてしまうことがある（もし人々が投票について紙切れを投じる行為以上の意義を見いださなければ、誰もわざわざ投票などしないだろう）。あるいは、行動に意味を与える言葉をお飾りや脚色、「単なる比喩」と見なしてしまうこともある（こうして出来事はその重要性を失ってしまう）。私たちがよく考えるべきなのは、「ありのままの出来事（bare event）」は存在しないという事実である。次章で歴史について論じる際に、この点について考えることにしよう。これらが言語について一般的に当てはまるならば、歴史的文書については特別な原理や事情が存在する。聖なる文書となれば、例外中の例外が存在する。福音書は今までに述べた全てと、それ以外の非常に複雑な疑問や問題をも含んだ文献である。こうした論点については後で論じることにしよう。

　先に私は認識論についてアウトラインを示した。創造主の似姿に形作られた人間は、被造世界において賢明に行動する責任があるが、知識の獲得はその一つである。このような認識論に立つことは、文学の分野においては**「批判的実在論」**に立つことにつながる。私たちは、神のごとき視点と

40　メタファーの重要性については、特に Ricoeur 1977 を見よ。また、Thiselton 1992, 10 章セクション 2 で論じられている。Soskice 1985; White 1982 の示唆に富むエッセイ、そして特に Caird 1980。

いう虚構や、出来事をその意義や認識に分解してしまう試みを拒絶しなければならない。こうした点をしっかり認識しなければ、福音書をどう読むべきかという過去から現在にまで続く論争は不毛なものとなってしまう。ここでは、実現可能な解釈法のモデルを提案したい（この解釈法について十分な考察するのは別の機会になる）。それは「**愛**」の解釈法である。

愛によって、つまり新約聖書の中に見いだす「**アガペー**」の思想によって、[41]人は現実を認識し、また愛する人が自分とは異なるのだということを確認する。愛は、愛する人をその関係の中で押しつぶしたりはしない。そして、たとえ愛する人のために自らを失なうことがあっても、失うことはいつでも真に見いだすことにつながる。良く知られたパラドックスだが、人は他者のために自分を失うことによって、本当の自分になることができる。愛の真実において、両者は同時に互いを認め合うのである。[42]

この愛の解釈法によれば、読者が理解できるかどうかに係わらず、テクストはありのままに聞かれる。テクストが分かりにくい場合でも、良い読者はテクストに十分な敬意を払ってそれを理解しようと努め、テクストと共に歩み、またその語りかける言葉に耳を傾け続けるだろう。しかし、読者がどんなにテクストをよく理解できるようになったとしても、その読み方はその読者独特のものであり続けるだろう。主観性は失われないし、主観性を失うことは必要でも望ましくもない。このような意味で、「**愛**」とは「目を向けること」を意味する。他者が他者であることを喜んで受け入れることは、自分自身が他者との関係において成長し、変わっていこうとする意欲につながる。この原則を読書のプロセスの3段階全て（「読者」と「テクスト」との関係、「テクスト」と「作家」との関係、さらには「テクスト」と「作家が描こうとした現実」との関係）に当てはめれば、

41　この言葉が他では様々な微妙に異なる意味合いを持っていることを理解しているし、そのように理解する事自体がこのモデルの一部なのである。Barr 1987 を参照せよ。

42　類似した可能性について、Thiselton 1992, 16 章セクション 2 で論じられている。

多くのことを同時に確認できるようになるだろう。第一に、テクストは独自の視点を持っていて、その視点から全ての物事が観察されているということ、それと同時に読書という行為は単なる「中立的な観察」ではないことが確認できる。第二に、テクストはそれ自体ある種の生命を持っていること、また作者は意図を持っていて、私たちはそれについて少なくとも何らかの知識を得られることを確認することができる。第三に、描写される行動や対象は、原則的には公の世界における行動や対象だということ、そして作者はその行動や対象を特定の視点から（おそらく偏向した視点から）見ていただろうということを確認できるだろう。この各プロセスについて、どちらか一方だけでなく、両方について語る必要がある。

この各プロセスは「対話」と呼べるが、対話においては誤解が生じやすく、おそらく避けられない。しかし、辛抱強く聞き続けることで本当の理解（外なる現実の真の認識）は可能になり、達成される。[43] 私が提案しているのは批判的実在論だが、むしろ私はそれを「**愛の認識論**」、または「**愛の解釈法**」と表現したい。それはテクスト一般の、また歴史一般の、そして特に福音書の複雑な性質を十分に表現することのできる理論である。この理論によって、私たちは新約聖書を読むことに関する疑問や課題について、それらを解決できるという希望を持って立ち向かうことができるだろう。

3. 文学について

では、私たちが読み、理解可能な言葉でそれについて語ることのできる、「文学」と呼ばれるものが存在するなら、以下の問いについて考えねばな

---

43 「対話」というモデルがこの課題に相応しいのかという疑問については（この疑問はシュライエルマッハーにまで遡るものだが）、Thiselton 1992, 10 章セクション 3、11 章セクション 3 でガダマーとトレーシーについて論じられている。

らない。それは、文学とは何で、どうやってそれを論じるべきかという問いである（私はここで、「文学」を大変広い意味で捉えている。それは人の手によって書かれたほとんど全ての書きものを含むが、電話帳やバスのチケットのような類いのものは、たとえそれらが文化的シンボルとしてどんなに価値があっても「文学」とは呼ばれないだろう）。ここで今やすっかりお馴染みになった現代の認識論の話を繰り返すが、それは極端なケースを描くために大変便利だからである。極め付きの実証主義者は、文学を単に世界の中立的な描写として捉えられるだろう。詩の比喩的表現を簡素な言葉に置き換えようとした前世代の奇妙な試みは、このような見当違いな見解に基づく骨折り作業と言えよう。その対極にある考えは、詩とは個人的な感情を綴ったものだという見方だ（ロマン主義の詩人たちはそのように考えてきた）。[44]

　この両極端の見方に代わるものとして私は以下のことを提案する。文学とは世界観の表明として、さらには世界観を明確に述べる目的で語られるストーリーとして、もっとも良く理解される。このことは様々な文学の表現形態に当てはまり、その中のいくつかのケースにおいて特に顕著である。小説、叙事詩、譬え話は全てストーリーを物語る。これらの文学形式において、ストーリーの筋からある種の世界観が表明される流れを示すのはそれほど難しいことではない。他のケースでは、ストーリーを通じて世界観が表明されることを示すのは容易ではないが、その重要性は変わらない。大学の同僚講師との間に交わされる短いメモを通じて、来学期の取り決めのために共有されている世界観が再確認される。大学についてのストーリー、神学の研究と教育のストーリー、あるいはもっとシニカルな状況では、失職しないための努力というようなストーリー、私たちが互いに語り合うのはそうしたより大きな世界に関することである。ラブレターは、たとえそれがどんなに文法的に奇妙で熱烈なものであったとしても、人間であることの意味をとても深いレベルで伝えるストーリーを雄弁に物語ってくれ

44　116 ページ以降を参照せよ。

る。表や定理だらけの無味乾燥な教科書は、世界には秩序があり、人間がそれらの法則を理解し、そこで実り多い働きをすることができるというストーリーを伝えてくれる。短歌や格言とそれが表す世界観との関係は、スナップ写真とそれが喚起する夏休みや少年時代、結婚式などの思い出との関係に似ている。その他にも多くの例が挙げられるだろう。

文学批評の課題の少なくとも一部は、作家がその作品に込めたストーリーを通じて(究極的にはその世界観を通じて)何をどのように成し遂げたのかを明らかにし、詳細に説明することにある。[45] この課題は作者が不明であっても行うことができる(多くの偉大な作品、特に新約聖書が匿名であることからもそう言える)。たとえ仮説であっても、作者が何を意図していたのかを考察することはこの課題を遂行するための助けになるだろう。ここで再びお馴染みの二分法に登場してもらおう。「**実証主義**」に立つ批評家にとって、批評学の目的とはテクストの「正しい」または「真の」意味を明確にすることにある。彼らはテクストには客観的に正しい意味があり、それを見つけ出すことができると考えている。「**現象論**」に立つ人々は(彼らが実は脱構築主義者だったとしても何の不思議ではない)そんなものは存在しないと言い張るだろう。私の読み方、あなたの読み方、そして数えきれないほどのあらゆる可能な読み方があるだけなのだと。この両極論に対し、「**批判的実在論**」は読者が独自の視点や背景を持っていることを十分に考慮する。この立場によれば、読者はあらゆる現実を納得たらしめる一つまたは複数のストーリーを抱いてテクストを読んでいるが、テクストはその読者とは本質的に異なるものとして存在する。テクストは作者からも読者からも独立しており、それ自体で生命と一連の意味とを持つ

---

45 音楽という非常に異なる領域での類似した研究の興味深い記述として、Menuhin 1977, 182-9。「人間の全ての細胞が、体についての情報を付与されているのを発見した生化学者のように、これらの音符が他でもないこのソナタのためにあるのだということを私は確証せねばなりませんでした。そしてそれを自分自身ですること、他の人によって既になされた解釈ではなく、自分自身でそれをすることは大切なことでした。」(184)

存在なのである。

　テクストのもっとも深いレベルでの意味はストーリーの中にあり、そして究極的には世界観の中にある。テクストはそれらを明快に表現しているのである。

　実証主義者の批評家は、ぶどう園のたとえ話を読んで、これをイエスの生涯や原始教会の宣教活動、または福音書の執筆というような特定の歴史的文脈の中に位置づけようとする。そしてテクストが書かれた当時に、それが何を意味していたのかについての完全で、客観的な説明を試みる。こうした解説のもっともらしさにより、不注意な人は、実証主義こそが正しいのだと信じてしまうだろう（他の実証主義の注解者が同様に客観的で、しかも全く異なる説明をするのを耳にするまでの間は）。こうした場合、二人の実証主義者は議論を始めるだろうが、彼らはそうすることによって、実証主義は思ったほどシンプルではないことを認めたことになる。そして、知識についての別のモデルが必要になるのである。

　これとは対照的に、現象主義者はこのたとえ話を読んで、それが彼女自身に向けて語りかけていると思うかもしれない。このたとえ話は特定の歴史的文脈に基づいたものだと気づいたとしても、彼女にとって大切なのは、このテクストが今彼女に何を語りかけているのか、という点なのである。先に見てきたように、これは原理主義者にも脱構築主義者にもある程度言えることだ。しかし、こうした読み方からは、聖書に規範性を求めることは不可能になる。聖書が「私」に何かを語りかけているからといって、同じことを「あなた」にも語りかけていると言える理由はないのである。よくよく注意しないと、聖書が私に語りかける「神から与えられた責務を担いなさい」というメッセージや、「イエスが私のために死んで下さった」というメッセージは、「私は塩が好きだ」だとか「私はシベリウスが好きだ」というような個人的な感想と何ら変わらないものになってしまう。現象主義者は公共性の喪失という高い代価を払うことで、テクストについての自分の発言の確実性や安全性を手に入れようとしているのである。

　批判的実在論はこれらのいずれの落とし穴も回避しようとする。私たち

は、自分が独自の視点を持っていることを自覚せねばならない。ぶどう園のたとえ話を読む読者は、本能的に「主人としもべ」のどちらか一方に肩入れしてしまいがちだ。「父と息子」についても同じことが言える。それが規範的だと信じるテクストを読む読者は（あるいは他の人が規範的だと信じているテクストを読む読者は）、ある種の期待、またおそらくは不安を抱いてそれを読む。別の言い方をすれば、私たちが聖書のストーリーを読む時に、私たちがいつも抱いている別のストーリー（つまり私たちの世界観）に照らしてそれを読んでいるということだ。だが、私たちがそれに耳を傾けるなら、新約聖書の中に見いだされる他のストーリーは私たちの抱いているストーリーの一部または全部を再確認、修正、さらには一新する。このような経験は、私たち自身のストーリーの一部分だと言える。異なる世界観があり、それらは文学作品の中で言い表されている。それらは私たち自身の世界観と互いに影響し合う。批判的実在論による読書は、「常に改革し続ける公同の教会の読誦」（*lectio catholica semper reformanda*）なのである。この立場に立つ読者は自分に対しても、公の世界に対しても真実であろうと努める。同時に自らのストーリーが修正され、覆される可能性に対しても常に開かれた態度を持ち続けるのである。

　私たちは聖書を読む際に、それが歴史的には私たちの時代とは遠く隔たったものであっても、そうした時代の制約を超えた今日性を持っていることにも気づく。そして、時間的な隔たりと、時間を超えた今日性という二点の間の複雑な関係を意識するようになる。私たちはぶどう園のたとえ話を読むとき、背後にある歴史的な背景に注意しながらそのストーリーを読む。それはイスラエルについてのストーリーなのだが、そこには新しくて意外な展開がある。つまり、イスラエルのストーリーは、実はイエスのストーリーであることが明らかになる。このストーリーは、イエスの宣教活動における一つの出来事を示しながらも、原始教会によって語り直されることを通じて何か別のものとなる。それはちょうど、ある小説について書かれた本がその小説そのものとはどこか異なっているのと似ている。私たちはこのたとえ話を歴史的背景に照らして忠実に読むことができると思っ

ていても(このような信念も私たちの抱いているストーリーの一部なのである)、このたとえ話の持つ「意味」は、いくつかの重要な点で他の解釈を受け入れる余地がある。こうした違った意味には適切なものも不適切なものもあるだろう。これらの異なる解釈の可能性の是非を論じることは可能で、必要でもある。これは私的なゲームではない。新たに示される意味は、歴史的にオリジナルな意味とされるものとの間に実証可能な連続性を持つものでなければならない。そして何が連続性だと見なせるのかという点については、さらなる検討の余地がある。これまでの議論のポイントは、ストーリーは世界観を生み出すということにある。このたとえ話を歴史的観点から考えれば、それが今までの世界観を打ち砕き、別の世界観に置き換えようという狙いを持ったストーリーであることがはっきりしてくる。心を開いてテクストを読めば、それが私の世界観をも一新させるものだと気づくだろう。

　これまでの議論をユダヤ教とキリスト教の文学に当てはめれば、それらの文学作品の大部分がストーリー形式を採っていることはすぐに見て取れる。それが明らかな場合もあれば、ストーリーが背後に隠れている場合もある。[46] しかし、この二つの宗教の伝統には、二つのはっきりと異なるタイプのストーリーが存在する。第一のタイプのストーリーは、ある世界観を体現しそれを明確に伝えようとするが、それは公の世界で起こった出来事について語ってはいない。たとえ話は明らかにこうした範疇に入るし、ユダヤ教文学では「ヨセフとアセナテ」がこれに該当する。[47] 第二のタイプのストーリーも世界観を体現しそれを明確に伝えるが、それは公の世界で実際に起こった出来事を物語ることを通じて伝えられる。なぜなら、世界観が説明しようとしているのはその出来事だからである。ユダヤ教の中では、「第1、第2マカバイ書」、またヨセフスの「ユダヤ古代誌」や「ユ

---

[46] パウロについて、この点に関してはHays 1983(彼は自分の先駆者としてVia 1975を挙げている)とPetersen 1985において非常に説得力のある議論がなされた。13章(b)以下を参照せよ。

[47] Charlesworth 1985, 177-247。

ダヤ戦記」がこれに当てはまる。ヨセフスは、自分に向けられた歴史ねつ造という非難を強く意識していて、それに反論するのは彼にとっては大切なことだった。[48] キリスト教においてもそれは大いに議論されている。ヨハネ福音書は、自分が何を語っているのかよく理解していると声高に主張しているが、この書は（21章24節）第二のタイプというより第一のタイプのストーリーだと多くの批評家から見られている。このような皮肉な見方は、「グノーシス主義」福音書を歴史上の出来事により忠実な第二のタイプのストーリーだとする一方、共観福音書はキリスト教を歴史上のイエスとは無関係な治癒神の神話として描いていると主張する批評家の評論にも見られる。[49] これらについては第Ⅳ部で詳しく論じる。しかし、少なくとも以下のことだけは言える。ユダヤ人の世界観において、ある特別な出来事が衆人環視の歴史の中で起こることは非常に重要である。その理由は、彼らの神が世界の創造主で、神がその創造した世界のただ中で今も活動し続けていると彼らが信じていたからである。彼らは自分たちのストーリーの全部または一部を、実際の歴史上の出来事としてではなく、第一のタイプのストーリーとして語ることに非常に長けていた。しかしそれは、それらのストーリーが本質的に第二のタイプのストーリーから派生し、それを強め、また覆すものだということを示している。歴史のただ中で過去にも将来にも活動しないような神のストーリーは、ユダヤ人の基盤となるストーリーを徹底的に傷つける。これがマルキオンやグノーシス主義のしたこ

---

48 「アピオーン」1.53を参照せよ。「……読者に実際に起こった事実を伝えることを約束している者の義務とは、第一に自分自身でそれらについての正確な知識を得ることであるが、それは出来事に直接関与するか、あるいはそれらの出来事を知っている人々に尋ねることを通じてである。私は両方の作品でこの義務を十分に果たしたと考えている。」歴史的虚構に対する彼の反駁について、1.293も参照せよ。こうした基準によって現代の批評家がヨセフス（またはマカバイ書）を批判するのにさして困難を覚えないとしても、それはヨセフスが自分で何を語っているのか理解していなかったということを意味しない。歴史科学についての議論は、次章を参照せよ。

49 例として、Mack 1988; Crossan 1991、そして本書14章以下を参照せよ。

とである。興味深いのは、グノーシス主義に非常に近い神学思想を提唱する現代の人々は、「イエスの伝承」はユダヤ的ではないと口やかましく叫ぶ人々でもあるということだ。[50]

そこで私は以下のことを提起したい。「**脱構築主義**」によってテクストをその原形を留めないほど分解せずに、テクストそのものを正当に扱いたいと願う批評家は、言語の世界の外側にある事柄について語る必要性に向き合わなければならない（言語の世界についてまともに語ることができるという前提の上でだが）。これは、アンソニー・ティルストンの最新の研究の主要な議論の一つである。[51] サールによって提唱された言語行為論、ウォルターストローフ、ハーバーマス、そしてとりわけヴィトゲンシュタインの哲学的議論を引き合いに出して、ティルソンは次のことを力強く論じている。それは、非常に多くの言語行為において、語られる対象と、言語の世界の外側の出来事とを「符合」させる明白な要素が存在しているということだ。彼の関心の多くは、現代と未来の言語の世界の外側の出来事に関する言語行為に向けられているが、同時に彼は、私がここで強調したい点にも注目している。それは、少なくともいくつかの聖書テクストを適切に扱うためには、歴史の再構築が必要だということである。[52] このような再構築は可能で、望ましいものだということを次章で論じたい。この可能性を否定する議論は、しばしばその望ましさを否定するための議論へと矮小化される傾向があるようだ。歴史の再構築を望ましくないと考える哲学上の世界観は、再構築を不可能にする道具立てを同時に提供する。本書の第Ⅱ部は、このような世界観を覆すことを目的としている。それゆえ、1世紀の宗教的運動から生まれた文書に取り組む文学批評家は、その文書

50　特に Mack 1988 と、クレアモント大学の作品を参照せよ。この本は、当大学の特徴をよく備えた作品である。

51　Thiselton 1992、特に 8、16 章。

52　Thiselton 1992、15 章セクション 1。Ricoeur 1978 をも参照せよ、特に 191 ページ。その中は、歴史的物語は（決して実証主義的には理解されてはいないものの）テクスト自体の世界の外側の指示対象を含んでいる。

が物語るストーリー、あるいはその文書が様々な形で貢献しているストーリーを抽出し、明示しなければならない。ストーリーを媒介とする世界観の分析は、私たちの課題の中核を成すものだ。そのために、作品が語り、強め、覆そうとする一つの（または複数の）ストーリーを吟味せねばならない。そして、デ・ラ・メアやマンの作品の批評家は、それらの作品が実際に実現している効果がどのように成し遂げられているのかを示さなければならない。同様に、新約聖書の批評家も鳥瞰的な観点から各部分を研究し、「形式と内容」、「構造と影響」、「芸術と効果」のそれぞれの関係を描き出さなければならない。こうした主題について言うべきことはもっと多くある。だが、私たちは少なくとも自分たちの立ち位置を明確にしてきた。それによって、これから仕事に取りかかることができるだろう。新約聖書の主題や、歴史と神学の主要な構成要素についての研究に移る前に、これまでずっと言い続けてきた中心的カテゴリーについてより詳しく見ていかなければならない。これまでの議論を通じて見てきたのは、人間の意識のもっとも基礎的なものの一つは、「**ストーリー**」だということである。加えて、新約聖書（およびその背景の一部であるユダヤ文学）のかなりの部分が、事実に基づいたストーリーから成っていることには疑問の余地がない。それゆえ、私たちはストーリーとは何で、どのように機能しているのかをもっと詳しく調べなければならない。

4. ストーリーの性格

（i）ストーリーの分析：物語構造（narrative structure）

ストーリーを力あるものにする方法（その力によってストーリーは人々の考え方、感じ方、また行動に変化を起こし、また世界の実際の有り様に変化を起こす）を、ストーリーの内包するいくつかの主要な構成要素の分析によって明らかにすることができる。数ある特徴の中でも近年特に研

究されているのは、「語り手（narrator）」、「視点（point of view）」、「判断基準（standards of judgment）」、「暗黙の作者（implied author）」、「理想の読者（ideal reader）」、「暗黙の読者（implied reader）」、「スタイル（style）」、「修辞技法（rhetorical techniques）」等々である。これら全てについて論じるべきことは山ほどあるが、ここでそうするだけの紙面の余裕はない。[53] しかし、ある一つの要素は特に注目され続けている。それは作品の物語構造（narrative structure）とその果たす役割についてである。そしてこの要素は、私が今後本書で進めていくいくつかの議論において重要だ。私はここでは、ウラジミール・プロップによって先鞭をつけられ、A. J. グレマスによってさらに押し進められた物語分析の成果に概ね沿っていくことにする。[54] これについて、いくらかの導入的解説が必要だろう。

　グレマスの研究は、ここ20年ほどの間に聖書学研究の分野にしばしば組み入れられており、先に少しばかり触れたD. O. ビヤやJ. D. クロッサンがその実例として挙げられる。概してグレマスの研究は形式主義者や構造主義者の研究の道具として利用されてきた。彼らの研究とは、テクストを読むための方法についてであり、それは何か客観的なことを語ろうという試みだと言える。[55] その「何か」とは、テクストを作者や共同体の歴史の中に位置づけようという試みとも、またはテクストを歴史的再構築の基礎として用いようという試みとも異なる。そのため、グレマスの研究を活用することそのものが、構造主義者のモデル（このモデルはいくぶん時代遅れで、また明らかに反歴史的だ）を追認したものと見られてしまうかもしれない。こうした見方に抗しつつも、私は本プロジェクトにおいてグレ

53　これまでに引用してきた作品を参照せよ。特にPatte, Petersen, FunkとThiseltonを見よ。またRhoads & Michie 1982と比較参照せよ。

54　Griemas 1966, 1970; Propp 1968を参照せよ。これらの点については、特にGalland 1976; Patte 1976, 1978。パウロ釈義の方法論への適用については、Hays 1983, 92–103; Wright 1991a, 10章。また、パウロ釈義における近年の文芸理論の他の利用については、Moore 1989, xx n.18。

55　Thiselton 1992、13章セクション4、そして本書120ページを参照のこと。

マスの物語分析を注意深く利用することを支持したい。近年の認識学、解釈学（第2章参照）、歴史研究（第4章参照）の諸理論における物語の強調において、以下のことが求められている。それは、物語がどのように機能しているのかを探求し、こうした背景の中で（むやみにグレマスの理論に従ったり、形式主義者の真似をするのではなく、より広い意味で歴史的、解釈学に活用するために）グレマスを再利用することだ。グレマスの方法論は絶対確実なものではないし、これについての議論にはここでは立ち入らない。[56] いつものように論より証拠なのである。

グレマスのスキームは一連の図表によってもっともよく示される。特にグレマスや彼の理論に馴染みのない方には、分からないことを分かりようがないことで説明しているかのような、複雑なこの図表は難しく見えるだろう。[57] しかし、難解に見えるこの理論のポイントは徐々にはっきりとしてくるだろう。ストーリーがどのように進行していくのかについて、そのストーリーの流れの各段階に細心の注意を払わねば、解釈者は色々な（恐らくは間違った）結論にぱっと飛びついてしまうことになるだろう。特に読者にとってストーリーがいつも聞かされている、あまりにも馴染み深いものであれば、なおさらこのような誤りが生じやすい。このグレマスの理論が要求しているのは、私たちが読書のスピードを落とし、物語の各段階で実際に何が起こっているのかを注意深く観察することである。私は後に、原始教会がユダヤ教に突きつけた根本的な叱責とは、ユダヤ教徒とキリスト教徒が等しく語ってきたストーリー（つまり、旧約聖書のストーリー）について、ユダヤ教徒が理解し損なっているというものだったことを指摘する。同様の間違いは現代のキリスト教にも幅広く見受けられる。さらに

56　Thiselton 1992、13章セクション3を参照。
57　Moore 1989, xix、あるシナリオの描写として、「構造主義者は騒々しく動き回り、名うてのグレマス主義者たちを抱え込んでいる。……そのやり方の行き着く結論には、ほとんどいつも変わらずお手軽な歴史的釈義が待ち受けているが、それらは効率的な数ステップを通じて既に達成されているものなのである。」

言えば、そうした間違いはキリスト教の伝統全般と、特に福音書についての誤解にその根源がある。

　基本的かつ典型的なストーリーは三つの段階に分けられるだろう。初期シーケンス（initial sequence）において問題が発生する。ヒーローまたはヒロインは、困難で不可能にすら見える任務を委ねられる。話題的シーケンス（topical sequence）では、ヒーローは問題を解決しようとし、それに着手し、最終的にはなんとかやり遂げていく。そして最終シーケンス（final sequence）において、最初に与えられた任務は最終的に完了する。それは以下のように記すことができる。

a. **初期シーケンス**：赤ずきんちゃんはお母さんから食事を託されて、おばあさんに持っていこうとする。しかし、オオカミにそれを妨げられる。
b. **話題的シーケンス**：木こりによって、どうにか助けられる。
c. **最終シーケンス**：そして赤ずきんちゃんは最終的に食事をおばあさんに届けることができる。

これらのシーケンスは、以下のようなダイアグラムによって示される（下の図）。

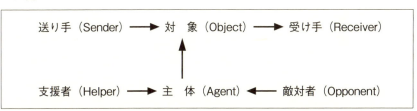

「送り手」は行動の起点であり、「主体」にある行動を委任する（つまり、「対象」を「受け手」に届けること）。「主体」はその任務の遂行を、単数または複数の勢力（つまり「敵対者」）によって妨げられるが、「支援者」によって助けられることもある。初期シーケンスにおいて、「敵対者」（それは単に「主体」の性格上の欠点かもしれない）は、「主体」や「支援者」よりも明らかに強力である。さもなければ、それはストーリーにはならず、ただのセンテンスにすぎなくなる。「赤ずきんちゃんは、おばあさんに食

事を届けるためにお母さんに送り出された。彼女はそれをやり遂げ、皆幸せになった」。これは素晴らしいことだが、ストーリーとは呼べない。そこには筋（プロット）がないのだ。このセンテンスは何の世界観も体現していない（あまりにもナイーブな世界観ということなら、そう言えるかもしれないが）。したがってこのようなダイアグラムで表せる（下の図）。

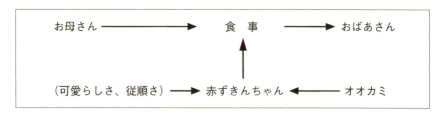

ヒロインの可愛らしさや従順さをもっても（彼女の取り柄はそれだけなのだが）、彼女はオオカミが最初のプランを頓挫させ、おばあさんを食べてしまい、彼女まで食べてしまおうと脅かすのを防ぐことができない。森の中の山小屋のおばあさんに食事を届けようというお母さんのプランは、悪夢のような展開になってしまう。しかし、話題的シーケンスでは新たな支援者が登場する。それはぜひとも必要であり、それなしにはストーリーは終ってしまう。「赤ずきんちゃんは食事をおばあさんに持って行こうとしたが、オオカミは二人とも食べてしまった」。これでは本当の意味でのストーリーにはなっていない。重要なことは、この話題的シーケンスでは、初期シーケンスの「主体」が今度は「受け手」になることである。なぜなら、彼女は今や助け（つまり、この苦境から抜け出すこと）を必要としているからだ。この特定のケースでは、他の多くのストーリーのシーケンスと同様に、「支援者」を送り出す明確な「送り手」は存在しない。しかしこの不在は何ら問題にはならず、実際しばしばとても効果的で神秘的な雰囲気を醸し出す。それはちょうど、トールキンの「ロード・オブ・ザ・リング」において、ほとんど出てこない両陣営のリーダーたちが、表舞台にいる登場人物たちの上方または背後に控えている勢力であることを読者はよく知っているというようなケースだ。

話題的シーケンスは初期シーケンスと同様の形式を採る。しかし、この場合の性格上、初期シーケンスの「主体」はこのシーケンスでは「受け手」になる。なぜなら、主体は今や救出や助けを必要としているからだ。それゆえ、新しい「対象」をもたらしてくれる、新しい「主体」が希求される。その対象とは、主体を苦境から救出し、救う役割を果たしてくれるものだ。このステージで、さらなる「敵対者」が現れるかもしれないし、そうではないかもしれない。

このダイアグラムをこの童謡の話題的シーケンスに当てはめると、以下のようになる。

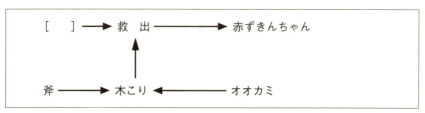

さすがのオオカミも斧にはかなわなかった。不運な娘は助け出される。オオカミのおなかから救い出されたおばあさん（少なくとも、このストーリーのいくつかのバージョンではそうなっている）は、とうとう食事を受け取ることができる。そして、最終シーケンスは、今度は成功をもたらした重要な変化を伴って、初期シーケンスのパターンを繰り返す。

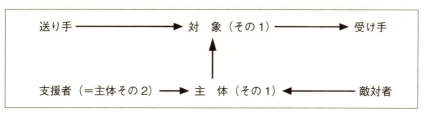

では、我らのヒロインと勇敢な支援者をこのダイアグラムに当てはめてみよう。

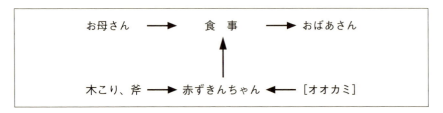

聖書学の異なる方法論についての、現代のもっとも明快な解説者の一人であるジョン・バートンは、ストーリーは以上のようなエンディングを必要としていると主張する。もし木こりがオオカミを解放し、赤ずきんちゃんと木こりが結婚するというエンディングならば、全く異なる世界観が表明されることになる。[58]これはもちろんあり得ることだし、サルトルの弟子たちがこのような物語の展開を提唱していると見なす人もいるだろう。しかしこのような展開は、このストーリーが指し示すものではない。[59]「赤ずきんちゃん」のオリジナルなストーリーは、民話の統語法（syntax）の上に成り立っている。統語法とは、民話がどのように展開していくのかを示すものだ。もしこの統語法が変更されれば、強力で全てをくつがえすような驚きの瞬間がもたらされるだろう。

もちろん、大部分のストーリーはこの「赤ずきんちゃん」よりもずっと複雑だということを認める必要がある。それらは通常、「サブ・ディビジ

58　Barton 1984, 116。プロップやその他の学者に言及している。[訳注：バートンの著作では、「木こりがオオカミを解放し、おばあさんを撃ち殺し、赤ずきんちゃんと結婚したならば、これは掟破りであり、それでは民話にはならない」と解説している。]

59　サルトルについては Meyer 1991b, 9f. において、サルトル的な小説が究極的には自家撞着を起こしていることが論じられている。「生粋のサルトル的な小説はカオス的な支離滅裂状態に終るだろう。しかしサルトルを含む小説家たちは、以下の第一戒に従って労苦しているのだ。すなわち、『なんじ、退屈であることなかれ』」

ョン（再分割）」、「プロット（筋）の中のプロット」、などを含んでいる。これから見ていく聖書の有名なストーリーは、あるプロットの中にもう一つのプロットを内包している。そして、その聖書の物語は「悲劇」というジャンルに分類されるが、それは「赤ずきんちゃん」によって例示されたストーリーのパターンには当てはまらない。民話では結末において万事がうまくゆく統語法が用いられている場合が多い。間違いなく、このようなハッピー・エンドは民話に期待されている役割に叶っている。悲劇についてもその独自のアウトラインを示せるだろうし、グレマスのスキームにも合致すると私は考えている。以下に取り上げるストーリーによって、それを具体的に説明できるだろう。[60]

「話題的シーケンス」は更に細かなシーケンスに分割することができるが、それらはストーリーの中の多くの紆余曲折を説明するのに役立つだろう。こうした細かな分析は、実際に福音書研究においてなされてきた。[61]福音書の物語はあまりにも有名で、そのことは新鮮な理解を促すよりもむしろ妨げるほうが多い。そこで、それらのストーリーを顕微鏡で観察し直し、物語の背後で実際に何が「起きている」のかを探ろうというのだ。こうした研究は難解になり過ぎて、かえって理解のための新手の障壁になってしまうこともある。しかし、例えば物語の主な強調点がどこにあるのか（テキストの普通の読み方による場合とは違う強調点が見つかるかもしれない）、また様々な部分が全体とどう関連しているか、こうした問題について私たちが理解するのを助けてくれることもある。このような物語分析を実施するための、より優れた方法論を確立することは喫緊の課題である。それは、私たちがこれまで用いてきた様々な批評学の研究手段を批判するために役立つからだ。[62]これまでテキスト分析を行ってきた多くの研究者たちは、テキストの主題について十分に吟味してこなかったのではないか、

60　第4エズラ書と第2バルク書はもっと悲劇的なストーリーの例として考えられるだろう。本書第Ⅲ部以降を参照のこと。
61　Martin 1976a, 1976b; Chabrol 1976; Patte 1978、3章等。
62　Patte 1978、4章を参照せよ。

という異議申し立てをすべきだと私は信じている。[63] 実際、物語分析は単に役に立つ手段だというのに留まらない。ストーリーとは何であり、また何のためにあるのかということを忘れてしまったアカデミックの世界の中で、テクストの重要な側面を取り戻すことは必要な任務なのである。

(ⅱ) ストーリーの分析：不正なぶどう園の農夫たち

さて、ここで一例として、私たちの古くからの連れ合いである「**不正なぶどう園の農夫たち**」のたとえ話（マルコによる福音書12章1節-12節、およびマタイ、ルカの並行記事）を手短に考察しよう。そこにはとてもはっきりとした構造が見て取れる。その構造には、プロットの中にプロットが存在しており、しかもその内部のプロットは本質的に悲劇であることが判明する。このストーリーは、ぶどう園の主人が農夫たちを彼らの強欲（な人々のように見える）さにもかかわらず代理人として雇い、収穫を得ようという目的で農園を開いたところから始まる（下の図）。

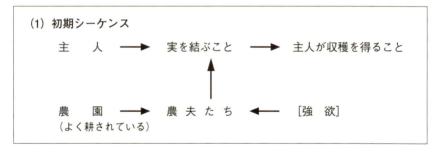

ここまでは何の問題ない。主人は使者たちを農夫たちのところに送り、収穫を得ようとする。これが内部のストーリー（inner story）のエピソードである。ところが、この農夫たちは使者からのメッセージの受け手であるだけでなく、主人の計画への敵対者であることが明らかになる。このことは内部のストーリーの悲劇的な性格と、その結末が哀しいアイロニーを

---

[63] 一例として、Martin 1976b, 74 において、このストーリーは単に「神」と「人」についてであると想定されている（つまり、「イスラエル」についてではない、という前提に立っている）。

もたらすだろうという事実とを暗示することになる[64]。

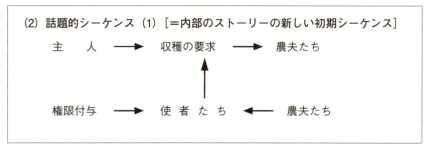

収穫を求める初めの試みは失敗し、今度は主人は自分の息子を使者として遣わした。

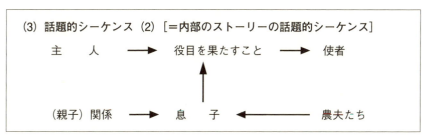

ここでは、当初のプランの成功のためになされるべき二つのことが示される。内部のストーリーの悲劇的なクライマックスとして、農夫たちは自分たちが蒔いた種を刈り取らねばならない。そして、外部のストーリー（outer story）の勝利のクライマックスとして、農夫たちの抵抗にもかかわらず、当初のプランはなんとしても達成されねばならない。そのために、初めて主人が自ら乗り込んできて農夫たちを滅ぼすことになる（次ページの図）[65]。

---

64 この省察は、私たちが Tannehill 1985b において見るものと同じ類の懸念である。しかし私はタネヒルのルカ–使徒言行録全体の評価に合意していない。
65 マタイ福音書によれば（21章41節）、このくだりは、主人がどういう行動を取るのか、というイエスの質問に対する聞き手の回答としてストーリーに付け加えられている。

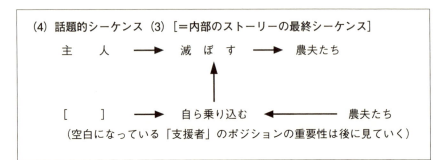

最後に、主人は自分が望む収穫をもたらすであろう新しい農夫たちを雇い入れる。そしてとうとう初期シーケンスへと回帰する。[66] 赤ずきんちゃんが最終的に食事をおばあさんに届けたように、新しい農夫たちも最終的に彼らに期待されていることを成し遂げるだろう。だが、内部のストーリーの悲劇的性格が示唆しているのは、初めの「主体」(農夫たち)が新しい「主体」に取って代わられなければならないということでもある。

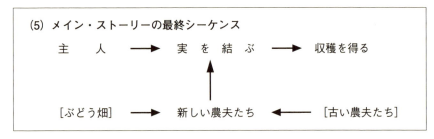

こうした物語分析の手法によって、このストーリーについて何か学べるのだろうか。あらゆる面で大いにある。まず第一に、(他の何にもまして)私たちは主人の目的について着目する必要がある。疑いもなく、主人の関心事はぶどう畑の命運よりもっと大きな何かに関するものだ。ぶどう畑がそこにあるのには訳がある。このたとえ話の歴史的背景からすれば(福音

---

66 マタイ福音書 (21 章 41 節) においてのみ、新しい農夫が主人に収穫をもたらすことが明確に語られているが、それは明らかに別の説明を示唆したものだ。

書記者たちの著作が生まれた明白な背景と、またイエスの生涯という歴史的背景)、このぶどう畑は間違いなくイスラエルのことを示している。そしてこのストーリーが前提としているのは、イスラエルが創造されたのは自分自身の利益のためではなく、イスラエルの契約の神の目的に仕えるためであり、その目的はイスラエルのためだけに限定されたものではないということである。

　第二に息子の役割についてだが、後に発展したキリスト論の影響を意識しながら注意してこの物語を読むと、彼の役割が思ったよりも限定されていることが分かる。息子の死が示唆するのはシーケンス(3)の失敗に他ならず、それ以上のものではない。彼の死が何らかの形でこのストーリーの転換点を意味しているという物語的可能性を示唆するものは一つの例外を除いて何も無い。その例外とは否定的なもので、つまり残す手だてを失った主人が、今や自ら出かけて行って事態を収拾しなければならなくなったということである。このストーリーのドラマの中では、息子は基本的には最後の、そしてもっとも悲痛な、失敗したメッセンジャーなのである。彼の失敗の後に来るのは、もはや惨劇しかなかったのである。

　第三に、シーケンス(2)と(4)において不正な農夫たちが二つの異なる立場に立っているように見えることが注目される。それは多分、悲劇の本質的部分なのだろう。受け手や主体(subjects)という役割をするはずのストーリーの登場人物たちは、その同じストーリーの中で敵対者であることが明らかになる(福音書の中での弟子たちの曖昧な役割は、大局的にはこのような視点から考察されねばならない)。別のサブ・プロットが挿入されることで彼らがこのような役回りから解放されない限り、このストーリーの中での彼らの役目は惨事に終わる運命にある。

　第四に、当時の歴史的背景の下でこのストーリーを考える場合、シーケンス(5)に「主体」として登場する新しい農夫たちが異邦人であると単純に想定することはできない(ある人は初めからそう思ってしまうかもしれないが)。主人の目的は、農夫たちを通じて何かを成し遂げることである。その「何か」とは、福音書の物語全体を通じて様々な方法で明らかに

なっていくように、異邦人への「祝福」であるように思われる。[67] この目的を遂に成し遂げてゆく「新しい農夫たち」は、それゆえ異邦人ではあり得ず、新しいユダヤ人のグループでなければならない。[68]

　第五に、シーケンス(4)の空白になっている「支援者」には重要な意味が隠されている可能性がある。ストーリーの中の空白部分は、通常示唆に富んでいる。「ロード・オブ・ザ・リングス」の「送り手」もそうだと言えるし、またデ・ラ・メアの「リスナーズ」の言及されていない「対象」についてもそう言えるかもしれない。このストーリーの文脈の中では（これはルカにおいてもっとも顕著だが、マタイやマルコでも同様に暗示されている）、主人（つまりイスラエルの神）がみずから乗り込んでいって農夫たちを滅ぼすために用いる器とは、ローマによる軍事行動であることが明らかになる。福音書のより大きな物語の流れの中で、このたとえ話は神殿への糾弾とその崩壊の預言（マルコ13章とその並行記事）へと向かう布石となっている。

　これらの釈義上のポイントに加えて、この分析によって明らかになるより大切な事柄が存在する。ほとんどのイエスのたとえ話と同じく、このたとえ話はイスラエルの物語について語るが（このたとえ話はユダヤ人の世界観を通常の適切な方法で提示している）、だがそこには驚愕すべき新しい意外な展開が加えられている。私たちが一般的な世界観のストーリー化された構造、またユダヤ人の特殊な世界観のストーリー化された構造をひとたび把握すれば、1世紀のユダヤ教と1世紀のキリスト教の論争の中で問題となっていた事柄を理解するための助けとなるツールを手にすることになる（そのツールはあまり用いられてこなかったのだが）。彼らの論争は、いくつかの抽象的な教理についての「神学」論争のような類いのものではなかった。同様に、ユダヤ人と非ユダヤ人、または律法（トーラー）

67　本書13-15章以下を参照せよ。
68　この点について、マタイ福音書は別のことを示唆しているかもしれない（21章41節）。そこでは、ぶどう園は実を結ぶであろう共同体（エスノス）に与えられるのだ。この点についてここで議論をすることはできない。

を守るユダヤ人と守らないユダヤ人との間での、社会的軋轢やグループの線引きを巡る論争だというように単純化できるものでもない。これは「イスラエルの神、その民、そして世界のストーリーについての、異なる語り方」を巡る、もっと根本的なレベルでの論争だったのである。そして、これらの異なる語り方を私たちが用いてきたグリッド上に示し、それらのストーリーがどのように語られていたのかを詳細に提示し、そして1世紀において本当は何が争点だったのかを理解することは原則的に可能である。これらの課題の持つこうした性格は、本書の、そして実にプロジェクト全体の注目すべき特色となるだろう。

最後にもう一点について考察しよう。このたとえ話のこうした分析は、喜劇の中の悲劇、「成功」した計画全体の中のあるグループの失敗について、四つの福音書の中のいくつかのストーリー、そして福音そのもののストーリーを明確に語るための道を拓くことにつながる。[69] イエスその人のストーリー（つまり彼の死と復活、彼の苦難とその正当性の確証）は、こうしてその輪郭を表していく。キリスト教徒たちによって語られる神、そしてその創造主である神の民のストーリーについても同じ事が言える。そして、不正な農夫たちのストーリーについても、原始キリスト教の世界観の表明の中に見いだされるのと同じような物語構造を生み出すのである。

(iii) イエス、パウロ、そしてユダヤ人たちのストーリー

ぶどう畑のたとえ話は明らかにそれだけで独立したものではない。共観福音書によれば、ストーリーを語ることはイエスの教え方のもっとも顕著な特徴の一つだった。そして、ここまでの議論全体に照らして考えれば、これらのストーリーはもっと純粋で抽象的な形で語ることができる真理を描写していると考えるのは大きな間違いであるのは明らかだろう。これらのストーリーは、イエスの話を聞く人々の世界観を打ち砕くための手段だ

---

69 D. O. Via の発言については、Beardslee 1969, vi の序言を参照せよ。また Via 1967 の諸所を参照のこと。

ったのであり、そうすることで彼らの世界観をイエスが示そうとした世界観へと再形成することを可能にしたのである。イエスのストーリーは、全てのストーリーが原則的にそうであるように、彼の聞き手たちを新しい世界に誘う。そして、新しい世界観が聞き手たちの中に根を下ろせるように、暗黙の示唆を与えてくれる。本書の第Ⅲ部で見ていくように、イスラエルの神学はほとんどいつでも明快なストーリーとして特徴的に表現されてきた。出エジプトのストーリー、士師たちのストーリー、ダビデと彼の家族のストーリー、エリヤとエリシャ、バビロン捕囚とその帰還のストーリーなどである。そしてヘブライ語聖書の正典において、天地創造と族長たちのストーリーは他の全てのストーリーの橋渡しをし、それらのストーリーにもっと大きな重要性を与えているのである。イエスは、この点ではイスラエルの長い伝統を受け継いだにすぎないのである。

　全ての世界観は、そのもっとも深い意味においてストーリーを言い表すための簡潔な表現形態であるならば、ユダヤ教には特にそれが当てはまる。イスラエルを自分の民と呼ぶ唯一の神への信仰は、ユダヤ教の基盤そのものである。世界を創造し、その世界のただ中で働いている神について語るための唯一相応しい方法は、物語を通じてなのである。抽象的な一連の定理の中からもっと根源的な声明を抽出しようとすれば、ユダヤ人の世界観を根本的に歪めてしまうだろう。詳しく説明するのが面倒な、複雑なストーリー形式の世界観について、大学のシラバスで簡便なフレーズや言葉を用いるべきではないと言っているのではない。「一神教と神の選び」(第9章以下参照) というフレーズは、時空の外にある二つの抽象的な実体のことを指し示しているのではない。これは世界観の全体像を心の中に呼び覚ますための方法なのである。私たちがここで描写しているように、ユダヤ人たちもこうしてストーリーを語り、また語り直してきたのである。そのストーリーは、創造主である唯一の神がどのように現れ、そしてイスラエルをご自身の特別な民として選び、そして神がどうやって最終的にイスラエルの栄光を回復し、それを通じて全ての創造された世界を神の意図する状態にまで導くのか、について物語っている。これら全てを毎回の講義で

第3章　「文学」、ストーリー、そして世界観の表明　155

詳しく説明しようとすれば、どうしようもなく冗漫になってしまうだろう。また、「一神教」というような神学用語が、実体のある神学的事柄を説明するためのしっかりした文章を簡潔に言い表すために考案された便利な言葉であり、「純粋」で抽象的な真理についての子供じみた表現法ではないことが理解されている限り、毎回講義で説明する必要はないだろう。

　どんな「種類」のストーリーが、その当時のユダヤ人のもっとも顕著なストーリーなのだろうか。これまで示してきたように、どんな種類のストーリーによっても「ユダヤ人の神は世界の創造主である」という、大部分のユダヤ人が抱いていた信仰体系を表現することができる。しかし、この創造主への信仰は（様々な形態の二元論とは異なり）もっとも自然に、またもっとも独自の形で、「現実世界の中での出来事」についてのストーリーを生み出す。つまり、創造信仰に立ち、契約的に考える一神教の信者たちがストーリーを語るとき、彼らの世界観に合致するもっとも基本的なストーリーとは「歴史」なのである。「ユダヤ人のストーリーの背後にある実際の対象や出来事を考慮に入れなくても、彼らのストーリーを分析するのは可能だ。だからそうした対象を考慮する必要はないし、またすべきでもない」と言うならば、1章と2章で論じてきた認識論上の過ちを犯すことになる。これは人の知覚情報ばかりを強調し、それが実際に指し示す事柄を無視するという経験論者が陥りやすい罠に他ならない。もし私たちが当時のユダヤ人たちによって語られた、いくつかのストーリーの歴史的性格を見落としてしまうなら、それらのストーリーの形式や内容の重要性を理解し損ねてしまう。当時のユダヤ人たちの世界観とは全く無関係な一連の文化的前提を彼らのストーリーの中に読み込もうとすれば、「ユダヤ人の神とは歴史の中では働かない神なのだ」であるとか、あるいは「彼らの神は、いつの日かこの世界を完全に終わらせようとしている神なのだ」、などと嘆息まじりに想像せざるを得なくなってしまう。[70]しかし、私たち

70　この点については、Pennenberg 1970, 15-80、特に 77-80 を参照せよ。また本書 8-10 章を見よ。

が見いだそうとしているのはそんなものではない。

　キリスト教誕生以前のユダヤ人のストーリーに言えることは、原始キリスト教のストーリーにも同様に当てはまる。イエスや福音書記者たちがストーリーを語ったのなら、彼らは歴史や神学以外のことを語ったのだ、ということにはならない。ストーリーを語ることがイスラエルの神学（「契約の神である創造主」、または「創造の神である契約の主」という彼らの信仰）を表現するための独特な手段であるならば、少なくともその初期の段階においてはキリスト教にも同様のことが言えるとしても驚く必要はない。歴史家として私たちが成そうとしているのは、古代の世界観に現代人の関心を向けさせようということである。そうすることで、もっと焦点のはっきりした議論をし、古代の世界観の枠組の中での新しい動きについて、歴史的正確さもって描くことが可能になるだろう。つまり、ストーリーを読むためには、その背景をよく理解しなければならないということである。ストーリーの持つ世界観や、歴史上の人物を扱う歴史家の課題には、当時の人々がグループ内外の人たちに語ったストーリーの詳細な分析が含まれる。そのようなストーリーははっきりと語られることもあれば、暗黙の内に人々に共有されている場合もあった。

　したがって、第IV部で見ていくように、原始教会がイエスについての様々なストーリーを語ったとき、それらのストーリーは、（ある人々が想像するような）でたらめな逸話の寄せ集めではなかった。これらの個々のストーリーは全体のストーリーの一部分を構成していたので、全体のストーリーを理解せずに個々のストーリーを理解することは不可能なのである。個々のストーリーは、もっと大きな全体のストーリーとの間に調和を保っている。様式史批評によって最小単位にまで分解されたストーリーも、福音書全体としてのストーリーも、その当時語られていたストーリーはすべて明確な形を持っていた。それらのストーリーの形は研究され、描かれ、ユダヤ人やキリスト教徒たちが語っていた別のストーリーと比較できるものだ。一見シンプルに見えるいくつかのイエスのストーリーは、後の議論の中で重要になってくるだろう。

ではパウロの場合はどうだろうか。神、イエス、聖霊、イスラエル、そして世界について、パウロはストーリー形式よりも、もっと抽象的な言葉を用いて語ってはいないだろうか。彼はユダヤのストーリー的な神学の世界を離れ、抽象的なヘレニズム的思索という洗練された領域でその個性を発揮したのではないか。そのような問いへの答えは間違いなく「ノー」である。近年の、パウロの著作の重要な部分についての研究が示しているように、この使徒のもっとも強力な「神学的」表明と議論は、実際は「イエスを中心にして描き直された、本質的にユダヤ的なストーリー」だと言える。[71] このことは、パウロが頻繁に用いるイエスの十字架と復活に関する声明(それはあまりにも凝縮されていて、ほとんど定式化されている)の中にもっとも明らかな形で見ることができる。パウロはそれらの中で繰り返し、神、イスラエル、そして世界についてのストーリーを、イエスのストーリーに凝縮して語り直しているのである。このテーマはもちろん後に十分に考察されねばならない。現時点では、パウロはこれまで説明してきたユダヤ人とストーリーとの関係に当てはまらない例外的人物だと考える方に、一つだけ言っておこう。実際は、パウロはその典型なのである。

したがって、このプロジェクト全体を通じて、1世紀の様々なストーリーとそれらが示唆するものの識別と分析とを、様々なレベルで行っていくことになる。その形式においても内容においても、ストーリーは「出来事」に「意味」を付託するための決定的な手段である。事実がどのように描写され、ストーリーのどの時点で緊張または絶頂が訪れるのか、事実がどのように選択され、ストーリーの中でそれらはどう配置されるのか。これら全ては、出来事が有していると信じられている意味を指し示すためになされる。[72] 私たちの大きな課題は、キリスト教の歴史的起源と、「神」についての神学的な疑問とキリスト教の起源との複雑な関連とについて論じ

---

71 Hays 1983, 1989; Fowl 1990; Wright1991a、10章、そして本書13章以下を参照せよ。
72 好個の一例として、Caird 1980, 211 を参照せよ。新約聖書の記者たちがイエスの死を描く、十通りの異なる仕方を列挙している。

ることである。そして、そのためのもっとも意味深い鉱脈が隠されているのがストーリーなのである。イエスやパウロ、福音記者たちの世界観、物の見方、動機と意図（第4章以下参照）を理解しようと努め、その源泉を追い求めようという歴史家の課題は、彼らの口頭での宣教や執筆、彼らの行動や歩んだ道のり、それらを通じて伝えられたストーリーを理解しようというものなのだ。イエスたちによって語られたストーリーはどんな役割を果たし、どこに強調点が置かれていたのだろうか。彼らの語ったストーリーは、ユダヤ社会や異邦人世界で当時語られていたストーリーにどのような挑戦を突きつけたのだろうか。歴史家の責務はこれらに着目することだ。特に考えるべきなのは、公の世界における実際の対象や出来事に結びつけなくても理解できるストーリーと、歴史的出来事について考えなければ何を言っているのか分からなくなるようなストーリーとの相違と類似である。このような複雑な課題に挑むためには、神学者は「神」についての質問にも同時に取り組まねばならないことに気付かされるだろう。

　この複雑な課題をどのように名づけるべきか（文学か、歴史か、神学か）について議論をするのは私の関心事ではない。歴史家や神学者が直面している必要かつ実行可能な課題、そして学界の現状に鑑み必須で時宜に適う課題について、私はある強い確信を持っている。そして、私たちは次にそのことについて考察せねばならない。知識と文学について検討したことで、私たちは今や一つの特殊な知識、特殊な文学について検討する用意ができた。私たちは本質へと、つまりストーリーから歴史へと、歩を進めねばならない。

第4章 「歴史」、そして紀元1世紀

1. 序　論

　第2章で示したように、歴史とはまさに「知識」の一形態である。この点について、特に第3章を終えた現時点でしっかり確認しておく必要がある。これまで考察してきたように、現代の文学批評では作者よりもテクストに、さらにはテクストよりも読者の方へと強調点が置かれ過ぎる傾向がある。そのため、テクストがその内容を超えた何ものかを指し示しているような場合、そのテクストを読もうと考えること自体があまりに冒険的だと思われてしまう。そして、そうした試みは理論的にも実際上も不可能だと見なされ、断念されてしまう。しかし、自分の経験に照らしても、私はそうは思わない。もっとも強い信念を持つ脱構築主義者は、その思想の源流をフーコー、ニーチェ、ストロースやその他の人物に見出そうとする。しかし、歴史の研究と執筆を日々の関心事とする人にとって、ポストモダニズムの姿勢はあまりに慎重過ぎ、疑い深く、また内向的に映る。私たちは歴史を記すことができるのだ。過去に起こったことについて知ることは不可能ではない。

　では、歴史の知識とはどんな種類の知識なのだろうか。ここでは歴史の性質についての本格的な議論に立ち入る余裕はない。[1] そこで、「**批判的実**

---

[1] 詳細には論じられなくとも、少なくとも言及されるべき重要な作品の中には、Collingwood 1956 [1946], 1968; Butterfield 1969, Elton 1984 [1967]; Doran 1990 がある。特に有益なのは Carr 1987 [1961]（これについては Elton 24-8 を参照せよ）; Fornara 1983; Meyer 1989, 諸所に ; Gilkey 1967, part 1; Florovsky 1974, 31-

在論」に立って歴史とは何か、また何を目的とするものなのかという点に議論を限定することにする。その結論を私たちが取り組む本プロジェクトの主要な歴史問題に適用していくことにしよう。私たちが「歴史」を観察すればするほど、歴史はそれだけでは存在できないことに段々と気付いていくだろう。歴史はそれ以上のものを指し示すものだからだ。私たちの研究において、神についての疑問に向き合わずにキリスト教の起源について語ることは不可能である。神学において、キリスト教の起源についての考察抜きで神について考えることが不可能なのと同じことだ。歴史は不可欠だが、それだけでは十分ではない。

さて、歴史とは何かについての短い説明から始めよう。通常、「歴史」という言葉は二つの異なる、だが関連し合う以下の事柄を指し示している。(1) 現実世界で実際に起きたこと。(2) 現実世界で実際に起きたことについて、人々が書き記したもの。技術的に言えば、(2) の方がより正確だが（コンサイス・オックスフォード辞典によれば、これが唯一の意味である）、もう一つの (1) を認識するのも大切である。というのも、少なくとも一般のスピーチで次のように言うのは少しも矛盾したことではないからだ。「このことがどこにも書かれていないのは知っているが、しかしこれは本当に『歴史の中で』起きたことなんだよ。」この二つの定義、つまり出来事としての歴史と、出来事についての記述という意味での歴史を混同してしまえば（それはしばしば起きるが）、苛立たしいほどの誤解が生まれてしまうだろう。本章では (2) の方により多く着目していくが、(1) を除外するのではなく、むしろ含めるようにする。私が論じようとしているのは、歴史とは「ありのままの事実」でも「主観的な解釈」でもなく、むしろ「出来事や意図についての意味深い物語」だということである。

「書く」という人間の営みは、歴史を書き記すことを含む。書くこと自体が現実世界の中での実際の出来事なのである。その結果、出来事としての歴史と、記述という意味での歴史との混同がいっそう大きくなってしま

65; そして Caird 1980, 12 章。

うかもしれないが、この事実を認識することが同時にそこから抜け出すための道でもある。歴史家がどんな視点からも自由で、歴史を超えた存在であるかのように錯覚して歴史を記す時、問題が生じる。まずこのことから論じていこう。

2.「ありのままの歴史」は不可能だ

どんな視点からも独立した出来事の年代記は存在しないし、存在し得ない。[2] 偉大なる啓蒙運動の夢は「実際に起きたこと」を単純に書き記すことだが、それは「夢」でしかない。実証主義者も同じく夢想家で、歴史を観察することで「出来事」への即座で完全なアクセスができると信じている。これは批判的に物事を考えない結果だと言えよう。

```
観察者 ……………＞  証 拠 ……………＞  過去の出来事
単に証拠を観察する ……＞  そして「事実」に直接アクセスする
```

より洗練された思考では、ある証拠が間違った結論を導く可能性が認識される。こうしてより練られた実証主義が生まれる。観察者は様々な証拠を目にする。その中のいくつかはあまり役立たないが、それ以外のものは事実への望ましいアクセスを可能にする。[3] このような考え方は、形而上的なものを拒否して「厳然たる」科学的知識と見られるものだけを受け入れるという実証主義者の態度と類似している（次ページの図）。

しかし、冒頭で述べたように、ありのままの手の加えられていない事実を見いだすという夢は、夢から目覚めた時の現実とは合致しない。この明白なポイントは、以下のように簡潔に説明できるだろう。

2　Carr 1987 [1961], 諸所に。
3　Sanders 1985, 321-7 にはヒント以上のものがある。

```
観察者 ……………＞  証　拠  ……………＞  過去の出来事
　いくつかの証拠を観察する
                            ＜……………
                              その内のいくらかは拒絶し、
                            ……………＞
                              その他の証拠は受け入れる。
```

　一般に、あらゆる歴史が選択を含むということは考えてみればすぐに分かることだ。この点では、歴史の研究は知識を得るための他の知的営みと何ら変わらない。私は目覚めるや否や、知覚を通じて膨大な外界の物事の印象と遭遇するが、私はそれらの中から非常に限定された事柄を選択し、注意と関心をそこに集中させる（芸術や恋愛が特別な意味を持っているのは、それらが一度に多くの選択をするという、特殊で情熱的な経験だからだろう）。非常に限定的に考えたとしても、「起こった何か」を選択なしに記録しようとするどんな試みも失敗してしまうだろう。全ての人の息づかい、全ての舞落ちる葉、全ての雲の流れ、これらの情報量は圧倒的に多い。ある文脈では、舞い落ちる葉や雲の流れが突然大きな重要性を帯びることになる（カルメル山の頂きから、エリヤのしもべが小さな雲を見つけた時のことを思い起こそう）。しかし、ビデオ・カメラを無作為に設置した時でさえ、出来事について完璧に「中立的な」視点を得たことにはならない。ビデオ・カメラは1カ所にしか据えられないので、一つの方向からしか出来事を見ることができないからだ。ある意味でカメラは決して偽らないと言えるが、私たちはカメラが写し出すもの以外は見ることはできない。それは出来事の一部分を示すが、それ以上に他の多くの部分を示してはいない。

　過去について何かしらを語るために、人は選択という作業に係わらねばならない。実際、私たちは四六時中そのように行動しているので、自分の人生の中から少しばかりのものを選び出し、物語や逸話、家族の神話などの形に素早く編纂することに非常に長けてくる。そしてこのプロセスには

必然的に「解釈」という重要な要素が含まれる。私たちは自分たちが住んでいる世界について「理解」しようと努める。もしそうしないなら、私たちは人というよりお風呂用のスポンジか何かなのだろう。知ることや理解するという営みの全てに人間の側の考察が係わってくるし、全ての知識は誰かの知覚や考察を通じて形成される。第2章で見てきたように、実証主義の影響でしばしば私たちは「事実」とは「純粋に客観的な」もので、知るというプロセスによって、全ての人が認識できる完全な知識が得られると考えてしまいがちだ。しかし現実には、私たちが「事実」と呼ぶものは常に反応、知覚、そして相互作用といった複雑で継続的なプロセスの中で生じる。これまで考察してきたように、ストーリーは「事実」よりずっと本源的なものだ。部分は全体を通じて見る必要がある。

過去の出来事について語ろうとする時、このことはさらに深いレベルでますます真実味を帯びてくる。例えば、イエスについての短いが重要な主張をしようとする場合を考えてみよう。私たちが「キリストは私たちの罪のために死んだ」と言う場合、そこに解釈という要素が含まれているのを容易に理解できる。「私たちの罪のために」というのは「歴史」の記述への神学的意味づけである。もし私たちが「キリストは死んだ」と単に言うだけでも、そこには解釈が含まれてしまう。私たちはイエスを指し示す

---

4 Florovsky 1974, 34 以下を参照せよ。私が批判しているような見解の格好の例は、Nineham 1976, 187 以下に見られる。「原始キリスト教は科学的な歴史観が生まれる前の時代に属していて、その当時多くの人々は字が読めなかったので、彼らは歴史とストーリーを混同してしまっただけではなく、歴史の細部をストーリーに合致するように修正した、ということを認めねばならない。しかし、彼らはそれによって読者を騙そうとしたのではないことを再確認すべきだろう。歴史をこのように修正し、歴史的出来事を全体のストーリーの中に組み入れることは、……当時は当たり前に思えたのだ。しかしこれは、私たちが歴史的事実に辿り着くことが非常に困難だ、ということではない。」実証主義をひいきにすることは自己撞着的である。歴史を彼が望むように語ることで、ナインハムは歴史学の歴史をねじ曲げている（これについては後に見ていく）。

5 この点については、Caird 1980, 209-14 を見よ。

言葉として「キリスト」という言葉を選択しているのだが、彼にメシアとしての権能を帰するのは 1 世紀当時も、また現代の世界においても誰もが認めていることではない。では、「イエスが死んだ」と言うだけなら問題はなかろう。しかしここでも私たちは解釈の問題から逃れられないし、実にこの点においてこそ解釈の問題はより大きなものとなる。エルサレムの外で三人の人間がある日の午後に死んだのだが、私たちはその内の一人だけについて言及することを選択している。さらに言えば、同じ 1 世紀にエルサレム近郊で何千人ものユダヤ人たちが十字架刑に処されたが、私たちはその中から一人だけを選び出している。私たちのありのままの歴史的記述とは、幾重もの解釈上の決定の結果として生まれたものなのである。これは少しも特別なことではなく、全ての歴史に固有なものだ。全ての歴史は選択を含み、その選択は常に人間によってなされる。

　広く流布している現代的見解によると、直近の 200 年で初めて私たちは「歴史」とは本当は何であるのかを発見したとされる。古代社会は本当の歴史について無知で、好きなように歴史をでっち上げ、空想や神話を織り交ぜたものを歴史と呼んだのだと考えられている。大変皮肉なことだが、このような見方そのものが現代の神話なのである。これでは古代世界における本物の歴史に裏づけられていない、啓蒙主義による文化上の帝国主義を正当化しようとしているだけだ。実際は、古代の歴史家たちは歴史とは何であるかを私たちと同じように知っていたし、もっと良く知っていることさえあった。[6] 彼らは自分たちが単に事実を観察し、記録しているだけだという幻想を抱いていなかった。ヘロドトスは、歴史がどのように推移しているのかという点についての彼の理論を表明するため、歴史上の出来事を並べて記した。彼の理論とは、歴史はとどのつまりは人間の嫉妬と欲望によって結末へと突き動かされているというものだ。彼は、他の人々からの聞き取りを基にして書き記した物語のいくつかについて、それらは観

6　この段落全体について、特に Fornara 1983 を参照せよ。Hermer 1989, 3 章と比較せよ。

察者の（おそらく奇抜な）視点が表に出過ぎているという理由で批判した。ヘロドトスは彼らが視点を持つべきではないと言ったのではなく、彼らが実際の出来事を歪めてしまったと見なす理由がある場合にのみ批判したのである。古代社会の全ての主要な歴史家と同様に、ヘロドトスは正しい歴史と単なるホログラフィー（ある1日から翌日までに「何が起きたか」を記録しようとする試み）との違いを知っていた。[7] 同時に、ヘロドトスは私たちと同じような意味で実際の出来事が存在することを知っており、歴史家の任務とはそれらについて書くことであり、信用できないと思う情報については無視したのである。[8]

　同じように、トゥキディデスはアナンケ（宿命）という信条を奉じていたが、それは原因と結果とが歴史という領域の中で生じることを意味した。彼はペロポネソス戦争での出来事について、「実際に何が起きた」のかを正確に知りうる状況に置かれていた人物だったが、だからといって彼の記述が「偏りのない」ものであるような振りをしなかったし、また私たちがそのように考える必要もない。実際、更迭された将軍として自分を袖にした国の行く末を見つめている人物が、なんの偏見も持たない方がおかしいだろう。けれども、正にこのような立場から、彼は関心と無関心という両面の態度で歴史を書き記す機会を得たのである。それは、当然ながら選択と編纂をしながらも、同時に読者に対して実際の出来事についての本当の知識を提供することを意味した。同様のことは、リウィウスやヨセフス、カエサルやタキトゥス、またある程度スエトニウスについてさえも（それぞれの小さな違いを考慮に入れれば）当てはまることだ。人間の精神が物事を組織化したり編纂したりするという事実は、歴史を改ざんするということとは違う。単にそれは「歴史」とは何なのか、ということなのである。同時に、トゥキディデスや他の古代の歴史家たちは、知的公正さや厳格な公平性という歴史家の厳粛な責務について、あらゆる点で私たちと同様に

7　Fornara 1983, 16ff.
8　Fornara 1983, 163.

自覚していた。[9]

　古代人たちは近代以前の時代に生きていて、批判的精神がどんなものかを知らなかったので、歴史の性格についても漠とした考えしか持ち合わせていなかった、などと言うのは正しくない。知らないのは私たちの方だ。私たちはいろいろな意味で「権威筋」に依存することを拒否する啓蒙主義的精神に立ち、主観と客観の違いについて初めて気がついた時代の人間なのだと思い込むようになってしまった。そのために古代人たちのことを誤って評価し、そして自分たち自身をも欺いてしまっている。過去の時代に自分たちのイデオロギーを投影して歴史を「創作してしまう」ことは古代人だけの問題ではなく、現代でも見受けられる現象なのである。これは新約聖書学者とても例外ではない。

　このように、古代の歴史家も現代の歴史家と同様に、自分で自分を欺くことがないように最善を尽くすという歴史家の責務を自覚していた。タキトゥスの有名な言葉 sine ira et studio「敵意や偏見なしに」は（この言葉は遵守されるよりも守られなかったことで有名なのだが）、そのことの十分な証拠である。[10] 他方で、選択の必要性から逃れられる歴史家は現在でも存在しない。ある特定の視点を持たないことには選択できないし、たとえ意識せずとも選択なしにはどんな視点も持ち得ないのである。解釈から自由な歴史という神話は、現代の多くの論議の中で正に神話として機能している。私たちは理想的な状況というものが存在すると誤って思い込み、それが私たちの思考や言動に影響を及ぼしてしまっている。しかし、それがどんなにポピュラーな見方だとしても、それは「神話」にすぎない。

9　Fornara 1983, 99-101。ヨセフスについての先の議論（138 ページ）を参照せよ。演説の記録についてのフォルナラの章（142-68）は全ての新約聖書学者の関心を呼ぶものに違いない。彼は以下のように要約している、「ローマ人と彼らの敵対者たちの演説の記録は、第二次ポエニ戦争から 4 世紀の終わりに至るまで、実質的に信頼に足るものだと確信を持って言えるだろう。」

10　タキトゥス、年代記, 1:1。「私は憤りや党派心なしに執筆しよう。」また、Fornara 101 に引用されているキケロの「歴史の法則」についての言及も参照せよ。

したがって、古代であろうと現代であろうと誰かが「事実をありのままに記録」できると考えるのは、風を追いかけるようなものだ。私の若かりし頃、「ありのままの真実を伝える」と喧伝していた新聞が英国共産党の公式プロパガンダ機関誌であったことはよく知られていた。ある題材について、自分たちだけが偏りの無い意見を表明していると主張するような連中に人は疑いを持つ。通常それは、空を覆い隠すそびえ立つ山のように彼らの隠された意図が巨大であることを意味し、彼らは自分たちにそのような意図があることすら忘れてしまっている。誰にも属さない視点などというものは存在しない。現代人は「純粋な歴史」を発見したので、観察者の解釈や視点を含まない「ありのままの出来事」を記録することができると考えるポスト啓蒙主義の思想家たちがいる。彼らは哀れで暗愚な先達たちよりも私たち現代人はずっと優れていると主張するが、そんな見方は傲慢だし合理的でもない。もし、このような見方が私たちの研究にこれほど大きな影響を及ぼしているのでなければ、このことに反駁すること自体ばかげたことに思えるほどだ。

全ての歴史は知識のスパイラルから構成されていて、そのスパイラルとは解釈者と歴史情報の資料との間の延々と続く相互作用のプロセスである。このことは、歴史家を自称する人々がイエスやパウロに心酔しているキリスト教徒である場合にも、イエスやパウロが誤って理解されていると思っている非キリスト教徒である場合にも当てはまる。この点において、ルドルフ・ブルトマンとバートランド・ラッセルとは同じ土俵に立っている。[11] この相互作用というプロセスは奇妙でも独特なものでもなく、ごく普通の人間的営みである。私は受話器を取って声を聞く度に、声の主が誰なのかということについて仮説を立てる。それが正しいこともあれば、間違っていることもある（それは声の主が素性を明かした際に判明するだろう）。後者の場合、人は更なる知識のスパイラルの中で、声の主が誰なの

---

11 Russell 1961 [1946], 311f. を参照せよ。あまり冷静で超然とした調子ではない彼の説明としては、Russell 1967 [1957] を見よ。

かを突き止めようとする。どちらか一方が、あるいは両者とも何を話しているのかよく分からぬまま会話を続け、次の情報のスパイラルに神経を集中させることもあるだろう。人は、言われたことをただ録音している空の録音テープのような中立的な聞き手ではない。そこには相互作用が生じている。それは歴史についても原則的に言えることだ（通常、歴史の情報資料は電話での会話よりも複雑であることを除けば）。

　歴史家の原資料が原始キリスト教の文学で構成されている場合、当然事態はもっと複雑になる。第1章で論じたように、新約聖書の多くの読者は聖書がある意味で「権威のある」ものだという前提理解に立っている。あたかも彼らは受話器を取って、何をすべきかを告げられるのを待っている人々に似ている。通常の知識のスパイラルというプロセスはここでも生じているが、しかしそれは異なる一連の問いのただ中にあり、恐らくは混乱をきたしている。福音書については事態はいっそうややこしくなる。受話器の向こうから聞こえてくる声は（それは権威あるもののはずなのだが）、何の指示も与えず、怒鳴って命令するのでもなく、むしろ「ストーリーを語る」。聖書は自分たちにとっての権威ある指針だと主張する人々が福音書とどう向き合うべきかに苦慮していることは驚くには当たらない。歴史家たちはストーリーが権威あるものだという前提から常に自由になろうと苦闘している。神学者たちはこの権威がストーリー形式を取っているという認識から自由になろうとすることもある。同様の二つの問題は使徒書簡においても現れる。これらの歴史的文書は、どのように権威ある文書とされるのだろうか。使徒書簡は人々に何を信じ、どのように行動すべきかを語っているという理由で、一見すると権威ある文書として用いられやすいように思われるが、そうした印象は実際には人を誤らせる。もしパウロがガラテヤ人たちにユダヤ教に魅入られるのを避けるようにと促しながら、ローマ人たちには反ユダヤ主義に陥るのを避けるように勧めているのだとしたらどうだろう。パウロが友人に対して、近いうちにそちらに行って滞在したいという希望を述べた私信が、後の教会にとってどんな風に「権威ある」ものとなりうるだろうか。偶像に捧げられた肉についての議論が、

20世紀の教会とどんな係わりがあるのか、テクストからは明らかではない。もし受話器からの声が指示を与えているように思えたとしても、それらが私たちに向けられているのだとどうして分かるのだろうか。反対に、もし私たちが使徒書簡を権威ある文書として用いることを決断したとしても、歴史を考慮せずにそうすることは果たして可能なのだろうか（歴史を考慮しないアプローチはパウロの研究に非常によく見られるのだが）。

　私たちが福音書や使徒書簡を読む際に、少なくとも三つの独立した行為がなされるが、それらの行為はしばしば互いに邪魔をし合っているように見える（加えて、話し手は外国語を用いて、全く異なる文化的背景から語っているという事実がある）。まず、単純に聞くという行為がある。次に相互作用という行為があり、そして適切に応答しようという行為が生じる（またはそのような応答を避けようとする場合もある）。それらは単なる歴史よりも大きな問題を扱っており、したがって歴史家の責務が単に「実際に起きたこと」を観察し記録するのに留まらないことを指し示している。テクストを権威あるものと見なさない人たちも、それらを読むことを通じて古代や現代においてそれらを権威あるものと考えてきた人々との対話が必然的に生じるという事実に直面せねばならない。また、電話の相手方によって論じられている問いが、年月をかけてある観点から形成されてきたものだという事実にも少なくとも向き合うべきだ。[12] 自分が徹底した個人主義者だと考えている人たちでさえ、彼らが電話での会話を他者と共有しているという事実を直視する必要がある。他にも対話者がいることに気づかなければ対話が全く不可能になってしまうだろう。歴史を学ぶということは、人々がしばしば考えるような簡単な仕事ではなさそうである。新約聖書を歴史的視点から読むというのは、いっそう難しいことである。

　新約聖書の研究において、歴史に特別な関心が向けられる二つの分野が

12　Carr 1987 [1961], 13f. の発言と比較せよ。中世は人々が宗教に深い関心を持っていた時代だという私たちの印象は、宗教に深い関心を持っている人々によって書かれた資料に私たちが全面的に頼っているという事実から生じている、というくだりを。

ある。それらは後に本書の主要な関心事となる。その両方は、解釈者の持つ前提理解が情報を扱う際に影響を及ぼすことの古典的な実例となる。

　第一に、ユダヤ教は悪い宗教であり、光輝あるキリスト教の福音の薄暗いバック・グラウンドでしかないという見解が長い間古代ユダヤ教の研究を支配してきた。私たちは今やこのような見方への鋭く、概ね正当なリアクションを目の当たりにしているが、こうしたリアクションはそれ自体問題を含んでいる。現在では、誰もが認めるような一般的な点を除けば、ユダヤ教への見解はばらばらであり、どんな統合的な見方をも拒むような分断された非神学的なユダヤ教理解しか存在しなくなってしまった。[13]

　第二に、(そして同様に)原始キリスト教の研究について言えば、多くの人々は情報を改ざんして主題を神学的に理想的なものしようというプレッシャーに長いこと悩まされてきた。原始キリスト教徒たちはあるタイプの人々であることが「必要だった」。彼らは、私たちのキリスト教への見方を支持する人々でなければならなかったのである。これがよく言われるところの「キリスト教誕生の神話」を生み出した。[14] また、従来のユダヤ教への見方に対するリアクションはもう起きているのだが、原子のように細分化されたユダヤ教への見方も増える一方である。[15]

　この両方のケースについて、人はこうした現代の潮流にいくらか共感することもできよう。ここまで見てきたように、歴史家が直面する課題は二つある。あらゆるデータを含めなければならないが、一方でそれらのデータの総和としての全体像に単純さが求められる。しかし、こうした課題に取り組むためにはバランスが求められる。(皮相的な意味での)単純さがあまりにも長いこと支配的だったために、陰鬱なユダヤ教、あるいは清廉な原始キリスト教といった神話が生まれてきてしまったのだとすれば、未

13　第Ⅲ部以下を見よ。
14　R. L. Wilken (1971) による同タイトル (The Myth of Christian Beginnings) の作品を見よ。
15　本書第Ⅳ部を見よ。現在の学者の描く原始キリスト教像の分裂症気味の見方の好例は、Koester 1982b に見て取れる。

分類のデータから浮かんでくる新鮮な声に今こそ耳を傾けるべき時だろう。しかし、それらとは正反対の神話も登場してくる。それは客観的なデータ、または偏見や先入観に毒されていない歴史という神話であり、ここでの議論の目的はそのような神話に挑戦することである。実際、「単なる歴史」など存在しない。データは存在し、大変古い写本も存在している。また、貨幣や考古学的なデータを用いることもできる。それらを通じ、古代世界について非常に多くのことを知ることが可能だし、他の全てのケースと同じようにそれらは良質の知識なのである。しかし、写本や貨幣を収集し、それらを読んで翻訳し、そしてそれらを選集や選書にまとめあげるために、私たちは既に「解釈」を行っている。[16] 勿論、そうした活動が恣意的なものにならないための規律が全ての研究活動のために開発されてきた。私のここでの論旨は、全ての歴史は解釈された歴史である、ということである。

3.「事実は存在しない」ということではない

（ⅰ）客観性は失われてしまったのだろうか

「単なる観察」と表現するにはあまりにも複雑な歴史家の課題を目の当たりにして、歴史的な「事実」など存在しないと主張する人も現れるかもしれない（実際そのように結論づけている人もいる）。あらゆるものが誰かの視点を通じてしか得られないのなら、全てのものは詰まる所はその誰かの視点にすぎないのではないか。これは**「現象論」**的認識論と類似した見方だ。

---

[16] Carr 1987 [1961], 14f. には、アクトン卿の不必要な憂慮が指摘されている。歴史を書くことの重圧が、「彼（アクトン卿）を作家から百科事典の編集者へと」追い込んでしまった。カーは更に、「19 世紀の事実崇拝」とまで書いている (19)。

```
観察者 ……………………＞  証 拠  ……………………＞  過去の出来事
証拠を観察する    それらは出来事へのアクセスを可能にするように見える
          ＜……………………
              しかし、その証拠は出来事とは無関係なものかもしれないし
          ＜……………………
              または、単に「観察者の視点」に関する証拠かもしれない
```

　「純粋な」または「中立的な」視点だけが万人に役立つという誤った信念に立脚した思い込み、そうした還元主義的な見方の実例にあまりにもしばしば遭遇する。「あなたはあまりにも悲観的な人だから、そんな風にしか言えないのだ」と言うのは、現在の良い天気が長くは続かないだろうという主張に対する至極真っ当な反論かもしれないし、そうではないかもしれない。その「悲観主義者」は、正確な天気予報を聞いていたのかもしれないのだから。また、2プラス2は4だと主張する人に対して、「あなたの数学者としての偏見が、あなたにそう言わせるのだ」という反論をすることに果たして合理性があるだろうか。他の場合と同様に、この人物の主張を評価する根拠として挙げられた資質は、違った風に受け取られるだろう。問題の人物が数学者だということは、彼の発言が数学に関するものである場合、彼の言うことを信用するためのマイナスの理由ではなく「プラス」の理由となる。[17] 中立的な見解だけが有益なのだという信念は、20世紀に福音書を読むことについての、次のような明らかに「科学的」な見解に見受けられる。「全てのテクストは、どんな状況でそれが編纂されたか、またどんな状況のためにそれが編纂されたか、ということの証拠を第一に提供する。」[18] そして批評家は福音伝道者に向かってこう言うだろう。「あなたはキリスト教徒だから、そんなこと（イエスについての物語や、イエス

17　後者の例は、Lewis 1943 [1933], 62f. から採られたものである。
18　Perrin 1970, 69。

第4章 「歴史」、そして紀元1世紀　173

の言葉はおそらく事実に基づいている）を言うのだ。」これはある意味では全くその通りだろうが、しかし別の意味では決してそうではない。もし数学者であることがその人物の数字に関する見解を傾聴に値するものとするのならば、キリスト教徒であることもその人物のイエスについての見解を傾聴に値するものとすることもあり得る。もし私たちが還元主義の道をとことん進んでゆけば、第2章で見てきたように現象主義者の袋小路に行き着くだろう。それはすなわち唯我論である。人は自分自身についてしか知ることができない。マルコはイエスについては何も知らず、自分の神学についてのみ知っていたのだ、ということになってしまう。

　ここで知識についての理論を振り返ることは有益だろう。「誰か」が「どこか」にいて、「ある特定の視点」に立脚しているという事実は知識の価値を減じることにはならない。知識とはまさしくそのようなものなのだからだ。一時代前の多くの経験論者や、より近年の現象論者の主張にもかかわらず、外部の対象物についての認識を私たち自身の経験や知覚情報のみに帰する必要はない。「これは机だ」と言う代わりに、「私が座る時にいつも感じる、固さ、平らかさ、木製の感覚を私は認識している」と言ったり、観察の対象に自分自身が含まれてしまうのを避けるために、「固さ、平らかさ、木製の感覚がある」と言ってみたり、もっと単純に「固さ、平らかさ、木製の感じ」などと言い換える必要もない。「実際の出来事」が人々の錯綜した知覚の下に埋没してしまうのではないかという不安は、この種の不安であり、こうした不安は根拠の無いものとして拒絶されねばならない。具体的にはある作家がバイアスを持っていることを発見することは、その作家が提示する情報の価値に何の影響も及ぼさないことを非常に強く主張せねばならない。それはバイアスが存在していることに注意するよう（ついでに言えば私たち自身のバイアスについても）促すというだけのことだ。またそのことは私たちが評価を下す際に、入手できる全ての資料を参照するようにと促す。「知的誠実さとは、実現不可能な中立性を

強いることではなく、中立が不可能なことを認めることである。」[19] 同様に、ルドルフ・ブルトマンの神学に非常に大きな影響を及ぼした「客観化」への懸念も葬り去られるべきだろう。ブルトマンは新カント主義哲学の伝統の中で、対象物や出来事を観察者との関係を論じること無しに語ることに懸念を覚えていた。そのため彼は、とりわけ人間学を通じて神学をすべきことを主張し、フォイエルバッハに倣って神について語ること（god-talk）を、人について語ること（man-talk）に矮小化してしまった。[20] 私たちはこのような誤った2項対立を受け入れる必要はない。あるものが純粋に客観的で他のものが純粋に主観的なのではなく、また一方を他方に吸収してしまう必要もない。幸運にも、人生とはもっと複雑なものなのである。

それゆえ、ある人が「視点」を持ち、題材を取捨選択し順序立て、特徴的なスタイルや言い回しを用いているのを見いだすことと、（作者がある出来事を描写している場合に）その出来事が本当に起きたのかどうかということには何の関係もない。外部世界では出来事が生じる。それらの多くについて、大体のところを描写することは可能だ。しかし作者は出来事を目撃しないことにはそれについて記述できないように、記述のために彼独自の視点で出来事の選択をしなければならない。

この点を分かりやすくするために、視覚についての比喩（メタファー）の助けを借りたい。もし私が望遠鏡を手渡され、しかもそれを初めて目にしたような場合、それに目を近づけてみると思ってもいないような何かを筒の反対側に発見するだろう。あらゆる考えが私の脳裏に浮かんでくる。以前に万華鏡を使用したことがあるならば、これは万華鏡の一種だと思うかもしれない。そして筒の先端をひねって、筒の先端の内側が変わることで面白い映像が見えるかどうか試してみるだろう。私が向きを変えること

19　Holmes 1983a, 131。
20　ブルトマン批判の一例として、Thiselton 1980, 205–92（要約として444）を見よ。また、ブルトマンがさらに一歩進んでケリュグマ自体をも脱神話化してしまったのかどうかというお馴染みの質問については、Moore 1989, 175を参照せよ。

第4章 「歴史」、そして紀元1世紀　175

で、実際にそのようになるかもしれない。私の（間違った）推理はこうして（誤った）確信に変わるのだが、私がついには真実に辿り着くためには、知識のスパイラルの渦の中で筒をひねり回しながら試行錯誤せねばならない。または、筒の先には角度のついた鏡が付いていて、それがすぐ近くの様子を映し出しているというような想像をするかもしれない。このように私が色々と思案しても、真実は真実のままである。たとえ私がある特定のレンズを通じて見たとしても、現実世界には対象が存在している（このことは筋金入りの唯我論者を除けば誰もが認めざるを得ない）。もちろん、(a) 私は独自の視点から (b) ある特定のレンズを通じて対象を見ているのだが、それでも私は現にその対象を見ているのである。

　歴史についても同様のことが言える。例えばトゥキディデスの歴史についての本は、私たちに歴史についての証拠を提供するだけでなく、それを見るための望遠鏡も提供する。望遠鏡にはレンズが特定の仕方で配置されて、レンズの向こう側には様々な歴史上の事柄が存在している。それらの事柄の中には、お互いがあまりにも遠く隔たっているために同時に見ることができないものもあるだろう。しかし、トゥキディデスの書き記したものを読む時に、私たちは万華鏡の中の架空の情景を見ているのではない。角度の付いた鏡によって、トゥキディデスや私たちがたまたま立っている地点を見ているのでもない。私たちは歴史上の出来事を見ている。レンズは湾曲しているかもしれないし、また片方の目だけでレンズを覗くことで誤った見方をしてしまうかもしれない。こうした間違いを矯正するために、別のレンズや見方が必要になることもあるだろう。しかし、そうした問題があるにせよ、私たちは出来事を見つめているのである。批判的実在論に求められているのは、外部世界についての知識を得ることを断念せずに一貫した認識論を確立することなのである。[21]

　このことを福音書に当てはめてみよう。私たちは福音書記者たちの独自の視点に注目せねばならないし、読者を物語の世界に招き入れようと彼ら

21　Thiselton 1980, 439f. を参照せよ。

が意図していたことにも注意が必要である。福音書記者たちは冷静な第三者的立場の観察者ではなかったし、また読者がそうであることを望んではいなかった。しかし、だからといって彼らが実際に起きた出来事を描写したのではない、ということにはならない。たとえ彼らの記述した出来事が本当に起きたことではないとされることがあったとしても、それはよく言われる理由、つまり福音書記者たちは「中立的」な立場に立っておらず、彼らの著作はイエスについてよりも彼ら自身の神学についてなのだという理由からであってはならない。[22] 同様のことはパウロ神学に関する難しい論点についても言えるだろう。学者たちはパウロがその書簡を通じて各教会の特殊な状況に対処していたことを見いだし、彼の神学をその特定の状況に鑑みて考察する。そして、パウロの議論は彼の基本的な神学や世界観に基づくものではなく、状況的なものなのにすぎないとしばしば結論づけられ、そうした主張がもてはやされもする。これは明らかに間違った論理、妥当ではない二者択一であり、聖書学者がいつも陥ってしまう典型的な罠なのである。

「歴史における問題とは何か」という疑問に答えることは、「単なる事実に関する質問」に答えることではないことに注意しなければならない。[23] 歴史は第一義的には人間の歴史であり、初めの調査で得られた情報に基づき、人間の意図や動機の織りなす相互作用を内面から解析し、理解することだ。実証主義者が「事実」と呼ぶものは、より大きな全体の一部、切り

---

22 この時点で、ある人は次のような質問を思い浮かべるだろう。「歴史家とはある意味で『司祭』なのだろうか。つまり『真実』を信心深い人々に伝える役目を果たすという意味で。」旧約聖書にも遡れる（近年は Caird 1980, 217f. で強調された）このような観念論的な見方から発せられる問いへの答えとは、以下のようになるだろう。「歴史家はある意味預言者のような存在である。彼らは自分自身の見方と共に、（少なくともその願いにおいて）神の視点をも提供するのだ」と。このように言うことが歴史家に彼らの仕事の危うさと責任を痛感させるのだとすれば、そうあるべきだろう。

23 Florovsky 1974, 490‒4; Collingwood 1956 [1946], 42ff. を参照せよ。Meyer 1989, 62 等も参考のこと。

離せない一部である。「事実」から「解釈」へと移っていくことは、明瞭な事柄から不明瞭な事柄へ移行することではない。出来事とは、ビリヤードの玉のように一方から他方へと跳ね返って、そうしていくうちにゲームの進行次第で異なる「意味」や「解釈」が恣意的に付け加えられていくような、そんなものではない。ある一つの「意味」や「解釈」の方が他の意味や解釈よりも適切である。新約聖書の研究において、この点は非常に大切だ。新約聖書テクストの研究を2段階に分離してしまうこと（初めに「いつ、どこで、誰によってその文書が書かれたのか」を問い、次に「その文書が何を語っているのか」を問うこと）が大変な人気を博しているのは何ともばかげたことである。どちらか一方の問いに取り組むためには、もう一方をも統合的に考えねばならない。これはつまり、私たちには人間の動機の複雑さを考慮に入れた歴史的仮説を立てることが求められているということである。そのために、問題となる共同体や個人の世界観や物の見方について考察する必要性が生じてくる。

　先に述べたように、これまでの議論は出来事への様々な角度からの視点が等しく有効で適切だということを言おうとしているのではない。批判的実在論を活用すると、ある角度からの見方は他の見方に較べると情報の扱いにおいてより不適切であることが判明する。ほぼ間違いなく、ナザレのイエスに関してトマス福音書はマルコ福音書よりも歪められた視点を提供している。この点に同意せず、マルコの方が歪んでいると考えている人たちでさえ、[24]ある記述の方が他の記述よりも彼らが描写しようとしている出来事についてより真に迫っているという点には同意するだろう。全ての出来事の記述は「真実を歪めている」が、その歪みの程度はある記述において他のものよりも甚だしい。全ての出来事の記述は「解釈」を含んでいる。問題は、その解釈が出来事全体を明らかにし、全ての現実と意味とを解き明かしているのか、それとも出来事を歪めてその現実と意味を台なしにしてしまっているかなのである。ビリヤード・ゲームの話に戻れば、ビリヤ

24　一例として、Mack 1988を参照のこと。

ードを目撃した火星人は、奇妙な人間たちが新兵器の弾道軌跡を試しているのだと想像するかもしれない。スヌーカーを見たことはあるがビリヤードのことを知らない人は、人々が限られた用具を使ってスヌーカーもどきのゲームをしているのだと思うかもしれない。両方の「解釈」とも、出来事を歪め、その様々な意味を理解不能にしている。ビリヤードが何たるかを知っている観察者も、その度合いはずっと少ないものの、出来事を歪めて観察している。彼は直ちに解釈の多様な可能性を絞り込み、彼らがビリヤードをしていると判断するだろう。だが万が一、彼らが実は新兵器をテストしていたのだとしたら、その人は火星人よりも真実から遠いということになる。しかし、原則的にはビリヤードをしているという解釈の方がより多くの点で物事の意味を明らかにしてくれるだろう。そのような解釈は彼の抱いているストーリーと合致する。これを歴史に当てはめれば、歴史には「何が起きたのか」を記述するだけでなく、その出来事の「内幕（inside）」に肉薄していくような説明が求められていると言えよう。

（ii）誤解の原因

　ここで、どうしてこれほど多くの学者が福音書に描かれている実際の「出来事」に煮え切らない態度を取るのか、その理由を考えてみよう。なぜ彼らは福音書を、福音書記者たちの心の中に生じたフィクションのように扱うのだろうか。

　その本当の理由は「奇跡的な事柄」への拒絶にあり、奇跡についての記述ゆえに福音書を真面目な歴史として用いるのは不可能なのだとしばしば考えられてきた。この点はイエスについて記述する際にさらに論じるが[25]、基本的な点についてここで触れておく必要がある。どんな文化や伝統においても、奇妙な出来事に関する記述には伝説が付加されていると見られがちだ。しかし、出来事が通常とは異なる形で起こる可能性を初めから排除

25　何故私が「奇跡」やそれに類する言葉を括弧書きにしたいのかは、後ほど明らかになる。

することはできない。なぜなら、そのような態度は特定の世界観に依拠しているからだ。その世界観とは、18世紀の合理主義者、あるいは20世紀におけるその後継者である実証主義者の世界観である。彼らは世界が因果律による閉じられた連続体（closed continuum）であるという仮説を受け入れている。だが、どうして科学的探求を主張する人々は、その拠って立つ世界観が間違っているかもしれないという可能性を受け入れられないのだろうか（ここで、「ある種の議論や探求は、科学的な世界観を支えている木の枝を切り落としてしまう結果になるからだ」という反論がなされるかもしれない。しかし「議論の結果そうなってしまうのなら、代わりとなる木の枝や、あるいは別の木を探す方がよいのではないか」と更に反論することができるだろう）。

　だが、啓蒙思想以前の世界観が結局は正しかったということでは断じてない。私たちは様々なタイプの二元論的考えに疑問を呈している。「前近代主義」と「近代主義」以外にも選択肢はある。福音書の奇跡的な世界観は啓蒙思想の世界観と相容れないので、福音書は近代批評学登場以前の信仰的姿勢で読むべきだ、と言おうとしているのではない。キリスト教的な世界観以外にも数多くの世界観が存在している。それらを通じて「奇跡」に躓くことなく福音書を読むことは可能である。福音書をそのまま読むためには、もはや「歴史」としてではなく、その他のもの、つまり「神学」か、ある種の「超歴史」（meta-history）として読むべきだ、と主張しているのではない。歴史という言葉の定義を、「実際に起きたと思われる出来事についての、18世紀の世界観に立脚した実証主義者による記述」と矮小化するのでなければ、そうする必然性はない。「歴史」とはそれら以上のもの、つまり出来事と意図についての意味深いストーリーであるべきである。そこで見いだされる「意味」が初めに思い描いたものとは異なるものだとしても、それをすぐさま拒絶すべきではない。了見の狭さが学問にとって有害なのは、「閉じられた連続体」という見方が歴史学に悪影響を及ぼすのと同様である。歴史探求に全力で取り組めば、あらゆる角度からの解釈を通じて、テクストに適切な光を当てるような視点に立つことがで

きる可能性は常に開かれている。そして、そのような視点の中にキリスト教の信仰者の視点が含まれていることを私たちは見いだすだろう。これは自明なことではない。また、キリスト教信仰が歴史を観察するための視点となり得るとしても、それがいわゆる正統的な信仰であるとも必ずしも言い切れない。

「奇跡」を巡る問題は、ある一部の神学者たち（ライマールス、ストロース、ブルトマン等）の福音書を非歴史的に読もうという願望から生じているのかもしれないが、私はこれが唯一の、あるいはもっとも重要な理由であるとは思わない。より根深い理由が存在する。それは18世紀（その頃から「奇跡」が問題視されるようになった）より以前から存在していたものだ。多くの批評学の手法は、歴史に取り組むためではなく、歴史を回避するために考案されてきた。歴史に導かれていく先が不確かな場合には、慎重な、おそらくは敬虔な沈黙を守ろうというのである。遊技場で子供が斜面から滑り落ちないように足を踏ん張るのと同じように、多くの神学者たちは歴史探索によって生じる変化や機会に身を任せるのを拒み、ブレーキをうんと強く踏むか、もっと極端な場合はそれに係わるのを拒否してきた。別の喩えを挙げれば、彼らは沼地にはまり込んで溺れてしまうのを恐れる散歩者のようなものだ。[26] 都合良く橋が架かっていたとしても、そこは大変危険である。ならば、そもそもそこを通らなければよいではないか。

よく知られた議論の一つは（それはルター派にもっとも強くアピールする）、歴史に信仰の基礎を置くと、信仰を「行い」に変質させてしまうことになる、その結果（信仰を歴史に基づく現世的なものに貶めてしまうという意味で）信仰が歪められてしまうというものだ。新カント主義の「客

---

26 この比喩は、1987年のボンにおける実際の議論から採用したものだ。そこには私が論破しようとしている見方に立った神学者たちがいたのだが、彼らは沼地と橋のたとえを語ったのだ。私はこれに非常に困惑した。学者がなすべきことは歴史批評だという主張が何世紀にもわたって唱えられた後に、歴史がまさに私たちをどこかに連れて行ってくれようという段になって、歴史は放棄されようとしているのだ。このことについての明確な声明について、Morgan 1988, 199 を見よ。

観性」の拒否と並んで、この点がブルトマンを歴史に懐疑的にさせた理由の一つだった。しかし、このような議論は原始キリスト教がユダヤ的なものを捨て去り、おそらくグノーシス的な見方に立っていたという前提（これが正にブルトマンが宗教史学派に依拠して論じた内容である。このような議論は近年になって息を吹き返してきた）、そして真の宗教とは歴史を捨て去ることで見いだされ、救いとは完全に歴史の外の領域にあるという前提にでも立たない限り、成り立たない。[27]しかし、この議論は原始教会の思想を全く取り違えており、原始教会は総体として（パウロやヨハネもそこに含まれる）ブルトマンが想像していたよりも遥かにユダヤ的だったのである。同時に、このような議論に立つ人は、信仰とは何かについてよく理解していない。信仰とは「見て信じること」の対極にあるのかもしれないが、同様に非常に大切なのは、信仰は「疑い」の対極にあるということである。ブルトマンは信仰の基礎を歴史の中で生じた出来事に置くことを拒否し、キリスト教徒が今ここで宣べ伝える使信の言葉、つまりケリュグマにこそその基礎が置かれるべきだと主張した。そうすると、信仰とは1世紀の歴史的出来事と、それらが指し示すイエスのストーリーから生まれるのではなく、私たちの宣教という「行い」によって生じるものとなってしまう。信仰の基礎を歴史的出来事に置かないことも、結局は信仰を「行い」に変えてしまっている。また、信仰の根拠を歴史的出来事に置くことが信仰を「行い」に変えてしまうことになるならば、人が義とされるのは信仰ではなく「（歴史的出来事に対する）疑い」による、という皮肉な見方もできてしまうだろう。ここで、そもそも出来事とは何なのかという問いが投げかけられる。これから見ていくように、イエスの生涯、特に彼の死を考える時に、「出来事」は非常に複雑になる。それは単に公共世界における一連の出来事であるのみならず、様々な人間の思惑が重なり

---

27 もちろんブルトマンは、十字架が彼の神学の中核であり続ける程度には「歴史」を受け入れていた。しかし、それでも彼は歴史とは「客観化」できないものだと主張し続けた。Thieslton 1980, 211 を見よ。新ブルトマン学派については、第Ⅳ部を参照のこと。

合った結果でもあるからだ。そのような思惑の内に（「思惑」自体が歴史探求の対象となる）、困難を伴いつつも重要性や意義と見なされるものが見いだされるだろう（だが、見いだされないこともあり得る）。再度強調せねばならないのは、歴史家がこうした理解を得られないという見解は、「歴史家」を「18世紀のヨーロッパの世界観を持ち、通常の出来事の中に重要性を見いだすことはできないという信念に固く立っている人物」と定義した場合にのみ意味をなすということだ。

　ある聖書学者たちが（少なくともポスト・ブルトマン神学の影響を受けた人たちが）福音書の提供する望遠鏡を万華鏡か角度の付いた（そして歪んだ）鏡に置き換えようとすることへのこれまでに述べてきた理由と関連する別の理由も存在する。それは、普遍化可能性（universalizability）という言葉で表される、普遍性を追求する動きである。イエスの教えや福音書の物語中の出来事は、どうすればイエスとは異なる時代に生きる人々や、パレスチナ以外に住む人々にとって「意味」あるものとなるのだろうか。単にイエスの生涯における出来事を見つめるだけでは、2千年もの時を隔てた私たちに語りかけてくるものは何もないのではないか。このような懸念から、次のような見方が生まれる。「イエスについての出来事は、もっと高次の真理を示すものであるはずだ。イエスの出来事は、本物の真理の具現化、または具体的な例と考えるべきだ。それらを書き留めようとするのは恐らく間違いだったし、それは危険なことでもあった。なぜなら人々がそれらの出来事を本物の真理だと勘違いしてしまうかもしれないからだ。きっと原始教会の人々は神経衰弱の状態にあり、彼らは過去のナザレのイエスではなく、現在の生ける主、そして未来のきたるべき主を見つめていたのに違いない。」このように考える人たちは、歴史的出来事そのものが重要だと考えるような誤謬に陥ってはならない、と主張する。イエスがイスラエルに向けて語ったたとえ話は、イスラエルについてではなく、実は普遍的なメッセージなのだ。[28]「永遠のイエス」神話というプロクルステス

28　本シリーズの次巻「イエスと神の勝利（*Jesus and the Victory of God*）」を参

のベッドは、それにぴったりと当てはまらない全てのものを切り落とす物差しとして使われ、そうして作り上げられた「歴史のイエス」は彼が実際に生きた時代や場所とは何の関係もないようなイエス像へと貶められてしまう。私たちはこうした問題に取り組む必要がある。さしあたり、私たちはそれらを福音書の自称「歴史的な」読み方という、今後取り組む問題として心に留めておこう。

それゆえ、私たちは歴史一般について、また特に福音書について、一般に持たれているいくつかの前提理解に挑戦する必要がある。第一に、本物の歴史は福音書の中の「解釈的」、また特に「神学的」な要素の価値を損なってしまうというライマールス以来の通念を拒否せねばならない。全ての歴史は解釈を伴う。もし福音書記者たちが神学的な解釈を提供しているのならば、私たちは最大限の注意を払ってそれに耳を傾けるべきだし、私たち自身の、特に「中立的」あるいは実証的解釈の方が正しいと決めつけるべきではない。ある「解釈」(あるいはそれ以上のもの)が、最終的には出来事の意義を余すところなく詳らかにしてくれることはあり得るし、そのような可能性を初めから排除して「客観性」を追い求めるとおかしなことになる。歴史は神学を排除するものではないし、「神学」をもっと広義に考えれば、歴史は実のところ神学を必要としている。

第二に、第一のポイントに対応するものとして、私たちは以下のことを主張せねばならない。それは、編集史批評が強調するように福音書が徹頭徹尾神学的であったとしても、そのために福音書の歴史性が否定されることにはならないということだ。福音書が解釈であっても、それは「出来事」の解釈なのである。そうでなければ、歴史学において「出来事」は存在しなくなってしまう。なぜなら、全ての出来事は「解釈された出来事」だからである。[29] 神学は歴史を排除しないし、いくつかの神学、特にキリスト教の神学は歴史を必要としている。

照せよ。このようなプロセスは新約聖書自体から始まっている、としばしば主張される(ドット、エレミアス)。

29 Hooker 1975, 36 を参照せよ。ノーマン・ペリンを批判している。

第三に、今後の議論の準備として、「意味」という言葉が歴史学で用いられる場合の、その言葉に備わる多様な可能性に着目する必要がある。あるケースでは、歴史の「意味」とは、歴史上の人物の思惑を指すと思われている。カエサルがルビコン川を渡ったのは、自らを共和制の法を超えた存在にしようという狙いがあったことを「意味していた」。別のケースでは、「意味」とはその出来事の意義や結果として捉えられるだろう。ルビコン川のイタリア側にいた人々にとって、カエサルが川を渡ったことは彼らの国家にその後に起きた何事かを「意味していた」。また、一連の人間の思惑があらわにされることで、同じような意図が見いだされる他の歴史上の出来事との類似性が示され、そうしてその出来事の私たちの時代への「意味」が明らかになることもあるだろう。[30] カエサルがルビコン川を渡ったことは、独裁者志願の人物が何かシンボリックな行動を起こした際には十分に気をつけねばならないということを「意味している」。さらに別のケースでは、出来事の「意味」は、その出来事によって明らかにされた「神の意志」に結びつけられるかもしれない。このことは、古代や現在の社会において、異邦人やユダヤ人、あるいはキリスト教徒にとっても、「唯一の神」、またはある一人の神の性格や目的について力強く訴えるものとなる。このような視点からは、カエサルの辿った末路は、彼のヒュブリス（瀆神）が見過ごされることなく神の報復を招いたことを「意味している」。

　「本当は何が起きたのか」に関心を持つことは、歴史家たちが「どうして」それが起きたのかという、その原因に興味を持つということでもある。この質問は、様々な世界観に基づくあらゆる種類の説明がなされることにつながる。そうした説明の中には、（1世紀のユダヤ教のケースで考えれ

30　この私の提案と、トレルチの有名なアナロジーの法則（私たちの歴史的出来事への知識は、私たちが類似した出来事について知っている場合にのみ、獲得される）には類似点があるが、しかし「歴史」とは実際は何であるかという点について批判的実在論の枠組で考える際に、もっと重要な相違点が浮かび上がってくる。

ば）人間の思惑のみならず、イスラエルの神の意志が含まれることになる。私たちが1世紀において物事がどのように考えられていたのかを理解するために、そして私たち自身が物事をどのように見ているのかを知るために、こうした様々な説明に心を開かなければならない。この問題の様々な面については、次章でじっくり考察していこう。

（ⅲ）求む、新しいカテゴリー

　端的に言えば、私たちの時代の認識論の研究方法は、新約聖書の研究にはあまり役立ちそうにない。学者たちの間で見受けられる傾向の中でも皮肉なのは、哲学者たちが唯物論や、より穏健な実在論（realism）すらも捨て去って、観念論（idealism）に立ち返ろうとしている一方で、神学者たちは長いこと観念論の中に閉じこもっていたのに、とうとうある種の実在論を発見して喜びの声を上げていることだ。こうした傾向はそれぞれの学問分野に置けるチェック・アンド・バランスに資するものなのかもしれない。しかし、観念論と実在論という区分自体が、私には結局的外れに思える。一方から他方へと振り子が振れるのは、私たちの現在行っている歴史探究にはあまり役立たない。

　私たちが必要としているのは、目の前にある課題に取り組むために特別にデザインされた一連の研究方法であり、他の研究のための手段を借りてくることではない。福音書や使徒書簡の属している文学ジャンルは、キリスト教以外の類似した文書のジャンルとはどこか異なっている。そのため、キリスト教の文書やその中心人物たちの研究は、他の学問といくつかの類似点があるにせよ、それに特化した特別の研究方法（つまり、この特別な課題に相応しい知識の理論）を必要としているのである。私が本書の第Ⅰ部で提供しようとしているのはこのような方法論である。さらに、もしキリスト教徒の主張が真実であるならば（予備的な方法論を論じている時に、このような問いにあらかじめ答えようとするのは愚かなことだ）、イエスを知ることで、望遠鏡を通じて観察する対象物や受話器を通じて聞こえる声についてだけでなく、見るという行為そのもの、または聞くという行為

そのものの性質について理解する鍵が得られるだろう。換言すれば、イエスを研究することで、「知識」の理論について再考を迫られることになるのだ。[31]

　私は既に、ごく手短なアウトラインとして本書の目論みがどのように進められるかを示したが、本プロジェクトの最終段階でこの点を再度考察するつもりだ。現時点では以下のように言うことができる。どのようなバック・グラウンドを持つ「観察者」も、自分の世界観に合致しない出来事が存在する可能性、自分の予見している枠組に当てはまらない出来事が存在している可能性を受け入れる必要がある。もっとよい言い方をすれば、人間にとって、自分たちの生活を秩序づけているストーリーとは異なるストーリーに耳を傾け、その異なるストーリーが自分たちのストーリーを変革する力を持っているのかどうか、つまり自分たちが想像もしないようなものが存在している可能性があるのかどうかを問うのは適切なことだ。このような言い方は、現代的なキリスト教徒や非キリスト教徒に、「超自然的」な事柄に心を開くように懇願しているように聞こえるかもしれない。つまり、古風な保守派や根本主義者たちが法廷で発言するのを認めるように懇願しているように響くかもしれない。また「普通のキリスト教徒」にとっては、イエスが実際はどういう人物で、その人物像によって彼らが今まで理解してきたような福音書のストーリーの理解の仕方に再考を迫られるような福音書の読み方や理解の可能性に心を開く必要がある。ここではっきりさせておきたいのは、私は主観的／客観的という区分を拒否しているように、自然／超自然という区分をも啓蒙主義思想の産物として拒否していることだ。「保守的」、または「リベラル」というレッテルを生み出すストーリー、そのようなストーリーを私のストーリーは覆そうとしているのである。

　私たちが必要としている思考のための方法論は、前近代的なものでもモ

31　このようなことは、第1コリント8章1–6節でパウロによって思い描かれていたことのように思える。Wright 1991a, 6章を参照せよ。

ダニズムに基づくものでもない。私が提唱しようとしている研究方法がどの程度まで「ポストモダニズム」に属しているのかということにも、私はあまり関心がない。結局のところ、多様性はポストモダニズムに必要とされる特徴である。啓蒙主義的世界観の死を告げ知らせることは、次に何が起きているのかを告げ知らせることではない。その死と復活に焦点を当てるイエスの研究は、この点について何かを物語っているだろう。

　もし私たちが「知識」についての新しい理論に辿り着くのなら、その時には「存在」についての新しい理論、すなわち新しい存在論（ontology）を必要とするだろう。この場合、私たちは「鶏が先か、卵が先か」について問われることになる。私たちは題材を研究する前に新しい理論について知っておく必要があるが、その新しい理論とは題材の研究を通じて生まれてくる。ここでは、今後どのように議論が進められ、またどのように修正が加えられてゆくのかについてのアウトラインを示そう。先の段落で論じたように、自然／超自然という区分に基づく存在論は、私たちの求めているものではない。「世界は神の栄光で満ちている」のであり、物質主義か超自然主義かのどちらかを選択することによってこの前提理解を拒否してしまえば、存在論的二元論（自然／超自然）の危険に常に晒されることになる。では、どうすればこのような二元論を回避できるだろうか。

　ここで、解釈者としての私は、自分の目的を明確に宣言せねばならない。私は新約聖書の研究を通じ、また私は誰であるのかを決定づける他の様々な要因によって、次のような「現実」のあり方を示すストーリーを物語るようにと促されている。私たちの知るところの「現実」は、創造主である神がご自身とは別の存在としての世界を創造した結果として生じているのであり、そこには今この時にも神の栄光が満ちている。神は、いつの日か創造された世界がご自身の命に満ちあふれるようになることを意図していて、それは初めから世界のために用意されていたことなのである。この目的のための手段の一部として、創造主のイメージを担ったある被造物が生み出されたが、その被造物は創造主の賢く愛に満ちた慈しみを世界にもたらすべく創造されたのだった。だが皮肉にも、その被造物はそうした創造

主の意図に逆らってしまった。しかし創造主はこの問題を極めて適切な仕方で解決し、その結果、被造世界はもう一度、初めに意図されていたゴールに向けて動き始めた。この解決策が実行に移されたことで、人間という被造物の内に、そして究極的には全ての被造世界の内に、神が住まわれることになる。こうしてストーリーは初めの創造の目的へと向かって変容を遂げていくのである。このストーリーは（これと不正なぶどう園の農夫たちのたとえ話との類似性は偶然ではなかろう）創造主であり贖い主でもある神の存在と活動についての存在論を確立しようとする試みなのである。私の中では、このような「現実」についてのストーリーは、他のあらゆるストーリー（それにはいくつかの「キリスト教徒」のストーリーも含まれる）を既に打ち壊してしまっている。私はこのストーリーが、ポスト啓蒙主義のストーリーよりも遥かに現実の世界とうまく「適合」しているのを見いだした。ベルリンの壁のように啓蒙主義の目論見が崩壊していく中で、すべてのことを「単なる歴史」に矮小化するべくこのストーリーまで断念してしまうのは、不誠実であるとともに愚かなことだろう。

　では、歴史家にとって適切な方法論とは何だろう。近年になって、歴史は仮説と検証のプロセスから成るという議論が力を得てきている。[32] 私は、全ての歴史家がこのように（または多少の修正を加えて）歴史研究を行っていると信じており、またこの提案に多くの点で合意している。そこで、この提案が意味するのは何で、特に「通常の批評学的な方法論」が現代における新約聖書研究とどのように関連しているのかを考察することがどうしても必要となる。

32　Meyer 1979, 4 章を参照せよ。これは恐らくは、現存する新約聖書学者の中でももっとも洗練された歴史的方法論だろう。更に価値のある研究として、Meyer 1989 も見よ。Sanders 1985, 3–22 も明快で役立つものだが、メイヤーほどには哲学的見地に立ったものでも、きめ細かなものでもない。背景となる哲学的議論については、Toulmin 1958 等を参照せよ。

4. 歴史学のための方法論：仮説と検証

（ⅰ）序　論

　歴史研究のための方法が他の全ての探求のための方法と同様であるということには重要な意味がある。歴史研究は「仮説」をもとに進められるが、「仮説」は「検証」を必要とする。これまで見てきたように、認識論の落とし穴を避けるためのもっと良い方法とは、人が暗黙の内に、またははっきりといくつかのストーリーによって生かされていることを認識することである。これらのストーリーから、ある疑問が生まれてくる。そこで、人はそれらの疑問を解消してくれるような、いくつかの説明のためのストーリーを思い浮かべる。それらのうちのあるストーリーは疑問をうまく解消してくれる。私は今後も「仮説」や「検証」という便利な言葉を使い続けていくが、それらの言葉にはこのような含意がある。

　歴史学における探求と、他の分野での探求との間には類似性があるが、そこには顕著な違いもある。他の分野での仮説には別の強みがあり、他の適切な検証システムがあるだろう。価値のある、さらには満足のいく説明をしてくれるストーリーの持つ法則は、異なる主題を扱う場合には違ったものとなるだろう。それ故私たちは、優れた歴史学のための仮説を可能にするのは何なのか（それは他の学問分野とは異なっている）を考察せねばならない。他の知識領域での良い仮説のための基準との間には親近性や相似点があるだろうが、歴史学における知識の性質について、これまで本章で述べてきた事柄が関係してくると、顕著な相違が生まれてくるだろう。

　仮説とは人間の心の中で構築されるもので、それは特定の一連の現象についてのストーリーを提示する。ストーリーはそれらの現象の解釈と結び合わされているが、同時に現象の「説明」を提供する。一例を示そう。私はパトカーがサイレンを鳴らしながら道路を猛然と逆走しているのを見る。社会の普通の状態についての基本的なストーリーからすると、この状況は

疑問を生じさせる。何か尋常ならざることが進行中だ。犯罪が起きたのか、たぶん事故が発生したのだろう、と私は推察する。これが歴史学における「仮説」であり、更なる証拠によってその仮説の妥当性は「検証」されねばならない。各段階における検証と、そして究極的な検証は類推によって行われる。つまりパトカーが出動するのは通常どんな状況か、と考えるのである。続いて私は消防車が近くの通りを通るのを見聞きし、その傍でもうもうとした煙が立ちこめるのを見る。すぐさま私は自分の仮説を変更する。新しい情報の登場は、私が事態を明確に把握するのを助けてくれる。もちろん、警察のパトカーは泥棒を追いかけていたのかもしれないし、火事とは関係ないのかもしれない。それでも、パトカーが火事に駆けつけた可能性の方が高い。なぜなら、その仮説と、仮説に基づく出来事と情報との関係とが一貫していて、またシンプルであるからだ。私は複雑でちぐはぐなストーリーよりも、このシンプルなストーリーの方を選択する。そして私は10分ほど前に不意に爆発音を聞いたことを思い出す。このこともまた、火事とは無関係かもしれないが、だがこれらを結びつけることで出来事の全体像はさらに単純なものとなり、私が当初は出来事と結びつけなかった情報の意味をも明らかにしてくれる。パトカーの後を追っていく間、私はスパイラル上の認識の渦という旅路を通って、実際にも比喩的な意味でも火事の場面に辿り着く。ここで私は歴史家にとっての真の疑問、つまりこれら全ての出来事に関連する「なぜ」という問いを尋ね始める。おそらく意に反して火事を起こす原因となってしまったある行動や、この惨事に業務として係わっている警察や消防士の意図に関心を集中させるのだ。

(ⅱ) 良い仮説の必要条件

あらゆる分野において、良い仮説には三つの要件が備わっている。それら各々について更なる議論が必要だが、現時点ではその概要をはっきりさせることが大切だ。

第一に、仮説はデータを含めなければならない。こまごまとした証拠を組み入れる必要があり、観察者は神のごとき鳥瞰的な視点ではなく、自分

自身の目でそれらのデータを観察していることを認めなければならない。そして避けられない場合を除いて、それらの証拠を握りつぶしてはならない。「煙」は低いと適当に見積もったり、「爆発音」は近くのドアをバタンと閉めた音なのだ、と勝手に想像してはならない。

　第二に、仮説段階においては基本的にシンプルで一貫した全体像が構築されねばならない。「爆発音」と「煙」と「消防車」、または「パトカー」には互いに何の関係も無いことはあり得るが、しかしパトカーが火事ではなく強盗に遭った銀行に向かっているというような更なるデータが得られない限りは、これらのデータが互いに関連しているという理解には合理性があり、事件の全体像の一部であると考えるほうがより単純明快だろう。

　もちろん、良い仮説のためのこれらの二つの要素（全てのデータを考慮すること、そして単純さを求めること）は常に互いに緊張関係の中にある。いくつかのデータを除外して、シンプルな仮説を立てることは簡単だ。全てのデータを含んではいるが、非常に複雑で入り組んでいる仮説を提示するのも同様に容易である。これら二つの選択肢は両方とも新約聖書の研究に、特にイエスの研究に頻繁に見受けられる。「単なるガリラヤの小作農イエス」という歴史のイエス像を提唱するのは単純明快だが、これでは数多くの証拠を無視することになる。このようなイエス像に当てはまらない他のデータがどうやって考え出されたのかについて、様々な憶測的な説明がなされるが、それらによってもこの仮説の説得力が増すとは思えない。反対に、もっとも「保守的な」イエス解釈はあらゆるデータを全て含めようとするが、そのこと自体が目的化してしまい、イエスの宣教活動における彼の目論みや意図についての歴史的に説得力のある説明を提示できていない。

　どんな分野においても、ほぼ全てのデータを含み、しかも適度に単純な仮説が複数存在するというのは大いにありうる。その場合、ある仮説がその他の仮説よりもより優れていることを示すような、第三の要件が必要となる。そのような要件は次のように言うことができる。「説明的なストーリー」は、他の関連する疑問についてもうまく説明してくれたり、理解の

助けになるものでなければならない。先に挙げた例で言えば、他の問題には、「あの爆発は何だったのか」など、当初はあまり関心を払わなかった別の問題も含まれる。

　これらの優れた仮説構築のための基準をユダヤ教、イエス、またはキリスト教の起源にまつわる問題全体に適用しようとすれば、問題の性質が火事の件よりもずっと複雑であることに気づかされる。第一に、含まれるべき大量のデータは膨大で当惑させられるほどである。歴史学上の仮説の場合、データはもちろん原資料である。古代史の場合、それは主に書かれた文書を意味するが、碑文、遺物、考古学的証拠等もそれに該当する。大量の資料は整理されねばならないが、単純さを求める歴史家は、一貫性を持たせるためにそれらの半分ほどを放置してしまいたい誘惑に駆られるだろう。[33] ユダヤ教の資料だけでも一生ものの研究になる。福音書は極めてユニークな、様々な問題を提起する。原始キリスト教徒の用いたスピーチや文書の形式、特に、彼らにとっては極めて馴染み深く、私たちにとっては甚だ奇妙な黙示的イメージは、よほど気をつけないと私たちをあらぬ方向へと常に導いてしまうだろう。古代史研究においてはよくあることだが、資料は私たちが本当に知りたい事については語ってはくれないものなのだ。それらの資料は、その当時に自明であった事柄については説明してくれないので、私たちは苦心してそれらを再構築しないといけない。[34] 私たちは、恐竜たちの骨の一式をつなぎ合わせようと奮闘する古生物学者のようなものだ。データを観察して集めるだけでも途方もない仕事である。

　第二に、また第一の帰結として、基本的にシンプルな歴史の仮説を構築することも大切な課題となる。その意味するところは、イエスについての全ての重要な疑問を常に心に留めねばならないということだ。つまり、一

33　Carr 1987 [1961], 14-16 を参照のこと。
34　この仕事はアンソニー・ハーベイ（1982）が「歴史学上の制約」として描いたものだ。それは有益な概念であるものの、更により良く表現できよう。私はハーベイに負うていることを自覚しているし、様々な議論で彼のモデルを採用している。Wright 1986a。

つの分野での解答は得られるが、他の分野は混乱したままに捨て置かれるような方法は拒否せねばならない。ここで、(後に見ていくように)幾人かの新約聖書学者はこの二つの基準から生じるジレンマから抜け出そうと、高度に洗練された手法を発展させてきた。もしデータの一部分がシンプルな仮説にうまく当てはまらない場合(例えば、イエスが世の終わりは非常に近いことを予期していて、教会を設立しようと考える暇がなかったという仮説)、私たちはこの厄介なデータをうまく葬り去るための方法を持っている。つまり、そうしたデータは実はイエス本人が考えていたのではなく、後の教会によって生み出されたのだということを示すためのいくつかのツールが存在しているのだ。そうしてこの厄介なデータはイエス像構築のためのプロセスから体よく除外されるのだが、そのための代価も生じる。[35] その代価とは、結果として教会像とその創造的活動や伝統が複雑になってしまうことである。誰でも福音書の現在の伝承・歴史批評学を学んだ者は、それが非常に込み入っていて、一致した見解がほとんどないことを知っている。このような状況で私たちが見いだすのは「細部」における信じ難いほどの複雑さであり、それがイエスの人物像、原始教会像とその発展仮説、さらにはパウロ神学といったテーマを「概要」において単純にするために支払われねばならない代価なのである。ジグソーパズルの完成像が基本的に単純なものであるべきならば、私たちはこのような複雑きわまりない結果に(知的に)満足できなくなる(現在の伝承・歴史批評にも別の意味で満足できないだろう)。

　第三の基準(特定の研究対象以外にも適用できる仮説であること)は、イエスとパウロに関する研究と、1世紀のユダヤ教全般についての研究、これら二つの大きなジグソーパズルの関係に明らかに関連している。この

---

[35] 同じようなトリックはパウロの場合にも使われる。それはSachkritik(批判的評価)と呼ばれるもので、批評家がパウロ自身よりも彼の思想をより良く理解していることを前提とするプロセスである。そうして彼の思想のある部分は、他の部分に較べて相対的に低い評価に甘んじることになる。Morgan 1973, 42-52 そして Meyer 1989, 59-65、特に63-4を参照のこと。

二つの主要なテーマの関係は特に重要な問題である。どちらの研究分野においても意味をなすような仮説は、そうでない仮説に対して決定的な優位性を持つ。イエスと原始教会との間に距離を置きたい学者は、パウロが元来ユダヤ的だった原初の福音にヘレニズム的要素を導入したのだというように、何か別の要素を仮説の中に取り入れようとする。このようなやり方は、ある大きな問題に取り組むためにいくつかの歴史的事象だけを取捨選択し、それによって単純さを犠牲にしてしまっているのである。

　私たちはこれまで、新約聖書に関する歴史的仮説の一翼を担うある基準を割愛してきた。それは、ある仮説が（実際に、あるいは空想上）持っているであろう現代への現実的な関連性についてである。私たちはこの点については本書の第1章でいくらか触れたし、本シリーズの他の著書の導入部分において特定の問題について見ていくつもりである。ここで説明しようとするポイントは極めて単純なものだが、それはイエスの研究とパウロの研究を分断してしまうことの影響についてである。

　ごく僅かの人々は、イエスが彼らのお気に入りのプロジェクトやプログラムを支持してくれないという不愉快な事実に直面して、「イエスが悪いのだ」と言い立てようと意を決している。これは結局のところ、イエスと同じ時代に生きた人々がイエスにしてしまったことであり、私たちは彼らをそのかどで非難するのが習い癖になってしまった。ジョージ・ティレルが語ったように、19世紀の自由主義神学者の「イエスの生涯」を描こうという試みが、結果は深い井戸の底に映った自分の顔を見ていただけになってしまった原因もここにある。[36] 現在の非常に多種多様なキリスト教において（それらは全て特有のイエス観を持っている）、彼らは自分たち独自のイエスの肖像に変更が加えられることに強く抵抗する。なぜなら、彼らが正しく見抜いているように、そうした変更は他の領域での生き方や思

36　Tyrrell 1963 [1909], 49 は特にハルナックに言及している（しかし McGrath 1986, 86 はこの点をハルナック自身に帰すことに異を唱えている）。実際は、ハルナックはイエスの生涯について書くことは不可能だと述べている。McGrath, 61 を見よ。

第4章 「歴史」、そして紀元1世紀　195

考に相当の（おそらくは望ましからぬ）影響を及ぼしかねないからだ。もちろんこの生来の保守性が意味するのは、平均的な礼拝出席者が（多くの神学者も平均的な礼拝出席者であるか、もしくは以前は礼拝出席者だった）イノベーションや愚かさに対して根深い抵抗感を持っているということだ。これはまた、真剣で十分な根拠に基づいたイエス像についての提案が、にべもなくはねつけられてしまうことも多々あることを意味する。（当然ながら革新的な提案については）このような拒絶のプロセスは様々なレベルで働いているが、それらについては社会学者や心理学者が調べてくれるだろう。

　パウロについてはどうだろう。私たちは既に、ユダヤ教や原始教会についての描写が現代の解釈学の要請に合致するように歪められていることについて言及した。時としてユダヤ人は悪役となり、またある時には悲劇のヒーローとなる。時として原始キリスト教徒は高貴なるパイオニアとなり、またある時には奇妙で単純な人々となる。原始教会の中の特殊事例としてのパウロに目を向けると、私たちはやや異なった現象を発見する。実際は、パウロはエックス（x）を信じていたが私たちはワイ（y）を信じていて、それらは互いに相容れないのだと人々はよく言う。多くの人々は未だにパウロを自分たちの仲間だと思いたがっているが、当然ながら学者たちの間ではイエスよりもパウロを自分の仲間にしたがっている人の数はずっと少ないだろう。これが結果としてより大きな「客観性」につながるとある人は考えるかもしれない。私たちがパウロと意見を異にする自由があるなら、私たちは彼をありのままに捉えることができるだろうか。残念ながら、物事はそう簡単ではない。パウロの研究者たちの間で非常にしばしば起きるのは、パウロがある見解を持っていたと解釈者たちから決めつけられ、この見解に同意しない学者は、あたかもこの見解がパウロ自身に由来するかのように彼を批判するという現象だ。そのようなケースの二つの例は、ショップがパウロをルター派だとして叱責したことや、マコービーが彼をヘレニズム的グノーシス主義者だとして素っ気なく拒否したことで

ある。[37]あるいは、学者たちはある伝統に属していて（例えば英国の伝統）、その伝統そのものがパウロをひいきにしたり、拒絶したりするというようなことが長いこと行われてきた。例えばパウロは以下のように考えられてきた。「パウロは良い人物だったが、いくらか混乱していて、またあまりにも教条主義的だった。手短に言えば、パウロは上流社会にはあまり似つかわしくない神学者だった。そこで、パウロと確かな一致点をしっかり確保しておくことは大事だが、同様に彼のもたらすめごとに係わらないで済むように、十分に用心せねばならない」、というような……。

もちろん第2章で論じたように、観察する対象に関与することなしには物事を知ることができないというのは首尾一貫した認識論には欠かせない考え方だ。この点で歴史研究における実証主義には他の場合と較べて何ら特別なところはない。加えて第1章で示唆したように、ある人々の人生を決定づける（controlling）根幹的なストーリーの中に、とても良い意味でイエスが、そしておそらくパウロも息づいているという事実は、歴史に係わる人が「中立的」である（しばしばこの言葉はむき出しの偏見を隠すための煙幕にすぎない）振りをする必要がないことを示している。しかし、もしある特定のストーリーを「決定」づける基準がある特定の立場（それがキリスト教徒の姿勢であるなしに係わらず）を正当化するためのものであるにすぎないなら、私たちはまたもや認識論を正反対の方向に押しやってしまうことになる。すなわち現象論の方向へ、である。歴史的な証拠が、私たちの見たいと願う自分自身を映し出す鏡として機能する場合にのみ採用されてしまうならば、新しいストーリーの可能性も、既存のストーリーを覆したり修正したりする可能性も摘み取られてしまう。このようなあり方は哲学的に言えば唯我論であり、歴史的に言えば閉ざされた心の中にあるものだ。そして神学的に言えばこれは根本主義（ファンダメンタリズム）であり、新しい、または修正されたストーリーをいっさい受け付けない集団的宗教唯我論なのである。

37　Schoeps 1961; Maccoby 1991。

それゆえ、もし提示された仮説がある人々にとって受け入れ難いキリスト教の姿を指し示すものだったり、またはキリスト教そのものを断念することを示唆するものであれば、そこに誤りがなかったのかどうかについて誰でも議論できるだろう。しかし、その歴史的仮説の受け入れ難さ自体は、その仮説を拒否する根拠とはならないだろう。[38] もし仮説を検証しようとすれば、私たちはこれまで述べてきた三つの基準を厳格に適用せねばならない。つまり、データを集めること、適度な単純さを確保すること、そして他の分野に適用した場合でも実りある仮説であることだ。もちろん、物事をきちんと説明できると期待されるストーリー、それを物語る人間自体もこのような「検証」過程の構成要素なのであり、そこには常にデータとそれを知ろうとする人間との相互作用が含まれる。しかし、人は受け入れたいと願う立場や拒否したいと望む立場を題材に投影する誘惑を避けられないと認めてしまうことはできない。

このため、微生物学や他のあらゆる分野と同様に、歴史は仮説と検証によって進められていく。私が提示しているのは、これがイエスや福音書、パウロや使徒書簡の研究においてさえ常に物事を進めるやり方だということだ。シュヴァイツァー、ブルトマン、そして「史的イエスの再探求」のための適切な基準について長い間論じてきた研究者たち、[39] それら全ての人々は暗黙のうちにこのような思考様式に訴えてきた。全ての学者はある仮説や重要なストーリーについて考えている。彼らはそうした仮説やストーリーが可能な限り単純なスキームの中でデータを取り込んでいると主張することで自説を擁護し、またそれらがどのように他の資料にも光を当てるのか精査しようとしている。問題は、このような方法論に沿って研究している当の学者たちが、しばしばそれを無自覚の内に用いていることであり、そのためこの方法論が常に適切に機能している訳ではないことだ。間違った議論が知らないうちにまかり通り、そのため研究者は物事が上手

---

38 これは通常よく持ち出される反論の類いではもちろんない。しかしこれは現実のもので、よく練られたレトリックの背後にあるものだ。
39 Neil & Wright 1988, 288–91, 379–401 を参照せよ。

く進んでいないことを警告するための危険信号（データの扱いの不注意さ、または不必要な複雑さを安易に受け入れること）に注意を払わなくなる。特に、学者たちは広く流布しているが誤解を招きやすい原始キリスト教のモデルに基づいて研究を進めており、このことがイエスやパウロの研究に大きな（しかし、しばしば無意識の内に）影響を及ぼしている。後者の事象の一例として、「メシアの秘密（messianic secret）」と呼ばれる、ヴレーデの名高い仮説について考えてみよう。[40] ヴレーデによれば、初めにイエスと呼ばれる男がいたが、彼は自分がメシアだとは夢にも思っていなかった。次いで原始教会は、イエス自身にはそんな考えがつゆほどにもなかったのにもかかわらず、彼をメシアとして褒め讃えるようになった（いったいどうして？）。そこに、才知に長けた無名のヒーローが登場した。彼はこの奇妙な事態の辻褄を合わせるため、イエスは実際には自分がメシアだと称したが、しかし常にそのことを徹底して秘密にしていた、という説明をでっち上げた。そしてその男マルコはこのスキームを用い、それを連綿と続く物語の中に意図的に落とし込んだ。だがマルコはそれほど良い仕事をした訳ではなかった。なぜなら未だに奇妙な点が残されているからで、どうも福音書の舞台となっている時代に、このメシアの秘密はあまりにも早く公然の秘密になってしまっていたようなのである。ヴレーデの説によれば、これら全てのことはイエスの死後の40年間に起こったとされている。私は急激な神学上の発展が不可能だと言っているのではない。それはとても頻繁に起こるし、1世紀はその格好の例である。しかし、このような奇妙で複雑な発展は（そしてそうした発展をもたらすための複雑で風変わりな動機が、次々と無から考え出されていった）私たちに多くのことを信じるようにと促す。このような厄介な問題を考慮せずにイエスについてのデータを説明しようとする仮説は、いつでも大変大きな成功を収めるものだ。ヴレーデは、彼の基本的にシンプルなアイデア（つまりイエスは自分のことをメシアだとは思っていなかった）を単純たらしめるために、非

40　Wrede 1971 [1901]。本書13章以下の議論を参照せよ。

常に高くつく代価を支払った。その代価とは、他の点での極度の複雑さと、彼の仮説に適合するのを拒む膨大なデータの存在である。ベッドの下を折角奇麗にしても、そのために洋服ダンスの下ががらくたの山になってしまうのなら何の意味も無い。[41]

(iii) 検証における問題点

現在、例えば科学哲学者たちの間で多くの適切かつ必要な議論がなされているが、それらは（a）仮説の検証または反証に用いられるための異なる基準に付与される相対的な重要性、そして（b）どんな分野においても満足のいく基準と見なされるような適切な方法についてである。これらは重要な問題であり、私たちはこれらについて詳しく見ていく必要がある。

全てのデータを含めることと、仮説の単純さを追い求めることの間で求められるバランスの種類は、題材に応じて変化するであろうことは明らかだ。古生物学者は化石の骨を組み立てる。もしその古生物学者が見事にシンプルな骨格を仕立て上げても、いくつかの大きな骨をそこに含めなかったなら、彼女の同僚たちは、彼女が第二の基準を満たすために第一の基準を代償にしたと非難するだろう。また、その余分な骨は、実は組み立てられた動物を食べたか食べられたかした動物の骨なのだという彼女の説は眉唾ものだと思うだろう。単純さはいくつかのデータを含めることを犠牲にすれば達成される。しかし、もし二人目の古生物学者が全ての骨を上手く使い切って骨格を組み立てても、つま先が七つだったり十八本あったりすれば、正反対の結論になるだろう。データは含められているが、単純さは捨て去られており、今度はその奇妙な進化論的説明に基づく新しいストーリーに対して不信感が募るだろう。しかし、二つの説のうち、どちらがより望ましいのだろうか。どちらかと言えば、私は第一の説だと思う。いくつかの余分な骨が化石の山に紛れ込んだと考える方が、奇妙な突然変異が

---

41 大きな全体的スキームのために、常に証拠を無視してしまうような仮説の現代の好例は Mack 1988 である。イエスの宣教活動における、メシアやその他の秘密についての私自身の見解については、次巻を参照せよ。

実際に起こったと想像するよりも受け入れやすい。この単純さのデータに対する勝利が（これは単に、一つのストーリーがもう一つのストーリーよりも良いというだけの話で、そのストーリーがベストだということでも、真実だということでもない）どの分野の探求においても当てはまるとは思えないし、その実例が人間の歴史である。正にこの歴史という題材は厄介なもので、一種の知的な戒厳令によってそれを秩序づけようとする如何なる試みも怪しいものだ。人はある出来事について知れば知るほど、それがもっと複雑であることに気づくだろう。手元にある証拠が少なければ、もっと容易に出来事を単純化できる。良い歴史の仮説には最終的な、または究極的な単純さが存在するだろうし、また異様なほどの複雑さを受け入れることはできない。それでも全てのデータを含めることは、他の二つの基準よりも究極的な意味ではより重要なのである。

　しかし、全てのデータを含めるとはいったいどういうことなのか。このことを福音書に当てはめた場合の詳細については後に詳しく解明していく。差し当たっては、この目的（全ての仮説の第一の目的）は証拠それ自体を真剣に取り扱うことによって達成されなければならないということを述べておく必要がある。文学のテクストは、何か別物としてではなく、ありのままに扱われねばならない。福音書のジャンルと意図とを巡る現代の論争は、このことと殊に密接な関係にある。同様に、福音書のある段落は、何か別物としてではなく、ありのままに取り扱われねばならない。様式批評における新しい方向性を示唆する学者たちは、この点について一家言をもっていよう。歴史のイエスの再構築のためと称して、その場しのぎで見境のないやり方でいくつかの思考法や批評学のツールが用いられるのを私たちは散々見てきた。まず、福音書の中の都合の悪い1節を取り上げて、それをぞんざいに原始教会の創作と見なし、歴史のイエスに関する証拠として採用するのを拒む。そうすることで、ますます増大する一方の伝承・歴史問題を無視するか棚上げし、「原始教会」のジグソーパズルのピースをどんどん作っていく。もしそれがイエスに由来するのでなければ、原始キリスト教徒によって作られたとされるこんなにも複雑な資料について、私

たちはどうやって説明できるというのだろう。加えて、私たちは題材そのものの実際の性格を黙って無視している[42]。

　現代の新約聖書の歴史的研究において、新約聖書学者のギルドの中にはあるプレッシャーが常に働いている。そのプレッシャーとは、自分がどんなに批判的な学者であるか示さなければならないということだ（つまりそれは、福音書の中のあれこれの言動や出来事、あるいはパウロ書簡のどこか1節を、ある特定の仮説の擁護のために投げ捨てる用意があるのを明確に示すことで、自分が本当にポスト啓蒙思想の歴史学者クラブの一員であると証明することである）。このプレッシャーは、自分が猫をかぶった原理主義者ではないことを示す保証としての役割を（特に）果たしている。資料を真剣に歴史的、批判的に解釈したいという願望はまっとうなものだし、このような疑問が存在しなかったライマールス以前の時代に逆戻りすることを拒否するのも当然のことだ。しかし、歴史においてあらゆるデータを含めることが何よりも重要であるという事実を無視してしまえば、その意義は損なわれてしまう。私たちはここで、今世紀にしばしば顧みられてこなかった問いを再度発する必要がある。「これは原始教会の創作したものだ」と主張するのは「データを組み入れている」と言えるのだろうか。もし私たちが原始教会について、この説を支持する本当に有効な仮説を作り出すことができるなら、そう言えるのかもしれない。しかし私の見るところ、そのようなストーリーは未だに提示されていない。原始教会の実際の歴史の研究はまだ幼児段階にある。しかしその子供は、家族の中で本来自分が占めるべき地位を長らく占拠してきた空論的仮説を追い払えるくらい、元気一杯に成長するだろうという気配を見せている（第Ⅳ部参照）。

　新約聖書学界のかなりの部分、そして実にイエスの研究の相当部分は以下のような前提の上で行われている。つまり、福音書はそのまま読んでも

42　サンダース（1985）は福音書のあれこれの節を取り除くために、ブルトマンの助けを借りるという罪を犯している。この著作全体では、ブルトマンが用い、提唱した方法論やスキーム、仮説とその結論を徹底的に拒絶しているにもかかわらず、である。

意味をなさないので、福音書が提示しようとしているイエスについての見解、それらに取って代わるような代替え的な仮説が提示されねばならないという前提だ。私たちは概ねイエスの生涯、宣教、自己認識が本当はどうであったかを知っていて、それらは福音書に見いだされるイエス像とは異なっていると考えられている。[43] しかし、この種の仮説には常に単純さに欠けている。なぜならこれらの仮説においては、イエスの宣教において何が起きたのかだけでなく、原始教会がイエスについてどうして真実とは別のことを語ったのか、なぜ彼らが歴史的出来事とはほとんど関係のない、創作された「神話」としてのストーリーを実際に書き上げたのか、という説明が求められるからである。もちろん、これらの事柄に含まれる真実が非常に複雑である可能性も認めねばならないだろう。しかし、この種の複雑さには不利に働く三つの要素に私たちは直面する。（どう見ても）福音書と、それが描写しようとする主題との間にはかなりの時間的な近さが存在する。[44] 第二に、もっとも初期のパレスチナの教会は、イエス自身が宣教において実践していた多くの重要な点を継承していた可能性が高い。[45] また、近年の学界ではイエスに関するいくつもの蓋然性の高い仮説が提起されていて、それらの仮説は過去において含めるのが不可能だと思われていた大量のデータを取り入れている。[46] 結果として、福音書のストーリーは決して歴史とは受け止められないと言い張る学者たちは、完全な状態で発見された骨格について、そんな動物が存在していた筈がないのでそれらは後の時代に組み立てられたのだ、と言い張る古生物学者のような存在だと見なされ始めている（タイセンの示唆する「後の歴史家たちを欺くための１世紀委員会」が存在していれば話は別だが）。[47] もっとシンプルな仮説

43　Bultmann 1968 [1921] 諸所に、例として 145, 262 など。
44　私たちはこの点について、リウィウスのポエニ戦争やヨセフスによるマカバイ戦争の記述と比較対照出来よう。
45　Theissen 1978, 4, 121; Borg 1984, 132f. 190 を参照せよ。
46　Neil & Wright 1988, 379-403 を再度参照せよ。
47　Theissen 1987, 66。

第4章 「歴史」、そして紀元1世紀　203

が見いだされるやいなや（そうした仮説が出てくる前ですら！）、そんな議論に固執続ける科学者は余程大胆な人なのだと思われるだろう。私の主張とは、歴史のイエスという研究分野において福音書の伝承・歴史研究の現在の状態はこうした段階に既に入っており、データ全体をより正当に評価するのは実現可能になったということだ。

　同じことはパウロの思想の研究についても言える。提示されているいくつかの仮説は、単純さを獲得する代償として、パウロの書簡のいくつかの節は後の人々が付け加えたのだ（つまり証拠を削除する）と主張するか、あるいは彼の主要な主題や節の多くは自家撞着的で一貫していない（つまり証拠が手に余る事を認める）と示唆している。もちろん、後世の人がテクストに注釈を付けることは実際にあった。同様に、文章が支離滅裂になってしまうのは当然あり得るし、現代でも古代でも、どんな書き手の文章にもそれは起こりうることだ。しかし、十分な根拠がない場合は、自説に合わない証拠を削除しようとすべきではない。[48]そして後者の可能性（証拠が手に余ると認めること）を採用する前に、その可能性自体を、またそれによって仮説にどんな悪い影響が生じるかを、非常に慎重に考慮すべきだろう。こうした姿勢は、困難さを打破するより明確な解決法としての新しい提案を生み出す要因になる。

　これら全てをよしとして、では満足のゆく単純さとは何であるかを決める基準とはどんなものなのだろう。これまで示唆してきたように、歴史家はこの点に注意を払う必要がある。整然さを好む学者は（恐らくは別の理由からだろうが）資料を秩序づけたいという願望に駆られ、歴史をあまりにも見事に整理整頓してしまうかもしれない。しかし、歴史は整然としたものではなく、ほとんどの場合は奇妙で2度と起こりそうもない、思いも寄らない出来事からなるものだ。そこで、単純さとはすべからく良いものだ、とは言えないことを確認するのは大切である。歴史という分野に限っ

48　テクスト以外の証拠を基にして申し立てられる主張の好例として、第1コリント14章34-5節はパウロの手によるものではないというフィーの議論（1987, 699-708）が挙げられる。

て言えば、いろいろな種類の単純さ（逆に言えば、いろいろな種類の複雑さ）について次のように言えるだろう。すなわち、単純さが強く見いだされる分野は人の意図や動機であるが、それは人間が継続的な存在だからだ。人間は極めて複雑な存在で、たいへん複雑な世界に住み、しばしば高次の意味で一貫した行動を仕損なっていることを認めたとしても、それでも性格の一貫性や安定感は存在し、そのためある人物の普通でない、または異常な行動（つまり、彼または彼女の普段の行動から見ると普通でない、または異常な行動）は特別な調査や説明が求められることになる。また、行動や出来事は通常はある結果や帰結を伴う。出来事の連鎖の中での、明らかにおかしな飛躍や断絶が認められれば、それもまた調査を促す原因となる。この点で、私たちの単純さの探求が正当化される。ドラマの主役たちはどのような動機で行動したのだろうか。その結果、どうして出来事がそうした形で起きたのか、私たちは少なくとも何らかの事を理解できるだろうか。[49] 本シリーズの第二作（Jesus and the Victory of God）でイエスについて問う主要な疑問がそのような問いであり、それゆえこの種の単純さは重要である。この観点からは、多くの仮説に内包される複雑さは、その大きな弱みの一つとなる。パウロについても同じ事が言える。望ましい仮説とは、いろいろなデータがしっかりと含まれ、そしてより広い学問分野にも等しく当てはめられるものである。そのような前提で、ある人物の思想が全体として一貫性を示しているとする仮説は、その人物が注意散漫で移り気で安定性を欠いているとする仮説よりも、常に望ましい。[50] 同様のことは、

---

49 共観福音書研究において、正にこの基準を用いた近年の研究として、Downing 1992, 34f. を参照せよ。「文学の相互依存についての仮説の単純さは、推定上の資料だけを基に判断され得ない。グルダーの仮説［ルカがマタイ資料に依存していたという仮説］はストリーターの仮説よりも少ない文献にしか依拠していない。しかしグルダーを正当化するものとして、ルカの胸中に思い浮かんだものとして無数の仮説がある……。」歴史家の仕事の一部として「次に何が起こったか」ということを検討することの重要性については、カントに倣った Meyer 1979, 252f.; Neil & Wright 1988, 399 を参照せよ。

50 Wright 1991a, 1 章を見よ。

私たちがアリストテレス、アタナシウス、ベートーヴェンやバルトを研究する際にも原則として当てはまる。

　一方で、新約聖書学者たちにとって非常に魅力的な別の種類の単純さが存在するが、それは大変疑わしいものである。数多くの仮説は、ある単純さ（つまり、原始キリスト教運動は直線的な発展経緯を持ち、偉大なアイデアは単線的に発展した）という前提の上に構築されている。キリスト教は大変単純なものとして生まれ、急速に複雑なものに発展したと仮定される。[51] しかしこのような発展の仮説はどんなアイデアにも当てはまるものではないし、またアイデアがどのように機能するのかを示したものでもない。どちらかと言えば、より「単純な」形態は、成熟した洗練されたものである場合が多いのだ。単純な形態は、複雑な現象が長年の間辛抱強く整理され、取り扱われるという努力の結果として生じるからだ。別の例として、F. C. バウルによって19世紀に提唱されたスキームがあるが、それは今日でもある方面ではかなりの影響を及ぼし続けている。ユダヤ的キリスト教が一方で発展し、異邦人的キリスト教も他方で発展し、それら二つの流れが合流して初期カトリック主義を生み出したというスキームは、なんとシンプルで整然としていることだろう！[52] このようなスキームにはヘーゲルの匂いがすると言って異議を唱えるのは的外れだ。また、このスキームが（F. C. バウルの頭の中での）知的な構築物として生まれ、そして細部が練り上げられたという理由でこれを拒否するのも同様に的外れだ。仮説が大量のデータを研究し終えた後ではなく、その研究の始めに提起されたと言って批判するのは有効ではない。これまで見てきたように、全ての仮説はそうしたものだからだ。全ての仮説は既にあるグループや個人によって語られてきたストーリーを修正したものか、または直感的なひらめきによって研究者が辿り着いたストーリーである。むしろ、バウルたちのような仮説は「歴史」としては成り立たないのである。なぜなら、歴史は

51　このような考え方が誤りであることは、Wilken 1971 によって徹底的に論証された。

52　バウルについては、Neil & Wright 1988, 20-30 を参照せよ。

単線的な発展形態に沿って動いてはいかないものだし、そのような歴史理解ではデータを台無しにしてしまうことになる。歴史には逆行も前進もある。容易に観察できるような発展とは明確に異なる、大きな変化がある。人々や社会がそれまで来た道を引き返したり、あるいは別の道を探すこともある。彼らはいつも真っすぐに前進していく訳ではない。思想的な運動があることを否定しようというのではない。私は別の機会に、新約聖書学者たちの間でいくつかの運動が起きていることを示そうとしてきた。[53] しかし、近年強く示されてきているように、バウルの理想主義的なスキームの単純さは疑わしい。そのような原始キリスト教内での動きが現実化するために要した時間的枠組はあまりにも短過ぎるのだ。また、あまりにも多くのデータが顧みられていない（一例として、「ユダヤ的キリスト教」なるものについての証拠は後年のものであるのに対し、「異邦人的キリスト教」の証拠は非常に初期のものだという事実がある）。そして、宗教史学派から生じた理論、特にキリスト論におけるそうした理論は完全に崩壊してしまっている。生き生きとした人間生活の中に整然さを見出すことができるが、墓場にも整然さはあるものだ。

　仮説についての最後の問題は、全てが語り尽くされ、また為された後にも、証拠に適合するような仮説が一つ以上残ってしまう可能性があることだ。技術的な言葉を用いれば、「劣決定系（underdetermined）」の問題である。これは特に古代史の分野で生じやすく、そこでは、例えば16世紀の場合と比較すると、私たちはその時代について圧倒的に少ないデータしか持ち合わせていない。[54] ある意味で私たちは、半ダースほどの骨からブロントサウルスを「復元」しようとする古生物学者のようなものだ。それはマストドンだったのかもしれない。しかし、2、3の同じように有望な仮説が存在する事を、ほとんどの歴史家が喜んで受け入れている。全てのデ

53　Neil & Wright 1988, 9章を参照せよ。また本シリーズの第2、第3冊のイントロダクションも参照のこと。それらの説明が単純化し過ぎている可能性も、当然ある。

54　再度 Carr 1987 [1961], 1章を参照せよ。

ータを同時に頭の中に留めておくことはどんな学者にとっても大変難しいものだ。したがって、今まで見過ごされてきた証拠や、仮説の不必要なほどの複雑さや、以前からの問題を解決するよりもかえって新しい問題を生じされるような近隣分野での仮説などの事柄に注目することは最善の科学的伝統として受け入れられ、歓迎されるべきである。優れた仮説のための全ての基準を満たし、等しく有効であるように見える二つ以上の大変異なる仮説が現れてきてしまった場合には、それについては問題が起こった時に考えることにしよう。そんな事態がすぐに生じるとは思ってはいないけれども。

5. 出来事から意味へ

（ⅰ）出来事と意図

　歴史とは、ある特定の種類の実際の知識である。全ての知識と同様に、認識のスパイラルを通じてそれは得られるが、そのスパイラルの中でストーリーを語る人間の共同体は調査を始め、疑問に首尾よく答えを与えてくれるのはどのストーリーなのかということの暫定的な判断を下し、さらなるデータとの相互作用を通じてその判断が正しいかどうかを検証する。しかし、特に歴史に固有の、さらに三つのレベルの理解があり、それらについて考察せねばならない。

　第一に、歴史は「ビデオ・カメラで撮影される物理的な出来事」というような意味での「起きたこと」についての研究であるだけでなく、「人間の意図」についての研究でもある。コリングウッドの言葉を借りれば、これは出来事の「内幕」を見つめること、または少なくとも見つけ出そうとすることである。[55] 私たちが見いだそうとしているのは、出来事に巻き込

55　Collingwood 1956 [1946], 諸所に。Meyer 1989, 2,3 章も参照せよ。

まれた人々がそれを通じて何をしようとしていたのか、何を望み、また試みたのかということである。明らかに反対のケースはこれを裏づける。歴史家が人類出現以前の、または人間以外の歴史について書こうとする時、宇宙の目的、指導的な生命力の目的、あるいはある種の神の目的というようなアイデアを通常持ち込む。全てはただの偶発によるというような議論はほとんど支持されなくなってきている。奇妙な出来事が起きると、それが起きるや否や人は「何故？」と問い始める。通常の人間の歴史の話に戻れば、「何故？」という質問への通常の答えは、「対象」となる物理的な物体について（花瓶は壊れたが、それはガラス製であるものが固い床と接触してしまったためだ）のみならず、人間の意図や動機について、またそれらがどのように観測される出来事に影響を及ぼしたか、ということも含まれる。花瓶は壊れたが、その理由として（a）私の人生の大きな目的の一つは美しい家に住むことだが、子供に家を花で飾るように勧めることはこの人生の目的に適っていることに気がついた。（b）そこで私は娘に花を入れるための花瓶を手渡そうと思った。そして（c）私はあの瞬間に、まさにそうしようと思っていた。しかし、（d）その際に、娘は私がそのような行動をすることを予期しておらず（私の動機は不適当だったのだろうか？）、そして誰も私から花瓶を受け取ろうとしなかったので、それは床に落ちてしまった。出来事の「外観」とは花瓶が壊れたことだ。そして出来事の「内幕」がストーリーなのであり、それは単に花瓶や床といった物理的な物体のみならず、特に人間の目的、意図、動機、そして行動の結果に係わる。これらについて、私たちは更にいくつかの説明を加えねばならない。これは後に重要な点が示される分野である。[56]

---

[56] 5章以下を参照せよ。これらの言葉について、多くの異なる分け方があるが、アリストテレスのもの（ニコマコス倫理学）もその一つである。次の段落でのこれらの専門用語の使用はあくまで試行錯誤的なものである。私は他の分野での言葉の使い方をここに転用しようとは思っていないが、簡便でいくらか恣意的な仕方でこれらを区別することは、歴史的出来事の「内幕」を論じる上で必要だろう。

「目的」という言葉が指し示しているのは、ある人の人生の行路、またはその一部が本質的にどこに向かおうとしているのかということである。したがって、目的とは個人の物の見方（mindset）における方向性という側面を意味する。個人の物の見方とは、社会全体の「世界観」をそこに属する個人が自分独自の形に落とし込んだものと言えるだろう。[57]「目的」というテーマを考えることは、方向性という動的な観点から世界観や物の見方を検討することを可能にする。そうすることで、人間をマシーンのような存在、つまり、同じ場所で同じ心理的、また物理的行動をし続けるようにプログラムされた存在であるかのような静的な存在として見る世界観や物の見方を回避することができる。これは本質的に直感に反するものだろう。それゆえ、ある人の「目的」について尋ねることで、私たちは出来事の「内側」に踏み入り、そこで最も根本的な疑問のいくつかを見いだすだろう。

「意図」という言葉が意味するのは、（原則的に繰り返し起こる）特定の状況下で「目的」がどのように具体化されるかということだ。明らかにこれら二つの概念を区別するのは恣意的だし、英語ではこれら二つの言葉（aim と intention）は置き換え可能だ。しかし、このように区分することは有益でもある。イエスをメシアとして、また**主**として地中海世界の都市や町で宣べ伝えることはパウロの「目的」であった。その目的の一つの帰結として、エーゲ海の沿岸部で働き、それが終わるとローマへ向かうことは彼の「意図」であった。最後の、そして運命の過越の祭りのためにエルサレムに向かったイエスの「意図」について考える時、私たちはそれをイエスの全体的な「目的」の光に照らして考えねばならない。この機会におけるイエスの意図は、彼の宣教活動を動機づけた根本的な目的やゴールとどう関連しているのだろう。

「動機」という言葉は、ある特定の機会において、ある行動や一連の行動が適切で望ましいという感覚を指している。イエスの目的は「神の王

---

57 「世界観」については5章を参照せよ。

国」を公式にスタートさせることにあった（のかもしれない）。イエスの意図は、その人生の終わりに際してエルサレムにおもむくことだった。その目的と意図において、イエスは特別な日に神殿に入って机をひっくり返すよう動機づけられた。パウロの全般的な目的と意図において、彼はある時アテネの広場で哲学者たちとディベートをするよう動機づけられた。別の機会には、非常に修辞的な手紙をコリントに送るようにと動機づけられた。また別の折には、エルサレム教会のために募金を集めるように動機づけられた。

　もちろん、特定の動機が目的や意図と衝突することは大いにあり得る。アリストテレスはこの問題についての議論に相当の紙面を割いたし、決してそれを後回しにはしなかった。[58] イスカリオテのユダについて論じる際に、彼の決定的な行動そのものの動機を探り当てるのは難しいし、また彼がイエスに従っていた時の目的や意図と、彼の裏切りの動機との関係を理解するのも同様に難しい。しかし、とても多くの場合、目的、意図、そして動機の間には少なくとも大きな意味での一致が見られるものだ。もし私が閣僚になることを目的としている場合、政治の世界で自分の分野でのエキスパートになることを意図する。そして自分の分野に関連する記事を読むことや、役立ちそうな人々と知遇を得ることに週末を割くように動機づけられる。もし相応しい機会が与えられているのにもかかわらず、それらのことをするように私が動機づけられていないのならば、私の目的や意図が真実なものなのかと問うのはもっともなことだ。意思の薄弱さ（アリストテレスはそれをアクレイジアと呼んだ）が原因であることもちろんあり得るので、これについて疑問を抱くのは的外れかもしれない。しかし、こうした疑問は理にかなっている。

　このような理由で、歴史は目的、意図、そして動機の研究を含む。これは、歴史とは実のところ心理学なのだという意味ではない。これまで学んできた行動の三つの側面を乗り越えてくのは原則的に可能だし、ある特定

58　アリストテレス、ニコマコス倫理学 book 7; Hare 1963、また5章を参照せよ。

の人々について「なぜ」彼らが「そうした」一連の目的や意図を持っていたのかと問うことができる。あるいは、彼らがある特別の状況でどうして「普段では考えられない」行動をするように動機づけられたのかを問うこともできる。これらは原則的に可能なのだろうが、しかし実際には困難である。カウンセリングを行ったことのある人は誰でも分かるだろうが、同じ文化圏に属し、気さくで正直で社交的な人物に向かってこうした問いを発するのは難しく、かつ微妙なものだ。落胆し混乱した、あるいは敵意を持った患者に対してはなおいっそう難しい。歴史上偶然残された資料を通じてしか知ることのできない人々については、さらに難しくなる。ナポレオンやマルティン・ルターやイエスについてさえ、彼らの心理状態について理にかなった推測をするのは可能かもしれない。しかし、出来事の「内幕」の研究をするためには、心理分析までしなければならないというのでは決してない。ダビデ王が首都としてエルサレムを選んだのは、(a) イスラエルの十二部族を結束させるという目的、(b) 十二部族のどの部族にも「属さず」、またそうした疑いを抱かせないような首都を選ぶという意図、(c) 明らかに好立地にあるエルサレムを獲得するというこの時点での動機、という三つの側面を持つ理由によるのだと、歴史家として言うことができる。皇帝アウグストゥスの目的はローマ世界に平和と安定をもたらすことであり、彼の意図はこの目的達成のため自身の権力を確立しつつ帝国の辺境の諸問題を解決することであり、彼の動機はヘロデの王権を認めることでパレスチナの秩序を維持することだった、と歴史家として言うことができる。義の教師について、彼の目的はエルサレムの簒奪者たちに対抗して真のイスラエルの共同体を打ち立てることであり、彼の意図は追従者たちに聖書釈義と共同体のルールという堅固な基盤を与えることでその目的を達成することであり、彼の動機は特別な機会に、「この」テクストを「今」書き上げることにあった、と言うことができるだろう。後に論じるように、イエスとパウロについても同様のことが言える。これらの全てのケースについて、私たちは心理学的憶測を行わない。私たちが行うのは、世界観、物の見方、目的、意図、そして動機についての歴史的研究である。私たち

はフロイトやユングを持ち出さなくても議論することができるし、遥か昔の人々の、現代の人々についてすら理解が難しい心理学的な事柄について分かった振りをする必要はない。

　最後に、歴史がこれら全てのものに係わってくるのなら、これらの研究は「物の見方」が問われる個人のレベルのみならず、「世界観」が重要になる社会のレベルをも含むものになる。[59] では、私たちはどうやって社会や世界観を研究できるのだろう。それは人々の「シンボル」、「特徴的な行動」、そして「文学」、特に彼らがはっきりと、または暗黙の内に語るストーリーを通じてである。社会や文化が持つ世界観は、それらが作り出す文化的なオブジェによって明らかにされる。銀行手形からバスのチケット、摩天楼から地下鉄、陶器から詩、また神殿からトーラーの巻物、軍旗から墓標、錬成所からお守りまで、こういったオブジェである。世界とはどのようなもので、人々はその世界でどのように行動すべきなのか、シンボルはこれらを理解するための解釈上の枠組を提供する。それらは現実のビジョンと、現実のためのビジョンを提供する。[60] シンボルは「象徴的な行動」の積み重ねで表されるが、逆もまた真である。祭りの祝祭、不和を仲裁する通常の手段、誕生、元服、結婚、そして死にまつわる儀式などである。そして多くの文化において、シンボルや特徴的な行動はあらゆる種類の「文学」の中に集中して現れる。これらの事柄の研究を通じて歴史家は別の文化の「世界観」を明らかにすることができ、そうしてその社会における個人の「物の見方」を探求するための備えをすることができる。[61]

　したがって、歴史家の責務とはあらゆる可能なレベルで「何故？」という問いを発することであり、考察対象になっている人々がどのように世界全体を認識していたかについてまで掘り下げていくことである。だが、もしこれが正しければ、先に起こった様々な出来事を列挙するだけでは歴史家の責務を果たしたことにはならない。歴史家の仕事は各要素のバランス

59　この点全てについては5章を見よ。
60　私はこの点を理解するのにブライアン・ウォルシュ博士に負うている。
61　本書5章を参照せよ。

を吟味し、一連の関連した出来事を整理して、それらに適切な重要性を与えることだ。[62] では、どうやってこの仕事がなされるのだろう。

(ii) 歴史と物語

　歴史家の責務は単に「事実」という小さな断片を集めて、誰か他の人がそれらを統合してくれるのを期待するというようなものではない。歴史家の仕事はそれらの繋がりを示すこと、つまり出来事の「内幕」を考察することによって、物事がどのように関連しているのかを示すことだ。このような関連性を考えるためのモデルは、原子がランダムにぶつかり合うというようなものではない。それは人間の様々な活動の相互作用を視野に入れたモデルである。人間の全活動とは、目的、意図、そして動機が形成する複雑なネットワークだと言える。別々の共同体が持つ世界観、別々の個人が持つ物の見方は、このネットワークの中で、あるいはその周辺で人々に働きかける。このことを明らかにするために、歴史家はストーリーを語らねばならない。[63]

　ここで歴史家は直感や想像力を働かせる必要がある。第2章で論じたように、このことは歴史家を他の全ての学問分野と結びつけることになる。全ての知識は新しいストーリーを語ることによって生み出され、こうしたストーリーは先に論じたような検証プロセスを経て確立される。しかし歴史上の仮説は、知識のあらゆる形成過程と同様に、歴史家から生まれる（ここでナイーブな実在論は捨て去られる）。したがって、その歴史家自身の直接または二次的な体験がそのストーリーの情報源となっているのである。仮説が形成される過程には類推、すなわち異なる二つの時代の出来事に類似性を見いだすことも含まれるが、類推以上のことが求められよう。私はよく学生たちに、なぜローマが中東に特別な関心を持っていたのかを考えさせてきたが、彼らの答えのいくつかは正しいように思えた。帝

62　Carr 1987 [1961], 4章を参照のこと。
63　これら全てについて、Elton 1984 [1967], 160-77 を見よ。

都は安定した穀物の供給を必要としていたが、穀物のもっとも重要な供給源の一つはエジプトだった。その供給を脅かすもの（エジプトの近隣諸国での騒擾のような）は何であれ、祖国ローマに深刻な問題をもたらしかねなかった（穀物を石油に置き換え、ローマやエジプトをそれに対応する現代の国々に置き換えれば、すぐさま20世紀との明らかな類似性が見いだせよう）。このような歴史的事実についての説明は（例えば、なぜポンテオ・ピラトのような人物がパレスチナに駐在していたのか）、あるテクストを表面的に読んだだけでは浮かび上がってはこない。これは歴史家たちがテクストの中に見いだすもっと小さなストーリーの説明のために語られるべきストーリーなのだ。非常に単純なストーリーを理解するためにすら、想像力は必要とされるのである。

　このことは強調されねばならない。なぜなら、これから見ていくように、新約聖書の専門家の非常に多くは、このような歴史についてほとんど書かないからだ。特定の問題には注目するが、それを1世紀の歴史に結びつけようとはしない。[64] 新約学の分野でJ. B. ベリーの『ギリシャの歴史』やバートランド・ラッセルの『西洋哲学の歴史』に相当する本はごく僅かしかない。[65] 少なくとも第一次世界大戦以降の新約学を特徴づけてきたのは、特定の文書についての注解や、より小さなスケールの問題についての研究や、特定のテクストについての注解的な論評であった。シューラーの古典的な『イエス・キリストの時代のユダヤ人の歴史』の新装版は、新約聖書学者たちの懸念にもかかわらず、1世紀の歴史研究は未だ健在だということを示したが、それに相当するような原始キリスト教やイエスについての

64　これはおそらくアクトン卿の原則（歴史家は時代ではなく、問題について研究すべきだ）の時代遅れの影響によるのだろう。Elton 1984 [1967], 161 参照のこと。

65　Bury 1951 [1909]; Russell 1961 [1946] を参照せよ。例外的な研究は、Filson の『新約聖書の歴史』1965; Bruce 1972, そして Koester 1982a の一部である。他の作品については本書第Ⅳ部で論じる。

近年の作品はない。[66]信仰という立場（キリスト教信仰の立場からではないが、それでも信仰の立場からであることに変わりはない）からそのほとんどが書かれた資料を基にして実際の歴史を書くことができるかどうか疑う人は、シューラーの第1巻を読んでみるとよい。書き手たちは資料を批判的に読み込み、問題となる時代の世界観やそこに生きた人物たちの物の見方に共感しながら、想像力を駆使してその時代の人々を自己移入し、そこからこの時代の全体像を描き出そうとしている。[67]そこから生まれるのは物語であり、ストーリーである。そこには大部分のデータが比較的単純なスキームの中に収まっていて、他の方面での出来事を理解する上でも役立つものとなっている。歴史（本物の歴史であり、批判的な想像力による奇妙な作り話ではない）とはこういうものなのだ。原始キリスト教についてこのような研究作品が近年書かれていないとしても、そのような本が書かれるべきではないという理由はない。残念ながら、原始キリスト教について書いた古代の人々の中にはヨセフスに匹敵する程の人物はいなかった。しかし、ユダヤ人の歴史に関してのヨセフス以外の古代の資料は、原始キリスト教のそれと同じように断片的であり、また偏った見方に基づいたものかもしれない。それでも、それらの資料から再構築される古代ユダヤ教の姿がでたらめで「主観的な」ものだということにはならない。

　新約聖書学者は何ページにもわたる歴史的な記述や物語を目にすると、そこに説明の脚注や厄介な点についての議論が盛り込まれていたとしても、居心地の悪い思いをしてしまう。特にイエスについての記述の場合にそのように感じてしまう。彼らは論点をなんとかはぐらかし、そうした質問をうまくいなして、不適切な調和の試みをどこかに追いやらねばならないと強く感じている。このような懸念は不必要なものだと私は考える。全ての

66　Schürer 1973-87。
67　これら全てについて本書第Ⅲ部を参照せよ。歴史の課題の三つのステージ（資料の読み込み、想像力による再構築、一貫性のある全体像）は Neil によって提示された。Neil & Wright 1988, 304。この部分全て（304-12）は注目に値する。

真摯な歴史書は一連の出来事が実際に起き、その連続した出来事には「外観」と同じように「内幕」が存在していることを前提にしている。良い歴史的な説明は、全体的に調和のとれた扱いを提示する。ここまで見てきたように、それは出来事が歴史として真剣に扱われる際の任務の一つなのである。

もちろん、調和のとれた説明が正しいのだと言うのではないし、そうでない可能性もある。メイヤー、ハーベイ、ボーグ、サンダース、ホースレー、クロッサン、その他多くの人々が過去15年間に、一般的なトレンドに抗して、イエスについての内的に調和のある説明を執筆してきた。そして彼らの説明は多くの点で互いに食い違っている。それら全てが同時に正しいということはあり得ない。[68] 調和のある説明は、他のあらゆる仮説と同様に検証されねばならない。しかし、調和のある説明がその性質上「間違っている」と言っているのではない。ある出来事が確かに起きて、その出来事が何であるのかを見いだそうとし、それについての過去の試みを改善するのは原則的に可能だ。これが本書の第Ⅲ部と第Ⅳ部で試みられる課題であり、また次作の全体でなされることだ。

物語の一つの重要な側面は「結末」(sequel) である。「現代史」を研究する上での一つの問題は、それが取り組むべき「結末」を有していないことだ。結末の欠けたところには、その空白を埋めるべくイデオロギーに対してのアピールがなされる。[69]「後講釈」は、私たちがある時代を研究する際の非難がましい言葉となる。私たちは、当時の人々がしていたように物事を見たり感じたりしたいと願う。しかし、同様に真実なのは出来事の「内幕」の完全なストーリーは、それに続く、また結果として起きる出来事の

68　Meyer 1979; Harvey 1982; Borg 1984, Sanders 1985; Horsley 1987; Crossan 1991 を参照せよ。初めの四人については Neil & Wright 1983, 379–96 を見よ。

69　例として、Carr 1987 [1961] 第5章；Barraclough 1967 [1964] 14章以降。過去を現在に歪曲しようとする思想家について同様の指摘がなされ得よう。Thiselton 1992 第16章セクション3で Thomas Groome を批判している。しかし、Barraclough は、もっとも偉大な歴史家の一人であるトゥキディデスは「現代の歴史」を書いたことを正しく指摘している。

光を通じて、徐々に明らかにされるだろうということだ。第二次世界大戦が終結してしばらくして、ナチスのユダヤ人に対する「ファイナル・ソリューション」の真実が明らかになるにつれて、1930年代にドイツでいったい何が起きていたのかを本当に知るようになった。もちろん、誰もが意図しなかった結果というものはある。同時に、ある人によって、またはあるグループによって意図された結果で、それが徐々に明るみに出ることもある。アルベルト・シュヴァイツァーが考えたように、パウロ自身が何を目指していたのかを十分に理解するためには、パウロの築いた共同体の第二世代について何かしら知る必要がある。[70] ベン・メイヤーが論じたように、「イエスによって生じた伝統によって、私たちは何が彼をあのように行動させたのかを発見する」のだろう。[71] それゆえ、物語はそれ自体をも超えて、未来を指し示すものでなければならない。そしてそうすることで、歴史家は時として「意味」という言葉を使っている自分に気づくことになる。このことは独自の問題をはらんでいる。

（ⅲ）歴史と意味

こうした枠組の中で、私たちはとうとう「意味」という厄介な問題に取り組むことになる。時として哲学者たちの間で意味の意味について、よく知られたディベートが交わされているが、本書の他の場合と同様に、ここでそれを取り上げることはできない。[72] しかし、少なくともこの段階で、意味の概念についてどう理解しているかを短く説明する必要がある。それは、最も小さなユニットから最も大きいものまで拡げていくのが一番分かりやすいだろう。

第一に、（ヴィトゲンシュタインに倣って）私は言葉の意味について、文脈におけるその言葉の用いられ方で、あるいは暗黙の文脈の中で理解する。それはセンテンスにおける、または潜在的なセンテンスにおける

70　Schweitzer 1968b [1931].
71　Meyer 1979, 253。彼の物議をかもす主張については、次作で論じる。
72　Thiselton 1980 の諸所を参照せよ。

用いられ方、あるいは潜在的な用いられ方である。[73] 私が「ブック (book)」と言う時に、その意味はセンテンスが作られるまではっきりしない。「私はチケットを予約 (book) しようとしている」「本 (book) は机の上にある」「犯人は取り調べ (book) られた」。言葉の意味が一つしかない場合でさえ、それが比喩的な意味で使われている可能性は排除できないし、どんな場合でもセンテンスがあって初めて言葉の意味は明確になる。

　第二に、センテンスの意味はストーリーの、または暗黙のストーリーの中で定まる。[74] 私のアシスタントが言った「本は机の上にある」というセンテンスは、ストーリー次第で異なる意味を伝える。(a) という暗黙のストーリーでは、「私はある本を求めて本棚を虚しく探しまわっていた。」(b) という暗黙のストーリーでは、「私は次の人が部屋に入ってくる前に、本を隠そうとしていた」ということになる。そして「イエスが十字架に架けられた」というセンテンスは、百人隊長がピラトに報告をしたストーリーの中で、また弟子たちがその晩に互いに語り合ったストーリーの中で、またパウロが彼の宣教において語ったストーリーの中で、それぞれ異なる意味を伝える。

　第三に、ストーリーの意味はその世界観の中で定まる（このことは、いくつかの中間的なステージにおいて、より小さなストーリーがもっと大きなストーリーの中で意味を獲得していくことを想定しているだろう）。私たちがしばしば目にするように、ストーリーは様々な仕方で世界観と関連を持つ。ストーリーは世界観を表現し、正当性を与え、支持し、修正し、異議を唱え、覆し、おそらく破壊することさえある。同じストーリーが異なる世界観との関係で異なる意味を持つことがある。熱心なユダヤの律法学者に語られた良きサマリア人のたとえ話は、彼の世界観を脅かしたか覆したかもしれない。熱烈なサマリア人の国粋主義者に語られた同じたとえ

73　Wittgenstein 1961 [1921], 14.「命題との関連においてのみ、名前は意味を持つ」（13 ページに注意せよ。「命題において、名前は対象を代表するものとなる」）。

74　MacIntyre 1985 [1981], 15 章を参照せよ。

話は、彼の世界観を強めたかもしれない。ベルリンの壁の崩壊は、西洋の自由主義的資本主義者の世界観を強めるために広く喧伝されている。同じストーリーは、新マルクス主義者たちがより古いマルクス主義理論を覆すために用いられている。つまり、実験は失敗したが、私たちは次こそうまくやれる、というのである。歴史家たちが語るストーリーは、全体的な世界観から意味を得ている。E. H. カーは歴史の性質についての彼の著作の第 2 版の導入部分で、第 1 版と第 2 版との間の出来事のストーリーが彼の世界観、つまり進歩への彼の信念を覆してしまうかもしれない可能性に直面し、その世界観を保ち続けられることを示唆する議論を提示している。[75] 少し前に示唆したように、「結末」への問いがこれらの議論で大きく浮かび上がってくることは明白である。結末において事態が実は異なっていることが判明する場合、前半部分を含めたストーリーの意味は違ったものになるだろう。もしぶどう園の主人が戻ってきた時に、農夫たちの態度を無視し、彼らにぶどう園を永久に任せたとしたならば、前半部分での出来事の意味は異なった観点から考察されねばならないだろう。アクションの中心部分の結末としてのストーリーや舞台の結末は、前半部分の場面を新たな視点で見るように促す。つまるところ、「ヴェニスの商人」は喜劇なのだろうか、あるいは実は隠れた悲劇なのだろうか。

　ストーリーについて言えることはまさに出来事にも当てはまる。私たちが実演されるストーリーに本質的に見いだす出来事の意味は、出来事の結末の内に定まるか認められるものだが、それはより本質的なストーリーと関係している。もちろん、より本質的なストーリーは世界観を構成する特徴の一つである。エルサレムの陥落は「第 4 エズラ」の作者にとってある意味を持っていたが、それは全くの大惨事であり、「赤ずきんちゃん」において木こりがオオカミを逃がしてヒロインと結婚するというような仮想上の結末のように、彼の期待していたストーリーを完全に覆す出来事だったのである。ヨセフスにはその出来事は全く違う意味を持っていたが、彼

75　Carr 1987 [1961], 3-6。

はエルサレムの崩壊が、イスラエルの神がローマ人のところへ行ってしまった結果なのだと、なんとか理解しようと努め、そうして新しい状況を解き明かそうと静かに世界観を修正したのかもしれない。マルコ13章の記者にとって、その出来事はまた別の意味を持っていたが、それはネオ・バビロンの崩壊として理解された。それゆえ、歴史家が係わるあらゆるレベルにおいて、つまり個々の単語から出来事の全体の流れまで、「意味」は文脈の中に、究極的には世界観という文脈の中に、見いだされる。

これは、「意味」が常にプライベートなものでなければならないことを意味するのだろうか。少なくとも暗黙の内に、私たちは「意味」の実証主義的理解（物事の外側に見いだされるべき「現実」の、または「真」の意味があるという信念）から離れて、唯我論的現象主義へと全体像を歪めてしまっているのだろうか。決してそうではないし、二つの反論が提示できるだろう。

第一に、出来事とその結末は本質的に公のものである。歴史家は（ついでに言えば、弁護士や多くの私人も）出来事の内幕を知りたいと願うものだが、出来事そのものは公共のものである。地球が平らだと信じる人々の会は、地球1周旅行や宇宙からの写真によってその信念が次第に損なわれてきた。ギルデンスターンがローゼンクランツに向かって自分はイングランドの存在を信じないと言った時、その返答（「地図製作者の陰謀だろうか？」）は彼らがそこに辿り着いた時に（本当に着いたのだろうか？）その信憑性を失った。[76] もし出来事が公のものならば、それを論じることは可能だ。証拠は集められ、いくつかの世界観はますます受け入れ難いものとなり、それを支えるためにもっと多くの陰謀論が持ち出されるものの、ついにはそれ自身の重みに自ら耐えられずに崩壊してしまうのだ。私たちは近年、東ヨーロッパでこれが巨大なスケールで起きるのを目撃した。

第二に、世界観は通常、家屋の土台のように人目に触れないものだが、

---

76 ストッパードの映画では、この返答は舞台劇への追加である (Stoppard 1967, 89)。

原則としてそれは掘り起こされ、調査されうるものだ。[77] 世界観が顔を覗かせるのは、「世の中とはそういうものなんだ」というような台詞においてである。ほかの誰かが、「いや、そうじゃない」と言えば、そこで会話が終わるか、あるいは論争が始まる。その議論とは、各人が自らのストーリーを語る事によって相手方のストーリーを覆そうとするか、あるいは自分のストーリーを強化しようとすることである。そしてその議論の中で正に問題となるのは、世界観の中の様々なストーリーや出来事に当てはめられる意味の「妥当性」や「適切さ」なのである。そしてこのプロセスは（これはこれまでずっと私が提唱してきた批判的実在論の認識論に明確に属するものだが）以下のことを原則的に確証する。それは、「意味」はそれを考えている人間の心から決して切り離すことができないということと、「意味」を人間自体に（それが個人であれグループであれ）減じてしまうこともまた不可能であるということだ。対話は可能である。人々は自らの信念を変えることができる。彼らは世界観を変えることすらできる。ヨハネ20章の冒頭で、トマスはイエスの十字架に一つの意味を与えた。その終わりに彼は別の意味を与えた。回心が起こった。サウロはパウロになった。フランシスは人間であることの新しいビジョンを抱いた。出来事と同じように、「意味」は究極的には公の場に現れる事柄なのだ。

（iv）結　論

　理論なき実践は盲信であり、実践なき理論とは口がきけないことだ。今こそ理論から離れ、実践へと向かう時である。私は本プロジェクトの主要な課題に取り組むための十分な土台作りを終えたと信じている。その課題とは、古代ユダヤ教と原始キリスト教の文学の研究、そしてそれらを基礎として歴史を記すという試みを含むものである。歴史の批判的実在論的な解釈を行うこと、また関連する人間または社会の世界観、物の見方、目的、意図そして動機に適切な注意を払うこと、それらは適切で、原則的に可能

77　世界観については、本書5章を参照のこと。

だということを私は論じてきた。これを行うための方法をも論じてきた。このことは、古代ユダヤ教と原始キリスト教の研究、そしてその中でのイエスとパウロの研究のための土台を得させるものだ。

もう一つの準備作業が残されているが、それはもう一つの関心分野、つまり神学についてもっと多くのことを引き出すことだ。しかし、そうする前に、本章での歴史についての議論を総括するために、私たちの主な関心事である、1世紀の二つの主要な宗教運動の研究に関連する事柄を考えてみよう。

6. 1世紀の宗教運動の歴史的研究

（i）序論

本プロジェクトの主要な焦点は、紀元1世紀のある宗教運動の歴史であり、それ以上でも以下でもない。このように書くことは、ほかのどんな見出しよりも読者を誤らせることがないと思う。イエスとその重要性、パウロとその重要性、福音書とその重要性、それらに取り組む際に、私たちがまず第一に研究しているのは人々とその運動であり、今日私たちに「宗教」として認識されている要素が際立っている、それらの人々の世界観（そしてそれに伴う目的、意図、動機）なのである。彼らは、自分たちの個人的な、また共同体的な営みに積極的に関与する神を信じていた。その神は意図と目的を持ち、喜んで自分に従う、または何も分かっていない人間たちや、（私たちが呼ぶところの）「自然の力」を用いて、それらの意図や目的を遂行することができた。こうして私たちは人間の歴史を研究している。そのドラマの登場人物と、そしてある意味でそのドラマ自体は、彼らの視点を通じて世界を見ることを学ぶことによってのみ、完全に理解できるという認識に立っている。私たちはここで、第Ⅲ部と第Ⅳ部で詳細に論じられる二つの主要な分野について、短く見ていくことにする。

(ⅱ) 1 世紀のユダヤ教

　1 世紀のユダヤ教についての近年の研究は正しくもその複数性を強調してきている。何世紀にも亘って、学者や一般レベルでのユダヤ教理解の伝統では、証拠は嘆かわしいほど不当に扱われ、単純なモデルが幅を利かせてきた。[78] 学界は今日では本格的に、この時代の非常に異なる種類のテクストについて新たに編纂したり、注解書を生み出している。今や、貴族階級を革命勢力から区別したり、[79] ファリサイ派をサドカイ派から区別するだけでなく、黙示思想家をラビたちから、また彼らをフィロンや「ソロモンの知恵（知恵の書）」に代表されるような思想集団から区別することを学ぶようになった。

　しかしこの複数性の受容は、細かく分断されたある種の実証主義に堕してしまう危険があり、私の見るところそれはしばしば起こっている。一つの狭い分野の研究のみから成るようないくつかの学者の論文はその分野について何事かを書いているが、それ以上のことはしない。先の節で論じたように、これは完全な意味での歴史ではない。テクストをそのものとして読み、そのテクストの持つ思想やビジョンの世界についての問いを発しながら、もっと大きな意味を見いだせる、より大きな世界との関係では皮相的な読み方に留まってしまうということは容易に起こりうる。時代背景の違いをうっかり読み過ごしたり、出所の異なる文書について思想の連続性があると思い込んではならないことを私たちは学んだ。しかし、それとは正反対の危険についても私たちは注意する必要がある。狭い分野に絞り込んだ研究は、出来事は（文学の上での出来事を含む）できる限り包括的な歴史的観点から検証される必要があるという事実を無視してしまう可能性がある。包括的な歴史的検証とは動機や理解という領域から出来事の「内

78　本書第Ⅲ部参照。もしこの点が新約学界で広く認められているとすれば、その功績の多くは E. P. Sanders (1977) に帰される。Neil & Wright 1988, 371-8 を参照せよ。

79　Goodman 1987 に反対して。本書第Ⅲ部を参照。

幕」を観察することであり、それを通じてのみ、出来事は意味の通ったものとなる。このようなレベルにおいて私たちは、特定の文書のみならず社会全体についての情報を与え、またそれらを基礎づけていた世界観を再構築する（それは他にも増して第二神殿時代のユダヤ教の研究にとって重要である）という、絶え間ない努力を要する責務から逃れることはできない。彼らの神が何をなさろうとしていて、そしてそれにはいったいどんな意味があるのか、ということについて当時のユダヤ人たちが互いに語り合ったストーリーを描き出し、そして理解せねばならない。前世代の学界を特徴づけた安易な一般化に逆戻りする必要はない。同時に、全体として1世紀のユダヤ人の世界観と呼ばれ得るような、複雑な全体像を構成していた有力な個々の構成要素について言及し、それらに詳細な説明を加えるという任務に怯んではならない。このような研究は歴史そのものの一部なのだ。また、これに取り組むことは極めて非歴史的な想定をするという危険を冒す事でもないのだ。

(ⅲ) 1世紀のキリスト教

　歴史学の方法論のレベルにおける同種の問題は、1世紀のキリスト教に関しても見受けられる。ここでもまた、皮相な一般化に続く、極端な細分化という近年の傾向が生じている。しかしここには込み入った要因がある。20世紀の新約学者の多くは、原始教会における出来事や、著作や運動の「内幕」に迫ろうとしていた。しかし彼らが用いた防具立ては、あまりにも切れ味の鈍いものだった。私が言及しているのは、原始キリスト教のことをその差し迫った世界の終末という期待感と、（または）その期待が失望に終わった時の苦悩とその気持ちの変化、という観点から理解しようという試みについてである。私は後に、このような全体理解は著しく歪められたものだということを論じ、それに取って代わるような仮説を提供する。この仮説は、これまでの学説が唱えてきた1世紀のキリスト教の中心的なストーリーに取って代わる、別の中心的なストーリーを探求するための（完全に有効な）スキームを提供するものである。ユダヤ教の場合と同

じく、ポスト啓蒙主義の時代において原始キリスト教は多くの点で「宗教的」に見えるとしても、1世紀のカテゴリーからすれば全くそのようではない。原始キリスト教徒は「無神論者」と呼ばれていた。彼らは動物を献げなかった。彼らの共同体的な集まりで行われたことは、非キリスト教の宗教的実践といくらか似通ったところがあったが、それらとの違いの方が顕著であった。原始キリスト教の観察者たちを主に印象づけたのは、その「宗教的な」側面ではなかったし、実のところ初期の教理の成立でもなかった。それは生き方そのものだったのだ。それゆえ、ユダヤ教やキリスト教のような（私たちが呼ぶところの）1世紀の宗教運動を観察する時、出来事の「内幕」を探し求めることは必須である。そこには目的、意図、動機、そして人々の自己認識が含まれる。同様に不可欠なのは、ポスト啓蒙時代のカテゴリーを用いてしまうという固有のリスクに自覚的であることである。文化的帝国主義というものは存在し、1世紀の歴史の現在における研究もそれを常に回避してきた訳ではないのだ。

歴史研究の厳格な要求に従うことを求めつつ、1世紀のユダヤ教とキリスト教の世界観の中核に明らかに位置する主題について詳細に検証することが決定的に重要である。私たちは神学を考察せねばならない。

第5章 「神学」、権威、そして新約聖書

1. 序　論：「文学」と「歴史」から「神学」へ

　今や、新約聖書を解釈するという課題が「純粋に文学的」または「純粋に歴史的」な研究ではあり得ないことが明らかになった。文学や歴史の研究においても、文化、世界観、そして特に神学についての幅広い考察を含める必要がある。特に、「単なる歴史」というモデルはテクストを十分に理解するためのモデルとしては不適切で、新約聖書についてはさらにそう言える。同様に、真摯な新約聖書の解釈は、多くの人が今日まで期待してきたような聖書の権威を示す必要があると1章で論じた。しかし、この問題について取り組んできた前批評学的、または「現代的」方法は成功していないことも見てきた。本章の目的は、「文学的」または「歴史的」な解釈を回避せずに、かえってそれらを促すような「神学的」解釈とはどのようなものかを示すことにある。そして、この複合的な解釈を規範的で権威あるものにしうる一つのモデルについて検討していく。私はもっと大きな分野に潜んでいる議論があることを承知しているが、それについてはここでは触れない。本章の目的は神学の性質について包括的な説明を提供することではなく、この学問分野がどのように機能しているかについて、いくつかの顕著なポイントを抽出することにある。

　歴史学の規範に基づいて行われるあらゆる研究において書き手と読み手とが留意すべきなのは、歴史の素描は歴史家の心の中で形作られるものであり、歴史家自身が彼の全知性を伴ってそのプロセスに係わっている、

ということである。[1]

　私たちはここで、二つの面で「単なる歴史」というモデルを乗り越えていく。第一に、過去についての「何故？」という問いに答えるために私たちは出来事の「外観」から「内幕」へと進まねばならない。これには私たちとは異なる人々の世界観を再構築することが含まれる。第二に、私たちは自分の目を使わずには見ることができないのと同様に、自分の持つ世界観を用いずには第一のことは行えない。この両方の面で読者はそこに係わる世界観についてよく理解する必要があるし、そこに潜む特異な点、矛盾、あるいは緊張関係に目を光らさなければならない。この点については後で論じる。

　私たちの研究する特定の分野にはアイロニーが存在する。1世紀のユダヤ人とキリスト教徒たちは彼らの係わった実際の出来事に重大な意味があると考えていたことは、確かな歴史学上の与件である。彼らはイスラエルとその運命に関する出来事は「ただの出来事」ではなく「内側の意味（内幕）」があり、その「意味」には大きな重要性があると固く信じていた。そして出来事の内幕を理解するための彼らの解釈上のグリッドとは、創造主である神がご自身の契約の民を通じて全世界への目的を成就するという信仰、そして現代の西洋の実証主義から見れば奇妙なことだが、彼らの注目する出来事があらゆる時代のあらゆる人々に普遍的な意味を持つという信仰だった。[2] 彼ら独自の視点について私たちがどう考えるにせよ、彼らが歴史の真の性質、つまり「出来事」と「意味」との複雑な相互作用について、近年の「科学的な歴史」の熱心な提唱者よりもよく理解していたことを認めねばならない。

　しかし、どうすれば私たちはもっと包括的なやり方で歴史上の疑問に取

1　Schlatter 1973 [1909], 125 ページ以降。
2　Nineham 1976,188; Räisänen 1990,190. が公正に指摘している。両者とも、このような信仰が現在人にとって不可能な種類のものの典型であると見なしている。

り組み、学界を蝕む還元主義を回避できるのだろうか。この問いに答えるために、これまで何度も注目してきた二つのカテゴリーについて検討せねばならない。それは「世界観」と「神学」である。

2. 世界観と神学

　実証主義的歴史学にしばしば欠けている面は「世界観」という言葉で言い表せるが、この概念についてまず始めに見ていく必要がある。次いで、世界観はある意味で大いに「神学的」であり、それゆえ「神学」の意味はこの文脈から検証すべきことを論じる。これは私たちを特に「キリスト教」神学についての考察に導き、次いで新約聖書の研究との関連において神学を省察するようにと促す。

（ i ）世界観について

　世界観は文化または社会の前提となっているもので、人々が現実を認識するための基礎ともなっている。[3] そして人間の究極の関心のあるところには、世界観がある。「究極の関心」というパウル・ティリッヒの言葉が暗示するように、世界観とは大いに神学的である。そこに現代の西洋思想において神とみなされるような存在が包まれようとなかろうと、世界観は神学的だと言える。[4] 実際、「世界観」はもっとも深遠なレベルでの人間の現実への認識を包む。その認識には、神は存在するのか、もし存在するのならその「神」、「女神」、「無性的な神（it）」、または「神々」とはどんな

3　世界観については特に Geertz 1973; Holmes 1983b; Walsh & Middleton 1984; Olthuis 1989 [1985]; 特に Marshall、Griffioen と Mouw を参照せよ。

4　ティリッヒの近年の評価については、Kelsey 1989 を参照せよ。彼はこのように述べている：「（ティリッヒは）英語に一つの宗教的な言葉を付け加えた。「究極の関心」は、世俗的な対話の中で、できる限り曖昧に「宗教的側面」を指し示すための共通言語となった。」

存在で、その神または神々はどのように世界と係わっているのか、という問いが含まれる。この世界観という言葉からは、見るという行為が喚起されるが、今後の分析では私の言う世界観が単なる理論を超えた、人間存在の多くの側面を含んでいることを明らかにしたい。[5]

世界観には四つの特徴があり、それらの特徴によって世界観の全貌を垣間見ることができる。第一に、第Ⅱ部全体を通じて見てきたように、世界観は「ストーリー」を提供し、人間はそれを通じて現実について思い巡らす。物語は断片的な観察や意見よりもずっと深い、世界観のもっとも特徴的な表明なのである。

第二に、人はこれらのストーリーによって、人間存在を決定するような「根本的な問い」に対してどのように答えるべきかを知ることができる。「私たちは誰なのか」、「私たちは何処にいるのか」、「何が問題なのか」、「その解決策とは何なのか」。[6] 全ての文化はこうした問いに答えるための深く根を下ろした信念を抱いている。あらゆる文化には、「アイデンティティ意識」、「周囲の世界への認識」、「世界の現状についての問題意識」、「そこから前進していくための、もっと正確に言えばこの世界に存在する問題から抜け出すための方法（贖いの終末論）」、これらに関する意識が包まれている。文化のこうした面を認識することは、家族や交友関係において自分と他の人が異なる人格を持っているのを認識するのと同じく啓発的

---

5 この問題全体については特に Rowe 1989 を参照せよ。私のこの用語の用い方は、「シンボリックな世界」（一例として、Berger & Luckmann 1966）という使い方に近い。

6 Walsh & Middleton 1984, 35 を参照せよ。私はこれらの疑問を単数形から複数へと変更した。第二バチカン公会議が提起した全人類に共通の問いと比較せよ。「人間とは何か。人生の意味と目的とは何か。正しい行動とは、そして罪深いとはどういうことなのか。苦しみは何処から生まれ、その目的とは何なのか。どうすれば本当の幸福を見いだせるのか。死ぬとどうなるのか。死後の裁きとは？死後に受ける報いとは？そして最後に人間の説明を超越し、私たちの全存在を取り囲み、私たちの起源であり私たちの向かう先であるところの究極の神秘とは何か？」（Flannery 1975, 738）。

である。そうすることで私たちは自分たちが何者か、または何者であらねばならないのか、というような意識の制約から自由になることができる。

　第三に、ストーリーは世界観を表明し、自己アイデンティティ、周囲の状況、悪の問題と終末論についての答えを提供してくれるが、そのストーリーは（先の章で見たように）文化的な「シンボル」という形で表される。それらは工芸品であることも、イベント（お祭りや家族の集い、等々）でもあり得る。現代の北米では、戦争の後にニューヨークで行われる戦勝記念パレードは文化の二つのもっとも強力なシンボルを結びつけている。ビジネスの中心地にそびえ立つ摩天楼と、戦争の英雄たちである。両方とも、それぞれ独自の仕方でアメリカン・ウェイを誇示し、促進し、また祝っている。1世紀のパレスチナでの過越の祭りを祝うことには同様の意味があり、エルサレムとその神殿はマンハッタンに、また過越祭の動物の献げものとその後の食事は戦勝パレードにそれぞれ対応している。経済的・民族的ゴールについて語る代わりに、神殿の建造物は宗教的・民族的ゴールについて語り、暗黒の力への勝利を祝う代わりに、過越の祭りは未だ到来していない義の宣告について語る。全ての文化はこうしたシンボルを生み出し、保持する。そのようなシンボルの存在は、それに対する攻撃が人々の怒りや不安を呼び起こすことによって明らかになることがある。そうしたシンボルはしばしば社会的または文化的な境界線として機能する。それらを守るのは内輪の人々であり、それらを守らないのはよそ者である。そして、そうしたシンボルは（それらは、普段はあまりにも人々に根づいているので意識されない世界観をはっきりと思い起こさせる）、人々が世界を理解するためのグリッドとなり、日常生活での人間の現実の理解の仕方を決定する。そうしたシンボルは、ある特定の文化の中で何が理解され受け入れられるのか、また理解されず拒否されるのかを決める働きをする。

　第四に、世界観とは世界の中でどう生きるかという「実践」の問題を含む。四番目の問い（「問題の解決法とは何なのか」）に暗示される終末論は、必然的に問題解決のための「行動」を伴う。逆に言えば、ある人の世界観の本当の姿は、しばしばある種の行動、特に第二の本能となっているよう

な習慣的行動を通じて観察される。人生の目的を選択する時、そこには人が心に抱いている世界観が反映される（お金を儲けること、家族を養うこと、天職を追い求めること、社会や世界をある特定のやり方で変革すること、創造の秩序と調和した人生を送ること、内面の世界を充実させること、受け継いだ伝統に忠実であること、等々）。人生全体の目的を支える意図や動機についても同様である。[7] 目的と行動が一貫していないことは、世界観と実践との関係を否定することにはならず、かえって問題が複雑であり、三番目の問い（「何が問題なのか」）には間違いなく人間の側の混乱という問題が含まれていることを示しているのである。

このように、世界観は人間存在の礎となり、人々は世界観というレンズを通じて世界を見つめる。また、世界観は人がどう生きるべきかという青写真を示す。そして何よりも、世界観とは人が人であることを可能にするような自己や場所への感覚なのである。世界観を無視すれば、私たちの文化や他の文化の研究はひどく薄っぺらいものになってしまうだろう。

世界観の相互作用的な機能について以下のように提示できよう。

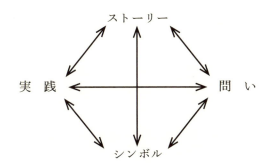

様々な言葉をこのグリッド上のどこかに示すことができる。第一に、文化という言葉は特に社会における「実践」と「シンボル」を表す。「実践」も「シンボル」も「根幹となるストーリー」に基づいており、世界観に関

---

7 目的、意図、動機については本書207-213ページを参照せよ。

する「問い」への答えを映し出すものだ。第二に、宗教というつかみどころのない言葉も「実践」と「シンボル」に焦点を当てている。だが、「実践」も「シンボル」もそれ自体を超えたもの、つまりそれらに深い意味を与える「根幹となるストーリー」(それは複数のストーリーかもしれない)を指し示しているという事実により注目させられる。第三に、神学は「問い」とそれへの答えに着目するもので、特にそうした問いや答えのある側面に重点を置いている。私は本章で、それらは「根幹となるストーリー」に統合されるべきもので、また「問い」と「ストーリー」を一方に、「実践」と「シンボル」を他方に置いてその相互関係に十分留意しながら研究を進めていくことが賢明であることを論じていく。第四に、想像（イマジネーション）や感情は「ストーリー」と「シンボル」との中間に示すことができよう。それらは「実践」と「問い」に、別の形で深みを与えるものだ。第五に、神話は多くの文化において、「聖なる力がこの世界に絶え間なく浸透しているという前提の下での現実理解」を反映している表現方法だと言えよう。[8] つまりそれは、「実践」と「シンボル」とを、「ストーリー」と、(少なくとも暗黙的に)主要な「問い」への答えとに統合する方法なのである。最後に、文学(それは読み書きの両方において「実践」の一部なのだが)は複雑な事象であり、そこでは明示的にも暗示的にも「ストーリー」が語られ、「問い」が持ち上がっては答えられ、「実践」が例示され、そして「シンボル」が直接議論されたり、あるいは比喩やその他の手段で仄めかされる。明らかに文学は文化、想像、感情と密接に関連づけられるが、同時に神学や宗教とも頻繁に結びつけられる。文学それ自体が新たな「シンボル」を作り出し、また「シンボル」そのものになる。例として、詩、書店、舞台上演は文化の中でシンボリックな価値を持っている。それゆえ、歴史や文学の研究の多くの重要な要素は、私が示唆している世界観のモデルの上に正確にまた興味深く表示することができる。[9]

---

8 Berger & Luckmann 1966, 110.
9 私は、その言葉が意味しうる多くの可能な意味のゆえに、「イデオロギー」をこのグリッドに含めようとするのを控えた(例として、Eagleton 1991、特に

先に述べたように、世界観は重要な、しかし目に見えない家の土台である。社会または個人は通常世界観を通じて物事を見る（しかし世界観そのものを見ているのではない）。世界観は人間が世界を認識するためのグリッドとなり、それによって人間は現実を体系化するのであって、現実の断片が自ずから組織化されるのではない。世界観は通常は意識に上ったり議論されたりしないが、ひとたびその正当性が疑われたり明らかに軽視されたりすれば、それは非常に由々しき事態だと受け止められる。しかし、世界観に挑むのは可能だし、議論の対象としてその本当の価値に疑問が呈されうるものだ。世界観の劇的な変化という意味での回心は起こり得るし、ダマスコ途上でのサウロのようなケースや、都市に移って西洋式の生活スタイルを受け入れた北米の先住民やイヌイット族の人々のケースがそれに当たる。しかし世界観は通常、「一連の信仰と目的」という形で日々の暮らしの視界に入ってくる。そうした信仰や目的は開かれたものであって、さらに議論されうるものだし、原則的には世界観そのものの変更なしに、ある程度修正を受けることもできる。現代の西洋の物質主義者たちはある種の世界観を保持していて、その世界観は社会や経済システムについての基本的な信仰、そして適切な雇用や時間の用い方についての基本的な目的を表明するものだ。こうした信仰や目的は、世界のあり方について自らに、またお互いに語るためのストーリーの短縮版のようなものだ。[11] 自らの信仰や目的が誤っていたと確信するようになるのは誰にでも起こり得る。一例を挙げれば、世界観の根本的な変更なしに、保守党の西洋唯物論者が社会民主党の西洋唯物論者に転向したり、またその反対もあり得る。

第1章）。それは「世界観」と近い意味になり得るし、さらに特別な場合、明示される一連の信念をも意味する。またはその二つの相互作用、あるいは両方、そして社会的現実をも意味する。それはまた軽蔑的な意味をも含意し、その場合は専門用語としてはさらに扱いづらいものとなる。

10 メイヤーは（Meyer 1979, 17, 255, n. 12）は的確にブルトマンに反論した。
11 Wolterstroff（1984 [1976]）によって詳しく述べられた「根幹となる信仰（control belief）」という考えと再度比較せよ。

世界観を表現し、擁護するような「基本的な信仰」と「意図」は、世界、自己、社会、そして神についての「帰結的な信仰」(consequent beliefs) や意図を生み出す。次いでそれらは、保持される意見や実行に移される動機（その確信の度合いは様々だが）へと、様々な形で変化していく。多くの議論や論争は「帰結的な信仰」や意図のレベルで起こるが、そこでは共有される基本的な信仰が前提となっており、完全な手詰まりに陥るまでは、人はその基本的信仰に立ち戻ることはない。例えば、多くの政治的議論は世界観だけでなく、その世界観から引き出される、従うべき一連の「基本的な信仰」と「意図」を前提としている。こうした議論はもっと根本的なレベルではなく、「帰結的な信仰」のレベルや、ある人々から適切だとされる行動（私のスキームでは「意図」と目される）への特別な提案について起こる。このことは以下のスキームで表される。

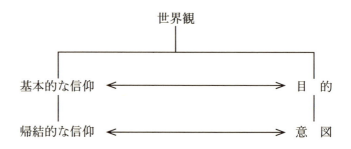

目下のところ、世界観についてはこれで十分だろう。どのように世界観は通常「神学」と考えられているものに関連し、あるいはそれを含むのだろうか。

(ii) 神学について

少し前に簡単に触れたように、神学はどんな世界観についてもある特定の側面に人々の目を向けさせる。[12] 以下のように鋭く的を絞った神学の定

---

12 多くの非常に複雑な問題について、大胆で不適切な要約以上のことをここ

義を提示することができる。「**神学とは神々（gods）の、あるいは神（a god）の研究である。**」また、昨今では極めて一般的になっているように、より広範な定義を取り扱うことも可能であり、それは世界観のパターンという要素と影響し合うものだ。神学はあるやり方で「ストーリー」を語ることを示唆し、あるやり方で「問い」に対して答え、「シンボル」についての特定の解釈を提供し、ある種の「実践」を示唆したり批判したりする。これが、ノーマン・ピーターセンが神学と「シンボリックな世界」の分析で結論づけたことだ。

> 社会学の知識の観点からは、神学とシンボリックな世界とは、2種類の異なる知識を代表するものとして区別される。……社会学の知識としては、神学はシンボリックな世界についての秩序立った考察の産物であり、実にその考察は、そのシンボリックな世界を疑いや不和や競合するシンボリックな世界などの脅威から守る働きをしている。……このような理由から、シンボリックな世界は知識の一次的な（考察以前の）形態であり、神学はそれに依存する二次的（考察的）な形態であると言うことができる。[13]

第3章で見てきたように、ヒーロー（グレマスのスキームでは「主体（agent）」）は「使命」のために「派遣」されるのだが、多くのストーリーで誰がそのヒーローを派遣するのか定かではないことがしばしばだ。トールキンの場合や、デ・ラ・メアの「リスナーズ」のケースのように、時として「送り手」のところはブランクになりがちである。このことは、「彼方から」「上より」あるいは多分「内側から」やってくる目的という、多くの人々が抱く意識を反映している。どうしても必要となれば、ある共同

　で示そうとすることはできない。現代の神学議論については他の機会により深く議論しよう。この分野全般については特に Ford 1989 を参照せよ。
13　Petersen 1985, 29f.;（57-60, 200-2 を参照せよ）、そして Berger & Luckmann 1996, 92-128。

体の人々はこのブランクを伝統的な神の概念で説明しようとするだろう。他の人々は「自然の力」という概念で空白を埋めようとするだろう。別の人々は神話学、心理学や社会学の観点から説明しようとするだろう。他の説明を含めたこれらすべての回答は、本質的に神学的なのである。

それゆえ神学は人間と世界についてのストーリーを語り、そのストーリーには唯物論的な分析には収まりきらないような存在、あるいは少なくとも、ストーリーの中に暗示的に示される、関心をかき立てるような存在が含まれている。このストーリー語りという観点から神学が問うのは、神が存在するのかどうか、この神と私たちの住む世界との関係はどんなものか、また現在および未来において、世界を正すためにこの神が為すのはどんなことか、という問いである。

これらの問いは明らかに世界観の四つの主要な問いと関連し合う。無神論者はこの神学の第一の問いを否定することによって後の問いについては答えない。「神」は存在しないのだから、世界と係わってその悪の問題を取り扱ってくれる存在はいないのだ。しかし、このような答えは既にすこぶる神学的であり、そして他の世界観の問いへの答えも、神学の立場から見れば既にある種の神学を色濃く反映している。一例を挙げれば、物質主義や全体主義は、それと識別できるような神学的装いをしており、これらの主義と、様々な正統的な神学(ユダヤ教やキリスト教神学など)との間で、どちらがオリジナルでどちらがパロディーなのかについて意義深い議論を交わすことが可能である[14]。

神学によるストーリー語りと問いかけは、通常シンボル(それが対象物であれ行動であれ)に焦点を合わせる。トーラーの巻物、木製の十字架、行動規範、行進、これらは「ストーリー」、「問いと答え」、その全てを力強く喚起することができる。もちろんそれらは薄っぺらで味気ないものにもなりうるが、もしそうなったとしても元通りになる力をも備えている。原則として神学はシンボルに注意を払う必要がある。なぜなら、社会や文

---

14 Pannenberg 1971, 特に6章を参照せよ。

化のシンボルはしばしば公式的なストーリーや、問いへの公認された答えよりも、実際の世界観についてもっと真実なストーリーを語るからだ。もし「シンボル」と「ストーリー」がうまく噛み合わないならば、その理由を探り、どちらに問題があるのかを示すことは神学の仕事の一部である。

同様に、神学は「実践」にも注意を払わねばならない。祈祷、秘跡、典礼、施し、正義と平和を求める行動、これら全ては「ストーリー」、「問い」、そして「シンボル」を一つに完全に統合するものだ。そして、「問いと答え」についての公式な声明またはストーリー語りを扱う方が簡単だとしても、「実践」は物事の実像についてより真実な説明を与えてくれるかもしれない。繰り返すが、神学にはこのようなケースについて批判を行う責任がある。

このように、神学はあらゆる点で世界観と密接に結びつけられる。しかし、神学は何について語るのだろうか。それは言語を超えたもの、つまり通常は認識されない存在に意義を与えるための想像力に富むやり方なのだろうか。またはそれは時空を超えた現実の存在について言及するものなのだろうか。この時点で、私たちは再度批判的実在論を呼び起こさねばならない。神についての言語の指示対象（referent）を巡る議論は馴染み深いものだ。それについては認識学、文学、そして歴史の議論の中で既に学んできた。

神々、あるいは神についての前批評的な会話においては、神あるいは神々が存在することはしばしば当然のこととされてきたように見えるし、通常の人間の言語はそうした存在についてあっさりと言及する。あらゆる時代の洗練された思想家たちがこの言語とその指示対象の問題含みの性質を非常によく理解していたのは間違いないので、ここで言う「前批評的」とは啓蒙思想の時代以前のことを指しているのではなく、私たちの時代を含む全ての時代における人間の認識（の欠如）の段階のことを指している。おそらく、私たちの時代においては特にそうなのだろう。現代の落胆させられるような一つの現象は、神についての言語が明白で間違いないものだと想像する自称キリスト教徒の実証主義者が存在することである。彼らは

そのような言語について、論理実証主義が科学的、更には数学的声明に与えるようなある種の確信を持ってしまっている。このような一種のファンダメンタリズムはA. J. エイヤーの『言語・真理・論理』の逆バージョンにすぎない。

しかし、神または神々についての言語が、実証主義的な意味で単純に対象を指し示すものでないのは明らかである。人間からある種の啓示へ、そしてそこから神的な存在についての明白で真実な声明へと導くような直線は存在しない。

その反対である。今日では人から啓示へ、そして啓示から神々へというどちらの流れも手ひどく批判されている。マルクス、ニーチェ、フロイトは全ての人々に啓示を疑わせ、啓示が指し示しているのは神的現実ではなく、人間個人あるいは集団の存在や本質の或る側面だと信じさせるように促してきた。疑念という強力な解釈法は現代人の思考に取り入れられ、神についての言語は経済的、政治的、あるいは性的アジェンダについての用語に減じられ得ることを示唆している。

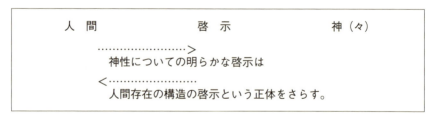

同様に、この種の批判が押しとどめられる場合でも、神学者は啓示への信仰からさらに進んで、神的な存在について明確に語ることに困難を覚えている。神についての声明は、啓示の様態についての声明にいとも簡単に

なってしまうからだ。神という実際の存在、「神的な実体」の分析は極めて問題含みであると考えられている。私たちがはっきりと語れるのは、この神がどんな行動をしているのか、つまり行動における啓示なのである。

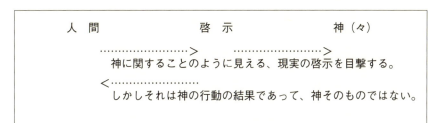

　これらの還元主義的単純化に対して、私は批判的実在論による説明を提案する。宗教や啓示についての言語は実際に人間意識の多くの側面を反映しているし、抑圧の道具として用いられることもあり得る。しかしこのことが、そうした言語全ての価値を損なうことにはならない。ポスト・ニーチェ、ポスト・フロイト、そしてポスト・マルクスの時代の人々（芸術家、作家、音楽家、愛する人や宗教的な人）は今でも権力やセックスやお金を超越した現実の側面についてのストーリーを語っている。ある人々にとってこうした側面は、聖書とキリスト教（または他の宗教）のストーリーに登場する。他の人々には創造された世界の美しさの中に、またある人々にとっては他の人々、あるいは自分自身の中にそれらは見いだされる。もちろんこのことは、自然神学、啓示と理性などに関しての巨大な問題を呼び起こす。しかしこうしたストーリーが示唆するのは、批判的でありつつも「啓示」と呼んでよいような何らかの存在を私たちが認識すべきだということだ（次ページの図）。
　よって、啓示によって神と呼ばれる存在へ近づけるという極めて単純な考え方を拒否したとしても、啓示によって知りうるのは神ではなく啓示そのものでしかない、ということにはならない。ここで再びストーリーは助け舟を出してくれる。神についての言語を基本的に比喩的なものとして認識することは、神についての言語には指示対象が無いだとか、少なくとも

```
         人  間                                    啓  示
   ...................................................>
        超越的な存在についてのいくつかのしるしは、
   <...................................................
        還元主義的批判を受けつつも、
   ...................................................>
        超越的な存在をなおも肯定するストーリーを語る。
```

　いくつかの比喩はその対象を指し示すものとしては適切ではない、ということを意味しない。実際は、比喩そのものが小さなストーリーであり、比喩に減じることのできない実在に目を向けるための方法を示唆しているのである。近年の著作で広く認識されてきているように、こうした比喩やストーリーは人間の意識においては「事実についての」話よりもずっと基本的なものなので、神についての言語にストーリー的な性格が備わっていることは、指示対象の存在（つまり神の存在）を疑わせる理由にはならない。実際、ユダヤ教やキリスト教の世界観では、創造主のイメージに創造された人間の話し言葉には、神について語るという任務を果たせる可能性があるし、それに相応しいものだと考えることすらできる。もちろんそれは、ユダヤ教やキリスト教が語る、人間や人間の言語についての説明が正しいかどうかに懸かっている。神とは知ることのできない遠く離れた存在だと仮定する理神論が結局は正しいのであれば、そのような神は人間の言語ではうまく言い表せないだろう。しかしこの議論をここで決することはできない[15]。

　このことは以下のダイアグラムで表せる（次ページの図）。

　もちろん、神についての言語が指示対象（神）を示していたとしても、それはあらゆる神、または唯一の神についての言語が「真実」だというこ

15　比喩と神についての言語については Ransey 1964a, 1964b; Ricoeur 1977; Soskice 1985 を参照せよ。

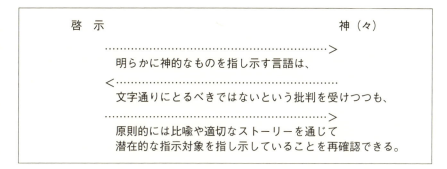

とにはならない。原則として神についての言語は、他の全ての事柄についての言語と同じ土俵に載せられる。ひとたび指示対象（神）が存在する可能性が認識されれば、会話は実り多いものになろう。しかしその言語が自己正当化のためのものでないならば、それは私的なシグナルで構成されているのでもないし、単に話し手の頭の中を指しているのでもない。この言語は公的な領域に属するのだ。これまで考察してきたように、複数の世界観を論じること、それらがどのように異なるのかを知ること、一つの世界観から他の世界観へと考えを変えること、それらは全て可能なのである。そして神についての主張を論じること、それらの強みを評価すること、神的な存在とその行動についての競合し合うストーリーを語ること、そしてこうした手段によって真理についての真剣な主張の中でどれが妥当なのかを見分けること、これらも可能なのである。それゆえ批判的実在論は、宗教的な言語が現実についての会話の適切な一部分と見なしうることを肯定する。

　これまでの議論は以下のように要約できる。「神学」は、世界観の神的側面とでも呼ぶべきものに光を当てる。多くの思想家、政治家、そして聖書学者でさえ、「神学」とは型通りで抽象的でドグマ的な一連の問いに対する一連の答えであるかのように見下している。しかし、神学をそんなレベルにまで貶めるのは不可能である。神学は、世界観を要約するストーリーにおいて、世界観についての根本的な問いに対する答えにおいて、また世界観が喚起する実際のアジェンダにおいて、不可欠な要素を提供する。

神学そのものは文学や歴史の研究における必須の部分であり、したがって新約聖書研究においてもそうである。

　ここまでの議論では、神（々）について主張されるべき実際の内容に関して故意に明確にしてこなかった。もちろん、より明白な一連の信仰や主張を検証することで、いくつかの変数をこのスキームに導入できよう。したがって、批判的実在論を提唱する人が無神論者であることも可能で、そういう人は、言語は原則的には神のような存在について言及できるが、実際は神など存在しないと主張できると考えている。これは、人がドラゴンについて語れるのと同じことだ。世界から遠く離れ、近づくことのできない神を信じる理神論者は、そのような存在を抽象的で理論的な用語で描写することに満足するだろう。「神」という言葉は存在するもの全てを指すと信じ、「全てのもの」に神的な力と威厳を与えられると信じている汎神論者は、啓示や神についての言語と、自分自身や自分の置かれている環境との違いが無くなるまで、知識のスパイラルを効果的に狭めていくだろう。神学的、または疑似神学的などんなシステムであれ、問題となる神についての言語、そしてその言語が世界観の中で占める位置は、関係する文化の中で重要な部分を形成していることを見いだすだろう。

　それではキリスト教の神についての言語はどうだろう。明らかに、もし新約聖書の書き手たちが用いた言語を理解しようとするのなら、私たちは原始キリスト教の（そしてもっと強い理由から1世紀のユダヤ教の）神学の特殊な性格について理解する必要がある。同様に、もし新約聖書ついて、またキリスト教徒が礼拝する神について、キリスト教的に語ることの現代的な意味を理解しようとすれば、このような言語がどう機能しているのかを理解するための試みがなされねばならない。

(ⅲ) キリスト教神学について

　では、特別な意味でのキリスト教の神学とは何だろうか。それはキリスト教徒たちが過去に何を信じ、また今日において何を信じているのか、ということ以上のものだ（もちろんそれらも含まれるが）。その全貌は必然

的に規範的な要素を含む。神学とは、キリスト教徒が自らの信じる神と、その神が創造した世界をどのように見ていて、どのように語り、そして係わるのかについて描写するだけではない。それらを推奨するのである。このことは、何が信じられているのかということのみならず、何が信じられるべきかということをも示唆する。それではあまりに傲慢ではないのかという相対主義者の反応に対しては、それより他に道はないのだというのがキリスト教神学からの答えだ。もしそれが見えるもの、見えないものの現実全てについての主張でないとしたら、そこには何も意味もない。神学は「選択可能」という条件付きの、現実についての一連の私的な審美的判断ではない。結局のところ、相対主義者でさえ相対主義が普遍的に真実であることを信じているのであり、時に伝道者のような熱意でその信念を伝え広めようとする。キリスト教神学がしていることは、他の全ての世界観とそれに付随する信仰体系がしているのと同じである。つまりそれは、現実全体について語ろうというのだ。

では、どのように「キリスト教神学」に取り組むべきだろう。過去2世紀に亘って、二つの方法が人気を博してきた。第一の方法では、時間を超越した真理や命題の再整理を提供する。それはキリスト教神学の分野での過去の研究を整理することで、題材を集めて新たに秩序立てようというものだ。この作業のための唯一の判断基準となるのが包括的システム（ある場合は哲学上のモデル）であり、それに基づいて選択や整理がなされる。このモデルは特に論説により大きな明快さを与えるという点で有用だが、一般的に見て私には不毛なものに思えるし、本書で提示しているような問題に取り組むためのものではなさそうだ。[16]「キリスト教神学」のための第二の方法は、世界の中での今日的な課題に、対決あるいは融合という方法で積極的に関与しようというものだ。[17]この方法は私が取り組んでいるプロジェクトに関して、より実り多いものに思えるが、ここにも落とし

16　この種の研究の一例として、Berkhof 1941 を参照せよ。
17　一例として、Moltmann の著作（1974, 1985, 1990 等）。

穴がある。私はむしろ他の道を採るように提案したいのだが、それはここまで学んできた認識論のモデルに沿うものであり、物語神学（narrative theology）についての近年の研究と協同しようとするものである。[18] しかし大部分の「物語神学」とは異なり、私はこのアプローチを歴史に焦点を当てた研究と統合するべく試みている。そしてこの複合的なアプローチは、世界観とそれがどのように作用しているかについてのこれまでの分析から生まれてきたのである。

　第一に、キリスト教神学はストーリーを物語り、それを筋の通ったものとして提示しようとする。私たちはこのストーリーについて既に要約してきたが、再度それを手短にしてみよう。このストーリーの内容は、創造主とその創造主によって創造された世界について、創造主のイメージに形作られた人類とその与えられた責務について、人類の反乱と被造世界のあらゆるレベルでの不調和について、そして特に創造主がイスラエル、そして究極的にはイエスを通じてその苦境から被造世界を救い出すために行動していることについてである。このストーリーの続きは、創造主が被造世界の中で働くご自身の霊によって、世界を初めから意図されていたゴールに向けて回復させていくというものである。キリスト教神学の多くの部分はこのストーリーをできるだけ明確に述べようという試みから構成されており、そして世界についての他のストーリーを覆すことを是とするものだ。その他のストーリーには自称キリスト教徒によって語られるストーリーも含まれるが、そうしたストーリーは厳密な考察に堪え得るものではない。

　第二に、世界観の根本的な表明としてのキリスト教神学のストーリーは、世界観に関する四つの問いへの一連の答えを提供する。これらの問いと答えは以下のように提示されるが、それによって代替的な見解は除外されることに注目されたい。注意すべきは、現段階の私の議論においてこれらは単にキリスト教の世界観が何によって構成されるかを描写するだけであり、

18　本書3章以下を見よ。物語と神学については特に Goldberg 1982; Stroup 1984; Tilley 1985 を参照されたし。

この世界観が採用されるべきだという議論をしているのではないことだ。

(1) **「私たちは誰なのか。」** 私たちは創造主のイメージに造られた人間だ。私たちにはこの地位に伴う責任がある。私たちは基本的に人種、性別、社会的地位、地理的な場所によって決定される存在ではないし、決定論者たちのチェスの駒でもない。

(2) **「私たちはどこにいるのか。」** 私たちは素晴らしく美しい（移ろいやすくもあるが）世界にいて、この世界を創造した神のイメージに私たちは造られた。私たちはグノーシス主義が考えるような疎外された世界にいるのではないし、汎神論者が示唆するような、神として崇敬すべき宇宙の中にいるのでもない。

(3) **「何が問題なのか。」** 人類は創造主に逆らった。この反乱は創造主と被造世界との間の宇宙的な離反に反映されており、結果として世界は創造の目的から逸脱してしまった。キリスト教の世界観は悪を創造性や身体性に関連づける二元論を拒否する。同様に、悪を単に環境に十分適用できない人間の問題であると分析する一元論をも拒否する。キリスト教世界観による悪の分析はもっと微妙で広範なものだ。同様に、マルクスやフロイトのように半分だけの真実を全体的な真実にまで高めようとする人々の不完全な分析をも拒否する。[19]

(4) **「その解決策とはどんなものか。」** 創造主はその被造世界の中で行動し、今も行動中であり、そしてこれからも行動する。それは人間の反乱によって引き起こされた悪の深刻さに対処することであり、世界をその目的（世界に神の臨在と栄光が十分に満ちること）にまで導くことである。もちろんこの神の行動はイエスと創造主の霊の中に集中している。私たちは問題の一部分だけを取り扱うような、人間の苦境への解決策を拒否する。

これら四つの答えは主流の伝統的なキリスト教世界観の明確な土台を構

---

19 Lucas 1976, 136 を参照せよ：「私はマルクスやフロイトを信じない。金とセックスは重要だが、それがすべてではない。」

成している。注目すべきは、多くのキリスト教の分派がこの明確な土台を正しく採用してはいないことである。一例として、ポスト啓蒙思想的な思想潮流の中では、多くの「保守的な」キリスト教徒と「リベラルな」キリスト教徒は、(3) と (4) への答えとは、物質的な世界から逃れて純粋にスピリチャルな領域に行くことだという信念を共有している。しかし、全体的な説明として以上に示したパターンが有効であることを示せるだろう。

　第三に、キリスト教の世界観は、工芸品と文化的なイベントの両方を含む様々な社会・文化的シンボルとして表現されてきた。教会とその備え付けの調度品は、そびえ立つ石塔や装飾されたグラスといった形を通じて世界観を表現し、創造主に帰せられる威光と神のこの世界での超越的な臨在を表している。典礼と準典礼（プロセッションから祈祷会まで）は世界観を祝い、実演するもので、種々のグループで多様な規範的役割を果たしている。イコンを描くことから路傍伝道まで、聖書の研究から聖所や社会の犠牲者のための避難所の建設まで、これら様々な活動はシンボルとしてのステイタスを獲得している。あらゆる世界観やそのシンボリックな表現についてと同様に、時としてシンボルには疑問が呈される。福音の勝利のシンボルとして企てられた筈の十字軍は、本当はナザレのイエスのものとは異なる、更には相反する使信を象徴化したものだったことが広く理解されるようになった。しかし、他のあらゆる場合と同様に、原則的にキリスト教の世界観にはシンボルが含まれている。そのシンボルは、信仰者の生活を整えて正しい方向に導き、彼らに世界とその中での彼らの役割を筋の通った形で理解させることを可能にする。

　最後に、キリスト教世界観は特定の実践、世界の中での存在（being-in-the-world）としての独特な有り様を生み出す。実際にはキリスト教に関しては、世界のための存在（being-*for*-the-world）と表現した方がよいだろう。なぜなら、基本的なキリスト教世界観では、人類に世界の世話をさせることは創造主の定めた方法であり、特にキリスト教徒は世界に癒しをもたらすための神の方法の一部を占めている。もちろん、他の全ての世界観の場合と同じく、キリスト教徒は世界の中での彼らの存在についての表明と、

彼らの実際の行動との間に完全な相関関係を築くことに関しては著しい成功を収めているとは言いがたい。しかし、このことが理論を無価値にすることは決してない。単にそれが意味するのは、キリスト教徒が他の全ての人たちと同じくしばしば混乱し、間違いを犯し、愚かで、そして気まぐれだということであり、恐らくはキリスト教の馬に乗るつもりが、少なくとも別の1頭の馬に乗ってしまっているということなのだ。しかし原則的にキリスト教世界観は信仰者たちに方向感を与える。それは、創造主の栄光と世界の癒しのために相応しい方法で働くという召命である。

　概説された四つの方法（ストーリー、問いとその答え、シンボル、そして実践）によって表明されるこの根本的なキリスト教世界観は、次に「基本的な信仰」体系を生み出すが、それは世界観そのものよりもはっきりと認識される。この段階で、異なる文化や背景における多様なキリスト教徒は、色々な問題について様々な方法で取り組み、ある特定の主張をするために、あれこれのキリスト教の真理のある側面を強調しようとする。しかし信仰上のあるトピックスについては、ほとんど全てのキリスト教諸派がそれらを共有している。一方で、それらは世界観に必須の部分という訳ではない。それらのトピックスとは、キリスト教の神について、イエスについて、聖霊について、そして啓示、聖書、伝統、教会についての信仰である。三位一体や受肉の伝統的な教理と同じように、それらのトピックスのいくつかは、基本的な世界観の各側面を繋ぎ止めるためのナットのような働きをしていると考えられている。もしこれらを信じないと、キリスト教世界観は崩壊し、望ましからぬ別の物になってしまうと思われているのだ。そして、このことの妥当性についての議論が生じている。一例を挙げれば、伝統的な三位一体の教理を受け入れずに、はっきりとキリスト教信仰に踏みとどまることが可能なのかどうか、というような議論である。

　これらの基本的な信仰に続くものとして「帰結的な信仰」がある。それらは非常に多様であるが、その信奉者らは帰結的な信仰と基本的な信仰のある側面とは矛盾せず、前者は後者の論理的帰結であると見なしている。一人もしくはグループとしてのキリスト教徒は前提とされている世界

観を一連の基本的信仰として言い表し、信仰告白を語る。この信条は議論され得るもので、それについて説教が語られる。それは公共的なものであり、観察できるものだ。同じグループは一連の帰結的信仰をも抱いているだろう。例えばそれらは、聖書への特別な見方であったり、贖罪神学についての独特の表現であったりする。そのグループのある人たちは、これらの明確な表現自体が「基本的な信仰」だと見なすようになるかもしれないが、他の人たちはもっと用心深いだろう。様々な信仰の地位についての議論そのものが、教会の中で時々議論になってきた。16世紀には、それが生死に関わるほどの問題だった。[20] しかし、これにはいくつかの異なる段階があるのは明らかであるように思える。ここでの全般的なポイントは、「キリスト教神学」と呼ばれるものの多くの部分は基本的信仰または帰結的信仰というレベルでの議論や論争によって構成されていて、必ずしもキリスト教世界観そのもののレベルにおいてではない、ということだ。しかし、神学的研究がその研究そのものの性格をしっかりと認識しているならば、世界観から始まってあらゆるレベルでの信仰に至るまでを含む全領域を研究対象として含めねばならない。この大きな神学的課題は、原始キリスト教の文学的、歴史的研究において不可欠な部分として残されている。

　これら全てのことから今や明らかになったのは、全ての世界観と同様に、キリスト教の世界観は単なる私的な言語の問題ではないし、キリスト教信仰を告白する人たちだけが興味を持つような秘密の、または不可解な神秘でもない。キリスト教を含む全ての世界観は原則的に公の立場の表明なのである。全ての世界観は、他の世界観に基づくストーリーに挑み、そしてそれらを覆しかねないストーリーを物語る。それら全ては基本的な問いに対する一連の答えを提供し、それらの問いと答えは潜在意識の中から呼び起こされ、議論される。全ての世界観的ストーリーは聞き手に対し、彼らが世界の中でどういう存在で、世界のために何をすべき存在なのかを明らかにする。

20　Wright 1978,75-7 を参照せよ。

そして特にキリスト教の主張は減じることのできない公共性を堅持している。その主張とは、創造主とその世界についてのストーリーを語ることだ。もしそれが、人々を世界から救う神についてのストーリーに変質してしまうなら、キリスト教世界観の非常に重要な何かを捨て去ることになる。多くの初期の教父たちはこのことをとても良く分かっていたので、グノーシス主義を拒否したのだった。実際、グノーシス的二元論が真実だとしても、そのストーリーはそれでも公のものだ。なぜなら、もし世界が堕落した地であって、そこから人々を救おうとする神がいるとするならば、その知らせは人々が共有すべきものだからだ。しかしこの二元論が回避されるなら（様々なタイプのポスト啓蒙主義のキリスト教、特に根本主義においてはそれが常に回避されている訳ではない）、キリスト教の主張の公共性はもっと明らかになる。[21]

　では、キリスト教神学（1世紀のものであれ20世紀であれ）が取り組むのはどんな種類の語りなのだろうか。キリスト教徒は創造主であり贖い主である神、唯一の神について語るよう駆り立てられる。その神は、不在地主のような理神論の神ではないし、世界と同一視される汎神論の神でもない。キリスト教の神は世界を創造し、保持している神であり、世界のただ中で活動しているが世界の一部ではない。キリスト教徒はこの神について適切に語ることに専心している。つまりそれは、基本となるキリスト教世界観に基づくストーリーを反映し、それを明確に示す種々のストーリーを語ることによってである。そして先に触れたように、比喩は小さなストーリーであり、物事が比喩を通じてはっきりと見えるようになる世界へと聞き手を誘っている。比喩は余分な装飾でも、それが無くても特段変わらないような写真の周りの刺繍の縁取りでもない。キリスト教批判的実在論の観点からは、ストーリーと比喩は（そこには神話も含まれる）創造主であり贖い主である神についての言葉を正しく語るための手段なのである

21　このテーマ全般については特にNewbigin 1989を参照せよ。

(人間の果てしのない自己欺瞞の能力にもかかわらず、そうなのだ)[22]。

　人々が語るところの神に相応しい言葉があるだろう。基本的に、その言葉には賛美、礼拝、そして布告が含まれる。その言葉には神学的議論も含まれる。なぜなら基本的、帰結的信仰のレベルにおいて、基本的な世界観を表明するために語られ、支持され、必要とあらば修正されるストーリーが存在し、そのようなストーリーは、魅力的だが誤解を招きやすい他のストーリーを覆すものだからだ。その言葉は全ての世界観によって喚起される問いに取り組むものであって、それは神学的議論という手段を通じてなされる。同様に、その言葉は文化を表現するところのシンボルを詳細に説明する。それは、ユダヤ教において過越の祭りを祝う際に、「どうして今夜は特別なのですか？」という問いに対する答えにおいて説明されるようなことだ。

　加えて、その言葉は「歴史」についての言葉でもある。キリスト教徒は過去における特定の事柄が真実であるという信仰に献身している[23]。このことは、キリスト教徒の歴史家が、キリスト教が真実であると「証明する」題材を探すことに全力で取り組んでいるだとか、あるいは過去の解釈者たちが試みたように、新約聖書の中に高度なキリスト教の教理についての進んだ声明を見つけ出そうとすることを意味しない。むしろそれが意味するのは、信仰によって真摯に歴史に取り組むということだ。その信仰の中でも、キリスト教徒が他のある人々と共有しているのは、宇宙の創造者は歴史の支配者でもあるという信仰である。さらにキリスト教徒に特有な信仰として、その創造主の活動はナザレのイエスにおいてクライマックスを迎えたが、それは単に新しいパラダイムをもたらしたというのに留まらない。神はご自身の霊をその民に与えるというクライマックス的な行動をも起こした。そして神は万物の刷新によってその活動を完成させるだろう。この信仰はキリスト教徒を歴史に駆り立てるが、それは仮説が科学者を実

22　Caird 1980 12-14 章を特に参照せよ。
23　再度 Caird 1980 12 章を参照せよ。

験室に駆り立てるのと同じことだ。それは単に正当化のための探求ではなく、仮説が現実の審査に耐えうるように仮説を修正し、現実に適応させることを求めるものだ。18世紀以来、啓蒙主義運動は歴史へのアピールによってドグマ的神学に挑戦したが、歴史に訴えることは主流のキリスト教神学の世界観に受け入れられるものだし、また受け入れられねばならない。パウロが語ったことを少し異なる文脈で用いれば、もし私たちがこれらのことについて欺かれているのだとすれば、私たちはすべての人の中で最も惨めな者なのである。[24]

キリスト教神学者が過去についての真実な言葉を語ることに真剣に取り組むなら、その人は現在と未来についての真実な言葉を語ることにも取り組むことになる。これが意味するのは、歴史への関心は正義と平和への適切な関心によってバランスが保たれるだろうということだ。ここでこのテーマをさらに考察することはできないが、人類は神の定めた秩序をその言葉や行動を通じてもたらすべく召されていることから、歴史と正義は一つにつながっている。過去と未来に関する言葉はあらゆる種類の真実に仕えるべく同様に用いられねばならないのだ。

最後に、キリスト教神学者はこれらの活動に関わる彼自身の限界についても真実な言葉を語るように努める。人は、自らが全力で取り組みながらも暫定的にしか述べることのできない真理について、その暫定性と自身の不完全な洞察について語らねばならない。[25] 従って、世界観そのものとそれが生み出す目的や意図の中には、信仰と、希望と、愛とが（なぜなら合意を得るのは常に困難であるため）必要とされる。

神学的見解を評価するための基準とは何だろうか。この問いは、またもやここでは議論できないような巨大な問題を惹起するが、しかしこの難解な問題を放置する代わりに、少なくとも某かのことを述べることができよう。もし神学が、参加者だけがルールを分かっていて傍観者は当惑するだ

---

24 第1コリント15章19節。
25 McManners 1981, 230 を参照せよ。

けの私的なゲームでないならば、適切さや相応しさといった感覚に訴える必要がある。科学の理論には、物事に統合性や合理性を与えるような単純さがなくてはならない。歴史の解釈は、他の解釈よりも妥当で相応しいものとして提示できるものだ。それは、特定のアジェンダの外部的な「先験性」に訴えて、それによって正当化されたり補強されたりする必要のないものだ。好個の一例は、1990年にロイヤル・アカデミーで展示された、モネのルーアン大聖堂の連作である。換言すれば、歴史的、神学的課題への特定のアプローチが題材自体に新たな統一性をもたらすならば、それは歴史や神学という伝統的分野に属する人たちのみならず、外部の人たちにも推賞できるものになる可能性がある。

(ⅳ) 世界観、神学そして聖書学

　今や明らかになろうとしているのは、全ての研究、全てのテクスト解釈、全ての歴史の再構築の試みは、特定の世界観の中でなされるということだ。このことは解釈者たちに難しい選択をするように迫っているように思われる。それはポスト啓蒙主義時代の近代主義者による西洋的世界観とポストモダニズム的世界観、あるいはそのどちらか一つと明らかなキリスト教的世界観との間での選択である。こうした背景の下、ここ数十年間に多くの人々は聖書に特化した研究を含む、学問的な研究に従事することへの重圧を感じてきたように思われる。そのような研究はポスト啓蒙主義の近代主義的観点からなされたもので、特にキリスト教的見方を棚上げしつつ研究を続けるというものだった。これは、宗教的見解に関する問題は私的な意見に過ぎず、公共的世界に関与するものではないという、正にポスト啓蒙主義の世界観に支えられてきたものであった。

　ここで、問題をこのように考えることは誤った考えに基づいていることを明確にすべきだ。啓蒙主義的近代主義やキリスト教を含む全ての世界観は、公共的であり包括的であると主張する。それゆえ世界観は、他のことと並んで他の世界観の信奉者が実際に何を行っているのかについての説明をする必要がある。ある程度それらの世界観は互いに重なり合う。問題は、

どの説明がもっとも理に適っているかである。啓蒙主義の近代主義者は、キリスト教とは単に私的な宗教上の意見にすぎないのだと主張することによって、キリスト教を自らの世界観の中に取り込もうとしてきた。しかしキリスト教はそれに対する答えを手にしている。啓蒙主義の問いかけをまじまじと見つめ、それを受け入れてその中で答えようというのだ。これまで論じてきたように、キリスト教が歴史に全力で取り組むなら、それを啓蒙主義の要求を満たすような形ですることが可能だし、またそうせねばならない。それは実証主義者の幻想である「中立的」または「客観的」な歴史という要求を満たすことではなく、実際の過去の出来事についての「内幕」及び「外観」の真に歴史学的な再構築という願望を満たすという意味である。キリスト教は、歴史へのアピールについて何も恐れる必要はない。キリスト教自体がそのようなアピールを行っているのである。

　それゆえ神学と聖書学とは、互いに共生的な関係を結ぶ必要がある（私はあえて聖書学一般について言及しているが、その理由とは、ここでは新約聖書学のみを論じているものの、より広いポイントが重要だと信じているからだ）。ここで、三つのポイントが挙げられる。

　(1) 聖書学は神学を必要とする。なぜなら神学的な方法を通じてのみ、歴史的釈義は歴史の舞台での登場人物たちが何を考え、企て、目指そうとしていたのかを理解できるからだ。つまり、もし私たちがギリシャの哲学者たちの歴史について書こうとすれば、彼らが何を言おうとしていたのかを理解するために哲学を研究し、そして恐らくは、その哲学的議論が彼らの社会的、政治的行動にどのように影響を及ぼしていたのかを研究する必要がある。原始キリスト教はある信仰と目的を大切にしていたが、その大元は根本的な世界観に遡ることができる。新約聖書の読者は1世紀の出来事の「内幕」を研究しようと努めるが、そこには何が原始キリスト教徒を鼓舞していたのかを見いだすことが含まれる。したがって、新約聖書の読者は神学を研究する必要がある。このことは、（例えば）パウロ神学の性格について考察する際に大変重要になる。パウロの世界観、物の見方、基本的また帰結的信仰、実際の目的と意図、これらについて問うこと無しに

パウロを真剣に研究するのは不可能なのである[26]。

　(2) 聖書学は神学を必要とする。なぜなら現在の文化の十分な神学的分析の助けを借りること無しには、聖書を読む人々は自分自身の問い、前提、目的や意図について自覚すること（それは必要なことだ）ができないからだ。誰でも自分には予断がないだとか、自分の発する問いが「中立」なのだと考えるならば、世界観と神学の研究はそのような誤った考えを正してくれるはずだ。反対に、先に概略を示したように、キリスト教神学は啓蒙主義のような別の企てに内包される目的や意図を包含する一連の目的と意図とを提供できる。それゆえ「神学」を持ち出すことは、しばしば警戒されるような、真摯な歴史的、批判的釈義のプロセスを迂回して、出来合いの答えによる完璧なスキームを提示しようということではない。逆である。神学の導入は、歴史的批評を明確な目的と意図によって自由に用いようという目的のためなのだ。

　(3) 同時に神学は――あらゆる神学は――聖書学を必要とする。なぜなら、どんな神学的主張も、いずれは聖書に含まれるストーリーと出会い、おそらくは衝突するからであり、そしてどんな種類の世界観もそれが保持されるためには、拮抗する他の世界観からの挑戦を受けて立つ必要があるからだ。それゆえ、ヒンズー教徒、イスラム教徒、理神論者、そして汎神論者はキリスト教がどのように成り立っているのかを知ろうとして聖書を読むだろう。そうして彼ら自身のストーリーがキリスト教のストーリーを屈服させるか、少なくともその潜在的な挑戦に立ちはだかり、現実についてのより妥当な説明として自らのストーリーを打ち立てることを望むだろう。そうであれば、「キリスト教」神学はどんなにか聖書学を必要としていることだろう。真のキリスト教神学であるために、聖書が語るストーリーとサブ・ストーリーがそこに含まれていることを示す必要がある。それ無しには、聖書は証拠聖句として場当たり的に使われて、断片的な神学のアイデアをよそから引っ張ってきたスキームに当てはめる目的で用いられてし

26　Wright 1991a,1 章および 14 章を参照せよ。

まうことになる。もし証拠聖句や証拠テーマを聖書から引っ張ってくるのが重要だというのなら、神学はかつての証拠聖句聖書学という最悪の現象の焼き直しに過ぎなくなり、一方で信仰運動をしばしば特徴づけてきた頑強で勇ましい信仰を欠いたものとなってしまう。

　そこで、キリスト教の神学であるために、神学はイエスやパウロ、原始教会、等々についてのストーリーを語る必要がある。新約聖書を読むという課題がどんなに困難であったとしても、新約聖書とその記者たちをはっきりと位置づけない限り、また神学の語るべき対象であるイエスを明確に位置づけない限り、キリスト教神学の試みが有意義なものとなるのはさらに困難になってしまう。そしてこのテーマ（キリスト教神学の中でのイエスの位置）について、さらなる考察をしていかねばならない。

　ここ数十年の新約聖書の歴史研究の状況からすれば、組織神学者たちがどのイエスを選んで彼らの研究に織り込むべきか、確信を持てないのは驚くには当たらない。大多数の学者が、別の理由から望ましいとされるプログラムにうまく当てはまるようなイエス像を選んでしまうのにも驚く必要はない。しかし、ここで真摯な歴史研究の領域に踏みとどまることが是非とも必要である。なるほど、かなり狭い領域の中にも策を巡らす余地は常にあるものだ。しかし、1世紀に生き、そして死んだユダヤ人としてのイエスのことを言及するのでなければ、神学において「イエス」という言葉を使う意味は何も無い。ここに極めて厳格なコントロールが働いているのでなければ、あらゆる神学的議論は不毛なものとなってしまう。そして、真剣な「キリスト教神学」が試みられる時、そのようなコントロールが働くだろう。

　それゆえ、私たちの前に横たわる課題を理解する方法として、1世紀の世界とその中でのイエス、パウロ、そして福音書を研究するのに、啓蒙思想やその他の現代の世俗文化の思想を無批判に丸ごと受け入れる必要がないことを提案したい。このことは、歴史批評を前近代的な考えによって拒否したり、（実証主義者が想像するように）潜在的な不一致や代替的解釈の生じない私的な領域に逃げ込むことを意味しない。私が提案したような

仕方で理解されるなら、キリスト教神学は啓蒙主義による問題提起が適切に取り扱われるような視点を提供できるかもしれない。キリスト教徒の歴史家は、自分がキリスト教徒であり、そのように行動することが自分の歴史研究を無価値にするかのように考えて、キリスト教徒でない振りをする必要はない。新約聖書のキリスト教徒の読者は、「原始キリスト教の歴史」と「新約聖書の神学」を含む課題に真剣に取り組んでいる。一方で、第1章以下で詳しく述べたように、これらどちらの課題も自己充足的ではあり得ないことも示した。そしてこの新約聖書の十全な解釈は、イエスを「除外する」ものでも「含む」ものでもないし、単にイエスを前提としている、ということでもない。むしろそれは、必要不可欠な部分として「イエスのストーリーを語ること」を含んでいるのであり、そしてこのストーリーが公の歴史のただ中で起こったという前提に立っているのである。

では、もし新約聖書の文学的、歴史的、神学的研究という三つのプロジェクトを統合することが可能ならば、そして特に「ストーリー」というカテゴリーを用いることによってそうすることが可能ならば、新約聖書はある意味で「規範的」だと見なされるべきだという、広く受け入れられている信念についてはどうなるのだろう。これは用語上の矛盾なのだろうか、あるいは少なくとも方法論上の誤謬なのだろうか。

3. 神学、物語、そして権威

今から論じようとしているのは、これまで三つの章で論じてきた新約聖書解釈の方法という課題についての理解が可能にするのは以下の点だということである。それは近代以前のキリスト教徒が難なくできると考えていたこと、また「近代主義者たち」が多くの問題を見いだしたこと、つまり新約聖書を何らかの形で権威あるものとして用いることを可能にすることだ。これは近代以前に逆戻りしようというのではない。私たちはいわゆる聖書主義者による文脈を無視した証拠聖句的な聖書の用い方を受け入れな

いが、それはそのようなやり方が聖書そのものの性格と相容れないからだ（もしこのことが聖書の権威を諦めることを意味すると考える人がいるならば、その人は聖書を何か別のものにしてしまうような方法の中に真の権威を見いだせるのかどうか、自問すべきだ）。近代主義の場合にしても、聖書を権威あるものとするのは容易ではない。良くも悪くも、近代主義に基づく聖書研究の世界では、聖書の「記述的」解釈と「規範的」解釈とを互いに分離させるような実際的な合意が存在している。「である（is）」から「であるべきだ（ought）」へと、過去についての記述から権威ある声明へと移行しようとすれば、歴史的課題から離れる選択をしているように見られてしまうのだ。しかし本当にそうなのだろうか。キリスト教徒が原初から認めてきた権威を新約聖書に与えるような真摯な文学的、歴史的、神学的研究、そうした研究に相応しい別のモデルがあるのではないだろうか。

　ここで私は、極めて明白でありながら、あまり考えられてこなかったある提案をしたい。それは、(a) ストーリーはあらゆる場合に世界観の重要な指標であり、(b) 新約聖書の多くの部分はストーリーや物語（narrative）で構成されているので、どのようにストーリーが権威を伝える媒体となり得るかを考察するのは良い考えだろう。ストーリーは、権威を持つ釈義をどうすれば提示できるのかというテーマを考えるための出発点としては、あまり有望には見えないかもしれない。しかし、ポイントを明確にするようなワーキング・モデルについて考えてみることができるだろう[27]。

　シェイクスピアの舞台劇で、第5幕の脚本の大部分が消失している作品があると仮定してみよう。最初の第4幕までは驚くほど豊かな性格描写と物語の劇的な高まりがあり、その劇が舞台化されるべきだという一般的な合意が形成されている。にもかかわらず、この第5幕の脚本を追加して一気に書き上げるのは実際には不適切なように思える。これは劇を一つの形に固定化し、実際はシェイクスピアの手によらないものを、あたかも彼の作品であるかのようにしてしまうことになるだろう。より望ましいのは、

27　この提案については、私は既に Wright 1991b で示している。

重要な部分について非常によく訓練され、感受性が強く経験を積んできたシェイクスピア役者たちに委ねることだ。彼らを第4幕までの舞台の世界に没入させ、またシェイクスピアとその時代の言い回しや文化にもどっぷりと浸らせ、そうして第5幕を彼ら自身によって完成させるように伝えるのだ。

　その結果について考えてみよう。現存している始めの4幕は、この第5幕の創作について疑問の余地のない「権威」を持つ。つまり、第5幕でのある登場人物のつじつまの合わない演技により生じる新たな即興劇や、筋やテーマがあらかじめ暗示されていたような大団円に向かわないことについて、誰でも当然の異議を唱えられるだろう。この最初の4幕の持つ「権威」とは、役者たちにそれまでの舞台での演技を何度も繰り返すようにと暗に要求することではないし、そうではあり得ない！実際は、独特の推進力を持った未完のドラマとして、適切な仕方で完結させることを要求するという意味での権威なのだ。役者たちは自由に、そして責任を持って4幕までのストーリーの中に身を投じる。役者たちは始めに、物語のいくつかの流れがどのようにしっくり一つに結ばれていくのかを理解し、次いでその理解を、革新的かつ継続的にセリフや演技に落とし込もうとする。このモデルはさらに改良できるし、おそらくそうすべきだ。そこにはさまざまな可能性が秘められているのである。

　このモデルは私たちの考察において、一般的にも新約聖書との関連においても、通常考えられているものとは異なる権威についての説明を提供する。第1章では、新約聖書の歴史的記述から「権威」が抽出されるいくつかの方法を考察した。私たちは原始教会のある側面を規範とすることができる。また、新約聖書の文書における、ある特定の神学的テーマ（神の王国、信仰義認、等々）を中心的なテーマとして選び出すことも可能だ。あるいは、新約聖書以外から持ち込んだ神学的スキームの中に、新約聖書のある要素を入れ込むこともできる。しかし、未完の舞台劇という権威のモデルを採用すれば、別の一連の可能性が浮上してくる。先に見てきたように、新たな第5幕を即興で演じるべく選ばれた役者たちの最初の仕事の一

第 5 章　「神学」、権威、そして新約聖書　259

部は、始めの 4 幕分のドラマに完全な共感を持って自らを没入させることだが、それは 4 幕までのセリフをただオウム返しに繰り返すことではない。[28] 彼らはそれまでの 4 幕の内に、正しい答えを見つけに行くことはできないのだ。彼らはまた、彼らの演じる登場人物がそれまでの幕で行ったようなことを真似ることもできない。第 5 幕での良い演技とは、相応しい最終的展開を示すものでなければならず、それ以前の幕での演技を単に繰り返すことではない。とはいえ、ある演技やセリフ、そしてドラマのフィナーレでの展開には適切さや"しっくりした感じ"というものがあるだろうし、それらは自己認証的であり、また「権威ある」先の 4 幕分のテクストとの統一性や納得感によって、別のお墨付きを得ることにもなろう。[29]

　このモデルを私たちの主題に簡潔に当てはめてみる前に、このモデルについて注記を付すのは有意義だろう。[30] 第一にこのモデルが示しているのは、どんなストーリーも、またどんな芸術作品も、それ自体の内にある種の権威を有している（特に作品が完成される必要がある時に）ということだ。もちろんこの場合、5 幕の劇とその役者というアイデアは必須なものではない。交響曲の場合にもこれは当てはまるが、その場合、未完の作品を完成させるという任務は役者たちの即興に委ねられる必要は無く、作曲家自身が成し遂げることだろう。しかし第二に、私が概略を示したモデルは聖書記者全体、あるいは少なくとも一部の記者によって考察されてきた創造主と被造世界のストーリーの中で問題となる事柄を描写するための、より直接的で明確なアナロジーを提供する。5 幕の劇と、即興によってその劇を完成させるように求められている役者とのアナロジーがしっくり

28　この描写ではもちろん十分ではないが、以下のことに触れておくのは意味があるだろう。すなわち、役者の仕事の中には、演出が「安全か」、「関連性があるか」、「権威があるか」、または「現代的か」、等々を決定することや、演出が生まれてくる文脈の適切な説明をすること、などがある。
29　「しっくりした感じ（fittingness）」という概念の芸術論における技術的評価基準については Wolterstorff 1979, 1980 を参照せよ。
30　私は以下の考えについて、オリバー・オドノヴァン教授の知恵に負うている。

とくるのはここにおいてである（と私は考えている）。このモデルにおける、作品自体の権威という点は、第二の点においてよく理解されるものとなる。このモデルは未完の芸術作品についての一般的なポイントを見事に描く。しかし、第二の点の、5幕の未完の劇と聖書のストーリーとのアナロジーは、第一の点の、作品自体が持つ権威という枠組を必要としている。

　このモデルによって可能になる詳細な展開（それについては別の機会に更に考えたい）の中でも、ここでは聖書のストーリーを5幕の劇として見る可能性について考えていく。それは、第1幕—創造、第2幕—堕落、第3幕—イスラエル、第4幕—イエスという4幕で構成されている。福音書を含む新約聖書の諸文書は、第5幕目の最初のシーンを形成し、同時にこの劇がどのように完結していくのかのヒントを与えてくれる（ローマ8章、第1コリント15章、黙示録の一部）。使徒言行録4章に描かれている事実は、このドラマを待ち受ける結末がどんなものであるかを示すが、そこに至るまでの途上での歩みの全てについては明らかにはしていない。教会はこのように現存するストーリーの「権威」の下に存在し、このストーリーが導き、また予感させる未来の結末へと、最終の幕で即興の演技をすることが求められている。このモデルによれば、教会は創造主の芸術作品の最終ステージとしてデザインされている。パウロがエフェソの信徒への手紙2章10節で述べているように、私たちは神の芸術作品なのである。

　このモデルを第1章で論じた通常考えられている「新約聖書の神学」の問題に当てはめようとすれば、このように現存する題材に自らを没入させるのに際し、題材に関してレベルの違いを認識することが求められるだろう。学者やその他の人々は、特に教会や世界に焦点を当てる際に、旧約／新約聖書の区別が必要だと認識するようになったが、私たちはその他の区分も見いだすだろう。ブルトマンは第4幕を（ついでに言えば、第1幕から3幕の大部分も）切り捨てられると考えた点では誤っていたが、第4幕（イエス）と第5幕の冒頭（新約聖書）との違いを認識した点では正しかった（しかし、このように線引きしてしまうことで、どちらの幕も歪められてしまうのだが）。イエスのストーリー（第4幕）が原始教会によって

第5章 「神学」、権威、そして新約聖書　261

第5幕の責務の相応しい部分として書かれたことが重要なのである[31]。

　実際、求められている即興劇の一部として、前の幕でのストーリーを再び語ることは課題全体を通じて必要な部分であるように思える。イスラエル人たちは創造と堕落のストーリーを繰り返し語った。イエスは、たとえ話とシンボルを通じて、イスラエルのストーリーを語り直した。福音記者たちは、複雑で多面的な仕方で、イエスのストーリーを再び語った。新たな観点からこのことが示唆するのは、歴史的神学と神学的歴史を含む歴史学の課題は、聖書のストーリーそのものからイエスに従う者たちに委ねられているのである。

　加えて、新約聖書の記者たちが後の世代が引き継ぐであろう歴史的な運動を創設したという見解は[32]、先に述べた通常の選択肢からは相当に異なった視点と強調点を解釈学という仕事に与える。私たちは新約聖書のあちらこちらの断片から、時代を超越した真実を探し求めているのではない。私たちが探し求めているのは、新約聖書全体が本当は何を語っているのか、ということなのである。それを読むことを通じて、私たちは創造のドラマの第5幕において神の民であるという召命を果たすにはどうするべきか、ということを見いだす。このストーリーの後半部において、教会はぶどう園の農園主にその収穫を取り戻すという課題を受け継いでいる。第3幕が本質的に悲劇的であっても、この劇全体では喜劇が悲劇を乗り越えられるのだ。

　この点について、いくつかの異議が唱えられるかもしれない。第1幕から第4幕まで、そして第5幕の冒頭について、第5幕の残りの部分の演技ができるほどに十分に理解していると、私たちは確信が持てるのだろうか。

31　原始キリスト教徒が歴史をこのような区分（イエスの時代と彼ら自身の時代とを区別すること）によって見ていたことが非常に異なる視点から Nineham 1976, 188f. と Lemcio 1991（随所に）によって主張された。本書第Ⅳ部を参照せよ。

32　新約聖書の作家たちが、果たして彼らに引き続く世代が存在すると思っていたかどうかという疑問については、本書第Ⅳ部以下で取り組む。

答えは間違いなくノーだろう。私たちはそれほど十分な理解を持っていない。これが信仰や従順が本質的に危険をはらんでいる理由である。教会の歴史、さらに言えばイスラエルの歴史やイエスの宣教における弟子たちの歴史を見れば、その中での個人やグループや運動によってなされた即興演技は、実はそれまでのストーリーの誤解に基づくものだったという実例がいくつもある（しかし、どのグループが本当の神の民に属しているのかという問いそのものが、危うい議論でもある）。しかし、この課題の全てが不可能なのではない。単に役者たちは誤りを犯すというだけのことだ。このストーリー自体の究極的な結末は、劇作家の霊の賜物が役者たちに与えられることによって確かなものとなる。しかし、このことは役者たちの演技やセリフが全て正しいことをあらかじめ保証するものではない。

　別の異議申し立てとは、キリスト教のストーリーにおいて第4幕（イエス、特に彼の死と復活）はあまりにもクライマックス的な、決定的な幕であるので、第5幕でやることはほとんど残っていないのではないか、というものだ。これについては二つの回答が可能だ。

　第一に、第5幕の仕事の一部は（この仕事はイースターのすぐ後に原始教会によって始められたが、そこには福音書の執筆も含まれる）、第1幕から第4幕までの、特に第1幕から第3幕までを踏まえた上での第4幕の「重要性」について熟考し、引き出し、そして実行に移すことである。さらには、第4幕は積極的にそのようなさらなる仕事を要求している。このような考察や行動は、第4幕の舞台でのストーリー（それは第5幕にも当然書かれているが）から表面的にアイデアをさらうだけの話ではない。現在における忠実な即興には、辛抱強くまた注意深い過去への考察が求められ、そこには第4幕においてなされている主張が真に意味することころを理解する試みも含まれる。

　第二に、この問いには証明されるべき前提（つまり、イエスの生と死、そして復活はあまりにもクライマックス的なので、さらなる仕事をする余地は残されていないという前提）を含んでいることを指摘したい。私はこの信念がテクストそのものよりも、現在の学界のいくつかのグループに見

られる、潜在的なアンチ歴史主義的な傾向から来ているのではないかと疑っている。キリスト教のもっとも古い目撃証人の一人であるパウロは、間違いなく現在における聖霊の働きと、過去においてイエスの成し遂げたこととを結びつけて考えていた。

　要約すれば、単に新約聖書や「新約聖書神学」に与えられる権威ではなく、また実証主義的な立場から「原始教会の歴史」などに与えられるものとも異なるような「権威」についての考え方を私は提案している。そのような権威とは、創造主である神ご自身に、そしてイスラエルのストーリーとそれからイエスのストーリーに焦点を当てた神と世界のストーリーに与えられるものだ。そのストーリーは旧約聖書と新約聖書の中で繰り返し語られ、今でも完成を待ち望まれているものなのだ。このような権威についての考え方は、神学的議論の応酬の中で通常見られるものより遥かに複雑である。お決まりの過度な単純化によって引き起こされる袋小路を打開するために、間違いなく私たちはこのような権威についての考え方を必要としている。

4. 結　論

　このモデルを実際に用いることが意味するのは何であるかを概説するのは容易ではない。これについてはイエス、原始教会、そして新約聖書に関する実質的な歴史上、神学上の探究まで待たねばならない。他にも覚えておくべきことは、旧約聖書神学およびユダヤ・キリスト教の伝統に属さない世界についてであるが、これらは通常考慮されない傾向があるし、本プロジェクトにも含めることはできない。[33]差し当たっての課題は明確である。新約聖書と、そして特にイエスとパウロについての文学的、歴史的、神学的考察が私たちのゴールだ。そしてそれが可能性に留まるものであっ

33　従って Räisänen 1990, 137-31 の批判に晒されよう。

ても、できる限り明確な歴史的背景を探求することからこのプロジェクトを始めることが不可欠である。それゆえ本書の第Ⅲ部と第Ⅳ部では、まず始めにキリスト教の母体であるユダヤ教を、次いで原始キリスト教そのものを、パウロとその書簡の背景として、またイエスを記憶し彼について執筆した人々の生きた時代の背景として研究する必要がある。

第Ⅲ部　ギリシャ・ローマ世界における1世紀のユダヤ教

第6章　背景とストーリー

1. 序　論

（i）目　的

　紀元1世紀の中東の政治状況が20世紀に較べてそれほど複雑ではなかったと考える根拠はどこにもない。それどころか現代と同じくらい緊張、問題、特殊性、そして困惑が1世紀にも山積していたと考えられる理由はいくらでもある。この時代に生きた人々の中にはそうした状況にもうお手上げだと観念した人もいただろうし、その中で歯を食いしばって進んでいこうとした人もいただろう。また、自分自身の生き残りのために社会全体の状況を無視した人もいただろう。ぶどう園の農夫であることは苦しく、落胆させられることだった。
　しかし、1世紀に誕生したキリスト教という新しい運動を理解したいなら、その運動を生み出しまた成長の母体となった古代ユダヤ教の全貌を知ろうとする努力は欠かせない。キリスト教の起源について、また人々が神を探し求めていた紀元1世紀という時代について理解するために、できるだけ正確にユダヤ教を知る必要がある（その実像は一つとは限らない）。そのための考察は、第Ⅱ部で論じた優れた仮説の要件を満たすものでなければならない。1世紀のユダヤ教の土壌の中でイエスやパウロは生まれ育ち、彼らは積極的な宣教活動の中でユダヤ教と様々な形で係わった。私たちは当時のユダヤ人たちが抱いていた世界観や自己認識を知る必要があり（それらは複数あるかもしれない）、この取り組みの中でユダヤ人たちの持

っていた歴史認識、契約の神への信仰、熱望と不満、希望と不安について把握しようと努めねばならない。視野を更に広げ、イスラエルとユダヤ教全体が置かれていた文化的状況、つまりギリシャ・ローマ世界についてもいくらか知っておく必要がある。ギリシャ・ローマ世界はパウロとそして少なくとも二人の福音書記者が主な宣教対象とした世界なのだから。

初期のユダヤ教を描き出すという課題は以前と較べれば容易にもなり、難しくもなっている。「容易にも」というのは現代の過剰とも言えるほどの研究の助けを借りることができ、長年に亘ってこの分野の研究に没頭してきた専門家たちによって書かれ編纂された多くの研究書を手にすることができるからだ。そうした研究者たちはとても多様な宗教的、文化的背景を持った人たちだ。「難しくも」とは、知識と共に複雑さも増してきたからだ。1世紀のユダヤ教というジグソー・パズルのピースが200個ではなく2000個もあると分かったならば、それを完成させるのはさらに困難になるだろう。

ユダヤ教について誤った見方をしてきたことについて、西洋のキリスト教研究者たちが悔い改めをしている真っ最中であることから問題はますますややこしくなる。学者たちも説教者たちも、「私たちは間違っていた、ファリサイ人に対して誤った評価をしてきた」と反省しきりなのである。「イエスもその弟子たちも、ユダヤ人たちと言い争いなどしていなかった

---

1 当時のユダヤ教については、複数のユダヤ教（Judaisms）と言うべきかもしれないが、それら全てが属する包括的な実体を指し示すものとして、単数形のユダヤ教（Judaism）と呼ぶほうが言語的には容易であろう。この期間は通常「第二神殿期」として知られ、大まかに言えば紀元前4世紀から紀元2世紀までの時代（第二神殿自体は紀元70年に破壊されてしまったが）を指すか、あるいは時々、「初期ユダヤ教」（バビロン捕囚前の時代）と「後期ユダヤ教」というラビ的ユダヤ教とそれ以降の時代、それらの中間の時代として「中期ユダヤ教（middle Judaism）」と呼ばれることもある。

2 Schürer による明細目録（Compendia）を見よ。Nickelsburg 1981; Sanders 1990a, 1992。Charlesworth 1983, 1985; Sparks 1984 等の新版を見よ。また、Hengel 1974; Rowland 1985 の 1,2 部 ; Kraft & Nickelsburg 1986, 1–30; Ferguson 1987, 5 章 ; Cohen 1987; Neusner の多数の著作、等を参照のこと。

のに、後になって福音書記者たちが周囲の圧力に押され、イエスの反対者たちのパロディー的な人物像を作り上げてしまったのだ。私たちが手にしているのはそうした福音書なのだ」と彼らは思い始めている。こうした問題がいつになったら解決するのか、それに答えるのはとても難しい。

　現在のこうした状況が過去への反動であるなら、それは必要なものだ。西洋のキリスト教は長い間ユダヤ教に対する間違った理解を抱いてきたので、この思い違いによる悪影響をなんとしても払拭せねばならない。そのような誤解を追い払うためには1世代ほどの時間がかかるだろう。しかし、単純な反動がこれからもずっと良い結果をもたらすと考えるなら私たちは自分自身を欺くことになるだろう。歴史家の仕事は現代人の罪悪感を過去の出来事に投影することによっては成し遂げられない。後世の神学的論争や偏見を過去に投影することは歴史家の仕事ではないのと同じことだ。

　つまり、1世紀のユダヤ教の実際の姿や性格についてとても慎重に考察しなければならず、当時の文献を実際に読み込んでいるあらゆる背景を持つ学者たちの発言に真剣に耳を傾けねばならないということだ。これは度胸のない人にはできる仕事ではない。問題は複雑で、議論を巻き起こす。しかし、私が提示するのは明らかに主流の見方だと言える。それは私自身の文献の読み込みと、現在の学者たちによる徹底的な研究の成果に支えられている。様々な文献やテーマへの私の解釈について、部分的には様々な異議が唱えられるだろう。しかし私の再構築する古代ユダヤ教の姿は文献に照らしても筋の通ったものだと考えているし、あらゆる方面からの精査に耐えうるだろう。

　これまでの章でなされてきた提案に沿って、第二神殿期のユダヤ教の持つ「世界観」を探求していこう。それは世界観が持つ主要な側面の研究を通じてなされる。「主要な側面」とは、日常的に行われる実践、神殿のようなシンボル、語り直される国家としてのストーリー、特に彼らの信仰体系、また私たちが手にしている大量のデータから確実に推測可能な一連の「問いと答え」などを指す。これらの視点に立つことによって私たちは特にイスラエルの「信仰（beliefs）」と「渇望」とを詳細に考察できるよう

になる。それらは雑駁に言えば、イスラエルの「信仰 (faith)」と「希望」だと表現できよう。第Ⅱ部で論じてきたことに従えば、これらは本章が描き出そうとしている複雑な歴史的な出来事の「内側からの視点」を形成するものだと言える。

　この研究から浮かび上がってくる概要について、あらかじめ以下のように示せるだろう。1世紀のユダヤ教の主な特徴を言い表すならば、少なくともパレスチナにおいてはきっちりと線引きできるような単純な宗教ではなかったし、また人々がそこに逃げ込むことのできるような私的な領域でもなかった。ユダヤ教の特徴は、あらゆるものを内包するその世界観にあったと言える。そこには現実の全ての側面が含まれる。彼らの直面していた惨めな状況は、契約の神がその民のために備えて下さっている目的の実現とはほど遠いものだという認識を呼び起こさせた。彼らの世界観はそうした状況から将来への待望と期待に目を向けさせるような、そういう世界観だった。他の全ての人々と同様に、1世紀のユダヤ人たちは彼らの世界観を凝縮したストーリーを自らに語って聞かせた。しかし、彼らユダヤ人たちとその他の文化との大きな違いの一つは、ユダヤ人の「根幹となる (controlling) ストーリー」が歴史の中で起きた実際の出来事を扱うものだということである。彼らは自分たちのストーリーの最終章が幕を開けるのを待ち望んでいた。第2巻で論じるように、イエスはこのような期待感や待望論に直面していた。もっともイエスはそのような期待そのものを定義し直そうとしていたのだが。パウロもまた、イスラエルの希望を成し遂げつつあると主張した。だが第3巻［実際は第4巻の Paul and the Faithfulness of God］で見ていくように、彼のこのような主張はユダヤ教の再定義という観点からのみ理解できる。このため、私たちは出来うる限り明確に基本的なユダヤ人の世界観、基盤となるストーリー、そして彼らの信仰の構造を観察する必要がある。その信仰の構造の中でユダヤ人の希望はどんな役割を果たしていたのか、彼らの希望の根拠とは何か、彼らの希望を言い表すのに特有の表現とはどんなものか、またその希望はどんな論争を呼び起こしたのか、これらの問いについて考察せねばならない。

私たちの研究の狙いについての以上の記述は、ある人たちにとってはキリスト教的な見方でユダヤ教を「読み直そう」とする決意を語っているようにしか聞こえないかもしれない。これに対する反論として、四つのポイントを示そう。
　第一に、先に論じたように私の見るところ1世紀のユダヤ教研究の現状はあまりに細分化され、かつ実証主義的になっている。私の提案が現在の学者たちの間で支配的な研究方法と衝突するとしても、それは私がキリスト教やその他の思考パターンによって時代錯誤的に古代ユダヤ教を評価しようとしているからではない。むしろそれは私の歴史的アプローチ（批判的実在論的なアプローチ）への十分な配慮から生まれたものだ。
　第二に、私が暗に批判している細分化され過ぎた分析は、私の分析と同様な意味で「解釈」そのものであることが指摘できる。徹底的な細分化や実証主義は教条主義に対する必然的な反動なのかもしれないが、しかしそれらはいつまでも持ち堪えられるものではない。1世紀のユダヤ教の歴史の「内側」について彼らが暗に示している解釈は厳しく照査されねばならない。それらはより鳥瞰的な解釈と比較検討されるべきだ。鳥瞰的な解釈とは、ユダヤ人の信仰と渇望を支える構造や、そして何よりもユダヤ人の生活に意味を与えるシンボリックな世界を正当に評価しようという試みである。本書の第Ⅲ部で私が提示しようとしているのはこのような解釈である。
　第三に、現在の学界の議論の方向性は以前とは大きく異なってきている。私はここで、後の時代のキリスト教の見方が投影されてしまったためにその実体が大きくぼやけてしまった1世紀のユダヤ人の世界観の真の姿を描き出そうとしているのだが、それによってイエスやパウロそして原始キリスト教についての、いわゆる「キリスト教的」な理解の誤りを正すことを狙っている。福音書についての多くの「キリスト教的」な理解は、イエス

3　サンダースのジェイコブ・ニューズナーへの批判（Sanders 1990a、3-5章）はこのような根拠に基づいている。

のメッセージの中の「神の王国の布告」という政治的なニュアンスを排除してきた。イエスの宣教のユダヤ的背景を新鮮な目で見直すことで、このような誤りは正されるだろう。一神教信仰と神の選びがパウロ神学の中核に位置するとは通常考えられてこなかった。ファリサイ派の世界観の構造を再評価することで、このような理解への新たな可能性が切り開かれるだろう。私の狙いはユダヤ教に異質のアイデアを押しつけようというのではなく、1世紀のユダヤ教を批判的実在論を通じて理解しようということだ。彼らの信仰と渇望をありのままに理解することで、キリスト教の誕生について予想だにしない事柄が浮かび上がってくるだろう。先に述べたように、これこそが歴史なのである。

　第四のポイントとして、1世紀のユダヤ教とキリスト教はその中核となる独自の世界観を共有していることが挙げられる。それはストーリーが今やクライマックスに達しようとしているという感覚である。そのストーリーとは、アブラハム、イサク、ヤコブのストーリーであり、モーセや預言者たちのストーリーであり、ダビデ、ソロモンの王政時代のイスラエルのストーリーである。そしてさらに捕囚とイスラエルの回復のストーリーへと続く。だがそれは、捕囚は本当に終ったのだろうか、という困惑を生じさせるストーリーとなっていった。キリスト教徒たちはそれとは異なる強調点を持ったストーリーを語り始めた。しかしユダヤ人もキリスト教徒も、イスラエルのストーリーが自分たちのストーリーの前半の章だと等しく見なしている。この点でユダヤ教とキリスト教には根本的な連続性が認められる。そしてこのことは、キリスト教の興隆に光を当てるためにユダヤ教を研究するという試みに正当性を与える。

　原則として、個々の文献や文献群を研究し、そこから徐々に「ユダヤ人たちは何を信じていたか」という一般的見解を導き出すというやり方は望ましいものかもしれない。しかし、いくつかの理由からここではその方法は採らない。第一には紙面上の制約である。これをするためにはもう1冊の本を書かねばならない。第二に、このような詳細な研究はごく最近の学界において既に取り組まれているので、ここでそれを繰り返すのは冗漫に

思える（しかし私は一般に受け入れられている見方に異議を唱え、あまり注目されていない可能性について示唆するつもりだ）。[4]第三に、現代の学者が利用できる当時の文献は必ずしも1世紀のユダヤ人の考え方を代表するものではないことに私たちはしばしば気づかされる。勿論、このことはそうした文献を研究しない理由にはならない。しかし、私たちが判断をする際に、それらの文献だけに頼ったり、またはそれらを研究するだけで必要な仕事を終えたような気分になったりすることに注意を払う理由にはなる。第四に、無理にカバーする範囲を押し広げることなく、一般的なポイントを提示することが実質的に可能であることを実証したいと私は考えている。[5]第五に、キリスト教のユダヤ教との結びつきはユダヤ教の中のある特定のグループや、もしくは現存する一連の文献だけに留まるものではなく、実にユダヤ教「全体」との間に存在していることを論じたい。このような結びつきはユダヤ教を追認するものかもしれないし、あるいはそれとの対決、または再定義なのかもしれない。現存する文献（それらの中には奇妙なものも含まれているだろう）の研究をしていく場合と同じ程度に、シンボリックな世界や政治的運動の研究によってユダヤ教の全体像を見いだせるかもしれない。[6]第六に、個々のテクストの細か過ぎる研究は、時として研究者が持つ先験的な予断を覆い隠す煙幕として作用してしまう場合がある。その場合、研究者の予断がテクスト全体の解釈を決定づけてしまうことになる。私が提唱している批判的実在論は、こうした帰納的アプローチの問題点を乗り越えていこうというものだ。文学、歴史、神学と連なる輪の中には、どこからでも割って入ることが可能なのである。第七に、この結論に従えば、文学そのものも「シンボル」、「ストーリー」、「問い」、そして「実践」を含む、もっと大きな輪の一部であると言える。よ

4　Sanders 1977; Schürer 第3巻; Stone 1984 を見よ。また Nickelsburg 1981, 1–5 において、この方法論の重要性が指摘されている。

5　似たような試みは、Goodman 1987, 4章; Sanders 1991b, 5章; 1992, 13–14章でなされている。

6　Horsley & Hanson 1985, xvi–xvii を見よ。

って、文学に特権的な地位を与えるよりも、より大きな全体像の一部として研究するべきことを強調すべきだ。

　私たちは歴史のただ中で、非常に緊迫した運命の瞬間に立たされ、追いつめられた小国の自己認識、信仰、そして希望について探求していく。これはつまり、初めに述べたようにユダヤ人の「世界観」、そしてその具体的な表明としての彼らの様々な目的や信仰について考察していくということである。まずは表面に現れた出来事、次いでその出来事に深みを与えるシンボルやストーリー、そしてその出来事に関与している人物やグループの意図したことについて考えていく中で、このような考察がなされる必要がある。本章では、基本となる歴史的ストーリーについて概説していく。次いで、この期間に生じたユダヤ教の多様性の進展について論じる。第8章では、ユダヤ人の主要な世界観を理解するためのヒントを提供してくれるシンボルについて検討していく。それによって、この期間のユダヤ人を特徴づけていた信仰（第9章）と希望（第10章）を素描することが可能となろう。しかし、これらの研究のための、主要な文献や資料はどんなものかということについて、まず始めに述べておく必要がある。先に述べたように、これらを詳細に研究することはできないが、どこに何があるのかを知っておくのは大切なことだ。

(ii) 資　料

　私たちの研究の目的に特に関係する資料は、紀元66年から70年までと、紀元132年から135年にかけての二つの大きな反乱、特に前者の第一次ユダヤ戦争が勃発する以前のパレスチナの状況を反映している。もっとも重要なキリスト教徒以外の人物によって書かれた文献はもちろんヨセフスの作品であり、彼の偉大な二つの著作「ユダヤ戦記」と「ユダヤ古代誌」は研究者たちの注目を集め続けている。また、より短い「自伝」と「アピオーンへの反論」も貴重な文献である。[7] ヨセフスに次いで重要な意味を

7　ヨセフスについては、近年の作品として Cohen 1979; Broshi 1982; Rajak

持つのが第 1、第 2 マカバイ記であり、更に第 3、第 4 マカバイ記は同じストーリーを異なる観点から語り直している。これによって、それらの書が伝えようとしている出来事についてだけでなく、当時のユダヤ人がどのようにストーリーを語り直したかについても何らかのことが明らかになる。[8] ラビ文学は、1 世紀中葉とは劇的に異なる状況へと変化した、ずっと後の時代に書かれた文書である。これらの文献は、慎重に扱われれば、紀元 70 年以前の時代について多くのことを私たちに伝えてくれる。しかし、現存するこれらの文書は、第二神殿崩壊以後のもっと後の時代の文化や意図を映し出すものだ。ジェイコブ・ニューズナーは以下のように述べている。

> ファリサイ派について伝えるラビ的ユダヤ教の伝統によっては、紀元 70 年以前のどんな重要な公の出来事も再構築できない。ハスモン家の勃興、隆盛、そして没落についても、ローマ帝国によるパレスチナの征服も、ヘロデによる支配も、執政官による統治も、ローマに対する反抗の高まりも、社会暴力の広がりも、紀元 66 以前の不安定な十年間についても、ローマとの戦争の勃発についても……[9]

したがって、ラビ文学によって紀元 70 年以前の期間を再構築するのには細心の注意を払うのが賢明だろう。実際に、大部分の学者はそのようにしている。[10] 外典、偽典、そして死海文書については、その時代のユダ

　　　1983; Stone 19984, 5 章においての Attridge; Schürer 1.43–63; Bilde 1988; そして特に Mason 1991 を参照せよ。
8　第 1、第 2 マカバイ記については、Schürer 3.180–5, 531–7; Stone 1998, 4 章（171–83）においての Attrige; Nickelsburg 1981, 114–21 を見よ。第 3 マカバイ記については、Schürer 3.537–42; Nickelsburg 1981, 169–72; Stone 1998, 80–4、第 4 マカバイ記については、Schürer 3.588–93; Nickelsburg 1984, 316–19; Stone 1998, 223–7 を参照せよ。
9　Neusner 1971, 3.304。
10　ラビ文学については、Schürer 1.68–118 と、特に Safrai 1987、またニ

人の態度を証言するものとして用いるのはもっと安全だと言えるだろう。しかし当然ながら、それらの文献に関しても当時の全てのユダヤ人がそれらを知っていて読んでいた訳ではないし、また読んだとしてもそれらの内容に同意しなかっただろうということに常に留意すべきである。[11]

　1世紀における出来事の「内幕」を再構築するためには、上述した文献は真っ先に当たるべき必須の資料である。同時に忘れてはならないのは、ユダヤ人たちが親しんできたのはもちろん聖書であるということだ。しかし、「当時のユダヤ人たちが何を信じ」、また何を望んでいたのかを理解するために、旧約聖書そのものを証拠として用いるのはそんなに簡単なことではない。旧約聖書は特定の解釈法や期待に基づく、独自な読まれ方をしていた。[12] 古代ヘブライ語からアラム語に訳された旧約聖書タルグムには、その当時のユダヤ人が行っていた釈義的説明が付加され、最終的には固有の伝統的形態をとるに至った。外典、偽典、死海文書の相当多くの部分は、古いテクストが新たな世代の必要に応えられるようにと、新たな読み方を提示した文書である。したがって、聖書の解釈の枠組は1世紀ユダヤ教の世界観の重要な変奏曲だと言える。この世界観は以下の形で表明される。それは語られ、また語り直されるストーリーであり、実践され、実行に移されるシンボルであり、取り上げられるアジェンダであり、試みられる任務であり、そして（いくつかの場合には）書き記される書物なのである。文学の研究は私たちを歴史の研究へと導くが、それは信仰と目論みを通じて表明される世界観を明らかにすることへとつながっていく。しかし、ユダヤ人たちの歴史に取り組む前に、彼らを取り囲んでいたより広い世界

　ニューズナーの多くの作品（1971, 1973 など）を参照せよ。そして Strack & Stemberger 1991 [1982] を見よ。同様の慎重な態度については、Goodman 1987, 23f.; Saldarini 1987, 7-10 等を参照せよ。

11　Charlesworth 1983, 1985; Vermes 1987 [1962] の中のテクストを参照せよ。また、Nickelsburg 1981; Schürer 3巻 ; Stone 1984 の議論も参照のこと。

12　Mulder 1987; Barton 1986; Fishbane 1985; Chilton 1983, 1984, そして本書 8-10 章を参照せよ。

について描かねばならない。

2. 古代ユダヤ教の背景としてのギリシャ・ローマ世界

　古代ユダヤ教と最初期のキリスト教の舞台となった後期の古代世界について、長大な描写をすることは不可能だし、その必要もない。すでにこの課題は学者たちによって十分に取り組まれており[13]、少なくとも当面の間私たちの関心の中心を占めるものはユダヤ教そのものでなければならない。しかし、政治、宗教世界の基本的な事柄についてはいくらか説明する必要があるので、以下でそれらについて短く述べよう。
　アレクサンダー大王のギリシャ帝国は、権力欲の虜となったこの若き大王に率いられて桁外れの征服劇に乗り出し、彼の天才的な軍事手腕によってそれを達成してしまった。このことが意味するのは、紀元前4世紀末の中東は単一のギリシャ語という言語によって結ばれた巨大な領域の中心地帯となったということであり、それによってこの領域は前例のない文化的な統一性を獲得することになった。この統合的文化を一括りにして名づければ、それはもちろん「ヘレニズム」と呼ばれるものだが、それは広く浸透した思考パターンであり、様々な異なる思想潮流や生き方をその中に取り込んでいた。その思想的ルーツは、聖なる書としてのホメロスや、先導者としての役割を担った哲学者プラトンを含むギリシャ文化である。ギリシャ文化はギリシャ語や生活習慣、宗教活動の遵守やしきたり、貨幣制度、文学や劇場における表現法、そして多様な哲学によって表現されていた。それらの哲学の中でも、いくつかのものは明白にプラトン的な世界観、つまり感覚によって知られる世界と心によって知ることができる世界というような二元論に立脚していた。大なり小なりヘレニズムはどこにでも存在

13　Cambridge Ancient History（CAH）X, XI 巻；Salomon 1968 [1944]; Wells 1984; Miller 1981 [1967]; Garnsey & Saller 1982。

し、全てのものはヘレニズム的だった。アレクサンダー大王が紀元前332年にパレスチナを征服した後は、全てが一変してしまった。ナザレのイエスが誕生するまでの丸まる300年間、全ての地域はヘレニズムの影響を受けた。ギリシャ語は全ての人の第二言語になり、ギリシャ文化は全ての人にとって第二の文化となった。ギリシャ語からの借用語を用いていたことは、その他のより微妙なギリシャ文化の影響を示すしるしとなった。そうした文化的影響に抵抗する人々も、やはり新しい世界に住んでいたのである。ヘレニズムは検討すべき課題や、論争のためのテーマを提供した。マカバイ家はヘレニズムの異教的礼拝行為を根絶し、王朝を打ち立てたが（彼らの祖先の名前から「ハスモン家」と呼ばれた）、彼らの外見上の装いはすっかりヘレニズム化されたものとなってしまった。クムランの分派は、あらゆる異教的なものから自らを切り離したが（その中には多分にユダヤ的なものも含まれていた）、彼らとてヘレニズムに起源を持つ多用な言葉や考え方を借用していたのである。ユダヤ文化とヘレニズムの間には隠れたカーテンが存在し、ある境界線を境にギリシャ文化の影響が消えてユダヤ文化が栄えていたなどという見方は完全に拒絶されねばならない。

14　ヘレニズムの性格と、そのパレスチナへの伝播の経緯については、Cambridge History of Judaism（CHJ）2巻；Hengel 1974, 特に 1989a; Schürer 2.29-80; Tcherikover 1961; Flusser 1976; Goldstein 1981（ヘレニズムについての一連の有益な定義を含む、67）；Koester 1982a, 諸所に、特に 39f., 153ff.; Kraft & Nickelsburg での Cohen 1986, 42f.; Rajak 1990 を参照せよ。問題となる現象の好例としては、カエサリア・フィリピのアウグストゥスの神殿が挙げられるが、これについてはヨセフス「古代誌」、15.363f.; Schürer 2.169; Hengel 1989 [1961] 102 を見よ。

15　Schürer 2.52f. ハスモン家も彼らの敵対者と同様に、彼らなりに律法遵守に熱心だったという説については、Goldstein 1989, 350f. を参照せよ。

16　「光の子らの闇の子らに対する戦い」というエッセネ派の表現は間違いなくそうだと言える。この点については Schmidt 1982, 164-5 を見よ。また、Hengel 1974, 1.218-47 も参照せよ。同じような現象の他の例については、Goodman 1987, 17; Momigliano 1984, 337f. を参照のこと。ヘレニズムの影響はラビ学派にも浸透していたことを論じている。

ローマ帝国が先行するギリシャ、セレウコス王朝、プトレマイオス王朝に取って代わって紀元前1世紀までにパレスチナの支配者となった時、彼らはパレスチナのユダヤ人に祝福と破滅をもたらした。祝福とは、彼らによって世界は基本的に平和な状態となったことである。これは単に男たちが徴兵されて、傭兵として働かされることがなくなったということ以上の恩恵があった。彼らは追加の戦争税を払う必要がなくなり、他の戦地に赴く軍隊の経由地として踏み荒らされることがなくなり、兵士たちに宿を提供する必要がなくなったのだ。また商業や旅行が活発になり、様々な往来は古代世界ではかつてなかったほど促進された（特に地中海を旅する旅人を危険に晒してきた海賊たちを、ローマが追い払ってくれたお陰で）。そしてローマ人が誇りとした、非常に統合的な法体系がもたらされた。それによって、少なくとも理論上は、人々は訴えにきちんと耳を貸してくれるかどうか定かでない地方役人のお情けにすがる必要がなくなった。それはいくぶん古めかしいシステムだったかったかもしれないが、しかし少なくとも法の支配をもたらすものだった。[17]

しかし祝福と共に破滅ももたらされた。ローマが平和を維持するために用いた手段は軍事力であり、彼らに同意しない者や反抗する者は容赦なく叩き潰した。人々は地方政府だけでなくローマ帝国にも納税する必要があり、その税金はローマの奢侈な生活を支える一方で、その帝国の広大な領土は相対的または絶対的な貧困に留め置かれた。[18] また、ローマの公式宗教は通常その支配下にある地方に押しつけられた。ユダヤ人が異教の神を拝むくらいならむしろ大挙して死を選ぶような民族であることを見抜いたプラグマティックなローマ人は、ローマ皇帝の繁栄のために、イスラエルの神に献げものをすることを彼らに認めた。それでも、冒瀆的な絵柄が描

---

17 一例として、Epict. 3.13.9 の「ローマの平和」への讃歌を参照せよ。
18 Borg 1984, 2章を見よ。だが、Sanders 1992, 9章の警鐘にも注目せよ。重税について強調し過ぎてはいけない。同時に、タキトゥスからブルトン人カルガクスに向けられた言葉にも注目せよ。「ローマ人は荒れ野を作って、それを平和と呼ぶのだ」（Agricola 30.6。全文が際立っている）。

かれたローマの旗がエルサレムに持ち込まれることはユダヤ人たちを震撼させるのには十分だった。[19] パレスチナは穀物の供給源として、またもっと重要な供給源であるエジプトを防御するために、ローマにとって必要な地域だった。また、パレスチナ全域はパルティアの大きな脅威に対する緩衝地帯でもあった。パレスチナは単なる帝国内の僻地ではなかった。そこはローマにとって戦略的にも、軍事的にも、経済的にも重要だったのである。

　ローマ世界の宗教に目を転じれば、そこからは異教礼拝に満ちた光景が浮かび上がる。[20] 様々な宗教の形が存在していたが、それらについてある程度確実なこととして以下のように言えよう。ゼウス／ジュピターとそれに連なる神々というギリシャ・ローマ古来の神を礼拝する人々が絶えることはなかったが、十分な教育を受けた人々の中には信仰心を持たない者や、うわべだけ信仰心を装う人々もいた。ローマやアテネを初めとする多くの都市や地域で、人々は都市自体がその名を冠した神々や女神たちを礼拝していた。場所によっては神殿そのものとその都市に深い関係があった。エフェソの人々の信心を集めていたダイアナ／アルテミスの場合がそうである（または、アルテミスの方がエフェソ人を庇護していたのかもしれない）。また自然神であるアッティスやエジプトのオシリスの礼拝には、自然のサイクルを反映した儀式や豊穣を願う儀式などが含まれていた。ブリテン島の駐屯地においてさえ礼拝されていた証拠が残っている、幅広く信仰を集

19　ローマ帝国から認められたユダヤ人の礼拝についての特権（レリギオ・リシタと呼ばれる地位）については、Schürer 1.275, 378f.; Sanders 1992, 212; ヨセフス「古代誌」、14:213-16, 241-61 を参照せよ。ユダヤ教祭儀についてのローマの敬意については、Goodman 1987, 15 を見よ。ローマの旗へのユダヤ人の抗議については、ヨセフス「古代誌」、18.55-9、および本書以下を参照せよ。

20　この段落については、Koester 1982a, 164-204; MacMullen 1981; Lyttleton & Forman 1984; Lane Fox 1986; Buckert 1985; Ferguson 1987, 3章; Martin 1987, 諸所に、を参照せよ。古来からの異教礼拝から新たな皇帝礼拝へのこの時代の移行については、Hengel 1989 [1961], 99f. を見よ。

めていたミトラ教も存在していた。ローマ皇帝たちは戦略的な意味合いから、先代の皇帝たちを祭るための神殿をさらに建造していった。このような慣行は、皇帝を死去した後に神に祭り上げたり、さらには生前から皇帝が自らを神格化する動きへの道備えとなった。結局、ほとんどの全体主義的政体はこのような個人礼拝を始めるようになっていくのである。

これらの神々が広く知られていたという事実が指し示しているのは、都市や町には異教的な生活様式を思い起こさせるものが溢れていたということである。神殿、神社、祭壇、ユダヤ人の宗教的良心を逆撫でするような聖なる支柱や聖物、あらゆる場所での神殿娼婦、屠られるいけにえの動物、広場で売りに出されるそれらの動物の肉、などなどである。いろいろな異教崇拝は当然のように受け入れられていた。神は唯一であり、その唯一の神はこれらの物を必要とせず、かえって嫌悪しているというユダヤ人の(そして後にはキリスト教徒の)抗議の声は、こうした異教崇拝の背後にある堅固な世界観に強く挑むものであった。

紀元1世紀までに生じた人口の流動性とコミュニケーション手段の向上は、別々の宗教が混じり合うという混合宗教を生み出すことになった[21]。目ざとい異教徒たちが、ある宗教が別の宗教と驚くほど似ているので、それらを一緒にしても神々の不興を買うことはなかろう、と言い出すのにさほど時間は要さなかった。多神教信仰とは、基本的には森羅万象の一部分やその力を神格化することにあるので、ストア派の人々が一歩進んでそれら全ての神々を結びつけて、万物に神は宿っており、神は万物であるという汎神論を打ち立てたのは少しも奇妙なことではなかった。ストア派の主要なライバルの一つであるエピクロス哲学はまた別の宗教観を発展させた。神々は実在するが、その神々は人間の住む世界からは遥か彼方にある至福の世界に住んでいる、と彼らは考えた。神学的には、エピクロス派は理神論のひな形のようなものを提供したと言えるだろう[22]。これらの哲学各派

---

21 Martin 1987, 10-11 を見よ。
22 Ferguson 1987, 281-302; Koester 1982a, 145-53; そして本書9章セクション2を見よ。

は当時人気を博していた騒々しい宗教の思想的背景であったが、しかしそうした宗教とは一線を画していた。確かにある人は哲学者でありながら古の神々を拝むことができただろうし、またその逆も真である。しかし、ストア派、エピクロス派、ピタゴラス派、犬儒学派には忠誠を誓うべきもっと大切なことがあった（犬儒学派に「忠誠を誓う」という言葉が当てはまれば、だが）。パウロとストア派にはいくつか興味深い類似点があるが、どちらかが他方から何らかのアイデアを借用したことを示すものは何も無い。イエスが犬儒学派に属していたという近年の提案は、ひいき目に見ても議論を呼ぶものでしかない。[23]

　いくつかの古代宗教は自然界の素晴らしさについて肯定的に考えていたが、ゾロアスター教のような他の宗教はそれを強く否定した。秘密の儀式を行う宗教は、日常生活の凡庸さから逃れて高次の世界へと高められるためだと称して入会儀式を行った。イエスの時代の以前から、一般人とは異なる天的な存在へと自分たちを高めてくれる特別な知識（グノーシス）を持っていると称する人々がいたようだ。そうした人々が存在していた証拠はパウロ書簡のいくつかの箇所（例えば第1コリント8章1-4節）に見いだせる。パウロに敵対していたそれらの人々は、ユダヤ教の知恵文学の教えと、「単純な信仰しか持ち合わせていない人々よりも、ずっと深遠で非理性的な高次元の真理についての知識」[24]を持つと主張する人々のヘレニズム哲学とを融合させていたのかもしれない。しかし、もっと重要な疑問は、キリスト教の誕生以前に、相当に体系立った信仰を持ったグノーシス主義が果たして存在していたかどうかという点である。存在していたとする仮説が広く信じられていたことがあったし、ルドルフ・ブルトマンの原始キ

23　ストア派については一例として Koester 1982a を見よ。時折見られるパウロとの類似性については Meeks 1983, 98, 165; Malherbe 1987 を参照せよ。それらの類似点と根本的な相違点を示す有益な例として、エピクテトス「語録」2.26.1ff. とローマ7章13-20節（参照）；エピクテトス「断片」18と第1コリント1章12節の類似性に着目せよ。イエスと犬儒学派については、Downing 1988a; Mack 1988 等を見よ。そして本シリーズ第2巻をも参照せよ。

24　Chadwick 1966, 7f.

リスト教についての仮説もこのような仮説に大きく依拠していた。こうした説はここ40年の間に厳しい批判に晒され、多くの学者はこれを放棄するようになってきている。しかし、この説は復活の兆しを見せており、その一つの側面について後で論じることにする。[25]

　宗教、文化、それに政治は古代社会では厳密に区別されていなかった。人々は秘儀宗教のようなプライベートな会合のメンバーとして宗教に係わることもあるし、あるいは国家の公式行事の一部としての義務的な宗教行事に参加することもあったが、両方に関与しているというケースもよくあることだった。前者の場合、大衆文化と信心が相当程度結び合わされていたし、後者の場合には政治的信条と宗教活動が深く絡み合っていた。古代社会は現代の西洋社会のようには区分けされていなかったし、生活の半分が私的な領域であるということでもなかった。生活のどんな領域での行動も人々から見られていたし、原則として他の分野での行動と結びついていた。

　このような背景の下では、ユダヤ人たちが無神論者だと考えられていたとしても驚くには当たらない。[26] ローマの将軍ポンペイウスが紀元前63年の秋にエルサレム神殿の至聖所に足を踏み入れた時に、そこにどんな神の

25　14章を参照せよ。Bultmann 1956, 162ff. を見よ。その批判については、Wilson 1968; Layton 1980, 1981（Layton 1981, 586 のレイトン・チャドウィックのコメントを見よ「2世紀の中頃以降から、グノーシスが存在するようになったようだ」）; Martin 1987, 134-54; Yamauchi 1973 等を参照せよ。グノーシス主義についてのより一般的な事柄は、Jonas 1963 [1958]; Rudolph 1975, 1983 [1977]; Logan & Wedderburn 1983; Ferguson 1987, 237-51; 詳細な参考文献一覧のついた Koester 1982a, 381-9 を見よ。グノーシス主義の起源がユダヤ教（キリスト教誕生以前の可能性もある）にあると主張する近年の学説については、Pearson 1980; Rudolph 1983 [1977], 308, 367 等（非常に慎重だが）; Koester 1990, 83f. を見よ。

26　ヨセフス「アピオーン」2.148 等、「ユダヤ戦記」3.536;、タキトゥス「同時代史」5.2-4; 13.1 を参照せよ。このように見られていたことと、それが及ぼす潜在的な影響については Sevenster 1975, 98-102; MacMullen 1981, 40, 62f.; Goodman 1987, 237 を参照のこと。

像もないのを見て、ユダヤ人たちは無神論者なのだと考えたというのはありそうなことだ。きっとポンペイウスは落胆したに違いない。彼が至聖所に入ったのは単なる好奇心のためではなく、ローマの女神がイスラエルの神か女神を打ち負かしたという事実を誇示するためだったのだろう。[27] ユダヤ人たちが自分たちの神の像さえ持たなかったのならば、他の神々を礼拝するというのはさらにありそうもないことだった。このためユダヤ人たちは奇妙な人々だと見られた。彼らは祖国を離れている時でさえ先祖伝来の慣習を守り続けたが、それは異邦人社会にとって潜在的な危険、あるいは脅威となりうるものだった。[28] ユダヤ人の側からすれば、異教礼拝は神のイメージである人間を毀損させる偶像崇拝と不道徳の源泉であり、異邦人たちは自ら蒔いた種の刈り取りをせねばならないのだ。[29] 当然ながらパレスチナのユダヤ人たちにとって、異教礼拝が自分たちの土地で行われることは甚だしく我慢のならないことであり、そのためヘレニズムを体現していると思われる全てのものに彼らが敵意や怒りを募らせるのは避けられないことだった。[30] 1世紀におけるヘレニズムの体現者とはもちろんローマ帝国のことであり、彼らは軍事、経済、政治、文化、そして宗教といった、ありとあらゆる方面でユダヤ人たちを圧迫する存在と見なされた。[31]

これが1世紀における様々なグループのユダヤ人たちが生き、行き交い、

---

27 この出来事はタキトゥスの「同時代史」5.9.1 に詳述されている。ユセフスの「古代誌」14.69-73 ではポンペイウスの行動が自制されたものであったことが強調されている。ティトゥスについての並行記事については、ヨセフス「アピオーン」2.82 と「ユダヤ戦記」6.260 を参照せよ。
28 土地の重要性については8章以下を参照せよ。ローマ人のユダヤ人に対する態度の例としてタキトゥス「同時代史」を見よ。
29 例として、知恵の書 13-14 章を（ローマ人への手紙 1 章 18-32 節も）参照せよ。
30 特に Kasher 1990 を参照せよ。
31 異邦人たちのユダヤ人たちへの態度と、その逆の場合の態度については、Sevenster 1975; Stern 1976; Gager 1983 の特に 3 章；Whittaker 1984 の一部；Kraft & Nickelsburg 1986 中の Gager, 105-16; Ferguson 1987, 341-3 とその参考文献目録；Schürer 2.81-4 を参照せよ。

生存したギリシャ・ローマ世界である。ここで私たちは今までの考察を振り返り、その同じ世界をユダヤ人のストーリーという観点から見つめ直す必要がある。

3. イスラエルのストーリー、紀元前 587 年～紀元 70 年

（ⅰ）バビロンからローマへ（紀元前 587 年～紀元前 63 年）

　第二神殿期のユダヤ教の物語は緊張と悲劇に彩られている[32]。バビロニア人は第 1 神殿を紀元前 587 年に破壊した。それ以降、エルサレムと、祖国の中心にあって彼らの存在意義そのものである神殿を見つめるユダヤ人たちは、自分たちが告白する信仰と、自分たちの直面している現実との間の高まる緊張関係に直面することになった。バビロン捕囚は彼らを祖国から引き離しただけではなかった。それは彼らが捕囚前に抱いていた先祖の神に対する信仰に疑問を投げかけた。大いなる解放の時が来て、バビロンが倒された後も、彼らは自由にはなれなかった。彼らは自分たちの祖国で奴隷になったのだ。バビロンを打ち倒したペルシャ人はユダヤ人にとっては寛大な領主だったかもしれないが、彼らが領主であることには変わりはなかった。先に見たように、今度はアレクサンダー大王がペルシャ帝国を打倒してそれまでの世界地図を塗り替え、そして新しい文化を領内に押しつけていった。紀元前 3 世紀にはエジプトが、紀元前 2 世紀にはシリアがイスラエルの新たな領主となることで、イスラエルのストーリーはさらに複雑なものとなったが、それは世界が今やギリシャのものとなったという事実を変えはしなかった。1 世紀の頃には、もしイエスが弟子たちを連れてエウリピデスの劇が上演されているのを見に行こうと思えば、カペナ

32　本章が語れる以上のより完全で詳細な記述は、Cambridge History of Judaism、第 2 巻 ; Schürer、第 1 巻 ; Cohen 1987, 27-59; Ferguson 1987, 1-2 章を参照せよ。重要な年月や人物については付録（本書下巻に所収）を見よ。

ウムから円形劇場のあるベト・シェアンまで歩いて下ってゆくだけでよかっただろう。パウロがカエサリア・マリティマで獄中生活を送っていた頃、彼は巨大な円形競技場で群衆が叫ぶ声や、海沿いの劇場での喝采を耳にしていたのかもしれない。近くには皇帝礼拝のための神殿や、ミトラ神殿や、おそらく他の異教の神々のための神殿もあっただろう。ヘロデは抜け目無く、主要な交易ルートの重なる交通の難所に町を建てたのだった。[33]

このようなヘレニズム的文化背景は、ユダヤ人にとって文化的かつ宗教的な恒常的脅威となった。それらはあらゆる点で政治的な脅威と同じくらい強力なものだった（実際、その当時は文化や宗教は政治とは明確には区別されていなかった。そんな考えは近代西洋の細分化された思考様式からしか生まれてこない）。当時のユダヤ人の自己認識は、自分たちはこの異国の影響から自分たちを守るべきか、またそうすべきならば、どうすればそれができるのか、という切迫した問いによって決定づけられた。ヘレニズム文化への同化圧力は四方から迫っていたが、それを示す証拠として割礼の跡を消そうとしていたユダヤ人の存在が挙げられる。[34]

パレスチナのユダヤ人たちは、アイデンティティの問題に様々な場面で直面していた。しかし、シリアの統治下で起きた出来事はユダヤ人の自己認識と危ういほどの熱望を決定的なものにし、イエスの時代やその先の時代までもユダヤ人の信仰の中核を形作るものとなっていった。[35] 誇大妄想

---

33 ベトシェアン（=Scythopolis）については Flusser 1976, 1065ff.; Schürer 2.38（神殿について）、48（劇場について）、142-5 を見よ。カエサリア・マリティマ（=Strato's Tower）については Schürer 1.306, 2.115-18 を見よ。

34 割礼の跡を消そうとする試みについては第 1 マカバイ 1.11-15; 第 2 マカバイ 4.11-17; ヨセフス「古代誌」12.241; モーセの遺訓 8.3、また Schürer 1.148-9 と n. 28 の十分な議論を参照せよ。ユダヤ人とヘレニズムとの交流については、Hengel 1974 と、Cambridge History of Judaism, vol.2 の中でのこの主題についてのヘンゲルの論説も参照せよ。また、Goldstein 1981 も見よ。第 1 マカバイの 1 章は、この問題についての優れた視座を提供している（一方方向からのものではあるが）。

35 第 1 マカバイの全エピソードについては、ヨセフス「ユダヤ戦記」1.31-40;「古代誌」12.246-331; シケリアのディオドロス 34/5.1-5（アンティオコ

的なシリアの統治者であるアンティオコス・エピファネスはユダヤ地方をエジプトとの間の緩衝地帯にしようとし、大祭司の位を簒奪せんとするメネラオスを通じてユダヤ人たちの支持を得ようとした。ユダヤ人たち、特に祭司職を追われたヤソンはメネラオスに対し憤って立ち向かった[36]。アンティオコスはユダヤ人たちの忠誠を確かなものにしようとして、彼らの主要な宗教上のシンボルの機能と方向性を変えようとした(当時はそうした行動は奇妙なものではなかった)。そうやって彼らの独立心を奪い、自分に仕えさせることを狙った。彼は紀元前167年の12月25日に神殿を奪取した。ことさらに神殿を冒瀆し、そうすることによってユダヤ人たちの、自分たちが神の唯一の民であるという確信の拠り所を失わせようとした。その代わりに、アンティオコスは彼自身を礼拝させようとした。古代世界では、こうした試みはしばしば非常に満足のゆく結果をもたらした(少なくとも征服者の立場からは)。しかし、アンティオコスは幾人かのユダヤ人たちの不屈の精神(彼はそれを間違いなく狂信と呼んだだろうが)を考慮に入れていなかった。彼らは先祖からの律法(トーラー)を破ることを拒否し、屈服するよりはむしろ死を選んだ。彼らは1世紀においても、律法のための殉教という鮮明な記憶を人々の心に植え付けていた。迫害から逃れた者たちは、彼らの契約の神は新しいやり方で行動を起こされるだろうと信じた。彼らにどんなことが起ころうとも、神は必ずや、御自身の御名と、御自身が選ばれた場所と、その聖所と、その聖なる律法と、そして神とそのシンボルとに忠実な神の民の名誉を回復されるだろうと。

このように信じる人々は、手に負えないほど大胆になりやすい[37]。ユダ

スの寛大さと穏やかさについて、話は始まる!);Schürer 1.125–73、それにMørkholm 1989 と Goldstein 1981, 1989 を見よ。ユダヤ人の自己認識の持続的重要性については、Farmer 1956, 特に6章を参照せよ。ファーマーの著作は、ここ2、30年の間に生まれた歴史的関心を予感させるものであり、それは遂に現代のイエス研究の最前線へと躍り出ることになった。特に彼の序文(vii–x)と8章を見よ。

36 メネラオスについては Schürer 1.149f. を見よ。
37 紀元前2世紀と紀元1世紀の革命家たちを動機づけていた目標とは、本

ヤ人の自己認識、信仰、そして希望は一つへと撚り合わされ、一つの運動へと結実していった。ユダ・マカバイと彼の同志たちは常識はずれのよく組織されたゲリラ的反乱によって、圧政者を追い払った。神殿の冒瀆からちょうど3年後に（紀元前164年12月25日）に聖所を清め、新たに奉献した。この出来事を祝う新しい祭（ハヌカー）がユダヤの暦に付け加えられた。マカバイの反乱は、出エジプトや他のイスラエルの歴史における偉大な出来事と同じように、ユダヤ人にとって模範とすべき、決定的な意味を持つ出来事となった。それはユダヤ人の基本的な世界観を非常に強固なものにした。圧政者が怒り狂うとき、天を王座とする方は笑い、彼らを嘲るだろう。[38] ヤハウェは御自身の御名と、御自身の選んだ場所、土地、トーラー、そして御自身の民の名誉を回復されたのだ。

　この出来事の後、成功を収めた革命家たちの後継者らは祭司職と王位を兼務することとになった。この時代の持つ曖昧さによって、彼らの神が勝利したのだという思いが打ち消されることはなかったものの、いわゆる「捕囚からの帰還」後の、ある種の困惑感をも醸成されていった。偉大なる名誉回復はなされたが、しかし本当の意味での名誉回復はまだ実現していないように思われた。革命後の新しい状況に全てのユダヤ人が満足している訳では決してなかった。圧政者とその偶像礼拝的な行為は排除されたものの、新しい（ハスモン家）政権は、契約の神が本当に望んでいるものなのだろうか。[39] それはあまりにもヘレニズムに妥協し過ぎているのではないか、またユダヤ人の宗教的感覚を全く無視しているのではないか。例えば、王位と大祭司職は兼務すべきものなのだろうか。ある人々はこの新しい政体に強く抗議し、それに代わる共同体を建て上げた。またある人々

　　質的に宗教的なものであって、世俗的な私利私欲ではない（そのようにヨセフスはしばしば示唆するのだが）という点はファーマーによって確証された。Farmer 1956, 5章と7–10章以下を見よ。

38　詩編 2.4; また、Farmer 1956, 132–58 を再度参照。
39　「ハスモン」という名前はマカバイ一族の祖先に由来するものだが、ヨセフス『古代誌』12.265 等を参照せよ。また、Schürer 1.194 n.14 を見よ。

はそれを甘受しつつも、不満を表明して内側からの改革を目指した。[40] 他の人々は権力闘争を演じていた。文章を書いたり、デモ行進をして声を上げたりすることのなかった大部分のユダヤ人たちは、自分たちの生計を維持し、民族的・宗教的シンボルへの最大限の忠誠を示そうと奮闘していたが、彼らは戦争へと向かわせるような神学的傾向を持つ社会的圧力に晒されていた。紀元前2世紀の曖昧な状況は、それに対する人々の複数の応答を生じさせたが、その複数の応答がイエスやパウロの時代に見られる複数のユダヤ教を生み出すことにつながっていった。

（ⅱ）ローマの支配下にあるユダヤ人（紀元前63年～紀元70年）

紀元前63年のポンペイウスのエルサレム来訪はユダヤ教に相当な混乱をもたらし、またそれ以上のものをも生み出していった。[41] もし契約の神がおこがましくも神殿を冒瀆しようとしたアンティオコス・エピファネスを打ちのめしたのならば、神殿の至聖所にずかずかと上がり込んだポンペイウスが神に罰せられずに済んでいるのはどういうわけなのか。その瞬間から、ユダヤ人たちはローマを新たな強大な敵、キッテム、光の子らに牙を剥く暗黒の力、と見なすようになっていった。[42] ローマ人たちは典型的な偶像礼拝者たちと見なされ、彼らは自分たちの邪悪で不遜な行いの果実をいずれ刈り取ることになるだろうと思われていた。15年後にポンペイウスが別の場所での戦役で命を落としたとき、とうとう彼の身に降りかかった破滅を祝おうと、それを見つめていたユダヤ人たちがいた。[43] バビロン、アンティオコス、また浸食してくるあらゆるヘレニズム文化、それらに対

40　これら全てについて、Schürer 1.200–80; Saldarini 1988, 85–95 を見よ。

41　ヨセフス「ユダヤ戦記」1.133–54;「古代誌」14.37–79; ディオ・カッシウス 37.15.2–16.4。

42　「キッテム」という言葉はダニエル書やクムラン文書などで、新たな異敵、ローマを指す一般的な名称として使われている。

43　「ソロモンの詩編」2.25–31 は紀元前48年のポンペイウスの死に言及している（要約として、Schürer 3.193f.）。Goldstein 1989, 349f.

するユダヤ人の敵意を、今やローマは受け継ぐことになった。ローマ人は非常な尊大さ（と大部分のユダヤ人には見えた）でユダヤ人を支配することで事態をさらに悪化させ、彼らを反乱に駆り立てるような怒りの火種を撒いていった。[44]

しかし、イスラエルの忠実な（faithful）勇者たちを新たな聖戦へと導くような、新たなユダ・マカバイは現れなかった。かえって、彼の後継者たちは不忠実な（faithless）人々との妥協（と強硬派には見えた）を重ね、政治的ゲームを続けていた。彼らはローマ皇帝には皇帝が求めるものを差し出し、その残り物をイスラエルの神に差し出したのだった。一方で、ローマはシリアの拠点からパレスチナ地方を見下ろし、ハスモン王朝、続いてヘロデ王朝を通じてこの地方を統治した。事実上、神殿はローマとのなんとも不安定な平和を維持する人々によって運営される祭儀的な社となり、他方で厳格主義者たちはやるかたない憤懣を募らせ、少なくとも自分たちだけは契約の神に忠実であろうと心に決めて、契約の規則を最大限遵守しようとした。契約の神がついに行動を起こされる時に義とされる者がいるならば、それは神への揺るぎない忠誠を示した者であるに違いない。

このような人々の心情からすれば、ヘロデ大王（在位紀元前37年－4年）が本物のユダヤの王として受け入れられることが決してなかったのは当然だったのかもしれない。[45] ヘロデは、自分とその後継者たちを正当な

44　MacMullen 1967, 83－7, 145－9; 1974; Rhoads 1976; Kraft & Nickelsburg 1986, 43f.; Koester 1982a, 396; Schürer 1.336－483; Goodman 1987, 1－3, 9－11。反乱への動きについては、7章以下を参照せよ。

45　ヘロデとその王朝については Jones 1967 [1938] の古典的な研究を見よ。また、Schürer 1.287－329 を見よ。ヘロデはパルティアの侵攻によって被害を被ったローマを助けた功績により、ローマから王の地位を安堵してもらったが、それによってハスモン家の最後の王であるアンティゴノスは失脚されられた。ヨセフス「古代誌」14.470－91 を参照せよ。ディオ・カッシウス 49.22.6 の興味深いコメントによれば、ローマの将軍ソシウスはアンティゴノスを十字架に縛り、処刑する前に打ち叩いたとされる。ディオは、そのような刑罰は他のどの王に対してもローマが行わなかったものだと指摘している。

王だと認めさせるためにあらゆる努力をした。彼はマリアヌメと結婚したが、彼女はヒルカノスⅡ世の孫娘であり、よってハスモン家のプリンセスだった。なによりも、ヘロデは神殿建設に尽力したが、それは真の王に期待されていたことだったのである。しかし彼のこうした行為は、狙いとは反対の効果を生み出してしまった。厳格主義者たちは新しい神殿をあまりに野心的なものと見て、彼の後継者たちを本物の天から遣わされたリーダーとして受け入れることは決してなかった。そして彼らのうちの幾人かは、天からそのような指導者が与えられるのを待ち望み続けた。ヘロデと彼のやり方への拒絶は色々な形を取ったが、それについては以下で見ていくことにする。反乱への機運は生じつつあり、ヘロデが死んだ紀元前4年にはそれが特に顕著なものとなった。

　新しい世紀の初めの何年かの間、革命への動きは未だにくすぶっており、紀元6年のガリラヤのユダの反乱の後は、ローマはユダヤ地方を直接統治するほうが安全だと考えるようになった。それ以降はローマの「総督」または「代官」[47]によって代々治められるようになったが、それらの統治は大なり小なり愚政を伴うものだった。ユダヤ地方の第3代総督であるポンテオ・ピラト（紀元26年–32年）はその内の一人だが、彼は他の総督たちと較べ、とりたてて悪くはなかったかもしれないが、良いということも決してなかった。組織的でない抵抗運動は時に暴力によって押さえ込まれたが、反乱へとつながるような残り火はくすぶり続けていて、ローマ打倒の期待と熱望の炎へと煽られていきかねないものだった。早かれ遅かれ、御自身の御名の名誉を回復し、イスラエルとの契約を体現するシンボル（特

46　10章以下を見よ。神殿建築は紀元前19年（ヨハネ福音書2章22節を参照せよ）に始められ、紀元前9年に献堂され、そして建築物全体は紀元63年に遂に完成したが、それはその崩壊の7年前のことだった（「古代誌」20.219–20）。ヘロデが新たなソロモンを気取ったことについては、「古代誌」15.380–7と、15.421–3を見よ。列王記上8章1–5節を連想させる。また、至聖所が完成されたのがヘロデの即位記念の年だったことも、周到に用意された偶然であったに違いない。Jacobson 1988 も参照せよ。

47　こうした用語の用い方の混乱に関しては、Schürer 1.358–60 を見よ。

に神殿）を立て直し、そしてもちろんイスラエルを解放するために、契約の神は行動を起こされるだろう。

　このような希望こそ（これについては 10 章以下でより深く学んでいく）紀元 66 年の大いなる反乱へとつながっていくものだった。動機の複雑さは反乱の形と、さらにはその結果とを決定づけた。契約の神が歴史の中に参与し、御自身とその民との汚名をそそいで下さるという信仰は、軍事的な反乱を企図するためのもっとも重要な土台だった訳では必ずしもなかった。それは異なるユダヤ教のグループの間での派閥争いを惹起させたが、我こそは神に選ばれた戦士だとの確信を持つ彼らの内部抗争の激しさは、対ローマへの暴力による抵抗の激しさと変わらないほどだった。[48] 何人かの自称預言者たちが予告したように、ローマは最終的な勝利者となるだろう。紀元 70 年に、神殿は燃やされ、都は強奪された。続いて紀元 74 年にマサダ要塞が陥落した。[49] キッテムは勝ち誇った。契約の神は何もなさらなかった。落胆と苦痛、大惨事によって覆された信仰と打ち砕かれた希望、それらの思いを伴って非常に異なるユダヤ教が再構築されていった。当時の人々の中の一人が語ったように、契約の神とその民との間には、あたかも鉄の壁が立ちはだかっているかのようだった。[50]

48　戦争の詳細と、異なる派閥については、Schürer 1.484–513; Hengel 1989 [1961], 343–76; Goodman 1987, 諸所に、を参照せよ。この戦争と、紀元 132–135 年の戦争は、貨幣学や文学上の証拠を見いだすことのできる出来事に数えられる。Meshorer, 1986 を見よ。

49　マサダが陥落した日時については（ヨセフス「ユダヤ戦記」7.401）、Schürer 1.512–5 を見よ。

50　バビロニア・タルムード「ベラホット」32.b; この言葉はラビ・エリアザルとヒルカノスのものとされる。Bokser 1982/3 を参照せよ。神殿での日ごとの献げものができなくなったことへの人々の落胆ぶりについては、ヨセフス「ユダヤ戦記」6.94（ミシュナー「タアニート」4.6 と比較せよ）、そして第 4 エズラと第 2 バルクの大いなる悲嘆（例として、第 2 バルク 10.5–19）を参照せよ。

（iii）再構築されるユダヤ教（紀元 70 年～紀元 135 年）

　紀元 70 年以降の時代は、ユダヤ教の将来の方向性を決定づける非常に大きな意味を持った時期だった。この期間は原始キリスト教の発展にとっても、きわめて大切な時期だったとしばしば考えられている。どのようにキリスト教が発展したのか、特にそれがどのようにユダヤ教と最終的に袂を分かったのかについての多くの理論は、神殿崩壊後の時期に、いくつかの出来事によって生み出された新たな要素が重要性を持つに至ったという考えに基づいている。エルサレムと神殿の喪失の嘆きから生まれた新たなラビ的ユダヤ教運動は、ヤムニアの大公会議によって組織化され、キリスト教徒たちを排斥する方針を打ち出したとされた[51]。成長しつつある若き教会は、そのような非難に対しては非難をもって応答した。ユダヤ教に対する辛辣で敵対的な多くの言葉をイエスが語ったとされたが、実際にはそれらの言葉はイエスの活動期間や第一世代のキリスト教徒が活躍した時代よりも、エルサレム破壊後の 80 年代や 90 年代の空気を映し出すものだった。福音と律法は相容れないという感覚が、この時代に初めて生まれていった。このような理解に立つ多くの研究には、暗に次のようなことをほのめかす。このような敵意に満ちた時代以前の、純粋な初期の時代について知ることができたなら、どんなに良かったことだろうと[52]。

　このように考える人々には残念なことに、近年「ヤムニアの公会議」神話と呼ばれるようになったものを歴史は支持していない[53]。思うに、この神話はアルベルト・シュヴァイツァーが提起したイエスについての神話と同じくらい否定的な影響を及ぼした。学界は、自らの崇高な理想をイエス

51　「ヤムニア」は様々に表記される。「ヤブネ」「ヤヴネ」「ヤヴヌ」など。

52　近年の一例として、Davies & Allison 1988, 133-8 が挙げられるが、この研究は Davies 1964, 256-315 に依存している。

53　Aune 1991a。これ以降の内容については、Lewis 1964; Schäfer 1975; Stemberger 1977; Katz 1984; Cohen 1984; Gani 1987, 14-20; そして以下で引用する他の文献を見よ。私は概ね Dunn 1991, 232 に同意している。

に投影させようとする罠に陥るにはあまりに洗練され過ぎたのかもしれない。代わって、好ましからぬ黒い獣（bêtes noires）をそれほど重要でない別の世代に押しつけようとしたのだろう。実際これは学者版のスケープゴートである。今日の学界にとって、原始キリスト教のもっとも受け入れがたい要素［つまり「反ユダヤ主義」］は、私たちにほとんどはっきりとしたことが分かっていないあるキリスト教の世代へと転嫁された。この世代は、大贖罪の日に放たれるアザゼルのヤギのように、誰も見ることのできないほど遥か彼方なる解釈学の荒野へ放逐された。紀元70年から135年までのキリスト教を全ての時代のための規範としようなどとは、誰も願っていないのだ。

　このヤムニア神話は容易に広まっていった。なぜなら、紀元70年から135年の間の二世代に関しては、ユダヤ人についてもキリスト教徒についても、私たちはあまりよく知らないからだ。ヨセフスの記述は戦争の終結とマサダの砦の崩壊で終ってしまうので、その後のユダヤ教のストーリーについては、数世代も後のラビ的ユダヤ教の文献を労苦の末につなぎ合わせたり、アピアンやディオらローマの歴史家や、イグナティウス、ユスティヌス、オリゲネスやエウセビオスなどのキリスト教教父などの文書の断片を継ぎ接ぎする必要がある[54]。こうした資料だけを基に歴史の再構築を試みると、近年の護教家たちが想像するようなポピュラーな見方とは相当に異なる当時の時代描写が浮かび上がってくる。その概略は以下のようになる[55]。

　神殿の崩壊がもたらしたのは、一つの反応ではなく様々な反応だった。神殿崩壊後に、ファリサイ派を除く全てのユダヤ教宗派が一掃されてしまったと考えるのは短絡的に過ぎるだろう。この場合、ファリサイ派はラビ的ユダヤ教という新しい形へと発展、変容していき、サドカイ派や革命勢力によってその発展を阻害されることはなかったと考えられてきた。その

54　Schürer 1.534 の資料リストと比較せよ。
55　Schürer 1.514–57; Neusner 1970, 1979; Gafni 1984, 1987 を特に参照せよ。Saldarini 1975 とも比較せよ。

ような単純な歴史理解への代替案として、私たちは当時のユダヤ教が少なくとも以下の三つの流れを含むものであったことを認識せねばならない。(a) 第4エズラや第2バルクに見られるような苦悶。神殿の崩壊を胸が張り裂けんばかりに嘆き悲しんでいた。(b) ヨハナン・ベン・ザッカイの現実路線。彼はホセア6章6節が、献げものよりも慈しみから生まれる行動を愛する神について語っていることに静かに着目していた。(c) くすぶり続ける反乱の炎。異邦人の武力によって一度は打ちのめされながらも、壊滅的敗北から立ち上がって真の神殿建設を目指そうとした[56] (私たちは (d) として誕生したばかりのキリスト教会をここに含めることもできるだろう。原始教会は自らを広義のユダヤ教の一派と見なしていたが、エルサレムの崩壊を独自の神学によって理解していた)。これら三つの主要な観点は互いにどの程度重なり合うのか、またそれらが神殿崩壊前の様々な運動とどの程度連続性があるのか、こうした点について考え続ける必要がある。大切なことは、一枚岩ではないユダヤ教の新たな状況について認識することだ。

　ずっと後の時代のラビ的ユダヤ教が新たなユダヤ教の創始者と見なしたヨハナン・ベン・ザッカイが、ヤムニアに教学院を開設したのは十分あり得ることだ。ヤムニアは、現在のテル・アビブから南方50マイル、エルサレムからは東に25マイルほどの海岸沿いの小さな町だ。しかし、彼がエルサレムからそこに移住したことに伴って生じた神話には、歴史的事実としての根拠はほとんどない。ゆっくりと（それは本当にゆっくりとしたプロセスだった）、この教学院はパレスチナに住むユダヤ人たちの間に、かつてエルサレムの最高法院サンヘドリンが有していたような権威を持ち

56　第4エズラについては、Schürer 3.294–306; Charlesworth 1983, 416–559 の Metzger; そして特に Stone 1990; Longenecker 1991 を見よ。第2バルクについては、Schürer 3.750–6; Charlesworth 1983, 615–52 の Klijn を見よ。ヨハナン・ベン・ザッカイについては、特に Neusner 1970, 1979 そして Saldarini 1975; Schäfer 1979 を見よ。反乱への飽くなき渇望については、Cohen 1987, 216 への反対意見として Gafni 1984, 31 を参照せよ。コーエンの議論はアキバに関する事実を見落としているように見える。アキバについては以下を参照せよ。

始めた。⁵⁷ 2世紀中葉になるまでには、この新たなサンヘドリンの所在地は北方のウシャやその他の場所に移動したが、他方で壊滅的なハドリアヌス戦争（132–135年）で多くのユダヤ人が命を落とし、他の者たちは移住を余儀なくされ、その結果バビロンのユダヤ人コミュニティは膨れ上がっていくことになった。⁵⁸ 北方への移転にもかかわらず（この移転は問題含みだった。なぜなら、エルサレムに近いことのシンボリックな価値が意識されてきたからだ）、教学院とその法廷とは権威を保ち続けた。その権威は徐々にヨハナンに集中していき、彼の後継者であるガマリエルⅡ世のもとでさらに強固なものとなっていった。⁵⁹

当時の全ての人々がヨハナンの見解や権威を受け入れた訳では決してなかった。ヤムニア以外の場所にも、新たな拠点が生まれた。⁶⁰ 別の指導者、エリアザル・ベン・ヒルカヌスは初めヨハナンの弟子だったが、多くの重要な点で彼とは見解が異なり、結局は破門された。⁶¹ 彼らの間の論争を理解するための一つの見方として、ヨハナンとその後継者ガマリエルⅡ世は紀元70年以前のユダヤ教の書記たちの伝統を体現していると見ることができる。これによれば、トーラーの学習と実践は神殿での礼拝に実質的に「取って代わる」ことができ、支配者であるローマ当局者とは折り合いをつけることができるとされた。そしてエリアザルやその他の人々は

57　ミシュナー「ケイリーム」5.4, ミシュナー「パーラー」7.6, ミシュナー「ベホロット」4.5, 6.8 を参照せよ。新しい委員会は72名のメンバーから構成されていたと記されているが、それはヤムニア自体がサンヘドリンを模倣しようとしたのか、あるいは後の伝統がサンヘドリンの記憶を喚起しようとしたのかもしれない。ミシュナー「ザービーム」1.3, ミシュナー「ヤダイム」3.5, 4.2、そして Gafni 1987, 15 を参照のこと。

58　Gafni 1987, 21f. とその注とを参照せよ。

59　この承継についての様々な見方に関する議論は、Gafni 1984, 29f. を見よ。Safrai に同意するが Alon に反対し、ガマリエルは彼の王家との繋がりから、96年のドミティアヌスの死までの間は（ディオクレティアヌスではない！ Gafni, 29 n.162）権力を手にすることができなかった。

60　Gafni 1987, 19。

61　Schürer 2.373–5 とその注を見よ。

紀元70年以前の別のファリサイ派の態度を代表している。これによれば、トーラーの学習と実践は神殿の礼拝の有効な「模倣」であるとされる。こうした人々にとっては神殿の喪失感はより大きく、それを早急に再建することは彼らの喫緊の課題となる。[62] ヒレル学派とシャンマイ学派と見られる二つの立場の間で生じた当時の主要な議論は、以下の問いに集約されよう。ヒレルとその追随者たちのローマとの共生政策、つまり、トーラーの学びと実践が許容されるのならばローマに支配されるのを甘受するという書記たちの伝統と、シャンマイ学派の硬化策、つまりローマに対する強硬な姿勢を取り、反ローマ策さえ辞さないという態度、そのどちらを採るかという問いだ。紀元70年以前と、それ以降のトーラーについて研究する学者たちは、少なくとも一つの相違点を指摘する。すなわち、神殿崩壊前はシャンマイ学派が優勢だったが、神殿崩壊後、特に紀元132年から5年のバル・コクバの反乱の後は、ヒレル学派が自ずとその権威を増していった。紀元70年から135年までは、革命的な希望に引導を渡す期間だった。[63]

後世の伝承によれば、こうした多様で複雑な背景の中で、容認できるユダヤ教の境界線を狭めるようないくつかの措置がとられたとされる。先に述べたように、このような歴史の可能性はユダヤ教と成長しつつあったキリスト教の断絶の背景として近年注目されるようになったものだ。この仮説によれば、ヤムニアでは『十八の祝福』として知られる古代の祈祷書の十二番目の祈祷文に修正が施されたとされる。その修正とは、異端全般と、特にキリスト教徒を呪う内容で、そのためキリスト教徒たちはシナゴーグで礼拝を続けることが不可能になってしまった（この仮説によれば、それまでキリスト教徒たちは喜んでシナゴーグで礼拝をしていたことになっている）。ユダヤ教—キリスト教の関係悪化が非常に早い時期から始まり、ほどなくユダヤ教側から異端への呪いの言葉が発せられ、それが普及して

---

62 ニューズナーの数多くの研究は、彼の1979年の論文にうまくまとめられている。

63 これらの点については、7章以下をさらに参照せよ。

いったというストーリー展開にはそれなりの根拠がある。しかし、注意すべきは、紀元70年と135年の間の期間には、「異端全般への『魔女狩り』や、特にアンチ・キリスト教の活動が行われていたことを示す証拠はほとんどない」ことである。むしろ、問題となる『異端』とは様々なグループを含んでいてキリスト教はその一つにすぎないことや、ヤムニアで採られた施策は追放までも含むものでは必ずしもないということもありうる。ヘブライ語聖書の新たなギリシャ語訳（アクイラ訳）の採択は、原始キリスト教徒たちによる古くからの七十人訳聖書の幅広い利用への不満を反映したものかもしれないが、しかしこの新しいギリシャ語訳聖書自体がユダヤ教とキリスト教の公式な離反を示すものではなかった。その他の多くの議論の中でも、あとの時代にキリスト教教父たちが会衆に向かって、ユダヤのシナゴーグに定期的に加わることに警告を発する必要性を感

64　Horbury 1982を見よ。二つのグループ間に（組織的なものではないが）初期の段階で敵意が存在していたことを示す証拠としては、パウロ書簡（ガラテヤ1章13節；4章29節；第1テサロニケ2章14-16節など）とおそらくは第1コリント12章1?3節（Derrett 1975を見よ）が挙げられる。Robinson 1976, 72-81も参照せよ。

65　Cohen 1984, 50からの引用。41ページ以下も参照せよ。コーエンは注に以下のように追記している「つまり、ヤムニアにしばしば帰される活動を支持する証拠はほとんど無いということだ」。また、特にKatz 1984, 48-53, 63-76を見よ。彼は、「紀元70年以降に、ファリサイ派／ラビ的ユダヤ教陣営に属していない全てのユダヤ人」に非難が浴びせられていること、また『『異端への祝福』はユダヤ人とユダヤ人キリスト教徒との間の決定的な決裂を示すものではない」（76 n.128）ことを論じている。

66　Cohen 1984, 41-2。コーエンの全体的な見解によると、ヤムニアの時代とは「宗派主義者」、つまり宗教的伝統の一方的な解釈を掲げる人々が拒絶され、明確に多様なユダヤ教が勃興してきた時代だとされる。賢者たちは「論者たちが生ける神の言葉について、めいめいに掲げる教理に基づいた社会を作り上げたのだ」（51）。私はこの見解も理想化されたものだと見ている（別の意味での理想化だが）。しかし、これはヤムニアについての理解の不確かさをさらに示唆するものでもある。

67　Gafni 1984, 29f. を見よ。

じていたという事実は、反キリスト教的な祈祷がシナゴーグで日常的になされていた可能性がとても低いことを示している。キメルマンの結論の中のいくつかのものはここでしっかりと引用するに値する。なぜなら、彼の論文が発表されてから10年にもなるが、彼の論点は反駁されていないのにもかかわらず、十分な影響を学界に及ぼしていないからだ。

> 法的拘束力を持つ祈祷において、ユダヤ人たちがキリスト教徒たちを呪っていたことを示す明確な証拠は存在していない。
> キリスト教徒たちがシナゴーグで歓迎されていたことを示す証拠は数多くある。
> したがって、『異端への祝福』は1世紀におけるユダヤ人とキリスト教徒との関係の歴史の分水嶺であるとは言えない。
> 明らかに、ユダヤ教とキリスト教との修復不能な断絶を生じさせる布告は一つたりとも発せられていない。[69]

それでは、新たな形で浮上してきたユダヤ教と、ユダヤ教から生まれたキリスト教にとって、ヤムニアの時代の持つ意味とは何だろうか。この時代を再構築しようとする現在の学者たちの試みが不確実であるのと同様に、実際にその当時を生き抜いた人々にとって、それは不安定さに覆われた時代だった。神殿の喪失という事態に直面したユダヤ人は、真のユダヤ的な生き方を立て直し、また維持するための試みとして様々な模索を行った。反乱への固い決意に立つ者もいれば、トーラーの研究や議論へ没頭する人々もいた。キリスト教は紀元70年までにはパレスチナやディアスポラのユダヤ人共同体という枠組を大きく超えて広まっていたが、ユダヤ人

---

68 Kimelman 1981, 239f.; アンティオキアのイグナティオス Magnesians 8.1; 10.1-3; Philadelphians 6.1。もし、反キリスト教的な布告が20年から30年もの間シナゴーグの集会で効力を持っていたのならば、イグナティオスはあのような書き方をしなかっただろう（紀元110／115年頃に）。

69 Kimelman 1981, 244。

シナゴーグとの関係という問題の他にも、切迫した問題や懸念を抱えていた。この時期は移行期であり、曖昧さに包まれた時期だった。後にきっぱりと袂を分かつことになるユダヤ教徒、キリスト教徒の双方とも、当時は成り行きに任せることで満足していたようだ。忘れてはならないのは、ユダヤ教の遺産をしっかりと受け継いでいると主張していた原始キリスト教にとって、真っ先に対峙すべきは異教信仰であって、主流のユダヤ教との対峙は二の次だったということだ。

　この移行期は、紀元132年から5年にかけての皇帝ハドリアヌスに対する反乱によって、唐突で血なまぐさい終わりを迎えた。[70] ハドリアヌスは、割礼を野蛮な風習だとして禁じる法令を発布した（ユダヤ人たちだけが割礼を実施していたわけではないが、彼らの世界観における割礼の中核的な意味のため、この禁止令はとりわけ大きな痛手になった）。ハドリアヌスはまた、廃墟となっていたエルサレムの跡地にアエリア・カピトリナという異教的な都市を建設し、神殿跡地にゼウスに捧げられる祭壇を築いた。50年代、60年代のローマ総督たちよりもさらに深刻で、アンティオコス・エピファネスに比肩されるこうした挑発的な施策は、反乱を呼び起こすことになった。シモン・ベン・コシバが始めた反乱は、瞬く間に国土全土に広がっていった。彼は、偉大なラビ・アキバからメシアであると讃えられ、バル・コクバ、「星の子」という称号を与えられた（これは民数記24章17節の預言を指し示している）。[71] 全ての人がこの呼び名に同意したわけではなかった。ある賢者たちは、おそらくはメシア到来を告げる聖書預言の年代計算の違いからアキバに反論した。その地域に住んでいたキリスト教徒の住民たちは、シモン・ベン・コシバをイエスのライバルと

70　詳細は、ディオ・カッシウス 69.12.1–14.4 を見よ。Schürer 1.534–57, Gafni 1987, 20ff., そして Isaac & Oppenheimer 1985; Reinhartz 1989; Schürer 1990 などの議論を参照せよ。ここでは紀元115年から117年にかけてのエジプト、キュレネ、キプロスでのユダヤ人のローマへの反乱については触れない。それについては Schürer 1.529–34 を見よ。

71　アキバについては、Schürer 1.544, 522; 2.377f. を見よ。またそこに引用されている文学を見よ。

見なし、この反乱に加わることを拒んだが、（ユスティヌスとエウセビオスによれば）そのために厳しい迫害に晒されることになった。この時期の文献と貨幣は、ベン・コシバとその追従者たちが反乱の開始を長らく待ち望まれた新たな時代の始まりと考えていたこと、またベン・コシバがローマへの反乱と同じくらいユダヤ教の宗教的義務を守ることに心を砕いていたことを指し示している[72]。ウェスパシアヌス帝による破壊から70年近くの月日が流れた。たぶん、今こそイスラエルの神がその民を解放なさって下さるだろう。

　この希望は打ち砕かれた。ハドリアヌス帝の軍隊に手痛い打撃を与えたものの、ユダヤ人たちは壊滅させられた。生き残った多くの人々は奴隷として売られた。エルサレムは完全に異教的な都市となり、ユダヤ的慣習を禁止する法は厳重に施行された。20世紀になるまでは、パレスチナのユダヤ人自主国家という考えは全くあり得ないこととして語られてきた。

(iv) 結　論

　これがユダヤ人たちと彼らの中から生じた新たな運動にとって形成期となる期間の、ユダヤ人の物語の要約である。しかし、歴史を抽象的な形で論じた際に見てきたように、「何が起きたのか」というストーリーは、「なぜ」という質問をすることによって初めて十分に理解できるようになる。この時代のユダヤ人たちが起こした行動の原因とは何か。この質問に答えるために、多様性を深めるユダヤ教を検証することを通じて彼らのストーリーを構築していかねばならない（第7章）。そして、そのストーリーを支えるユダヤ人の世界観を検証することが可能になる。彼らの世界観を知る手段として、その世界観の持つシンボル（第8章）、信仰（第9章）、そしてそれらの信仰が生み出す希望（第10章）をこれから考察していく。そして、様々に解釈されたその希望は、当時から今日まで続くユダヤ教とキリスト教を特徴づけていった。

72　Schürer 1.543-5。

第7章　多様性の広がり

1. 序　論：社会的背景

　バビロン捕囚からローマ帝国による第二神殿の破壊に至るまでの期間、ユダヤ人のアイデンティティと生き方はいろいろな形で表現されるようになった。その多様性は興味深く、また複雑だが、これらについてしっかりと理解する必要がある。ユダヤ人の歴史そのものの理解や原始教会の誕生と発展の理解は、ユダヤ教の多様性についての理解が土台となることが多いからだ。

　1世紀のユダヤ教のあらゆる主要な流れを生み出した出来事とは、先に見てきたようにマカバイ危機である。第一に、ユダヤ人たちはこの出来事を振り返ることによってイスラエルが遂には異邦人の支配から解放されるという未来予想図を思い描いた。年に一度祝われるハヌカー祭の意義は、現在の北アイルランドでの祝祭のように、ちっぽけな反乱軍が異国の強大な力に打ち勝つという予想外の勝利の記憶を公の場で喚起し続けることにあった。それによって古くからの忠誠心は養われ、同時に敵意もかき立てられる。10章で見ていくように、この時期のほとんどのユダヤ人たちは契約の神が歴史の中で再び行動を起こし、ユダヤの地で未だに捕囚の状態に置かれている彼らに繁栄を取り戻してくれるという希望を抱いていた。だが第二に、マカバイ危機はユダヤ教の中に分裂を生み出す原因ともなった。この危機が生み出した結果に対する不満は、ユダヤ教各派の内の少なくともいくつかのグループとそのアジェンダとを生じさせる要因になった。

　危機から生まれたこれら二つの結果（解放への新たな熱狂と、分派の形

成）はもちろん互いに深く関連している。いつ、どのようにしてイスラエルの神がその民を救い出してくれるのかという問いに対する答えは、契約の神の民であることの意味についての認識の違いを映し出すものとなる。その違いが、あるユダヤ人グループを他のグループから分け隔てる原因となった。多くの現在の学者がそうしているように、私たちはこの時点以降のユダヤ教をいくつかのユダヤ教（Judaisms）と呼ぶことにする。

　しかし、彼らの信仰や熱望の相違点だけがユダヤ教の多様性を生み出した原因ではない。地理的要因も相当に重要である。エルサレム地域に住むユダヤ人たちとガリラヤに住むユダヤ人たちとでは、外国から受ける圧力に違いがあった。そのため、文化的、社会的、また宗教上の必要性や関心にも違いが生まれた。[1] エルサレムの住民たちの関心は神殿とその聖所への異国の支配や脅威という諸問題、実質的な異国の支配下にあって法的な国家独立のシンボルとしての祭儀や祝祭の継続的実施などに自ずと集中していった。一方、ガリラヤはエルサレムから3日の旅を要する距離にあり、その間にはサマリアという敵対的な地域が横たわっていた。異教的な文化に取り囲まれていたため、ガリラヤのユダヤ人たちは南部の同胞たちよりもさらに自分たちを他から区別するようなシンボルに注意を払ったが、それらのシンボルは彼らの置かれた状況では特別な意味を持っていた。トーラーはこの辺境の地では新たな重要性を帯びるようになった。これから考察していくように、トーラーはある程度神殿の役割や特性をも担うようになった。[2] そしてトーラーのもつ性質の中でもっとも重要なものとして浮かび上がってきたのは、文化的、社会的、宗教的にユダヤ人と他民族との境界線を明確にする（boundary-markers）という役割だった。具体的には安息日規定、食事規定、そして割礼だった。

　トーラーの遵守は、ユダヤ人が祖国イスラエルを離れ、外国の異教徒たちの中でディアスポラ（離散ユダヤ人）として暮らす場合にさらに重要な

1　これら全てについては、Freyne 1980, 特に7-8章を見よ。
2　本書8章以降を参照せよ。

ものとなった。[3]それらの地域やガリラヤでは、ユダヤ人の生活は地域のコミュニティを中心に営まれていて、そこでの礼拝や社会的慣習は重要な意味を持っていた（彼らの居住地がエルサレムに近くなるにつれて、それらの重要性は神殿の陰に隠れていく）。トーラーの遵守について妥協的な態度を取るユダヤ人を他のユダヤ人が攻撃するということが起きやすかったのはエルサレムよりもガリラヤだろうし、周囲の異教徒たちからの脅威を感じやすい地域に住んでいたディアスポラのユダヤ人の場合、それはいっそうありうることだっただろう。異教徒との接触の多い地域に生きるユダヤ人にとって、彼らとの境界線の垣根の破れ目を繕わなければ面倒な事態を招いてしまうからだ。

　ガリラヤや各地の離散ユダヤ人たちがトーラーの遵守によって民族的境界線を維持していたのは、死後の世界で救いを得ようという目的のためではなかった。自分の宗教的、道徳的努力によって来世での救いを得ようという目的でなかったのは言うまでもない。大切なのは、伝統的なユダヤ人としての民族的アイデンティティを守ることだった。トーラーの遵守が終末において重要になるのは、イスラエルの神が最終的にその民を贖い出す時に、その祝福に与ることができる人々とは、現時点で契約の民として異国との境界線をしっかりと守っている人々だったからだ。一方で、イスラエルの道を誤らせ、異国の神々を拝むように促すような人々は、真の神の民の一員としての資格を剥奪されてしまうだろう。[4]民族の伝統への忠誠か、異国文化への同化かという選択は、現代と同じくらい古代のユダヤ人にとって重たい問題だった。異教信仰との安易な妥協を選ぶようなユダヤ人は敵と親しくしていると見なされた。異民族による散発的なユダヤ人虐殺や迫害が起きていたからだ。

　しかし、地理的要因による多様性も社会的・経済的多様性に較べればさ

3　ディアスポラのユダヤ教についての複雑な問題（バビロン、エジプト、ローマ、小アジア、そしてギリシャなどの様々な地域が含まれる）については、Safrai & Stern 1974, 3, 4, 13 章 ; Schürer 3.1–176 を参照せよ。

4　本書 10 章以下を参照のこと。

ほど大きなものではなかったし、この時代を通じてユダヤ教を蝕み続けた問題の種をそこに見いだすことができる。パレスチナは基本的には肥沃で大きな収穫が期待できる地域だったが、そこにはごく僅かの富んだ人々と、その他大勢の比較的貧しい人々と、それ以下の状態に置かれた人々とがいた。都市には富んだ人々が多く、郊外では貧しい人が多かった。富んだ地主は生産手段の多くを管理していた。職人、農夫、漁師やその他の人々は、ほどほどだが奢侈ではない生活を維持していた。日雇い労働者や小自作農などの人々は、国内での搾取と外国からの植民地支配の二重の負担に苦しみながら、押しつぶされないようにともがいていた。地主と小作農夫との間の潜在的な対立のストーリーは人々にとって馴染み深いものだった。[5] 1世紀のユダヤ教の分派のいくつかは、明らかに社会的・経済的断層を反映したものだったが、彼らの間での神学論争は明らかに自己グループの正当化という側面を持っていた。[6]

切迫した経済的問題の中には、慢性化した負債の問題があった。ユダヤ戦争の始まる紀元66年に反乱軍が権力を掌握した時に、彼らが初めに起こした行動の一つが債務証書を燃やしたことだったのは重要である。[7] 当

---

5 マルコ12章1節-12節とその並行記事。この時期のパレスチナの経済状況については Applebaum 1976, 特に 656-64, 691-2; Oakman 1986, 1-2章; Sanders 1992, 9章を見よ。当時の社会階層については Saldarini 1988, 3-4章を見よ。

6 一例としては、貴族階級のサドカイ派によるファリサイ派の復活の教理の否定が挙げられる（復活の希望は、潜在的に政情不安をもたらすものだったからだ）。本書10章以下を参照せよ。

7 ヨセフス「ユダヤ戦記」2.247-9。反乱軍に勧誘されやすかった最貧困層については、一例としてヨセフス「ユダヤ戦記」7.438を見よ。反乱の全てを貧困層の咎にしようとするヨセフスの意図は透けて見えるとしても、彼が真実を語っている可能性は否定できない。Sanders 1992, 9章では、当時についての極端なほど寒々とした描写は否認されているが、しかし当時は経済的に大変厳しい時期だったことは否定できない。大規模な山賊行為ついてのヨセフスの記述に誇張があるとしても、そうした行動は比較的裕福な時代には起こりづらいものなのだ。

時の多くのユダヤ人にとって、ローマへの憎悪だけでなく、富んだユダヤ社会の貴族への憎悪も非常に根が深かったことに注意すべきだ。[8] これら全ての点から、イエスやパウロの時代のユダヤ社会に浸透していた緊張関係を見て取ることができる。ユダヤ人が何事にも煩わされず、ゆったりと優れたドグマ的神学について論じていたというような示唆、また憶測さえ拒否されねばならない。ユダヤ社会は外なる脅威だけでなく、内なる脅威にも直面していた。良い、または忠実なユダヤ人であるというのはどういう意味を持つのかという問いは、切迫した社会的、経済的、政治的側面と同時に文化的、宗教的面を持つものだった。こうした背景の中で、この時代に頻発した反乱への動きについて理解することができよう。そうした動きはこの時代の風景の重要な特徴を形作っていった。

　1世紀のユダヤ教の多様性というテーマについて非常に多くのことが書かれてきたが、それらの研究作品を総括したり論じたりするのは本章の目的ではない。私がしようとしているのは、当時の社会を覆っていた雰囲気について着目することだ。ヨセフスがそうしたように、現代の学者たちもユダヤ教の各派について、それぞれのグループが抽象的でプライベートなアジェンダを掲げ、まったく別々の孤立した道を歩んでいたかのように記述してきた。このようにユダヤ教を見ると、反乱への動きは何か場違いなものとして浮き上がってしまうので、むしろ正反対の方向から眺めたほうが物事ははっきりするだろう。前章で論じた当時の歴史的状況からすれば、当時の大部分のユダヤ人にとっての切迫した要望とは「解放」だった。抑圧からの、債務からの、そしてローマからの解放である。他の問題についてもこの「解放」という観点から考えるべきだろう。イスラエルの希望とは、そしてイスラエル内部の大部分の各グループの希望とは、肉体から離れた死後の世界で至福を味わうことではなく、国家の解放だった。ユダヤ人は古の出エジプトの出来事や、もっと最近の出来事であるマカバイの勝

8　Goodman（1987）が論じたように、ヘロデの時代から紀元70年までの貴族階級がヘロデやローマによって権力の座に付けられたお飾り的な存在にすぎないのだとしたら、なおさらそうだと言える。

利を、定期的に祝祭を通じて祝っていた。それらを通じて喚起される希望を満たしてくれる民族の解放、そしてイスラエルの神のもたらす「神の王国」の到来を待ち望んでいたのである。そういうわけで、この時代を特徴づけていた「**反乱への動き**」を振り返っていくことにする。そしてユダヤ教内の各派を、ユダヤ人全般の待望という観点から位置づけていくことにする。そうして、この時代全体を通じてユダヤ人が抱いていた世界観、目的、信仰体系をより包括的に、バランスの取れた形で理解できるようになるだろう。

2. 反乱への動き

　反乱への動きを考察しつつ、1世紀のユダヤ教の各派について考えていくという私たちの研究は、確固とした歴史的足場に立って始めねばならない。1世紀のパレスチナでの出来事の概略を示すための証拠は十分あるが（その多くはヨセフスの記述による）、そこで起きた出来事の多くは革命的行動を含むものだ。

　ここでもう一度、話をマカバイの反乱から始めよう。この出来事はその後のユダヤの歴史の流れを決定づけた。この反乱は、抑圧を払いのけ、イスラエルのために神の意図される王国を樹立することを目指す、伝統的な運動のモデルとなった。トーラーへの忠誠、殉教を受け入れること、妥協を拒否すること、決然とした軍事行動、あるいは疑似軍事的行動、それらを組み合わせることで勝利の日が到来する。しかし、その初めの期間、つまりマカバイの勝利（紀元前164年）からローマの登場（紀元前63年）までの間には、皮肉な事態が生じていた。成功を収めた革命は、新たな抑圧のための土壌を生み出してしまったのだ、それが現実のものであれ、仮想上のものであれ。マカバイの反乱後の次なる反乱の動きは外部に向けら

9　国家の希望については、本書10章以下を見よ。

れたものではなかった。それは勝利の力によって自分たちがダビデ家やアロン家の正統な承継者であるかのように振るまい、祭司王の王国を打ち立てようとするマカバイ一族に向けられた。そうして、エルサレムを腐敗と不当な統治体制の中心であるかのように見なす人々の運動が生まれた。自分たちこそがツァドクの祭司家系の正統な継承者だと主張するエッセネ派は、ハスモン家と呼ばれるマカバイ一族が「清めた」と主張する神殿に係わることを拒否し、他の場所に自分たち独自の共同体を立ち上げた。ファリサイ派は体制の内側で活動することを選んだが、公権力を持つ人々が父祖からの伝承をないがしろにしないように常に働きかけ、民衆の自分たちへの支持という暗黙の力を頼りにその働きかけを強めた。少なくとも彼らは2度（以下を参照）圧力をかけるために立ち上がり、自分たちが支持しない為政者たちへの忠誠を示すことを拒否した。現存する当時のトラクトからは、彼らの体制への怒りに満ちた不満のささやきが伝わってくる。そこではハスモン家体制への黙示的な言語やイメージによる厳しい批判が込められている。[10] かなり後代の人々はハスモン王朝の時代を稀なユダヤ独立の時期と見るが、当時の多くのユダヤ人たちがこの王朝に深い疑念を抱いていたことは明らかである。

　紀元前63年にローマが実権を握ったことで、事態はさらに悪化した。経済的圧迫は新たな類いの山賊を生み出した。追いつめられたユダヤ人の一群は普通の生活を捨てて、盗まれるほどの財産を持つ人々を襲うことによってしか窮状から抜け出すことができなかった。これから見ていくように、こうした盗賊たちは単なる無政府主義者ではなかった。自分たちの大義の正当性と、神が自分たちを支持していることへの強い確信とが、彼らの捨て身の生き方を支えていたのだ。[11] 紀元前1世紀の中葉までには、盗

10　例として、「モーセの遺訓」5.1-6; イザヤ1章10節に言及している「イザヤの殉教」3.10。

11　盗賊たちについては特にHorsley 1979a, 1981; Horsley & Hanson 1985; Crossan 1991, 9章を見よ。『盗賊』や『山賊』を指す専門用語はレステスだが、この言葉はしばしば誤って『盗人』や『泥棒』と新約聖書で訳されている（例と

賊の問題は非常に深刻になっており、それはローマが内戦とパルティアの脅威との対処に追われていたことによる権力の空白のために助長されたのは明らかだ。そのため、盗賊たちをしばらくの間だけでも押さえ込むことができれば、それは大きな功績となった。この名誉はヘロデ大王に与えられたが、彼が権力の座を駆け上る紀元前40年代は、彼の山賊退治が脚光を浴びた時期だった。特筆すべきはアーキレステス（『盗賊の頭』）であるエゼキアス（ヘゼキア）を殺害したことだが、彼の一族は（ほぼ間違いなく）その後数世代にわたり闘い続けた。[12] このことが今度はファリサイ派のサマイアスからの反発を引き起こした。彼は、ユダヤの民衆が自分たちのために戦ってくれていると見なしていた人々へのヘロデのむごい扱いに抗議した。[13] おそらくはその結果として、ヘロデも彼のマカバイ家の前任者たち同様、黙示的な非難を浴びることになった。[14] 既存の経済的制約に内部的不和と内紛による生活の問題や危機が加わることにより、紀元前1世紀を通じて多くのユダヤ人たちの苦難は増していった。こうした苦難とヘロデの目に余るほどの多くのユダヤ的慣習への蔑視が相まって、ヘロデに対するファリサイ派の恒常的な反発が生まれた。この点について以下でさらに見ていく。

しかし、ヘロデの死から神殿の破壊までの間（紀元前4年から紀元70年まで）こそ、反乱への動きが頂点に達した時期だった。それは当時の政治体制には問題を引き起こすもので、それから2千年の時を経た学者たちにとっても頭痛の種となっている。この時期には不満が一般大衆にまで広

して、the AV や RSV のヨハネ18章40節を見よ）。Hengel 1989 [1961], 24-46 を参照せよ。ヨセフスはシカリ、短剣を持つ人々をレスタイと同定しており（例として、ユダヤ戦記 4.198）、またレスタイをゴエテス（『誘惑者』、つまり人々を背教へ誘う人々）と並べて述べている。例として、ユダヤ古代誌 20.160。

12 「ユダヤ古代誌」14.158-60, 420-30; Schürer 1.275 を見よ。ヘゼキアに関連する後の世代の問題については、以下を参照。

13 「ユダヤ古代誌」14.172-6;「ユダヤ戦記」1.208-15。

14 「モーセの遺訓」6.2-6。

がり、彼らが反乱に加わる素地があったことには疑いがない。しかし、いったいどのグループが反乱に加わったかについてはかなりの議論が巻き起こっている。異なる派閥、分派、指導者たちのもつれた糸を解きほぐすのはしばしば不可能に見える。この議論にはほとんど無限の可能性があるが、以下では中心線を明確にして論じてみよう。

まず主要な情報源であるヨセフスから考察していこう。よく知られているように、彼は紀元70年の壊滅的崩壊の咎をある革命分子に負わせて、その他のユダヤ人を反乱の責任から免れさせるように心を砕いていた。想定される読者の大多数はローマ人だったので、崩壊を経験したユダヤ人たちは少数の暴徒たちによる罪のない犠牲者なのだと、ローマの人々が慈悲の目で見てくれることをヨセフスは願っていた。しかし、このような明らかな底意にもかかわらず、ローマへの抵抗は単なる暴徒的一派よりもずっと一般に浸透していたことが彼の記述から垣間見えてくる。タキトゥスの有名な一文、「ティベリウスの治世はとても平穏だった」が意味するのは、地域全体を飲み込むような大きな反乱や戦争がなかったということだ。例えば、前世紀とは異なり、パルティアとの国境を巡る争いはなかった。[15] しかし、ティベリウスの治世下のみならず、アウグストゥス、ガイウス、クラウディウス、そしてネロの時代にも、将来の出来事を暗示するような事件が起こり続けていた。それらについて詳細に分析する前に、手短に記述するのは有益だろう。それがどんなに短い解説であっても、そうすることで当時の騒然とした空気を感じ取ることができ、また現在の学者が陥りやすい時代錯誤的な想定、つまり1世紀のユダヤ人たちを20世紀の（あ

---

15 タキトゥス「同時代史」5.9: 'sub Tiberio quies'。この一文は、Barnett 1975, 566–71 によって描かれた紀元6年から44年にかけての平穏な時代描写の正しさを裏づけるものではない。Sanders 1992, 4章は、この時代が革命的な機運に覆われていたという他の学者の見解を弱めようとしている。確かに、この時代に生きた人々が当時のことを私たちが考えるように（つまり、大戦争への序章として）理解していたと想像すべきではなかろう。しかし、サンダースでさえ「反乱が起きなかったということでは決してなかった」と認めている（36）。

るいは16世紀の）神学者のように考えてしまうことを避けるのにも役立つだろう。

　紀元前4年の、急な展開を見せた出来事から始めよう。ヘロデが死の床に着いてから、血気盛んなあるグループはヘロデが神殿の門の上に据え付けた鷲の飾りを取り除こうとした。彼らは尊敬を集めていた二人のトーラー教師（ユダス・ベン・セポライオスとマッティアス・ベン・マルガロス）に教唆されたのだが、そこには大祭司が関与していた可能性もある。[16] ヘロデは最後の仕事の一つとして彼らを厳しく罰した。そしてヘロデの死の直後に、過越祭のエルサレムでより大きな暴動が起きた。それは先の事件の首謀者たちに対する処罰への抗議から発展したものだった。この暴動は、ヘロデの息子アルケラオスによって容赦なく鎮圧された。[17] アルケラオスと彼の兄弟アンティパスは次いでローマに赴き、皇帝の前で彼らをヘロデ大王の後継者として認めることを願い出た。彼らの後に別のユダヤ人の使節団も到着したが、彼らはアルケラオスとその父の残虐さを指摘して、自治を賜るようにと願った。[18] 統治者が空位になっている間に新たな反乱が勃発したが、ローマの将軍でシリアの総督だったヴァルスによって鎮圧された。その後ヴァルスは去ってゆき、暫定行政長官としてサビヌスが残ったが、彼のとった行動によってペンテコステ祭（五旬節）の際に新たな反乱が誘発された。彼は鎮圧に失敗したが、ローマの兵士たちは神殿で略奪行為を働こうとしたためにユダヤ人たちのさらなる怒りを招いた。[19]

　エルサレムで起きたこれらの出来事と並行して、ヘロデの在郷軍人たち

---

16 「ユダヤ古代誌」17.149-66;「ユダヤ戦記」1.648-55。
17 「ユダヤ古代誌」17.206-18;「ユダヤ戦記」2.1-13。ヨセフスは暴徒のことを「解釈者たちの革命一派（スタシオタイ・トン・エクセゲトン）」と評している。
18 しばしば指摘されるが、「ユダヤ戦記」2.80-100と「ユダヤ古代誌」17.219-49, 299-323に記録されているこの出来事が、ルカ福音書19章12, 14と27節の下敷きとなっている。例としてEvans 1990, 668f.を参照せよ。
19 「ユダヤ古代誌」17.250;「ユダヤ戦記」2.39-50。

の間でも反乱が起こった。[20] ガリラヤでは深刻な反乱への動きがあり、ヘロデに紀元前40年代に殺された盗賊の頭ヘゼキアの息子ユダがそれを率いていた。ヨセフスはこの反乱を、ポンペイウスによるパレスチナ平定(紀元前63年)とティトゥスによる神殿の破壊(紀元70年)の間に起きた、もっとも深刻な出来事だったと記している。[21] ヴァルスはシリアから戻ってきてガリラヤの反乱を残酷なやり方で鎮圧し、エルサレムにいるサビヌスを安堵させた。その際、2千人の暴徒を十字架刑に処した。[22]

これらの出来事と同じ時期に、二つの自称メシア運動が生じた。一つはヘロデの元奴隷のサイモンによるもので、彼はローマに殺される前に自分が王だと宣言した。もう一つはエスロングと呼ばれた羊飼いによるもので、彼はアルケラオスに捕縛される前に王を僭称して追従者たちと盗賊行為を働いた。[23]

紀元前4年における相次ぐ暴動の勃発は、間違いなくヘロデの死期が迫り、また実際に死んだ機会を捉えたものだが、それは新しい秩序が生まれるという根強い期待が表面化したものだ。これはユダヤ人の反乱の一つの主要な原則を物語っている。抑圧的な政府と残虐な力によって押さえ込まれている激しい不満が、権力の空白が生じる際に爆発するということだ。それに加えて非常に重要なのは、こうしたいくつかの暴動が特に祭りの最中に勃発しやすかったということだ。その時にはユダヤ人たちは大挙してエルサレムに詰めかけ、神から与えられた自由の民としての地位を祝うのだった。[24] 他の重要な要素は、このような暴動がメシア的な、またはメシ

---

20 「ユダヤ戦記」2.55;「ユダヤ古代誌」17.269f.
21 「アピオーン」1.34; Schürer 1.534f. で議論されているラビ的伝統と比較せよ。この反乱自体については「ユダヤ古代誌」17.271-2;「ユダヤ戦記」2.56 に記述されているが、以下でさらに論じる。
22 「ユダヤ古代誌」17.286-98;「ユダヤ戦記」2.66-79。
23 「ユダヤ古代誌」17.273-7 と 278-84;「ユダヤ戦記」2.57-98 と 60-5。
24 「ユダヤ戦記」1.88 参照。ヨセフスは祭りの最中にスタシス(暴動)がもっとも起きやすいと指摘している。そして「ユダヤ古代誌」17.213-18 では、鷲事件の後に起きた暴動を過越祭の意味と明確に結びつけている。

アを僭称する人物によって率いられていたことだ。そして一般的に、暴動は十字架刑によって鎮圧された。[25]

　もう一つの主要な原則は（それは当然、上記の原則と重なり合うが）、ある状況下で権力の座にある者たちによる挑発があまりにもひどい場合には、成功の見込みがあるなしに係わらず暴動が起きるということだ。[26] ヘロデの死から十年後（つまり紀元6年）の出来事がその例である。まず始めに、ユダヤ人たちはアルケラオスについてローマに訴え出た。アルケラオスはヘロデの跡を継いで、ユダヤ、サマリア、エドムを統治していたが、家臣たちは彼の頭越しに行動し、彼を更迭させた。[27] 第二の、より深刻な出来事はローマによる人口調査によって誘発された。人口調査の問題は単に経済面に留まらず、ユダヤ人にとっては神学的意味を持っていた。ローマの徴税システムに組み込まれてしまうことは、イスラエルの土地も人々も、つまるところイスラエルの神にとって神聖なものでないことを認めることになる。以下で考察するガリラヤ人のユダは反乱を率いたが、ヨセフスによればこの反乱は二世代後の大反乱を引き起こしたセクト（党派）の設立へとつながった。[28]

25　十字架刑については、特に Hengel 1977 を見よ。

26　預言書に基づく年代的な推測、特に70年間の捕囚からの解放の希望（ダニエル9章2、24節；エレミヤ25章12節；29章10節；第2歴代誌36章21節以降；参照として「ユダヤ古代誌」10.267; 11.1）が、紀元前4年から紀元6年（ローマの最初の侵攻からだいたい70年後）、紀元66年から70年（ローマの直接統治から約70年後）、そして紀元132年から135年（最初のエルサレム破壊から70年後）の期間における、差し迫った解放への期待を鼓舞した可能性もある。Beckwith 1980, 1981; Cohen 1987, 34 を参照せよ。また本書552ページを見よ。

27　「ユダヤ古代誌」17.342-3;「ユダヤ戦記」2.111-13。Schürer 1.353-7 のアルケラオスについての議論を見よ。

28　「ユダヤ古代誌」18.4-10, 23-5; 参考として「ユダヤ戦記」2.118。使徒言行録5章37節によれば、ユダはローマによって処刑された。この出来事や、紀元6年から66年にかけての他の革命的行動については Rhoads 1976, 3章を見よ。

それからの60年の間の革命的活動の大部分は、後者のタイプ、つまり沸き上がる憤りから生まれたものだった。アルケラオスの更迭は、ユダヤがローマ直轄の属州となり、隣国シリアによって監督される従属王国ではなくなったことを意味する。歴代の「代官」たちは大なり小なり粗野で高圧的な態度を取ったが、それはユダヤ人たちをおのずと反乱へと向かわせていくことになった。ポンテオ・ピラトが代官を務めた10年間（紀元26年から36年）に、こうした動乱が少なくとも7度起きた。

i　ピラトはローマの軍旗を掲げてエルサレムに入場しようとしたが、猛烈な抗議を受けて取り下げた。[29]
ii　ピラトは水道を建設するために神殿の宝物庫から資金を得ようとし、この行動に憤った人々の暴動を鎮圧した。[30]
iii　ピラトは神殿に献げものをしようとしていたガリラヤ人数名を殺害した。おそらくピラトは彼らが暴動を起こすと危惧していたようだ。[31]
iv　ピラトはエルサレムで起きた死亡者を生んだ反乱の首謀者を捕らえて死刑宣告を下したが、過越祭の際に、温情を示すジェスチャーとして彼を放免した。[32]
v　同じ過越祭の間に、ピラトはレジスタンスと何か関係がありそうな疑似メシア運動に直面した。彼はその運動の首謀者を、他の二人の革命分子と共に十字架刑に処した。[33]

29　「ユダヤ古代誌」18.55-9;「ユダヤ戦記」2.169-74。Schürer 1.381, 384 を見よ。同様の出来事が、ウィテリウスがアレタスと戦うために派遣された紀元37年にも起きた。「ユダヤ古代誌」1.385 を見よ。
30　「ユダヤ古代誌」18.60-2;「ユダヤ戦記」2.175-7; エウセビオス「教会史」2.6.6-7; Schürer 1.385 を見よ。
31　ルカ福音書13章1節。
32　ルカ福音書23章18節-25節。ルカによるバラバの行動の記述（都市での暴動の際に殺人を犯した）はヨセフスによる記述と非常によく似ている。
33　ナザレのイエスについては、本シリーズ第2巻を参照せよ。ヨセフスに

vi　ピラトはローマの奉納の盾（イメージは描かれていなかったが）をエルサレムの官邸に置こうとしたことで、公衆の怒りを引き起こした。フィロンによれば、このピラトの行動はユダヤ人と同じくらいティベリウス帝を不快にさせた。[34]

vii　最後に、ピラトは当時サマリアで人気を集めていた（そして明らかに非革命的な）預言者的運動をむごたらしく鎮圧した。この件で彼はローマのシリア総督から糾弾され、ローマに送り返された。[35]

更に悪い事態が続く。誇大妄想的な皇帝ガイウスは、ヤムニアで起きた反ローマ的な事件に激怒し、エルサレムの神殿に自分の巨大な像を建てるように強く言い張った。それはユダヤ人の法にも良心にも意図的に背くことを目論んだ要求だった。この動きは哲学者フィロンからの長大な、筋の

よる「ユダヤ古代誌」18.63-4 の記述は激しい議論を生んでいるが（Schürer 1.428-41; Baras 1987）、私には少なくともある部分は史実に基づくものだと思われる。非常に重要な一文の「ホ・クリストス・フートス・エン」は、通常訳されるような「この男はメシアだ」という意味ではなく、その冠詞の位置からして「『メシア』とはこの男だ」と解すべきだ。これが意味するのは、ヨセフスは彼の読者が通称として「ホ・クリストス」という称号で呼ばれていた人物（スエトニウス 25, *impulsore Chresto* を参照せよ）を知っていると想定し、その人物と彼が今記述している人物が同一人物だということを示したかったのだろう。イエスの信徒者について言えば、少なくとも彼の弟子の幾人かは、自分たちが国家解放運動に係わっていると信じていただろう。彼らの内の一人、カナナイオスのシモン（マルコ 3 章 18 節）、または熱心党と呼ばれたシモン（ルカ 6 章 15 節）の呼び名は、おそらくよく知られていた革命的運動を示すものだろう。Hengel 1989 [1961], 69 の注を見よ。イエスのレスタイについての認識については、マタイ 26 章 55 節とその並行記事、そして本シリーズ第 2 巻を参照せよ。

34　フィロン「ガイウスへの使節」299-306。この出来事（これはフィロンの著作に記録されている）や福音書に記述されている出来事が示しているのは、ヨセフスが見逃していた似たような出来事が他にもあっただろうということだ。

35　「ユダヤ古代誌」8.85-9。

通った抗議を招いた。しかしガイウスは頑で、彼の死によってかろうじてこの冒瀆的行為が押しとどめられ、それが招いたであろう恐るべき結果を招来せずにすんだのだった。

　ヘロデ大王の孫であるヘロデ・アグリッパの統治した期間は、引き続く緊迫した情勢の中でつかの間の休息を得た時期だった。彼は紀元41年から急死する44年までの間、ローマから行政官として任命されていた。彼の明らかに信心深い態度と、ユダヤ人の良心を刺激しないようにとの配慮によって反乱への動きは食い止められていた。しかし、彼の死後、ローマの代官支配の再開によって反乱への新たな動きも始まった。「盗賊の頭」と呼ばれたトロマエウスは、盗賊討伐の大規模なキャンペーンの中で、クスピウス・ファドゥスによって40年代中葉に処刑されている。ほぼ同じ頃、預言者を称するテウダが人々の支持を集めて反乱を起こしたが、それは使徒言行録とヨセフスの両方に記述されるほどの人気の集めようだった。この反乱もまた、ローマによって鎮圧され、テウダは処刑された。この際、ガリラヤのユダの二人の息子、ヤコブとシモンは代官ティベリウス・アレクサンダー（在位46–48年）によって十字架刑に処せられている。続いてクマヌス（在位48–52年）統治下の過越祭における暴動で、おそらく2万人ものユダヤ人が死亡した。その後にローマ人への盗賊行為が起こり、それが更にローマによる神殿の略奪へとつながっていった。クマヌスは続いて起きた事件に過剰反応してしまったが、この事件の複雑さは当時の

36　フィロン「ガイウスへの使節」。
37　「ユダヤ古代誌」18.302–8；「ユダヤ戦記」2.203。この出来事については Schürer1.442–54 を見よ。
38　彼の統治と、それがもたらした結果については Schürer 1.442–54 を見よ。
39　「ユダヤ古代誌」20.5。
40　「ユダヤ古代誌」20.97–9; 使徒言行録5章36節。ルカは、この出来事を一方でガリラヤのユダの反乱と、他方ではナザレのイエス運動と対比している。
41　「ユダヤ古代誌」20.120。Schürer 1.457 を参照せよ。
42　「ユダヤ古代誌」20.105–12；「ユダヤ戦記」2.224–7；「ユダヤ古代誌」20.113–17；「ユダヤ戦記」2.228–31。

問題を色濃く反映している。あるガリラヤ人たちがエルサレムでの祭りに向かう途上で、サマリアを通る際に殺害された。ユダヤ人たちはサマリアに暴力的報復を加えた。クマヌスはそれに対してさらなる暴力で臨んだが、それは当初の事件の規模からするとあまりにも大げさな対応だった。ユダヤ人たちはクマヌスを、サマリアにえこひいきしたとして皇帝クラウディウスに訴えた。[43] ユダヤ人闘士たちの首謀者、エレアザル・ベン・ディナイオスとアレクサンダーはクマヌスの後任者フェリクス（在位52-60年）によって捕縛された。フェリクスは、ファドゥスが44年から46年にかけて実施したような盗賊（レスタイ）討伐に乗り出し、多くの者を十字架刑に処した。[44]

この討伐の効果は長続きしなかった。ヨセフスはこの時期（50年代後半から60年代前半）に、シカリ党、「短剣を持つ者たち」が台頭してきたと記している。[45] 加えて、ヨセフスが「にせ預言者たち」と呼ぶグループがユダヤの砂漠で活動をしていた。[46] あるエジプトのユダヤ人はオリーブ山に大勢の人々を集め、都市の城壁が崩れ落ち、彼らが勇躍エルサレムに凱旋できると約束した。数千人とされる彼の支持者たちは（その正確な人数について、私たちの手にしている資料には大きな食い違いがある）ローマによって鎮圧され、エジプト人は逃げ延びたが、その後の消息は分からない。[47] また、カエサリアでもユダヤ人の社会的地位をめぐって暴動が発

---

43 「ユダヤ古代誌」20.118-36;「ユダヤ戦記」2.232-46。この事件の詳細について、またタキトゥスの記述（「年代記」12.54）の問題点については、Schürer 1.459f. を見よ。

44 「ユダヤ戦記」2.253。

45 「ユダヤ古代誌」20.185-7;「ユダヤ戦記」2.254; またタキトゥス「年代記」12.54 を参照せよ。シカリ党については、特に Hengel 1989 [1961]; Horsley 1979b を見よ。

46 「ユダヤ戦記」2.258-60。「ユダヤ戦記」2.264-5 の「ぺてん師たち」、「盗賊たち」のことも参照せよ。

47 「ユダヤ戦記」2.261-3（3万人の支持者たちがいたとされる）。使徒言行録21章38節（ここでは4千人とされている）。

生しており、盗賊活動については更に多くの証拠がある[48]。フェリクスの後任のポルキゥス・フェストゥス（在位60-62年）のとった最初の行動の中の一つは、自分の追従者たちに「救いとトラブルからの安息」を約束した「ぺてん師」を処刑したことだった[49]。また、ユダヤ人たちの良心を逆なでして暴動を誘発したという罪状でフェリクスの前に連行された、奇妙なユダヤ人巡回伝道師を取り扱った[50]。更なるレスタイ（盗賊たち）の処刑にもかかわらず[51]、反乱への動きは加速していき、それはフェストゥスの二人の後任者たちの無神経な行動によって更に煽られていった。ルキウス・アルビヌス（在位62-65年）、そして悪名高いゲッシウス・フロルス（在位65-66年）である。フロルスは盗賊を制御できないどころか勢いづかせ、ヨセフスによれば自ら盗賊的行為に手を染めたのだった[52]。

　戦争前の年月の、これらの暴動運動の短いリストは、この国全体を覆っていた雰囲気を十分に伝えてくれるだろう。そしてこれは非常に明白な結論を支持する。ローマとの間で紀元66年に勃発した戦争に至るまでのあらゆる動きの責任はガリラヤのユダによって創始された、たった一つの派閥に帰せられるべきだと示唆することで、ヨセフスは完全に事実をねじ曲げているということだ。暴動へ向かう空気はガリラヤにも（特に）エルサレムにも、そこかしこに漂っており、それはローマが支配している間中ずっと続いていた。それは熱心党であれシカリ党であれその他であれ、一つのグループに限定などされていなかった。ある場所で暴動が鎮圧されたか

48　「ユダヤ古代誌」20.173-7;「ユダヤ戦記」2.266-70。
49　「ユダヤ古代誌」20.188。
50　使徒言行録25章1節-12節。
51　「ユダヤ戦記」2.271。
52　「ユダヤ古代誌」20.252-7。もちろん、これらの記述にはヨセフスの誇張もあるだろう。しかし、少なくとも盗賊たちの一部が闘争を勝ち抜いていくために、ローマ当局と束の間の同盟を結ぶというのはあり得ないことではない。実際、より豊かなユダヤ人たちはローマとそのような関係を結んでいた。フロルスに対するまん延した憤りについては、「ユダヤ戦記」2.293, 403 等を見よ。

と思えば、他の場所でまた暴動が起こった。[53] このことは戦争の大敗北の後にさえ当てはまるように見える。バル・コクバがメシアであると宣言された時、今度こそローマのくびきを払い落とそうと、国中の多くのユダヤ人たちが呼応する下地が整っていたのである。

　革命活動の幅広い基盤は特にユダヤ戦争そのもの（紀元66–70年）において顕著に見られた。この戦争の経緯は当惑させられるほど複雑で、特にそれはこの戦争がローマへのレジスタンスであるのと同時に「内戦」だったからだ。グループや派閥は相争い、離散集合し、異なる時代のユダヤ教の要素が入り交じり、自分たちや他のグループを色々な名前で呼び合った。それらは現代の歴史家を困惑させているだけでなく、当時のユダヤ人たちを困窮させた。三人の人物が特に目を引く。ギスカラのヨハネはガリラヤからエルサレムにやって来て、反乱の中で熱心党を率いた。彼は戦争の終わりの時期に捕縛され、終身禁固刑を言い渡された。[54] ガリラヤのユダの子孫メナヘムはメシアを自称するシカリ党のメンバーで、マサダからエルサレムに上ってきた。彼はしばらく王として振る舞ったが、敵対するグループに殺害された。[55] シモン・ベン・ギオラは反乱の指導者で、彼の追従者たちからもローマからも「ユダヤ人の王」だともっとも強く思われていた人物だ。彼の王位は恥辱のうちに終わり、ウェスパシアヌスがローマに凱旋した際に処刑された。[56] これまでの記述だけでも、「ユダヤの下層

53　私はこの点でグッドマンに実質的に同意する。「1世紀ユダヤ教における反ローマ運動は孤立したものではなかった。むしろ、反外国人な態度は紀元6年よりずっと前、おそらくマカバイの時代から始まっていた。そうした感情はユダヤ人の様々なグループを触発し、ユダヤの全住民の間に浸透していった。異なるのはその度合いだけだった」（Goodman 1987, 108）。Horsley & Hanson 1985, xv も参照せよ。

54　ギスカラのヨハネについては、「ユダヤ戦記」2.590–632; 4.98–577; 5–6, 諸所に;7.118, 263–4。

55　「ユダヤ戦記」2.433–49。

56　「ユダヤ戦記」5–6, 諸所に ; 7.25–36; 153–4。シモンの自称「ダビデ」王朝については Horsley & Hanson 1985, 119–27 を見よ。

第 7 章　多様性の広がり　319

階級」に紛争の全ての責任を帰するようなヨセフスの全体的な記述は非常に誤解を招きやすく不適切であることが分かる。

では、この反乱運動を形作った人々とは一体誰だったのか。この点についての合意は形成されていない。近年の学界には、三つの大まかな解釈の流れがあるのが見て取れよう。それらは（a）熱心党が広範な基盤を持っていたとする説（b）真のトラブル・メーカーは実は貴族階級だったという説（c）大きく異なる複数のグループが併存していたという説である。[57]

第一に、抵抗運動とその思想的背景には全体的な統一性があったという説がある。（ヨセフスによれば）ガリラヤのユダから始まり、彼の一族や関連するグループによって続けられた運動は幅広い流れを形成し、それは戦争が破滅に終わるまで続いたとされる。マルティン・ヘンゲルによって強力に提唱されたこの説について、語るべきことは大いにある。[58]確かに「熱心党」という名前そのものは戦争中の内紛の中で、ある特定のグループによって用いられていた名称であることは認めねばならない。しかも、このグループはこの段階になって初めて舞台に登場してきたように見える。しかし、「熱心」という名詞や「熱心な」という形容詞は、反ローマ的態度や活動を指すものとして幅広く用いられていたというのも明らかである。この点からすれば、問題のこのグループは何か新しい思想を提唱したというよりも、他の多くのグループが我こそは「熱心」であると主張していた呼び名をハイジャックしたものとも考えられる。[59]ヨセフスの著作は、熱

57　ここでは、やむなく非常に複雑な問題を過度に単純化して描いている。例えば、コーエンの説（Cohen 1987, 27‒34、彼は 1 世紀における反ローマ的な反乱への動きを最小限に捉えるヨセフスの「正統的」な立場に従っている）をここで論じることはしない。紛争全体の細部については、Rhoads 1976, 4 章を見よ。ロードスはユダヤ内部での派閥論争の明確な理由を 10 以上挙げている（148f.）。現在のキリスト者による熱心党の研究については、Schwartz 1992, 8 章の興味深い記事を参照せよ。

58　Hengel 1989 [1961]。Schürer 2.598‒606 の Hayward; Stern 1973 も同様に参照せよ。

59　これについて言及している可能性があるものとして、「レビの遺訓」6.3;「ユ

心党が60年代に新しく生まれた小さな派閥だという主張の根拠となるものだが、そのヨセフス自身でさえ、その小さな派閥に属さない人々のことを「熱心党」と呼んでいるのだ[60]。そして、ローマへの抵抗の大きな目的が国民的ムードを何らかの形で集約したものであるのを疑う理由はなさそうだ。彼らはマカバイ戦争の勝利を振り返りつつ、彼らの神が異教の支配者たちの手を介さずに、自らその民を支配するという預言が成就する偉大な日の到来を待ち望んでいた[61]。

第二に、並行的な主張がマーティン・グッドマンによってなされている。彼はローマへの抵抗運動が広範な広がりを持っていたというヘンゲルの主

ダの遺訓」9.2ff.;「ヨベル書」30:18; 1QH 2.15; また新約聖書では使徒言行録21章20節、22章3節；ローマ10章2節；ガラテヤ1章14節；フィリピ3章6節を見よ。ヘンゲルのこれらの例やその他についての議論（1989 [1961], 177-83）は、パウロを革命運動（ヘンゲルはこれについて他のところで描写している）から切り離そうと、細心の注意を払っている。しかし、パウロは自分でそう言っているように「熱心」だったのであり、その熱心さが異教文化と妥協する人々を迫害するようにと彼を駆り立てたのだ。「熱心」とは単に信心のことだと狭く捉えることはできない。

60　(a)「ユダヤ戦記」2.444。メシアを自称するメナヘムが、王の衣装で「武装した熱心党員たち（ゼロタス・エノプロウス）」を伴って神殿にあらわれたとある。サッカレーはロエブ版で彼らのことを「武装した狂信者たち」と訳したが、注においてギリシャ語ではもっと特定の人を指しているようだと記している。(b)「ユダヤ戦記」2.564。エリアザルの子シモンと「彼の配下の熱心党員たち」と書かれている。「トウス・ハイプ・アウトゥ・ゼロタス」というフレーズをサッカレーは「彼に従う心酔者たち」と訳したが、これは適切でないように思える。(c)「ユダヤ戦記」2.651では、ユダヤ戦争が勃発する前からエルサレムに「熱心党員」がいたことになっている。それは「熱心党」のリーダー、ギスカラのヨハネが到着する前のことだ（Donaldson 1990, 34 でも、ホースレーの主張の例外としてこのことが注記されている。以下参照）。(d)「ユダヤ戦記」4.255。エリアザル・ベン・ギオン（またはシモン）とザカリアス・ベン・アムフィカレウスが熱心党の指導者だとされている。これら全てについて、Hengel 1989 [1961], 380-404 を見よ。「ユダヤ古代誌」12.271 で、マカバイ戦争の指導者であるマッティアスについて似たような形容がされていることについては、Hengel 155 を見よ。

61　本書10章以下を見よ。

第7章　多様性の広がり　321

張に同意するが、しかしこれらの運動の主導権を握っていたのはユダヤの下層階級ではなく、ほとんど全てがユダヤの指導層だったと主張した。[62] グッドマンによれば、彼らはヘロデ王家の衰退後、ローマによって据えられた傀儡的な寡頭政治体制を維持していたが、そのような体制は民衆の望むものではなく、それどころか国中から強く嫌悪されていた。グッドマンは、彼らこそが戦争への引き金を最初に引き、実質的な主導権を握り、彼らの内輪での内部抗争によって（そのような内紛があった証拠はある）大混乱を引き起こしたと主張する。[63] このグッドマンの主張は、貴族階級は戦争によって失うものがもっとも大きいため、暴動に反対していたという一般的な見方と衝突する。ひとたび戦争が不可避だと分かるや否や、貴族たちは自らの命運をその戦争に賭け、ローマの共謀者であるよりもユダヤ人たちの民族的指導者であることを人々に認めてもらうことで強固な権力基盤を得ようとしていたのだと、グッドマンは力強く論じた。もしこの戦争にローマが勝ったとしても、反乱を防ぐことができなかったとして、どのみち彼らの寡党政治体制が好意的に見られることはなかっただろうから。

しかし、反乱の全ての主要な指導者たちが実際は貴族たちだったというグッドマンの主張は確かな根拠に基づいていないように見える。例えばグッドマンのシモン・ベン・ギオラの背景についての議論は、彼が貴族だったということではなく、私たちが彼について思ったほどよく知ってはいないということぐらいしか証明していない。[64] 反対に、グッドマンは常に「強盗」や「盗賊」の反乱への関与を過小評価し、ほとんどあるいは全く証拠のない貴族たちの反乱への関与を仮定する。[65] ヨセフの全ての盗賊（レス

62　Goodman, 1987。

63　サドカイ派についてのヨセフスの記述を見よ。ファリサイ派は互いに友好的だったのに対し、サドカイ派は内輪同士でも外部の人々に対しても無作法で尊大だったと記している。「ユダヤ戦記」2.166。

64　Goodman 1987, 202-6。

65　例として、彼の著作の 167 ページ以降の盗賊の関与の過小評価がある。また 170 ページ以降では、（確かな証拠なしに）元大祭司のアナニアスの息子エレアザルをフロルスに対する「悪ふざけ」の犯人の一人とし、戦火の口火を

タイ）への言及が、彼自身が属していた階級の反乱への関与を隠すための創作だったということは、どうにもありそうにない。端的に言えば、グッドマンの主張はヨセフスのものとは真逆のものだと言える。ヨセフスが自らの階級を非難から守るために民衆煽動家たちに罪をかぶせたのだとしたら、グッドマンは反乱の勃発を貴族たちの筋書きに沿ったものとし、名だたる貴族たちを革命家だとして、ヨセフスが守ろうとした人々を告発しているのである。

第三に、もっと多様な動きがあったとする説がある。リチャード・ホースレーは一連の論文と2冊の書で、それぞれに異なる社会的背景と政治的アジェンダを持った複数のグループが存在していたと論じた。[66] ホースレーは盗賊一般（レスタイ）と「熱心党」プロパーとを区別した。熱心党は独自のグループで、戦争が勃発した66年に生まれたグループだとした。「シカリ党」もそのどちらとも異なるグループで、別のアジェンダを持ったテロリスト集団であり、彼らの出自はもっと教育された法学者たちだったと論じた。ホースレーは、ヘンゲルがそれら全てのグループを安易に一つのものとして一般化し過ぎているとし、それらを区別しながら、その一つ（いわゆる「熱心党」）を社会的、文化的苦境に正面から、少なくとも徹底的に立ち向かおうとしたグループだったと論じた。[67]

ホースレーの功績を正しく認めることは重要である。ヨセフスの「ユダヤ戦記」4.130-61での「熱心党」への言及の大部分は、実際にある特定のグループを指し示しており、ギスカラのヨハネが謀略を用いた後にそのグループに身を投じている（4.208-23）。「シカリ党」はこれとは別のグループであり、戦争中はマサダにその拠点を置き、1世紀初めに登場したガリラヤのユダと明白な王朝的なつながりを持っていた。[68] ホースレーは、戦

切るのを助長したとしている。

66　Horsley 1979a, 1979b, 1981, 1984, 1985（Hansonと共著）, 1986a, 1986b, 1987。
67　1986b, 158-61, 190-2。ホースレーの説は、重要な修正を受けながらもDonaldson 1990とCrossan 1991, 6-10章で支持されている。
68　例として、「ユダヤ戦記」7.253f., 262, 324を見よ。マサダが「熱心党の最

第7章　多様性の広がり　323

争の勃発が一つに組織化された長い歴史を持つレジスタント運動の所業ではなく、様々な動きが重なり合った結果だったことを首尾よく示した。しかし、ホースレーの「『熱心党』概念の崩壊」という発言や、[69]革命の推進力となったのが神学的要因よりも社会的要素であるという繰り返しなされる主張を支持するのは難しい。[70]このような対比は、第Ⅱ部で見てきたように歴史研究一般にとって非常に危険であるばかりではなく、1世紀のユダヤ教における文化を研究する際にさらに問題を生じさせることになる。ホースレー自身が認めるように、革命運動は「熱心党」と呼ばれた固有

後の抵抗」だったという見方に対する、ホースレーの勝ち誇ったような否認（Horsley & Hanson 1985, xv）はそれほど重要だとは思えない。これはシカリ党の最後の抵抗だったように見えるし、ホースレーの見立てによれば、彼らは古くからの抵抗運動とのつながりを強く主張したグループだった。ヘンゲルは、「シカリ」たちは自分たちをシカリ党とは呼ばなかったし、かえって自分たちこそ真の「熱心党」だと考え、他のグループは自分たちを真似ているにすぎないと見ていた、と論じた（Hengel 1989 [1961], xvi-xvii）。ホースレーの見解は、肯定するのも否定するのも困難だ。

69　1986a, 3; 1981, 409 と比較せよ；1984, 472。
70　このような「神学」と「社会学」の分断は誤解を招きやすく不適切だ。特に、革命の原因の一つが土地の穢れの問題であり、これは社会的であるのと同時に神学的問題でもある。1986b, 158 においてホースレーは彼の議論のいくつかの解釈上の前提を示している。彼曰く、ヘンゲルの仮説は1960年代のイエスを非暴力的な預言者として描きたいという願望を持つ人々にとって有益であり、そのために歴史上の反面教師が必要だったというのだ（Horsley & Hanson 1985, xiii-xvi も同じ）。この真偽は定かでない。歴史はそのような底意、あるいは鏡に映ったイメージのために用いられるためのものではないだろう（1986b, 192）。いずれにせよ、1世紀の60年代における「熱心党」という言葉へのホースレーの制限が正しいとしても、ホースレー自身の示唆するように（1986b, 161）、それはイエスの時代に武力抵抗の提唱者がいなかったということではないし、イエスの教えのいくらかがこうした運動に向けられていたことを否認するのでもない。この点については、Borg 1971; 1984, 2-3 章等を参照せよ。問題は、イエスの時代に武力抵抗を唱える者がいたかどうかではなく、また彼らがどう呼ばれていたかでもなく、イエスが彼らにどのような態度を示したかなのである。この問題は、次の巻のテーマである。

のグループよりも遥かに大きな広がりを持っていて、[71]「熱心」や「熱心な」という言葉が神とトーラーに熱心なユダヤ人や、その「熱心」を示すためには暴力をも辞さないというユダヤ人について普通に使われていたことに疑問の余地はない。[72] これらのグループや個人たちには、ヨセフスの言う「熱心党」とのつながりはなかったかもしれない。しかし彼らの間に強い神学的楔を打ち込むのは危険だ。いずれにしても、ホースレーの説は方法論的に問題がある。同時に彼のヨセフスへの批判は正しい。ヨセフスは一つのグループだけを選び出し、彼らに反乱の全ての咎を負わせてしまったのだ。

結論として、1世紀を通じての多くの反乱者たちが自らをマカバイ、そしてピネハスやエリヤにまで遡る能動的な「熱心」の伝統に連なっているのと自負していたことは、圧倒的と言えるほど歴史的信憑性が高いように思える（これらの過去の聖書的人物たちが、それぞれの時代背景における異なるユダヤ人の生き様を体現していたことに疑問の余地はない。しかし、民族伝承の記憶の中で、彼らは様々な形で神への「熱心」を行動で示した人々として関連づけられていった）。[73] これらのグループの一つのシカリ派は、紀元前1世紀の中葉からマサダの陥落までの間、一種の王朝のような様相を呈していたようだ。それはヘロデに殺害されたアーキレステスのヒゼキアに始まり、ヘロデ亡き後の反乱の指導者となった彼の息子ユダに受け継がれていったが、そのユダが紀元6年の反人口調査の反乱の指導者だったユダと同一人物だった可能性は極めて高い。[74] 先に見たように、ガ

71　Horsley & Hanson 1985, xxi。
72　Horsley 1979a, 58 では、ホースレーは正式な「熱心党」員と「盗賊」たちとを峻別するが、しかしそれら盗賊たちも「熱心」に鼓舞されていたことを認めている。使徒言行録22章3節；ガラテヤ1章14節；フィリピ3章6節をも参照せよ。
73　Hengel 1989 [1961], 146-83 とそこでの数多くの言及を参照せよ。
74　ロエブの二つの版では、この二人のユダが同一人物であるかどうかは不明瞭だ。ヴィクグレンはそう見ているが（『ユダヤ古代誌』17.271）、サッカレーはそうではない（『ユダヤ戦記』2.118）。案の定、ヘンゲルは同一人物説を

リラヤのユダの二人の息子は代官ティベリウス・アレクサンダーによって40年代中葉に十字架刑に処せられ、もうひとりの子孫であるメナヘムは戦争中にマサダでシカリ党のメシアを僭称する指導者となったが、エルサレムで殺された。メナヘムの跡目は、彼の甥であるヤイロスの子エレアザルが引き継いだ。このグループのメンバーが他の人々によって自然と反乱の指導者として認められたと考える理由はない。しかし、このグループと他の派閥や集団の間に深い思想上の溝があったと考える理由もない。[75]これらのグループには間違いなく相当の社会的、組織的多様性があったが、彼らは大なり小なり社会・経済的困窮という背景と、さらに重要なこととして神学的シンボルやアイデアという共通項を持っていた。[76]

　革命への機運がこの時代を通じて続いていたとするならば、それは私たちの知っている他のグループのアジェンダとどのように符合するのだろうか。それらのグループの中で、私たちにとってもっとも重要なのは間違いなくファリサイ派である。そこで彼らについて考察せねばならない。

　支持しており（1989 [1961], 293, 331)、kingdon 1972/3, 80 と Stern 1973, 136 も同様である。ホースレーも予想に違わず同一人物説を退けている（1984, 485。Donaldson 1990, 24 がこれを支持)。他の詳細な研究として Schürer 2.600, n. 12 を見よ。

75　ホースレーに反対して。彼は、狭義に定義された熱心党（彼らについてホースレーは大なり小なり肯定的だ）とシカリ党（彼らには否定的）との間にとても深い断絶があったとする。

76　したがって、私は基本的にヘンゲルの研究のアウトラインに賛同するが、多くのケースで別の用語を使いたいと考えており、いくつかのグループの独自性をヘンゲルよりも重視している。ホースレーはいくつかの点で M. スミスの論文に依拠しているが（例として、Smith 1977 [1956], 1971)、根拠が薄弱である。ボーグ（1971) はヨセフスの「熱心党」という言葉の制約を正しく強調しているが、「熱心」という用語が一般的にどのように用いられていたのかに疑問を挟むことはできないと正しく結論づけている (511f.)。つまりこの用語は、宗教的に鼓舞されたローマへの広範な抵抗を指しており、そうした抵抗はたった一つのグループの専売特許ではなく、「全ての主要なグループに見られる要素を含んでいる」。そしてグッドマンの仮説は少なくとも修正するべきだと思われる。全ての咎を貴族階級だけに負わせることはできない。

3. ファリサイ派

(i) 資 料

　ここでファリサイ派の通史を提示するのは当然ながら不可能である。他の研究者たちが既にこの仕事に取り組んでいるので、私は彼らの研究に加わることにする。[77] ここでの私の目的は、神殿崩壊前の百年あまりのファリサイ派運動の主要なアジェンダを描いていくことにある。この運動の起源や名前の意味（それは複数あるかもしれない）などの他の厄介な問題について、私に付け加えることは何もない。しかし、このグループについて、さしあたって考えてみることは必須である。彼らについて語られることは何であれ、今後のイエスやパウロについての考察に影響を与えるからだ。

　よく知られているように、ファリサイ派研究のための資料には非常に多くの問題が含まれる。

　(1) ヨセフスは自分がファリサイ派だと主張したと一般に考えられている。彼は明確に、あるいは暗にファリサイ派について書いている。ファリサイ派の人々は紀元前2世紀から紀元前1世紀にかけてかなりの実質上の影響力を行使していたが、（少なくともヨセフスの歴史語りの中では）段々と舞台から姿を消していった。[78]

77　近年の怒濤のようなたくさんの研究の中でも、特にジェイコブ・ニューズナーの多くの作品を見よ。Porton 1986; Saldarini 1988; Sanders 1990a, 1992; そして特に Manson 1991 を見よ。この研究作品は本章の推敲の最終段階で出版されたが、私にはもっとも重要なものに思える。Schürer 2.322–403（参考文献 381f.）と Gafni 1987 も同様に参照せよ。

78　ヨセフスの基本的な見解は「ユダヤ戦記」1.110;「ユダヤ古代誌」13.297 に表されているが、ファリサイ派をトーラーの専門家だとしている。「ユダヤ戦記」2.126–3;「ユダヤ古代誌」13.172; 18.12–15 では、ファリサイ派がギリシャ哲学の一派であるかのような、非常に型にはまった描写をしている（「自伝」12 では、ファリサイ派はストア派のように描かれている！）彼自身のファリ

(2) クムラン文書のファリサイ派への曖昧な言及は、少なくとも紀元前1世紀後半にはファリサイ派が相当の影響力を持っていたことを裏づける。ファリサイ派は、当時確実に独立していたあるセクトから危険なライバルと目されていた。[79] 幾人かの学者は、死海文書の中で曖昧に言及されているグループがファリサイ派であると同定するが、それについてより慎重な学者たちもいる。[80] アレクサンドロス・ヤンナイオスによってこのグループの幾人かが処刑されたが、エッセネ派はこれを是認している。その理由は、彼らがファリサイ派を妥協者として見ていたからだろう。[81]

(3) ラビ文献の証拠は膨大かつ散在していて、また非常に複雑だ。これらから描き出されるファリサイ派像とは、何よりも清潔を重んじ、コシャーと呼ばれる食事規定に拘泥していた人々である。ファリサイ派はラビたちの直接の先達と目され、神殿崩壊後の著しく異なる時代背景の中で、ラビたちの議論の中で引き合いに出された。[82]

そして新約聖書である。

(4) パウロの書簡には、彼がファリサイ派出身であることについての言

サイ派との関係については「自伝」12 に書かれている。ヨセフスは彼らのより以前の時代での重要性を強調している。「古代誌」13.288（ハスモン王朝は彼らの権威を認めている）、13.298（大衆は彼らに好感を持っていたとされる）、そして 18.17（サドカイ派は、民衆からの反発を恐れてファリサイ派に従ったとされている。バビロニア・タルムード「ヨマー」19b,「ニダー」33b を参照せよ）。これらについての議論は以下を見よ。

79 特に 4QpNah と、4QMMT を見よ。これらについては Baumgarten 1991, 112, 117f. を参照せよ。「滑らかなものを追い求める者たち」という重要なフレーズについては、Sanders 1992, 532 n.1 を見よ。1QH 2.15, 32 と CD 1.18 も参照のこと。

80 ファリサイ派説を採る学者として、Schürer 1.225 n.22; Dimant 1984, 511f.; Baumgarten 1991, 177。不明だとする学者については、Saldarini 1988, 278ff. 更なる議論については、Stemberger 1991, 103f. を見よ。

81 4QpNah 1.6f.; 2.2, 4。ヨセフス「ユダヤ戦記」1.97;「ユダヤ古代誌」13.380 と比較せよ。また Sanders 1992, 382 を見よ。

82 （私から見ると）いくらか恣意的な資料選択に基づいたラビ文献への異なる見方として、Rivkin 1969-70 を見よ。

及がいくつかある。そして彼のキリスト者としての神学の形成やその内容に、それまでのファリサイ派としての訓練が影響していることがしばしば指摘される。もしこれが得られる証拠の全てならば、ファリサイ派とはユダヤ人の父祖からの伝統の厳格な解釈者で、時には暴力に訴えることさえ辞さないほどの熱心さを持った人々だと私たちは考えるだろう。[83]

(5) 福音書と使徒言行録はガリラヤやその他の地域でのファリサイ派の活動について描写している。それらによれば、ファリサイ派は父祖伝来の法の解釈や適応についての厳格な守護者として登場する。[84]

もちろん、これらの資料を用いる上での問題はある。特に初期の作品である「ユダヤ戦記」では、ヨセフスは明らかにファリサイ派(と最下層の人々を除くほとんど全てのユダヤ人)の戦争責任を免れさせようとしていたように思われる。このため、「ユダヤ戦記」は親ファリサイ派的なバイアスがかかっているとしばしば見なされる。この印象は、同じ出来事についての「ユダヤ古代誌」での別の観点からの更に長い解説によっていっそう強まる。ここではファリサイ派の戦争への関与について少し馬脚を現しつつも、ファリサイ派が常にどれほど影響力を持っていたのかが強調されている。ヨセフスは、ファリサイ派の後継者であるユダヤ教のラビたちが信頼に値するということをローマの人々に説得しようと躍起になっていたと考えられている。ヨセフスの著作中の、反ファリサイ派的な色合いの強い多くのくだりはこうした理論に疑問を投げかけるものだが、それらはヨセフスが参照したと見られているヘロデお抱えの歴史家であるダマスコのニコラスの影響だろう、というような説明がなされる。[85] しかし、メイスンは別の非常に強力な仮説を唱えている。それによれば、(a) ヨセフスは

---

83 ガラテヤ1章13-14節；フィリピ3章4-6節。ローマ10章2-3節も参照せよ。

84 よく知られた聖句としては、例えばマルコ福音書2章16節以下、3章6節、7章1節以下などがある。またそれらの並行記事として、使徒言行録5章34節、15章5節、23章6-9節、26章5節を見よ。

85 Schwarz 1993; Schürer 1.28-32 を見よ。

自分がファリサイ派だと主張したわけではない。彼は公生涯に入る際に、確信よりもご都合主義でそうなることを決めたのであって（若き貴族の独立を示すものとして）、それでファリサイ派の一般的なルールに従った。[86] (b) ヨセフスはファリサイ派を全く好んでおらず、彼らの人気を苦々しい現実と捉えていた。(c) ファリサイ派に批判的な記述はヨセフスの用いた資料のせいではなく、ヨセフス自身の考えによるものだ。もっとも、彼らを「学派」として記す際には、他の学派と同様ことさら非難することはしなかったが。メイスンの資料の読みは非常に鋭く、今後の学界の方向性を決定的に変えてしまうかもしれない。[87] しかし、どのような立場に立つにせよ、ヨセフスの記述にバイアスがかかっているという事実から、彼を扱う際にはそれなりの慎重さが求められる。ヨセフスの間接的な記述は、しばしば直接的な記述と同じくらい有益である。

　ラビ文献は資料の宝庫であるのと同時に、地雷の宝庫でもある。先に記したように、ニューズナーは、私たちが紀元70年以前の情報をラビたちに依存するなら、知っているようで実は何も知らないというようなことがたくさんあるだろうと指摘している。[88] ラビ文献は2世紀の終わりになって収集され、そうしてミシュナーが編纂された。その内容の大部分は、ヘロデ時代の二人の偉大な教師であるヒレルとシャンマイに属する「学派」あるいは「スクール」間でのトーラー遵守に関する細かい規定についての論争から成っている。ラビたちが沈黙していることについて議論するのは、とても危険である。[89]

　ラビ文献はその扱う事柄が限定されているだけではない。数世代後に記憶されていた過去の議論が、その継承の過程で意味を変質させてきたこと

---

86 「自伝」10-12 についての詳細な研究については Mason 1989 を見よ。他の文献もそこに引用されている。Mason 1991, 15 章。
87 サンダースのメイスンへの応答は（Sanders 1992, 532-4）、メイスンの主張にダメージを与えるものとは思えない。
88 Neusner 1971, 3.304 を見よ。彼の見解は 1991, 79 に要約されている。
89 それは今日でも続けられているが。例として、Smith 1978, 157 を見よ。

を示す証拠もある（一例として）、聖書の正典の議論を考えてみよう。シャンマイはより厳しい路線を採り（『コヘレトの言葉』は聖書ではない）、ヒレルはより柔軟な姿勢を見せていた（『コヘレト』も聖書に含まれる）。しかし、正典性に関する議論は、「清さ」についての議論へと変質していった。なぜなら、ある書が正典聖書に含まれるのだとすれば、その書に触れることは「手を穢す」ことになるからだ（つまり、正典に触れた後には手を洗わなければならない）。この観点からは、シャンマイはより柔軟な姿勢を示し（『コヘレト』に触れた後でも手を洗わなくてもよい）、ヒレルはもっと厳格だ。[90] ミシュナーの書かれた時代には、前世代のファリサイ派は偉大な清さの教師として「記憶」されていた。もっとも、偉大なるアキバは政治的人物で、第一級の革命家だったのだが。このような「翻訳」のプロセスは、ヨセフスのある出来事についての記述と、ラビたちのそれとの違いの中にも見いだすことができる。[91] したがって、ラビ文献を1世紀の資料として用いようとすると、元来意味していたものとは違う意味で伝わった伝承を引用してしまうという、よくある問題にぶつかる。この場合、推測なしに元々の意味を探るのが困難になる。

それに加え、紀元70年以降の時期のヒレル学派の台頭により、「酷評なしにシャンマイ派について言及するのが困難になってしまった」とニューズナーは指摘している。[92] シャンマイは彼の生きた時代（紀元前1世紀の後半）には間違いなく重要な人物だったが、ラビ文献では彼はあまりにも極端な人物として、あるいはシャンマイ学派に反対して（！）ヒレルに賛成していた人物であるかのように描かれている。[93] 対照的に、ヒレルについて扱った膨大な文献の中に、彼に好意的でない記述は見当たらない。

90　ミシュナー「ヤダイム」3.5、「エドゥヨット」5.3。Safrai 1987, 189f. を見よ。
91　例として、Cohen 1984, 36f. を見よ。アレクサンダー・ヤンナイオスへの反乱について、異なるストーリーが提示されている（『ユダヤ古代誌』13.372とトセフタ「スカ」3.16）。
92　Neusner 1971, 1.208。
93　Neusner 1971, 1.210f.

「口伝律法については、ヒレルはモーセとエズラに次ぐ重要な権威を持つと、あらゆるところで喧伝されている」。[94] これらの理由（資料の不完全性、意味の変更、明白なバイアス）から、70年以前のファリサイ派について語るラビ文献は、確実な証拠として用いることはできない。

　新約聖書について言えば、同様の問題がさらに大きなものとなる。シャンマイがこき下ろされることなしにラビ文学に登場しないように、ファリサイ派がパウロ書簡や福音書の中でほとんど同じ扱いを受けているのは否めない。例外もある。ルカ福音書7章36節以下、11章37節以下、そして14章1節によればイエスはファリサイ派から夕食に招かれているし、ルカ13章31節には幾人かのファリサイ派がイエスに対し、ヘロデが彼を殺そうとしていると警告している。ファリサイ派のガマリエルは、ヒーローとして使徒言行録5章34-40節に登場している。パウロが「ファリサイ派」という言葉を用いている1節で（フィリピ3章5節）、パウロはそのグループの一員だったことが自分にとって「益」だったとしている。しかしそのいずれも、ファリサイ派の立場が疑問の余地なく受け入れられたり、擁護されてはいない。ファリサイ派は福音の敵として見られている。彼らだけが敵だというのではないが、しかし敵であることに変わりはない。共観福音書のストーリーにおいて、この点は様々な形で強調されている。ラビ文学におけるシャンマイの場合と同じく、ファリサイ派に対するこうした否定的な立場は、新約聖書をファリサイ派の実像を再構築するための基本的な資料とすることを極めて困難にする。実際、ある学者たちはパウロがファリサイ派だったことに疑問を投げかけ、彼がグノーシス主義のヘレニストだと主張している。[95]

(ii) ファリサイ派のアイデンティティ

　私たちの手にしている資料の内包するこれらの問題のため、ファリサイ

94　Neusner 1971, 1.300, また 299ff. を参照せよ。口伝律法の意味については、8章を見よ。
95　Maccoby 1986, 1991 を見よ。

派とは実際にはどんな人々だったのか、彼らの目的とは何だったのか、彼らの影響力はどの程度だったのか、その他多くの点について非常に様々な仮説が提示されているのは驚くには当たらない。あらゆる点で相当な混乱が生じているが、それは特にファリサイ派と自称彼らの後継者であるラビたちとを関連づけることの難しさや、文献に現れては消える他の様々なグループの人々、「知恵ある者」（ハカミム）、「敬虔な者」（ハシディム）、そして何よりも「同志たち」（ハベリム）、つまり厳格に清潔律法を守り食卓を共にする人々、そうしたグループとファリサイ派との関係を明らかにすることが困難なためだ。

ファリサイ派のアイデンティティ、そして特に専門用語の問題をまず初めに取り上げよう。多くのファリサイ派は律法学者であり、その逆も真だったと一般的に理解されているが、実際には片方のグループにしか属していない者も多かっただろう。[96]「**知恵ある者（ハカミム）**」という言葉は侮蔑的に使われることもあるが（一例として「アピオーン」2.236）、同様に中立的な意味で使われることもある。この用語はあまりにも一般的なものなので、何を指しているのかを特定するのは難しい。しかし、ヨセフスの著作の中でこの言葉が使われているいくつかの場合、人々はファリサイ派を指してこの言葉を用いているように見える。[97]「**敬虔な者（ハシディム）**」という名称もまたファリサイ派の名称に含められてしまいそうだが、しか

---

96 Saldarini 1988, 241-76 を参照せよ。彼の結論は、書記の「出自や忠誠を向ける先は様々であり、彼らは結束の堅い政治的、社会的勢力というよりは、様々な文脈で社会的役割を果たす個々人だった」（276）。彼らの結びつけようとする試みについては、Rivkin 1978; Kampen 1988（例として、219ff.）を見よ。

97 例として、「ユダヤ古代誌」17.152, 155;「ユダヤ戦記」1.648。ガリラヤのユダをソフィストとする記述（「ユダヤ戦記」2.118, 433）はこの部類に属するだろう。この記述では、ヨセフスはユダをファリサイ派とは結びつけないように試みているのだが。Hengel 1989 [1961], 83, 86f., 227, 333 と比較せよ。この例も、ファリサイ派とソフィストが同一とは言えないまでも、重複しているであろうことを示している（Rivkin 1969-70 による同一視には組しない）。後の時代の、「ラビ」よりも「賢者」という言葉を用いているケースについては、Safrai 1987, xv と、もちろん Kampen 1988、諸所に、を参照せよ。

しこうした分類は不正確だ。この呼称はそもそもユダ・マカバイに付き従った人々を指し示すものだったが、次第により広い意味で使われるようになったということも多いにありうる。「同志たち(ハベリム)」はしばしばファリサイ派と同一視されてきたが、ファリサイ派やその後継者たちから規則を託された、より小規模だが熱烈なグループだと見なされることもある。全てのハベリムはファリサイ派だが、全てのファリサイ派がハベリムなのではない。よって、ハベリムとは特別な食事を祝うために集まるファリサイ派のグループで、そのような場合に求められる清さの基準は普段は求められていないものだったのだろう。あるいは彼らはファリサイ派の大多数を構成する人々で、結束の強いグループを各地方に遣わしてファリサイ派運動を広範に押し進めようとしていたのかもしれない。彼らがファリサイ派の中でも一種のエリート集団と見なされていたというのもあり得る。普通のストア派だったエピクテトスが、犬儒学派の人々を筋金入りの本物のストア派と見なしていたように。このような不確実な点が解消されないことが、ラビ文献を紀元70年以前の運動を理解するための資料として用いることのもっとも大きな問題の一つだと言える。

最後に、「ファリサイ派」という名前そのものが議論の的になっており、ここでその問題を解決することはできない。バウムガルテンの主張する、「正確さ、鋭さ」(つまり、イスラエルの法の解釈と適用において)という解釈は魅力的ではあるのだが。

---

98 第1マカバイ2章42節;7章12節以下;第2マカバイ14章6節。Davies 1977; Blenkinsopp 1981, 16–19, 23f.; Saldarini 1988, 252; Kampen 1988, 諸所に。
99 例として、Jeremias 1969a, 246–67。
100 例として、Rivkin 1969–70, 特に245f.; Sanders 1977, 154f. これはMoore 1927–30, 3.26 やその他の立場を承継したものだ。Sanders 1985, 186ff.、そしてより慎重な 190a, 250 も参照せよ。Goodman 1987, 82–5 も見よ。正反対の立場については、例として Schürer 2.398–400 を見よ。
101 エピクテトス 3.22。
102 Schürer 2.396–8 と、特に Baumgarten 1983 を見よ。

(ⅲ) ファリサイ派のアジェンダと影響力

　ファリサイ派についての現在の議論の中で主要な争点となっているのは、二つの密接に関連する分野に関するものだ。彼らのアジェンダとはいったいどのようなもので、また彼らの影響力はどれほど大きかったのだろうか。確かなことは、彼らが内輪で儀式的清さを保つことだけに汲々としていたプライベート・クラブにすぎないのだとしたら、公共的な政策の主要問題について彼らが関心を持つことはなかっただろうという点だ。一方で、ファリサイ派が一連の政治的出来事に影響を及ぼすという尊大な野心を抱いていたものの、いかんせん実力不足でそうできなかった、ということもあり得る。あるいは彼らは様々な異なる野心を抱いていたのかもしれない。マサダの砦に立てこもったシカリ党にとって、厳格に儀式的清さを保つことはローマへの聖戦の一部だっただろうし、これまで考察してきた見方からは、彼らが「清さ」を保つことに非常に強い関心を持ちつつも、政治上の劇的な変化を待ち望んでいたというのもあり得るだろう。これらあらゆる可能性の中で、真実はどこにあるのだろうか。

　先に見てきたように、ヨセフスは彼の後期の著作の中で紀元前1世紀前葉にファリサイ派が相当な事実上の権力を持っていたことを強調している。それが紀元1世紀の話になると、この点があやふやになってくる。ある極端な説によれば（これは今では顧みられない説だが）、彼らはユダヤ教の中で実質上の支配的な派閥となっていて、「ハベリム」のためのミシュナー的ルールを厳格に守り、またできるだけ多くのユダヤ人たちにそれらを守らせようとしていたとされる。[103] 別の可能性として、紀元1世紀においてファリサイ派は数こそ多かったものの、彼らの主たる関心事は「政治か

103　これはサンダースがエレミアスの見解だとした説だ（Meyer 1991a と Sanders 1991a を見よ）。レブキンの見解（1969-70, 1978）によると、ファリサイ派は司祭階級からトーラーの教師としての地位を簒奪したとされるが、この説は（適切にも）Mason 1988; Sanders 1992, ch. 10 によって手厳しく批判されている。

ら清潔へ」と移ってしまったというニューズナーの説がある。この説によれば、ファリサイ派が主要な社会的、政治的出来事に介入していたというヨセフスの描写は、それは神殿崩壊前の世代については時代錯誤だということになる。[104] サンダースの現在の見解は、非常に複雑な仕方で先の二つの見解に反対していると見ることができるだろう。ファリサイ派が広範な権威を持っていたとするエレミアスの説に対しては、サンダースはこう主張する。彼らは紀元1世紀には小さなグループとなってしまい、その活動範囲はエルサレムに限定され、政治的重要性は取るに足らないもので、限定されたアジェンダに従い、少なくともファリサイ派としての立場からは当時の主要な運動について余り関心を持たなかった、と。[105] しかし、ニューズナーの説に対しては、ファリサイ派は私的な領域で祭司的な清さを維持する以外のことにも関心を持ち続けていたと、サンダースは主張している。[106]

私はここで、ファリサイ派と彼らのアジェンダには異なる要素が組み合わされていることを指摘したい。私の見解を簡潔に記せば、

① (サンダーが主張するように)、ファリサイ派は私的な儀式的清さについて以上のことに関心をもっていた。しかし、1世紀においても他の時代でも、彼らがユダヤ人の「思想警察」だったことは決してなかった。
② (サンダースの見解とは異なり)、彼らの関心は政治や革命運動にも及んでいた。彼らがエルサレムに引きこもっていて僅かな影響力しか持たず、他の人々の行動には無関心だったという主張は問題外である。
③ (ニューズナーとサンダースの中間的な立場として)、儀式的清さについての律法は紀元70年以前のファリサイ派運動にとって必須の事柄であり、彼らのより大きな政治的アジェンダとの間にはシンボリッ

---

104 Neusner 1973, 1991。
105 Sanders 1985 は Smith 1977 [1956] の説に従っている。1992, chs. 18-21 においては、サンダースはこの見解をいくらか弱めたように見える。
106 Sanders 1990a、特に chs. 3 と 5。

クなつながりがあった。

私は以上の見解を、四つの主要な期間と関連させて説明していきたい。つまり、ハスモン王朝の時代（紀元前164－紀元前63年まで）、ローマ支配の始まりから神殿の破壊まで（紀元前63－紀元70年まで）、二つの反乱の中間の期間（紀元70－紀元135年まで）、そして最後に紀元135年以降の期間についてである。

1.

紀元63年以前のある程度の期間に、少なくとも政敵には「ファリサイ派」として知られていた圧力団体が存在していたことに疑問の余地はない。このグループは必ずしも数の上で抜きん出た存在だったわけではないが、マカバイ戦争の間かその後に頭角を現してきた。だが、彼らとマカバイ戦争との関係（もしあればだが）を正確に知るのは不可能だ。ファリサイ派はその後のハスモン家の支配者たち、特にアレクサンドロス・ヤンナイオスの未亡人サロメ（紀元前76－67年）に相当な影響力を及ぼした。サロメがイスラエルを支配したようにファリサイ派がサロメを支配したということや、[107] 彼らの実質的支配が抗議を引き起こしたというのがヨセフスの誇張だったとしても、[108] 彼らがその地で実質上の権力を持っていたというのは明白だ。そして彼らが行使した権力は、現代的な意味ではその源泉や目的において「宗教的」なものだったとしても、実際にはそれは間違いなく「政治的」な力だった。細かな点についての議論がどうだったにせよ、当時非常に大きな問題だったのは、非ユダヤ的な生活習慣が忍び寄ってきた（と彼らに思えた）際に、ユダヤ人として取るべき適切な行動とは何か、ということだった。ファリサイ派は自分たちを古くからの慣習、イスラエルの伝統に固く立ち、外部の異教的影響や同胞たちの同化主義に反対している防波堤だと見なしていた。彼らの極端なまでのトーラーへ固執はこのような背景を考えれば合点がゆく。この時代にも次の時代にも彼らがます

---

107 「ユダヤ戦記」1.112。Sanders 1992, 382f. では、ヨセフスはこの点では正確だったとしている。
108 「ユダヤ古代誌」13.416。

第7章　多様性の広がり　337

ます注力していったのが清さを保つことだった。

この時代とそれに続く時代のファリサイ派の全体像を描くために、彼らがどの清潔律法の遵守に一番力を注ぎ、またどの律法について厳格な適用を回避しても良いと考えたのか、という点はどうしても知らなければならないということではない。[109] 重要なのは、彼らがそのように強く「清め」の問題に固執し、また神殿で要求される「清さ」を自分たちにも適用しようとしたことの思想的背景なのである。この点について、もっとも説得力ある仮説は次のものだ。国家全体のレベルでの社会的、政治的、文化的な「穢れ」に直面した彼らは、それへの自然な反応として（「自然な」というのはとても強い意味でだが）個人的な「清さ」を保つことに注力した。それは外界の、目に見える政治的な分野での清めが不可能なことを埋め合わせるために、自分たちがコントロールできる範囲においては清さを保とうと意図したものだった。ファリサイ主義が聖書の清潔律法の施行を徹底していった理由について、異邦人に汚されることへの恐れ、あるいは（同時に）抑圧への国家的抵抗を、個人のレベルで表現したものだという説明が

109　Sanders 1990a 3章と、それに対する Neusner 1991, 特に 89f. の応答を見よ。ニューズナーはサンダースに論陣を張っているのにもかかわらず、ある部分ではサンダースの指摘の妥当性を認めているようにも見える。それはニューズナーが、ミシュナーによれば（特に「ミシュナー・ハギガ」2.5-3.3。この関連性は Rivkin 1969-70 に否定されているが）ファリサイ派は「聖別されていない食物を儀式的清さの状態で食べる人々、より正確には儀式的清さの秩序の中で食べる人々」だと言っている点に表れている。つまり、ファリサイ派（ハベリムの可能性もある）とは祭司たちが神殿でするのと同様の清さの中で食事をする人々だというニューズナーの（大雑把に言ってだが）見解と、彼らは神殿で働く人々とは異なった度合いで、しかし同じ範囲で清さを保っている人々だという、より微妙な見解との間には違いがあるいうことだ。ヨカナーン・ベン・グッドガダのストーリー（「ミシュナー・ハギガ」2.7）では、彼は原則的ルールの例外のように見られている。彼は通常の食事を、祭司のための二番目に厳格なルール（つまり、「聖なる食事を食する」人々のためのルール）に従って食している。この範囲において、サンダースのニューズナーの見解に対する批判は的を射ている（例として、1990a, 248）を見よ。

なされよう。[110] 儀式的清さの追求は、国家的な清めが不可能な状況に直面した中での代償的行動だということである。マカバイ戦争の殉教者たちにとって豚肉を食べることを拒否することと、異教支配を受け入れるのを拒否するのが同じことだったように、清潔律法の徹底は異邦人支配へのシンボリックな抵抗の手段だったのである。そしてそれは、革命の機会を密かに涵養し、維持し、折あらばいつでも行動に移れるように準備するためのものだった。同時に、このような清さへの懸念は、特に紀元135年以後において、別の次元へと、（概して言えば）ミシュナーの世界へとつながっていく可能性を秘めていた。そこでは私的な清さへの懸念が支配的になり、国家再興への希望は、味わった苦杯への嘆きと、イスラエルの神がいつの日にかその民に繁栄を取り戻して下さるとだろうという遥か将来への希望へと、取って代わられた。興味深いことに、ヨセフスはファリサイ派の清潔律法について描こうとはしなかった。ファリサイ派が「奢侈を避けている」という彼の寸評は、彼らのそうした性格について暗に示す、ヘレニズム的な言及なのかもしれないが。[111]

　このような社会的、また心理学的ですらある複雑な状況によって、後の時代には「政治的」と分類されるような事柄が「純粋に宗教的」な事柄へと「翻訳」されたのだ。しかし、このような区分そのものが、マカバイの時代と（少なくとも）紀元70年の間の時代を生きた大多数の人々にとっては無意味なものだっただろう。言うまでもなく、ミシュナーは政治状況が好転するような真の変化の可能性が大きく遠のいてしまった時代に生まれたものだ。先に書いたように、筋金入りの革命主義者でさえ、成功する可能性が本物であるように思える時までその力を蓄えておこうとするものなのだ。

　したがって、ハスモン王朝の時代にはファリサイ派が政治的圧力団体だったのと同時に、神殿に仕える祭司に求められた清さを（そっくりそのま

110　メアリー・ダグラスの説に追随した Goodman 1987, 99f.; Saldarini 1988, 286 を見よ。
111　「ユダヤ古代誌」18.12。

まを模倣したのではないにせよ）日常生活でも維持することに腐心したグループでもあったという見解をそのまま受け入れても良いだろう。この第一の特徴は様々な出来事によって証明できるが、その中にはヨハネ・ヒルカヌス（紀元前 134-104 年）の統治を非合法な政府と見なして彼らが立ち上がったことも含まれる。ヨセフスはこのストーリーを、あたかも反抗的なファリサイ派のエリアザル個人の問題のように描いているが、彼がこの出来事をスタシス（つまり民間の騒乱、あるいは反乱）と記していることからも、事はより重大だったことが伺える。[112] ここで、エルサレムに入場してくるヘロデに対し、城門を開けるようにと人々に勧告したファリサイ派について触れるべきだろう。これを親ヘロデ的な態度の表れとして見るべきではないのは彼らの後の行動が示している。これはアンティゴノスを排除しようという、反ハスモン的態度の表れなのである。[113] 彼らの第二の特徴、つまり「清さ」へのこだわりだが、この点はラビ文献からも新約聖書からも推測することができる。そのどちらの資料においても、清さや安息日の問題に関心を払っていたファリサイ派の姿を認めることができる。これらの問題は、8 章で見ていくように、国家のアイデンティティのシンボルとして強力に作用していた。

しかし、彼らがもっとも大きな影響力を誇っていたこの時期でさえ、ファリサイ派が秘密の思想警察のように行動したり、自らそれを自認してい

---

112 「ユダヤ古代誌」13.288-98、そして 299。これについては Sanders 1992, 380 を見よ。ヤンナイオスへの反乱（「ユダヤ戦記」1.88f.;「ユダヤ古代誌」13.372f.）へのファリサイ派の関与の可能性については、Sanders 381f. を参照。これらから考えれば、「ユダヤ古代誌」におけるファリサイ派についての見解が、単に親ラビ的な誇張にすぎないということはあり得ないだろう（スミスの大胆な主張に追随するグッドブラットの説に反して；Goodblatt 1989; Smith 1977 [1956]、この説への適切な批判として、Manson 1990, 361-71、そして Stemberger 1991, 23 を見よ）。ファリサイ派とハスモン家については Schwartz 1992, 2 章を参照せよ。
113 「ユダヤ古代誌」15.3。この行動が親ヘロデ的な行動ではないことは、「ユダヤ古代誌」14.172ff、特に 176 によって明らかだ。

たと考えるべきではない。彼らは公的な機関ではなかった。彼らは公式なトーラーの教師でさえなかった。それはエルサレムでも地方の共同体においても祭司たちの役割の一つだった。[114] 彼らが公権力を得るためには、既にそれを握っている他のグループと協働するか、あるいは彼らに影響力を行使するしか道はなかった。ローマ統治下でのそうしたケースについて、新約聖書には二つの具体例がある。福音書では、ファリサイ派はヘロデ派の人々と諮って共通の敵にあたろうとした。ファリサイ派のタルソスのサウロは、生まれたばかりの教会を迫害するために、祭司長から公的認可を得ようとした。そうする以外に、パウロにはどんな行動を取る法的権限もなかった。[115] こうした事例と、ハスモン家統治下での彼らの行動とが異なっていたとは考え難い。ファリサイ派は権威筋に道徳的圧力をかけようと試み、大衆に影響力を及ぼそうとした。そして彼ら自身はできる限り清さを保とうとした。私たちが言えることは、彼らが目指していたのは自分たちだけのプライベートな清さを保つことだけでは決してなかったということだ。1世紀のことについてはほとんど何も知らず、ペラギウス論争については博識なキリスト教徒たちがしばしば時代錯誤的に考えてしまうように、ファリサイ派は自力本願的な救済システムを主張していたのでもない。彼らの目的はイスラエルの神を褒め称え、神との契約を遵守し、約束されたイスラエルの完全な贖いを追い求めることだったのだ。

2.

紀元前63年のローマの支配の始まりと、紀元前40年代後半と30年代前半のヘロデの台頭は、ファリサイ派が公的機関に対して実際に権力を行使することや、公式権力を有する者たちを通じて影響力を行使できる可能性を奪った。ハスモン家の支配者たちは、自分たちが少なくとも表面的にはイスラエルの伝統を保持していると思わせようとしていたので、その伝統に忠実だと主張するグループからの圧力には敏感だった。しかし、ロー

---

114 Manson 1988; Sanders 1992, 10章を参照せよ。
115 マタイ福音書3章6節、使徒言行録9章1-2節。

マもヘロデもユダヤの伝統に従うことには特に関心がなく、したがってファリサイ派からのアドバイスもサポートも必要とはしなかった。しかし、それで彼らが消滅しまったとか、あるいはその野心の矛先を別の方に向けたということを示す証拠はない。それどころか、ファリサイ派は新たな統治者に忠誠を誓うことを拒否したのである。そのような行動は、政治的野心を捨てて内面の清さに関心を集中させようとした人々が取るようなものではない。[116]

　この時でも、ファリサイ派のアジェンダは、彼らがそれまでしてきたことと変わりはなかった。イスラエルを先祖の伝統に立ち返らせることによって彼らを清めること、独立した神権政治をイスラエルに再び回復させること、そしてトーラーの研究と実践を通じて、こうした運動の最前線に身を置き、圧力団体として機能していくことだった。つまり、ローマ統治時代の間、ファリサイ派は「分離派（セクタリアン）」と呼ばれるような存在へと変質していったということだ（ハスモン統治下でもそうした傾向はある程度はあっただろうが）。[117] イスラエルとその真正な伝統を代弁していると主張して、ファリサイ派はエルサレムを支配するエリート層に対して敵対し続け、神殿での礼拝を続けながらも役人たちや神殿守護者たちをひどく腐敗した人々だと見なしていた。当時の他のユダヤ教セクト主義（エッセネ派や原始キリスト教徒を含む）のように、彼らは増々自分たちや自分たちのグループをある意味で神殿に代わるものか、または同等のものと見なすようになった。[118] 彼らは同時に、自分たちをある意味で預言者だと

116　Gafni 1987, 9f. と本書の以下を参照せよ。

117　Cohen 1984, 特に42ff. と Neusner 1991, 92f. を見よ。彼らはサンダースとは反対の見解に立っている（サンダースについては次の注を見よ）。もちろんこれは、「セクト」という言葉をどう定義するのかによるのだが。Blenkinsopp 1981, 1f. を見よ。

118　サンダース（例として 1990a, 248）は細かな点でこのような見方に異議を申し立てている。ファリサイ派はあらゆる点で祭司のように生活しようとしたのではなく、そうした方向性を示すシンボリックな態度を取ったにすぎないと。コーヘンの議論（1984）はもっと先験的で、ユダヤ教セクト主義の

見なすようになったように思われる。預言者の伝統的な役回りとは、「政治的な」事柄を訴えることにある。[119]

その結果、ファリサイ派のアジェンダは関連するが並行的でもある二つの方向性の中のいずれか一方に向かうようになった。彼らは筋金入りの革命家たちと歩調を合わせ、先に見てきたような「熱心」の伝統を抱き続けることもできただろう。あるいは、彼らはプライベートなトーラーの研究と実践に深く閉じこもり、異教徒や同胞の背教者たちに影響されないような自分たちだけの世界を作って、ローマや腐敗したユダヤ教からの解放を成し遂げることもできただろう。これら「剣かゲットーか」という二つの選択肢は、ローマとヘロデ統治下で、ファリサイ派の異なる学派の中での実際の争点になった可能性が非常に高そうだ。だが時代が下るにつれて、論争の政治色は薄められていった。2度の大敗北によって反乱が完全に断念されるようになった時代には、政治的議論の記憶はより無難なトーラーの清潔規定を巡る強硬派と穏健派の議論へと衣替えされていったのだ。[120]

したがって、ローマ統治下でのファリサイ派の見解や活動の少なくとも一つの流れは政治的なもので、それはしばしば積極的に革命を支持するものでさえあった。このことは広く認識されてはいないので、この見方の根拠となる証拠を一つ一つ集めていかねばならない。

① 二人のファリサイ派の指導者、ポッリオーとサマイアスはヘロデに

有り様を強力に示している。ユダヤ人たちはセクト的グループを立ち上げるや否や、自動的に神殿に対しての自己主張をし始める。セクト主義者たちが、祭司たちの神殿をベースとする清潔律法を模倣するような象徴的行動を取る根拠がここにある。

119 例として「ユダヤ古代誌」15.4; 17:41-4。彼らの預言者への崇敬については、マタイ23章29-31節を見よ。Webb 1991, 326-32 を参照せよ。本質的に政治的（また潜在的に終末的／メシア的）なファリサイ派預言の性格が示されている。

120 この手の立場の議論については、Goodman 1987, 107f., 209f. を見よ。驚くべきことに、ファリサイ派内の分裂の可能性について、Sanders 1992 では論じられていない。

対する忠誠の誓いを立てることに反対して立ち上がり、支持を得た。[121] 多くの人々はカエサルへの忠誠を拒否し、他の人々にもそうするように促したため、刑罰を招くことになった。[122]

② ほぼ同時期に（これらの出来事を区分し、時期を特定するのは困難だが）、幾人かのファリサイ派はヘロデの権力は彼の弟のフェロラスに移行するだろうと予言した。このような反逆的声明は私的な信心に専心している人々がするものではない。ヘロデは彼自身の家族の者を、よりあやふやな根拠で殺害している。[123]

③ 紀元前4年の神殿から黄金の鷲を取り除くという出来事に、ファリサイ派の教師たちは決定的な関与をしている。[124] ヨセフスは、この時の指導者ユダスとマッティアスを「もっとも学識があり」、「先祖伝来の法の比類なき解釈者」と評し、[125] 彼らをソフィスタイ、「賢者」と呼んでいる。[126] このヨセフスの記事とカエサルへの忠誠の拒否に関する記事との類似からも

---

121 「ユダヤ古代誌」15.370。サマイアスは盗賊ヘゼキアスの処刑の裁判においてヘロデに公然と反対して立ち上がった（「ユダヤ古代誌」14.172-6）。このサマイアスが偉大なシャンマイ派の教師だった可能性については Gafni 1987, 10 を参照せよ。サマイアスの仲間のポッリオーをヒレルに結びつける必然性はないし、むしろこのような行動はヒレルの主要な論敵であるシャンマイとの関係を強く示唆している。

122 「ユダヤ古代誌」17.41-5。「ユダヤ戦記」1.571-3。これらの記事については Schwarz 1983 で論じられている（これら反ファリサイ派的声明をニコラスに帰している）; Baumgarten 1991, 19f.; Sanders 1992, 284; 532 n.5 （これら二つの忠誠拒否の記事を重複だと示唆しており、後者がより正確だとしている）。そして Mason 1991, 所処に。ヘロデに対するファリサイ派の一般的な否定的態度については、例として Alon 1977, 37-40 を見よ。ファリサイ派の規模についての「ユダヤ古代誌」の記述の重要性については以下を参照せよ。

123 「ユダヤ戦記」1.567-72;「ユダヤ古代誌」17.41-5。

124 「ユダヤ古代誌」17.149-67;「ユダヤ戦記」1.645-55。本書 310 ページ以降を見よ。Stern 1973, 144 を見よ。彼はこのような動きを後の反乱やシャンマイ派と結びつけている。Sanders 1992, 384f.

125 「ユダヤ古代誌」17.149。

126 「ユダヤ古代誌」17.152。

明らかなように、彼らは間違いなくファリサイ派だった。

④ 紀元6年の反乱は、またもやファリサイ派の活動と関連している。[127]この出来事についてのヨセフスの二つの記述を比較することは有益だ。先に書かれた記述では（「ユダヤ戦記」2.118）、ヨセフスは自らを「第四学派」と名づけたグループにイスラエル全体の問題を擦り付けることに非常に熱心で、ガリラヤのユダに反乱の咎を負わせ、ユダを「他のグループ（つまりファリサイ派やサドカイ派、エッセネ派）とは何の関係もない、自分自身のためのセクトを創設」したソフィステスだと評した。後の著作では（「ユダヤ古代誌」18.23）、ヨセフスはプロパガンダの手を緩め、ユダがファリサイ派のサドクと緊密に連携してしたことを公然と認めた（18.4f.）。これまで見てきたように、ソフィステスという言葉自体が、少なくともユダとファリサイ派的な敬虔や目的の大きな流れとの結びつきを示していよう。[128]ヨセフスの長大な記述（「ユダヤ古代誌」18.6-10）の後の、革命活動についての一般的な解説を、紀元6年の反乱または紀元66-70年の反乱に限定されたものだとするのは困難である。マカバイの反乱が未だ記憶に新しく、ローマの行政官たちの下で不穏な空気が続いていたことや、今後第8章から10章にかけて論じていく内容を勘案すれば、好機が訪れればローマへの反乱に参加することがファリサイ派のアジェンダの中でも重要な位置を占めていたことは明白だろう。

⑤ 先に少しだけ述べたが、ヨセフスはもっと自由に執筆した際に、第四学派とファリサイ派とを密接に結びつけていた。これら二つのグループの違いとは、イデオロギーや長期的な目標ではなく、それらを喧伝しよう

---

127 「ユダヤ古代誌」18.4-10;「ユダヤ戦記」2.118。本書312ページ以降を見よ。

128 「ユダヤ戦記」2.433も見よ。そこではユダはソフィステス・デイノタトス、「もっとも強力な教師」と評されている。誰かをデイノス・カイ・ソフォス「熟練して賢明な」と評するのは少なくともヘロドトス（5.23）やソポクレス（「ピロクテテス」440）にまで遡る。この時点とその後のファリサイ派の反乱への関与については Schürer 2.603 n.36（C. T. R. ヘイワードによって書かれた）; Sanders 1992, 385 を見よ。

としていた期間の長さだけだったようだ。ヨセフスがファリサイ派を批判から免れさせようとしていたという通説に従えば、この点は非常に重要な意味を持つ。しかし、メーソンが主張するようにヨセフスがファリサイ派の信用に傷をつけようとしていたのだとしても、これはヨセフスがファリサイ派についてありもしないことを書いたということにはならない。[129] ヨセフスはファリサイ派の中の見解の幅についてよく理解していたのかもしれない。

⑥ ここでは元ファリサイ派のタルソスのサウロの証言を見ていこう。彼自身の発言によれば、彼は教会を迫害し、「先祖からの伝承を守るのに人一倍熱心」だった。[130] ここには当時のファリサイ派の中の少なくとも一部のグループを特徴づけるいくつかの要素が組合わさっている。先祖からの伝承の研究、「熱心」、そして規範から外れたグループへの暴力である。後で見ていくように、これらの特徴がタルソスのサウロを30年代から40年代にかけての他のいくつかのファリサイ派と区別するものであるならば、それはこの証言の信憑性に疑問を投げかけるものではなく、むしろファリサイ派運動内部での分裂を指し示すものだ。[131]

⑦ ヨセフスはヘロデ・アグリッパの治世下での奇妙な出来事について記述している（紀元37-44年）。ある敬虔なファリサイ派のシモンは、（アグリッパの不在時に）彼が穢れていて神殿に入る資格が無いと非難した。[132] アグリッパは彼に対し驚くほどの親切と寛容さを示した。ヨセフス

---

129 Mason 1991, 282-5 によれば、ファリサイ派を反乱と関連づけるのは「ひどい中傷」であり、彼らの信用を傷つけるものだとしている。これはメーソンの修正主義的主張が行き過ぎたものであるように思える。この点では私は Sanders 1992, 408f を支持したい。

130 ガラテヤ1章13-14節。

131 サウロがシャンマイ派だった可能性については後述する。

132 「ユダヤ古代誌」19.332-4。別の写本によれば、この非難の矛先はアグリッパに一部エドム人の血が混じっているという、彼の出自についてだった。ロエブ版ヨセフスの、フェルドマンの注記（9.370f.）。この点は現在の議論とは無関係だ。シモンが本当にファリサイ派だったことを疑う根拠はない

はこの件では多分誇張して書いているのだろうが、ここでは彼の通常のアジェンダに反して、「宗教的な厳格さにおいて定評のある」ファリサイ派が、他の状況下では反乱へと向かう原因となりかねないような行動を取ったことを示している。

⑧ 別の奇妙な出来事はフェリクス統治下（紀元52−60年）で起きている。ヨセフスはシカリ党、「短剣を持つ者たち」の活動について描く際に、別の「邪悪な者たち（ポネロイ）」というグループにも触れている。彼らは「清い手と、それ以上に邪悪な考えを持つ（チェイリ・メン・カサラテオン・タイス・グノメイス・デ・アセベステロン）」者たちだと書かれている。このグループを特定するのは不可能だが、彼らは革命の意図と預言的熱狂をもって、あるグループを荒野へと導いた。彼らはそこで「自由の徴（セイメイア・エレウセリアス）」を得る望みを抱いて出かけたが、フェリクスの兵士たちに打ち倒された。しかし、この「清い手」という描写からは、彼らがファリサイ派ではないかという疑念が浮かび上がる。

⑨ ローマの代官フェストゥスとアルビヌスとの間の空位期間（紀元62年）、大祭司アナヌスの煽動で主の兄弟ヤコブが殺害された件で、アグリッパ2世に抗議したのもまたファリサイ派だった。ヨセフスは彼らについて、「都でもっとも高潔な心を持つと思われていて、律法においては厳格だった」と描写している。後半のくだりは、ファリサイ派についての他の記述を思わせるものだ。この出来事自体はファリサイ派を反乱と結びつけるものではないが、しかし当時のファリサイ派が私的な敬虔さと食卓での交わりだけに関心を持っていたグループだという主張には合致しない。彼らは微妙な政治問題についても声を上げていたのである。

⑩ ヨセフスの戦争自体への記述へと辿り着くと、私たちはここでシモ

（Goodblatt 1989, 27 を見よ）。
133 「ユダヤ戦記」2.258−9。
134 Hengel 1989 [1961], 233 を見よ（Zitlin の説に従って）。
135 「ユダヤ古代誌」20.200−2。抗議した者たちについては201 を見よ。Baumgarten 1983, 413f. を参照せよ。

ン・ベン・ガマリエルという名のファリサイ派を見いだす。彼はもっともよく知られた反乱の指導者のひとり、ギスカラのヨハネと親しい関係にあった。[136] 彼は「熱心党」に敵対していたと書かれているが、それは反ローマ運動そのものではなく、その名で呼ばれた党に反対していたのだった（ヨハネはもちろんこの党の指導者と同一だ）。シモンのファリサイ派運動が反乱活動に参加するのを妨げるものはなかった。

⑪ ファリサイ派の戦争への関与を示す更なる証拠は、アナニアス・ベン・サドクへの言及である。[137] ヘンゲルは、彼のアジェンダが神人共働説の一例（決定主義と自由意志との折衷的立場、以下を参照せよ）だったと見ている。「彼の神人共働説は終末的希望へと変容していった」[138]。私の目には、ファリサイ派の哲学的教理である神人共働説とは、実際は彼らの本質的に政治的信条（人間は自由を待ち望むと共に、そのために働かねばならない。それが究極的には上より与えられるものだとしても）を、ヨセフスが「無害な」哲学的議論へと変質させたものであるように思える。

⑫ 戦争時代のある小さな証拠は、ファリサイ派の敬虔さと革命的情熱には実際に密接な関係があったことを示している。マサダの発掘によって明らかになったのは、そこの儀式的浴場、ミクバがファリサイ派仕様だったことである。他にもファリサイ派の敬虔さを示すものが存在する。ヘンゲルの下した結論は合理的なものだ。「少なくともファリサイ派の一部は、ローマへの敵愾心という意味では、後のラビ的伝統［ここにヨセフスを加えることもできよう］よりも第四学派にもっと近かった」[139]。

---

136 「ユダヤ戦記」4.159（ここでは彼はシメオンと呼ばれている）。「自伝」189-98。ヨハネもまたファリサイ派だったのではないか、という示唆については Roth 1962, 69 と「自伝」74-6 を見よ。

137 「ユダヤ戦記」2.451。彼はファリサイ派だったと、「自伝」197, 290 に書かれている。

138 Hengel 1989 [1961], 123。

139 Hengel 1989 [1961], 88、更に詳しくは 401f. を参照せよ。そして特に Sanders 1992, 224-9, 407ff. Stern 1973, 140 にはマサダの浴場の写真が掲載されている。

⑬ 私たちはここで、ローマ統治下でのファリサイ派の政治的立場についての議論を締めくくる二つの分野での証拠について検証する。ここで言及するのは（a）紀元70年以降、ファリサイ派の後継者だと自認する人々の少なくとも一部の間で続いていた革命的傾向についてと、（b）ファリサイ派の祈祷、信仰、そして実践についてである。

これまでの議論を総括すると以下のようになるだろう。ローマが到来した紀元前63年からエルサレムが陥落した紀元70年までの期間、ファリサイ派の絶え間ない政治的、革命的活動を示す証拠を見いだすことができる。ヨセフスの、ファリサイ派全体を革命の咎から免責しようという明確な意図にもかかわらず、そうした証拠を見いだすことができるのだ。同様に、紀元70年以降に書かれた70年以前のファリサイ派についての記述の大要からは、ファリサイ派運動の中にも大きな分裂があったことが分かる。そして議論の焦点の一つが政治一般に、そして特に革命活動にどの程度ファリサイ派のメンバーが係わるのが妥当なのか、というものだった可能性は極めて高い。ローマの到来とヘロデ家の台頭は、ハスモン時代とは異なる状況をファリサイ派にもたらし、それに対する彼らの様々な反応を生じさせたと仮定できよう。

ここでファリサイ派内部に、見解の二極化がある程度生じたかもしれないが、新たな状況に対するファリサイ派の反応には連続性があったと見ることができる。連続性の一つとは、ヒレルと40年代に彼を継承したガマリエル、そして70年以降のヨハナン・ベン・ザッカイへと続く流れである。その各人に、革命運動に反対し政治活動から退いてトーラー研究の世界へと引きこもる用意があったように見える（このような態度自体も「政治的」なのだが）。トーラー（律法）の研究と実践が行えるのであれば、ローマに世界を支配させてもよいだろう。ここに、後の時代（つまり紀元135年以降）の賢者たちの立場を見いだせよう。興味深いことに、イスラエルの神はローマに世界を委ねたのだとしたヨセフスの立場を指し示すものもここに見いだせる。このよりオープンな立場のファリサイ派について

は、ルカ福音書の7章36節以降、11章37節以降、そして13章31節以下のファリサイ派に関する記述からも窺い知ることができるかもしれない。

　全く異なる連続性をシャンマイとその一派に見いだせる。彼らはある種の革命的な「熱心」を掲げていた。[140] ヤムニアでの議論以降、ラビ的ユダヤ教はヒレル派が主導していくことになったが、紀元70年まではシャンマイ派の方が優勢であり、紀元70年から135年にかけても期間もシャンマイ派は発言権を持ち続け、時には主導権を握ったこともあると考える十分な根拠がある。[141] この期間のファリサイ派運動全般は、革命運動に近い、もしくはそれに参加していた立場の人々によって先導されていた。その流れが先鋭化したのは紀元6年、66-70年、そして132-135年だが、その期間ずっと革命への機運は燻り続けていた。本章の冒頭に指摘したような、より豊かな都市生活者とより貧しい地方の人々の基本的な違いを思い起こせば、ヒレル派には都市生活者が多く、シャンマイ派が地方からの支援を多く取り付けていたことを示す兆候があったとしても驚くには当たらない。[142]

　いつの時点からファリサイ派内部でこうした分裂が生じたのだろうか。

140　Gafini 1987, 11、ミシュナー「シャバット」1.4; トセフタ「シャバット」1.16-20; エルサレム・タルムード「シャバット」1,3c; バビロニア・タルムード「シャバット」13b を引用している。これらの引用文は「18の戒告」について論じているが、それはユダヤ人と異邦人との厳格な分離を命じている。シャンマイ派はこれらを執行しようとし、ヒレル派はこれに反対しているが、これはユダヤ戦争勃発の紀元66年のすぐ前のことだった。Cohen 1979, 218 n.73; Hengel 1989 [1961], 200-6。ヘンゲルは「ファリサイ派の中には深刻な亀裂が生じていて、より過激なシャンマイ派は熱心党の運動と比較的近い立場にあった」と記している（206, 334f. を参照せよ）。

141　Hengel 1989 [1961], 334 を見よ（Finkelstein, Moore と Schlatter の説に続いて）。特に、一例としてミシュナー「シャバット」1.4 とその「愛国的響き」（Roth 1962,78）を参照せよ。

142　Finkelstein 1962 [1938], 619f. について、Hengel 1989 [1961], 333f. で論じられている。Schäfer 1990, 296 では、紀元70年から135年にかけては多数のユダヤ人がローマ文化に同化し、その多くが都市生活者だったと論じられている。

アロンは、熱心党の前身となったグループとローマの支配を受け入れる準備があったグループという区分が生じたのは、アグリッパ1世の統治の後、戦争勃発前（つまり紀元44年から66年にかけて）だと示唆している。[143] アロンはまた、中間派的な第三の派閥の存在を指摘している。これはシメオン・ベン・ガマリエルのような人によって代表されるグループで、アロンはこれを古典的なファリサイ派の立場だと見ている。つまり成功の機会が到来し、また他に選択肢がない場合にのみ武力闘争に参加しようという立場だ。このような分裂が生じた時期について、紀元前63年から紀元66年までの間のどこかで生じたと言える程度の証拠しかないように思われる。もっともありそうなのは、ヘロデがハスモン家から支配権を奪い取った時期だろう。これはヒレルとシャンマイがファリサイ派内に二つの学派を創設したと考えられる時期とぴたりと合致する。

　こうした政治への関心が、ファリサイ派内、あるいはそれを超えたユダヤ社会での清潔規範への関心の高まりと連動していたと考える十分な根拠がある。サンダースは、後のラビ時代に遵守された清潔規範のどの部分がこの時代に守られていたのかを特定するのは非常に難しいことを示した。しかし彼らが日常の中で、旧約聖書の規定から求められる以上の清さを保つように努力していたことに疑問の余地はない。そして彼らの追い求めた清さが、細かな部分においてにせよ象徴的なジェスチャーにおいてにせよ、祭司たちが神殿での務めに際して求められる清さの基準と非常に近かったこともほぼ間違いない。これから見ていくように、他のユダヤ人たちと同様、ファリサイ派にとっても神殿は基本的なシンボルとして機能していた。そして清潔規範の実践と、特にトーラーの研究は、通常は神殿の神の御前で仕える者しか得ることのできないステイタスを、日常生活の場においても可能にするためのカギとなるものだった。

　どの程度の影響力をファリサイ派は持とうとし、そしてこの時期に彼らはどの程度それを行使していたのだろうか。この質問に答えるために、二

143　Alon 1977, 43f., 47。

第7章 多様性の広がり 351

方面から考えねばならない。(a) ヨセフス（または彼の情報源）は、大衆とハスモン家の下での政府に対する彼らの影響力を誇大に描いていたのかもしれない。しかし、これを支持する議論は近年のメイスンの本の出版によってかなり相当説得力を失った。ファリサイ派がこの期間に影響力を持っていなかったと考える理由はない。(b) 紀元70年以降の期間に、ファリサイ派の後継者たちは実質的にも法律的にも権威ある立場についたことは間違いない。したがって、(c) ここである連続性を想定するのは難しくない。つまり、紀元前63年から紀元70年までの期間も、ある程度の修正は余儀なくされたものの、彼らは影響力を保ち続けた。この可能性は、彼らが自分たちの内輪以外では影響力を持ったことも行使したこともないという主張よりは、もっともらしいものだ。その影響力の度合いについて正確に知ろうとするのは不可能だ。しかし、少なくとも何人かのファリサイ派（ガマリエル、シメオン・ベン・ガマリエル、そして戦時下での他のファリサイ派の人々）が政治的に一目置かれる人物だったという事実は、彼らが公式な政府の集まりの中で一定の発言力を持っていたという可能性を高めるものである。そしてさらに強力な理由から、彼らが大衆に対して持っていた実質上の教師としての影響力（法的には祭司たちが彼らの教師だったが）は未だ健在だった可能性が極めて高い。今や、立証責任はこれとは反対の意見を持つ人々の側にある。[144]

ファリサイ派の地理的な広がりと、数的な優位性についてはどうだろう。近年、イエスの時代のファリサイ派は小さなグループで、その数もせいぜい数千人がやっとで、ほとんどがエルサレムに居住していたという主張がなされるようになった。[145] しかし、この説を支持する根拠は極めて薄弱だということが明らかになった。彼らの所在地について言えば、エルサレム

---

144 Mason 1990、そして特に1992, 372f. を見よ。これはSmithとその追従者たちとは反対の立場である。

145 Sanders 1985, 例えば194-8, 292; 1992, 14, 398, 412, 等など。これはSmith 1977 [1956], 1978, 153-7 の見解に従ったものだ。Sandersの新刊（1992）では、彼が以前強調していた（1985）地理的な面についての言及が姿を消した。

に本拠を置いていたことに驚きはない（ヨハネ福音書 4 章 1-3 節はそのことを指し示している）。また、ガリラヤを含む各地に代表を置いていた可能性も極めて高い。[146] ガリラヤのユダの反乱がファリサイ派内のシャンマイ派と緊密に結びついていた可能性については既に考察した。ファリサイ派内部のもう一つの派を代表するヨハナン・ベン・ザッカイのストーリーでは、ガリラヤ人はトーラーを憎む者たちだと糾弾されている。[147] これはガリラヤ全土がファリサイ派に従わなかったことを指し示しているのかもしれないが、しかしこれもファリサイ派がガリラヤである程度活発に活動していた証拠とも言える（特に、マタイ 11 章 20-24 節を参照するならば）。いずれにせよ、このストーリーは、ファリサイ派による非ファリサイ派の糾弾というよりも、ヒレル／シャンマイ間の論争を反映しているのかもしれない。[148] （福音書の記述を除く）この時期のファリサイ派についての記事の中でも、ファリサイ派がガリラヤや更にその奥地に、強い権威を伴ってエルサレムから派遣されたことが 4 回ある（最後のケースはヤムニ

---

146 Dunn 1988, 特に 280f.; Goodman 1987, 73ff.; Freyne 1988, 200ff. ダンは「ユダヤ古代誌」20.38-48 にある出来事を特筆している。ガリラヤ出身のエリアザルというファリサイ派について書かれている。ダンによって提起された議論に加えて、ミシュナー「ヤダイム」4.8 についても考察すべきかもしれない。これはファリサイ派と、「あるガリラヤの異端」との論争について書かれている。ガリラヤにおける強力な「ハシダイ」運動も証拠として挙げられる（Gafni1987, 13 を見よ。Safrai を引用している）。

147 エルサレム・タルムード「シャバット」16.8 （15 版）。

148 Smith 1978, 157 に反対して。Freyne（1980, 341 n.74）は、Finkel と Abrahams が示唆した可能性、つまりシャンマイ自身がガリラヤ人だったという説を退けた。Neusner 1970, 47 ではヨハナンの 18 年間のガリラヤ滞在（おそらく紀元 20 年から 40 年）と、同書 47, 51 ではハニア・ベン・ドサのこの地域での生活について触れられている。ヨハナンがヨセフスに向けて送られた派遣団の一員だった可能性については、Roth 1962, 72f. を見よ。ファリサイ派が戦争勃発後にガリラヤに送られたのは「彼らの物珍しさをガリラヤ人に印象づけようとした」ためだった、というスミスのアイデア（Smith 1978, 157）はまったく馬鹿げている。

アからだったからかもしれないが)のは興味深い。[149] 問題は、ファリサイ派がこうした使節団に係わっていたかどうかではない。問題は、どのような要件で彼らが出向いたかなのである。この件についての議論は当面先送りしなければならない。

彼らの数について私たちが知りうる数字は、カエサルへの忠誠の誓いを拒否したのは「6千人を超えていた」というユダヤ古代誌 17.42 の記述があるだけだ。この数字はほぼ間違いなくダマスコのニコラスからヨセフスに伝えられたもので、この出来事はヘロデ統治下の後半のいずれかの年にエルサレムで起きたことだろう(概ね紀元前 10 年)。しかしこの数字は半世紀後の(特に二つの主要な反乱を含む半世紀。この二つの反乱は、多くの人々がファリサイ派運動に加わる契機となったかもしれない)エルサレムのファリサイ派の数を正確に伝えるものではなく、ユダヤ全土のファリサイ派の数でもなく、ましてやディアスポラを含むユダヤ教全体の中でのファリサイ派の数でもない。[150] もちろん、これはファリサイ派が巨大で、何処にでも存在し、非常に強力なグループだったという一昔前の説を支持している数字ではない。しかし、これは当時のファリサイ派が相当の数を擁し、ある程度広い範囲で活動し、ある程度の影響力を持っていたことを示している。

3.

ここで紀元 70 年から 135 年までの期間に議論を進めよう。紀元 70 年の出来事が、政治への関与から私的な敬虔さの追求へという巨大な変化をもたらしたと考えることは可能かもしれない。これはヨセフスの描くファリ

---

149 使徒言行録 9 章 1 節以降のタルソスのサウロ;ヨセフス「自伝」62ff.;ヨナタン、アナニアス、ジョザル、サイモン(最後の人物は大祭司一族の者で、他はファリサイ派)「自伝」196ff.;ヨナタンの弟子の一人は、おそらくはガリラヤのベト・ラムに住んでいた奇妙な聖人を調査するために派遣された(Freyne 1980, 316)。

150 ヨセフスの伝えた「6千人を超える」という数字は現在の議論の際に頻繁に引き合いに出され、また時として曲解される(Freyne 1988, 200 では「6千人以下の」と書かれている)。

サイ派とミシュナーに描かれる彼らとの違いをよく説明するものだと考えられてきた。[151]しかし、紀元132年から135年の第二次ユダヤ戦争に至るまでの、紀元70年のエルサレム陥落後のユダヤ教移行の期間においても、ファリサイ派が革命活動に参与し続けたという証拠がある。第一に、ヤムニア期と呼ばれる時間のもっとも偉大なラビのひとりであるエリアザル・ベン・ヒルカヌスは、ローマによる破壊は、ゼカリヤが預言したように神の王国到来のための必須条件だったと語ったと言われている。[152]より穏健なガマリエル2世によるエリアザルの破門は、[153]トーラーについての細かな点における見解の相違というよりも、政治的スタンスの大きな違いによるものだったというのはありうる話だ。また、そのような政治問題について、一方が他方を破門することなしに議論が紛糾することも多いにある。ヒレルとシャンマイ、そして彼らの後継者たちの間での論争から見えてくるのは、紀元70年前のファリサイ派内に考え方の異なるグループが存在していたという事実は、紀元70年後のユダヤ教再期にも見られる特徴だったということだろう。紀元132年の反乱そのものをヤムニアの成果として考えることも可能かもしれない。つまり、再びローマと事を構えられるほ

151　この点についてはStemberger 1991, 129-35を見よ。

152　タルグム「出エジプトのメキルタ」17.14（1.2.158）。エリアザルについてはSchürer 2.272-4、また特にNeusner 1973を見よ。シャンマイ派のエリアザルへの影響については、Neusner 1973, 第2巻の目次を見よ。「シャンマイ一門」の項目。ニューズナーは、後の時代のラビたちが衆目一致してエリアザルがシャンマイ派だったという説を支持したわけではないと書いているが（一例として2.307-10）、これはほぼ間違いなく、問題含みの伝承が後の時代にトーン・ダウンされたというケースだろう。Hengel 1989 [1961] 108f. も見よ。ヘンゲルはここで、彼が「熱心な」と描写するエリアザルが、革命を単に待ち望むだけでなく積極的に促進したという可能性について、不必要なほどトーン・ダウンした書き方をしている。Neusner 1979も参照せよ。ここでは（23-30）エリアザルが、70年以降にも受け継がれた70年以前のファリサイ派を体現した人物だと書かれている（それは単に模倣したということではない）。一方で、ヨハナン・ベン・ザッカイは古風な書記の伝統を体現した人物だとされている（37ff.）。

153　Neusner 1973, 1979。

第 7 章　多様性の広がり　355

どユダヤ人たちは自分たちが結束、団結していると感じていたということだ。[154]

　第二の点はもっとも明白な点だが、ファリサイ派の伝統に立っていた 70 年以降の賢人で、ローマへの抵抗を支持していたのはもちろんアキバだが、彼はヤムニア時代に生まれ育った世代の中でももっともよく知られた人物だ。[155] シメオン・ベン・コシバをメシアとして称揚した彼の行動は、当時の人々の数人から反対されたが、その反対の理由とは思想的なものというより、年代計算の違いのためだった。つまりアキバはメシア到来の時期の計算を間違えてしまったので、彼はメシアが到来するとうの昔に死んで葬られてしまったということだ。[156] ローマからイスラエルを解放してくれる戦闘的なメシアへの期待そのものにあえて異議を唱える者はいなかった。後世のある人々から「ミシュナーの父」と見なされたアキバは、バル・コクバへの熱烈な支持とその高貴な殉教によって、政治と敬虔の結合が続いていたことの生きた証となった。私たちの知る限り、このような結合はファリサイ派の黎明期から顕著なものだったのだ。

　紀元 70 年から 135 年の間、私たちが見てきたような二つの流れがあっ

154　Gafni 1984, 31 の議論を見よ。Schäfer 1990 では、バル・コクバの反乱は祭司たちに率いられ、トーラーに忠実な田舎の民衆に支持されたと論じられている（297）。

155　アキバについては、Schäfer 1978, 65–121; 1980; 1981; Schürer 1.543f., 552 n.173; 2.378–8; Urbach 1987 [1975], 673f. Alon 1977, 45f. では「ファリサイ派の大多数はラビ・アキバとバル・コクバに賛同していた」と強力に論じられている。

156　エルサレム・タルムード「タアニート」68d、ラビ・ヨハナーン・ベン・トルタからの異議が記されている。Beckwith 1981, 特に 536–9。バル・コクバがダビデの家系の者ではないという異議申し立てについては、Urbach 1987 [1975], 674 を見よ。この場合でさえ、反対者たちはダビデ家出身のメシアがイスラエル解放のための戦争をするという国家主義的考え自体には満足していた（Schäfer に反対して。彼は、アキバは恐らく少数派だと論じた。しかしこの説は、後世の人々がアキバの政治的姿勢に反対していたにもかかわらず彼を賞賛したという事実に照らすと、信憑性は弱い）。

たが、それらはもう「ファリサイ派」ではなかった。この非常に複雑な状況について注目せねばならない。(a) ラビ的賢者たちは、二つの「学派」をどちらも自分たちの精神的祖先と見なしていた。もっとも、135 年以降には政治的側面はすっかり影を潜め、敬虔主義的流れの陰に隠れてしまったが。ヤムニアとその後の時期のラビたちは 70 年以前のファリサイ派たちと同一線上にはいないし、ファリサイ派のある学派の門下生でもない。彼らには様々な立場が含まれていて、その多くは 70 年前のファリサイ派の多様性にその起源を持っていた。[157] (b) ヒレルとその学派が「敬虔」を代表し、シャンマイと彼の学派が「政治」を表してる、というほど話は単純ではない。革命という選択肢が最終的かつ明確になくなった後（つまり 135 年以降）に初めて、「政治」と「敬虔」との間のはっきりとした線引きが意味を持ち始めた（そうした線引きが 70 年以前やハスモン家時代にすらあったという、時代錯誤的な主張もあるが）。[158]

むしろ、自分たちの全精力をトーラーの書記的解釈に注ぐことに満足していた人々は、ヨハナン・ベン・ザッカイと彼に続くガマリエルⅡ世の指導の下にいた。厳格な古くからのファリサイ派のアジェンダに従い、革命の希望に固執していた人々の中には、エリアザル・ベン・ヒルカヌスや、彼の少し後にはアキバもいた。しかし、これら二つの派閥の内部には、または二つの派閥の間にも、議論の余地もあったし柔軟性もあった。タルソスのサウロが彼の師であるガマリエルと非常に異なる立場を取ったり、ネヘンヤ（以下を参照）が自分の師であるアキバとは正反対の見解を喧伝していたように。

それゆえ、ニューズナーの見解に従って、ヨハナンの伝統は「書記的」で、エリアザルのそれは厳格な「ファリサイ派的」なものと考えたとし

---

157 Sanders 1992, 412 では、彼のいつもの見解、つまり 70 年以降のラビたちは 70 年以前のファリサイ派の直接の後継者だという見方が繰り返されている。

158 注目すべきものとして、Rivkin 1978。Cohen 1980 と Baumgarten 1991 による批判を見よ。先に見たように、積極的な「政治的」生き方から退避すること自体、「政治的」決断なのだ。

ても、あるいはヨハナンとエリアザルとの間の論争はヒレル派（ヨハナン）とシャンマイ派（エリアザル）との間の長きにわたる論争の焦点だったと仮定しても、それらは実質的な違いというより言葉上の問題にすぎないのかもしれない。大きな変化が起きた後に生じた新たなグループ編成には、新しい状況に対する対応の違いと、70年以前のユダヤ教内部の異なる敬虔や伝統の流れの両方が影響していた。いずれにせよ、紀元70年から135年までの状況は、その後のラビ的伝統が示しているのより遥かに流動的だった。ラビ文献が示唆するようにヒレル学派が圧倒的に優勢だったとすれば、バル・コクバの反乱への支持などなかったはずだ。実際、この変遷期のもっとも偉大な人物だろうと後世の人々から見なされたアキバもこの反乱を支持した。アキバは、政治参加に積極的で革命指向のファリサイ派の伝統に立っていたのは間違いないが、後の人々は彼を偉大なトーラーの教師として崇めていた。アキバの時代とはすっかり状況が変わってしまった時代の人々は、彼がきっと支持したであろう事柄について関心を寄せていた。しかし、アキバがそれらを支持したのは全く異なる状況下でだったのだが。

4.

2度目の反乱の後に、私たちの知るところのラビ的ユダヤ教の真の幕開けとなる時代が始まった。それ以降、革命を話題にするのは禁物になった。アキバの弟子のネヘンヤ・ベン・ハカナは、時代の空気の変化を伝える言葉を残している。「律法のくびきを負う者は、王国のくびきや浮き世の苦労のくびきから逃れられる」、そして逆もまたしかりだ。つまりトーラーを学ぶ者は、政治権力について考える必要がないということだ。[159]この点で、ネヘンヤはエリアザルや（ネヘンヤの師の）アキバよりも、ヨハナン・ベン・ザッカイの立場に近い。このような態度でトーラーを学ぶ者たちには神殿は必要ない。2世紀後半の賢者であるラビ・ハラフタ・ベン・ドーサ

---

159 ミシュナー「アボット」3.5。Murphy 1985では、第2バルク書が同じ立場だと論じられている。

の言葉とされるミシュナーのすぐ次の言葉には、「もし十人の男たちが共に座ってトーラーに専心するなら、神の臨在がそこにある」とある。つまり、トーラーを学ぶことには神殿で礼拝するのと同じ効果があるということだ。いずれの場合でも、人はシェキナー、つまりイスラエルの神が宿る場所にいるということになる。[160] このような視点に立てば、反乱によって得られるもの全て（その中でももっとも重要なのは、適切な、神によって定められた神殿の再建だ）は遠い未来へと押しやられる。反乱活動に注がれていた活力は、今や修正主義的学術活動へと振り向けられることになった。近代的ユダヤ教の誕生である。

ここでこれまでの時代の推移を振り返ることで、これまで議論してこなかった二つの重要な特徴を見いだすことができよう。それは祈祷と神学だ。

第一に、もし私たちがファリサイ派について何か知っているということができるとすれば、それは彼らが祈っていたということだ。彼らは『シェマー』を唱えていた。また彼らは『シェモネー・エセル』、つまり十八の祝福を唱えていた。しかし、これらの祈りはそもそも厭世的な敬虔主義を表明したものではなかった。『シェマー』はイスラエルの神がこの全世界の唯一の神だと主張し、この神はその民を義とするだろうという信仰を涵養するものだった。アキバがローマによって拷問され死に至るさなかに『シェマー』を唱えていたのは偶然ではない。[161] 十八の祝福には、イスラエルを贖う者がやってくること、死者の復活、大いなるラッパの響きとともにくる解放の布告、散らされたイスラエル人たちが集められること、イスラエルの敵の破滅、エルサレムと神殿の回復、そしてメシアの到来という

---

160 ミシュナー「アボット」3.6。その数が五人でも、三人でも、二人でも、たった一人でさえ神の臨在があるのだと以下に論じられている。

161 Schürer 2.454-5 を見よ。アキバについてはバビロニア・タルムード「ベラホット」61b。もしこの記述が全く神話的なものだとしても、これはこの祈りと革命的渇望との結びつきを基本的に支持するものだ。『シェマー』が神の王国の布告であることについては、Hengel 1989 [1961], 92-9 を参照せよ。

考えが含まれている。マカバイからバル・コクバにかけての期間の一連の出来事と、そしてユダヤ人たちがこれらの祈りを日夜唱えていたという事実に直面しながらも、それでもなお、ユダヤ人たちはこれらの字義通りの意味を理解することは決してなかったし、彼らがその祈り求めていた祝福をもたらすために、イスラエルの神のエージェントとして政治的、革命的活動に関与することも決してなかった、と主張する学者たちは余程大胆なのだろう。もちろん、こうした祈りは135年以降も続けられた。しかしそれ以降は、ネヘンヤの言葉が示すように、これらの祈りは新しい時代の秩序を経験した、トーラーに専心する人々によって組織的に再解釈された。そして、この新時代秩序においては、今日の世界におけるもっとも顕著な新世界秩序の提唱者のひとりがそう主張するように、神学と歴史は互いに全く無関係なものとなった。[163]

　第二のより一般的な考察は、ファリサイ派の信仰体系に関連している。ヨセフスのこの件についての記述は、復活という概念の重要性を際立たせている。[164] しかし、この復活信仰は、死後の生活についての単なる憶測ではない。初期のテクストから見て取れるように、それはイスラエルが再構成され、回復されることへの願望と結びついている。[165] 以下で考察するように、サドカイ派が復活を拒否した真の理由はおそらくこの点にある。[166]

162　Schürer 2.455-63 と、Hengel 1989 [1961], 107f. の議論を参照せよ。これらや他の祈りを、国家的贖いについての具体的な証拠だとする見方については、Urbach 1987 [1975], 653-60 を見よ。

163　Neusner 1991, 83f。Freeman 1986 には、典礼文学に潜在的に見られる政治的概念についての巻末資料が含まれている。

164　「ユダヤ戦記」2.162-3;「ユダヤ古代誌」18.14（これについては、フェルドマンのロエブ版ヨセフス9.13への脚注を見よ）;「ユダヤ戦記」3.374;「アピオーン」2.218 を比較せよ。どちらもユダヤ教の復活の教理をストア派的言語に「翻訳」しているように見える。使徒言行録23章6-8節、ミシュナー「サンヘドリン」10.1 も参照せよ。Schürer 2.539-47; Mason 1991, 156-70, 297-300 のしっかりとした議論を参照せよ。そして10章以下を見よ。

165　例として、エゼキエル37章1-14節、第2マカバイ7章7-40節を見よ。

166　「ユダヤ戦記」2.165;「ユダヤ古代誌」18:16; マタイ福音書22章23節とそ

彼らがもっとも恐れていたのは、大きな反乱の勃発によって彼らの不安定な権力が奪われてしまうことだった。

　ヨセフスが注目したファリサイ派の別の信仰は、摂理または運命に関することだ。[167]エッセネ派の教理についてヨセフスは、「全てを神の御手に委ねることを常としていた」と書いている。[168]一方、サドカイ派はあらゆることは人間の自由な意志によって決まると信じていたとしている。[169]ファリサイ派はこれらの中間的な立場で、全ては神の摂理によってもたらされるが、人間も自由意志を持っていると信じていた。[170]ヨセフスはこれらの記述の中で、またもや明らかに彼らの実際の立場をヘレニズム哲学の言語に「翻訳」している。それらの常套表現によって、ユダヤの各派が、抽象的な事柄について座りながら論じていたギリシャの哲学学派的な存在であるかのような印象をローマの聴衆に与えた。これらの見せかけの外観から、彼らの本当の社会的・政治的実態を見て取るのは難しいことではない。エッセネ派の有り様から言えることは、彼らはイスラエルの解放を待ち望んでいたが、彼らはそれを単に待ち続け、その実現の時期についてはイスラエルの神に委ねていた。サドカイ派の実相から伺えるのは、彼らは政治権力を自らが保持し続けられることを信じていたということだ。これらのことは、私たちがエッセネ派やサドカイ派について知りうることから明らかだ。同じような推測から、ファリサイ派の信仰について以下のことが言えよう。イスラエルの神は行動を起こされるだろう。しかし、神に忠実なユダヤ人たちはその神の行動のエージェントあるいは手段となることが求められるだろう。この推論は、いままで私たちが学んできた証拠とうまく適合するし、ファリサイ派内部での議論からも伺えることだ。つまりヒレル（とガマリエル、使徒言行録5章33-39節参照）はこのことについては神

　の並行記事；使徒言行録23章6-8節；そして10章以下。
167　この点については、Mason 1991, 132-56, 293-7, 384-98を見よ。
168　『ユダヤ古代誌』18.18。
169　『ユダヤ戦記』2.164f.
170　『ユダヤ戦記』2.162f；『ユダヤ古代誌』13.172, 18.13。

に委ねようとする傾向があったが、シャンマイ（やタルソスのサウロ）は自らが神の介入の手段として用いられるのを望んでいたということだ。ヨセフスの当たり障りのない哲学上の議論をめぐる記述の背後にあるのは、政治的・革命的抗争という不穏な空気が漂う1世紀の世界なのだ。[171]

さて、ファリサイ派については以下のように総括できよう。マカバイ時代に宗教的・政治的圧力団体として誕生したファリサイ派はハスモン王朝時代の後期にもっとも大きな事実上の権力を獲得した。ヘロデ王朝の台頭と、ローマの総督たちによる統治によっても、彼らのイスラエルを異邦人の慣習や支配から解放しようという熱情が衰えることはなかった。彼らの多くは紀元135年に至るまで抵抗運動に積極的に関与し続けた。[172] 同時に、ニューズナーや彼の追随者たちが描くように、ヒレルの時代に政治から敬虔への変化が生じ、その変化が紀元135年以降の時代に持ち越されたのだ、という説には同意できない。ヒレルとシャンマイという二つの「学派」が、ファリサイ派のあり方についての二つの選択肢をすでに示していたというのはあり得ることだ。そのどちらもイスラエルの解放に関心を寄せていたし、清さを保つことへの配慮はこの大義に資するものだった。しかし、ヒレル派はこの実現をイスラエルの神に委ねることに満足したが、シャンマイ派は自ら神の行動を代行するエージェントになろうと熱望していた。どちらも敬虔で、どちらもある意味では「政治的」だったといえる。彼らは単に、その二つを結び合わせる方法において異なっていたのだ。

171　Hengel 1989 [1961], 122f.
172　私たちはここまで、Hengel 1989 [1961], 228, 334; Saldarini 1988, 285–7; Rhoads 1976, 38f.; Sanders 1990a, 242–5、これらの学者たちによって提起された事柄を追求し、また立証してきた。また、私たちは Smith 1977 [1956]; Neusner 1973（そして彼の他の研究作品）; Levine 1978 らとは反対の立場を採ってきた。Berger 1988 は、パレスチナのファリサイ派が政治的グループであり続けたという点については正しいように思われるが、かれらの立場とディアスポラのファリサイ派の「宗教的」立場との間には深い溝があったとする見解（261）はほぼ間違いなく誤りであろう。

最後に二点、指摘しておこう。ファリサイ派内部の異なる学派間での議論は、ミシュナーの中身を構成している。これらの議論は、様々なレベルで何世代にもわたって続けられた。清さについての細かな議論は、より大きな問題をも含意するものだった。現代においても、政治に関する小さな議論は熱気を孕みがちだが、それはこうした小さな議論の中に大きな政治上の論点が暗黙の内に、しかしシンボリックに強く示されているからだ。このような事柄に関してのファリサイ派内部での議論と、[173] ファリサイ派と他のグループ、つまりサドカイ派やキリスト教徒、エッセネ派との間の議論には重要な違いがある。実際、ファリサイ派内部の議論についてでさえ、後のミシュナーにおける議論に見られるような寛容や諧謔の精神よりも、紀元70年以前の暴力や脅迫の様相が見受けられることもしばしばだ。[174] 現代との類似性で言えば、ある国家やグループが窮地に陥った際、小さなことが巨大でシンボリックな意味合いを持ち、情熱をかき立てることがあるということだ。紀元70年後でさえ、エリアザル・ベン・ヒルカヌスの例が示すように、一方が対立する学派の指導的人物を破門することもできたのである。[175] ファリサイ派運動全体に疑問を投げかけるようなより先鋭的な問題が関わってくる場合には、新約聖書を持ち出すまでもなく、ファリサイ派（や少なくとも彼らの内の幾人か）は素早く反応したことを示す証拠がある。

第二に、そして最後に、ファリサイ派についてのこれらの記述は、様々な資料が本当に指し示していることを理解するための道筋をつけてくれる。

1) ヨセフスは、「ユダヤ戦記」においてファリサイ派の革命運動への関与をなるべく小さく見せ、また彼らをギリシャの哲学学派のように見せることに心を砕いていた。「ユダヤ古代誌」では、別の視点を入れることを容認した。[176] ヨセフスの記述は、批判的に読めばもっとも重要な情報源

---

173 Finkelstein 1962 [1938], 334 を見よ。
174 Goodman 1987, 74f.
175 本書294ページ以下を見よ。
176 私は確固として Schwarz 1983 や Mason 1990, 1991 など（彼らのニコラ

になる。

 2) 死海文書の謎めいた言及は、紀元前1世紀の死海文書の著者がファリサイ派をライバルと見なしていたことを示しているという程度のものでしかない。

 3) パウロについては、彼をヒレル派と見なそうとする動きがあるが[177]、彼の言動はシャンマイ派の「熱心」を示している。回心後の彼は、いくつかの点で顕著な変化を見せ、ある意味で明確にヒレルの立場に近づいたことは驚くには当たらない。今や彼の主要な関心事は、異邦人たちをイスラエルの神の一つの契約の中に導き入れることになった。彼は異教信仰を容認しなかったが、キリスト教に回心した異邦人はもはや異邦人ではない、と論じた。パウロ自身は、この新たな状況の中でもイスラエルの契約の伝統に留まった。イスラエルの神は、ついにその民を解放すべく行動を起こしたのである。[178]

 4) と 5) 福音書とラビ文献から得られる証拠群は、どちらもバイアスがかかっているが、しかしそれぞれのバイアスは別方向に向いている。福音書でのイエスとファリサイ派との論争には、イエス自身の「裁判」と、原始教会の宣教上の懸念との両方が投影されている。後に考察してゆくように、共観福音書に見られる安息日や食事規定についての論争は、ファリサイ派内部の問題ではなく、二つの（ある意味での）セクト運動の間での、互いの自己認識に係わるものだった。ミシュナーとその後の時代のラビたちは、ファリサイ派を清さへの関心についての先駆的存在と見なしていた。紀元70年と135年の決定的壊滅の後に、その清さへの関心は彼らを自ら

スについての議論にもかかわらず）の立場を支持し、Smith 1977 [1956] や Goodbalatt らに反対する。たとえヨセフスが「ユダヤ古代誌」の中でファリサイ派の実際の力について誇張して描いていたとしても、「ユダヤ戦記」のより短い（また非常に偏向した）記述を「ユダヤ古代誌」よりも重要視すべきだということにはならない。

177　Jeremias 1969b を見よ。反対意見として、Bruce 1977, 51 など。
178　パウロについては Wright 1991a と、本シリーズ第 4 巻を見よ。

の閉鎖的な世界へと引きこもらせることにつながっていった。彼らは、ちょうどヨセフスが政治問題を哲学問題へと翻訳したように、自分たちの先駆者たちが抱いていた政治的論争を清さについての問題へと翻訳したのだった。

　これらの資料の中には、ファリサイ派の実像に私たちを直接導いてくれるものは存在しない。しかし、ファリサイ派像を再構築する過程の中で、証拠のいくつかを削除するように促すものは何もないのも確かなことだ。また、私たちを無謬の「客観的」な立場に立たせてくれるものもない。ファリサイ派は相変わらず複雑で、捉えどころのないグループである。だからと言って、歴史的に見て可能性の高い彼らに関するいくつかの基本的な特徴を描いていくのを諦める必要はない。彼らの世界観や信仰体系は大きな枠組を形成し、その枠組の中で1世紀のユダヤ人たちは各自の信条や行動を選択することができた。これについては次章以降で見ていくことにする。紀元1世紀のユダヤ教やキリスト教の全体像には、とても興味深い点や価値ある事柄が含まれているのである。

4.　エッセネ派：脚光を浴びるセクト

　ファリサイ派がはたして「セクト」なのかどうかについての学者たちの議論は続いている。しかし、死海北西部の海岸沖のクムランに居住していたグループがセクトであることに議論の余地はない。もしセクトと呼ばれるグループが存在したならば、それは彼らのことだ。他のイスラエル人から地理的にも神学的にも隔絶していた彼らは、自分たちこそ神の全ての約束と聖書を受け継ぐ者だと称し、他の敬虔な宗派ですら危険で欺く者たちだと見なしていた。彼らは自分たちが光の子らで、異邦人たちだけでなく他のユダヤ人を含む全ての人々を闇の子らだと考えていた。実際、彼らほ

どセクトは何であるのかを見事に体現していた人々はいなかった。[179]

しかし、彼らがセクトだということに異論はないとしても、クムランに関するその他のほぼ全ての事柄について議論が続いている。死海文書研究の第一の波、すなわち最初の写本の発見から（1947年）、シューラーの改訂版に死海文書についてのセクションが載ったものが出版されるまで（1979年）の間に、この共同体の起源と歴史について確固とした結論が出たように見えた。彼らはエッセネ派で、彼らの存在はフィロン、ヨセフス、プリニウスの著作を通じて知られてきた。[180] しかし、過去10年ほどの間に、このコンセンサスへの疑問がとみに高まってきた。「クムラン共同体＝エッセネ派＝写本の著者たち」という図式はもはや全面的な支持を受けなくなってしまった。今や多くの学者は、クムランに住んでいた人々はエッセネ派というずっと大きな運動の下位集団か分派だと論じたり、あるいは彼らがより大きく発展していった運動の原点だったのではないかと考えるようになった。写本自体の詳細な研究によって、それらの写本が微妙だが実質的に異なる別々の共同体によって作成されたことを示している。特に「ダマスカス文書」は、「共同体の規則」とは異なる共同体と組織による書である。[181] 多くの学者は支持しないものの、写本そのものがクムランで書かれたのではなく、紀元60年半ばに戦争が近づいてきたことから安全上

---

179 Davies 1990, 513によれば、「セクト」とは「社会的に閉鎖的なシステムで、非協調的なイデオロギーを信奉している人々」と定義される。Sanders 1992, 352によれば、1QS（共同体の規則）はセクトによるものだが、ダマスカス文書はそうではないことになる。

180 フィロン「すべての善人は自由であること（*Quod Omn.*）」12(75)-13(91)；「観想生活（*De Vit. Contempl.*）」；ヨセフス「ユダヤ戦記」2.119-61；「ユダヤ古代誌」13.171-2；18.11, 18-22；大プリニウス「博物史」5.15/73。詳細や議論については特にVermes 1977; 1987 [1962], 1-57; Schürer 2.555-90; Dimant 1984; Calloway 1988; Schiffman 1989を参照せよ。直近のものとして、Sanders 1992, chs. 16-17。

181 特にDavies 1982; 1987;1990を参照せよ。部分的にMurphy-O'Connorの一連の論文、特に1974の説を踏襲している。Charlesworth 1980と、異なる見解としてWacholder 1983も見よ。

の配慮でそこで保管されていただけなのだ、という説も唱え続けられている。[182] デルフォイの神託のように、洞窟から秘密が明らかになればなるほど新たな疑問も増していく。

キリスト教の母体となったユダヤ教を研究しようという私たちの目的にとって幸いなことに、これらの疑問について結論を出す必要はない。これらの写本がどんなに多くのグループや個人によって書かれたのだとしても、私たちの関心は、この時期のあるユダヤ人たちがどのように考え、生き、また祈っていたのかということにある。つまり、ある特定の状況下での聖書の新しい読み方、共同体の形成、信仰と希望の表明についてどんな選択肢があったのかというのが私たちの関心事なのである。ファリサイ派について言えば、原始キリスト教が彼らの運動をライバル視し、特にパウロが彼らを自分の出身母体と見ていたことはすでに触れたが、エッセネ派と（もしくは）クムラン共同体とキリスト教とを結びつける証拠は何もない。しかし、ときどき性急なジャーナリズムがイエス、パウロ、あるいは原始教会と彼らの一部または全体とを結びつけようとするのだが。結論を先取りしてしまえば、彼らは原始キリスト教にとって"いとこ"のような存在だと言えよう。共通の祖先を持ち（マカバイ以前のユダヤ教）、家族関係を思わせる類似性をある程度示しているが、しかしキリスト教が彼らに直接の起源を持つわけではないし、目に見える絆もない。

そこで、死海文書についての短く一般的な説明をしていこう。特に、私たちの今後の研究にとって格別に興味深そうな特徴に光を当てていきたい。これらが（部分的には）エッセネ派という多様な形態を取っていたユダヤ教のセクトによる文書群であることはほぼ間違いない。このセクトは紀元前2世紀頃に現れたようだが、もう少し後の時代だという可能性もある。フィロンとヨセフスによると、彼らの人数は4千人を超えていた。[183]

182　Golb 1985; 1989 を見よ。彼の見解に対する徹底的な反論として Garcia-Martinez & van der Woude 1990, 526–36 も見よ。

183　フィロン「すべての善人は自由であること」75; ヨセフス「ユダヤ古代誌」18.20。ヨセフスがどの時代を指しているのか、明確ではない。確かなことは、

第 7 章　多様性の広がり　367

　近年の議論を通じてみても、この運動が誕生したのがマカバイ危機とその余波によるという説にはある程度の蓋然性がある。この期間に古くからの大祭司グループは追放され、新たにハスモン家の祭司王がそれに取って代わった。この運動のその後の展開には、分裂や路線変更が含まれている可能性があるが、それらとハスモン王家の物語の間にはおそらく関連があっただろう。これらの仮説によれば、死海文書を書いた人々は権力の座にあるハスモン家に対し自分たちこそ真のユダヤ教の代表者だと見なしていたということになる。[184] これよりは可能性は小さいが、彼らの運動の起源がファリサイ派の場合と同じだった、つまり紀元前 3 世紀後半から紀元前 2 世紀前半にかけて現れたハシディムという謎に包まれたグループだったこともありうる。[185] また、不満を抱いていたファリサイ派の一部が紀元前 1 世紀の初めにこの運動に加わった可能性もある。[186] 彼らは紀元前 1 世紀の最後の 3 分の 1 の時期にクムラン居住区から立ち退き、紀元 1 世紀の早い時期に再びそこに居住したが、この場所は最終的に紀元 68 年にローマによって奪われ、破壊された。クムラン共同体と（または）死海文書を書いた人々が広義のエッセネ派運動の一員であるならば、この運動が神殿の破壊後にも継続していたことを示す証拠はない。[187]

　第 II 部で詳しく述べたモデルを用いれば、死海文書の示す世界観の輪郭を描くことができるだろう。先に呈した疑問について煩わされるのを避けるために、私は死海文書の内容に忠実だった人々（特に注記しない限り、「ダマスカス文書」と「共同体の規則」に忠実だった人々を含む）の

　　クムランの修道院に居住していたのはエッセネ派の内のごく一部にすぎないということだ。

184　Gracia-Martinez & van der Woude による魅力的な解決策を見よ。それによれば、「邪悪な祭司」という呼称は総称的なもので、ハスモン家を引き継いだ大祭司たちにも当てはめることができる。

185　Davies 1977 を見よ。

186　Charlesworth 1980, 223f.; Milik と Murphy-O'Connor の説を踏襲して。

187　ヨセフスの記述を除いて。彼は『ユダヤ古代誌』(18.18-22) の執筆時に、彼らがあたかも存在し続けていたかのように記している。

ことを曖昧に「グループ」または「運動」と表記することにする。私たちが「グループ」と呼んでいる人々が緊密で結束の堅いユニット（ヘブライ語でいう「ヤハド」）で、この「運動」が世界に対する神の目的を遂行していく原動力と見なされていたことに留意することは大切だ。このグループの一員になるかどうかはディレッタント的な趣味の問題ではない。それは彼ら自身と、イスラエルと、そして世界の生と死を賭けた問題だったのである。

　第一に、このグループのシンボリックな世界の中心は、ユダヤ教の正統な継承者としての彼ら自身だった。預言の成就として、また神の目的が遂に実現するための手段として、彼ら自身の生活がこの世界の中心にあるシンボルだった。この宗団の会議は厳かな宗教的会合だった。食事や聖なる祝祭もしかり。共同体生活は厳しい清潔律法によって統治され、彼らのカレンダーは祝祭や安息日が「適切に」守られるように決められていた。適切にとは、他のユダヤ人たちとは別の日にそれらを守っていたということである。[188] 特に、研究と執筆にはシンボリックな重要性があった。ペンとインク（考古学者によってそのいくらかは発見されている）はイスラエルの神に仕えるために利用された。文書の入った壺でさえ、今から振り返るととてもシンボリックな価値がある。それらの文書は現在の艱難の時代に安全に保管されねばならない。そしてこの宗団の人々の正しさが立証される時に、それらを再び読むことができるだろう。現代のイスラエルが建国されてから数ヶ月後に発見された死海文書を収めるために、イスラエル政府が壺の巨大なレプリカの形をした美術館を建設したのにはそれなりの理由があるのだ。

　共同体の通常の実践の中でも、ある特徴は特筆に値する。「共同体の規則」に描かれている共同体（それは「ダマスカス文書」のそれとは別の共同体だ）は動物の献げものをしなかった。[189] この事実に基づき、また手が

188　この件についての手頃な要約として、Sanders 1992, 360f. を見よ。
189　ヨセフス「ユダヤ古代誌」18.18-19 にそう書かれている。

かりや彼らの声明から伺うことのできるこの運動の思想をつなぎ合わせれば、この運動の中の少なくともある一つのグループが自分たちのことを単に真のイスラエルと考えていただけでなく、真の神殿だと見なしていたという明確な結論に達する。[190] 現存していた神殿はマカバイの反乱によって「清められた」のかもしれないが、しかしそのグループから見ればそれは未だに穢れていた。[191] ファリサイ派や彼らの継承者とされる人々が神殿に代わるものとして、祈りや断食、困窮者への施しという「霊的な献げもの」を発展させていったように、「共同体の規則」を実践していたグループは、イスラエルの神は彼らを神殿に代わるものとして召し出したのだという神学を発展させた。彼らの献身は、シオンの山から数マイル離れ、また数千フィート低い場所で神に捧げられ続けた。

このグループの実践の中に、反乱への参加が含まれていなかったのは明らかだ。彼らが戦うのはイスラエルの神が聖戦を率いるべくメシアを遣わす時であり、それまでは戦うべきときではなかった。ヨセフスがエッセネ派について、自由意志よりも運命を信じていたと書き残した背景にはこのような社会的・政治的背景があった。[192] それにもかかわらず、明らかにクムランのメンバーではない、ある大ぼら吹きのエッセネ派がヨセフスの戦争の記述に登場する。このことからも、彼らのスタンスが固定化されたものではないことが伺える。[193] 彼らの政治的関与については、ヘロデが王になることの予告のような預言者的布告に限定されていたように見える。ヨセフスによれば、ヘロデはエッセネ派に感心し、彼らが王に忠誠を誓うことを免除した。紀元前1世紀後半のある時期に彼らがクムラン居住区から一時期撤去したことの一つの説明として、ヘロデの統治下で彼らがエルサ

---

190 例として 1QS 8.5-11; 1QH 6.25-9; Sanders 1992, 352-63 を見よ。少し古い研究として、Gärtner 1965; Klinzing 1971 を参照せよ。

191 例として「ダマスカス文書」5.6-7、そして Evans 1989a, 1989b を比較参照せよ。

192 ヨセフス「ユダヤ古代誌」13.172; 18.18。

193 「エッセネ派のヨハネ」;「ユダヤ戦記」2.567; 3.11, 19。

レムの「エッセネ派地区」に住み、政治的恩恵を享受し、そして間違いなくイスラエルの解放を待ち望んでいた、という説がある。[194]

このグループが語ったいくつかのストーリーは、どの共同体のストーリーもそうであるように、彼らが信奉していた世界観の性質を明らかにしてくれる。それはもちろんイスラエルのストーリーである。しかし、この時代に語り直されたあらゆるイスラエルのストーリーと同様に、その物語の結末にはひねりが加えられている。聖書は探し求められ、読まれ、祈りを捧げられ、研究され、筆写された。そして関心は常に現在と、差し迫った未来の瞬間へと向けられた。イスラエルの歴史は行き詰まっていた。捕囚からの帰還は、本当の意味では未だに実現していなかった。この小さなグループはイスラエルの前線部隊で、彼らを通じて真の帰還は実現するだろう。したがって、バビロン捕囚前に書かれた、イスラエルの帰還と回復の預言はこのグループの歴史の中で実現し始める。イスラエルのストーリーはこのグループのストーリーへと変わっていった。

このグループに基本的な世界観に関する疑問をぶつけてみたとすれば、彼らはすぐにこう答えただろう。

「私たちは誰なのか？」：私たちは真のイスラエルで、約束を受け継ぐ者たちだ。現在は疎外されているが、偉大な未来が私たちを待ち受けている。私たちはイスラエルの神によって選ばれた者たちで、イスラエルの運命を担っている。

「私たちはどこにいるのか？」：私たちは捕囚状態にあり、他のイスラエルの人々から離れて（実際にクムラン居住区に移り住むか、あるいは比喩的な意味でエッセネ派のどこかのグループに属すことで）、荒野での生活を通じて回復と贖いの約束が未だ果たされていないという事実を証しているのだ。

「何が問題なのか？」：明らかにイスラエルは未だ贖われていない。悪い

---

194 「ユダヤ古代誌」15.371-9。エルサレムの「エッセネ派地区」については「ユダヤ戦記」5.145 と、Pixner 1976; Capper 1985, 149-202 を見よ。

第 7 章　多様性の広がり　　371

人々が権力の座に座っていて、邪悪な大祭司たちが神殿を支配し、イスラエル全体は蒙昧で、知識も洞察も持ち合わせておらず、神の呼びかけを聞き分けることができない。

「どんな解決策があるのか？」：イスラエルの神は行動を起こし始めた。この運動を招集することで、神は敵たちとの最終決戦のための道備えをしている。もうすぐ神は二人の油注がれた者、王と祭司を遣わす。彼らはイスラエルの真の統治者となり、闇の子らと戦うために光の子らを率いる。異邦人のみならず、イスラエルの中の全ての背教者たちも打ち負かされるだろう。そしてその後にのみ、真の礼拝が回復されるだろう。今の腐敗した神殿に取って代わる新たな神殿が建設され、そこは代々に亘り永久にイスラエルの神が住まわれる場所となるだろう。それまでのしばらくの間、私たちはその前衛部隊として祈りと清潔の生活を続けていくのだ。

このグループの世界観の以上のような骨子は論議の的になるようなものではないだろう。もちろん、重要な事柄に関する細かな議論は山積しているし、特定のテクストの意味、特に今まで学者の机の上に埋もれていて十分な研究がされてこなかったが、徐々に光が当てられるようになってきた数多くの細切れの文書の断片についても無数の疑問が残されている。そしてこうした世界観から私たちは、他の第二神殿期のどの文書にも劣らないほど明確な神学的表明を読み取ることができる。

第一に、唯一の神が存在し、その神はアブラハム、イサク、ヤコブ、そして預言者たちの神である。死海文書に見られる彼らの天使への強い関心（プリニウスによって報告されている）も、この一神教信仰を弱めるものではない。また、エッセネ派が太陽を崇拝していたというヨセフスの奇妙な記述も、彼らがいつも東向きに朝の礼拝していたことと、彼らが太陰暦ではなく太陽暦を採用していたという事実を反映したものだろう。[195] この神の計画は、預言者たちに遥か昔に不思議なかたちで啓示されたが、今や

---

[195] 「ユダヤ戦記」2.128; Sanders 1992, 245f. を参照せよ。サンダースは、彼らが実際に何らかの太陽礼拝をしていたというスミスの説に賛同している。

啓示を受けた教師たち、特に「義の教師」と呼ばれる人物によって明らかにされる。[196]

第二に、イスラエルはこの神によって選ばれた民だが、その選びの目的は単にイスラエル自身のためではなく、神の創造された世界を再び整えるために、神の働きを遂行する器となるためだった。契約という形を通じてのイスラエルの選びは、今やこのグループに焦点が当てられ、彼らは総体として新しい契約の民、新しい選びの民を形成するようになった。ここで、「予定論」についての議論は、「選び」の意味を間違った方向で強調することにつながったことを指摘しておきたい。それは個人の選びについての問題として提起されたが、これは死海文書の意味することとは大きく隔たったものだった。むしろ強調されているのは、唯一の神の選びの民であるイスラエル全体について真実であることは、今やこのグループにとっての真実となったということなのである。このグループのこのような肯定的な自己認識は、当然ながら強い否定的な見方と表裏をなすものだった。このグループに属していない人々は、たとえ彼らがユダヤ社会の中でどんな地位を占めていたにせよ、選びの民には属さないことになる。そのような否定的な評価が下された人々は、ユダヤを支配する祭司階級と、彼らからライバルと目された圧力団体としてのファリサイ派だったであろうことは想像に難くない。

第三に、新たにされた契約のメンバーであることの明らかな証は、共同体の規則によって課された敬虔と清潔を守ることだった。この訓告を受け入れることが共同体に属していることの徴となった。これを拒否すれば罰則を受け、もっとも厳しい場合は追放処分となった（共同体以外の食事を摂らないという厳粛な誓いを立てた者にとって、追放処分は死刑宣告にも

---

196 論議を呼んでいる「義の教師」の正体については、私は特定の説を支持していない。Davies 1985, 54 の興味深い学説を見よ。「ダマスカス文書」(6.11) にはこのような教師の到来が予告されており、また「教師」と呼ばれる人物に率いられたクムランのグループは、その存在自体が近年及び太古の預言の成就だと宣言した。

第7章　多様性の広がり　373

等しいものだった)。二つの点について述べておく必要がある。(a) このグループの信仰的な内容の文書から明らかなのは、こうした敬虔と清潔は、このグループのメンバーの資格や救いを「勝ち取る」ために必要だと見なされていたのではないということだ。それらの行動は、メンバーの資格と救いとを言い表すためのものだった。[197] (b) このグループの清潔についての規則は、彼らが自分たちをある意味で神殿の祭司と類似した、あるいは同等の存在だと見なしていたことを示している。明らかに彼らは実際の神殿に仕える人々と同等の敬虔さを持つことはできなかったし、またそうしようともしなかった。しかし彼らの行動は、トーラーを研究することはエルサレムの神殿にいるのと同じ意味を持つとミシュナーが論じたように、死海文書の規則を定めた人々が、それらを守る人々には神殿に仕えるのと同じ特権と責任があると見なしていたことを十分に指し示すものだった。[198]

最後に終末論について述べよう。死海文書は「黙示的」なるものの典型だと長い間見なされてきたし、それはある程度是認できる。しかし「黙示的」というのはユダヤ教の特殊な一形態だと誤解してはならない。[199] 10章で論じるように、「黙示的」とは文学形式の一つを指すもので、このような文学は原則的には誰もが読むことができたともいえるが、同時にその個々の作品については比較的小規模なグループの中で愛読されていた可能性が極めて高い。つまり、どんなユダヤ人も「第1エノク」を読んで、そこに肯定できる意味を見いだせたかもしれない。しかし、未来に淡い期待を寄せていた多くのユダヤ人を含む大多数のユダヤ人にとって、チャールズワースによって収録された「旧約聖書偽典」に含まれるほとんどの文献は未知のものだった。そして多くのユダヤ人たちが実際にそれらの作品を読んだとしても、彼らはそれらを多いに疑わしいものと見なしただろう。

197　このことは E. P. サンダースにより繰り返し主張されている。Sanders 1992, 16-17章、特に 375f. を参照せよ。
198　Sanders 1992, 357-77、特に 359, 362, 376f. を見よ。
199　Sanders 1992, 8f. で正しく論じられているように。

ユダヤ教をこうした黙示文学に基づいて説明することのできない理由はここにある。私たちは、全てのユダヤ人に共通する事柄からユダヤ教の定義を築いていかなければならない。

　死海文書を生み出したグループの終末論には他の「黙示」文学と共通する特徴があるものの、それを「二元論」として、または「世界の終わり」を待望する思想として読むべきではない。この点についてサンダースは全く正しいように思われる。「死海文書から、このセクトが未来における劇的な変化を期待していたことを知ることができる。それを現在の学者たちは『終末』と呼ぶが、それは少しばかり語弊のある呼び名であるように思われる。なぜなら、他のユダヤ人たちと同様にエッセネ派は世界が終わると考えていたのではないからだ」。[200] むしろ、来るべき偉大な日について語る高揚した彼らの言葉遣いは、イスラエルの神が歴史のただ中でその民を贖い出すべく行動を起こす時を指している。その時神は彼らを自らの民として再び立ち上がらせ、彼らは神の聖なる土地で、新しい神殿において礼拝を捧げるだろう。しかし、この希望がどんなに高揚したものであろうとも、それは本質的にこの世界における希望である。イスラエルの神が行動を起こす時、神は油注がれた真の祭司とダビデ家の真の王という、民のための二人のメシアを遣わすだろう。二人のメシアという信仰は、ユダヤ人が一人のメシアを待ち望んでいたと考えている人にとってはびっくりさせられることかもしれないが、しかしこのグループの新しく再建される神殿への強固な信念から見れば極めて妥当なことだ。ユダ族出身のダビデ家の王が、新しく建てられる真の神殿を治めるというのは非常に具合が悪いことなのである。それができるのは、レビ、アロン、ツァドクの末裔だけだからだ。『ヘブライ人への手紙』ではまさにこの問題が扱われ、別の方法でその問題が解消されたことが述べられている（ヘブル5-7章）。[201] 王なるメシアは敵との聖戦においてグループを率い、イスラエルの贖いが成し

200　Sanders 1992, 368; 456f. 並びに本書10章以下と比較せよ。
201　クムラン・セクトにおけるメシア理解については特にVanderKam 1988; Talmon 1987; そしてその両著に引用されている文献を参照せよ。

遂げられた暁には、真のイスラエルが平和と公正をもって永遠に地を治める。このグループはその独自の年代計算によって、ヘロデ大王が死んだ時期にメシアが現れるとの期待を抱いていたという興味深い説が論じられている。[202]

したがって、このセクトは後代の学者たちが「開始された終末論（inaugurated eschatology）」と呼ぶ終末論を抱いていた。この時代の大部分のユダヤ人たちは、彼らの神が将来行動を起こし、イスラエルを長引く捕囚から救い出してくれることを信じていたように思われる。クムランで発見された書簡を残したグループは、神は既に彼らのために、また彼らを通じて、密かに救いの行動に着手していると信じていた。将来起きることは、もう既に始められていることを劇的な形で明らかにするものになるだろう。それはちょうど、今既に起こっていることも、遠い昔から隠されてきた預言の成就であるように。現時点では他のイスラエル人たちはいくらそれを見ても悟ることができない。時が来れば、義人たちはイスラエルの神の王国で太陽のように輝くだろう。

5. 祭司たち、貴族たち、そしてサドカイ派

エッセネ派や死海文書がなかったとしても、私たちは1世紀のユダヤ教の姿について容易に想像できるだろう。しかし、祭司たち、特に大祭司たちについてはそうはいかない。1世紀の末頃に執筆したヨセフスによれば、少なくとも2万人の祭司がいたとされている。その数はファリサイ派（6千人）やエッセネ派（4千人）を優に上回る。[203] 彼らの役割は1世紀のユダヤ教についての記述の中でしばしば見過ごされるが、正当な評価がなされ

---

202 Beckwith 1980, 1981 参照。
203 祭司については「アピオーン」2.108 を見よ。この数が概数なのは間違いなかろう。ヨセフスは四つの祭司の家系があると述べており、それぞれ「5千人以上」だった。ファリサイ派とエッセネ派については既述した。

るべきだ。[204]

　祭司の大多数は貴族ではなかったし、特に裕福でもなかった。彼らと助手のレビ族の人々は、他のユダヤ人たちからの十分の一税によって生計を支えられていた。彼らの多くはエルサレムから離れて暮らしていたが、エルサレムにはグループで順番に赴き、日常的な祭儀を行った。エルサレムに滞在していなかった時の彼らの活動についてもしばしば見落とされがちだ。彼らは主としてトーラーの教師であり、また普通のユダヤ人たちにとっては論争や法的係争について判決や仲裁をしてくれる集団でもあった。[205] イエスは重い皮膚病から清められた人に対して「祭司に体を見せなさい」と言ったのには驚くには当たらない（マタイ8章4節とその並行記事）。それは普通に行われていることだった。祭司たちは各地で主流の公式なユダヤ教を代表する人々だった。彼らは自分でトーラーを学び、また時々神殿でイスラエルの神に仕える特権に与るのにふさわしい人々だった。

　こうした祭司たちの階級社会の頂点に、大祭司たちがいた。資料から分かる範囲で言えることは、彼らは1世紀のエルサレムに本拠を置く、一種の恒常的な事務局を構えていたということだ。彼らは相当な権力を行使していた。彼らは数家族からなる小さなグループに属し、緊密で近親的な関係を持ち、また時には彼らの内部で深刻な派閥争いが演じられた。[206] 彼らは他の一般の祭司たちとは異なり、ユダヤの貴族社会の中核を成していた。祭司ではない貴族も間違いなくいたが、大祭司はもっとも際立った存在だった。ローマ政府は、祭司たちの中でもその中から選ばれた大祭司たちととりわけ手を結び、民衆の行動一般について責任を持たせた。[207]

　祭司階級の貴族もその他の貴族も、貴族としての強固な世襲的基盤を持

204　特に Sanders 1992, 10 章を見よ。
205　Sanders 1992, 10 章。
206　特に Goodman 1987 を見よ。ヨセフスが彼らのことを粗野でがさつだと評したのは、おそらくこのことを指しているのだろう（「ユダヤ戦記」2.166;「ユダヤ古代誌」20.199)。
207　Sanders 1992, 15,21 章。

ってはなかった。グッドマンは、ローマが地方の地主層を選んで昇格させた上で、彼らと手を組んでいたということについて説得力のある議論をしている。その新たな身分は彼ら地主たちにとって不相応なものだった。加えて、ヘロデは用心深くハスモン王家の人々を排斥し、彼自身は大祭司になることは望むべくもなかったので、祭司職には自分にとって脅威にならないような人々を据えた。活動的で名家出身の祭司は、容易に厄介な存在になりかねないからだ。[208] したがって、ユダヤ地方がローマの属州となる紀元6年までの間に支配層の大祭司家系はしっかりと確立されたが、彼らは由緒ある家系という基盤を持ってはいなかった。そこで彼らの関心はローマと、しばしば不満を抱えた人々との間の平和を取り持つことだった。ローマをなだめることが必要な場合は、彼らはそうした。もし平和への望みが失われた場合は、彼らは叛徒の側につき、ユダヤの指導者としての立場を守ろうとした。そして反乱が首尾よくいった場合に、自分たちの地主としての財産を守ろうとしたのだ。[209]

祭司たちの世界観の中核的シンボルは明らかに神殿だった。神殿の意味は、祭司たちの階層によってそれぞれ異なっていた。地方の祭司たちは人生の大部分を比較的貧しい状態で過ごし、地方の村で教えたり争いごとを裁いたりしていたが、定期的に神殿を訪れていた。神殿での祭儀に加わることは1年を通じて、さらには生涯を通じて最良の瞬間だった。エルサレムを離れて彼がする全ては、神殿によってその意味や深さが与えられたのだ。次章で見ていくように、神殿は神学全体とイスラエルの待望とを結びつけていた。神殿に仕える祭司たち、特に大祭司たちにとっても神殿はこうしたあらゆる意味と、それ以上のものさえ持った存在だった。神殿は彼らの権力の基盤であり、国家の経済的、政治的中心だった。彼らは神殿をコントロールすることで自らの安寧を図ることができた。神殿は彼らがロ

---

208 ヘロデの命令で暗殺された、しばらく大祭司を勤めた若きハスモン家出身のアリストブロス3世については(ヨセフス「ユダヤ古代誌」15.23-41, 50-6)、Schürer 1.297参照のこと。
209 Goodman 1987, 諸所に。

ーマとヘロデの統治下で得た地位に、強力な宗教上のお墨付きを与えていた。

　こうした理由から、大祭司たちが基本的に保守的だという見方を裏づける私たちの資料は正しい。彼らや指導的な貴族たちのほとんどは、サドカイ派として知られる派閥に属していた。残念ながら、彼らが保守的だということと、ファリサイ派と絶え間ない論争をしていたことを除けば、私たちはこの派についてあまりよく知らない。彼らについてより詳しく探っていこうとすれば、以下のような簡単な記述になるだろう。[210]

　ヨセフスによると、サドカイ派は自由意志を信じていた。ヨセフスはファリサイ派が自由意志と運命論の折衷的な考え方をしていたと書いているが、それはイスラエルの神が行動するのを待ちつつ、必要とあらば彼ら自身が神のために行動しようという彼らの信条を非政治的に言い換えたものだと私は見ている。同様に、サドカイ派の自由意志への信仰は抽象的な哲学とはほとんど関係がなく、政治力学に大いに係わるものだという見方に傾いている。イスラエルの神は、自ら助くる者を助くのである。[211]これは権力の座にある者にとっては心地よい教理であり、彼らはその立場を守るためにはあらゆる手段を講じた。これは、権力の座を追われ、それを自力で奪い返す希望を持てない人々が、神が行動するのをただひたすら待ち望み、神の行動を促すことはしないという自らの信条に慰めを見いだしていたのとは対極を成すものだった（エッセネ派のこと。上記を参照）。

　第二に、サドカイ派は聖書に書かれている律法（もしくはおそらく、モーセ五書に書かれている律法）以外は眼中になかった。この見解は、「父祖からの伝承」に従う人々、つまりファリサイ派とは対照をなすものだった。ファリサイ派がそうした伝承を絶対的な律法の地位にまで押し上げたかどうかは定かではないが、[212]そうした伝承の大部分を保持し、自らの生活に適用していたことは間違いない。ここでもまた、革新的だと思われるよ

210　Sanders 1992, 332-40; Saldarini 1988, 5-6, 8-10 章と特に 13 章を見よ。
211　「ユダヤ戦記」2.164f.;「ユダヤ古代誌」13.173。
212　Sanders 19902, 2 章の特に 125-302 を見よ。

うなものを許容しないサドカイ派の基本的に保守的な性格が見られる。政治の領域では、権力の座にある者が革新活動に参加しようとする革新勢力（先に見てきたように、少なくともファリサイ派の一部がこれに当てはまる）と対峙する際に、こうしたトーラー理解は都合の良いものだったのだ。

　第三に、サドカイ派は復活の教理を否定していた。[213] 言うまでもないことかもしれないが、この復活の否定はポスト啓蒙主義の合理主義や、復活の可能性に懐疑的な「自由主義」とは何の関係もない。このサドカイ派の見解についての最良の説明は、神学、社会、そして政治的現実を組み合わせた総合的なものであるように思える。紀元1世紀まで、「復活」という言葉は長きにわたり、イスラエルの完全な再建、バビロンからの帰還、そして最終的な贖いを象徴的に、また比喩的に表すものだった。エゼキエル37章は帰還について、イスラエルが墓から立ち上がるという観点から描いた。第2マカバイ記（紀元前2世紀後半から1世紀前半にかけて書かれた）に表されているマカバイの殉教者たちは、[214] 自分たちの将来の復活の希望を、彼らの神が圧政者に対してその民の正しさを証明して下さるだろうという主張の文脈の中で語った。1世紀の貴族たちはある意味でこの第2マカバイ記の殉教者たちの後継者なのだが、彼らの関心はすでに別の方面に向けられていた。復活とは比喩的な意味でイスラエルの神権政治の復活なのだが（それはメシアの統治であるかもしれない）、それが意味するのは彼らの不安定な政治権力の終焉なのだ。同時に、ヨセフスの記述の意味について、政治の次元の話でしかないと受け取るべきでもない。サドカイ派が政治的必要性からこの世界の事柄にだけ関心を集中させていたのなら、来世での命に望みを託していた貧しい人々や社会の片隅に追いやられていた人々とは異なり、彼らは死後の世界に関する教理についてそもそもあまり関心を持っていなかったのかもしれない。[215]

　貴族階級一般、そして特にサドカイ派の影響力の度合いについては論争

213　「ユダヤ戦記」2.165;「ユダヤ古代誌」18.16。
214　Attridge 1984, 177; Schürer 3.532。
215　復活への信仰については、10章以下を見よ。

が続いており、議論の根底にある理由はファリサイ派の場合と同じものだ。グッドマン、マクラーレン、そしてサンダースはそれぞれ異なる仕方で、貴族階級は事実上も法律的にも相当な権力を保持していたと論じている。[216] これは、サドカイ派は何の影響力も持っておらず、大衆はファリサイ派に高い尊敬を払っていたというヨセフスの主張とは噛み合ないように見える。[217] そしてヨセフスは紛らわしくもファリサイ派をもっとも影響力のあるグループだったかのように描き、ローマにその当時のユダヤの統治主体のことを認めさせようとしたのだと考えられてきた。当時のユダヤ指導部は自らをファリサイ派の後継者だと見なしていたが、それはファリサイ派の伝承が人々にもっとも大きな影響力を与えるものだと考えていたからだ。しかしメーソンの議論を受けて、私はヨセフスの記述を留保付きながら受け入れる方向に傾いている。党派としての実効性という意味では、ファリサイ派は民衆に自説を受け入れさせることにおいてサドカイ派よりも遥かに大きな成功を収めていた。つまり、大多数の民衆は復活を信じていた（それは文字通りの意味と比喩的な意味の両方だっただろう）。ほとんどの人々は彼らの神が歴史に介入すると信じていたが、それは人間だけの力で成し遂げられるものではなかった。彼らのほとんどがファリサイ派の伝統の少なくともある部分を、少なくともそれなりの真剣さで受け入れていた。これら全ての点で、サドカイ派には別のアジェンダがあったとしても、人々はそれらには従わなかった。

　しかし、これがヨセフスの言わんとしたことなのだろうか。全くそうだとも言えないように思える。ヨセフス自身の真意は、おそらくファリサイ派を賞賛することではなかっただろう。もしそうだとしたら、彼はとても奇妙なやり方でそうしたことになる。[218] それよりも、彼の真意は自分自身が属していた貴族階級の責任を免れさせることにあったのだろう。ヨセフスがファリサイ派の権勢について、（サンダースの言葉を借りれば）「彼ら

216　Goodman 1987; Sanders 1992, 15, 21 章; McLaren 1991。
217　「ユダヤ古代誌」18.17; 13.298 も参照せよ。
218　ファリサイ派についてのヨセフスの記述については、上記を参照のこと。

は何でもかんでも支配していた」かのような大仰な記述をしたのだとしたら、それは善意の貴族階級が大衆運動に押されて手足を縛られ、彼らに対するコントロールを失っていたという印象を読者に持たせるためだっただろう。この背景には、より複雑な現実があったことを見て取ることができる。

(ⅰ) 実際は多くの貴族が反ローマの騒擾に加担していたが、あくまでもそれは彼ら自身の信条に基づいたもので、熱心党や他のグループの動機とは大きく異なっていた（グッドマン）。

(ⅱ) ファリサイ派は広範な民衆からの支持を集め続けていた（メーソン、そして最近はサンダーズも慎重にこの見解を採っている）。[219]

(ⅲ) 通常の慣行、特に神殿祭儀の多くの点で、祭司たちはファリサイ派の定めた規定に従っていた可能性があるが（メーソン）、祭司たち一般、そして特に大祭司たちは彼らの世界の基本的な事柄についてファリサイ派から教えてもらう必要などなかった（サンダース）。

(ⅳ) 深刻な政治問題について、重要なのはローマ政府と大祭司たちが何を行い、また語ったかということだった。明らかに、扱いにくい民衆と争うよりも協同する方が彼らの利益と合致したし、ある程度は民衆の指導者としてファリサイ派のことも考慮に入れていた。しかし必要とあらば、彼らはファリサイ派を含む全ての人々を無視する用意があった（サンダース）。

(ⅴ) ヨセフスの主な狙いは自分の属する党派である貴族階級の免責にあったので、彼はファリサイ派の影響力と、彼自身もそれに迷惑していたことを強調した。

---

219 Sanders 1992, 386 を見よ。「大祭司たちと『有力者』たちは、革命政府が自分たちより広範な支持基盤を持つ政党のリーダーと協力する必要があることをよく理解していた」。また 388 には「彼らは常に一定の支持者を集めていた」とある。398 では、サンダースはファリサイ派が全てのシナゴーグを運営していたという見方は疑ってかかる必要があると正しく指摘しているが、それはファリサイ派がいくつかの、おそらく多くのシナゴーグを運営していたという可能性を認めているということでもある。特に 402-4 を見よ。

以上がデータについて納得のゆく、一貫性のある歴史的全体像である。これには続きがある。貴族たちは反乱を通じて一掃されたか（多くの者は様々な動機からユダヤ人革命家たちの手にかかって殺された）、あるいはヨセフス自身のように、程度の差こそあれ周囲のギリシャ・ローマ文化一般と同化していった。ヤムニアの期間になると、彼らについて聞くことは何もなくなる。彼らの世界観、その中核的シンボルが神殿であり、またその中心的ストーリーが彼らによって統治されるイスラエルなのだが、それらは跡形もなく破壊し尽くされてしまった。

6.「普通のユダヤ人たち」：序　論

　私はここまで、1世紀のユダヤ教の中でも「特殊な」グループだと考えられるような人々について論じてきた。それは、1世紀のユダヤ人たちの世界観のより一般的な解説に入る前にできるだけ明確な歴史的イメージを持つことが大切だからだ。他の学者たちは逆のアプローチを採ってきた。[220] この二つのアプローチの間を選ぶ余地はあまりないだろう。しかし今や、1世紀のユダヤ人たちの大多数に共通するものについて考察してゆく準備が整った（第8章から10章）。私たちはパレスチナ地方の人口の大部分を形成していた人々が誰なのか、ということについて考えねばならない。
　私たちはここで、サンダースの近年の議論の一部についてのおさらいから始めることができよう。ファリサイ派は大多数のユダヤ人たちを「罪人」だと見なし、そして多分彼ら自身もそう思っていたのだとしばしば考えられてきた。また、ファリサイ派は人々の生活のあらゆる領域を支配していたとも思われてきた。サンダースは、これら二つのアイデアが互いに

220　一例として Sanders 1992。

矛盾していることを指摘し、これらはどちらも真実を表していないと論じた。もし大部分のユダヤ人が「罪人」ならば、普通のユダヤ人は誰も神殿に行って礼拝することなどできなかっただろう。彼らはその穢れのために神殿から閉め出されただろうから。また、ファリサイ派の律法が多くの人たちの間で守られていたと考える理由はないし、ファリサイ派の人たちだけがそうしていたのだろうと考える根拠は十分にある。したがって大多数のユダヤ人たちは、少なくとも聖書に書かれている律法を守ることに心を砕き、彼らの神と聖書とユダヤ教の伝統に十分な敬意を払っていたと考えられる。彼らは祈り、断食をし、シナゴーグに通い、定例の祭りのためにエルサレムに赴いた。彼らは豚肉を食べず、安息日を守り、男児には割礼を施した。同様に、彼らはファリサイ派を非公式だが尊敬すべき教師としてその声に耳を傾け、いくつかの基本的な律法上の義務について大なり小なりファリサイ派の流儀で行うようにしていた。

では彼らはラビ文献でしばしば「土地の人々」として描かれている人々なのだろうか。その可能性は非常に高い。しかし、このグループの人々が皆一様に「罪人」だったと軽視すべきではない。また彼らやファリサイ派が、ファリサイ派の法体系全体を守らなかったとしても通常の律法はしっかりと守っていた人々と、安息日を故意に破ったり、豚肉を食べたり、割礼の跡を消したり、売春やゆすりや殺人などを働くような人々との区別がつけられなかったなどと思うべきでもない。フレイネが言うように、「土地の人々」とは後世のラビたちの間で使われるようになった侮蔑的な宗教用語であるのかもしれないが、この用語から地方のユダヤ人たちがユダヤ人の信仰の主要な事柄について無関心だったなどという誤った結論を導くべきではない。[221]

それゆえ、パレスチナの大部分のユダヤ人たちはローマ統治の時代に聖書の律法を大なり小なり守り、彼らの祖先の神に祈り、定例の祝祭や断食

---

221 Freyne 1988, 200。フレイネはOppenheimer 1977の見解に追従していた初期の見解を修正した。

を遵守すべく彼らの生活を整えていた。彼らが熟考を重ねた神学者だったということはなかっただろうが（十分な教育を受けていたヨセフスでさえ明らかにそうではなかった）、彼らのシンボリックな世界と定期的な実践とは、彼らが忠誠を誓う神学（それははっきりとは言い表されなかったが）についての深い洞察を与えていた。彼らは、彼らの抱いていた希望とは何かを検証するようにと私たちを促す。それは私たちが考察を始めたこの期間の歴史全体へと私たちを引き戻す。この期間のユダヤ教の多様性についての研究は、第8、9、10章のアジェンダを決定づけるものだ。その研究へと、ぐずぐずすることなく進んでいこう。

第8章 ストーリー、シンボル、実践

イスラエルの世界観を構成するもの

1. 序 論

　第6章で描いた動乱の歴史の中で、そして第7章で描いた各派からの圧力を受けながら、1世紀の普通のユダヤ人たちは生活を営んでいた。彼らが読書をしていたとすれば、どんな本を読んでいたのかを知るのは難しい（聖書を除いてだが。しかし、彼らの誰もが聖書を読めたわけではない）。私たちに分かっているのは、多少の違いはあったにせよ彼らが一つの世界観を共有していたということである。それは各派の違いを超えた共通項でもあり、大多数の人々を結びつけるものだった。第5章で考察した世界観の四つの構成要素のうちの三つを学ぶことを通じて、私たちはこの世界観をある程度正確に描くことができる。語られ、そして語り直されるストーリーは、世界観の様々な側面を体現し統合しうる。ストーリーだけがそれを可能にする。極端なアウトローを除けば、シンボルは人々を結びつけてくれる。[1] そして実践はシンボルと密接に結びつき、大多数の人々を特徴づける役割を果たす。

---

[1] Miller 1990, 379f. を見よ。

2. ストーリー

（ i ）序　論

　私たちは3章で、あらゆる文化の世界観の座標軸としてストーリーが重要であることを考察した。それらのストーリーを理解するために、その多くの側面を正確に読み取っていくことが重要になる。ある文化においては、その文化を特徴づけるストーリーは巧妙に隠される。1世紀のユダヤ教は、明らかにストーリーの上に栄えた文化の好例である。これを単純に二つのカテゴリーに分けるならば、その一つは根幹となるストーリー、つまり聖書に語られているストーリーで、創造と選び、出エジプトと王政、捕囚と帰還等がその内容である。もう一つはより小さな単位のストーリーで、それは根幹となるストーリーの一部である場合もあれば、その一部または全体と並行関係にある場合もある。そのどちらからも、ユダヤ人の世界観を理解するための重要な示唆を得られる。またそれらはシンボルや実践の背景となるものでもある。

（ ii ）根幹となるストーリー

　ユダヤ教の根幹となるストーリーは、もちろん聖書のストーリーだった。それは他のあらゆるストーリーを内包できるものだった。イスラエルがイスラエルである限り、色々な仕方でこのストーリーを語り続けた。聖書の伝承がどんどん増えていくにつれて、その中のいくつかのストーリーや、そうした様々なストーリーを内包する根幹となるストーリーも拡大していった。そこには異なる要素が無数に折り重ねられていった。[2] 聖書の異なる伝承の起源は何かという近代聖書批評学の問題提起については知る由も

2　Koch 1969; Fishbane 1985, 特に 281–440 を見よ。

ない1世紀のユダヤ人の視点から見れば、根幹となるストーリーとは創造主である神と世界に関することだった。彼らの特別な関心は、創造主によってその世界のただ中に置かれた契約の民であるイスラエルの役割に向けられていた。

したがって、族長たちが神から召し出された背景とは、世界の創造と堕落であった。次章で見ていくように、アブラハムはアダムによって生じた問題への神からの解決策だと見られた。エジプトへ下ったイスラエル人たちがモーセに率いられて劇的な解放劇を体験したことは、このストーリーの最初のクライマックスとなった。解放というテーマはこのストーリー全体の中での主要なモチーフの一つとなり、後世のユダヤ人たちが新たな角度でこのテーマについて考える際に、困惑を生じさせることにもなった。イスラエルがエジプトから解放され、自分たちの土地に住むことになったのなら、どうして万事うまくゆくという結果にならないのだろう。カナンの地の征服と士師たちの時代、それらは次のクライマックスに向けての背景となり下地となった。その次のクライマックスは王政の樹立であり、特にダビデ王家の成立だった。ダビデは新しいアブラハムであり、新しいモーセだった。イスラエルの神は、彼を通じて以前に始められたことを完成させるだろう。しかし、再び困惑が生じた。ダビデの後継者たち（のほとんど）は良くない王で、王国は分裂してしまい、預言者たちの語ることは無視され、あげくの果てにユダ王国は捕囚の憂き目にあった。[3] このような背景の中で新しい出エジプトの約束が自然に生まれ、ダビデ家の指導者であるゼルバベルと大祭司ヨシュア、そしてエズラとネヘミヤの下でのあまりぱっとしない新しいスタート（それは偽りの夜明けだったのか）へとつながっていった。[4] 聖書の時代（と通常呼ばれる期間）は大団円を迎えることなく過ぎ去っていった。一つのことだけを未来へと繰り延べて。このストーリーは完結される必要があるのだ。

---

3 この困惑はもっとも強い形で詩編89編に表明されている。
4 ゼカリヤ3-4章に見られた熱狂が、9章-14章ではしぼんでしまったかのように見える。

この点は、偉大なストーリーを物語る二つの詩編を並べてみることではっきりと描き出すことができる（イスラエルの礼拝において、詩編がどんなに重要だったかを思い起こさねばならない。それゆえに、詩編の語るイスラエルのストーリーは1世紀のユダヤ人の世界観の形成にどれほど大きな役割を果たしたかも銘記する必要がある）。詩編105編は古典的スタイルのイスラエルのストーリー、族長たちと出エジプトについて語る。結末ははっきりしていて、イスラエルの今後も続く役割について語る。イスラエルは神を讃え、神の戒めを守らねばならない。[5]しかし、詩編106編はイスラエルのストーリーを違った形で語る。出エジプトそのものが曖昧な様相を帯び、イスラエルはあまりの不服従のために荒野で裁きを受けてしまった。その後のカナンに居住していた時代も同様に大きな問題を抱え、捕囚という結末を迎えてしまった。しかし、イスラエルの神は契約を覚えていて、彼らを捕虜にしていた人々に彼らを憫むようにさせた。それでもストーリーはまだ完結していない。「我らを救いたまえ。ヤハウェ、我らの神よ。我らを諸国から集め、我らをして賛美の中であなたの清い御名と栄光に感謝を献げさせたまえ」。このことが起きるまでは偉大なるストーリーは未だ完結せず、ひどく不安な状態に置かれたままなのだ。[6]

　そのため、第二神殿期を通じてヘブライ語聖書の偉大なストーリーは、結末を探し求めるストーリーとして読まれる運命にあった。その結末はイスラエルの完全な解放と贖いを伴うものになるはずだったが、それはイスラエルが自らの国土で囚われの身となって、抑圧されている限りは起こるべくもないことだった。そしてこの結末は相応しいものでなければならなかった。それはこのストーリーの他の部分と対応し、継続性と適合性を持つものであるべきだった。ここでいう相応しさがどんなものであるかを知るために、それとは正反対の例を挙げてみよう。ヨセフスは「ユダヤ古代

5　詩編105編1-6、44節以降。
6　詩編106編47節。この詩編の最終節（48）はこのストーリーと「第4詩編」を締めくくるものだが、力強い希望の言葉で結ばれているものの、残りの詩編に見られる困惑や待望をかき消すものではない。

誌」において全ての聖書のストーリーを語り直したが、その結末はそのストーリーの他の部分が持つ物語の文法を破壊してしまうようなものだった。イスラエルの神はなんとローマへ乗り換えてしまい、エルサレムは破壊され、ユダヤ教は霧散してしまった。これではまるで「ジャックと豆の木」を、ジャックの母親が帰って来た息子を殺し、金を持参して巨人と結婚する話に変えてしまうようなものだ。もしヨセフスが、未来の結末において全てが逆転することを信じ続けていたとしても、彼はそのことを自分の胸だけに秘めていたのだろう。

これとは違う、もっと正統的なイスラエルのストーリーが「シラ書」44章から50章に書かれている。これは紀元前2世紀初頭に書かれたものだ。それは「誉れ高き人々をたたえよう、我々の歴代の祖先たちを」(44章1節)という下りから始まる。その全セクションには、ユダヤ人以外の読者からの賞賛が得られるようにイスラエルの祖先たちが描かれている。[7] しかし、そこに書かれているのはあくまでイスラエルのストーリーである。そして最終章(50章1–21節)で描かれる光輝に満ちた人物はイスラエルの父祖ではなく、ほぼ間違いなく著者と同時代の人物である。彼こそ大祭司シモン、ヨナタン(ギリシャ名は「オニア」)の子であり、紀元前219年から196年にかけて大祭司の地位にあった。その言わんとすることは明らかだ。イスラエルのストーリーは神殿での輝かしく秩序だった礼拝においてその完璧な結末を見いだした、ということである。これは24章の神学(聖なる知恵はシェキナーとしてシオンを訪れるが、それがトーラーそのものであることが明らかになる)と見事に調和し、大なり小なり終末論の必要性を減じさせている、それが政治的なものであれ何であれ。[8] イスラエルのストーリーはあるべきところに到達したのである。

この決着した、静かな勝利のストーリー語りは長くは続かず、怒り狂うアンティオコス・エピファネスと対峙した時にそれは終わりを告げた。マ

---

7 Frost 1987; Lane 1991, 2.316f. を見よ。
8 シラ書50章23節以降はその例外だろうが、それは著者の思考の発露というよりも、より伝統的で一般的な祈祷であるように思われる。

カバイ家は新たな結末を持った別のストーリーを提示した。イスラエルの全ストーリーが勝利で終るという、彼らの語ろうとしたストーリーは、アンティオコス・エピファネスに対する大胆かつ成功裏に終るクーデターだった。彼らはイスラエルの未来への希望というストーリー・ラインを乗っ取って、その希望は彼らによって成し遂げられたと主張したのである。この政権に固有の曖昧さは、他のグループをして別のストーリーを語らせるのには十分だった。ハスモン家は腐敗しており、イスラエルの神は彼らを打ち倒し、代わりに正しい政権を打ち立てるだろうと。[9]

　語り直される多くのイスラエルのストーリーの中の、以上に挙げた三つの例は、当時のユダヤ人たちが聖書の伝承をばらばらには考えず、一貫したストーリーとして捉え、常に適切なストーリーの完結を探し求めていたことを示している。このストーリーの要約は聖書の中にも数多く見いだせるし、第二神殿時代の多くの著作の中にも見つけることができる。[10] そして一つの書全体がイスラエルのストーリーの全部またはその根幹となる部分を語り直しているケースもいくつかある。それらには、ストーリーがまだあるべき完結を迎えていないことと、その結末を待つまでの間に正しく生きることの喫緊の必要性が示されている。

　それゆえ、例えば「ヨベル書」が族長たちのストーリーを語るとき、その視線はイスラエルの未来に向けられている。それは紀元前2世紀の著者

9　新約聖書の中でのストーリーの語り直しについては第Ⅳ部以下を見よ。
10　「イスラエルのストーリー」の要約は、例えば申命記6章20-24節；28章5-9節；ヨシュア24章2-13節；詩編78、105、135、136編；ネヘミヤ9章6-37節；エゼキエル20章4-44節；ユディト記5章5-21節；第1マカバイ記2章32-60節；「第3マカバイ記」2章2-20節；知恵の書10章1-12章27節；ヨセフス「ユダヤ古代誌」3.86f.；4.43-5；「ユダヤ戦記」5.379-419；「ダマスカス文書」2.14-6.11；「第4エズラ」3.4-36；4.29-31。また、マルコ福音書12章1-12節；使徒言行録7章2-53節；13章16-41節；ローマ9-11章；ヘブライ11章2節-12章2節（これとシラ書との並行関係についてはForst 1987と本書13章以下を見よ）；ヤコブ5章10-11節。これらのリストのいくらかは（先の版の）Hill 1992, 100 と更には Holz 1968, 100f. に負うている。また Skehan & De Lella 1987, 499f. も参照した。

の同時代の人々が安息日や例祭や割礼や太陽暦（当時主流だった太陰暦に対抗して）を厳格に守り行うよう戒めるためだった。もし彼らがそうするならば、ストーリーは真の完結を迎えるだろう。イサクはエサウとヤコブに次の言葉を語った。

> 我が子らよ、主を覚えなさい。主はお前たちの父アブラハムの神、そして私も彼を我が神とし、義と喜びをもって彼に仕えたことを。そして神はお前たちを増え広がらせ、空の星々のようになるまでお前たちの子孫を増し加えて下さるであろうことを。そして神はお前たちをこの大地で義なる木とし、永久に抜き去られることがないようにして下さることを。[11]

　イスラエルは契約の全ての要求に対して忠実でなければならない。そうすることによってのみ、アブラハムとイサクから始まったストーリーはあるべき結末に到達するだろう。
　同じストーリーが、（ヨベル書とほぼ同時代の）「知恵の書」の10-19章では非常に異なる視点から、非常に異なるスタイルで語られている。この語り直しの要点は、知恵は初めの人間たちに与えられたが（10章1-4）、次いで特にイスラエルの歴史の中で活躍するようになる。まず族長たちの時代に（10章5-14節）、それから出エジプトの出来事の中で（10章15-11章14、16章1-19章22節）。これらの記述から、作者がこれらの伝承を受け継いだ者たちがどのように生きるべきだと考えていたのかを考えるための多くの手がかりが得られる。彼らはエジプト人やカナン人の慣習を映し出す異教礼拝を避けなければならない（11章15節-15章19節）。もちろんここでいう異教礼拝は、第二神殿時代にユダヤ人たちが直面していた喫緊の課題と対応するような形で描かれている。
　「偽フィロン」は、ジャンルとしてはヨベル書と黙示文学の中間に位置

---

11 「ヨベル書」33.6（訳は Charles, Rabin による改定、in Sparks 1984）。

している。それは紀元1世紀に書かれたもので、同じストーリーを語っている。しかしその記述はサウルの死をもって終わる。[12]ここでも道徳的な色彩が色濃く、読者たちは解放の日が来る時（それはかならず起きる）を待ち望みつつ、従順であり続けるようにと動機づけられる。[13]サムエルの母ハンナは子どもの誕生に喜ぶが、それはその子のためだけでなく、来るべき王国のためだった。

> 見よ、御言葉が成就しました。
> そして預言は実現しました。
> そしてそれらの御言葉は、油注がれた者に角を授けるまで、
> そしてその王の王座に力が宿る時まで、
> 揺らぐことはないでしょう。[14]

様々な黙示文学において別々の視点が言い表されているが、それらについては10章で詳細に見ていく。そこでは世界の歴史と、特にイスラエルの歴史が各時代に区分けされ、終わりの時代の始まりはすぐそこまで来ている。この点において、そして他の多くの点から見ても、「黙示的」文学はより大きなユダヤ教の伝統から切り離されるべきではない。イスラエルの苦難と解放という黙示的全体像は、時にはぞっとするような描かれ方をするものの、その主題は出エジプトの伝統に直接連なっている。あらゆる意味で、そこには創造主の歴史と、その世界と契約の民とはどこかに向かっているという感覚が見られる。しかしまだそこには到達してはいない。創造主は過去にもそうしたように、イスラエルをその苦境から救い出し、世界の悪を取り除くために行動を起こすだろう。この基礎となるストーリーの多様な語り口から、ユダヤ人の世界観のあらゆる側面がはっきりと浮

12　この書は Charlesworth 1985, 297-377 に見いだせるだろう（訳は D. J. Harrington）。
13　Nickelsburg 1984, 108f.
14　「偽フィロン」51.6。

き彫りにされる。

(iii) より小さなストーリー

　様々な形で結末へと向かっていく大きなストーリーを物語る伝統の中で、サブ・ストーリーという形の豊かなユダヤの伝統も存在していた。それには二つの形態があったと見ることができるが、それらは互いに交差し、また重なり合ってもいた。一方では、より大きなストーリーの一部分として明確に位置づけられて語られるストーリーがある。そうしたストーリーは大々的に脚色され、メイン・ストーリーの中では抽象化されてしまうような一般原理の模範または実例を示すように書かれている。このようなプロセスは聖書の物語の中にも見いだすことができる。顕著な例としてはルツ記が挙げられるが、それは士師記の時代について描かれたものだ。他方では、聖書のストーリーとはほとんど、あるいはまったく重ならないストーリーがあるが、それらも広い意味では聖書のストーリーに関連づけられる。それらは聖書についての何かしらの説明をしようというものではなく、そのストーリー自体の物語的構造とその意味によって読者が何かを得られるように書かれている。

　第一のタイプのストーリーの例として、「ヨセフとアセナテ」があるが、これはおそらく第二神殿時代の作品だろう。[15] この書は神学的ロマンスの形で、ヨセフとエジプト人神官ポテペラの娘との婚約と結婚とを物語ったものだ。[16] 主題は「歴史もの」だが、そのメッセージはとても明快である。イスラエルと異国人たちとは全く異なる。異なる種族の結婚、いやそれ以前に交際でさえ、相手方の異邦人がユダヤ教に改宗することで初めて可能となる。この書は聖書の疑問点を解明してくれる。つまり、ヨセフのような善良で聡明なユダヤ人が、いったいどうして異国の娘と結婚できたのかという疑問である。同時にこのストーリーは同時代の人々に契約への忠実

15　Charlesworth 1985, 1770247（訳は C. Burchard）。
16　創世記41章45節参照。彼はペンテフレスと「ヨセフとアセナテ」1.3 等で呼ばれている。

さと希望についてのメッセージを発するものでもあった。

　第一のタイプのサブ・ストーリーに完全に当てはまるのがタルグムである。[17] 現在私たちが手にしているこのヘブライ語聖書をアラム語に意訳した書は、紀元1世紀よりもかなり後のものだ。しかし、少なくともその一部分はもっと古い時代のものだという見方が勢いを増している。1世紀にまで遡れる可能性もかなり大きい。クムランの文書が示すように、いくらかのタルグムの翻訳作業は古い時代から着手されていた。20世紀において現代語訳の聖書が必要とされるのと同じように、1世紀にはアラム語聖書が明らかに必要とされていた。そして、タルグムのある部分は原語に非常に忠実だったが、他の部分にはミドラッシュ的解釈が施され相当自由に翻訳されていた。それは聖書のストーリーをかなり後の時代と関連づけようとしたものだった。[18] タルグムが明らかに広く受け入れられていたという事実は、ユダヤ人のストーリーの中のある部分を語り直すことが彼らの世界観を強めるための効果的な手段だったことの更なる証拠だといえる。

　第二のタイプのサブ・ストーリーは、聖書の話そのものではないものの、聖書のストーリーに見られる物語の文法を体現したものだ。その例としては聖書外典の「スザンナ」が挙げられる。ヒロインはみだらなユダヤの長老に脅かされ、彼女の名誉と命は危機に瀕する。ダニエルは彼女を救いにきて、劇的な法廷のシーンで彼女は無実を証明され、敵の手から救い出される。彼女の敵たちは彼女の代わりに殺されることになる。この書はダニエル書のストーリーのパターンを踏襲しており、七十人訳聖書ではダニエル書の一部として加えられている。危機に瀕したユダヤ人たちが敵たちの前で潔白を証明されるというパターンである。[19] この物語のひねりは、敵

17　Schürer 1.99-114; 2:239-55 を見よ（一般的な聖書の教えの拡大について）；そして特に Strack & Stemberger 1991 [1982] を参照のこと。

18　極端な例としては、偽ヨナタンのタルグムの創世記21章21節が挙げられる。そこではマホメットの妻と娘の名前の言及がある。

19　本書10章以下を見よ。Nickelsburg 1984, 38 が指摘するように、賢者または義人の迫害と身の潔白の証明というパターンは、創世記34章、エステル

が異邦人ではないことだ。敵はユダヤの長老たちなのだ。これはお決まりのアンチ異邦人的論法をユダヤ人そのものに向けたものと言えるが、それはダニエルが長老に浴びせた言葉の中に見て取ることができる、「カナンの末裔よ、あなたはユダ族の子孫である資格はない」。[20] ニコラスバーグは、この書は当時のユダヤ人共同体の中で生じうる圧力や誘惑を反映していると示唆するが、もちろんそれは事実かもしれない。[21] しかし、ストーリーの筋は単なる道徳物語よりもずっと奥が深い。それは迫害と潔白の証明という通常のイスラエルのストーリーに沿ったものだが、しかしここで語られているのはイスラエル内部のあるグループのストーリーであり、そのグループは文学的な意味で、ある個人によって「代表されている」。[22] その個人は正にイスラエル内部の権力によって迫害されるが、最後には正しさが証明される。言い換えれば、この手のストーリーはユダヤ教のセクトあるいは党派の世界観をよりいっそう強めるものだった。イスラエルの現在の指導者たちは腐敗していて、異邦人たちと何の違いもない。しかし我々は真のイスラエルであり、神によって、またおそらくは新しいダニエルによって、その正しさが証明されるだろう。ダニエル書そのものが、異邦人によって迫害された後にその正しさが証明されるユダヤ人たちのストーリーから成っている。マカバイ戦争当時にこの書が読まれた時、それはマカバイ家に強力な支持を与えただろう。しかし、スザンナのストーリーがダニエル書に付け加えられた時、この政治的メッセージは覆されることになった。新たな統治者たちは異邦人のようになってしまい、真に忠実なイスラエル人たちを迫害しているのだと。

記、「アヒカル」、知恵の書2-5章などでお馴染みのテーマだ。福音書の受難劇、使徒行伝録6-7章のステパノの殉教もこれに当てはまる。第2マカバイ7章その他をこれに加えることもできよう。

20 スザンナ56節。
21 Nickelsburg 1984, 38。
22 本書10章以下を見よ。

(iv) 結 論

　では、ユダヤ人の根幹となるストーリーは、第3章で概略を示したストーリー分析の観点からは、どのように機能するのだろうか。次章で見ていくように、この世界観の中核にあるのは間違いなく創造主とイスラエルとの契約である。したがって、政治的圧迫と緊張の時代にあっては、イスラエルの救済に焦点が当てられることになる。この点は、このような時代背景の中で語り直される全てのユダヤ人のストーリーに共通したものだ。しかし、このように語り直されるストーリーの中にも違いが生じる。それは、どのように救済が達成されるのかと問われる際に、各グループやセクトの違いを浮き彫りにするものとなる。

　ユダヤ人の根幹となるストーリーは以下のように描けるだろう。

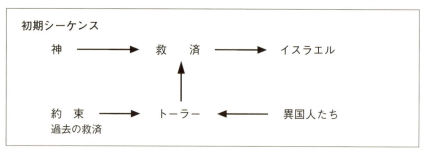

　神はイスラエルにトーラーを授けた。それを守ることでイスラエルは神の民になり、異国の敵から救い出され、自分たちの土地の主権者であることが確証されるだろう。ヨシュア記のストーリーは、基本的にこのような考え方の上に成り立っている。1世紀には、ほかの大部分の聖書物語もこのような読まれ方をしていたのだろう。プリム祭やハヌカ祭で祝われる、エステル記やマカバイ記のストーリーも間違いなくこのような話の流れになっている。契約の神とトーラーに忠実な者は、敵の手から救い出されるだろう。ポスト聖書時代の書、例えばユディト記も基本的にこうした話の流れである。同様のパターンが、暗くて潜在的に悲劇的な形で繰り返されている例を私たちは先に見てきた。「スザンナ」ではユダヤ人指導者たち

は「敵対者」として現れるが、エッセネ派の文書に見られる暗黙のストーリーでは、ユダヤ人指導層たちはこのように語られているのだ。

1世紀の問題とは、イスラエルは救済をずっと待ち望んでいるのだが、それがすぐには起きそうもないことだった。では、どうすればトーラーはその期待されている役割を果たすことができるのだろうか。イスラエルを救済するという役目を果たすために、トーラーに必要な助けとはなんだろうか。その答えとは、何らかの方法でトーラーを更に厳格化することだった。

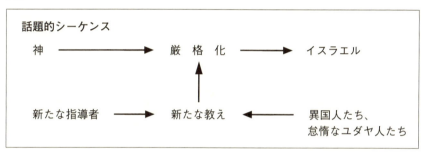

トーラーの厳格化の方法については様々なオプションがあった。[23] エッセネ派は、イスラエルの神がトーラーの真の厳格化のための方法を新たな神の共同体に備えてくれたと信じていた。ファリサイ派は、父祖たちの伝承に忠実であることがトーラー厳格化のための神が備えた方法だと信じ、それがイスラエル救済のための手段となることを信じた。他のやり方も当然あっただろうし、特に革命運動もこれに当てはまる。メシア待望は、トーラー厳格化プログラムの一部に容易になりえた。死海文書の場合がそうだ。その結果として、イスラエルの待望がとうとう成就されるだろう（次ページの上の図）。

これがイエスの時代のあるユダヤ人たちによって思い描かれたストーリーの解決だった。もちろんこれほど明快である必要はなく、それは様々なストーリー、詩、預言、夢、そして漠然とした希望や望みという形をとっ

23　詳細については、本書7章を参照せよ。

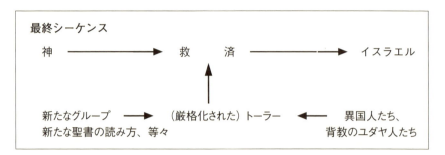

た。このストーリーは黙示文学、神話、殉教物語、祝祭、そしてシンボルを通じて表明された。こうしたユダヤ人のストーリーは、彼らの世界観を凝縮していた。イスラエルは創造主の民で、捕囚の境遇にあり、解放を待ちわびている。イスラエルの神は必ずや王となられ、諸国を統治し裁かれるだろう。その時には、神と神のトーラーに忠実だった者たちは義とされるだろう。

　もちろん、このストーリーには他にもあらゆる側面がある。それらは一つのダイアグラムで表せるほど単純なものではない。特に、イスラエルの長期的な使命とは何か、という問いがある。なぜイスラエルは存在することになったのか。創造主がアブラハムを召し出したことの意味は何か。もしその使命が他の全世界と関係があるのなら、その関係をどう理解すればよいのか。イスラエルの救済に焦点を当てたストーリーの背後には、もっと古くてより根本的なストーリーがある。それはこのように示せる。

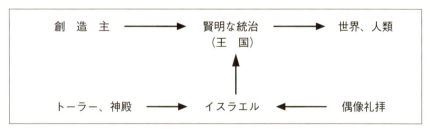

　イスラエルは、被造世界に創造主の賢明なる秩序をもたらすための手段となるはずなのだ。後に見ていくように、旧約聖書のいくつかのくだりで、このことは諸国民のシオンへの巡礼という形で言い表されている。私

たちが考察している時代においては、それは諸国民のイスラエルへの屈服と裁きという形で表現されている（例として、「ソロモンの詩編」）。世界はイスラエルのために作られた。[24] イスラエルは真の人類、神の世界への統治の代理者となるべき存在なのである。ヤハウェが王となられる時、イスラエルはその右腕となるだろう。この大きなイスラエルのストーリーが当時のユダヤ人思想家たちの心を占めている限り、先に描いたイスラエル救済に関する小さなストーリーは派生的なものでなければならない。しかし、神のプラン全体がおかしな方向に向かい、大きなストーリーのヒーロー（イスラエル）は悪役たち（異邦人）に閉じ込められてしまっている。今や、初めのヒーローを救出することが新たなストーリーの本筋になってしまった。大きなストーリーは今でも忘れ去られてはいないものの、それは世界がイスラエルと／またはそのメシアを仲立ちとする神の支配に服するだろうという枠組の中でのみ大切なのだ。多くのユダヤ人たちにとっては小さなストーリーの方が重要だった。彼らには、過越祭で毎年読誦されるハッガダーのストーリーが喚起するイスラエルの救済と再興こそが大切なのであり、それ以上のことを考える必要はなかった。

　したがって、非常に深い意味においては、イスラエルのストーリーは単なる道徳訓話や古のヒーローやヒロインを讃えるための信仰物語として理解されていたのではなかった。それらのストーリーは様々な形でユダヤ人の世界観を体現していた。その世界観は、本質的に世界とイスラエルの歴史的なストーリー全体に根ざしたものだった。創造主はイスラエルを自らの民とすべく召し出した。イスラエルは現在苦難の中にいるが、それでも神の契約条項に忠実であり続けなければならない。そうして神はイスラエルを救われるだろう。繰り返されてきた小さなストーリーの最後の一つは、イスラエルの大きなストーリーの結末の部分と重なり合うだろう。ユダヤ人のストーリーの筋のこうした分析は単に興味深いだけではない。それは１世紀のユダヤ人の世界観がどのような役割を持ち、その世界観を支え

24　例として、「第４エズラ」6.55。

る聖書のストーリーがどのように聞かれたのかを理解する助けになる。またこの分析は、イエスやパウロ、そして福音記者たちが明確にまたは暗示的に語った別のストーリーを評価するためのグリッドをも提供してくれる。それによって彼らのストーリーと、ユダヤ人たちのストーリーとの接点と相違点が見えてくるのだ。

3. シンボル

(i) 序 論

　世界観を表明するストーリーにおいて、その世界観を目に見える具体的なものとするシンボルは非常に大切なものとなる。ユダヤ人のストーリーについて、このような意味を持つ四つの鍵となるシンボルを特定するのは難しいことではない。ユダヤ人の国家としての歩みの中心にあるのは良くも悪くも神殿であった。神殿という中心から四方を見回せば、そこには契約の神がイスラエルに与えると約束した土地が広がっていた。その土地はイスラエルにとって権利であり、また約束でもあった。神殿も土地も、トーラーによって定められていた。トーラーは契約の憲章であり、それはイスラエルの存在そのもの、またイスラエルの希望そのものだった。トーラーの重要性は、土地や神殿から地理的に離れるにしたがって増していった。それら三つのシンボル全てと密接な関係にあるのがユダヤ人の民族性だった。捕囚とディアスポラによって分断された少数民族である彼らは、自分たちをあらゆる犠牲を払ってでも守るべきアイデンティティによって結ばれた家族だと考えていた。神殿、土地、トーラー、そして民族性という四つの鍵となるシンボルによって、1世紀のユダヤ人の世界観は日々の暮らしの中に根を下ろすことができたのだ。

（ⅱ）神　殿

　神殿は、ユダヤ人の国家としての歩みのあらゆる面の中心に位置していた。[25]パレスチナの他の地域やディアスポラにおけるシナゴーグやトーラーの教室は、神殿の代わりにはなれなかった。むしろ、それらの重要性の源泉は神殿との関係にあった。[26]あらゆるレベルでの神殿の大切さはいくら強調しても足りないほどだ。

　　人々にとって、神殿はなによりも神の住まうところであった。その神がイスラエルを諸国の民から選び分けたのだ。……神への献げものや儀式的清めは個人の罪の贖いのためであり、また人々の精神性の向上や清さを保つための枠組をも提供していた。……神殿とその祭具、そして大祭司の装束は、全宇宙と天の軍勢を表すものとして描かれた。……神殿の破壊によって、宇宙のイメージは欠けのあるものとして理解され、国家の確固とした枠組は毀損され、暑い鉄の壁がイスラエルと天の父との間を遮ってしまった。[27]

　神殿はヤハウェが住まわれ、イスラエルのただ中で統治を行う場所だと見なされていた。ユダヤの大祭によってその頂点を迎える神への献げものを通じて、神は恵みを施し、民を赦し、彼らを立ち直らせ、穢れから清め

25　特に Safrai 1976b; Barker 1991; Sanders 1992, 5-8 章を見よ。少し古い研究としては、McKelvey 1969, 1-4 章等を参照せよ。ユダヤ人の経済活動における神殿の役割については、Broshi 1987 等が挙げられる。

26　Safrai 1976b, 904f. このことが意味するのは、シナゴーグは神殿と同じように、「宗教的」施設であるのと同程度に社会政治のための場所であったということだ。ヨセフス「自伝」276-9 等を参照せよ。

27　Safrai 同書同頁。これらの信念についての証拠の一部はタルムードからだが、ヨセフスやフィロンにも神殿の価値についてのまとまった価値の高い記述がある。神殿が神とイスラエルとの重要な接点であることについては、Neusner 1979, 22 を見よ。

た。そうして、彼らは神の民であり続けることができた。[28] もちろん穢れは個人の信仰心だけの問題ではなかった。穢れを身に受けてしまうケースは様々だが、そのために人は契約の神の共同体から遠ざけられてしまうことになる。赦しと、その結果としてのイスラエルの共同体への復帰は、神殿を訪れて適切な儀式と礼拝をすることで得ることができた。そのため、神殿が共同体の祝祭の中心となることは自然なことだった。

しかし、神殿は単にイスラエルの「宗教」の中心であるだけではなかった。たとえ宗教と生活の他の諸領域を区別することがこの時代に可能だったとしても、である。私たちイギリス人はウエストミンスター寺院を、「バッキンガム宮殿」や「国会議事堂」と切り離して考えない。神殿はこれら三つの全て、つまり宗教と国家元首と政府を兼ね備えたような存在だった。神殿はそれに加えて「シティー」、つまり財政と経済の中心地の役割をも兼ねていた。[29] ついでに言えば、そこは屠殺場と食肉処理業者組合の本拠地でもあった。食肉処理は祭司たちの持つ主な技能の一つだった。ローマを事実上の国の支配者として認めた上で、神殿は国家存在のあらゆる面での中心だった。神殿を管理する大祭司は、宗教上のリーダーであるのと同時に重要な政治家でもあった。古代イスラエルの都市計画を学べば、神殿の重要性はなおさら明白なものとなる。神殿の敷地が都市全体に占める割合は法外なものだった（約25パーセント）。エルサレムは、例えばコリントのようにそこかしこに小さな神殿が散在している大都市とは違っていた。神殿が都市の中にあったというよりも、神殿の周りに小さな都市があったと言うべきだろう。

これら全ての理由から、神殿が当時のユダヤ教を内部分裂させた多くの

---

28 神殿での礼拝とその重要性については特にSanders 1992, 5-8章を見よ。
29 このことは、例えば詩編46、48編に描かれている。イングランド以外に住んでいる読者の方には、それぞれの国のシンボルに置き換えて考えて頂きたい。例えばアメリカ合衆国で言えば、ホワイト・ハウス、キャピトル・ヒル（国会議事堂）、ワシントン国立大聖堂、そしてウォール街を一緒にするようなものである。

論争の争点となったことは驚くには当たらない。極端な立場を代表していたのがエッセネ派だが、彼らはおそらくクムラン地区と同じくエルサレムにも拠点を置いていただろう。[30]先に見たように、彼らはマカバイ後の神殿体制を非合法かつ腐敗したものと見なし、正統な大祭司によって治められる、適切に設計された新たな神殿が建てられる日が来るのを待ち望んでいた。[31]ファリサイ派は原則的にはハスモン家の祭司や彼らの後継者たちを拒否していたが、神殿での祭儀が執り行われるためにそうした不満には目をつぶっていた。このことは、エッセネ派とは違い、彼らが神殿での祭儀に加わり続けていた事実から明らかだ。

 1世紀の神殿はそれまでにないほど美しい建物だったが、それでも不満が鬱積していたのは、それを建てたのがヘロデだったからだ。[32]最初の神殿を建てたソロモン王の後継者たる真の王だけが神殿を建てる資格を持っていた（10章以下を見よ）。ヘロデが何者であろうとも、彼は真の王ではなかった。正典聖書の最後の四つの預言書（ゼファニア、ハガイ、ゼカリヤ、そしてマラキ）と、また独特な仕方で「歴代誌」は、神殿の再建が（ダビデ家の）王、または別の可能性として祭司によってなされることを指し示していた。[33]神殿建築が達成された後にのみ、新たな時代が到来する。逆に言えば、ローマがユダヤの地を支配し続け、またメシアも出現していないことから明らかなように、新たな時代が未だ到来していない以上、神殿の丘に現在建っている神殿は終末的な神殿であるはずがなかった。した

---

30 ヨセフスは「ユダヤ戦記」5.145で「エッセネ派の門」について言及している。

31 本書7章以下を見よ。当時の神殿の腐敗に関する証拠や人々の態度については Evans 1989a, 1989b を参照せよ。

32 ヘロデの神殿再建については、ヨセフス「ユダヤ古代誌」15.380‐452; Schürer 1.292, 308f.; 2.57‐8 を参照せよ。

33 Juel 1977; Runnals 1983 を見よ。「歴代誌」は最初の神殿の建築についてのダビデ王の責任を強調し、ソロモン王が実際にそれを建てたことについては、将来新たなダビデ王がそれを建てることへの作者自身の希望を投影した形で描いている。

がって、第二神殿を巡っては様々な疑念が払拭されないままだった。それでも神殿は事実上の国家的、文化的、宗教的活動の中心であり続けた。

比喩的に言えば、神殿はユダヤ教の心臓部だった。そこからユダヤ教の血液が流れ出し、パレスチナやディアスポラを行き巡った。それを通じて人々に契約の神の癒しに満ちた存在感が生き生きと伝えられた。同様に重要なのは、神殿が契約の神がその民に与えると約束した土地の中心にあったことだ。

(ⅲ) 土　地

新約聖書では土地が重要なテーマになっていないことから、大多数の新約学者はこのトピックについて十分な議論をしてこなかった。[34]しかし、1世紀のユダヤ教を理解するために、土地を神殿やトーラーと並ぶ主要なシンボルとして取り上げねばならない。そこはヤハウェの土地であり、イスラエルとは切っても離れないものなのである。ローマは、それまでの異邦人の支配者たちと同様、その土地を支配する正当な権利を持っていなかった。もちろん土地は単なるシンボルではない。土地はパンやワインを提供してくれ、羊やヤギを養い、オリーブやイチジクを育ててくれた。そこはヤハウェが契約の民に約束の祝福を与える場所であり、またその手段でもあった。その祝福は、様々な意味を含意するシャロームという言葉に集約することができた。そこは新しいエデンであり、ヤハウェの庭であり、また真の人類の住処だったのである。

そこは今や荒れ果ててしまっていた。重税が生計を立てることを困難にし、若者たちは先祖から受け継がれてきた土地を離れることを余儀なくされた。[35]異国の文化施設（ギムナシウム、スクール、異教の神殿、ローマ

34　重要な例外として、Davies 1974; Freyne 1980, 1988 が挙げられる。Brueggmann 1977 も参照せよ。

35　Sanders 1992, 9 章では、この事実はしばしば誇張されていると論じられている。しかし、彼が正しいとしても、普通のユダヤ人家庭が重税に苦しんでいたことには違いない。

の旗)が建てられた。これから見ていくように、「神の王国」という言葉が主に意味するのは、ヤハウェが王になるという現実についてだった。しかし、文化的な文脈では、神の王権にはヤハウェが土地を通じて支配するという概念も含まれていた。神は聖なる土地を清めて再び人々が住むのに適した場所にし、そこから諸国を支配するだろう。

エルサレムは明らかにこの土地の中心にある。「聖なる土地」の聖性は神殿の至聖所から神殿の他の各部分へと同心円上に広がり(神殿自体が同心円的に構成されている)、そこからエルサレム全土、さらには聖なる土地全体へと広がっていった。[36] そして「諸国民のガリラヤ」は、敵対的なサマリア地方の先にあり、異邦人に取り囲まれ、主要なローマの都市(セフォリス)によって統治されていたが、それでも聖なる土地の大切な一部だった。その上、ガリラヤの一部は異邦人の影響を強く受けていると見られていたので、なおのこと同化に抗して明確な民族的境界線(boundary-markers)を維持しようとしていた。[37] 暴動の先導者となる可能性のあるガリラヤの教師が、神殿税を納めることでエルサレムへの忠誠を示すべきかどうかという問いは、まさに当時その場所で発せられるべき問いだった。[38] イスラエルの神が全土に主権を主張しているのならば、忠実なユダヤ人は、他の同胞たちと共々にそれに歩調を合わせていく必要があった。つまり十分の一税を納めることは、ガリラヤの人々が自分たちの農産物を契約の祝福だと考え、また契約の祝福の源であるエルサレムと神殿とに自分たちを結びつけることを意味していた。さらには、そこに御名を置かれる契約の神と結びついていることを意味する。[39] 同時にそれは、彼らには必要とあらば土地を穢れから清め、「イスラエルから神の怒りを遠ざける」用意が

36　エゼキエル 40-48 章。

37　Freyne 1988, 6 章を見よ。

38　マタイ福音書 17 章 24-27 節。Horbury 1984 を参照。ヨセフス「自伝」104-11 との比較ができるだろう。ヨセフスはエルサレムから下って来て、ガリラヤの暴徒たちに反乱を思いとどまるように説得している。

39　Sanders 1992, 146-57 を見よ。

あることをも意味した。

　土地の運命は、捕囚と回復という大きなテーマによって表現されるものだが、それについては次章以降で詳しく学んでいく。土地に対しても、神殿と同じような疑念が向けられていた。確かにバビロンからの帰還者たちによって土地は再びイスラエルのものとなったが、しかし土地の所有は部分的なものでしかなかったからだ。イスラエルはローマの傀儡としてしか土地を所有することができなかった（ローマ軍の駐留はユダヤ全土にくまなく及んでいたわけではないが、独立への動きが頭をもたげれば、すぐさま招集できるほどの距離に配置されていた）。土地はイスラエルによって管理され、清められねばならなかったが、ローマがヤハウェの聖なる領土を管理し汚している限り、そのどちらも実現できなかった。

（iv）トーラー

　イスラエルにとってトーラーとは、契約の神の民としての契約憲章だった。神殿とトーラーとは密接不可分な関係にあった。トーラーは神殿でなされるべきことを規定するのに対し、神殿は（第二神殿期のほとんどの場合）トーラーの実践のための実際の拠点だった。それは、トーラーの実践の多くが神殿での祭儀から成っていたという点と、神殿がトーラーの研究や教育の重要な拠点だったという点の両方の意味においてだ。また、トーラーと土地との間にも緊密な関係があった。トーラーは土地に関する、

40　第1マカバイ3章8節。ヨセフス「ユダヤ古代誌」12.286（どちらもユダ・マカバイの活動について言及している）。

41　紀元前63年から紀元66年の間、ローマ軍はカイザリア・マリティマに駐屯し、エルサレムには小駐屯軍を配備していた。また、エリコなどのいくつかの町にも駐屯部隊があった。証拠等はSchürer 1.362-7を見よ。カペナウムの百人隊長（マタイ福音書8章5節およびその平行記事）は、おそらくそこがガリラヤとヘロデ・フィリポの領土であるゴラン高原の境界線近くに駐在していたのだろう。少なくともヘロデの王国の分断以降、そこでは関税が徴収されていた（Schürer 1.374）。

42　神殿とトーラーとの関係については、Freyne 1988, 190f. を見よ。

また土地を通じて与えられる祝福についての約束を与えていた。そして祝福が与えられ続けられるために必要な振る舞いについての指示をも与えていた。結局、ヤハウェが先の住民たちを土地から追い払ったのも、彼らが偶像礼拝や不品行に手を染めていたからだった。イスラエルがこのような過ちを繰り返さなかったなら、その運命は別のものとなっていたはずだった。[43]

　同時に、捕囚以降は神殿や土地なしでもトーラー（または、トーラーと当時見なされていたもの）の研究や実践をすることが可能になっていた。捕囚の身では当然ながら神殿を持つことはできなかった。このことは、バビロンにいながらいかにしてユダヤ人であり続けることができるのか、異国の地でどうやってヤハウェに賛歌を捧げることができるのかという問題を生じさせた。しかし、ディアスポラの時代以降は、トーラーの研究と実践がユダヤ性の維持のためにますます重要になっていった。無数の一般のユダヤ人にとって、トーラーは携帯型の土地、あるいは持ち運びできる神殿となった。[44] 成長しつつあったシナゴーグ運動と歩調を合わせるかのように、トーラーの研究と実践は神殿での礼拝に代わるものになりうるという理論をファリサイ派は特に発展させていった。二人か三人が集まってトーラーを学ぶなら、彼らにはシェキナーが宿る。[45] 契約の神の臨在はエルサレムの神殿だけに制約されるのではない。神は長い間神殿を不在にしていて、またそこは貴族たちによって腐敗させられていた。神の臨在は大衆化し、トーラーを学び実践する全ての人たちに開かれたものとなるのだ。

　こうした観点から見れば、トーラーの聖性とこの上ない重要性はいくら強調しても足りないほどだ。トーラーを精力的に遵守しようとする者たちは、自分たちを神殿に仕える祭司のように見なしていた（必ずしも皆がそ

43　創世記15章16節；レビ記18章24-28節；申命記18章12節等。
44　Sanders, 2-3章を見よ。神殿に行くことができなければ、律法の観点からはユダヤ人はほとんど常に穢れの状態に置かれることになる。
45　ミシュナー「アボット」3.2。

うだったのではないが)。[46] 神殿が実際に破壊されてしまうまでは、ファリサイ派は神殿や土地なしのユダヤ教を思い描くことはなかった。ディアスポラの身にあっても、彼らは神殿を見据え続けていた。神殿が破壊されてからは、彼らの多くは神殿が再建されることを切望した。しかし、そのどちらの場合でもトーラーは次善の選択肢だった。それは長い年月をかけて、神殿の持つ全ての特性を兼ね備えるようになった。後代のユダヤ教においては、神殿や土地に特有な思想は中核的シンボルであるトーラーに融合していった。[47]

当然の流れで、献げものに関する制度はトーラーの規定へと変容していった。バビロンやローマ、アテネやアレクサンドリアで暮らしている人々は、多くの敬虔なユダヤ人がしているようにはエルサレムに定期的に赴いて献げものをすることはできなかった。彼らにとって、トーラーの遵守が神殿での礼拝に代わるものとなった。貧しい者たちに施すこと、祈ること、トーラーを研究すること、そして断食が「霊的な献げもの」となった。[48] これらのことがイエスの時代にも起こっていたかどうかを見極めるのは難しいが、しかしこのような進展は自然の流れであり、明確なものでもあっ

---

46 本書7章のファリサイ派とエッセネ派についての解説を参照せよ。そして特に Sanders 1990a, 3 章；1992, 352-60, 376, 438-40 を見よ。

47 本書6、7章を参照せよ。トーラー教育の拠点だったシナゴーグ自体、ユダヤ教の主要なシンボルとなっていった。Gutmann 1981; Levine 1987; Sanders 1990a, 67-81; 1992, 198-202 を見よ。シナゴーグの建物の古さやその利用については、Shanks 1979; Kee 1990; Sanders 1990a, 341-3, 注 28, 29 を見よ。

48 例として、詩編40編6-8節；50編7-15節；51編16節以降；141編2節。Milgrom 1971, 81-3, 254, 361 を見よ。詳細は、祈りについては、バビロニア・タルムード「タアニート」2a、「ベラホット」32b（R. Eleazar）；慈善については「アボット・デ・ナビ・ナタン」4；トーラーの研究（それは大祭司と同等の責務を担うことを意味する）については、「詩編へのミドラッシュ」1.26, 2.300。断食については、バビロニア・タルムード「ベラホット」17a を見よ。これらの後世の記述には間違いなく神殿崩壊後の理屈づけが見られる。しかし、神殿崩壊前のディアスポラ・ユダヤ人たちの宗教生活をも反映しているのも確かだ。

た。トーラーを遵守する人々にとって、トーラーは神殿に比肩するものとなり、その聖性さえも帯びるようになっていった。トーラーの前に立つのは、契約の神の御前に立つのと同一視されていった。ディアスポラ・ユダヤ人たちの必要を満たすためのこうした流れは、紀元70年と135年の敗戦後の全てのユダヤ教にとってのトーラーの位置づけを暗示するものとなった。

特にディアスポラのユダヤ人にとって、また外敵に取り囲まれていると感じていた全てのユダヤ人にとって、トーラーは自分たちを（潜在的に脅威となる）異教の隣人たちから区別することを特に強調していると思えただろう。割礼、安息日の遵守、清潔律法がそれに当たる。これらの点は非常に密接に実践と関連している。実践を通じて、シンボルは日々の生活の基礎となる。この点について考察していこう。

もしトーラーが日々の生活のあらゆる場面で守られるべきならば、それはモーセ五書において守られていたやり方とは明らかに違う方法で、細かく規定されねばならなかった。聖書はイスラエル人に、仮庵祭を祝う間は仮庵に住むようにと指示している。しかし、「仮庵」とはどのようなものを指すのだろうか。この点について議論する必要があり、正しく規定しなければならない。それを怠ることはトーラーをないがしろにすることを意味する。[50]また、聖書は未亡人となった兄弟の妻と結婚する義務を拒否した男に対する儀式について規定しているが、しかしその儀式は正確にはど

---

[49] シラ書24章1-23節を参照。ここでは知恵は、雲をまとった臨在（24章4節；出エジプト14章19節以降）、シェキナー（24章8-12節）、そしてトーラー（24章23節）と同一視される。ヨセフス「アピオーン」2.277（「私たちの律法は少なくとも不滅である」）；バルク4章1節以降（「知恵は神の命令の書、永遠に続く律法である。これを保つ者は皆生き、これを捨てる者は死ぬ。ヤコブよ、立ち帰ってこれをつかみ、知恵の光に目を注ぎ、その輝きに向かって歩め」）；「第4エズラ」9.26-37；ミシュナー「サンヘドリン」10.1。

[50] この規定はレビ23章42節にある。またネヘミヤ8章17節以降を参照。有効とされる仮庵についての議論は、ミシュナー「スカー」。

のように執り行えばよいのだろうか。[51] これらは巨大な現象の瑣細な二つの例である。これらがどんどん膨らんでいけば、事実上の詳細で巨大な法律となる。1 世紀には、これらは書き留められることはなく、正式に成文化されなかったが、しかしそれらは教師から弟子へと反芻されていった。ヘブライ語の「反芻」という言葉はミシュナーである。ごく自然な成り行きで、それはユダヤ文学の基本的なジャンルの一つとなっていった。

「ミシュナー」そのものは 2 世紀初頭になるまで書き下ろされることはなかった。しかし、6、7 章で見てきたように、その多くの議論は、たとえ歪められた形であったとしても、もっと前の時代の議論や論争を反映していた。そうした議論は書き下ろされることなく口頭で行われたので、ここで私たちは「口伝律法」とは何かという問いにぶつかる。ファリサイ派たちは世紀の変わり目を前にして既に大部の口伝律法を作り上げていて、この口伝律法を聖書に書かれているトーラーよりも重んじていた、という主張がしばしばなされる。口伝律法にはどこか秘伝的な感じがある。誰でも聖書に書かれたトーラーを読むことができるが、口伝律法はそれを託された者だけが知ることを許される。口伝律法は、その作者を聖書のトーラーと同じモーセ自身だとする架空の設定によって、古からの権威を与えられた。[52]

口伝律法が古くて高い権威を持っていたとするこの学説は手厳しい批判に遭い、もはや支持されなくなっている。[53] 上に概略を示したこの説は、実際のところエッセネ派の秘密の教えにより近い。彼らは実際に、聖書のトーラーと同様にモーセに由来すると彼らが見なしていた、秘密のトーラーを保有していたようなのだ。「神殿の巻物」はここから論理的な結論を導き出した。この文書は一人称で書かれているので、あたかもヤハウェ自身によって書かれたような印象を受ける。ファリサイ派にしても、普通の

---

51 申命記 25 章 7-9 節。ルツ 4 章 1-12 節。ミシュナー「イェバモット」12.1-6。
52 口伝律法に関する見解については、例として Rivkin 1989 を見よ。
53 Sanders 1990a, 2 章。

ユダヤ人にしても、トーラーを実際の生活の場で適用するための判例法を間違いなく持っていただろうが、それらの法を聖書のトーラーと同格と見なすことはなかった。彼らはトーラーを解釈し、適用し、拡大した。彼らはそうせねばならなかったのだ。しかし、彼らはどのような時にそうする必要があるのかを知っていた。

　そうすることよって彼らが何を成し遂げたのかを理解するのは大切だ。（成文化される以前の）口伝律法を別のものに変えてしまうことは、トーラーそのものを放棄するのと同じだった。判例法は、トーラーをシンボルとしておくために必要だった。トーラーを放棄することは、世界観の重要なシンボルの一つを放棄することだった。トーラーは、契約、約束、土地、そして希望と密接に結びついていた。トーラーを放棄するのを認めるのは、イスラエルを裏切るのと同じだった。トーラーを日々の生活の中でどのように守っていくのかについての詳細な議論は、重要なシンボルを維持し、トーラーを日常生活に関連づけ、実践していくための手段だったのである。ストーリーや実践との係わりを失ったシンボルは、その価値を無くしてしまう。ファリサイ派とその後継者たちは、そうならないように努めていた。

（v）民族的アイデンティティ

　実際に誰が生粋のユダヤ人なのかという問いは、バビロンから帰還してきた人々にとって重大な問題の一つだった。その時代は、誤解を招きやすい呼称ではあるが、「捕囚からの帰還」として知られている。長大な系図は、歴代誌やエズラ、ネヘミヤ記を特徴づけるものだ。[54] それらは新たに生まれた共同体が、自分たちがアブラハム、イサク、ヤコブの子孫であることを証明する必要性をどれほど強く感じていたかを証するものだ。ちょうど神殿がユダヤの土地の中核を形成していたように、祭司たちはイスラエルの中のインナー・サークルを形成していた。彼らにとって家系図は

54　歴代誌上1-9章；エズラ2、8、10章；ネヘミヤ7、12章。

特に重要だった。[55] 帰還してきたイスラエル人たちが彼らの祖先のストーリーを語る時、イスラエルに破局をもたらした出来事について、(預言者たちの解釈を通じて) 思い起こすことになった。非イスラエル人との結婚を通じて、彼らの祖先たちは偶像礼拝に陥っていった。このような歴史の解釈は懸念を呼び起こした。同じような事態が今後も繰り返されかねない。エズラ書によれば、エズラの仕事の核心部分の一つはイスラエル人男性を異邦人妻たちから引き離すことだった。[56] それが実施されない限り、「聖なる種族」、あるいは「残れる者 (レムナント)」は汚されてしまう。[57] イスラエルの神にはこれらの「種族」のための更なる目的があるので、彼らは清く保たれなければならなかった。異邦人との結婚だけでなく、異邦人を「神の会衆」に加える慣習さえも禁止された。[58] ヨセフスはこれらのエピソード、特にエズラの異邦人との結婚の禁止命令について考察し、1世紀後半の見地から以下のように述べている。エズラはこうして「この件に関しての慣習を清め、将来にわたってそれが維持されるようにした」。[59] エステル記もまた、初期の反セム主義とそれへの対応について強力な証言を残し

---

55 エズラ2章59-63節。

56 エズラ9-10章。

57 エズラ9章2節。イザヤ6章13節;マラキ2章15節を見よ。このマラキ書の1節の意味は難解だが (Smith 1984, 318-25; Fuller 1991, 52-4)、以下のように読むべきだろう。「彼[神]は、ひとつのもの[結婚した男女]を造られたではないか。残れる者の霊[バビロンから戻った真の家族]は主のものだ[イスラエルを新しくする主御自身のご計画]。では、なぜひとつのもの[を主は造られたのか]? それは主が神の種族[単に敬虔な子どもたちというだけでなく、彼らを通じて約束が成就される真の「種族」]を造ろうとなされたからだ」。問題は、先にユダヤ人の妻と結婚していたユダヤ人男性たちが彼女たちと離婚し、新たに異邦人妻を迎え入れたことにあったようだ。預言者は、これは契約に違反する行為であるだけでなく、イスラエルの神の長期的な計画をも危機にさらすことだと語った。

58 ネヘミヤ13章1-3節。

59 ヨセフス「ユダヤ古代誌」11.153。ロエブ版に従って、ノミモン (「法令の」) ではなく、モニモン (「維持、固定させた」) と読む。この違いはあまり重要ではない。

ている。ユダヤ人は堅く団結し、異国人と妥協することを拒否せねばならない。

　このような紀元前5世紀の時代背景から見れば（私たちの研究にとって重要なのは、その時実際に何が起きたのかということよりも、マカバイ期以降にこのストーリーがどう理解されていたのかだということを忘れてはならない）、民族的純血を保つことが重要だったことは驚くには当たらない。紀元前5世紀のユダヤ人たちは、彼らがユダヤ人国家を再建したことに憤っている敵対的な勢力に取り囲まれていた。特に、後にサマリア人として知られるようになる人々との間に問題を抱えていた。[60]この四方から敵に取り囲まれているという感覚は、先に見てきたようにシリア統治下で増大した。そして紀元前1世紀までには、ユダヤ民族の純血性を保つという思想は当然視されるようになった。契約の印である割礼は、ユダヤ人を選ばれた民として他の民族から区別するものとなった。性的関係や子孫を残すことはユダヤ人社会の中でのみ相応しいこととされ、他民族とは許されなかった。

　ハスモン期やローマ統治時代以降は、人種こそが真の民を決めるものだと強調する文学が見られるようになる。「ダンの遺訓」はユダヤ人に、「あらゆる不義から離れて、主の律法の義に堅く立ちなさい。あなたがたの種族は永遠に守られねばならない」と諭している。[61]旧約聖書続編の「バルク書」はユダヤ人たちに次のように促す。

　　あなたの栄光をほかの者に、あなたの特権を異国の民に渡してはならない。
　　イスラエルよ、わたしたちは幸いだ。神の御心に適うことを知っている

60　サマリア人については、Schürer 2.16-20 を見よ。
61　「ダンの遺訓」6.10（訳：M. de Jonge in Sparks 1984, 566）。最後の節はある写本では欠けていて、H. C. Kee in Charlesworth 1983, 810 では注にすら記載されていない。

のだから[62]。

ユダヤ人が異邦人を迎え入れようとしていることを熱心に示そうとしたヨセフスでさえ、それには限度があることをはっきりと語っている。

> 私たちと共に同じ律法の下で暮らしたいと願う全ての人々を、彼［モーセ］は温かく歓迎し、家族の絆だけが関係を作るのではなく、行動の原理の一致が人々を結びつけることを示した。一方で、たまたま立ち寄ったような人々が日々の生活の親しい交わりに加わるのをモーセは良しとしなかった[63]。

「アリステアスの手紙」も同じ点を指摘している。ユダヤ人は世界の模範とならなければならないが、世界から明確に分け隔てられねばならない[64]。民族的純血の強調のもっとも顕著な例は、異邦人は「異邦人の庭」より先に進んではならないというエルサレム神殿での掲示だった[65]。もちろん、パレスチナにおいてでさえユダヤ人たちは異邦人たちと日々自由に交流していたが、これは実際上必要とされることだった。しかし、ユダヤ文学から私たちが受ける印象は、異邦人たちが偶像礼拝者で、非道徳的で、儀式的な観点から穢れていると見なされていたということだ[66]。

---

62 バルク書4章3-4節。

63 ヨセフス「アピオーン」2.210（「ユダヤ古代誌」13.245を参照せよ。分離を表すアミクシアというキーワードが登場する）。サッカレーのこのヨセフスの記述への注は、出エジプト記12章43節のような過越祭の記述は、日常生活にはほとんど当てはまらないことを示唆している（Sanders 1990b, 183）。「ヨベル書」30.7, 14-17;「偽フィロン」9.5等の異邦人との結婚の禁止についての記述と比較せよ。

64 「アリステアスの手紙」139（文脈から）等。

65 ヨセフス「ユダヤ戦記」5.193f.; 6:125f. を見よ。Schürer 1.175f., 378; 2.80, 222, 284f. も参照せよ。

66 本章セクション4を参照せよ。

この時代を通じて、ユダヤ人の民族的アイデンティティは神殿、土地、トーラーと並ぶ非常に重要な文化的・宗教的シンボルだった。そしてそれら全てのシンボルは互いに密接に結びついていた。これから私たちは、こうしたシンボルがどのような実践を生み出したのか、また曖昧な状況下でどのように解釈されたのかを見ていくことにする。

(vi) 結 論

このセクションで学んできた四つのシンボルは、先に見てきたストーリーというテーマと完全に整合する。シンボルとストーリーは互いに補完し合うものなのだ。シンボルに忠実な者は暗黙の内にストーリーを物語っており、逆もまた真である。シンボルを行うことは、自分自身と隣人たちに、自らがストーリーを聞き分け、またそれに従って生きていることを示すことだった。シンボルは石碑の中に、土壌の中に、巻物の中に、または血と肉の中にストーリーを刻み込んでいった。ストーリーそのものが、またそれを語り直すことがシンボルそのものとなった。しかし、ストーリーやシンボルに息吹を吹き込むためには、それらは実践という形を取る必要があった。この点について、これから考察していこう。

4. 実 践

(i) 序 論

ユダヤ教は「信仰」ではなく、生き方なのだ、ということがよく言われる。だが、これはせいぜい半分しか真実ではない。しかし、ユダヤ教では「何をなすべきか？」という問いについて議論するとき、「神学」を重要視しないこともまた事実である。シンボルをしっかりと守っていれば、人はそれによって生きていくことができる。人が生きてくための中心的なシンボルは、もちろんトーラーだった。

しかし、日々の生活でトーラーを守ることが1世紀のユダヤ人の実践の要諦では決してなかった。1年のうちでもっとも大切な実践は、ユダヤの大祭を祝うことだった。その際に、イスラエルのストーリーは語り直され、主要なシンボルは脚光を浴びた。二番目は、トーラーの研究だった。実践をするためにはまずそれを学ばねばならない。そして三番目が、日々の生活の中でのトーラーの実践だった。それがどういう意味を持っていたのかを、その時代背景に照らしてこれから考察していく。

(ii) 礼拝と祝祭

神殿やシナゴーグは、日常生活から離れてプライベートな宗教生活を追い求める人々のための機関という以上の存在だったことは既に見てきた。神殿やシナゴーグは「宗教的」機関であるのと同時に、重要な社会的、政治的、また文化的機関だった（このような区分自体、私たちの時代の価値観による時代錯誤的なものだと言える）。そこでは毎日、そして1週間毎に礼拝が行われていた。通常の祈りは私的または公的な目的で唱えられるよう教えられていたが、それは特に食事の際の家族の祈りや、特別な機会のためだった。平均的なユダヤ人は基本的な祈りを覚えているように育てられたが、それは今日の子供たちが日曜学校で『主の祈り』を覚えたり、賛美歌やテレビ・コマーシャルで流れる聖歌を知っているのと同じ程度か、あるいはもっとよく知っていたのだろう。1世紀のユダヤ人の識字率が十分でなかった場合は、彼らは記憶によってそれを補っていたことだろう。[67]

特に安息日の礼拝は社会生活の中心の一つで、それを守ることは忠実なイスラエルである証となった。『シェマー』や『十八の祝福』を中核とした定例の祈りはユダヤ人の自意識を鼓舞し、彼らの世界観と希望を強め

---

67 W. D. Davies 1987, 19-21 を参照せよ。子どもさえいくつかの祈りを朗誦する義務を負っていたことについては、ミシュナー「ベラホット」3.3。ユダヤ文化全体の一部としての祈りの生活については、Sanders 1990a, 331:1992, 195-208 等を見よ。聖書の利用については、以下を見よ。

た[68]。唯一の神がおられ、イスラエルは主の民で、神はその民を速やかに救い出されるだろう。それまでの間、主の民は忠実であり続けなければならない。

エルサレムの巡礼の旅によってかき立てられる興奮は人々の感情を高ぶらせ、また巡礼に行けない人々もその土地で祝祭を祝っていた[69]。数千人もの人々が年に3度かそれ以上巡礼に訪れることによって祝われるユダヤの祭りは、人々の信仰の下支えとなった。ユダヤ人にとってもっとも聖なる日である三大祭と[70]、新たに加えられたハヌカー祭とプリム祭は、ここまで学んできたユダヤ人の信仰と民族的願望を凝縮していた。それらは偉大なシンボリックな行動と儀式によって祝われた[71]。こうした祝祭や断食はイスラエルの神学を強め、同時に具体化させるものだった。

もちろん、三大祝祭は農業の収穫と深く関係していた。過越祭は大麦の収穫、五旬祭（ペンテコステ）は小麦の収穫と初穂の神殿への奉納[72]、そして仮庵祭はぶどうの収穫だ。これらの祭りは象徴的にイスラエルの神の土地と人々への祝福を祝うものだったが、そのために祝祭は神殿と土地という二つの主要な契約のテーマとも関連していた。加えて、過越祭はエジプトからの出エジプトを、五旬祭はシナイ山でのトーラーの授与を[73]、仮庵祭は約束の地に向かうまでの荒野での放浪生活を思い起こし、祝うための

68　Schürer 2.447–9, 454–63; Sanders 1992, 同書同掲。

69　エルサレム以外で祝われるユダヤの大祭については、Schürer 3.144 を見よ。

70　Schürer 2.76。

71　Milgrom 1971, chs. 8 (199–223), 9 (224–60), 10 (261–88)。これらもっとも聖なる日については9章を見よ。

72　ミシュナー「ビクリーム」3.2–4 にこれについての規定がある。

73　このことは旧約聖書には書かれていないが、ラビ伝承の原形にこの考え方は見られるし、新約聖書にもそれが反映されている。「ヨベル書」1.5; 6.11, 17; 15.1–24; バビロニア・タルムード「ペサヒーム」68b; 使徒言行録2章1–11節；エフェソ4章7–10節等を見よ（Caird 1964; Lincoln 1990, 243f.、後のシナゴーグの聖句集にもその証拠が見られる）。シムハット・トーラーが仮庵祭に追加されたのは後の時代のことだ。

ものだった。よって、これら三大祭は全てイスラエルのストーリーの重要な場面と深く係わるものだった。そしてこのストーリーを語り直すことは、自分たちが創造主の自由の民として、もう一度神によって救い出され、世界の目の前で義とされるだろうという希望を鼓舞するものだった。このテーマは様々な場面で唱えられる各種の祈りによってさらに強められた。[74]

追加された二つの祭りについては、農業の収穫サイクルとの関連は無いものの、ポイントは同じだった。ハヌカー祭は、ユダと彼に従う人々によってアンティオコス・エピファネスが打倒されたことを祝うもので、真の唯一の神を礼拝し信仰することの大切さと、暴君がイスラエルに怒り狂って襲いかかるときに、神が救って下さるということを強調するものだった。エステル記のストーリーを祝うプリム祭は、ペルシャ帝国でのユダヤ人を滅ぼそうとするハマンの企みを逆手に取った故事を再現しようというものだ。ここでも同じメッセージが強調されている。[75] これら五つの祭りは、それに参加しようとする全ての人々(実際、多くの人々が参加していた)の基本的な世界観を強めるものだった。唯一の神、神の民としてのイスラエル、聖なる土地、トーラーの不可侵性、そして救済の確かさ、これらがその世界観を構成する。毎月祝われる新月の祭りでさえ、最後の点についての信仰を強めた。暗黒の後の新月の輝きは、苦難の時代の後のイスラエルの復興を象徴していたからだ。[76]

定例的な断食も、これと同じメッセージを発していた。ゼカリヤ書8章19節は四つの断食を挙げているが、それは第四、第五、第七、そして第十の月に行われていた。その四つ全てがバビロニア人によるエルサレム破壊の出来事と関連している。これらの断食は、イスラエルが未だに真の捕囚からの解放を待ち望んでいることを人々に思い起こさせた。[77] 個人にと

---

74 Milgrom 1971, 214。
75 ハヌカー祭については Schürer 1.162-3; プリム祭については、2.450 を見よ。
76 Milgrom 1971, 265 を見よ。
77 Milgrom 1971, 275ff.; Safrai 1976a, 814-6; Schürer 2.483f. ゼカリヤ7章3節以降は、第五と第七の月の断食が捕囚の間も続けられていたことを記している。

っても国家にとっても、これと同じ点がもっとも聖なる日である祝祭においても強調された。ゼカリヤ書は断食が祝祭に変わるだろうと語っている。この預言はゼカリヤ書が書かれた時点では未だに成就していなかったが、真の捕囚からの帰還が実現するまでは、それは成就すべくもなかった。[78]

　祝祭と断食はユダヤ人の世界観全体を具現化し、ユダヤ人の根源的な希望に新たな情熱を注ぎ続けていた。神殿、土地、トーラー、そして民族的アイデンティティは、シンボリックな行動と記憶に残るフレーズの中に凝縮された。これら全ては、唯一の神への信仰とイスラエルの選びについて言い表すものだった。そしてこの二つの信仰が確証される希望を表明するものだったのだ。

(ⅲ) トーラーの研究と学び

　トーラーの研究については、以下のような聖句の観点から理解される必要がある。

> 主の律法は完全で、魂を生き返らせ
> 主の定めは真実で、無知な人に知恵を与える。
> 主の命令はまっすぐで、心に喜びを与え
> 主の戒めは清らかで、目に光を与える。
> 主への畏れは清く、いつまでも続き
> 主の裁きはまことで、ことごとく正しい。
> 金にまさり、多くの純金にまさって望ましく
> 蜜よりも、蜂の巣の滴りよりも甘い。

　わたしはあなたの律法を

これらに加えて、イスラエル民族の悲劇の日に関連した他の断食日も当然あった。Schürer 2.483f.; Safrai 同書同掲。また、例としてヨセフス「自伝」290 を見よ。

78　本書 10 章を見よ。

どれほど愛していることでしょう。
わたしは絶え間なくそれに心を砕いています。

御覧ください
わたしはあなたの命令を愛しています。
主よ、慈しみ深く、わたしに命を得させてください。
御言葉の頭はまことです。
あなたはとこしえに正しく裁かれます。[79]

　トーラー（律法）がユダヤ人の世界観を凝縮したものならば、少なくとも幾人かのユダヤ人がトーラーの真摯な研究に専念することが必要だった。トーラーを熟知する唯一の方法は、それに十分親しむように毎日一定の時間をその研究のために費やすことだった。この研究は純粋にアカデミックな方法で取り組まれていたのではなかった。トーラーの研究が、神の臨在する神殿での礼拝と同じ意味を持つのならば、研究そのものが「宗教」活動となり、詩編から研究テーマを選ぶこととなった。このような精神で、第二神殿時代の敬虔なユダヤ人は研究に取り組んだ。一方では、トーラーの研究は単に社会の実際上のニーズを満たすためのものだった。トーラーをよく知っていて、実際の社会生活に適用する術を心得ているグループが必要だったのだ。それとは反対に、上に引用した詩編のように、研究それ自体に喜びを見いだす人々もいた。トーラー研究は、神がその民と出会うことを約束した場だったからだ。祭司たちはトーラーの偉大な教師で、またその守護者だった。しかし、彼らとは別に、紀元前2世紀前半に書かれたシラ書に登場する、民間の律法学者や教師たちが現れるようになった（彼らがいつ頃から活動を始めたのかは正確には分からない）。彼らのトーラー研究には敬虔さが伴っていた。ベン・シラは、「この世界の調和を固く保つ」（シラ書38章34節）ためにはあらゆる種類の職業が必要なこと

79　詩編19編8-11、119編97、159-160。

を指摘した後に、こう続ける。

> しかしながら、心を傾けて、いと高き方の律法を研究する人がいる。
> 彼はいにしえのすべての人の知恵を詳しく調べ、預言の書の研究にいそしみ、
> 高名な人々の話を心に留め、たとえ話の複雑な道へと分け入り、
> 格言の隠れた意味を詳しく調べ、たとえ話のなぞをじっくり考える。
> 彼は身分の高い人々に仕え、為政者たちの前にも出入りする。見知らぬ
> 人々の国を旅し、人間の持つ、善い面、悪い面を体験する。
> 彼は早起きして、自分を造られた主に向かうように心がけ、いと高き方
> にひたすら願う。声を出して祈り、罪の赦しをひたすら願う。
> 偉大なる主の御心ならば、彼は悟りの霊に満たされる。彼は知恵の言葉
> を注ぎ出し、
> 祈りをもって主を賛美する。
> 彼は正しい判断と知識を身につけ、主の奥義を思い巡らす。
> 彼は学んだ教訓を輝かし、主の契約の律法を誇りとする[80]。

また、ラビ・アキバの弟子のひとりのラビ・メイア（紀元2世紀の人物）はこのように言う。

> 商いに深入りし過ぎないで、律法に専心しなさい。全ての人の前で心のへりくだった者でありなさい。もしあなたが律法を怠るなら、怠った多くの物事があなたに敵対して立つだろう。しかし、律法を守り行うなら、主はあなたに溢れるほどの報いを下さるだろう[81]。

このように、トーラーの研究は尊ばれ、第二神殿期のユダヤ教において

---

80 シラ書38章34b-39章8節。
81 ミシュナー「アボダー・ザーラー」4.10。

制度化された。それは多くの職業のうちの一つではなかった。また、現在のある国々でそうであるように、研究は実際の社会とは無関係なものだという過小評価を受けることもなかった。それは祭司職に次いで崇高な職種だとされ、もっとも尊敬に値するものだとされた。

> 律法の研究において、もし子がその師によって多くの知恵を得るならば、その師は子の父親に勝る。なぜなら子と父は師を敬わなければならないからだ。[82]

1世紀の重要な実践であったトーラーの研究は、象徴的な意味と実際的な役割との両方を兼ね備えていた。それは世界観のストーリーの中に組み込まれていた。イスラエルの神はモーセにトーラーを与えた。そしてユダヤ人の活動をもっとも特徴づけるものの一つがトーラーを研究することだった。研究はそれ自体のためになされたが、それは同時に、神の知恵ともヤハウェ自身の臨在とも同一視される存在に、トーラーを教える者も教わる者もその身を委ねるためでもあった。[83] しかしこれは、トーラーについてのもう一つの側面に目を向けさせる。トーラーは実際にはどのように実践されていたのだろうか。

（ⅳ）トーラーの実践

トーラーが1世紀のユダヤ教の重要なシンボルであったのなら、それは非常に実際的なものだった。ユダヤ教独自のアイデンティティが絶え間ない脅威に晒されていた時期に、トーラーはユダヤ人を異教徒から分け隔てるための三つの目印を提供した。それらは、割礼、安息日規定、そしてコシャーと呼ばれる食事規定だった。食事規定は、何を食べることができるか、それをどのように調理すべきか、また誰と食事を共にすることが許さ

82　ミシュナー「ケリトット」6.9; ミシュナー「ババ・メツィア」2.11 と比較せよ。
83　シラ書24章10-12、23節。

れるのかを規定した律法集だった。これら全てにユダヤ人の「分離性」というテーマが流れていた。

　全ての、または大部分のユダヤ人社会において割礼は当然のこととされ、それが疑問視されることはほとんどなかった。[84] だが、このような社会においてでも、安息日を守ることについては論争が生じた。何をしなければ安息日を守ったことになるのだろうか（あるいは安息日にしても良いこととは何なのか）？[85] 清さを保つことに関しては、なおいっそう不明瞭なところがあった。何が人を汚し、また何が汚さないのだろう？[86] このため、安息日規定や清潔律法の解釈を巡って、トーラーに熟練した人々の間で多大な時間と労力が払われたが、その議論の跡をミシュナーやタルムードに見ることができる。[87] ここで強調すべきなのは、ユダヤ人全般、または特にファリサイ派が外面的な儀式律法だけにこだわっていたのではないことだ。また、（後世の、あるキリスト教一派のスキームのように）高潔な生き方によって自ら救済を勝ち取ろうとしていたのでもない。彼らは、それが神のトーラーだからという理由で関心を寄せていたのであり、そして異国の国々、特にイスラエルを虐げる国々に対して神が彼らに与えた独自性を守ろうとしていたのだ。彼らの国家としての存在理由（レゾンデトール）がここに懸かっていた。彼らの唯一の神への献身がここに込められ

84　割礼はアンティオコス・エピファネスの下で禁止され、またハドリアヌス帝も同様の政策を採った。第1マカバイ1章14節以下；「ヨベル書」15.33以下；そして Schürer 1.155, 537-40 を見よ。あるユダヤ人たちは様々な機会に割礼の跡を消そうとした（6章参照）。割礼の必要性は時々議論になることがあったが、割礼は完全にユダヤ教に改宗するために必須なことだと基本的には考えられていた（紀元1世紀半ばのイザテスの改宗に関する議論については、ヨセフス「ユダヤ古代誌」20.38-48 を見よ。また、亡命者の割礼については、ヨセフス「自伝」112 以下を参照のこと）。

85　Sanders 1990a, 6-23; 1992, 208-11。

86　Sanders 1990a, 3-4 章と、それを幾分修正した 1992, 214-22 を見よ。

87　安息日については、ミシュナー「シャバット」、「エルビン」の諸所に、また他の規定集にも頻繁に登場する。清潔規定については、「トホロート」（ミシュナーの第6分類）の諸所に見られる。

ていた。イスラエルの来るべき救済は、トーラーの遵守によって早められる可能性もあれば、トーラーを怠ることによって遅延することもあり得た。ユダヤ人の思考様式の基本が唯一の神への信仰とイスラエルの選び、創造と契約にあるのなら、1世紀という時期に限って彼らが違う考え方をしていたと見るのは困難だ。

　このため、1世紀のパレスチナのユダヤ人、特にファリサイ派にとってはユダヤ人の独自性の印を維持することは絶対に譲歩できないことだった。どのようにその印を維持していくかについては議論の余地があったとしても、その印を守らねばならないことについては疑問を挟む余地はなかった。この点に異議を唱えることは、村八分を覚悟するのも同然だった。現代風に言えば、モントリオールでイギリスのマークを掲げたり、自国の国旗を破り捨てるのと等しい行動だった。それは国家的シンボルへの、国家の希望への、そして契約の神への裏切りだった。

　このようにトーラーは、誰が契約の民であるのかを決定づける重要な役割を果たし、特にイスラエルの独自性を維持する必要がある分野において特に大切だった。ガリラヤについては言うまでもなかった。イスラエルに住む人にとって、神殿はトーラーによって運営されていたものの、トーラー以上の中心的な役割を果たしていた。それは圧倒的な文化的・宗教的シンボルだった。イスラエルは神殿を中心として構成され、契約の神がその民を義として下さるのもそこにおいてだった。しかし、エルサレムから離れたガリラヤやディアスポラにおいては、トーラーこそが、特に安息規定や食事規定が契約の民を他から分け隔てる特別な目印だった。それらを守ることが契約への忠誠心を示す試金石となり、また契約の希望を表す印となった。[88]

　この結論は、これから見ていくように、イエスの論争やパウロの神学を理解する上で特に重要なポイントとなる。「律法の行い（works of Torah）」とは神の歓心を得るために律法のハシゴを自力で昇っていこうという律法

88　ヨセフス「アピオーン」2.277。

主義的な態度を表すものではなく、自らのアイデンティティ、つまり神の選びの民に属していることを示すための目印の役割を果たすものだった。「律法の行い」をすることが非常に重要だったのは、将来契約の神が行動を起こし、その民を贖い出して義として下さる時に、その義とされる共同体に現在自分が属していることを公に示す目印となるからだった。「律法の行い」は将来の義認を指し示す、現在の印となるものだった。ユダヤ人の、特にファリサイ派の信仰と希望の中で、「律法の行い」はこのような役割を担っていた。[89]

では、トーラーを実践することによって、ユダヤ人はどの程度まで異邦人と交際を控えることになったのだろうか。しばしば、ユダヤ人は異邦人といっさい係わらなかったと思われている（これはサマリア人とはいっさい係わらないという、よく知られたユダヤ人の慣習からの推測だろう）。[90]しかし、そう考えるのは見当違いだ。ユダヤやガリラヤでさえ、異邦人を避けることは不可能だった。ディアスポラの場合は、徹底的に隔離されたゲットーの住民だけが異邦人との日々の接触や商いを避けることができただろう。[91]ミシュナーが、どうすれば異邦人の偶像礼拝に加わらないで済むかについて1編まるごと（「アボダー・ザーラー」）を割いていることから見ても、異邦人との接触に関する問題には神学的側面があった。しかし、この編では、異邦人との商いは普通のこととされ、それを避けること（異教の祭りの前などのケース）は例外として扱われている。[92]ここで疑問が

---

89 本書10章を参照せよ。これがサンダースの「契約遵法主義」が意味する大まかな内容だ（Sanders 1992, 262-78）。私はサンダースが基本的に正しいと考えている。「律法の行い（works of Torah）」についてはDunn 1990, 216-25; Westerholm 1988, 109-21 等を参照のこと。

90 シラ書50章25節以下（同書の結びの言葉に挿入されているこの声明の立場は、極めて強いものだ）。ヨハネ福音書4章9節など。しかし、ミシュナー「ベラホット」では、サマリア人と食卓を共にすることを前提として書かれている。

91 Sanders 1990b, 179 はこの点で正しい。

92 ミシュナー「アボダー・ザーラー」1.1-3,5。

生まれる。異邦人との商いはどのように規制されるべきなのだろうか。また、異邦人との同化や、あるいは必要悪とみなされるのはどんなことなのだろうか。

　サンダースは、当時のユダヤ人は原則として異邦人と交際することや食事を共にすることを問題視しなかったが、しかし過度にそのようなことをすべきでないと考えていた、と論じている。[93]このサンダースの見解は正しいように見えるが、しかし間違いがあるとすれば、ユダヤ人が異邦人との交際について開放的だったと強調していることだろう。特にディアスポラでのユダヤ人の実際の生活を考えれば、ある程度の異邦人との付き合いは不可避だっただろうし、異邦人との食事が明確に禁止されることもなかっただろう（しかし、異邦人の料理やワインを食することは除外されていた）。[94]しかし、当時の多くのユダヤ人はトーラーに忠実であるために異邦人との交際を最小限にすべきだと感じていた、と信じる十分な理由があるように思われる。

　異邦人に対して傲慢なほど排他的でよそよそしかったという非難から1世紀のユダヤ人を守ろうという熱意は分かるものの、[95]サンダースは看過できない二つの間違った主張をしているように見える。第一に、サンダースはラビたちの記述を紀元70年以前の時代に当てはめることはできないと正しく論じている。しかし、70年以前の時代は、70年以降の時代と比較してアンチ異邦人的な慣習が少なかったと論じているのは正確だとは言えない。[96]このような見方が正しいという確証はない。「紀元70年」以

93　Sanders 1990b, 特に185f. を参照のこと。

94　ヨセフス「自伝」14。ローマへ向かう祭司たちはイチジクと木の実だけを食べた。この事実は、サンダースのブルースへの批判（1990b, 188 n.20）のトーンを控えめなものにした。

95　Sanders 1990b, 181f. 古代には、実際こうした非難がなされていた。タキトゥス「同時代史」5.5; ディオドロス・シケリオテス「歴史叢書」34/5.1.1–5 では、ユダヤ人の律法は「異邦人嫌いの法令だ」としている。ユウェナリス「風刺詩集」14.103f. また、Schürer 3.153 を見よ。

96　Sanders 1990b, 172f.

第8章　ストーリー、シンボル、実践　427

前の時代とは、「(アンティオコス・エピファネスの) 紀元前167年」また「(ポンペイの) 紀元前63年」以降の時代でもあるということを忘れてはならない。アミクシア、「分離」の教理はマカバイの反乱が起こる前から存在していたとヨセフスは主張しているし、もし彼の主張が時代錯誤的なものだったとしても、そうした空気が紀元1世紀に存在していたことを示す証拠にはなる。[97]また、正にユダヤ戦争が勃発する前の時期に、異邦人との交際を禁じる厳しい規則が発布されていたことを示す証拠もある。[98]このような規則を好んでいなかった人々も間違いなくいただろう。エルサレムに住む敬虔なユダヤ人はこれらを実施できたとしても、特にディアスポラのユダヤ人にとっては実行不可能なものだっただろう。[99]それでも、マカバイ戦争からバル・コクバの反乱までの間の時期に、異邦人は穢れているので彼らとの接触は最小限にすべきだという強い主張が存在していたのは明白である。ここでも、また他の場合でも、理論上のつながり(例えばシャンマイ派とヒレル派とのつながり、またはこれら両者と、ディアスポラの異邦人と同化していたユダヤ人とのつながり)や、実際上のつながり(異邦人との接触を最小限に押さえていたユダヤ人と、自由につき合っていたユダヤ人とのつながり)について考えてみるべきだろう。[100]しか

97　ヨセフス「ユダヤ古代誌」13.245-7、特に247。「ユダヤ人は他の人々と接触を持とうとしなかった。それは彼らの分離性(アミクシア)のためである」。このくだりへの、ロエブ版のマーカスの注を参照せよ。また、「アピオーン」2.210を見よ。

98　Hengel 1989 [1961], 200-6 の詳細な議論を見よ。ハスモン時代の異邦人との非接触についての議論も含まれている。

99　Hengel 1989 [1961], 203 を見よ。

100　サンダース(1990b, 173f.)は Alon 1997, 146-89 について、少しばかり不当に評価しているようだ。アロンは、後の時代の規則の起源を前の時代に求めようとしているだけではない。異邦人がユダヤ教に改宗した後、どのくらい穢れた状態に留まっているのか(ミシュナー「ペサヒーム」8.8; Sanders 1990a, 284; 1990b, 174では8.1となっているが、これは間違いだ)という疑問はここでは問題ではない。改宗者はユダヤ人になり、新たな規制の下での新しい世界に入るのだ。

し、サンダースが主張するように、「異邦人への敵意のきっぱりとした表明」が紀元135年より前の時代に存在していたかは定かではないと言うのは、マカバイ戦争からバル・コクバの反乱にかけての時代についての私たちの知識とは相容れない。135年以後のラビたちがアンチ異邦人的な感情を募らせていたのは疑う余地がない。だが、彼らはもともと存在していたそうした空気の上に、自らの思いを増し加えていったのである。[101]

サンダースの説の二つ目の問題点とは、異邦人との接触が禁じられていなかったことを示すための議論が、異邦人との食事が同様に認められていたという議論にすり替わってしまっていることだ。その理由としてサンダースは、全てのユダヤ人は神殿に参拝する時を除いて普段は穢れの状態にあったので、異邦人が穢れていたとしてもユダヤ人も同じように穢れていたので、彼らとの接触を気にしなかったというのだ。[102] これは実際の社会・政治的背景からではなく、律法的形式主義の観点から問題を見ているように思えるが、サンダース自身がこのような形式主義はミシュナー的ユダヤ教への誤った見方だとして、別の機会に批判している。異邦人たちは流産や中絶した子を排水口に捨てているとの理由から、ラビたちは異邦人の家が穢れていると断定したが、[103] これは、異邦人が穢れていると見なす一般的な風潮がユダヤ人の間に存在したことを示している。そのように考える理由の筋は通っていなかったとしても。疑似神学論争でよく見られるように、理由というのは後づけで、人々の偏見や社会・文化的な現象を理屈づ

---

101 本書7章のセクション2を見よ。第2マカバイと「ソロモンの詩編」を挙げれば十分だろう。Schiffman 1983は、「ダマスカス文書」12.6-11の異邦人との関係についての規制と、後のタナイーム時代の文献の規制との類似性を指摘している。

102 Sanders 1990a, 284; 1990b, 174ff.

103 ミシュナー「オホロット」18.7とそれへのダンビーの注を見よ。また、ミシュナー「ニダー」を参照せよ。後者は、ラビ・イシマエル（ラビ・アキバの同時代人）の言葉を含んでいるが、前者はそうではない。Alon 1977, 186は、伝承や説明が時間の経過につれて変化していくことへの彼の認識を示している。

けようとするものなのだ。しかし、この場合に重要なのは、理由よりも起こっていた現象の方である。ユダヤ人たちはその理由をうまく説明できなかったかもしれないが、バビロン捕囚以降、また特にマカバイ戦争とそれに続くローマの支配の時代に、異邦人たちは憎むべき敵となり、彼らとの親し過ぎる友好関係は許されないものとなっていった。トーラーの観点からは異邦人と普通のユダヤの隣人たちはその「穢れ」の度合いにおいて大して変わらなかった、というサンダースの議論は的外れのように思える。民族的境界線は、律法上の儀式的清さだけの問題に矮小化することはできない。[104] 他の分野と同じく、伝承はそれが伝わっていく過程で争点が変化していく。私たちは先に、聖書の正典を巡る議論が清さについての議論に変わっていったことを見てきた[105]。ここでも同じように、社会政策についての議論が清さについての議論へと変質していったのである。

　実際上のトーラーの実践は、ユダヤ人共同体ごとに大きく異なっていたことに疑いはないし、ユダヤの地の境界線を越えたディアスポラの地においてはなおさらそうだっただろう。それでもなお、(当時のユダヤ人が抱えていた) どのようにトーラーを守るべきかを決定する困難さと、(今日の学者が直面する) 誰が、何を、どのような状況下で行っていたかを見極める困難さとは混同してはならないし、そうしてしまえば要点を見失うことになる。彼らが完全に異邦人文化に同化してしまったのではない限り、一般のユダヤ人やその中でも特に厳格だった人々は、日々のトーラーの実践を、ユダヤ人であることの必須の印だとみなしていた。ユダヤ人が割礼の印を消したり、安息日にことさら商いをしたり、コシャーについての規定を無視したり、ユダヤ人と同じように異邦人とつき合うこと、それらは社会・文化的に、また宗教的に明らかに意味を持つことだった。それはトーラーと民族的アイデンティティという、少なくとも二つのシンボルに楯

104　Alon 1977, 187, 188 は、異邦人が穢れているという見方は少なくともヘロデの時代以前にまで遡れるが、実際には異邦人を避ける慣行が広く行われていたことを認識している。
105　本書 329 ページを見よ。

突くことだった。旗は静かに下ろされ、ストーリーは新たな結末を迎える。

5. 「聖書に書かれているとおりに」世界観の錨

　1世紀のユダヤ教というタペストリー全体の中に、そのストーリーの中に、そのシンボルと日々の生活の中に、無数の織り糸が織り込まれている。その中でも一際目を引くものは、聖書の中心性ということだっただろう。この章の結びに、この点に焦点を当てよう。平均的なユダヤ人は、聖書を大きな声で朗読したり歌うことを通じて、それらの多くを暗唱していたかもしれない。[106]シナゴーグは、宗教ばかりでなく、地方のコミュニティの生活全体の中心で、そこで聞かれる聖書の言葉は、それが救済を約束するものならなおのこと、大きな喜びを持って受け止められていただろう。特に、トーラーの重要性とダビデへの約束を強調する詩編は、平均的なユダヤ人の心の引き出しの中で大切な地位を占めていたことだろう。[107]

　こうした背景の下では、聖書を礼拝や日々の生活の糧として目を向けるだけでなく、将来を指し示す印だとも見なしていたことだろう。捕囚からの帰還を預言した聖句はもちろんだが、他の多くの聖句も将来の希望を指し示すものと見なされていた可能性がある。[108]10章ではいくつかのグループがどのようにダニエル書を用いていたかを考察するが、しかしこれとて将来への希望を抱かせる数多くの源泉の一つでしかなかった。死海文書には、それらの聖句を現在と未来に当てはめた数多くの釈義の例が見られるが、同様のことはもちろん「黙示」文学にも見られる。イザヤ、エレミヤ、エゼキエルといった大預言書はとても良く知られていただろう。分量は短いが力強いゼカリヤ書、マラキ書も、それら大預言書に比肩する重要性を

106　Schürer 2.419 など。
107　「ハレル詩編」（詩編113-118編と、「大ハレル」136編）、そして「都上がりの歌」（120-134編）が特に愛されていたことだろう。
108　Barton 1986, 6-7章。

持っていただろう。これらの書では、神殿の再建と宮清めが強調されている。

　真の意味でのバビロン捕囚からの帰還はまだ実現していないという思いを、第二神殿時代の多くのユダヤ人は抱いていた。[109] この背景から彼らの聖書観を考える時、1世紀のユダヤ人たちが聖書を単なる証拠聖句、つまり預言が実現したことを示すための証拠として使っていたという、よく言われていることとは違った現実が浮かび上がるだろう。[110] 彼らは聖書の中に輝ける未来への約束を見つけるために、聖書の中から文脈を無視して単なる言葉漁りをしていたのではない。聖書全体のストーリーは、まさに「ストーリー」として読まれることができた。それは神と、その民と、そして世界の、未だ完結していないストーリーだったのである。聖書をこうしたストーリーとして読むユダヤ人にとっては、「聖書に書かれているとおりに」起きた出来事は、このストーリーの中で、次の、または最後の、あるいは最後から二番目の出来事として見なされたことだろう。偉大な時代が到来することを告げ知らせる明確な預言は、この大きなパターンとうまく合致した。ストーリーとしての聖書は、その時代を照らす背景となり、トーラーとしての聖書は、その時代のための倫理となった。そのどちらもが、預言としての聖書を下支えし、トーラーに忠実な人々のために用意されたこのストーリーのクライマックスを指し示していた。

　こうした観点から、聖書のメッセージを「今日のための」メッセージとするために用いられた手法について理解できるだろう。どうすれば古代のテクストが今日においても権威を持つものとなるのだろうか。それへの答えは、答える人それぞれの視点によって違ってくる。フィロンにとって、

109　本書9、10章を参照せよ。

110　少なくとも現代版の「証拠聖句」という解釈法は、18世紀の「理神論」的な証拠の捉え方から生じているように思える。例えばイエスがメシアであることを証明するため、またはそれを否定するために聖書を用いるようなやり方だ。これらは1世紀のユダヤ人の聖書解釈法とはほとんど関係がない。

奇妙な昔のストーリーは寓話によって生き生きとしたものになる。後の時代のラビたちと、彼らの1世紀の先達と目される人々にとっては、聖書のトーラーは口伝律法を通じて今日の状況に適応できるようになる。黙示文学では、聖書のイメージはしばしば奇妙な仕方で用いられ、古い時代のストーリーの登場人物たちは新たな警告と希望を伝えるための代弁者となる。普段のシナゴーグでの集会の教えではミドラッシュやタルグムが用いられ、聖書の言葉は敷衍され、その今日的意義が強調された。エッセネ派の共同体では、ペシャーという手法によって現在起きている出来事が遥か昔に預言されていたことの真の成就であると主張された。ここには次のような暗黙のロジックがある。どんな意味でも、預言はこれまで成就されていなかった。セクトの人々は、彼らが預言の成就しつつある時代に生きていると信じていた。したがって、聖書の預言は彼らのことを指し示しているに違いないと確信していた（その「元来」の意味がどんなものであるにせよ）。[111] ハバククは、自分の預言の成就は遅れ、それはずっと後の時代になると語った。[112] ヨセフス、「知恵の書」、「第4マカバイ」、そしてパウロによるイスラエルのストーリーの語り直しは、互いに大きく異なっていたものの、それらは聖書の伝承を彼らの時代と関連づけようという彼らの目的を示すものなのだ。

大切なことは、これら様々な「解釈技法」は、ユダヤ教の伝統への変わらぬ忠誠を支えるストーリーやシンボルを維持するための手段だったことである。口伝律法について見てきたように、新しい、または強硬なアジェンダを掲げるユダヤ人にとって、自分たちがイスラエルのストーリーの中のあるべき位置にいることや、ユダヤ教のシンボルに敬意を払っているこ

---

111 Brooke 1985; Mulder 1987, 10章 (M. Fishbane); Schürer 2.348, 354, 580, 586; 3.392, 420-1。「元来」の意味という観点からは、マウルはセクトの解釈法の「甚だしい恣意性」を正しくも強調している（Moule 1982 [1962], 77-84）。しかし、イスラエルのストーリーの展開は、彼らの解釈法をある意味で正当化するものだったろう。

112 ハバクク2章3節；1QpHab 7.9-14を参照せよ。

とを、自分や周囲に納得させることはとても重要なことだった。今後見ていくが、原始キリスト教運動の中で語り直されたイスラエルのストーリーは、容易に同じグリッド上に載せることができただろうし、またそのストーリーは、自らがそこにいると信じていた新たな状況を反映することもできただろう。

6. 結　論：イスラエルの世界観

ストーリー、シンボル、そして実践はそれぞれ別の意味でイスラエルの聖書に力点を置いていた。このことは、豊かだが基本的にはシンプルな世界観を指し示している。この世界観は四つの問いに集約できるが、5章で論じたように、これらの問いは全ての世界観で暗黙の内に問われていることでもある。

(1) 私たちは誰なのか。私たちはイスラエルだ。創造主から選ばれた民だ。
(2) 私たちはどこにいるのか。私たちは神殿を中心とした聖なる地にいる。
(3) 何が問題なのか。私たちは誤った支配者たちに支配されている。異邦人の支配者と、彼らに迎合するユダヤ人の支配者だ。あるいは、半分だけユダヤ人の血が流れているヘロデとその一族は、その両方かもしれない。私たちは皆、理想からはほど遠い状況に置かれている。
(4) その解決策とはどんなものか。神は再び行動を起こし、正しい支配、つまり適切に任命された人々を通じての（真の祭司職、また真の王である可能性もある）神自らの支配を私たちに与えて下さるだろう。それまでの間、イスラエルは契約憲章に忠実でなければならない。

この時代のユダヤ教内部での異なるグループの違いは、この世界観について詳しく見ていくことで明らかになる。大祭司たちは、上記の (2) 〜 (4) については合意しなかった。彼らは神殿を管理し、そこには秩序があ

った。問題は反抗的な他のユダヤ人グループであり、彼らは押さえつける必要があった。エッセネ派は（4）について修正を加えた。神は既に行動を起こし、私たちを来るべき時代の先駆けとして召し出した。そして神は更に行動を起こし、私たちを義として下さるだろう。これらの点が、各グループの違いを生み出していた。しかし、原則としてこれらの四つの問いと答えは、当時の大部分の文学にあまねく見られるものだ。このことは、字が読めない多くの人々にとっても真実だっただろう。この時代を通じて、この問いと答えとは、ストーリー、シンボル、そして実践を通じて表明された。これら全ては未来を指し示すものだった。ここまで描いてきたユダヤ人の歴史と、概略を示してきた世界観とは、人々が情熱的に抱いていた神学の背景となり、またそれを生み出す動力源となった。それらは絶えることのない希望をも育んだ。

第9章　イスラエルの信仰内容（beliefs）

1. 序　論

　1世紀のユダヤ人たちは何を信じていたのだろうか。民族として生き残った彼らと、滅んでいった他の国々との命運を分けたものは、彼らがはっきりと、またぼんやりと抱いていた信仰だった。彼らは、いつの日か契約の神がご自身とその民の汚名をそそぐべく行動を起こされるだろうという希望を抱き続けていたが、その原動力となった一連の確信とは何だったのか。私たちはここで、ユダヤ人の世界観の第四の要素についての考察に入る。これまで「シンボル」、「実践」、「ストーリー」について考えてきたが、それらは「問いとその答え」に関するいくつかの示唆を与えてくれる。これはさらに、「神学」、「基本的な信仰（basic beliefs）」、「帰結的な信仰（consequent beliefs）」についての疑問に目を向けさせる[1]。
　ここで私たちは地雷の中に足を踏み入れることになる。1世紀のユダヤ教について確実に言えることの一つは、1世紀のユダヤ教（Judaism）なるものは存在せず、あったのは複数のユダヤ教（Judaisms）だったということである[2]。古代ユダヤ教の特定のグループ内ですら、一枚岩だったとはいえない。シェクターが言うように、ラビたちは多くの誤りを犯したが、作為的な神学的整合性を追求するという過ちは犯さなかった[3]。また、ラ

1　本書3章、5章を見よ。
2　例として、Neusner *et al*. 1987 を見よ。
3　Schechter 1961 [1909], 46。Ginzberg 1928, 92 も参照せよ。「ラビ的ユダヤ教の組織神学の一番の特徴は、それが組織的ではなかったことだ。」

ビたちは非組織的なアプローチを編み出して、それ以前の秩序だった神学世界を非組織化したのでもない。ヘブライ語聖書の中にも、あらゆるものがきちんと整頓された組織性よりも、発展や対話の跡が見られる。しかし、膨大な数の一次資料や二次資料によって正しくも喚起されるこうした慎重さにもかかわらず、1世紀のユダヤ教（Judaism）全体について語りうるいくつかの事柄は存在する。多様性の中にも、より深く根本的な次元では共通項としての基本的な世界観が存在していたのである。

多様性を強調するあまり、ユダヤ教内にどんな統一性をも認めようとしない学者たちのアプローチは行き過ぎだろう。[4] 異なるテクストが異なる強調点や視点を持っていることは誰もが認めるだろうが、多様性の背後には広い意味での共通項があると考える多くのユダヤ人や著作家たちの意見に私は同意している。[5] この信仰体系を理解することは非常に大切である。それはユダヤ教の他の事柄について多くのことを教えてくれる。彼らにとってそれらの信仰は当然のことだったので、疑問が投げかけられる（特にユダヤ教内部から）ことがない限り、それらについて議論されることはなかった。私はこのプロジェクト全体を通じ、イエスとパウロはそのユダヤ教の信仰体系に挑み、再定義をもたらしたということを論じてゆく。それ

---

4 歴史的記述としての多様性と統一性については7章を見よ。多様性を正しく描こうとする懸念は、同様に重要な統一性について見過ごさせる結果につながりやすい。これはニューズナーのような学者に見られるケースだ。

5 ユダヤ教に共通する思想については、Schechter 1961 [1909]; Moore 1927-30; Kadushin 1938, 6ff.; Millgram 1971, 15章（391-436）や260などを参照せよ。大贖罪の日（ヨム・キープル）の儀式の後に、礼拝者たちは聖書から三つのくだりを朗読するが、「それを通じて彼らはユダヤ教の中核にある神学的教理に自らを献げているのだ。」それはもちろんユダヤ的な一神教に向けてである。McEleney 1973 と Aune 1976 との間の論争では、後者はユダヤ教が信仰体型を持っていると結論づけたが、その信仰体型は「儀式の実施や倫理的行動というユダヤ教の伝統に従属する」ものだ（10）。これは私が論じている世界観（8章）と信仰体型（この章）との区分とそう変わらない。ファリサイ派の態度の前提についての発見については、Sanders 1992, 13章（241-78）と413-9, 特に416ページ以降を見よ。

ゆえ、「ユダヤ人の基本的な信仰とは何か」という問いを無視することはできない。

　ユダヤ人の信仰体系を示そうとすると、別の困難にも直面する。ユダヤ人は、ユダヤ教の特徴を「信仰（beliefs）」とは捉えない。実際、ユダヤ教とキリスト教との違いは、信仰を強調しない点にあるとされることが多い（その際、キリスト教はこの点で劣った宗教だと見なされる）。[6] にもかかわらず、多くの学者が論じてきたように多様なユダヤ教の中にも全てのグループにある程度共通する「基本的な信仰」があったことを示すことができる。そして、様々な「帰結的な信仰」も存在したが、それらは各グループ間の類似性と同時に多様性も示すものだった。したがって、1世紀にはキリスト教徒ではないユダヤ人による神学書が書かれることがなかったと言ってよかろう。ここでいう「神学」とは、信仰体系や個々の神学概念についての抽象的な議論という意味である。だが、このことは彼らの「基礎となる」神学の記述や分析の妨げとはならないだろう。私たちはこれまで、それらの信仰が表現される「シンボル」、「実践」、そして「ストーリー」について学んできた。彼らの信仰について、時代錯誤に陥ったりキリスト教的発想を押しつけたりすることなく記述することは原則的に可能だ。先の章で見てきたように、ユダヤ教を単なる「信仰体系」に還元することはできない。キリスト教徒がキリスト教を「信仰」の宗教だと考えるからといって、ユダヤ教も同じだと考えるのはキリスト教の文化的帝国主義と見なされてしまうだろう。ユダヤ教は自らを「道」、「ハラハー」、「人生行路」、「世界での存在のあり方」として特徴づける。[7] 私がこれまで述べて

6　例として、Millgram 1971, 416。「信条が宗教的共同体の基盤となっているという考え方はユダヤ教には存在しない（それは肉体のない魂のようなものだ）。」ヤコブ2章26節を思い起こさせる記述である。また、Shechter 1961 [1909], 12 を参照せよ。「古代のラビたちは、宗教の健全性を計るバロメーターは、意識することなしに神学を持つことができるかどうかであると考えていたようだ。」だが、意識することなしに神学を持つことが本当にできるのだろうか。もしそれが間違った神学なら？

7　ユダヤ教がキリスト教の「信仰」という言葉を取り上げている例はいくつも

きたことや、今後論じていくことと、彼らのこうした自己認識とは矛盾しない。それでも、当時のユダヤ教の信仰体系と、究極的にはその世界観に焦点を当てる理由は二つある。

　第一に、現象学的分析によれば、根本的な世界観は日常生活に根づいた習慣よりもさらに根源的なものだとされる。基本的なユダヤ教の実践の背後には、イスラエルは創造主なる神の民なのだという信仰がある。もしそうでないならば、「ハラハー」はその意味を失うか、あるいはその性格を大きく変えてしまうだろう。もし誰かが1世紀のユダヤ人に、「なぜあなたはトーラーを守り行っているのですか」と尋ねたとしたら、それに対する究極の答えとは、「それは私が創造主であり贖い主である神に選ばれた民、イスラエルの一員だからだ」というものだっただろう。この問いと答えを入れ替えると、とても奇妙な問答になってしまう。「なぜあなたは創造主であり贖い主である神を信じるのですか」、「それは私がトーラーを守り行っているからだ」。創造主であり贖い主である神は、人間のあらゆる神についての概念の総和よりももっと偉大な存在だ。この事実が、トーラーの実践などを通じての個々の信仰の表明に意味や目的を与える。だが、このことはトーラーを守ろうとするユダヤ人の努力によって、彼らの神への信仰が強められ、生み出されることさえあるということを否定するものではない。そこで、ユダヤ教が実践の宗教であるとしても、日々の生活における信仰の表明のさらに奥深くにある、研究者たちが注意深く「ユダヤ教の神学」と呼ぶものについて考えていく必要がある。

　ユダヤ教の世界観や信仰体系に着目する第二の理由は、これらユダヤ教を特徴づけるものがイエスとパウロによって徹底的に再定義されたからである。より正確に言うならば、私の論点は以下のように言うことができる。イエスはイスラエルの「希望」を再定義したが、それはユダヤ人の「信仰」についての通常の理解に疑問を投げかけるものだった。パウロはイエ

ある。1989年の独立記念日の「エルサレム・ポスト」は「信仰を守る」というタイトルのトップ記事を掲載した。

第9章　イスラエルの信仰内容（beliefs）　439

スによってイスラエルの希望が再定義されたのを知って、その上でイスラエルの信仰の再定義という課題を完遂した。イエスとパウロはそれぞれのやり方で、その再定義がハラハー（生活律法、または「生き方」）のレベルでどのような意味を持つのかを明確に示した。したがって、イスラエルの信仰と希望を細心の注意をもって検証することが是非とも必要になる。1世紀のユダヤ教とは無関係な一連の考え方やカテゴリーをユダヤ教に押しつけようというのではない。彼らの根本的な信仰の前提を抽出するのが私たちの狙いである。[8] さもなければ、イエスやパウロの挑戦は単にユダヤ教のハラハーについての挑戦だと見なされてしまうことになる。幾人かのユダヤ人批評家は実際にそのように見ている。[9] だが、こうした観点からイエスやパウロの行動を考えてしまうと、本当に大切なポイントを見失ってしまうだろう。

　本章と次章で私が提示しようとしているのは、第II部で考察したような意味での、1世紀のユダヤ教の歴史の「内幕」についての仮説である。イエスやパウロの時代のユダヤ人たちの世界観（それは複数あるのかもしれない）を描き出そうというのである。この仮説の強みは、関連するテクストのばらばらの分析によって得られた結果を積み上げることによって得られるのではない。むしろ、私は鳥瞰的な視点を提供したい。当時のユダヤ人たちがなぜそれらのテクストを書いたのか、そして何も書き残さなかった大多数のユダヤ人たちがなぜそれらの行動を起こしたのか、それらが理解できるような視点を、6章から8章にかけて行ってきたやり方で提示したい。

　ユダヤ人の信仰について、まず明らかな点から考察を始めよう。[10] 5人の神がいると考えるユダヤ人はいなかった。エジプト人がヤハウェによって

8　サンダースが徹底的に論証したように（Sanders 1977, 420f.）、契約という言葉はめったに言い表されないものの、ユダヤ教をユダヤ教たらしめるあらゆる声明においてそれは前提となっている。本書の462ページ以下を見よ。

9　H. Maccoby の研究を参照せよ。

10　似たような短い解説として、Riches 1990, 2章を見よ。

選ばれた民だと考えるユダヤ人もいなかった。神と世界とは一つだと考えるユダヤ人もいなかったし、[11]世界がイスラエルの神以外の神によって創造されたと考えるユダヤ人もいなかった。少なくとも、もしこのように考えたとしたら、自分はユダヤ的思考の許容される枠内から大きく逸脱していることに彼らは気づいたことだろう。[12]私たちが手にしているユダヤ教の文献全般には、ある種の重要な事柄についての堅固な見解の一致が見られる。その一致は、何も書き残さなかった人々や、字がほとんど読めなかった人々の間でも共有されていたと信じるだけの十分な理由があることも論じてきた。全世界を創造された唯一の神がおられ、その神はイスラエルと契約を結んでいる。[13]神はイスラエルをある目的のために選んだ。それは、イスラエルが世の光となるためである。[14]民族的な危機に直面し（これから見ていくように、第二神殿期のユダヤ教のストーリーは絶え間の無い危機の時代だと言える）、唯一の神とイスラエルの選びという双子の信仰は、それを信じるユダヤ人たちをさらなる信仰へと導いた。創造主であり契約の神であるヤハウェは、歴史のただ中である行動を起こすことを確約している。それは、イスラエルの惨めな状況に終止符を打ち、彼らが真の神の民であることを証明することである。唯一の神とイスラエルの選びへの信仰は終末論を生み出すが、その終末とは契約の更新を意味していた。

　これらの一連の信仰は、今日の私たちにはある程度馴染みのあるもので

11　ユダヤ的汎神論の証拠はそこかしこにあるが、しかし一般的にはユダヤ人が神と世界を混同することはなかったと言える。

12　ヨセフスは、イスラエルの神の好意がローマに移ってしまい（「ユダヤ戦記」5.411ff.）、ローマがエルサレムを奪取するという自分の主張にダニエルがお墨付きを与えていると主張した（「ユダヤ古代誌」10.276-80）。しかし、(a) これはヨセフスの、自分の新しい主人であるローマへの追従であり、そして (b) ヨセフスは自分のこのような主張がユダヤ人として許される許容範囲を逸脱していることに気づいていた、と言えるだろう。

13　ここで言う「契約」とは厳密に1世紀的な意味での用語であり、16世紀のカルヴァン主義や1950年代の「聖書神学」運動で用いられたような意味ではないことに触れておくべきだろう。以下を参照せよ。

14　本書の472ページ以下を参照せよ。

ある。だが、そのために彼らの根本的な世界観の重要性を見過ごすようなことがあってはならない。この世界観を通じて彼らは全ての現実を認識し、このグリッドを通じて彼らは世界のあらゆる事象を経験したのだ。また、この信仰の内包する法外な主張についても過小評価すべきではない。モーセ五書の中で、詩編において、またイスラエルの預言者たちやそれに続く文書において、全世界の創造者がユダヤ高原の東に位置するシオンの山の小さな頂きをその住処として選んだという主張が繰り返しなされてきた。他の世界観（特に啓蒙主義哲学の世界観）から見れば、このこっけいなほどの主張にはわかに信じ難いものだ。アッシリア、エジプト、バビロン、ペルシャ、ギリシャ、再びエジプト、シリア、そして今やローマは陰に陽にそのような考えに嘲笑を浴びせたが、それでも彼らの確信は揺らぐどころか、かえって強められたのである。これが、ユダヤ人の心に根づいた唯一の神への信仰の姿だった。それは哲学的、または形而上学的な神（a god）、または唯一神（the god）についての考察ではなかった。世界を創造した唯一の神がイスラエルの神であり、その神があらゆる外敵や僭称者たちからシオンの丘を守ってくださるだろうという揺るぎない信仰を彼らは抱いていた。イスラエルは神を「全世界」的観点から考えていたが、この全世界の神はその初めから特定の、物質的で歴史的な事柄を通じて自らを顕してきた。ユダヤ教の種々の形態は、この主要な信仰から派生したものなのである（歴史的に見て、フィロンの思想もその一つだと言えるだろう）。[15]

---

15 フィロンについては Schürer 3.809-89; Borgen 1984 を見よ。フィロンは、その存在によって原則が示されるところの例外と見なせるだろう。なぜならフィロンは、プラトンに深く傾倒することでユダヤ教の世界観全体を非歴史化、非終末化したからだ。だが、彼の内なるユダヤ的感受性は、このような思考的傾向に一定の歯止めをかけていた。

2. 1世紀のユダヤ人の唯一神信仰

　ユダヤ教の神学に関するあらゆる解説は唯一神信仰に正しく焦点を当てているが、その多くは誤解を招くような記述をしている。以下ではその信仰のいくつかの特徴を取り上げるが、それは彼らの信仰の真の性格を明確にするのに役立つだろう。[16]

　「聞け（シェマー）、イスラエルよ。我らの神、主は唯一の主である」。ユダヤ人の祈祷の中でももっとも有名な『シェマー』は、少なくとも申命記が書かれた時代まで遡るものだが、[17]それは1世紀のユダヤ人の意識の中で燃え上がる信仰だった。これは形而上学的な神という存在についての憶測から生まれたものではない。むしろ、天においても地においても至高の存在である唯一の神を信じるイスラエルの鬨（とき）の声なのである。

　　大いなる主、大いに賛美される主
　　神々を超えて、最も畏るべき方。
　　諸国の民の神々はすべてむなしい。主は天を造られ……
　　国々にふれて言え、主こそ王と。[18]

16　改訂版の Schürer の索引の「唯一神信仰（monotheism）」の導入部において、「シェマー」についての議論（2.454f.）だけがなされていて、信仰そのものについて何も触れられていないのは驚くべきことだ。このテーマについての最新の研究（Sanders 1992, 242-7; Dunn 1991, 19-21）は、幾人かのユダヤ人がユダヤ的一神教の枠組の中で異教信仰のいくつかの要素を取り入れようとしていたことを示す限りにおいては有益だ。だが、彼らの研究は、唯一神信仰がその当時にどんな意味を持っていたのかを示すことには成功していないように見える。

17　申命記6章4節。より古い形態の唯一神信仰とそれに続く時代の信仰については、Rowley 1946, 5章; Eichrodt 1961, 220-7; von Rad 1962, 210-12; Lang (ed.) 1981 等を見よ。

18　詩編96編4-5、10。このような例は無数にある。特に詩編とイザヤ40-55章において。

第 9 章 イスラエルの信仰内容（beliefs） 443

　これは争ってでも守るべき教理であり、外敵に取り囲まれた小国がどんな時でも詩編のくだりや『シェマー』を唱えることで祝うべき大義なのである。諸国の人々は、イスラエルの神が真の唯一の神であり、彼らが誤って礼拝している対象は神々ではなく、人間の作り出したものにすぎないことを知るべきなのだ。これはユダヤ人の唯一神信仰がどんなものなのかを私たちに教えてくれる。この信仰についてもっと良く理解するために、その三つの主要な側面について考えていこう。

（ⅰ）創造主である唯一の神への信仰

　第一に、イスラエルの唯一神信仰は「創造主である唯一の神への信仰」と呼べるものだった。それは世界を創造した神への信仰であり、しばしば「一神教的」な信仰と呼ばれる他の四つのタイプの神理解とは区別されるべきものだ。

　一番目に、創造主である唯一神への信仰は、『単一神教』、つまり他にも神々が存在することを認めた上で、イスラエルは自分だけの神を礼拝するというタイプの一神教を拒否する。1世紀のユダヤ人たちの祖先が、このような単一神教を抱いていた時期があったのかどうかは議論の的になっている。[19] 単一神教の拒否は、ユダヤ人が単に異教の神々の礼拝を拒否していただけではなく、存在論（ontological）的にも自分たちの神が諸国の神々よりも優れていると信じていたことを意味する。それは、ユダヤ人が自分たちの立場や目的をどのように信じていたのか、という私たちの考察にも大いに関係する点である。諸国の神々は本当の神ではない。それらはただの偶像なのである。

　二番目に、創造主である唯一神への信仰は、『汎神論』を拒否する。これは洗練された異教信仰であるが、森羅万象の中に満ち満ちた、またそれらを特徴づける、唯一の神、もしくは神的存在を信じるというタイプの

19　Lang (ed.) 1981 等を見よ。

一神教である。古代社会における汎神論のもっとも顕著な例はストア派哲学であろう。[20] 言うまでもなく、汎神論の問題は悪の存在の過小評価である。[21] 明らかな悪についてなすべき唯一のこととは、それから超然とし、悪の存在を否定することである（エピクテトスの助言の良い面は、「確実に持ち得ないものを望むことなかれ。避け難いものを嫌うことなかれ」という言葉に要約できよう）。[22] ストア派によれば、世界は無限に繰り返す生の循環過程を内包していて、そこから切り離されてしまった場合に人が採るべき行動はシンプルなものだ。自殺である。[23]

　第三に、創造主である唯一神への信仰は、『理神論』を拒否する。私はこの18世紀の用語を古代社会、特にエピクロス派の信仰体系の中に見られる神理解を表す言葉として用いている。神々は存在するが、彼らはこの地上世界とは遠く隔たった至福の世界の中に住み、この世界にはいっさい干渉しない。（そのため、エピクロス派は興味深い物理理論を発展させる必要があった。もし神々がこの世界に干渉しないのなら、この世界の現象はどうしてこのような形で起こるのだろうか？[24]）

　第四に、ユダヤ人の創造主である唯一神への信仰は、『グノーシス主義』を拒否する。グノーシス主義は異教礼拝や汎神論とは一線を画する。グノーシス主義によれば、この物質世界は超常的な存在によって創造されたが、その超常的存在は真の至高の神、または主権者たる神とは全く異なった存在である。真の唯一神は、物質世界に係わらないことによって、その世界の悪に関与しない。唯一の神への信仰は、こうしてこの神を現実世界から

20　例として、エピクテトス「語録」1.14.10;「断片」3-4（恐らくムソニウス・ルフスの引用）；キケロ「神々の本性について」2.38f.
21　以下を参照せよ。エピクテトス「提要」27 はその好例である。本質的に邪悪なものは、この宇宙から生じることはない。
22　例として、「語録」4.1.75; 4.4.33;4.10 諸所に。
23　エピクテトス「語録」1.25.18; 2.15.6; 3.13.14。ソクラテスは自分をストア派とは考えなかったし、自ら自殺したのでもないが、しばしばストア派的な死に様の偉大な実例と見なされた（1.29.29）。
24　エピクテトス「語録」1.12.1 を見よ。

切り離すことによって維持される。[25]

　創造主である唯一神への信仰は、これら四つの一神教的な他の選択肢を回避する。この現在の世界全体は唯一の真の神によって創造された。悪は現実に存在するものの、それはこの世界に必要な構成要素ではない。そして唯一の神は全ての上に主権を保持している。ユダヤ人の唯一の神への信仰は、このような信仰を支えているのである。

　第五に、創造主である唯一神への信仰は、明確に異教礼拝を拒否する。異教礼拝とは、この世界には数多くの神々が存在し、それぞれの神が別々の国々や、自然界の様々な構成要素（海や火など）や、様々な人間活動（戦争や性交など）を監督しているという信仰のことである。異教礼拝は、この世界に生じている混乱の責めを、至高の神に負わすことを回避することができる。異教の人々は混乱した世界に住んでおり、そこでは神々が気ままに、あるいは悪意をもって行動することもあると信じられていたからだ。[26]

　これら全てに対し、1世紀のユダヤ人たちは自らの信仰を堅持していた。唯一の神がおり、その神は世界を創造した。そして神は今でも世界のただ中で行動している。この信仰は、第二の点へとつながっていく。

（ii）摂理を通じて働く唯一の神への信仰

　1世紀の大部分のユダヤ人は、ヨセフスがいみじくも言い表した信仰を胸に抱いていた。創造主であるイスラエルの神は、「自然の出来事」を通じて働かれる。同時に神は、いわゆる「超自然的な」出来事を通じても働かれる。このような信仰がヨセフスの著作に言い表されているが、[27] それは様々な種類の異教礼拝とも親和性がある。また、普段は世界から遠く離れているが、ときたまこの世界に「介入して」通常の世界のあり方に変化を

25　グノーシス主義の性格や発生については、6章と14章を参照せよ。「ユダヤ的グノーシス主義」については Pearson 1980, 1984 を見よ。

26　Lane Fox, 1986, 3-5 章を見よ。

27　例として、ヨセフス『ユダヤ戦記』6.288-300。

もたらす神という、理神論的信仰にも通じるものがある。だが、ユダヤ人は異教礼拝を拒否したように、より洗練された異教礼拝とも言える、「不在地主」のような神を信じる理神論をも拒否した。[28]この点は大切である。なぜなら、現代の西洋世界では、多くの人々は神（god）または唯一の神（God）という言葉には一つの意味しかなく、それは理神論の不在地主的な神を指すものだと考えているからだ。そのため、古代の神学についての議論は、しばしば時代錯誤的な言葉の意味の取り違えのために混乱してしまう。ヨセフスが信じ、また読者にも信じるように願っていたのは、人間界や自然界の出来事、そこにはローマの勃興も、神殿の崩壊も、ヴェスパシアヌス帝の即位も含まれるが、それらあらゆる場面においてイスラエルの神が働いているということだった。そして時には、神は「超自然的」な出来事の中で働くこともある。こうしてその時代に起きた出来事の数々は、悪に対する神の刑罰として捉えられたり、また先の見えない将来に向かって進んでゆく神の遠大な計画の奇妙な一コマとして捉えられるのである。

　1世紀のユダヤ人たちは、彼らの神が遠く離れた存在だとは思わなかったし、また神が後になって遠くに行ってしまったとも考えなかった。これは強調すべき点である。神が遠く離れた存在だと言う、長い間広く流布した考えは全く的外れなものである。[29]天使などの神と人間とを仲立ちする存在への信仰は、異邦人の間で信じられていた理神論のひな形のような信仰から生まれたのではない。むしろそれは、彼らの神が被造世界に関与していることを伝えようとしたユダヤ人著作家らの努力の証なのである。[30]

28　エピクロス派のこのような信仰は、しばしばセイオンという、抽象的な神格を表す言葉で伝えられる。ある異邦人は、ユダヤ人の一神教信仰を表しているのはこの言葉だと考えた（ヘカタイオス「断片」13）。それに同意しようとしたユダヤ人たちもいた（「アリステアスの手紙」16）。

29　例として、Charlesworth 1983, xxxi。それに反対する意見として、Urbach 1987 [1975, 1979], 133f.

30　本書458ページ以下を参照せよ。また、Chester 1991, 47–65の議論も参照のこと。こうした仲介的存在についての関心は、しばしば豊かな想像力の産物だったかもしれない。異邦人の観点からは、エピクテトス「語録」1.12.1–

ユダヤ人たちが遠く離れた神を信じていたという通念は、1世紀のユダヤ文学にはその証拠を見いだすことができない。むしろそれは、ポスト啓蒙主義的な神話、つまりイエスが「近くにいる神」を宣べ伝えたという神話から生まれたものなのだ。[31]

だが、創造と摂理について語るだけで十分なのだろうか。決してそうではない。ヨセフスは、たとえどんなことが起ころうとも、それは神の意志によるのだということを説明しようとした。昔も今も、多くのユダヤ人はこうした見方を投降主義か、少なくとも同化主義に通ずるものだと見なしてきた。確かに聖書には、神が良きにつけ悪しきにつけ、あらゆる出来事に関与しているという強力な声明がある(例としてイザヤ45章7節；アモス3章6節)。だが、これは擁護するのが困難な教理であり、聖書の中にはより「受け入れやすい」形でこの考えが示されている場合もある。例えば、イスラエルの神は悪者の行動をご自身の目的のために利用しているという声明である(例としてイザヤ10章5-15節)。摂理だけでは、唯一の創造主である神への信仰と、悪の凶暴性の認識とがうまく噛み合ないのだ。この問題に係わるユダヤ教の唯一神信仰の一側面(ヨセフスはそれを強く打ち消そうとした)こそが、ユダヤ人の基本的な信仰の第三の重要な要素なのである。それは選びと契約である。[32]

(iii) 契約的な唯一の神への信仰

主流のユダヤ教の思想においては長いこと、悪の問題が神の創造や摂理とどのように折り合うのかという問いを、悪の起源の観点から考えようとはしなかった。悪の起源については、二つの古典的テクストから全く異なる見解が導かれた。一つは創世記3章から導かれる見方で、悪は人間の間違った選択によってこの世にもたらされた。もう一つは創世記6章による

---

3 に見られる、別の神学的可能性の議論を参照せよ。
31　例として Bultmann 1958 [1934], 4 章、特に 150ff. を見よ。
32　サンダースはヨセフスの例に倣って、唯一神信仰と選びとの関係を弱めようとしているように見える。Sanders 1992, 13 章、そして特に 1991, 5 章を見よ。

もので、悪は堕天使たちの悪い影響によって世界にもたらされたというものだ。[33] だが、多くの場合に焦点は現在と未来に向けられた。この世界に悪が存在するのなら、創造主はそれをどのように取り扱うのだろうか。創世記の編集者から後代のラビたちに至るまでの様々なユダヤ人たちによる、その問いへの答えは明確だった。神はイスラエルをご自身の民として召し出した。「私は初めにアダムを創造した」と、創世記のミドラッシュにおいてイスラエルの神は語り、続けて「そしてもしアダムが道を誤った時には、アブラハムを遣わし、あらゆる問題を解決させるだろう。」[34] 創造主はある人々を召し出し、彼らを通じて被造世界のただ中で決定的な行動に出られるだろう。被造世界から悪を取り除き、秩序と正義と平和を取り戻すために。この進行中の計画の中核にあるのが、イスラエルの召命である。創造主がご自身の世界を立て直し、癒す際に、神はこの民を通じてそれを遂行するだろう。

　この契約神学については、いずれもっと詳しく考察していく。だが、一神教の議論において、「創造」と「摂理」に「契約」を加えることで生み出される効果に注目する必要がある。これによって巨大な神学上の問い、つまり創造主なる神と悪の世界の共存という問題は、新たな次元へと引き上げられる。この問いは、世界の問題が解決された状態になったかのような静的な問題として考えることはできない。問題はダイナミックかつリレーショナルなものだ。悪の問題への答えがあるならば、それは歴史のただ中での神の行動を含んだものでなければならない。もっと詳しく言えば、悪の影響を受けている世界の歴史のただ中での神の行動を含む必要が

33　シラ書 25 章 24 節；「第 4 エズラ」7.46-56；「第 2 バルク」17.3；19:8；23.4 等は創世記 3 章の伝承を強調している（「第 2 バルク」54.15 は、「私たち誰もが内なるアダムを宿している」と示唆している）。「第 1 エノク」6-19; 64；「ヨベル書」4.15, 22; 5:1-7；「ダマスカス文書」2.17-21 等は、創世記 6 章の伝承に従っている。後者についての役立つ議論として、Alexander 1972; Bauckham 1983, 50ff. を見よ。

34　「創世記・ラバ」14.6。さらなる議論として、Wright 1991a, 21-6、と本書の以下を見よ。

あるのだ。アブラハムの子孫の民は、原初の罪とその結果とを解消する手段であるはずだ。このような信仰は、当時のユダヤ人の文献にあまねく見られる基本的な前提理解である。そして最後に除外されなければならないのは、あらゆる極端な二元論である。悪は存在する。それは本物で、強力で、危険なものだ。だが、それだけではない。創造主はご自身の創造した世界とご自身の民を清めるために悪を用いる。[35] 創造主なる唯一の神への信仰が終末論を導くのなら（創造主はご自身が創造した世界を回復させるはずだ）、契約的な唯一神信仰はこの終末への希望をいっそう強める。創造主はこの世界に秩序と平和をもたらすという目的に力を注がれ続け、また契約の神はその目的を、イスラエルを通じて成し遂げるということにも力を注がれ続ける。だが、この点についてもっと考察してゆく前に、ここで「二元論」という概念についてさらに詳しく見ていく必要がある。そして、この三つの側面を持つユダヤ人の唯一の神への信仰が、どのような二元論を拒否するのかについて考えてゆこう。

(ⅳ) 二元論の様々な形

ある種のユダヤ教は「二元論」によって特徴づけられるか、あるいは二元論に陥る危険がある、としばしば言われる。[36] 「黙示的」という言葉は未だにこのように使われることがある。それは悲観的な言葉で、来るべき宇宙的な壊滅という観点からしかこの世界への希望を思い描くことができない、としばしば考えられている。また、イスラエルの神は遠くにいるという見方に立てば、天使という仲介者なしでは神は被造世界との距離を埋められないということになる。また、クムラン的な「光の子らの闇の子らへの戦争」（1QM）という見方からは、この世界は二つに分けられることになるだろう。さらには、これら全ては古代イランのゾロアスター教の二元論から派生したのだ、というようなことが一部では未だに言われ続けてい

---

35 例として、イザヤ10章5-9節；45章7節；アモス4章13節；5章8節以下；9章5節以下。

36 例として、Hayman 1991; Sanders 1992, 249f. を見よ。

る。

問題は、「二元論」という言葉がいくつかの非常に違った意味で使われているのに、それらがはっきり区別されて使われてはいないことだ。さらに言えば、「二元論」という言葉そのものが色々な意味を背負い込んでしまい、しばしば否定的な意味で使われる。だが、「二元論的だ」と言われるようなもののいくつかは、全てとは言わないまでも大部分の聖書神学のごく普通の特徴である。よって、大部分のユダヤ人が普通のものとして受け入れていたものと、例外的な火遊び的なものとは区別する必要がある。そこで私は「二元論」の代わりに「二元性」という用語を用い、「二元論」という言葉はある特殊な二元性を指す言葉として用いることとする。以下のように、少なくとも10種類の二元性が挙げられる。

1. 神学的／存在論的二元性。唯一の神以外の天上的な存在についての憶測（それらの存在が唯一の神の命令と意思の下に存在しているとしても）。近年、ある学者たちはこのような信仰を「二元論」と呼んでいる。

2. 神学的／宇宙論的二元性。汎神論が古典的な形態の一元論とするならば、創造主なる神と創造された世界との違いそのものが一種の「二元論」だと見なされる。

3. 道徳的二元性。例えば人間の行動という領域で、善と悪との厳密な

---

37 ひとつ無作為的に例を挙げれば、Conzelmann 1969, 24。また、Sanders 1992, 249 も参照せよ。これに関連してよく引用されるのが、「第4エズラ」7.50である。

38 この分野についてのもっとも簡潔な説明として、Charlesworth 1969, 389 n.1 がある。そこには10種類の二元論が解説されているが、私が以下に述べる内容と極めて近いものである。私は彼の論文を読む前に、独立して以下の事柄を執筆した。Sanders 1992, 523 n.21 によると、今後上梓される「アンカー聖書辞典」の『罪／罪人（新約聖書）』の項目で、一神教と二元論との関係が論じられるそうだが、当該文書（1992）では「二元論」は同じ1節の中で様々に用いられている。

39 Hayman 1991 を再度参照せよ。

40 例として、Schürer 3.881。フィロンに言及している。

区分を仮定すること。ほとんどの宗教はいくらかのそうした違いを掲げているが、ある種の汎神論はそれらを取り除こうとし、他の望ましからぬ二元論と結びつけながら、「二元論だ」というレッテルを貼るのである。

4. 終末論的二元性。今の世と来るべき世とを区分すること。通常、今の世が悪い時代で、来るべき世が良い時代だとされる。[41]
5. 神学的／道徳的二元性。ゾロアスター教やある種のグノーシス主義において、古典的な形で表明されている。この見解は、万物は二つの究極的な源を持つと想定する。善神と悪神である。真正二元論においては、二人の神は永遠に闘争を続ける。軟性二元論では、善神が最終的に勝利を収める。[42]
6. 宇宙論的二元性。プラトンの古典的な立場。物質世界は「形相」という真の世界の二次的なコピー、または影でしかない。形相は啓発された心によって見ることができるとされる。これには様々な種類のものがあるが、ギリシャ・ローマ世界（と現在の西洋世界）の中に主流の信仰として広く浸透している。物質世界の中で観察できるものは、心や魂で経験できるものに較べれば、二次的で影のようなものにすぎない（現代的な二元性の見方ではその反対で、物質が一次的で精神が二次的だとされる）。[43]
7. 人類学的二元性。宇宙論的二元論の人間中心バージョン。人間は二つの部分から成る生物で、肉体と霊から構成されていて、そこには序列がある。多くの宗教や哲学では霊は肉体に優先し、多くの政治的ア

41　von Rad 1965, 301ff. を見よ。この特徴は「二元論」と呼ばれる。E. Isaac の「第1エノク」への序論を見よ（Charlesworth 1983, 9f.）。
42　Perrin 1983 [1974], 128; Charlesworth 1985, 48（「ヨベル書」について）。死海文書はこの種の二元論を例証しているとしばしば言われる。例として Schürer 2.589; Urbach 1987, 162f. 鋭敏な議論として、Charlesworth 1969 を見よ。
43　「二元論」のスタンダードな用法として、Urbach 1987, 26, 75 等；また、「第1エノク」42 についての Nickelsburg 1984, 216 と比較せよ。

ジェンダでは肉体が霊に優先する。[44]
8. 認識論的二元性。人間の観察や理性を通じて知ることのできるものと、神の啓示を通じてしか知ることのできないものとにはっきりとした区別づけようとする試みのこと。
9. 分派的二元性。一つの社会・文化・宗教的グループに属する人々と、その他のグループに属する人々との明確な区分を指す。[45]
10. 心理学的二元性。人間には二つの性向があり、一つは善に傾く傾向で、もう一つは悪に傾く傾向である。二つの性向は相争っているが、人間は善を選び、悪に抵抗しなくてはならない。[46]

1世紀のユダヤ教と、これら多様でしばしば混同される二元性の各タイプとの間には、どんな関係があるのだろうか。少なくとも四つのタイプの二元性はユダヤ人に受け入れられていたが、少なくとも三つは通常拒否され、残り三つについては議論の余地がある。

ユダヤ人は汎神論を拒否することで、創造主と被造世界との区別をはっきりさせていた（タイプ2）ことは既に述べた。このことは、聖書における天と地についての通常の聖書言語を明確にする。天は唯一の創造者によって神自身とその側近たちの住まうところとして創造された一方、地は人の住まうところである。だがこれは、宇宙論的二元性（タイプ6）とは異なる。さらには、ユダヤ教においては人間の行動における善と悪との違いが明確に区分される。神の摂理について強力な教理を掲げるヨセフスでさえ、ある人間の行動を邪悪なものだと考えた（タイプ3）。[47] 大部分とまでは言えないにせよ、当時の多くのユダヤ人の文献には、天使やその他の「超自然的」な存在への信仰が見られる（タイプ1）。貴族階級という唯一

---

44 第一の部類のものは、古典的なグノーシス主義による人間学である。
45 例として Charlesworth 1985, 190f. の C. Burchard を見よ。
46 Charlesworth 1969, 389。これは特に1QS の「二つの霊」の教理によく当てはまるだろう。
47 例として、1QS の「二つの道」のスキームを見よ。

の例外を除いて、ほぼ全ての第二神殿期のユダヤ人は、自分たちが悲しみと捕囚の時代である「今の世」に生きていて、その時代が「来るべき世」に取って代わられること、その時には悪が正され、イスラエルの神がその王国を打ち立てることを信じていた（タイプ4）。もしこれらの中のどれか、あるいは全てが「二元論」と呼ぶに値するのなら、大部分の1世紀のユダヤ人（と大部分の原始キリスト教徒）は二元論者だったと言える。

だが、これは混乱した結論であるように思える。現代の議論において「二元論」という言葉の主な意味は、他のタイプの三つから取られているが、それらは当時の大部分のユダヤ人が断固拒否していたものだ。タイプ5については、1世紀のユダヤ文献をいくら探してみても、悪の力が創造主である神と対等な力を持っているという信仰が存在していた証拠は見当たらない。もしそんな証拠が存在していたとしても、ほとんどのユダヤ人はそれを妥当な推測の域を逸脱したものと見なしただろうと言える。[48] よって、タイプ5はきっぱりと拒絶できる。同様に、タイプ6と7の場合、フィロンは例外によって原則を証明しているケースだと言えるだろう。一般にユダヤ人は、世界を物理的なものと本体的／精神的なものとに厳格に区分することはしなかった。フィロンも様々なケースで、聖書箇所やユダヤ教の祭儀の「真の意味」を精神的な領域に求めようとしたが、それでも物質的な意味や実践を軽視したり無視したりすることは決してなかった。[49] したがってフィロンはソフトな形のタイプ6と7を示していると言えよう。大部分のユダヤ人は、天と地はそれぞれ異なっているけれども、共に神の栄光を表していると考えていた。人間は完全に時間と空間の世界の住人だけれども、天の世界や神の臨在や影響にも開かれた存在である。礼拝や祈祷は隙間を埋めるためにするのではない。それは人間生活をすぐ

48　Rowland 1982, 92 の議論を見よ。「イザヤの殉教」2.4; 4.2 は、このような限度を超えた一例と言えるだろう。

49　例として、「アブラハムの移住」。Borgen 1984, 260f. ではこの文脈で議論されている。

そこにある神の領域に開かれたものにするためなのだ。[50]

残りの三つのタイプはより難しい。認識論的二元性（タイプ8）について言えば、当時の多くのユダヤ人が、人間の観察や理性によって知りうるものと、神の啓示によってでしか知り得ないものとを明確に区別していたのは明らかだ。この区別には長い歴史があり、例えば創世記41章14-28節にまで遡る。黙示文学は知り得ない秘密を明らかにすると主張する。ペシャー注解は、聖書の預言の「真の」隠された意味を明らかにする。ハラハーの議論は、シナイ山でイスラエルの神がモーセに口述で伝えたものだとされる。フィロンの寓話では、テクストの隠された真の意味を明らかにする。ヨセフスでさえ、未来を予見する力を重視していたように見えるし、彼自身や他の人にもそのような能力があると主張した。それでも、ヨセフスを含む多くのユダヤ人は、イスラエルの神が通常の世界の秩序の中で働いているのを観察しようとしていたし、それを通じて、また人間の理性の力を借りて、真理と聖性が見いだせるような論理的法則を考案しようとしていた。よって、タイプ8には広範な見方が存在していたと考えてもそう的外れではなかろう。同様に、分派的二元性（タイプ9）はいくつかのグループ、特にエッセネ派が抱いていたものだが、ある程度ファリサイ派にも当てはまる。だが、異邦人の隣人たちにより気楽に接していたユダヤ人たちには拒否された。[51] 最後に、心理学的二元性（タイプ10）はラビたちが抱いていたもので、二つの「性向」の教理に見られるものだ。だが、早い時期にこのような見方があったという証拠はほとんどない。

異なるタイプの二元性のこうした違いや、私が示した分析は、知的関心や知識の整理のために行ってきたのではない。1世紀のユダヤ人たちの神学的見解や、彼らが置かれていた社会・政治的現実の中でのそれらの見解の相互関連性を理解するために、これはとても重要なことなのだ。[52] した

---

50 神の領域の現実がすぐ近くに存在するというこの信仰の例として、列王記下6章17節を見よ。
51 本書426-429ページを見よ。
52 Segal 1986, 187を見よ。「一神教の問題は、共同体構成の問題と並行的な関

がって、これらの二元性を三つのグループに分けて考えるのは有益だろう。左側のグループは、程度の差こそあれ主流のユダヤ教によく見られるものだ。右側のグループは、間違いなく影響力がほとんどなかった。真ん中のものは、ある人々には受け入れられたが、他の人々には受け入れられなかった。したがって、右側のグループだけが「二元論」と呼ぶに相応しいものだと言えよう。それらは現実全体を徹底的に二元化するものだからだ。

主流の見方	受け入れ得る見方	少数派の見方
① 神学的／存在論的二元性		⑤ 神学的／道徳的二元性
② 神学的／宇宙論的二元性		⑥ 宇宙論的二元性
③ 道徳的二元性		⑦ 人類学的二元性
④ 終末論的二元性		
	⑧ 認識論的二元性	
	⑨ 分派的二元性	
	⑩ 心理学的二元性	

(v) 唯一の神への信仰とその変形

　最初の二つのタイプの唯一の神への信仰(創造主である神、摂理を通じて働く神)の強調は、異教礼拝との妥協を生じさせうるし、実際にヨセフスの場合にはそうした妥協が生じていたように見えるということを考察してきた。同様に、第三のタイプの信仰(契約に忠実な神)の強調は、通常のユダヤ教の受け入れうる二元性を超える二元論を生み出しうるし、実際にクムランの場合にはそうだった。そのような二元論は、(a) 創造主と世界(タイプ2) (b) 善と悪(タイプ3) (c) 今の時代と来るべき時代(タイプ4)を非常にはっきりと区別する。分派的二元性(タイプ9)を生み出した社会・政治的な圧力は、1世紀のユダヤ教には見られなかったタイ

係がある。」

プの二元論を生じさせる条件を作り出し、また当時存在していた二元的見方を深化させた。そのためセクト的ユダヤ教の中に、上に列挙したタイプの二元性に見られる以下の傾向を見いだすことができる。

1. 唯一の神以外の天上界の存在への関心の増大。[53]
2. 創造主と世界を区別する主流ユダヤ教の見方の更なる強調、そして自己と地の塵への執着に対する嫌悪感。[54]
3. 当然の帰結として、善と悪との区別の強調と先鋭化。人生の領域の細分化と再定義、その結果、「グレー・ゾーン」の減少。これは死海文書とファリサイ派の間で発展した口伝律法とを特徴づけるものとなった。
4. 終末論的二元性の強調。将来への唯一の希望は、現在の権力形態を打ち壊し、イスラエルの約束の真の相続人たるセクトを打ち立てる、劇的で新たな神の介入へと向けられる。これがタイプ6（宇宙論的二元性）と組み合わされる時、それは非地球的な楽園への希望へとつながる可能性を秘めているのは明らかだ。だが、クムランにおいてさえ、彼らの希望はこのような方向へは向かわなかった。彼らの希望は、肉体を離れた至福の世界ではなく、ユダヤ人社会や世界全般の刷新にあった。[55]
5. 光の力と闇の力との明確な区分を強調しようとする傾向。その論理的帰結として、後の時代に登場したユダヤ教グノーシス主義へとつながる。[56]
6. このような傾向は、ヘレニズム的な物質／精神の二元論への道備えをする。そして主流のユダヤ教の善と悪の二元性思考と、主流のギリ

53　Chester 1991, 47-65 を参照せよ。
54　例として、1QS 11.9f., 21f. と、その前例としての詩編119編25節。
55　Sanders 1992, 368; また本書の7章、10章を参照せよ。
56　初期ラビ思想のグノーシス的傾向の問題については、Segal 1977; Rowland 1982, 12章 ; Pearson 1980; 1984 を見よ。

シャ思想の物質と非物質の二元論とが結びつきやすくなる。そのような例として、極度の禁欲主義が挙げられよう。[57]

7. および 10. このような思考の枠内では、フィロンの場合のように、肉体と霊という人類学的二元論を抱きやすい。「共同体の規則」の中の「二つの霊」という二元性や、ラビたちの「二つの性向」（タイプ10）は、より軟性のタイプのものだと言える。[58]

8. セクトを形成した分派グループにとって、特別啓示への信仰は欠かせないものだった。特別啓示は、夢、ビジョン、預言、そして聖書の中の律法や預言書の新たな解釈を通じて得られるものだ。セクトは、その母体となるグループでは得ることのできない知識の源泉を持つと訴えることでその存在意義を維持するのである。これは神秘主義と分類されるべきものだが、それは1世紀に既に存在し、また後の時代のユダヤ人敬虔主義の重要な構成要素となった。[59]

(9. 分派的二元性はこれらの思考の前提となっているものなので、それについて再度述べることは混乱の元になるだろう。)

多くのユダヤ人はこれらのいくつか、または全ての見方を意識することなく、あるいは他人から注目されることなく抱くことができただろうということは明らかだろう。彼らがイスラエルの唯一の神を礼拝している限り、これらの二元的推測が唯一の神への信仰と抵触することはなかっただろう。彼らが批判に晒されるのは、本物の二元論（5、6、7のタイプ）の立場を採り始めた場合のみだっただろう。この場合、唯一神信仰の創造的、摂理

---

57 エッセネ派とテラペウタイ派の禁欲主義については、一例としてSchürer 2.593f. を見よ。

58 1QS 3.18-4.26 を見よ。この文の初めの部分を読むと、選ばれた者たちは真理の霊を持ち、邪悪な者たちは偽りの霊を持つと示唆しているように見えるが、4.15以降によれば、それぞれの人がいずれの霊とも係わっており、どちらの霊に従って歩むのかを決めなければならないとされる。二つの性向については、注44を見よ。

59 Gruenwald 1980; Rowland 1982 の第4部を参照せよ。

的側面に疑問が投げかけられることになるからだ。したがって、創造と摂理の神信仰と、契約の神信仰との間には緊張関係が見られる。三つ目を犠牲にして初めの二つを強調してしまえば、これら 10 のタイプの二元性全てを矮小化してしまうことにつながる。究極的には神と世界（タイプ 2）、善と悪（タイプ 3）、現在と未来（タイプ 4）との差異が矮小化され、汎神論や異教礼拝、グノーシス主義へとつながる。反対に、契約を強調して創造と摂理を軽視すれば、あらゆる本格的な二元論の強調へと向かうだろう。

しばしば混乱をきたしている二元性についての理解を明確にするために上に示した現象学的スキームについて、全てのユダヤ人がこのように明確に区分したり、抽象的に考えていた訳ではないことは強調すべきだろう。異なる立場は必ずしも相容れないものではない。大部分の人々は、相矛盾する事柄を心に抱くことができるものだ。それにもかかわらず、これらほとんど全ての二元性の土台となっている信仰は、当時のユダヤ教にとって中心的なものである。それは、悪は創造の本質的な部分ではなく、基本的に善なる創造の秩序が歪められた結果なのだという信仰である。この歪みの結果、人間は創造主から受けた栄光、創造世界の賢明に管理するという責任を失ってしまった。イスラエルの召命は、創造主である神の代理人として、失われてしまったものを創造世界に取り戻すことなのである。

後講釈できる強みから言えるのは、当時の主な神学的課題は、当時の主な社会・政治的課題と同じ性質のものだったということだ。異邦人世界の中でイスラエルのアイデンティティと召命をどう維持していくのかという問いは、神学的に言えば、創造的、摂理的、そして契約的な唯一の神への信仰を、創造世界の中に存在する凶暴な性格の悪を否定することなく、どう保っていけるのかという問いにつながっていく。悪が明確な形をとって現れたとき（それはパレスチナにこだまする軍靴の響きだったり、のしかかる重税だったり、抵抗運動に加わった血気にはやる若者たちの十字架刑だった）、良き世界を堕落させた堕天使たちは自ずと異邦の国々を操る天使たちと重ね合わされた。そして異邦人たちを闇の子らと呼ぶことにも何の問題もなかった。反対に、ローマの快適な邸宅で、気ままな娯楽として

研究や執筆をしていた人々にとっては、イスラエルの契約を軽く見て、それを民俗学者が収集するような地方の興味深い風習の一つとして扱うことができただろう。この二つの両極、つまり二元論と同化の狭間で、大部分のユダヤ人たちは自らの神学的な、そして日常的な人生を生きていた。

　当時のユダヤ教の唯一神信仰の性質と多様性について最後に一つ記しておこう。第一のタイプの二元性（神学的／存在論的；唯一の神以外の超自然的な存在の想定）は「純粋な」唯一神信仰を否定するものでは決してない。仮にもしそうだとしても、ヘブライ語聖書を含めて「純粋な」唯一神信仰の例はほとんどないことに留意しなければならない。むしろ、唯一の神以外の超自然的な行動主体を表す言語は、摂理（とその特殊なケースとしての契約）と、超越的な神への信仰にどう折り合いをつけるのかという神学的問題に関わっているのである。この神が不在地主のような神に堕してしまわないように（この場合、摂理や契約は打ち捨てられる）、またこの神が超越的存在ではなく汎神論や異教礼拝における神のように見なされてしまわないように、第二神殿時代のユダヤ人たちはこれら異なる信仰にしっかりと根ざした、この世界における神の行動を言い表す言葉を発展させなければならなかった。したがって、天使や、シェキナー（イスラエルの神の臨在）や、トーラーや、知恵や、言葉（ロゴス）について言い表す言語は、空想や形而上学的憶測ではなく、必要な神学的課題を遂行しようという様々な試みなのである。ある意味でこうした課題は純粋に言語的なものである。神の「存在」や「言葉」について語ることで、人は世界のただ中で活動している唯一の神について語ることができる。また、この神をその活動の中に含めてしまったり、世界の一部だとしてしまうような誤りを避けることができる。

　こうした文脈では、ある一つの事実を強調することは重要である。マカバイからバル・コクバに至るまでの時代を通じて、ユダヤ人の中でもっとも強く唯一神信仰を掲げていた人々にとって、唯一の神への信仰やシェマーの唱和と、イスラエルの神の位格について数的な分析をすることには何の関係もなかった。それは、異教礼拝と二元論という二方面に対する戦い

だったのである。実際、難解な聖書箇所(例えばダニエル書7章や創世記1章)の意味を巡って思索を重ねていたユダヤ人グループや個人が、神存在の複数性を示唆していたことを示す強力な証拠がある。[60] フィロンは「ロゴス」が実質的に神の第二位格だという思索を巡らせていたし、[61]「エノクのたとえ」では、人の子/メシアが永遠の神的存在として描かれているように見える。[62] しかし、これらの場合でもユダヤ人の唯一神信仰に反しているという意識が生じることはなかった。イスラエルの神、創造主の唯一性は分析の対象ではなく、常に異教礼拝や二元論に反論するための教理だったのである。キリスト教が生まれて初めて、そして論争的な背景やヘレニズム化した哲学の影響の下、2世紀以降のユダヤ人は「唯一神信仰」を「数的に一つの神的存在」と再解釈するようになったのである。初期の教理の内的制約や、社会・政治的な対立という外部的制約は、1世紀において一神教の主な強調点はこれまで描いてきたようなものだったということを裏づけるものなのである。唯一の神、創造主がおられ、ご自身の世界を統治し続け、そのただ中で活動し続けている。そして神はその世界から独自の民、イスラエルを召し出し、彼らを通じて働かれ、また今後も働き続け、天でそうであるように地においても自らの正しい統治を打ち立てるのである。これら全ての事柄は契約そのものへの考察へと私たちを誘う。

3. 選びと契約

(i) 序 論

これまで見てきたように、イスラエルの唯一の神への信仰は、彼ら自身

---

60 Segal 1977、また Lapide & Moltmann (1981) の Lapide (34ff.) も参照せよ。
61 フィロン「夢について」1.229 の *deuteros theos* (第二の神)。Schürer 3.881–5; Borgen 1984, 273f. の解説を参照せよ。
62 「第1エノク」48.2f; 61.8; 69.29 も参照せよ。

が独特な意味でこの神の民であるという信仰と緊密に結び合わさっていた。さらには、どんな形でも唯一神信仰の教理を言い表そうといういかなる試みも、この世界に存在する悪の分析と密接な係わりをもっていた。契約神学、特に第二神殿期における契約神学が、様々な形の悪の問題への答えを提供するという役割をどのように果たしていたのかをこれから示したいと思う。次の三つのケースについて論じよう。

（1）広義のレベルでは、ユダヤ人の契約神学は、創造主がご自分の被造世界の反乱によって決して打ち負かされることはなく、ある民を呼び起こし、彼らを通じて被造世界の回復の業を成し遂げるだろうということを主張する。

（2）狭義のレベルでは、イスラエルの苦難は契約神学そのものに問題を生じさせるが（「もし私たちの神が至高者ならば、なぜ私たちは苦しむのだろうか？」）、その答えは同じく契約の教理の中に見いだせる。私たちは契約への不忠実のために苦しんでいるが、私たちの神は忠実であり続けられるので、私たちを回復させてくださるだろう、と。

（3）個人のレベル（これを上の二つと切り離してしまえば、歪曲が生じてしまう可能性がある）では、個々人のユダヤ人の苦難や罪は、罪の赦しと回復のための道が備えられているという点を考慮した上で考えるべきかもしれない。待望の民族的レベルの偉大なる回復は、より小さなスケールでしばしば幾度も繰り返されるのである。ここで、献げものの制度は大きな意義を帯びることになる。

したがって、これら全てはユダヤ教の二番目の主要な教理の一部であり、それは唯一神信仰と並び立ち、それに明確な定義を与えるものである。この教理のための専門用語は「選び」である。創造主である神はご自身の世界を回復する道を見つけられた。神はある民を選び、彼らを通じて行動を起こされる。唯一神信仰と選び、そしてそれらに伴う終末論、それらがユダヤ人の「基本的な信仰」の根本的な構造を形成している。先の章で見てきたように、「基本的な信仰」とは世界観の神学的側面である。それらの信仰は、世界におけるあらゆる経験を認識し、深く考え、それらを一貫し

たものとして捉えるためのグリッドの不可欠な部分なのである。

（ii）契約

　契約という概念は、当時のユダヤ教の中心にあった。この点は、ヘブライ語の「契約（ベリート）」という言葉が多くの主要な文献にあまり登場しないという事実からしばしば疑問を投げかけられる。しかし、サンダースは他の見解を採ることができなくなるほど強力にこの点について論証した。契約は、当時は極めて一般的で当たり前の概念だったのである。[63] 契約の基本にあるのはもちろん族長たちへの一連の約束であり（特に創世記12、15、17、22章等）、その約束の中心は、特に土地と繁栄に関する「祝福」だった。モーセ五書の編纂者たちは、契約の最初の成就を出エジプト（出エジプト記2章24節以下）の出来事に見いだし、トーラーをイスラエルの神の忠実さに基づく契約文書として理解した。トーラーは、イスラエルの民が神への応答としての忠実さを言い表すための、命への道として与えられた。申命記は主要な契約神学の書だが、この書はそれに続く契約的文書群（申命記史観、エレミヤ書など）の頂点に位置づけられる。この書を通じて強調されているのはアブラハムへの約束、契約への忠実さの結果としての祝福、イスラエルの神のその民への贈り物としての土地、そして国々の中でのイスラエルの名誉ある地位についてである。一例を挙げよう。

63　Sanders 1977, 420f.:「契約という言葉があまり登場しないことが、後期のユダヤ教において契約概念が中心的なものでなかったという証拠として頻繁に持ち出される。……言語研究は常に当てにならないという訳ではないが、この場合にはそれが当てはまる。ラビ文献に契約という言葉が比較的まれにしか登場しない理由は、契約概念の根本的性格によって概ね説明できると私は主張したい。」サンダースはこの点を繰り返し強調している（1990a, 330; 1992, 263-7）。Segal 1986 も見よ。Vermes 1977, 169-88 によれば、クムラン共同体において、契約という言葉はあまり登場しないものの、それは共同体の認識の中心にあった。Dunn 1991, 21-3 の簡潔な要約も参照せよ。初期ユダヤ教の契約神学についての近年の研究の進展については、Miller 1985, 222f.; Longenecker 1991 を見よ。

天にあるあなたの聖なる住まいから見下ろして、あなたの民イスラエルを祝福し、あなたが先祖に誓われたとおりに、わたしたちに授けられた地、乳と蜜の流れる土地を祝福してください。

今日、あなたは誓約した。「主を自分の神とし、その道に従って歩み、掟と戒めと法を守り、御声に聞き従います」と。主もまた、今日、あなたに誓約された。「既に約束したとおり、あなたは宝の民となり、すべての戒めを守るであろう。造ったあらゆる国民にはるかにまさるものとし、あなたに賛美と名声と誉れを与え、既に約束したとおり、あなたをあなたの神、主の聖なる民にする」と。[64]

申命記は二つの劇的な部分で幕を閉じる。契約を打ち立てる部分と（27-30章）、モーセの告別の辞の部分である（31-34章）。最初の部分は契約に伴う祝福と呪いについて詳細に列挙している。服従には祝福が続き、不服従は呪いを招く。注目すべきは、これらの章では呪いは可能性ではなく確実に起こるものとして描かれていることだ。モーセはイスラエルが主から離れていくことを知っていて（28章15-68；29章16-28；31章16-21、27、29節）、この事態に備えている。究極の呪いは捕囚だが（約束の地は祝福の場だからである）、捕囚の後には契約の更新、心の割礼、約束の地への帰還、トーラーの完全な遵守が続く（30章1-10節）。[65] 1世紀にこれらの聖句がどの程度広く読まれていたのかについての十分な情報があるわけではないが、こうした申命記的思想が聖書（一例としてエレミヤ書）やそれ以外の文書（死海文書）などを通じて広く浸透していたと確信を持って言うことができる。[66]

64　申命記 26 章 15、17-19 節。
65　捕囚の呪いと回復の約束というテーマの似たような要約は申命記 4 章 25-40 節に見られる。この部分は、1 世紀において断食の日の一つに朗誦されていた。Milgrom 1971, 279f.
66　私はブリティッシュ・コロンビアのトリニティ・ウェスタン大学のジェームス・M・スコット教授に、彼が今後発表する論文「パウロの申命記の用い方

このように、契約的考え方は第二神殿期のユダヤ教における異なる運動や思想の土台となるものだった。マカバイ危機は、とどのつまり契約に関するものだった。[67] エッセネ派共同体の設立は、イスラエルの神がついに契約を更新されたという信仰によるものだった（しかしそれは秘密裏に、彼らとだけ契約を更新された）。[68]「ヨベル書」は契約の恩恵によるイスラエルの特別な地位を祝するものだった。[69] 後期の知恵文学では、イスラエルの近隣諸国からアイデアや慣用句が借用されているが、旧約聖書の知恵文学よりもいっそう強くユダヤの契約が強調されている。[70] 黙示文学では、彼らの神が契約を成就し、そしてイスラエルを義とすることが熱望されている。[71] 後のラビ文学では、イスラエルが神の契約において何を果たすべきかがより詳しく検討されている。[72] イスラエルへの抑圧を神学的かつ実際的な問題と見なし、その問題の解決がどのようにもたらされるのかを決定づけるもの、それが契約だった。ある者たちをトーラーへの「熱心」へと導き、他の者たちを軍事行動に駆り立て、また他の者たちを一神教的敬虔へと導いたもの、それが契約だった。契約は、誰が真に契約に属しているのかという問いを喚起し、またそれに答えるのを助けてくれた。契約神学は、当時のユダヤ教の息吹そのものだった。

この複雑な契約という概念は、創造主である神の目的の下にある民とし

について（Paul's Use of Deuteronomy）」を読ませて頂いた。そこでは、「イスラエルの歴史の申命記的見解」と1世紀におけるその受容についてかなり詳しく論じられている。

67　第1マカバイ1章15節；2章20、49-68節（特に50節以降）；4章8-11節；第2マカバイ1章2-6節；7章36節；8章14-18節。

68　例として「ダマスカス文書」6.19；7章を参照せよ。

69　例として「ヨベル書」14.19f.；15.1-34、特に30-2, 34；22.15-19, 23。

70　例として、知恵の書18章22節、これは、イスラエルの歴史を通じての神の知恵の働きを強調する本書全体の、特徴的な箇所である。シラ書17章17節；24章8-23節；28章7節；そして始まりから著者の時代までのイスラエルの歴史を偉大な讃歌として語り直した44-50章。

71　例として、「第4エズラ」5.21-30、そして「モーセの遺訓」4.5、等々。

72　Sanders 1977, 84-107。

てのイスラエルに、自分たちは誰なのかということについての特別な理解を与えた。この概念は、これまで望ましい仕方で考察されてこなかったのだが、今こそ私たちはそれについて詳しく検討せねばならない。

(ⅲ) イスラエル、アダム、そして世界

私はここで、イスラエルの契約的召命は、イスラエルこそが創造主である神の真の人間なのだと、彼らをして考えさせたことを示したいと思う。もしアブラハムとその家族がアダムの罪とそれによって生じたこの世界の悪を取り扱うための神の手段であるならば、イスラエルこそが真のアダム的人間となるはずなのだ。この信仰は、様々な形のユダヤ教を体現する文書群を考察することではっきりと示すことができる。私たちはここで1世紀の観点から物事を見つめようとしているが、それがオリジナルな聖書テクストの記者や編纂者の見方と一致していると示唆しているのでは必ずしもないことは強調すべきだろう。

a. モーセ五書（ペンタテューク）

アブラハムは創世記の中で、全人類の窮状を解決する者として登場する。アダムに始まり、カインを経て、大洪水そしてバベルへと至る、延々と続く惨事や「呪い」の流れは、神がアブラハムを召し出し、「地上の氏族はすべてあなたによって祝福に入る」と彼に語った時から反転し始める。[73] 創世記のこうした物語構造は、創世記1章でアダムに語られた命令が異なる状況下で繰り返し現れることを考察することで、より明確になる。

> 1章28節：神は彼らを祝福して言われた。「産めよ、増えよ、地に満ちて地を従わせよ。海の魚、空の鳥、地の上を這う生き物をすべて支配せよ。」

---

[73] 創世記12章3節。この節の翻訳は議論の的となっている。しかし、このくだりは、アブラハムへの祝福が何らかの形で諸国民を含むものであることを語っていることに疑問の余地はない。

12 章 2、3 節：わたしはあなたを大いなる国民にし、あなたを祝福し、あなたの名を高める、祝福の源となるように。あなたを祝福する人をわたしは祝福し……

17 章 2、6、8 節：わたしは、あなたとの間にわたしの契約を立て、あなたをますます増やすであろう……わたしは、あなたをますます繁栄させ……わたしは、あなたが滞在しているこのカナンのすべての土地を、あなたとその子孫に、永久の所有地として与える……

22 章 16〜18 節：あなたがこの事を行い、……あなたを豊かに祝福し、あなたの子孫を天の星のように、海辺の砂のように増やそう……地上の諸国民はすべて、あなたの子孫によって祝福を得る。あなたがわたしの声に聞き従ったからである。[74]

　このように、アブラハムの物語の主なターニング・ポイント[75]（アブラハムの召命、割礼、イサクを献げること、アブラハムからイサクへ、またイサクからヤコブへの承継、そしてエジプトでの逗留）において、アブラハムとその子孫がアダムとエバの役割を受け継いでいることを静かに主張している。興味深いことに、この役割は違った形で現れてくる。命令（「産めよ、増えよ」）は約束へと変わり（「わたしは、あなたをますます繁栄させ」）、[76]アダムの自然の支配に代わるものとして、カナンの地の所有や敵の征服が示されている。
　このテーマはモーセ五書の随所に現れるが、1 世紀に同書が読まれる時

74　このリストはさらに続けることができる。例として、イサクとヤコブに与えられた約束がある（26 章 3 節以降；26 章 24 節；28 章 3 節；35 章 11 節以降；47 章 27 節；48 章 3 節以降）。これらについて、Wright 1991a, 21-6 を参照せよ。
75　創世記 9 章 1、7 節；16 章 10 節をも見よ。
76　その例外は 35 章 11 節以降と、それと関連する 48 章 3 節以降である。

には、特にそれらが注目されていた。アブラハムの子孫がエジプトに下り、そこで約束が成就し始めた（出エジプト記1章7節）。イスラエルの子らが黄金の子羊を作ったために神の裁きが下ろうとした時、モーセはその同じ約束を神に思い起こしていただいた（出エジプト記32章13節）。土地に関する約束は、放浪する民に対して同じ約束の言葉として繰り返された（レビ記26章9節）。そして、民が約束の地に入る準備ができた時、それは神が御自身の言葉に真実であるからだということを、モーセは民に思い起こさせた（申命記1章10節以降）。その結果、民が約束の地に住むに際し、彼ら自身がその約束を思い起こさなければならなかった（申命記7章13節以降；8章1節）。それは、もし民が彼らのなすべき契約を行ったならば、神が彼らを祝福するためである（申命記28章63節；30章5、16節）。[77] そして、単にイスラエルの役割だけでなく、より広い視野から見れば、別のテーマを示唆する声明を見いだすことができる。イスラエルは祭司の王国となるべきで（出エジプト記19章）、彼らを通じて創造主は今一度、被造世界を祝福するだろう。

b. 預言書

このテーマはモーセ五書を貫いているだけではない。それは預言書においても現れる。後により詳しく見ていくように、預言者たちはイスラエルに対し、主は彼らを通じて全世界に対して働きかけるのだということを訴えかけた。これをイスラエルの役割から見れば、創世記が示す神と世界に対してのアダムの立場を、今やイスラエルが担っているということだ。

これは様々なテーマとなって現れる。イザヤとミカは、シオンは諸国民の集う場所であり、イスラエルの役割は彼らの光となることだと語る。[78] エルサレムの回復と神殿の再建を見据える預言者たちは、このことの中に

---

77 土地を「従える」（例として民数記32章22節）という点にも注目すべきかもしれない。これは創世記1章28節の、アダムが世界を従えるというテーマをある意味で連想させるものだ。

78 イザヤ2章2-5節；42章6節；49章6節；51章4節；ミカ4章1-5節、等々。

エデンの園の再現を見た。エゼキエルは川から水が流れ出て、世界を癒す情景を思い浮かべた。[79] ゼファニアは、主がその民の繁栄を回復される時、諸国民が憧憬をもって主を見上げる様を心に描いた。[80] ゼカリヤは、エゼキエルの川の情景のイメージを用い、エルサレムの回復を主が全世界の王となることの徴となり、諸国民がユダヤの祝祭を守るためにエルサレムに詣でる日のことを描いた。[81] よって、捕囚の民に全てが回復される来るべき日のことを待ち望むようにと促すこれらの文学において、イスラエルの地の将来の栄光は楽園のイメージによって描かれている。回復を果たした後のイスラエルは新しい創造のようであり、民は自分自身の土地で再び増え広がるだろう。[82] ここでも同じことが描かれている。イスラエルは唯一の神の真の民となり、彼らの繁栄は全世界の繁栄の鍵となる。

c. 知恵文学

　真の人間となるという召命は、いわゆる知恵文学の中に明確に見いだすことができる。その文学的、神学的起源は箴言やそれ以前にまで遡ることができるが、これらの書はイスラエルの召命と運命を表すために、世界と人類の創造についての伝承の用語を用いている。[83] 主の「知恵」は世界の創造のための手段だった。これを言い表すためには、次のように言えば十分だろう。神は世界を創造される際に、知恵をもってそれをなされた、と。加えて、このような比喩的表現は、創造主が世界の中で活動されているという主張をも示唆している。しかし、「知恵」が主の行動のための手段であるならば、そして人間が神の行動のための手段となるならば、人間が創

79　エゼキエル 40-47 章、特に 47 章 7-12 節。
80　ゼファニア 3 章 20 節。
81　ゼカリヤ 14 章 8-19 節。似たイメージはシラ書 24 章 23-34 節の知恵/律法/シェキナーの中に用いられている（24 章 8-10、23 節も同様である）。
82　イザヤ 11 章 1 節以降；45 章 8 節；エレミヤ 3 章 16 節；23 章 3 節；エゼキエル 36 章 11 節；ゼカリヤ 10 章 8 節、等々。
83　箴言や他の「知恵」文学は非ユダヤ人の伝承（エジプトなど）に基づいている。Crenshaw 1985, 369-71 を見よ。私のここでの関心は、それらの文学が 1 世紀のユダヤ人たちによってどのように読まれていたかということだ。

造主に従い、世界に対して権威をもって賢明に行動するために必要なのは（ソロモンの例のように）知恵なのである。そして、知恵を得ることで彼らは真の人間となる。ここで非常に重要な展開があった。（旧・新約聖書の）中間時代に知恵はトーラーと同一視された。したがって、トーラーを有しそれを行おうとする者は真の人間なのである。彼らこそ、創造主の下に、また被造世界の上に高められた人間なのだ。[84] シラ書に見られるある特定の伝承では、特に大祭司と神殿での祭儀が焦点となる。大祭司は、アダムが被造世界全体を統べるようにイスラエルを統治する。ある一つの伝承によれば、大祭司の装束は創造主がアダムに与えた衣装と同じものだとされる。[85] このように、知恵文学という非常に異なった観点からも、同様の結論にたどり着くことができる。イスラエルと、特にその代表者は真のアダム、創造主である神の真の人間として召し出されたのだ。

d. クムラン

同様の信仰は、クムランで発見された文書群の中に見られる。

> 神は彼らを永遠の契約のために選ばれ、そしてアダムの全ての栄光は彼らのものとなるだろう。

> ［イスラエルの真の家］に固く立つものは永遠の命へと定められ、そしてアダムの全ての栄光は彼らのものとなるだろう。

> あなたは誓いを守られ、彼らの咎をお赦しになるでしょう。あなたは彼らの罪を投げ捨てて下さるでしょう。あなたは彼らにアダムの全ての栄光と永い齢とを受け継がせて下さるでしょう。

---

84 知恵とトーラーの同定については、例としてシラ書を見よ。また、Nickelsburg 1981, 59–62; Skehan & Di Lella 1987, 336f.; Hayward 1991 を見よ。この同定の起源は、ユダヤ教の伝統に遠く遡る。

85 Hayward 1991, 27f. を参照せよ。民数記・ラバ 4.8 が引用されている。

罪の報いに悔い改め、救われた者たちは千代に生き長らえ、アダムの全ての栄光は永遠に彼らと彼らの子孫のものとなるでしょう。[86]

一つの文書では、「人の子孫」（ゼラ・ハ・アダム）は更新された契約の共同体と同義語的に用いられている。

しかし、人の子孫はあなたが彼らに受け継がせたものを理解しなかった。彼らは全てのあなたの御言葉の中にあなたを見いださず、邪にもあらゆる御言葉に背を向けました。彼らはあなたの偉大な御力に心に留めなかったので、あなたも彼らを退けられました。邪な者はあなたを喜ばず、不敬虔な者はあなたの前に立つことができないからです。しかし、あなたの心に適う時に、あなたはある民をあなたのために選ばれました。あなたはあなたの契約を覚えておられ、彼らが全ての民の中からあなたのために選り分けられ、聖なる者となるようにされたのでした。[87]

換言すれば、アダムの全ての栄光は、終わりの日に正しいグループに属している者たちによって受け継がれるだろう。彼らが「栄光」を受けるという意味は、単に人間電球のように光り輝くという意味ではなく、世界に対して権威を行使するという意味である。イスラエルが真の人間だという強調は、クムランの清潔規定に影響を及ぼしていただろう。もし真のイスラエルが真の人間なのであれば、身体に欠陥を持つ者は誰でも、それは彼の人間性が完全でないことを意味するので、インナー・サークルの一員になることはできない。[88]

86　1QS 4.22f.; ダマスカス文書 3.19f.; 1QH 17.14f.; 4QpPs37 3.1f。Vermes 1987 [1962] の訳による。

87　1QLitPr 2.3-6（Vermes 1987 [1962], 231）。

88　1QSa 2.3-10 を参照せよ。このような考え方の一因は、この共同体が自分たちのことを真の祭司だと見なしていたことに起因するだろう。祭司は身体に欠陥があってはならず、エッセネ派は、ファリサイ派と同様に、祭司制度

e. 他の第二神殿期文学

　ヨセフスは、ダニエル書が1世紀のユダヤ人たちの間で人気を博していたことを教えてくれる。[89] ダニエル書の一つのクライマックスは、黙示的言語で人間の姿に描かれた真のイスラエルが栄光の座にまで高められ、神の民を抑圧する神話的な獣に対して権威を行使する。原作者たちが何を思い描いていたにせよ、1世紀の多くの人々はそれらがイスラエルと諸国民を指していると考え、さらに創世記2章への仄めかしを読み取ったことだろう。神の秩序は真のアダム、つまりイスラエルによって創造主の楽園の状態に回復される。イスラエルは偶像礼拝を根絶し、創造主に従い被造世界を賢明に統治するだろう。[90]

　1世紀の多くのユダヤ人が信じていた復活の教理について考えることでも、同様の結論が導かれるだろう。いつ、またなぜこのような信仰が生じたのかというのはここでの関心事ではない。大切なのは、当時多くのユダヤ人は、彼らが、または少なくとも彼らの中の真のイスラエルが、終わりの日に死者の中から復活することによって真の神の民であることが確証されると信じていたことだ。ここでのポイントは、この出来事が彼らの人間性の確証でもあることだ。彼らは完全な人間、回復された人間の命の受益者になるだろう。[91] 先に引用したクムラン文書群のアダムの栄光への言及は、この教理への言及だとも言えるかもしれない。

　最後に、初期ラビ文学のミドラッシュでの創世記への注釈についても目を向けるべきかもしれない。アブラハムは、アダムが犯してしまったことを回復するだろう。[92]「契約」というテーマが、たとえはっきり言い表され

　全体を民主化したのだった。7章を参照せよ。
89　例としてヨセフス「ユダヤ古代誌」10.266-8; Vermes 1991、そして10章を見よ。
90　ダニエル7章11、14、17-18、23-27節；創世記1章26-28；2章19-20a。
91　例として、第2マカバイ7章9-11節。本格的研究として、Schürer 2.494-5, 539-47. 知恵の書3章については、10章を見よ。
92　本書447ページを見よ。

ていなくともあらゆる思想の前提となっていたように、その契約の意味を明らかにするイスラエルとアダムの結びつきは、ユダヤ人の思想や文書のそこかしこに織り込まれている。それらは様々な形で私たちが考察している文書の中に現れてくる。しかし、それはさらなる疑問を招く。もしイスラエルが真の人間であるならば、他の諸国民の命運はどうなるのだろうか。

f. イスラエルと諸国民

イスラエルが真のアダムであるということから当然導かれる結論は、諸国民はアダムが支配すべき動物だということである。しかしこの信仰がどんな形で言い表されるとしても、そこには2通りの考え方があった。アダムの支配とは有益で、世界に秩序と祝福をもたらすものなのだろうか。あるいはそれは一種の裁きで、威嚇する獣たちに滅亡をもたらすものなのだろうか。1世紀には、両方の態度を示す証拠が見いだされる。

一方には少なくともイザヤにまで遡る思想の流れを見いだすことができる。イザヤ書によれば、イスラエルは諸国民の光となるべきなのだ。シオンが神の意図する状態になる時、諸国民はそこに集い、主の言葉を聞くだろう。いくつかの箇所では、光が本当に諸国民を救うのか、あるいは単にイスラエルを彼らから救うのか、判然としない。だが、他の箇所で全世界的救済がはっきり示されている。

> わたしはあなたを僕として
> ヤコブの諸部族を立ち上がらせ
> イスラエルの残りの者を連れ帰らせる。
> だがそれにもまして、わたしはあなたを国々の光とし
> わたしの救いを地の果てまで、もたらす者とする。[93]

ユダヤ人の世界観において、異邦人が神の民に加わる時（ダビデの祖先

---

[93] イザヤ49章6節。また、イザヤ2章2-4節；11章9-10節、42章1、6節；ミカ4章1-4節を見よ。

となったルツのように)、また彼らが神の知恵に耳を傾けたり (シバの女王のように)、神の民と命を分かち合う時に、イスラエルの召命は弱まるのではなく、ある意味で成就される。[94] このテーマは第二神殿期の人々にも受け継がれていくが、そのような例を前章で見た「ヨセフとアセナテ」の中に見ることができる。[95]

しかし、当時の多くのユダヤ人の著作から、非常に異なるトーンの声が広く聞こえてくるのも確かだ。ユダヤ人たちが外敵から頻繁に抑圧されている状況下で、イスラエルがなるべき真のアダムは諸国民を歓迎して祝福するよりも、真の神とその民に襲いかかる悪の軍勢を滅ぼす存在として考えられたとしても不思議ではなかろう。ダニエル書のビジョン、特に2章と7章では、地上の諸王国は真の神が打ち立てる王国によって滅ぼされる。もちろんそれは、イスラエルの名誉回復と緊密に結びついている。[96] 詩編2編は鉄の杖で諸国民を治める、来るべき王について語り、彼は陶工が器を砕くように諸国民を砕く。この思想は、1世紀の「ソロモンの詩編」の作者に明らかに影響を及ぼしている。

> 主よ、ご覧下さい、そして彼らの王、あなたの僕であるイスラエルを治めるダビデの子を立ち上がらせて下さい。……不実な支配者たちを打ち砕き、エルサレムを荒らす異邦人たちから聖都を清める力を彼に与えて下さい。知恵と義をもって嗣業の地から罪人たちを追い払い、陶工の瓶のように罪人たちの傲慢を打ち砕き、鉄の杖で彼らのあらゆる力を粉砕し、彼の言葉によって不法な諸国民を滅ぼして下さい。[97]

---

94 ルツ記、諸所に。列王記上10章。

95 393ページ以下を参照せよ。また、トビト記13章11節；14章6節；「シュビラの託宣」3.710-95を参照せよ。

96 本書10章の533-543ページを見よ。ヨセフスのダニエル書7章の削除のことが論じられている。

97 「ソロモンの詩編」17.21-4。「シュビラの託宣」3.663-97と比較せよ（これが異邦人への祝福を預言する下りと緊密に結びついていることに注意する必要があるが）。類似したテクストの研究として、Schürer 2.526-9がある。

イスラエルは、反抗的な諸国民を制圧して神の秩序をもたらす存在となるはずなのだ。

摂理の中での異邦人の占める位置に関する後代のラビたちの議論では、この件について未だに結論が出ていないのが見て取れる。しかし、諸国民の命運がイスラエルの命運と分ち難く結びついていることには全く疑いの余地はない。この点は、1世紀のユダヤ教と黎明期のキリスト教とを理解する上で極めて重要である。異邦人の上に起きることは、イスラエルの上に起きること次第であり、またそれに左右されるのである。契約の目的を第1レベルから見れば、イスラエルの召命は、その根本的な目的において全被造世界を救済し回復することにある。このつながりを見損なうと、唯一神信仰と選びというイスラエルの根本的な教理の意味を理解し損なうことになる。もし異邦人と、彼らについての神の究極の目的が無視されるなら、唯一の創造主なる神の唯一の民というイスラエルの主張も疑問が呈されることになる。

4. 契約と終末論

これまで考察してきた契約神学によって表された、イスラエルの選びについての信仰は、第二の問題の一部でもあった。この問題は、マカバイと

1QM 2.10−14 では、戦いは全世界の征服としてはっきり描かれている。
98 Sanders 1977, 206−12; 1992, 265−70 を見よ。
99 私がこの点を強調するのは、これが論議を呼ぶ点であり、しばしば見過ごされる点だからだ。この点が議論の的になる必要はないように思える。このテーマを扱う古代のテクストが十分過ぎるほど存在するからだ。聖書から始まりミシュナーとタルグムに至るまで、黙示文学から知恵文学まで、フィロンからヨセフスまで。私が素描した思想の流れはあらゆる箇所で前提とされ、いろいろな形で繰り返し言い表されている。

バル・コクバの間の時代に大きく表面化してきた。創造主がある特定の国家と契約を結んだのならば、神の選びの民である彼らが世界を支配していないのはどうしてなのか。もし世界がイスラエルのために創られたのなら、なぜイスラエルは苦しみ続けているのか。創造主である契約の神は今何をしておられるのか。そしてさらなる問いが続く。神がイスラエルのために立ち上がって下さる時を早めるために、イスラエルは今何をすべきなのだろうか。この困難な時代、神の行動の遅延という困惑させられる状況下で、忠実なユダヤ人として今何をすべきで、また何ができるのだろうか。これから見ていくように、これらの疑問によって、イスラエルの希望と契約の要求ははっきりとした特徴的な形を取ることになる。この問題は第二レベルの契約の目的を生じさせる。契約の第一レベルの目的がイスラエルを通じての世界全体の再建と立て直しであるならば、第二レベルの目的はイスラエルそのものの再建と立て直しについての神の意図に関するものなのである。

イスラエル再建の必要性は、第二神殿期のユダヤ人たちが共有していた当時の歴史認識の中に見られる。当時の大部分のユダヤ人は、「私たちはどこにいるのか」という問いに対し、もっとも簡潔な言葉で言えば、次のように答えただろう。「私たちは未だに捕囚の中にいる」と。彼らはあらゆる意味において、イスラエルの捕囚は未だに続いていると信じていた。イスラエルはバビロンから帰還したものの、預言者たちの栄光に満ちた使信は未だに成就していなかった。イスラエルは未だに異邦人たちに隷属していた。さらに悪いことに、イスラエルの神はシオンに戻っていなかった。捕囚以降の文献のどこを探しても、列王記上の8章10節以降に対応するような下りを見いだすことはできない。この列王記の記事によれば、ソロモン神殿が建て終えられた時に、「雲が主の神殿に満ちた。その雲のために祭司たちは奉仕を続けることができなかった。主の栄光が主の神殿に満ちたからである。」その代わりに、イスラエルはいつの日かシェキナー、

---

100 「第4エズラ」4.23ff.、等を見よ。

神の栄光ある臨在がついには戻ってくるという約束を信じ続けた。

> その声に、あなたの見張りは声をあげ
> 皆共に、喜び歌う。
> 彼らは目の当たりに見る
> 主がシオンに帰られるのを。[101]

> それから、彼はわたしを東の方に向いている門に導いた。見よ、イスラエルの神の栄光が、東の方から到来しつつあった。その音は大水のとどろきのようであり、大地はその栄光で輝いた。……主の栄光は、東の方に向いている門から神殿の中に入った。霊はわたしを引き上げ、内庭に導いた。見よ、主の栄光が神殿を満たしていた。……彼はわたしに言った。「人の子よ、ここはわたしの王座のあるべき場所、わたしの足の裏を置くべき場所である。わたしは、ここで、イスラエルの子らの間にとこしえに住む。」[102]

　第二神殿期の文献のどこを探しても、このことが実現したと主張している箇所は見当たらない。したがって、これは未来に関することなのだ。捕囚は本当の意味では未だに終ってはいない。イスラエルのこうした現状認識は第二神殿期ユダヤ教の作家たちの間に広く共有されていた。典型的なものとして、以下の記事が引用できる。

> 御覧ください、今日わたしたちは奴隷にされています。先祖に与えられたこの土地、その実りと恵みを楽しむように与えられたこの土地にあって、御覧ください、わたしたちは奴隷にされています。この土地の豊か

101　イザヤ52章8節。この1節は、イスラエルの神の来るべき支配（52章7節）と、救いの到来（52章10節）とに密接に関連している。
102　エゼキエル43章1-2、4-5、7節。この預言書の結び（48章35節）と比較せよ（この都の名は、その日から、「主がそこにおられる」と呼ばれる）。

な産物も、あなたがわたしたちの罪のためにお立てになった諸国の王のものとなり、わたしたち自身も、家畜もこの支配者たちの意のままにあしらわれているのです。わたしたちは大いなる苦境の中にあるのです。[103]

この上なくはっきりと言い表されている。イスラエルは祖国の地に戻ってきたが、未だに隷属という「捕囚」の中に置かれ、異邦人の王たちに抑圧され続けている。同様に、「ダマスカス文書」はこのセクトが建て上げられるまで捕囚が続いていたと語っている。

彼らは不忠実で神を捨てたので、神はその御顔をイスラエルと聖所から隠され、彼らを剣に渡された。しかし、神は祖父たちとの契約を覚えておられ、イスラエルに残れる者たち（レムナント）を残され、彼らを滅びには渡されなかった。そして神が彼らをバビロンの王ネブカドネザルの手に渡されてから後の390年の怒りの時代に、神は彼らを訪れ、イスラエルとアロンから根を生じさせ、神の地を受け継がせ、大地の良き物で栄えるようにされた。……そして神は彼らの行いをご覧になられ、彼らが心を尽くして神を求めているので、彼らのために義の教師を呼び起こし、心から彼らを導くようにされた……。[104]

捕囚は「帰還」してから後もずっと続いた。エズラやネヘミヤの働きのずっと後までも。だが捕囚はついに、死海文書において自分たちのストーリーを語る共同体を通じて終わりを告げようとしていた。同様に、トビト書（おそらく紀元前3世紀の著作）は、先の帰還が単なる前味に過ぎなくなるような、真の捕囚以降の復興について語っている。

103　ネヘミヤ9章36-37節。
104　「ダマスカス文書」1.3-11（Vermes 1987 [1962], 83）。

しかし神は再び彼らを憐れみ、イスラエルの地に連れ帰り、御自分の家を再建される。しかし再建されても、定められた時が来るまでは、元どおりにはならない。その時が来れば、すべての人々は捕囚の地から立ち戻り、エルサレムを輝かしく再建し、イスラエルの預言者たちが語ったように、神の家もエルサレムに再築される。世界のあらゆる国とその人々は主に立ち帰り、心から神をおそれ、偽りをもって彼らを欺き惑わす偶像をすべて捨て去る。そしてとこしえの神を正しくほめたたえる。心から神に従うイスラエルの民は、その日救われてエルサレムに集められ、アブラハムの地でいつまでも住み、平穏無事な生活を送り、その地は彼らのものとなる。神を心から愛する者は喜び、罪を犯し不正を行う者は地のすべての場所から消えうせる。[105]

これらの素晴らしい出来事は、1世紀には何一つ起こらなかった。ヘロデ王による神殿再建さえも、ヘロデの期待に反してそうした期待には及ばなかった。なぜなら、真の帰還を示す他の兆しが未だに見られなかったからだ。恐らく同じ時代に編纂されたいわゆる第1バルク書は、明らかに同様の見方を反映している。

あなたは神なる主です。主よ、わたしたちはあなたをたたえます。あなたは御名を呼び求めるようにと、わたしたちの心にあなたへの恐れをお与えになりました。捕らわれの身であるわたしたちは、あなたを賛美します。あなたに対して犯した先祖の罪をすべて、わたしたちは心から捨て去りました。御覧ください。わたしたちは今捕らわれの身です。神なる主から離れ去った先祖のありとあらゆる罪のゆえに、あなたはこの地にわたしたちを散らし、恥辱と呪いにさらして罰を下されたのです。[106]

---

105 トビト記14章5-7節。トビト書の断片はクムランで発見されている。明らかにここで表明されている希望はこのセクトの人々の趣味にあったことだろう。Schürer 3.222-32 を参照せよ。
106 バルク書3章6-8節。これは本書の第一の、おそらくもっと古い部分の

最後の例を第2マカバイ書から引用することができるだろう。ここではヨナタンの祈りが描かれている。

> 離散した同胞を集め、異邦人のもとで奴隷にされている者たちを解放し、虐げられ、疎まれている者たちにも心を配ってください。そして、あなたこそ我々の神であることを、異邦人たちにも悟らせてください。過酷で傲慢不遜なやからを痛めつけてください。モーセの言葉のとおり、あなたの民をあなたの聖なる場所に植えてください。[107]

今の時代は未だに「怒りの時代」の一部なのである。異邦人たちがあるべき場所に留められ、イスラエルと、そして神殿が完全に回復されるまでは、捕囚が完全に終ったとは言えないし、預言者たちが約束した祝福はまだ実現しないままなのだ。[108]

イスラエルの神がユダヤの民を永久に異邦人に虐げられるままにさせておくなど、忠実なユダヤ人なら誰も信じることはできなかった。もし神がそうされるのなら、諸国民の嘲りは結局正しかったことになる。この神は単なる一部族の神に過ぎず、他の部族の神々と争っていて、しかもその戦

結論を成している。Schürer 3.733-8。
107 第2マカバイ1章27-29節。
108 Knibb 1976を見よ。ダニエル9章1節；「第1エノク」85-90、特に90；その他の文書が言及されている。Knibb 1987, 21では「ダマスカス文書」1.7-10が「第1エノク」93.9-10と比較されている。Goldstein 1987, 70,74。死海文書についてはTalmon 1987, 116f. を参照せよ。死海文書の著者たちは「通常考えられている捕囚からの帰還を彼らのイスラエルの歴史理解から完全に抹消しようとし、彼ら自身を破壊後の最初の帰還者であると主張した」。同様の点についての他の議論として（これについてはジェームズ・M・スコット教授から有益な示唆を頂いた）、Scott 1992b; Steck 1967, 1968, 1980; Gowan 1977; Davies 1985; Goldingay 1989, 251; Collins 1990; Knibb 1983。他の1次文献として（スコット教授も引用している）ミシュナー「ヤダイム」4.7；イザヤ・タルグム 6.9-13。

いに負けてしまっている。結果として、今やイスラエルは善と悪との問題を極めてはっきりと見ることができるようになった。悪は、「契約の民を脅かすもの」という観点から理解されるようになり、被造世界の悪全般への創造主である神の裁きは、異邦人の上に降り掛かる裁きと同一視されていった（その裁きは、おそらく選びの民によってなされるだろう）。外敵に取り囲まれた小国は、ローマの軍事力とギリシャの文化的影響力がユダヤ人の国民生活を永続的に浸食していくのをひしひしと感じていた。そして、契約の神が現状を覆し、神自らがイスラエルの救いのために来られて再び彼らの中に住まわれる日が来ることを熱望していた。イスラエルの壁の外側には悪が存在しているが、彼らの神はそれを打ち破るだろう。イスラエルのストーリー全体の中で重要な役割を果たしていた宗教的境界線の内側にあって、イスラエルは信仰と希望、そして困惑と待望の中で神を待ち望んでいた。

この問題は、後期の聖書や第二神殿期の文学の中で、イスラエルの神の契約的忠実さ（ツァデーク、「義」）という観点から考察されていた。このテーマは、パウロ神学の研究において非常に重要になる。当時のユダヤ人たちによって言い表された神の義の問題は、次のように言うことができる。いつ、またどのようにして、イスラエルの神は契約の約束を果たすために行動されるのだろうか。[109] その解決策は「黙示」文学の中に、ある一定のパターンを伴って現れる。それらは以下のように示すことができる。

a. イスラエルの神は契約を果たされる。希望が捨て去られることは決してない。[110]

109　例として、エズラ 9 章 6-15 節；ネヘミヤ 9 章 6-38 節；特に 8、17、26 節以降；ダニエル 9 章 3-19 節、特に 4、7、11、16、18 節。トビト記 3 章 2 節；そしてイザヤ 40-55 章全体の主題として、特に 54 章。また（派生的だが）バルク書 3 章 9 節-5 章 9 節。

110　ダニエル 9 章 16 節；ネヘミヤ 9 章 8 節；ヨエル 2 章 15-32 節；「ソロモンの詩編」9；バルク書 5 章 9 節；「ユダの遺訓」22.2；「第 1 エノク」63.3；「ヨベル書」31.20, 25；「モーセの遺訓」4.5；「ヨブの遺訓」4.11；「シュビラ

第9章　イスラエルの信仰内容（beliefs）　481

b. このことは、全世界に神の意図する秩序を再びもたらすことになる。[111]
c. イスラエルの現在の苦境は、神の契約への忠実さという観点からは、イスラエルの罪に対する刑罰として説明される。[112]
d. 契約の神が現在明らかに行動を起こしていないことへの説明として、神はより多くの民が悔い改めるように行動を遅らしているのだと説明される。もし神が今行動を起こせば、闇の子だけでなく多くの光の子までもその過程で滅ぼされてしまうだろう。この遅延の結果、悔い改めない人々はかたくなにされ、そうして時が来た時に、彼らへの刑罰は正当だと見られるようになる。[113]
e. したがって、契約の民の義務は我慢強く忠実であることで、力を尽くして契約を守り、神がついに彼らを義とすべく速やかに行動を起こされることに信頼することだ。[114]

の託宣」3.704。

111　例として、イザヤ40-55章；ダニエル7章；トビト記13-14章等。
112　ダニエル9章7、8、9（七十人訳）、14（この1節全体が重要である）。哀歌1章18節；エゼキエル9章15節；ネヘミヤ9章33節；そして申命記27-32節諸所に、第2マカバイ7章38節；12章6節；知恵の書5章18節（この1節全体が関連している）；12章9節以降；シラ書16章22節；18章2節；45章26節；「ソロモンの詩編」2.10-15; 8.7f., 23ff.; 9.2-4；バルク書1章15節；2章9節；5章2、4、9節；アザルヤの祈りと3人の若者の讃歌（27）（=4）；「ヨベル書」1.6; 5.11-16; 21.4；「ヨブの遺訓」37.5; 43.13；また、ヨセフス「ユダヤ戦記」3.351-4、70年の惨事の原因をユダヤ人の罪に帰している他の多くのくだりを参照せよ。
113　第2マカバイ16章12節以降；知恵の書12章9節以降、15章諸所に；シラ書5章4節；「モーセの遺訓」10.7；「第2バルク」21.19ff., 48.29ff.；「第4エズラ」7.17-25; 9.11; 14.32；「アブラハムの遺訓」10。「ダマスカス文書」2.4f. と比較せよ。バビロニア・タルムード「サンヘドリン」97の議論全体は非常に関連性が深い。Strobel 1961, 19-78; Bauckham 1980, 1983, 310-14を見よ。
114　こうした思考の枠組全体については、特に「第2バルク」（例として44.4; 78.5と78-86の「手紙」）や「第4エズラ」（例として7.17-25; 8.36; 1016; 14.32）を見よ。これらについては、Thompson 1977, 320; Stone 1990, ad loc.;

これらが明確に示しているのは、「神の義」という概念が、契約という概念と分ち難く結びついているということだ。[115] 唯一神信仰とイスラエルの選びとが結び合わさって自然に生まれたこうした信仰は、第二神殿期の独特なユダヤ教終末論へとつながっていく。

唯一神信仰と選びとは、こうして「回復的終末論（restoration eschatology）」と呼ぶべきものへと結実していく。[116] ヤハウェが事態を変えるべく決定的な行動を起こし、神の民の栄華を回復するまでは、捕囚は終ることがない。今この時は、契約の民そのものが腐敗しており、贖いには相応しくない。一つの重要な結末は、ユダヤ教は常に内側からの激しい批判という伝統を内包してきたことで、それはモーセや初期の預言者たちにまで遡る。このような批判は通常の、また古典的なユダヤ教の特徴であり、洗礼者ヨハネやイエス（と原始教会）がこの伝統に則っていたという事実は、彼らがユダヤ教とそれが体現するものを拒否したのではなく、ユダヤ教の中核的伝統の一つに忠実だったことの逆説的な徴なのである。

第二神殿期の終末論については次章で詳細に論じる。ここで、契約の第二レベルの目的としてこれまで描いてきたものを要約してみよう。イスラ

Longenecker 1991。

115 この二つを切り離して、パウロをある特定の見方から読もうとする試み（例として、Käsemann 1969 [1965]; Stuhlmacher 1966。彼らは「神の義」というフレーズを非契約的な技術用語だと論じ、その根拠として1QS 10.25f., 11.12‒15,「ダマスカス文書」20.20 や「ダンの遺訓」6.10 などを引用するが、これらが明確に契約的であることを認識し損なっている）は今や不首尾に終っている。この点については本シリーズの第3巻［訳注：実際は第4巻のPaul and the Faithfulness of God］で論じる。加えて、より最新の版の「十二族長への遺訓」では、「ダンの遺訓」6.10 は「神の法の義」となっており、この議論には適さないことがはっきりした。ケーゼマンと彼の追従者たちは、神の義と全世界に義が回復されることを正しく関連づけているが、このフレーズの契約的な土台やテーマを見損なってしまっている。

116 このフレーズは E. P. サンダースの造語である（Sanders 1985, 77ff.）。この思想は至る所に見られる。

エルは、世界の悪を討ち滅ぼすための創造主の器として召されたのだが、目下そのイスラエルが悪の虜になってしまい、その状態からの回復が必要になってしまった。創造と契約の神は、イスラエルを今に至るまで続く捕囚状態から贖うべく、行動を起こさねばならない。しかし、それはどのように実現されるのだろうか。

5. 契約、贖い、そして赦し

　イスラエルの神がその民を捕囚から救出するためには、神はその民を捕囚状態に追いやったそもそもの問題、つまり罪の問題を取り扱わねばならない。それがどのようになされるのかという疑問は、イスラエルの生活、文化、そして儀式の様々な側面に浮かび上がってくる。そこで、（主に個人の）罪を扱うための手段を、ユダヤ教の中核部分の一つとしてここで考えてみるのも良いだろう。しかし、ユダヤ人の世界観全体の構造を理解するためには大局的にそれを見ることが重要である。それは、この問題をこれまで述べてきた契約神学というより大きな観点から検討していくことを意味する。

　イスラエルの神がその民の苦境を取り扱うということは、もっともよく知られた捕囚からの帰還の預言によって力強く確証されている。

> 慰めよ、わたしの民を慰めよと
> あなたたちの神は言われる。
> エルサレムの心に語りかけ
> 彼女に呼びかけよ
> 苦役の時は今や満ち、彼女の咎は償われた、と。
> 罪のすべてに倍する報いを

主の御手から受けた、と。[117]

> 見よ、わたしがイスラエルの家、ユダの家と新しい契約を結ぶ日が来る、と主は言われる。……彼らはすべて、小さい者も大きい者もわたしを知るからである、と主は言われる。わたしは彼らの悪を赦し、再び彼らの罪に心を留めることはない。……見よ、主にささげられたこの都が、ハナンエルの塔から角の門まで再建される日が来る、と主は言われる。……もはやとこしえに、抜かれることも破壊されることもない。[118]

> わたしはお前たちを国々の間から取り、すべての地から集め、お前たちの土地に導き入れる。わたしが清い水をお前たちの上に振りかけるとき、お前たちは清められる。わたしはお前たちを、すべての穢れとすべての偶像から清める。……お前たちは、わたしが先祖に与えた地に住むようになる。お前たちはわたしの民となりわたしはお前たちの神となる。[119]

大・小預言書全体に、二つのテーマが流れている。イスラエルの捕囚はその罪と偶像礼拝、背教の結果であり、この問題は主がその民の罪を取り扱い、そうして彼らを嗣行の地へと回復させることによって解決されるだろう。捕囚は、罪が赦される時に解消される。回復と赦しとは、毎年過越祭と大贖罪の日に祝われていた。この可能性と希望への信仰は、神の忠実さに対するユダヤ人の信仰の重要な部分だった。イスラエルの罪が彼らを捕囚へと追いやったのならば、彼らへの赦しは国家的再建を意味するだろう。このことは、もっとも強い言葉で強調すべきだろう。1世紀のユダヤ人にとって、「罪の赦し」というフレーズのもっとも自然な意味とは、一義的には個人の罪の赦しのことではなく、国家全体の罪が放免されることだった。そして、捕囚とはそうした罪への刑罰であるので、罪が赦された

117　イザヤ40章1-2節。
118　エレミヤ31章31、34、38、40節。
119　エゼキエル36章24-25、28節。

ことを示す唯一の確かな徴とは、捕囚からの明確な解放なのである。全ての個人の罪の赦しは、この主要な国家的文脈から理解されねばならない。

　この罪が取り払われることの根拠をイスラエルの歴史の最初期の段階に置こうとする試みを、第二神殿期のユダヤ教のあるグループの中に見ることができる。アブラハムがイサクを献げようとしたストーリー（創世記22章）は、イスラエルが贖われることの究極の理由として挙げられた。それは過越の出来事、エジプトからの贖い、そして来るべき贖いの背後にあるものなのだ。このような信仰の起源は、近年議論の対象になっている。アケダ（つまりイサクを「縛る」という意味）伝承がキリスト教に先行し、それに影響を与えたという示唆は、信頼性をかなり失っている。[120] 私たちにとって大切なのは、当時のユダヤ人たちがこれをどのように考えていたかということにある。イスラエルが贖いと赦しを必要としているのなら、それはユダヤ人の歴史と祭儀の中でなされてきたどんなものよりも偉大で強力な聖なる献げもの（sacrifice）に主が応える時にのみ成し遂げられるだろう。罪と隷属がどのように解消されるのかという問いがなされる時、ユダヤ人たちが自然と思い浮かべるのは献げものという概念だった。

　このことは、献げものの制度［訳注：原語の sacrificial system は「贖罪制度」と訳されることが多いが、古代ユダヤ教において神殿における、神への様々な動植物の献げもの（コルバン）は贖罪目的だけのためになされたのではない。例えば産婦はハタットと呼ばれる献げものをせねばならないが（レビ記12章）、子供を産むことは当然罪ではない（産みの苦しみは創世記3章で罪と結びつけられてはいるが）。これは清めのための献げものである。このような観点から、「献げものの制度」というより包括的な訳語を充てた］が当時のユダヤ人の社会的、宗教的生活の中に占める重要

120　Vermes 1973b [1961]; Daly 1977; Davies & Chilton 1978, Chilton 1980; Segal 1984 を見よ。主な関連テクストとして、「ヨベル書」17.15–18.19; ヨセフス「ユダヤ古代誌」1.222–36;「偽フィロン」32.1–4; 40.2–3、等々；第4マカバイ13章12節、等々。ラビ文献やタルグムについては、Davies & Chilton 533–45 を参照せよ。

性を鑑みれば驚くには当たらない。[121] この点において、私たちはある謎に直面する。疑問の余地なく、大部分のユダヤ人が献げものの制度に加わっていたのだが、しかしなぜ彼らがそうしたのか、あるいはなぜそうした祭儀を行うのかと彼らに尋ねた時に、彼らが何と答えるのか、私たちは知らない。間違いなく、彼らはイスラエルとその神、赦し、清め、贖罪、祝賀、礼拝などについて語っただろう。[122] また間違いなく、トーラーが献げものするようにと命じていて、またそうすることがトーラーを守ることなのだと語っただろう。だが、そこには内的な論理的根拠があったのだろうか。また、私たちはそれを見いだすことができるのだろうか。[123] 献げものの制度を注意深く詳細に扱うサンダースでさえ、私がここで問題にしている問いについてだけは答えようとはしないように見える。どのような内的論理によって、動物や鳥を屠ることが贖罪や赦しという効果をもたらすと彼らは考えていたのだろうか。それを行う人々は、確かにそのような効果があると考えていたはずなのだが。それが清めの効果をもたらすとは考えられなかっただろう、なぜなら清めは献げものをするための必須の前提だったからだ。また、もし贖罪の効果を実際にもたらすものが悔い改めと罪の告白で、献げものは便宜的なものにすぎなかったのだとしても、それでは献げものにいったいどんな意味があったのか、何の説明にもならない。[124] こ

---

121 献げものについては、Schürer 3.292–308; Safrai 1976b

122 Sanders 1992, 252–6 を参照せよ。

123 Schürer 2.292–308 で、祭儀全体に付与されていた意味についての言及は一つしかない。「イスラエルの人々は、典礼の正確な履行を神の彼らへの憐れみを確かなものとするための必須の手段だと見なしていた。」同様に、Safrai 1976b, 906。

124 Sanders 1992, 252f. サンダースは、血を注ぐことを通じての贖罪という概念は、「広くゆきわたった」、「共通の」考えだったと述べている。これは間違いなく本当だろうが、それでも古代世界において人々が自分と献げられるものとの関係をどう理解していたのかという点については説明していない。神に献げられる動物に、献げものをする人の罪が転移されるという古くからの考え方も妥当ではなさそうだ。献げられる動物は清くなければならないし、人々の罪が明らかに動物の頭に置かれるケース（大贖罪の2匹目のヤギ、い

第9章　イスラエルの信仰内容（beliefs）　487

れはその性質上、献げものを行った者がその意味をはっきりと説明できるというものでもない。その意味は、賢明な社会学者や宗教哲学者による全ての行動パターンの観察を通じてより明確になるだろう。もっと一般的な言葉で言えば、献げものの制度は出エジプトのような過去の偉大な贖いの出来事や、来るべき偉大な贖いの出来事を指し示すものであるように思われる。それはイスラエルと、その神との和解について語るものなので、歴史上の、または歴史上／終末的な出来事を定期的に思い起こさせる役割を果たすことができたのだろう。これまでに述べてきたこと以上の新しい仮説を私は持ち合わせていないので、ここではより一般的な広義の注釈で満足することにしよう。それでも、当時のユダヤ人の世界観全体の中での献げものの制度の意味を理解するために、いくらかの助けにはなるだろう。[125]

　もちろん、種々の主への献げものはそれぞれに相当異なっている。一方の極には、偉大な国家的祝祭において中心的な役割を果たす献げものがある。過越の羊は、過去の行動と未来の国家的贖いの希望とを示していた。他方の極には、個人による罪のための献げものがある。偶発的な律法違反や禁忌事項を知らずに犯してしまったことに気がついたイスラエル人は、罪の献げものによって過失が赦され、神の民の一員であることが再確認される。(故意に犯す罪については、そのような罪人はイスラエルの中から断たれる。この種の違反のための献げものはない。)[126] 理論上、これら二つの両極の狭間にあるのが大贖罪の日である。その日には、個人と共

　わゆる「アザゼルのヤギ」または「スケープゴート」）については、このヤギは神に献げられるのではなく、荒れ野へと放逐される。

125　この件についての様々なレベルでの現在の考察については、Gunton 1988, 5章 ; Sykes (ed.) 1991、特に Hayward（22-34）のエッセイでは、ベン・シラにとって少なくとも奉献制度は「宇宙にあまねく神的秩序（その上に被造世界は成り立っている）についての、ある程度の地上的考察」なのだ (29f.)。

126　例として、民数記 15 章 30 節以下を参照せよ。ミシュナー「ケリトット」1.2; 2.6; 3.2; ミシュナー「シャバット」7.1; 11:6; ミシュナー「サンヘドリン」7.8; ミシュナー「ホラヨット」2.1-6 と比較せよ。

同体の両方のために献げものがなされる。国家全体として、また国家の中の個々人が、イスラエルが神に対してあらゆる面で罪を犯したことを認め、神の裁きに服すべきことを認識しつつも、献げものを通じて赦しを得、契約の絆を再確認するのである。特定の動物を特定の状況下で屠ることがどのように、またなぜこのような効果をもたらすのかについて、明確な理論が築かれることはなかったかもしれない。だが、祝祭に大群衆が参加したり、個々の献げものが絶えずなされていたという事実は、平均的なユダヤ人が献げものには確かな効果があると固く信じていたことを示すものだ。

言い換えれば、献げものの制度には私たちが学んできた世界観のある側面を規定し、制度化する機能があったということだ。イスラエルの契約の神がその民の繁栄を回復させ、彼らを真の贖われた人間として創造するという信仰である。そして、神が国家全体のためにすることは、その国家の中の個々人のためでもあるだろう。もちろん、近年多くの著述家たちが指摘しているように、これは自動的に効果が得られるというものではない。[127]悔い改めが必要だ。しかし、ここで大切なことは、世界観の中で悔い改めと献げものの組み合わせがどのように機能しているのかを理解することである。ユダヤ人が契約の民に加わるための手段として、そのどちらかが必要だと考えていたと言っているのではない。契約の民には生まれながらにして、また（男性の場合は）割礼によって加わることができた。むしろ、悔い改めと献げものは、ユダヤ人が契約の民としての身分を維持するための手段の一部だった。彼らが理論上契約から排除されそうになる時に、これらを通じて彼らは契約に留まることができたのだ。[128]

当時、献げものに付与されていた潜在意識下での意味を読み解く鍵は、

127　Sanders 1977, 5ff., 等、；1990a, 42f.; 1992, 251-78。
128　これはE. P. サンダースによって広められた「参入（getting in）」と「留まること（staying in）」というカテゴリーをより洗練させたものだ。ここで私はHarper 1988 に追従している。彼は「復帰（getting back in）」と「追放されかかった後に留まること（staying in after nearly being thrown out）」というさらに鋭いカテゴリーを提唱している。

それをイスラエルの歴史全体と結びつけることにあるのだろう。もし捕囚が「死」と見なされるのならば、捕囚からの帰還は「復活」と見ることができよう。そこから一歩進めば、イスラエルの死はある意味で献げもの (sacrificial) だと言える。よって、捕囚とは単にイスラエルがバビロンの地で苦汁をなめ、異国の地で絶望的な裁きに服することに留まらず、実際には捕囚の帰還を通じてイスラエルが犯した罪が償われていたのだ。捕囚はイスラエルの不正への裁きであるだけでなく、ある意味では罪と悪を義によって担うというイスラエルの召命として見ることができるだろう。このような思考の道筋は、イザヤ書 40-55 章に含まれる「第四の主のしもべの歌」(52 章 13 節-53 章 12 節) においてはっきりと示されている。シオンの艱難と将来の復興 (52 章 7-10 節の文脈を見よ) を、身をもって体現する主のしもべは、罪のための献げもの (a sin-offering) として死んで、再び甦るのだ。

> 病に苦しむこの人を打ち砕こうと主は望まれ
> 彼は自らを償いの献げものとした。
> 彼は、子孫が末永く続くのを見る。
> 主の望まれることは
> 彼の手によって成し遂げられる。[129]

捕囚そのものを献げものとして理解すべきだ。イスラエル自体、またはその代表あるいはグループの苦難を贖いとして理解すること、神の怒りの時からイスラエルの他の者たちを救い出す効果があると理解することは、マカバイの殉教者たちを表す言葉の中にもっともはっきりと見て取ることができる。

---

[129] イザヤ 53 章 10 節。その後のユダヤ思想におけるイザヤ 53 章の解釈については、Schürer 2.547-9 を見よ。

我々が今苦しんでいるのは、我々自身の罪のせいだ。我々の生ける主は、戒めと教育のため、しばしの間怒られても、御自分の僕たちと必ず和解してくださるのだ。……わたしも、兄たちに倣って、この肉体と命を、父祖伝来の律法のために献げる。神が一刻も早く、わが民族に憐れみを回復し、また、あなたには苦しみと鞭を与えて、この方こそ神であるとあなたが認めるよう、わたしは願っている。わたしたち一族の者全員に、正しくも下された全能の神の怒りが、どうかわたしとわたしの兄弟たちをもって終わるように。[130]

第4マカバイの並行記事では、このテーマがもっとはっきりと示されている。

神よ、あなたはご存知です。私が自分自身を救うことができたとしても、律法のためには灼熱の責め苦の中で死することを。どうかあなたの民を憐れんでください。そして私たちへの裁きが彼らのために十分でありますように。私の血によって彼らを清め、私の命を彼らと引き換えにしてください。[131]

そして、神のために命を献げた者たちは褒め讃えられた。その高潔さだけでなく、彼らによって私たちの敵が私たちの国を支配しなくなり、暴

---

130 第2マカバイ7章32-33節、37-38節 ; 6章12-16節を参照せよ。ある学者たちは「モーセの遺訓」9のタクソのストーリーは同じ出来事を指し示していると見ている（Charlesworth 1983, 920; Schürer 3.282 を見よ）。いずれにせよ、10章ではイスラエルの正しさが諸国民に対して証明されることを祝う詩が続くことから、同様の思想的流れを示している。個人が神の怒りを鎮めるという思想はシラ書45章23節 ; 48章10節でピネハスとエリヤに関連づけられている。

131 「第4マカバイ」6.27-9。最後のフレーズのギリシャ語は、「カサリシオン・アウトン・ポイエソン・トゥ・エモン・ハイマ・カイ・アンティプシコン・アウトン・レーベ・テン・エメン・プシケン」とある。

君が罰せられ、国土が清められたという事実によって。彼らはいわば、私たちの国の罪の身代金となったのだ。そして彼ら敬虔な者たちの血と宥めの献げものとしての死を通じて、神の摂理は虐げられてきたイスラエルを救ったのだ。[132]

献げものというテーマは、良心の呵責からの個人の救済よりもさらに深い意味を持っていた。毎年の大祭のための巡礼は、個々のユダヤ人が神との個人的な関係を回復する時であるのに留まらなかった。それらの巡礼は国家的祝祭であり、民族の（つまり、政治的、社会的、そして宗教的）希望を再確認する機会だったのだ。[133] そしてこの複雑な思想全体の中で、献げものは重要な役割を果たしていた。ある意味では、それらは単に唯一の真の神によって定められた礼拝であり、その神を（感謝の献げものや和解の献げもの等を通じて）祝うことは、イスラエルの唯一の神への信仰と選び、そして国家としてのアイデンティティと希望を再確認することだった。しかし、別の意味では、献げものの儀式はそれ自体、裁きと救済、捕囚と回復、死と復活という、イスラエルが待ち望み続けていたものの劇的な実演という意味で理解されていた可能性が極めて高い。祭儀制度の維持と、その明らかな大衆性とは単に個人の信心の強さを示すだけでなく、国家的

---

132 「第4マカバイ」17.20-2; 1.11 も参照せよ。「身代金」のフレーズは、「ホスペル・アンティプシコン・ゲゴンタス・テス・トゥ・エスノゥス・ハマルティアス」となっている。ここは、6.29 と並んでアンティプシコンという言葉が使われる唯一の七十人訳の箇所である。「贖罪の献げものとしての死」というフレーズのギリシャ語は、「カイ・トゥ・ヒラステリオン・トゥ・サナトゥ・アウトン」である。第4マカバイは、紀元前2世紀の人々の態度というよりも、この文書が編纂された時期、つまりおそらく紀元1世紀中葉のキリスト教の時代の人々の信仰を表しているという意味で興味深い。Farmer 1956, 諸所に; Schürer 3.591 を参照せよ（もっと早い時期の編纂を主張する人々もいるが、大切なのはこの書が広く読まれていたのが1世紀だったという事実だ）。クムラン文学に見られる、似たような思想については、1QpHab 8.1-3 などを参照せよ。

133 本書8章の祝祭についてのセクションを見よ。

待望の熱気を表すものだったのである。

　当時のユダヤ思想の一つの特徴は、同様のテーマをよりショッキングで暴力的な仕方で示すものだ。ある著作家たちは、新しい時代の産みの苦しみのための来るべき艱難の時代について語った。いわゆる「メシアの艱難」である。C. H. ケイブはこう述べている。「［当時のユダヤ人の文書に見られる］終わりの事柄への言及は、救済の夜明けに先立って特別な嘆きと苦しみの時代が到来しなければならないという、様々な形で表現される概念を、ほとんど必ずと言ってよいほど伴っている」。[134] この概念は、次のような文章の中に見いだすことができるだろう。

> エフライムの咎はとどめておかれ
> その罪は蓄えておかれる。
> 産みの苦しみが襲う。
> 彼は知恵のない子で
> 生まれるべき時なのに、胎から出て来ない。[135]

> キッテムが倒れる日には、イスラエルの神の御前で、戦いと恐るべき殺戮があるだろう。それは古の日から、闇の子らの滅びの戦いのために定められた日だからだ……そして、それは神が贖おうとする人々にとって、大いなる艱難の時となるだろう。その突然の始まりから永遠の贖いに至る終わりまで、そのあらゆる苦難は比類のないものとなるだろう。[136]

134　Schürer 2.514 から。Schweitzer 1925 [1901], 265ff.; Allison 1985, 特に 115f.; そして Rowland 1982, 28, 43, 156-60, 特に 159 の議論を参照せよ。

135　ホセア 13 章 12-13 節；イザヤ 42 章 13-16 節なども参照せよ。

136　1QM 1.9-12。クムランからは、「感謝の詩編」（1QH 3.6-18）の 4、特に 8-10 行を見よ。「子らは断末魔の苦しみからやって来る。そして彼女は男子のための産みの苦しみを通る。断末魔の苦しみから、彼女は男の子をもうける。彼女の塗炭の産みの苦しみから驚くべき偉大な助言者が現れる。そして彼は断末魔の苦しみから救い出される」（Vermes 1987 [1962], 173f.）。1QpHab と 1QM の諸所と比較せよ。

第 9 章　イスラエルの信仰内容（beliefs）　493

　この世代の行いの上に、主からの大いなる災いがあるだろう。主は彼らを剣と裁きと虜と略奪と破壊とに渡されるだろう。そして主は彼らに対し、罪人の国々を立ち上がらせるだろう。……それらの日に、彼らは罪人たち、異邦人たちの手から救われるようにと叫び、主を呼び、祈るだろうが、彼らを救う者は誰もいない……［このくだりは、イスラエルがトーラーに立ち返り、救われるという描写で終る。］[137]

　その声は言った。「見よ、その日がやって来る。わたしが地に住む人々を訪れようと近づく時である。それは不義によって害を及ぼした者どもの追及を始める時であり、シオンの屈辱が終わる時である。そして、過ぎ去っていく世が封印されるとき、わたしは次のしるしを行おう。［この後、しるしが列挙される］そのとき、友は友を敵に回していがみ合い、大地とそこに住む人々とは共に驚き、泉の水脈は詰まり、3 時間の間流れを止める。わたしがあなたに予告したこれらすべてを免れた人々は皆救われ、わたしの救いと、世の終わりとを見るだろう。[138]

　そしてこれがしるしとなるだろう。恐怖が大地に住む人々を包む時、彼らは数多くの辛苦と、そしてさらに巨大な苦痛の中で倒れるだろう。そして、こうした恐るべき艱難のせいで、彼らは心の中でこのように言うであろう。「全能者はもう地球を覚えておられないのだ」と。彼らが希望を失った時、その時が来るであろう。[139]

　イスラエルは激烈でクライマックス的な苦難を通ってゆくだろう。そ

---

137 「ヨベル書」23.22-4。
138 「第 4 エズラ」6.17-25。5.1-9; 7.33ff.; 9.1-12; 13.29-31 を参照せよ。
139 「第 2 バルク」25.2-4。同様に、「第 2 バルク」27.2-13; 48.31-41; 70.2-10; 72; 73;「第 1 エノク」90.13-19; 91.12 を参照せよ。

の後に、イスラエルは赦され、そして世界もまた癒されるだろう。[140] 当時、様々な形でのこうした信仰がどの程度広く受け入れられていたのかについては定かではない。確かなのは、「国家の罪の対価としての、集団的な苦難という考えは伝統的な関心事であり、紀元1世紀においても存続していた」[141]ということだ。それは当時の混沌と混乱の中でユダヤ人の国家的自己認識の中で、重要な位置を占めていた。そして原始キリスト教徒たち（恐らくイエス自身も）それを受け入れ、再解釈した。

　ユダヤ人がその自己認識において、イスラエルがその選びにもかかわらず罪人の国家であるという事実と様々な形で取り組んでいたことを、私たちはこれまで見てきた。通常の献げものや祝祭を通じてであろうと、また殉教者たちの苦難を通じてであろうと、あるいは来るべき世がそこから生まれるであろう、巨大な艱難を通じてであろうと、創造主はその民を罪と死を通じて約束の栄光の未来へと導くだろう。これら全ての思想の共同体的性格を見過ごさないようにすることが大切だ。個々人のユダヤ人が神の前での自身の状態について思いを巡らす時に、国家あるいは特定のセクトなど、より大きなグループの一員として考えていた。献げものと苦難とは奇妙な、だが神によって定められた手段であり、それらを通じて選ばれた民はその立場を維持し、またそれらを通じて最終的に彼らは贖いへと到達するだろう。そこからもっと大きな希望も生まれてくる。それは、世界全

140　旧約聖書では、エゼキエル38章20節；ホセア4章3節；ゼファニア1章3節；ダニエル12章1節、そしてイザヤ40-55章の「しもべの歌」の中のいくつか、等々にこうした思想が見られる。新約聖書では、マルコ福音書13章およびその並行記事等；ローマ8章17-27節；第1コリント7章26節；黙示録16章8節、等。ラビ文学では、ミシュナー「ソター」9.15。最後の瞬間の前に現れる兆しについては、「シュビラの託宣」3.795-807；ヨセフス「ユダヤ戦記」6.289, 299。その他のテクストのリストについては、SchürerとRowland（同じ引用文中に）を見よ。Goodman 1987, 217が示唆するように、「ユダヤ戦記」6.364が「メシアの艱難」に当てはまるかどうかは定かではないように思える。

141　Rajak 1983, 97。その議論全体が重要である。

体が神の意図する秩序と調和を取り戻すことである。

6. 結　論：信仰内容

　私たちはこれまで、当時のユダヤ人たちに希望を吹き込み、またそれを支えていた信仰のネットワークについて考察してきた。さらには当時のユダヤ人たちの間の様々な思想や行動の動きを下支えしていた希望が、それらの信仰からどのように生み出されたのかを見てきた。第Ⅱ部で素描したモデルの観点からは、その状況を以下のように要約できるだろう。

　私たちは第8章で、第二神殿期のユダヤ教の基本的な世界観を描いてきた。そして今や、世界観全体を神学的に詳細に説明する一連の「基本的な信仰（basic beliefs）」を見いだした。それらは、「唯一神信仰」、「選び」、「終末論」の三つに要約できるだろう。唯一の創造の神はイスラエルを御自身の民として選び、彼らにトーラーを与えて聖なる地に彼らを住まわせた。神はイスラエルのために、またイスラエルを通じて、世界全体に裁きと公正、知恵とシャロームを再び打ち立てるだろう。「基本的な信仰」をより平易な形で表現し、また異なるユダヤ人グループ間の違いを際立たせる「帰結的な信仰（consequent beliefs）」は、唯一神信仰が実際に意味するものの詳細に関するものだ。それらの信仰は、現在においてどのように契約が維持され、またトーラーが成就されるのかについて具体的に示そうとする。そしてそれらは直近または遠い未来において、イスラエルの神がなされる具体的な行動について、そして特にイスラエルがそのような未来の到来のために何をなすべきかという疑問に焦点を当てるものだ。よって存在論、倫理、終末論、そして政治についての細かな疑問は、「基本的な信仰」から自然と導かれるものであり、またこれらの疑問が当時のユダヤ人の頭を悩ませ、分裂を生じさせてきたことも私たちは見てきた。実際、「帰結的な信仰」とはしばしばそのようなものだった。共通の世界観を持っていると思われている人々も、その世界観の個別具体的な表明とな

ると不一致が生じる。逆の視点から言えば、神学的不一致が先鋭化するのは、自分たちが抱いている世界観が脅かされていると感じる時であり、その世界観が必然的に生じさせる「基本的」また／あるいは「帰結的」信仰に疑問が投げかけられる時なのだ。

　これらの信仰は宗教的世界観のみならず、政治的、社会的、そして時に革命的運動のような、紀元前167年から紀元70年までを特徴づけた他の運動にも具体的な形を与えていた。不和を助長し、革命熱を煽った切実な待望の根底にあったのは、ローマ帝国のシステムの不公平感だけではなく、ユダヤ教の唯一神信仰、選び、そして終末論という文脈の中で生まれた不満だったのである。契約の神は再び行動を起こし、「来るべき世」、ハオラム・ハバをもたらすだろう。それは「今の世」、ハオラム・ハゼ、悲惨と束縛と悲嘆と捕囚の時代に取って代わるものとなろう。この希望について、これから目を向けよう。

第10章 イスラエルの希望

　これまで私たちは、第二神殿期のユダヤ人の世界観と、そのような世界観を抱く人々を特徴づけていた基本的な信仰とは、必然的にある種の終末論を伴うということを論じてきた。当時権力の側にいたユダヤ人は、急激な変化の可能性をにべもなく否定したかもしれない。だが、大多数のユダヤ人はイスラエルの命運が新たな局面を迎えることを待ち望んでいたし、その中には熱烈にその時を待望していた人々もいた。唯一の創造主の神がおられ、イスラエルがその民であるならば、神はイスラエルの繁栄を取り戻すべく早かれ遅かれ行動を起こされるはずだ。イスラエルは未だに「捕囚」状態にあり、この状況は正されなければならない。契約のシンボルは回復されるだろう、なぜなら契約は更新されるからだ。神殿は再建され、土地は清められ、トーラーは新たな心を持つ新しい契約の民によって完全に守り行われるだろう。

　今こそ私たちはこの希望について考えねばならない。だがまず始めに、この希望を表明するために用いられた特徴的な言語体系の一つについて検証する必要がある。

1. 黙示的なるもの（Apocalyptic）

（i）序　論

　第二神殿期のユダヤ教のあらゆる側面と同様に、「黙示的」側面は近年大きな注目を集めるようになった。私はここでそうした議論に立ち入ることはしないが、長い間かけて到達した私の見解を詳細に説明する必要があ

るだろう。ある学者たちがそうしているように、私も「黙示」という言葉の定義をするのではなく、それを記述するという、より穏当な道を採りたい。そうすることで、そのいくつかの重要な特徴を描くことができる。また、それをやり終えれば、もう鍵括弧なしで黙示という用語を使えるようになるし、「黙示」という言葉の持ついくつかの異なる意味についてもそれぞれ適切に扱えるようになるだろう。[1]

(ⅱ) 文学様式と言語的慣習

　第二神殿期において、黙示文学は至る所で見いだせる。それはユダヤ教に留まらず、キリスト教を含む他の地中海・中近東の宗教にも見られるものだ。[2] 文学としてはこの言葉は通常、特定の「様式」を指す。それは幻の報告と、時としてその解釈によって構成される文学様式である。こうした幻について、次の主張がなされる。「それは神の啓示であり、通常人間には明かされない事柄についての秘密を明らかにする」（アポカリプティックとは、ギリシャ語の「啓示」あるいは「情報公開」という意味である）。[3] これらの幻は、歴史の進行、特にイスラエルの歴史の進行に関するものもあれば、天界での旅に焦点が当てられる場合もある。ここでは無作為に二つの例を挙げよう。一つは父祖アブラハムの口を通して語られる幻の描写である。

　　私たちは神の山、荘厳なホレブ山にやってきた。そして私は天使に尋ねた、「永遠者の歌い手よ、ご覧下さい、私には献げものがありませんし、

1　私はここで、Collins 1979, 1987 の説に基本的に従う。後者（1987）は Rowland 1982 と共に、この主題全体についてのよい手引きである。

2　Hellholm 1983; Aune 1987, 7 章。

3　十全な定義については、Collins 1987 を参照せよ「物語的枠組を持つ啓示文学の１類型で、啓示は天界の存在の媒介によって人間へと渡される。明かされるのは超越的現実であり、それが終末的救済に関するものである場合には時間的なものであり、超自然的な別世界に係わるものである場合には空間的なものである。」

山の上に祭壇を築くべき場所も知りません。それで私はどのように献げものをすることができましょう。」天使は言った、「後ろを振り返ってみなさい。」そこで私は振り返ってみた。すると見よ、定められたあらゆる献げもののための動物たちが私たちの後から付いてくるではないか……そして天使は私に言った、「それら全てを屠りなさい……山鳩や家鳩を私に渡しなさい。私は鳥たちの翼に乗って、天にあるもの、地にあるもの、海にあるもの、深淵にあるもの、さらなる深みにあるもの、エデンの園にあるもの、川にあるもの、宇宙全体にあるものをあなたに見せよう。そしてあなたはあらゆるもの全てを見るだろう。」[4]

「天にあるもの、地にあるもの……そして宇宙全体にあるものを見せよう。」これが黙示のエッセンスである。アブラハムにあらゆる種類の秘密が啓示される。その結果、彼は真の神を礼拝する新しい方法を学び、そしてついにイスラエルの未来の救いを垣間みる（31章）。

　二つ目の例は、エレミヤの書記バルクの名で書かれたものだ。

そして私がそう言うと、私はそこで眠りに落ち、夜に幻を見た。すると見よ、高い山々と険しい岩々に囲まれた、平地に木が植えられている森が現れた。森は非常に広い範囲に広がっていた。すると見よ、森に対してぶどうの木の枝が伸び、そしてその下を泉が穏やかに流れていた……そしてその泉が森に向かって流れていくと、それは巨大な波へと変わり、それらの波は森を飲み込み、一気に森全体を根こそぎにし、それを取り囲む山々を覆してしまった。そして森の高みは低くされ、山の高みも低くされた。その泉の流れがあまりにも激しかったので、森はレバノン杉1本を残して跡形もなくなってしまった。そして波がそのレバノン杉をもなぎ倒したので、森全体が根こそぎ破壊され、そこには何も残らなかった。そして森のあった場所は全く分からなくなってしまった。

4　「アブラハムの黙示録」12.3-10。

そしてあのぶどうの木は泉へと静かに伸びてゆき、レバノン杉があった場所からそう遠くない場所に達した。そしてそれらはなぎ倒されたそのレバノン杉を運んできた……そしてそれらの後、私はレバノン杉が燃やされ、ぶどうの木の枝が伸びてゆくのを見た。そしてその周り一面がいつまでも新鮮な花々に覆われた谷間となった。そこで私は目覚め、起き上がった。[5]

バルクはこの幻を理解できるようにと祈り、その解き明かしを与えられた。邪悪な王国（森と、そこに残された一本のレバノン杉）は裁きを受け、メシアの王国（「我が油注がれたる者の支配は、泉とぶどうの木のようであるだろう」39.7）に取って代わられる。その王国は、「この腐敗の世界の終わりまで、そして先に語られた時代が満ちるまで続くだろう」（40.3）。

これら二つの例は、この文学様式のごく典型的なものである。第一の例では、見者は天使に招かれて、通常は隠されている幅広い事柄を見ることになる。それらには天と地、始まりと終わりの秘密が含まれている。このことを通じ、アブラハムは唯一の神についての十分な理解と礼拝へと導かれる。そしてついに、アブラハムの家族であるイスラエルが待ち望む、救いに関することが示される。第二の例では幻はより具体的で、ある特定の歴史的状況に関連している。それは、現在忠実な者たちを迫害している王国がいずれ打ち倒され、イスラエルが復興されることを確証するものだ。これら二つの抜粋は、内容においても様式においても、黙示文学の典型的なものだと言える。

このような作品を、文学として鋭い感性を持って読むにはどうすればよいだろうか。[6] ここでは象徴的で多層的な言語構造が用いられているのを考慮せねばならない。泉やぶどうの木が現れるバルクの幻は、その多くを聖書の比喩的表現に負っているので、イスラエルの苦境と来るべき救済に

---

5 「第2バルク」36.1-37.1。
6 本書第3章を参照せよ。

第10章　イスラエルの希望　　501

ついての幻や祈りの聖書的表現の響き（エコー）をそこに聞き取ることができる。[7] 預言者たちが用いた豊かなイメージは、やや定式化されているがとてもよく似た意図で第2バルクの作者によって再利用されている。この書の著者は、林業やぶどう栽培について書いているのではない。紀元70年の壊滅の後の時代に生きた彼は、イスラエルの抑圧と将来の希望について何がしかを語っているのだ。しかし、森や樹木はイスラエルと無関係ではない。それらを用いることで、作者は二つのことを社会・宗教的講話の中に織り込むことができた。一つは聖書預言の響きをそれらに慣れ親しんできた人々の心に呼び起こすことであり、もう一つは辛抱強く希望を抱き続けるようにという彼自身のメッセージに神的権威を吹き込むことだ。先の時代の預言者たちは、「主はこう言われる」と語った。第2バルクは、神から与えられた幻とその解き明かしを数世紀前の偉人の口を通じて語った。意図される効果は概ね同じだと言える。この種の幻視文学の持つ幾層もの意味は、一つだけに限定せず、多声音楽（ポリフォニー）的に聞き取られる必要がある。もしこのことが1世紀前に認識されていたら、聖書学界は多くの過ちを犯さずに済んだことだろう。黙示的言語は、ある出来事を別の観点から描くために複雑で多彩な比喩を用いる。そうして、その出来事の中に認められる「意味」を明らかにするのである。[8]

　私たちはこうしたことを常に行っている。私は学生たちに、しばしば次のようなことを語っている。ベルリンの壁の崩壊について記述する際に、「驚天動地の出来事」という表現を用いることがあるが、そのような表現を目にした未来のある歴史家は、『初期ヨーロッパ研究のための火星人ジャーナル』に次のような仮説を発表するかもしれない。ベルリンの壁は地震によって崩壊したが、壁の両側にいた人々はそれでも生き残ることができたのだと。私たちの時代においても、同じような誤解に基づいて古代の黙示文学が読まれてしまうことがとても多い。

7　「泉」ゼカリヤ13章1節；エレミヤ2章13節も参照せよ。「ぶどうの木、レバノン杉」詩編80編8-19節；イザヤ5章1-7節；エゼキエル17章1-24節。
8　本書第II部の3、5章を見よ。私はCaird 1980, 14章に従っている。

また別の例を挙げよう。五人の人々が同じ出来事について記述しようとしている。ある人は「私はぼやけた色と、突然の騒音に気がついた」と言い、次の人は「私は車が騒々しく道路を走っていくのを見聞きした」と言う。三人目の人は「私は救急車が病院に向かっているのを見た」と言い、四人目の人は「私はたった今、悲劇を目撃した」と話す。五人目の人は次のように語る、「これは私にとって、この世の終わりだった。」同じ出来事が五つの真実の声明を生み出したが、聞き手は新しい声明を耳にする度に、より多くの「意味」を得ることができる。聖書に見られる同様の現象として、サムエル記下18章29-33節がある。ダビデは謀反を起こした彼の息子アブサロムと対峙している軍団からの報告を待っていた。第一の急使は「大騒ぎが起こっているのを見ましたが、何も知りません」と報告し、第二の急使は「主君、王の敵、あなたに危害を与えようと逆らって立った者はことごとく、あの若者のようになりますように」と告げた。二人とも同じ出来事について描写したが、第二の急使はそれに意味を与えた。彼はダビデが知るべきこと、つまりアブサロムが死んだことだけでなく、その知らせにさらに付け加え、自分が王の忠実な部下であることをも示そうとした。恐らく彼は、ダビデが良い内容ながらも動揺させられる知らせに怒りを発する傾向があるのを知っていて（サムエル記下1章11-16節）、遠回しに報告しつつも忠誠心を示そうとしたのだろう。それに対しダビデは、同じ出来事について彼自身の言葉でこう語った、「わたしの息子アブサロムよ、わたしの息子よ。わたしの息子アブサロムよ、わたしがお前に代わって死ねばよかった。アブサロム、わたしの息子よ、わたしの息子よ。」三者とも同様の出来事について語っている。異なる形態の話し方によって、言及される現実には幾重もの意味が積み重ねられていくのである。

出来事に関する声明には、このように色々なニュアンスや付帯的な意味が加えられていく。人々が出来事について外側からも内側からも知ることができるように、それらの声明は出来事の重要性や意味を伝えようとしている。イスラエルについての出来事は同時に創造主である神に関するものだと信じられている文化では、イスラエルの歴史上の出来事が語られる時、

その出来事の持つ全ての重要性が同時に示唆される。1世紀においてそのような意味を伝えられる言語とは、黙示的言語だった。

　もっと具体的に言おう。契約の神がその民を救うべく行動を起こす、来るべき日についてイスラエルの人々が語ろうとする時、別の言い方でそれを表現した。その未来の出来事への希望を言い表すために人々が用いたイメージは、出エジプト（エクソダス）の出来事だった。また、出エジプトは神の創造の業と関連づけられてきたので、創造神話も比喩的に用いられた。太陽は闇に、月は血に変わる。このような表現が意味するのは、契約の神が行動する時、宇宙的な重要性を持つ出来事が起こるということだ（ポスト啓蒙時代の人々にとってその出来事がどんなに現世的で、また歴史家にとっては普通の出来事に過ぎなかったとしても）。この点は、前章で論じてきたことを念頭に置くことで初めて理解できる。イスラエルの人々が信じた神は、シオンと呼ばれる丘をその住処として選んだ彼らの神であるだけではない。その神は、実に全宇宙の創造者でもある。そしてイスラエルの人々は、聖地エルサレムが新しいエデンとなることを信じていた。創造的、契約的な唯一神への信仰の文脈の中で黙示的言語は極めてよく機能する。実際、イスラエルの希望とそれに付与されるあらゆる重要性を言い表すために、これ以上適した言語体系を思い浮かべるのは難しい。

　全ての「黙示的」な文学作品が同様の、または似たようなことを伝えようとしていたと考えるべきではない。反対に、それらの内容は実に多彩である。先に挙げた「アブラハムの黙示録」の場合、アブラハムに幻の中で示された非常に多くの事柄は超自然的で超越的な現実についてである。それらと現実世界の時空間との明らかな関連は、ずっと以前に亡くなった人々の命運に関することぐらいでしかない。いくつかの幻は、天上の領域の栄光についての関心を示している。その多くは文字通りに、つまり天界

9　例として、イザヤ51章9-11節。
10　「モーセの遺訓」10.5を見よ。エレミヤは捕囚の出来事について語る際に、創造世界が崩壊してゆくような「宇宙的」言語を用いた（エレミヤ4章23-28節）。

の現実の明確な描写として理解されることを意図して書かれたものだと言えよう。[11]「第2バルク」と同じく、紀元70年の神殿崩壊後に書かれた「第4エズラ」は、実際の神秘的体験の際に見た実際の幻を含んでいるが、同時にイスラエルの苦難と将来の希望について専ら語ろうとしている。[12] 黙示文学の比喩的言語は、歴史に神学的意味を与える。著者はこうした比喩を用いて、天と地の間のベールを貫いてその向こう側について直接語ろうとしていたのだ。

1世紀のユダヤ人の世界観、特に原始キリスト教徒の世界観を理解するために、これから述べることは極めて重要である。来るべき新しい世について描写するために彼らがいわゆる宇宙的なイメージを用いる時、そうした言語を愚かにも文字通りに解釈してしまえば、それは台無しになってしまう。将来もたらされる回復は鮮やかで非常に比喩的な色彩を帯びたイメージで語られる。著者たちはこれから起ころうとする出来事の巨大な重要性を示すために、もっとも適切なイメージを借用している。そうした出来事の意味を十分に伝えるために他にどんな手段があっただろう。実務的な英国の首相ですら、自らの政治的ミッションをモーセがイスラエルの子らを救い出したことに喩えて言うのなら、[13] ましてや本当のイスラエルの子らが出エジプトや創造のイメージを用いて解放の希望を言い表したとしても驚くには当たらないだろう。それらは明らかに歴史的記憶と結びついているのだから。

こうした言語について正しく評価するのは著しく困難で、今世紀において大きな議論の的となってきた。[14] これまでの研究に巨大な影響を及ぼしてきたのがアルベルト・シュヴァイツァーの見解であり、彼によれば1世

---

11 「アブラハムの黙示録」19, 20 はエゼキエル1章の車輪の幻と似た幻について描写している。このテーマ全般については、Gruenwald 1980 を見よ。
12 特に Stone 1990 を参照せよ。
13 ジェームズ・キャラハン。1976年3月の就任の際に。
14 Caird 1980, 14章 ; Rowland 1982; Koch 1972; Hellholm 1983; Collins 1987; Stone 1984 等を参照せよ。

第10章　イスラエルの希望　505

紀のユダヤ人たちは物質世界が終わりを迎えることを予期していた。[15] シュヴァイツァーはこの終末的な出来事がユダヤ人たちに共通した期待であり、それは神的なメシアの地上への到来を含んでいたと考えた。このメシアの到来は初期キリスト教文献からの借用語で通常「パルーシア」と呼ばれるが、シュヴァイツァーの理論の根拠となっている初期ユダヤ教の文献にはこんな言葉の用法は見られない。シュヴァイツァーと彼の追従者たちが思い描く物質世界の終焉という仮想的な出来事は、神の国の到来という言葉でよく言い表される。

　シュヴァイツァーに対するケアード、グラッソン、ボーグらの批判は妥当なものだと私は考えている。[16] なるほど私たちが研究している時代にも驚くべき自然現象が予期され、目撃され、解釈されたことだろう。それらは信仰の目を通じてある種の徴や前兆として理解されたに違いない。日食、地震、隕石やその他の自然現象は、奇妙な社会的・政治的出来事を告げ知らせるものとして当時の人々に理解されただろう。全宇宙は全体が相互に関連し合っていると考えられていたからだ（それは、啓蒙主義者の考えるような「閉じられた連続体」とは異なる）。それでも、主（ヤハウェ）がイスラエルを回復させることで頂点を迎えるそれらの出来事は、この世の領域で起こる出来事なのである。「神の国」の到来は世界が終焉を迎えることとは何の関係もない。世界終焉という考えは、基本的なユダヤ人の世界観ともユダヤ人の希望が言い表されているテクストともまるで整合しない。世界が火によって溶解するという信仰はストア派の考えであって、ユダヤ人のそれではない。（学者たちは教会がユダヤ教のそうした奇妙な考え方から脱却したのだと考えるが、実際には教会はユダヤ教を忘れて異教の奇妙な考え方を抱くようになってしまったのは奇怪なことである。国家的希望が無惨にも打ち砕かれたユダヤ人たちもまた、内面的で神秘的な希

15　Schweitzer 1954 [1910], 1986b [1931]。
16　Caird, 上記引用文中に; Glasson 1977; Borg 1987 を見よ。Cranfield 1982 も参照せよ。

望を抱くようになってしまったようだ。[17]）1世紀のユダヤ人たちにとって、時間や空間、宇宙論といった問題よりも、神殿、土地、トーラーや、人種、経済、公正といった重要な問題の方がよほど大切だった。イスラエルの神が行動する時、ユダヤ人たちは先祖伝来の権利を取り戻し、また祖先の宗教を実践できるようになるだろう。全世界はそれを見て畏敬の念を覚え、シオンに巡礼し、またはユダヤ人の足下にひざまずくだろう。

　このような言語の字義通りの解釈は、今世紀の新約聖書研究に甚大な影響を及ぼしてきた。もし大多数の1世紀のユダヤ人と原始キリスト教徒たちが物質世界の完全な終焉を確信しつつ待ち望んでいて、その終わりが来ないことに落胆した人々だったとしたら、私たちと彼らとを隔てる溝は時間的隔たりよりもずっと大きい。それが本当なら、彼らの世界観の中心に位置する何かが決定的に間違っているので、私たちは彼らをまともに受け止めることを断念するか、あるいはその彼らの思想的破綻の中から何か意味のあるものを拾い出すための解釈法を編み出さねばならない。シュヴァイツァーとブルトマン、そして両者の後継者とも言えるケーゼマンが精力的に行ったのが後者の道だったと言える。加えて、物質世界が終焉を迎えるという考え方は過激な二元論と密接に関連している。その二元論は、前章で考察した三つの二元性を極めて非ユダヤ的なやり方で結びつけるものだ。それらは創造主と世界の区別、物質と非物質の区分、そして善と悪の区分である。そこから現在の物質世界は救済不能だという信念が生じる。この信念によれば、「黙示」という概念は実際の証拠が示すよりも遥かにグノーシス主義に近いということになる。そして、イスラエルの国家としての復興の希望という文脈は完全に排除される。そしてこれは宗教史学派によるパウロ神学の説明を支持することになる。つまりパウロ神学はグノーシス主義から生まれてきたという仮説である。[18] ある種の新約聖書の解釈において、物質世界の終焉という「切迫した期待感」が非常に重視され

17　このことを指摘して下さったR. D. ウイリアムス教授に感謝する。
18　これらについては、本シリーズの第3巻［実際は第4巻の Paul and the faithfulness of God］を参照せよ。

るのは間違いなくこのような理由による。[19]

　シュヴァイツァーや彼の追従者たちが言うように、ユダヤ人たちが超常的な出来事を待ち望んでいたという十分な根拠はない。創造主なる唯一の神を信仰する多くのユダヤ人たちは、終焉を迎える物質世界から逃れてプラトン的な永遠の至福の世界に霊魂の状態で憩うことを望んでいたのではなかった。彼らがイスラエル回復のための戦いで命を落とすのは、「天国に行くこと」を望んでいたからではない（少なくとも永遠に天国に留まるためではない）。彼らは神の王国が到来した際に新しい体で甦ることを待ち望んでいたが、それは非常に現世的なシャローム、この世界に蓄えられた平和と繁栄を楽しむための新たな体が必要だからだ。[20]

　標準的な黙示文学の文学様式で用いられる言語的慣習の起源は、古典的な預言者たちの言葉の中に容易に見いだすことができる。聖書にしばしば含まれる複雑で多層的なイメージは、物理世界におけるイスラエルの過去、現在、未来の出来事に十分な神学的意味を持たせるために用いられ、また再利用される。このことを以下に考察していく。

(iii) 「黙示」の文脈

　これまで考察してきた文学的、言語的な現象から、三つの点を指摘できる。それは、黙示文学が生まれ花開いた個人的、社会的、そして歴史的文脈である。

　第一に、個人的文脈について考えてみよう。黙示に関するもっとも難しい問いの一つは、黙示作家は書き残した幻を実際に体験したのか、あるいは鮮烈で劇的な文学様式として採用しただけなのか、という問いである。

19　ケーゼマンは私宛（N. T. ライト宛）の手紙の中で、次のように書いている、「私にとって、黙示的とは常に切迫した待望を意味する。」1983年1月18日付。Käsemann 1969, 4-5 章を参照せよ。

20　復活という概念と、ユダヤ人の思考構造に占める位置については、以下のセクション (v) を見よ。現世的終末論の好例として、（栄光に包まれてはいるが）「シュビラの託宣」3.500-800 を見よ。

恐らく答えはその中間にあるのだろう。エゼキエル書1章に描かれた、神の車輪と玉座についての瞑想を含むユダヤ教神秘主義の伝統を考慮すれば、第二神殿期のユダヤ人は誰も神秘的な瞑想をしなかったと結論づけるのは早急過ぎるし、彼らが書き残すに値するようなものは何も体験しなかったなどと言うのは傲慢過ぎるだろう。実際はその逆で、多くの賢明で神を畏れるユダヤ人は祈りと瞑想によってイスラエルの神に近づこうと懸命に努力しただろう。同時に、もし彼らが断食のような手段を用いたり（それは大いにあり得る）、また律法、預言書、そして知恵文学の瞑想を通じて心を充たしていたのなら（それも大いにあり得る）、彼らの幾人かが自分たちの経験したことを神から与えられた幻だと考えたと信じる理由は十分にある。ある人たちはそれらの幻を書き残しただろうし、それらの書は私たちが手にしている黙示文献の目録の中に間違いなく含まれているだろう。だが、それに該当するのは具体的にどの書なのだろう。どの黙示書がこうした見者たちの経験を反映した作品で、またどの書が「純粋に文学的」な作品なのだろうか。

　この問いに答えるための明確な基準は存在しない。それは私たちの判断の問題で、その判断も推量に基づく場合が少なくない。しかし、少なくともいくつかの幻視文学が実際の神秘体験に基づくものならば、その他のそうした体験に基づかない著作は敬虔なフィクションとしてその様式を借り受けたのだろう、バニヤンの『天路歴程』のように。

　　この世の荒野を歩いていると、洞窟に出くわしたので、私は眠ろうとそこに横になった。そして眠りに落ち、夢を見た……

　　そこで私は喜んでペンを取り、急いで自分の考えを書き留めた。
　　私は今やとうとう手法を得たので、そこから流れ出るものを汲み取り続けた……[21]

21　ジョン・バニヤン『天路歴程』。初めの引用は本書の冒頭からで、次のもの

古代の黙示文学の作家たちもバニヤンと同じことをしていたに違いない。「私は夢を見た」と彼らは語った。だが、実際には彼らはある手法を用いていた。それはずっとなされてきたことなのである。優れた議論はしばしば比喩を伴うが、それはギリシャ人たちが木馬の中に精鋭部隊を潜ませたのと同じ理由からだ。正面きっての攻撃がうまくいかない時に、別の手法が功を奏するからである。

そこで、黙示文学を生み出した体験について以下のように想定できるだろう。一方の極には、本格的な神秘主義に基づく著作があった。他方の極は、社会的・政治的出来事を生き生きとした比喩を用いて描こうとした作家たちがいた。その中間に、劇的な幻視体験は経験しなかったものの、宗教的情熱のこもった言葉で敬虔な信仰と待望を言い表そうとした人々がいたことだろう。ヨセフスでさえ（この時代に、彼ほど黙示的という形容詞が当てはまらない人物を見いだすのは難しい！）、彼が目撃した歴史上の出来事の中にイスラエルの神が働いていることを信じていた。黙示文学を書くためには、過激な分離主義者である必要も、ありとあらゆる二元論を抱く必要もなかった。ヨセフス自身、いつもの彼の文体にこだわらなければ黙示文学を書くことができただろうが、その場合でも彼の世界観を断念する必要はなかった。しかし、黙示的な文体や様式は、自分たちが本来いるべきところにいないと感じていた人々によって採用されていたようだ。このことを理解するために、個人的文脈から社会的文脈へと視点を移す必要がある。

以上に述べた一連の個人的文脈は、様々な社会的文脈に反映されている。黙示文学は社会的な欠乏を反映しているということがしばしば仄めかされる（そしてその可能性は高い）。それは無力な人々のための文学だった（バニヤンは獄中で「夢」について書いた）。作家たちが実際の夢や幻を記録したのだとしても、彼らの書物が実質的に厭世的な世界観を反映してい

はまえがきに相当する「著者による本書の弁明」から取られたものだ。

るというのは十分あり得る。この世の有様はあまりにも残酷なので、残された唯一の望みはこの現在の世界を後にして、別のどこかに真の住まいを見いだすことしかない、と彼らは感じていたのかもしれない。その一方で、黙示的言語を使ってイスラエルの過去、現在、未来について書いた人たちは（その「夢」が本当の夢であろうと、また洗練された手法だったにせよ）、「トロイの木馬」の観点から理解することもできよう。彼らは通常、アブラハムやバルクといった偽名を用いることで古代の権威に訴えた。彼らは普段は隠されている神の計画に通じていると主張した。そうすることで、不満を抱いていた反徒グループの人々は彼らの敵を出し抜き、闘いにおいて自らを鼓舞することができた。彼らは謎めいた秘密のコードを用いることで検閲をすり抜けようとした（「読者は悟れ！」）。彼らは確信を持って、来るべき偉大なる運命の大転換について語ったが、それは彼らの終末観が宇宙的二元論に基づいていることを示しているのではない。いつの時代も、政治家は自分が権力の座につくことを偉大なる変革として語るが、彼らは宇宙的二元論に基づいて語っているのではないのと同じことだ。これら全てのことと同様に重要なのは、黙示作家たちはイメージを用いることで通常意識されるものとは別のことをアピールしようとしていたことだ。現代社会の中で似たような例を探すとすれば、あるイメージ（例えばロマンスの情景）を用いることで別の商品（衣服など）を売ろうとする巧妙な企業広告が挙げられるだろう。あらゆる面から見て、黙示は抑圧されたグループによる現状を覆すための文学として機能していたし、またそのように意図されて書かれたと考えることができる。それが純然たる神秘主義に基づこうとも、また優れた文学技法によるものであっても。

　さらにもう一歩進んで、黙示のもっとも大きな文脈である歴史とのつながりについて考えてみよう。現状の不遇な状況の大逆転への待望が神への信仰と結びつくといったい何が起こるのか推測できるだろう。神は先の時代にはその僕たちに秘密を啓示したが、今の時代にも同じ事をなさるだろうと人々は期待していた。言い換えれば、黙示はハスモン時代やローマ時代のイスラエルに花開いたであろう文学様式で、実際にそうだったのであ

る。これは循環論法ではない。黙示文学が、予想されうる正にその時代に登場してきた理由を私たちはこれまで示してきた。等しく大切なのは、黙示が単にプライベートな「運動」、つまり第二神殿期のユダヤ教において他のグループや運動から隔絶された人々によるものではなかったということだ。黙示文学の特定の手法は、古典的な預言者たちの用いたイメージにその多くを負っている。アモスの「下げ振り」やエレミヤの「煮えたぎる鍋」はバルクの「レバノン杉とぶどうの木」の前例となっているし、エゼキエルの種々の木の幻はバルクのそれと類似している。[22]

　黙示の多様な文脈についての議論は、更なる重要な論点を喚起する。私たち現代人は、当時の多くの黙示文学やその他の文書を手にすることができる。だが、2千年前の大多数のユダヤ人は、現在の学者たちが研究しているそれら文書の半分も聞いたことすらなかっただろう。また、それらの文書を読んだり聞いたりしたとしても、その内容を否定したということもあり得る。黙示文学は神秘的考察と政治的転覆という二つの怪しげな分野に踏み込んだものなので、多くの普通のユダヤ人はそれらを不信や不快の念を持って眺めていたのかもしれない。クムランの死海文書について、私たちがそれらを手にすることができるからといって、1世紀の誰もがそれを読むことができたと考えることもできない。黙示文学は、「全てのユダヤ人が考えていたこと」を明らかにするものではない。それらはある特定の状況下で、ユダヤ人が採りうる考え方の方向を指し示す証拠にすぎない。

　問題をさらにややこしくしているのは、ある文書がそれを書いたグループとは異なるグループの人々よって採用されたという事実である。この際、それらの文書には新たな解釈が施されただろう。もちろんそうした解釈は元々の文書の意味と近似していただろうが、しかし忠実にオリジナルな意味を再現していたとは言えない。そして、その新しい解釈が挿入、省略、再構成を通じて新たな文書を生み出す時、私たちはそこに数多くの芸

22　アモス7章7-9；エレミヤ1章13節；エゼキエル17章1-24節。それらの幻のどれが「自然的」でどれが「超自然的」かという問いはここでは的外れなものである。

術家たち（その幾人かは不器用な絵画の修復士かもしれない）の手が働いているのを見いだす。[23] ある文書が歴史的枠組の中でどこに位置しているのかを探ろうとする時、その文書のことを知れば知るほどそれは難しくなる。ここまでの議論で、黙示文学は1世紀のユダヤ人の考え方を理解する上で役に立たないと言おうとしているのではない。だが、そこから結論を導くことには注意が必要なのである。

(iv)「表象」について

a. 第一の表象：「文学」的表象

黙示的言語のもっとも顕著な特徴の一つが、国家や民族を表すためにシンボルやイメージを用いていることだ。ダニエル書7章1-8節には海から現れる4匹の怪獣が現れる。だが、ダニエル書の記者が描いているのは本物の神話的な怪獣で、それらが地中海から現れて岸壁をよじ上り、ゴジラのようにエルサレムを襲っていると考える人はいないだろう。17節で示されるように、「海」は悪や混沌を「表象」し、「獣」たちは王国や王たちを「表象」している。これと並行する預言であるダニエル書2章について、ヨセフスは第一の獣の「獅子」がバビロニア帝国を表すと理解していた。[24] 第四の獣（7-8節）は個人の王ではなく、王国そのものを指しており、そこから10本の「角」に表象される10人の王が現れる（19-26節）。このような「表象」は一般的でよく知られていた。それはこのジャンルの文学の標準的な特徴である。エレミヤの語る「煮えたぎる鍋」はこれからイスラエルに注がれようとする神の怒りを表す。ナタンの語る「雌の子羊」はバト・シェバを表す。[25] これらが文学的または修辞的な表象である。書

---

23 これが特に明白なのは、「十二族長の遺訓」である。Nickelsburg 1981, 231-41; Schürer 3.767-81; Collins 1984, 342f. を参照せよ。

24 ヨセフス「ユダヤ古代誌」10.208、ダニエル2章36-38節を解釈している。「ナホム書注解」（4QpNah）1.6-9では、「獅子」は明白に個人を表しており、通常はアレクサンドロス・ヤンナイオスを指すものと考えられている。

25 サムエル下12章1-15節。

き手または語り手は込み入った比喩やたとえの中で、人物や国家やその他を表す「表象」を用いる。『天路暦程』では、登場人物たちは現実の生活における性質や美徳や気性などを表す。

b. 第二の表象：「社会」的表象

だが、二つ目の「表象」である社会的な表象では、ある人物やグループは他の人物やグループを代表したり、彼らの運命や運勢を表すものとなる（前者は必ずしも数において後者を下回るとは限らない。「私たちは女王を代表してやって来た者だ」というような場合を考えてみよう）。これが文学的な様式や慣行である必要は全くない。むしろそれは、社会・政治的慣行や信念にずっと深く関連している。特に古代社会において（しばしば現代でも）、国家の指導者や統治者は人々を代表していたという指摘がよくなされる。この例として、全イスラエルを代表してゴリアトと戦ったダビデの王のような行動が挙げられる。それはダビデがサムエルから油を注がれた後ではあるものの、実際の王であるサウルの死のずっと前の出来事だったのだが[26]。

c. 第三の表象：「超自然」的表象

三つ目の意味での「表象」は、明確に説明されない限り混乱を生んでしまう。主流のユダヤ人の世界観においては、「天」と「地」は区別されるが密接に絡み合っている（エピクロス主義者は天地を切り離し、汎神論者は天地を融合させる）。そのような世界観から、天上的な存在である「天使たち」が地上的な存在、つまり国家や個人に「対応」、あるいは「表象」しているという信仰が生まれた。この超自然的な表象は、例えばダニエル書10章12-21節において顕著である。ここでは大天使ミカエルはイスラエルの「君」であり、ペルシャやギリシャの天使の「君」たちと戦っている。この戦いは地上で行われる戦いと無関係だとは考えられていない。超自然的な表象は、（不可解な）地上での出来事が実は天上での出来事と連動していることを示す方法なのである。それによって地上での出来事に表

---

26 サムエル記上17章。

面的な意味を超える重要性を付加したり、社会的・政治的な観察を超えた将来への希望を付加することができる。

d. 三つの表象

　混乱はここから生まれる。なぜなら、これら三つの異なる次元の「**表象**」が同時に用いられることがあるからだ。文学的な観点からは、ダニエル7章の初めの三匹の獣が王を表象しているのか、あるいは王国を指しているのか、はっきりしない。他方で、第四の獣についてはこの点は明らかだ（この獣は王国を表象し、十の角は王を表す）。最初の三匹の獣が曖昧なのは、まさに王が彼の統治する国を社会的な意味で表象／代表する存在だからだ。同様に、ダニエル書10章の天使とおぼしき「**君**」たちは単に文学的レトリックであり、本物の天使を指すための超自然的表象ではないと論じることもできるだろう。なぜなら10章の解釈である11章において「**君**」たちは登場せず、代わって相争う王国が登場するだけだからだ。だが、私はこのような見方は間違いだと考えている。当時の人々が天使の存在を信じていたことの十分な証拠がある。それらの天使たちの中には特定の国を任されていた天使もいた。したがって、1世紀の読者たちが天使である「**君**」たちの存在を信じる一方、ダニエル書7章2-8節に現れる獣たちの実在は信じていなかったということはあり得る。むしろ、ダニエル書10-11章は列王記下の6章15-17節と同じように考えるべきだろう[27]。人が通常見ることができるのは、物事の全体像の一部分にすぎないのである。

　黙示文学における「**表象**」の研究によって、この文学ジャンルの形態についてよく理解できるようになる。「天」と「地」という二つの領域は互いに密接に結びついているという信仰は、創造主である神が被造世界のただ中に、また神の民のただ中におられるという神学的主張の根拠になっている。そこから、地上の世界とつながっている天上の神秘を見通すという

---

27 「主が従者の目を開かれたので、彼は火の馬と戦車がエリシャを囲んで山に満ちているのを見た。」

発想が生まれてくる。黙示文学において、地上と天上とが直接対応していたり（「地上の王国」と「天使」）、していなかったりするのは（「地上の王国」と「獣」）、こうした世界観による。また、「天」と「地」の対応関係は社会学的な表象とも関係がある。創造主である神からその契約の民を治めるようにと召された王（社会的な表象）は、天上的な祝福と守りの特別な「受け手」であると同時に、国家のニーズに対する神の備えを提供する特別な「担い手」だと見なされるのだ。[28]

これらの点について十分注意する必要がある。そうしないと、いとも簡単に混乱が生じてしまう。それでも重要なポイントは明らかだ。夢文学、幻視文学というジャンルにおいて、国家やグループや集合体が何ものか（獅子、熊、ヒョウ、都市、森、ブドウの木、あるいは人間）によって「表象」されるのは、通常の文学的慣行なのである。これらの例は、別の証拠がなければ社会学的、あるいは超自然的表象であると考える必要はない。その場合、文学的表象のみに焦点を当てれば十分だろう。

（v）ダニエル書7章と「人の子」

a.「人の子」とは何の表象か

先に述べたように、「人間」も何かを「表象」する場合がある。私たちにとっての最大の問題の一つはもちろんここにある。これまで述べてきた視点からこの問題を考えることで、ダニエル書7章13-14節を巡る難題に光を当ててみよう。[29] この章の12節までは何の問題もなく読める。怪物のような獣たちは文学的な意味でイスラエルに戦いを挑む国々を「表象」している。だが問題は、「人の子」とはいったい何を指すのかということである。ある批評家たちは獣たちに襲われながらも、ついにはその正しさが立証される「人の子」のような者が、国（つまりイスラエル）を表象し

---

28 例として、詩編84編9節。
29 この複雑な下りを巡る詳細な議論に立ち入る余地はない。包括的な参考文献を含む近年の議論については、Goldingay 1989, 137-93; Casey 1991 を参照せよ。

ていないと考える。彼らは「**人の子**」がひとりの人間、それどころか神的な存在、または天使を指していると見なすのである。どうして彼らはそう理解するのだろうか。その理由の一つは異なる表象を混同してしまうことにある。

　ダニエル書7章には文学的表象が用いられており、「**獣**」たちに取り囲まれた「**人の子**」のような者には、イスラエルという国のシンボルとしての役割が与えられる。それは怪物のような獣たちが異国の国々を表しているのと同じである。このシンボルは創世記3章で示唆されている意味、つまり「**神の民こそ真の人間で、異邦の国々は動物だ**」という考えに基づいている。[30] これで強く示唆されているのは、イスラエルは現在虐げられているが、やがてはその正しさが立証されるだろうということだ。したがって、ダニエル書の著者やそれを読んだ当時の読者が、「**人の子**」がある個人、社会的な意味でイスラエルを「**表象**」するひとりの人間を指していると理解していた、と考えるのはカテゴリーの混同となる。ここでもまた、「**獣**」たちと比較してみよう。イギリスの国会議員はその選挙民を「**代表**」している。だが、怪物のような獣たちもまた、異邦人の人々を「**代表／表象**」しているとはまさかダニエル書の著者や第二神殿期の読者も思わなかっただろう。1世紀のユダヤ人の世界観の中で、「**人の子**」が文学的表象であるのみならず、社会的表象でもあると示唆するのは、シンボルを現実の存在に変えてしまうことに他ならない。それは過激で革新的な試みだと受け止められただろう。新しいぶどう酒は古い革袋を突き破ってしまう。[31] もしそのような解釈がなされたら、つまり歴史の中で、あるひとりの人物がダニエル書7章13節以下を成就したのだと考えられたのなら、それは「**人の子**」にまつわる文学的なイメージを文字通りの歴史的真実に変えることに他ならない。それは、このひとりの人間が海から上がってきた本物の怪獣たちに襲われると考えることに他ならない。ここには著しい

30　Hooker 1967, 71ff.
31　第Ⅳ部と、本シリーズ第2巻を参照せよ。

カテゴリーの混同がある。

同様に、「**人の子**」を黙示文学的に、イスラエルの文学的な表象から異界の天的な存在を表す超自然的な表象へと飛躍させてしまうのも問題だろう。7章の18、25、27節の「**いと高き者の聖者ら**」がイスラエルではなく天使たちを指している筈だというのを根拠にしてこのような解釈をすることは、カテゴリーの混同として抗うべきだろう。もし文学的表象と超自然的表象を結び合わせようとすれば、それは1世紀においては突飛な考えだと見なされただろう。

このような違いに留意しながらダニエル書7章を文脈に沿って読めば、1世紀の読者はこの有名な章を、「**異邦人によって虐げられてきたイスラエルの正しさが立証される瞬間だ**」と真っ先に理解したことだろう。[32] 私たちの研究目的にとって、ダニエル書7章がその原作者や編纂者にとってどんな意味があったかということよりも、それが1世紀のユダヤ人にとってどのような意味を持っていたのかを確かめることの方がより重要なのである。ヨセフスの謎めいた言及については（注32で）既に触れたが、それについては後で見ていこう。私たちは今やダニエル書7章をその文脈、つまりダニエル書前半の論理的な結論という位置づけの中で考究せねばならない。

b. ダニエル書全体の中での7章

ダニエル書7章は長い間、1章から6章までと切り離されて読まれてき

---

[32] ヨセフスはダニエル書7章について非常に詳しく解説する際に（「ユダヤ古代誌」10.267f.）、この点に触れるのを避けた。ヨセフスは、当時のユダヤ人たちがどんなにダニエルを彼らの時代の預言者だと見なしていたのかを強調していた（Moule 1977, 14, 16を参照せよ）。ダニエル書7章の思想が「第1エノク」37-41;「第4エズラ」11-13;「第2バルク」39等で用いられていることから見ても、ヨセフスはこの点で正しい。この点については今後の議論でさらに深めていくが、それはケーシー（1991）のダニエル書7章を巡るあらゆる疑問を主に言語上の問題にしてしまうやり方に大いに異議を投げかけるものだ。言語上の使用よりもずっと重要なのは、決定的に重要な13節の文脈を形成する7章全体が、当時どのように読まれ、また理解されていたかということなのだ。

た。なるほど、この書は第6章で一区切りがつくようにも見える。そこまでは概ねダニエルとその友人たちの物語から成っていて、それに続く後半の章では、ますます複雑になる終末的な幻が示される。しかし、このような単純な区分は誤解を招きやすく不適切だ。ダニエル書2章と4章は後半の幻と多くの点で共通点があり、また前半の章ではダニエルが神秘を知りまたそれを明らかにする術に長けていることが繰り返し強調されている。ダニエル書9章は終末的な啓示の頂点を形成するが、そこでのダニエルの祈りは1章から6章までに描かれている捕囚状態のユダヤ人の描写ととても良く調和する。加えて、2章4節bから7章28節までがアラム語で書かれているという奇妙な事実は、ダニエル書7章が1章から6章までと切り離されるべきではなく、また2章と7章が関連している可能性を示している。[33]

実に、前半の6章には二つの共通したテーマがある。第一に、ユダヤ人たちは父祖たちの宗教に対し妥協をするように促されたり煽動されたりするが、それを拒否する。彼らは何らかの形で試され、正しさが証明され、誉れを受ける。第二に、様々な幻や啓示が異国の王に与えられ、ダニエルによって解き明かされる。1章では、第一のテーマがより穏やかな形で示される。4人の若者は王の豪勢な（そして恐らく偶像礼拝と係わる）料理を拒否したが、以前にも増して壮健になり、王宮にて重要な地位を与えられる。2章には第二のテーマが現れるが、そこではダニエルの卓越した知恵が披露される。彼だけが王の夢を明らかにし、解き明かすことができる。その夢は四つの別々の部分から成る像と、その像を打ち砕き、大きな山になる一つの石についてである。その解き明かしによれば、像は四つの王国

33　Goldingay 1989, 157f. を見よ。7章は、2章から始まるキアズム（交差法）を締めくくっている。モール教授は私（N. T. ライト）に、手紙の中でこのように注意を促した。「ダニエル書とエズラ記におけるアラム語の部分は偶発的なもので、書記たちが脱文を埋めるためにアラム語タルグムから借用した（それ以外により良いものが無かったので）のかもしれない」という可能性がある。

を指すが、それらの王国はイスラエルの神の永遠の王国によって打ち倒される。幻の内容（第二のテーマ）は第一のテーマとそのままそっくり同じである。そしてその内容は、今や私たちにはすっかりお馴染みのものだ。それは第二神殿期のユダヤ教の主要なストーリーであり、私たちの研究している時代を通じ、様々な形で繰り返し語られてきたものだ。[34] したがって、これら冒頭の章は1-6章の導入であるのみならず、ダニエル書全体のテーマを設定するものでもある。

　3章では、ダニエルの三人の同僚が王の金の像を拝むのを拒否し（2章28節に出てくる、ネブカドネツァル王を表す「純金の頭」と関連づけようとしているのだろう）、燃え盛る炉に投げ込まれるが、彼らはそこから奇跡的に助け出され、昇進と名誉とを与えられる。同じテーマが逆の形で4章に現れる。ネブカドネツァルは夢を見て、ダニエルに解き明かしてもらうが、それによると彼はその尊大さの鼻を折られ、そして天におられる永遠の至高の神を知るようになる。もちろんそれがダニエルの神のことを指しているのだと読者は気づくだろう。その変形版が第一のテーマと結びつくのが5章の話で、それはベルシャツァル王がエルサレムの神殿から奪ってきた祭具を用いて異教的な宴会を祝っている時のことだ。ダニエルは壁に書かれた文字を解き明かす。唯一の真の神は自ら誇る異国の王に裁きを渡そうとしている。イスラエルの神の正しさは立証され、それによって文字を解き明かしたユダヤ人ダニエル（5章13節以降）の正しさも立証され、誉れを受ける（5章16、29節）。

　これは6章の背景となり、そこではダニエル自身が唯一神信仰を妥協して王に祈るようにと迫られるが、それを拒否し、獅子の洞窟に投げ込まれる。王が早朝洞窟に行くと、ダニエルは生きていた。そこで王はダニエルを洞窟から引き出し、ダニエルの告発者たちを洞窟で死に渡し、勅令を発した。それは明らかに2章44節、4章3節、そして4章34節を思い起こさせるもので、ダニエルの神を褒め称えるものだ。

34　本書8章を見よ。

6章27節：この神は生ける神、世々にいまし
　　　　　その主権は滅びることなく、その支配は永遠。

　ダニエル書 1–6 章のような書が第二神殿期において、特にシリアとローマ統治下の時代にどう読まれたか、疑問の余地はない。ユダヤ人に先祖伝来の宗教との妥協を迫る異国の圧力には抵抗せねばならない。この世の王国はついには唯一の真の神の永遠の王国に道を譲ることになり、そしてその時には固く立ち続けたユダヤ人たちの正しさが立証されるだろう。第 2 マカバイ 7 章をそのような見方の例として挙げることができよう[35]。
　この複雑な信仰と期待は、ダニエル書 7 章を理解する上で自ずと明白な背景となる[36]。この書の後半部分では、前半部分の二つのテーマは修正されてはいるが、断念されてはいない。ダニエルと彼の仲間たちの個々の命運はイスラエルの国家的命運となる。そして今度はダニエル自身が幻を見、その解き明かしを天使から与えられる。7 章をこのような背景に据えて、テクストの背後にある仮想上のさらに古い伝承を追い求める代わりにテクストそのものを読めば、一貫した全体像が浮かび上がってくる。海から現れる 4 匹の獣（2–8 節）は第四の獣の 1 本の小さな角においてその頂点を極め（8 節）、その角は「**聖者ら**」に戦いを挑む（21 節）。しかし、「**いと高き者**」、「**日の老いたる者**」は裁きの座から「**聖者ら**」と「**人の子のような者**」に勝利の裁きを与える（13、18、22、27 節）。彼らの正しさは立証され、誉れを受けるが、彼らの敵たちは滅ぼされる。そして聖者らが正しいとされることで、彼らの神の正しさも立証される。

35　同じ時期に異国の圧力の下で発展した復活の教理によれば、今の世界は存続し続け、神の契約の民である義人たちは唯一の神の主権の下でこの世界を支配するだろう。先に死んだ義人たちも復活によってこの栄誉ある統治に加わるだろう。以下の議論を参照のこと。
36　Cohen 1987, 197 を見よ。

7章14節：彼の支配はとこしえに続き
　　　　　その統治は滅びることがない。

　これから詳細な分析に取りかかろう。ここでは、この一連の出来事と先の6章に表されている一連の思考の流れとの並行関係に注目せねばならない。そのどちらにおいても、人は威圧的な「**獣**」たちに取り囲まれている。先に見たように、7章4節の第一の獣は獅子のようであり、それは6章に出てくる獅子と関連している。両方の章で、王は権威を帯びて登場する。6章でダレイオスが果たした役目は、7章では日の老いたる者によってなされる。両方の章で、人（6章ではダニエル、7章では「**人の子**」）の正しさが立証され、誉れを受け、獣たちの手の届かない高みへと引き上げられる。両方の章で、唯一の真の神に栄光が帰せられ、その民の敵たちは服従させられる。両方の章で、唯一の真の神の王国／王権が祝われて終る。劇的な意味でも詩的な意味でも、話の流れは同一である。他の第二神殿期の文学にも全く同様のストーリー・ラインが数多く見られることから、当時のユダヤ人たちがダニエル書をこのように読んだだろうということは明白だろう。

　なるほど6章と7章には明確な相違点がある。ダレイオスは神ではないし、6章の獅子は滅ぼされるのではなく、逆にダニエルの敵たちを滅ぼす。だが、これらの点はこの2章が並行関係にあるという主張に何のダメージも与えない。少なくともいくつかの黙示文学はその起源を個人的な神秘体験に持つという可能性を先に注意深く示唆したが、この7章をまさにそのような夢（あるいは悪夢）と考える人もいるだろう。つまり、誰かが6章のような苦々しい体験をして、それについて神学的に考察して生まれたのが7章だということだ。ダニエル書のような書を構築できるほどの精妙さを備えた著者ならば、二つの章にこうした関連性を持たせることもできただろう。ダニエル書を最終的に編纂した人物が誰であろうと、その人物が6、7章の並行関係に気がつかなかったなどということは到底信じられない。
　だが、7章をダニエル書の他の箇所と関連づけて読むことは本当に妥当

なのだろうか。実際、学界ではしばしばその反対のことが行われてきた。つまり、ダニエル書の様々な要素を分解し、今まで描いてきたような全体像を曖昧にさせてしまうような作業がこれまで慣習的に行われてきたのである。特に、(a)「**人の子のような者**」が超越的な存在か、あるいは天使（たち）を指していると解釈され、また (b) 物語の様々な段階、特に「正しさの立証」についての部分が細切れに分解され、それらが相反するものであるかのように理解されてきた（13 節以下、18、22、27 節は、「**人の子のような者**」、「**いと高き者の聖者ら**」、「**いと高き方の聖なる民**」という別々の対象について語っている、というような解釈）。だが、この (a) も (b) も、黙示文学というジャンルの理解を誤らせるものだろう。

　(a) についてのコリンズの以下の主張は全く正しい。つまり、もし「**人の子**」がイスラエル人ではなく天使を指していると解釈されても、この 7 章の関心が（それ以前の章と同じく）忠実なイスラエル人の正しさの確証にあるのは否めない。なぜならこの天使は、天におけるイスラエル人の相方であるからだ。だが、このような回りくどい解釈を施す必要はない。なるほど 10 章やその他で、イスラエルの「**君**」である大天使ミカエルは異国の「**君**」たちと戦っている。だがこれを 7 章の解釈のモデルとするべき必然性はない。同様に、22 節の「**聖者ら**」が天使たちを意味していると理解する必要もない。クムランではそのように解されていたとしても。ここで私たちは、先に概略を示した混同、つまり文学的表象という黙示文学の比喩的表現と、超自然的表象という思索的存在論との混同という問題に直面する。前者では「**幻**」は地上的な現実を指すが、そこに神学的意味を付与しようとしている。後者の場合、幻は実際の天上での出来事を見通すための文字通りの「**窓**」として機能している。単にそれが地上での相方の出来事と対応しているから重要なのではない。その天上での出来事そのものが注目すべきものなのである。もちろん、これら二つの表象には

37　この研究についての詳細な解説は、Goldingay 1989, 169-72 を見よ。
38　Collins 1987, 81-3。Goldingay 1989, 171f. も参照せよ。

接点がある。だが、7章と1-6章との並行関係を鑑みれば、少なくとも7章では「**人の子のような者**」とは文学的表象として「**いと高き方の聖なる民（つまりイスラエル人）**」を指していると解するべきだろう。この幻の意味は、異国（具体的には、恐らく異国の王アンティオコス・エピファネス）によって苦しんでいるイスラエルに関するものだということである。唯一の神がイスラエルの神として御自身を顕し、イスラエルの敵を滅ぼすことで、イスラエルの正しさが立証されるだろう。もしこのような解釈が否定されるのなら、「**人の子**」が天使の表象であるように、「**獣**」たちも異国を司る天使たちの表象でなければならなくなる。だが文学的には、それらの獣はイスラエルを襲う諸王国を表象していると解釈すべきだろう。イスラエルの神がその御名の正しさを証明する時、神の民は真の人間、「**獣**」とは対照的な「**人の子**」であることが明かされるだろう。[39]

(b) 黙示文学というジャンルでは、幻の意味は漸進的に明らかにされる。だが、いったん明らかにされた意味が次の段階で変わってしまうということはない。したがって、より完全な最後の1節（27節）によって前の節の意味を決定するというのは全く妥当なやり方である。この時点で「**いと高き者の聖者ら**」に「**民**」が加えられていることは、指し示されている対象が常に同じであると解することができよう。[40]

上記の説明がためにする議論と取られたとしても、紙面の制約からさらに詳しい議論をすることはできない。だが、ダニエル書7章を同書の前半部分を参照して読むことや、第二神殿期のユダヤ人が同書をそのように読んだだろうと示唆することは全く理にかなっている。異国からの迫害に直面していたユダヤ人は、偉大なる勝利と自分たちの正しさが立証される日を待ち望みつつ、忠実であり続けるようにとの励ましを受けたことだろう。その日には、イスラエルは高く上げられる一方、その敵は打ちのめされ、契約の神は全世界の神であることを自ら顕し、決して打ち破られることの

---

39 本書9章の465-474ページを見よ。
40 Moule 1977, 13 等に従う。指し示されている対象が、少なくとも人間を含んでいることはコリンズ（1983, 83）も認めている。

ない王国を打ち建てるだろう。8-12章での幻はこの基本的な見地からの展開として読まれるべきで、その逆ではない。そしてこれが正しいのなら、1世紀におけるこうした言葉の様々な用い方を理解する上での基礎となるのは7章13-14節に登場する「**人の子のような者**」についての憶測ではなく、ダニエル書全体の文脈の中での意味だということになる。

　本章のこれまでの議論を集約すれば、20世紀の福音書研究の標準的な特徴の一つについて皮肉な見方ができよう。多くの学者は黙示的な比喩（「人の子が雲に囲まれて来る」）を文字通りの予告（人が本物の雲の上に浮かんでいる）と理解しながらも、ダニエル書7章の他の部分については決してそのように読もうとはしない。そして彼らは文字通りの記述である可能性のあるもの（福音書のイエスについてのストーリー）を比喩として理解する（つまり、教会の信仰についての寓意的または神話的表明として）。別の機会で考察するように、このような解釈は文学ジャンルについての単純な誤解から生まれたものなのである。

(vi) 黙示的なるもの、歴史、そして「二元性」

　前章で見てきたように、ある意味で黙示文学は二元的であるという主張がしばしばなされる。ここで、この主張がある意味で本当だが、別の意味ではそうではないということを詳しく説明せねばならない。まず始めに、多くの黙示文学が今の世と来るべき世との間の終末的二元性を持っていたことは明らかである。それらの文学のみならず、ラビ文献にも、そして実に聖書の預言書にもそうした二元性がある（「後の日には……」）。同様に、黙示文学は創造主と被造世界との決定的な区分（神学的／宇宙論的二元性）、そして善と悪との間の厳格な道徳的二元性を前提としていた。それらはあらゆる主流のユダヤ教においても共有されていた。黙示文学のいくつかは強い分派的二元性を示し、それら全ては必然的に認識論的二元性を共有している。それらについても類似した見方やその起源を旧約聖書全体の中に求めることができる。最後に、多くの黙示文学は唯一の創造神以外の天上世界の存在について多くのことを語る。つまり、旧約聖書のいくつ

かの箇所と同様に、これらは神学的・存在論的二元性を言い表しているのである。

だが、黙示文学が「二元的」だと通常言われている意味は、黙示文学がユダヤ教の中で概ね共有されていた二元性だけでなく、残る三つの種類の二元性をも包含しているということなのである。特に、黙示文学には宇宙的二元性、つまり現在の時空間的宇宙は本質的に悪いものなので、別のより良い世界に取って代わられるために今の世界は滅ぼされなければならないという思想があると考えられている。また、ある学者たちは黙示文学に見られる敬虔さを人類学的二元性の表明、つまり物質性を無用なものと見なし、精神性だけが重要だという黙示作家あるいは集団の思想表明として捉える。また、彼らが神学的／道徳的二元性を抱いていた人々だと考えられることもある。つまり、彼ら自身は善なる神とその世界の民であり、彼らの敵対者たちは善なる神と同等の力を持つ邪悪な神の創造物だと見なしていた、というのである。

これらの異なるタイプの二元性や二元論を区別することで、特定の書の中に最初の六つのタイプの二元性を見いだせたとしても、それは残りの三つのタイプの二元性をも見いだせることを意味しない、という点を確認できる。黙示思想以外のユダヤ教の大部分に共通して見られる最初の六つの二元性は、それゆえ黙示文学の特徴を規定する決定的なファクターとはならない。黙示文学の形式そのものは、最後の三つの二元性との係わりを示唆するものでは必ずしもない。

特に、一つの基本的な点をしっかりと捉える必要がある。多くの黙示文学に言い表されている世界観は、当時の他の多くのユダヤ教文献にも共有されていた世界観である。彼らが創造主であるイスラエルの神を理解しようとした時に、時間と空間を備えた歴史の枠組の中でそうしていた。黙示作家たちはベン・シラやヨセフスとその探求を共にしていた。第４エズラとヨセフスとの違いは、前者は神が歴史の中で働かれると信じていたが、後者は違った、というようなことではない。それは、(a) 第４エズラの作者は、エルサレムの破壊はさらに大きな大逆転勝利のみによって受け入

ることのできる巨大な悲劇だと信じていたのに対し、ヨセフスはそれをイスラエルの神がローマに移ってしまわれたことの徴だと受け止めた。また、(b) 二人の作家は信じるところを言い表すために、それぞれに相応しい文学形式を採用した。

　黙示作家たちは神が歴史の舞台で新しい偉大な業をなさろうとしていることを言い表す時に、彼らはイザヤやエゼキエルと同じようなことをしていた。彼らはいつそれが起こるのかを詳らかにしようとした際に、(ダニエル書のように) その思索的性格によって際立っていたと言えるかもしれない。だがそれは、彼らが二元的で決定論的な世界を信じていて、イザヤやエゼキエルは自由意志を信じていたということではない。黙示文学をそのような仕方で分析することは、ヨセフスのようにヘレニズム的分類法に従ってしまうことに他ならない。あるグループは自分たちが抑圧されていると思えば思うほど、解放の日がいつ来るのかを推定したいと願ったことだろう。だが、神の計画は存在し、それがしばしば分かりにくいものであっても歴史の中で経綸は働き続け、いつの日か神の正義の全てが明らかに示されるだろう。全ての聖書記者たち、知恵文学の作者たち、マカバイの殉教者たち、死海文書の著者たち、ヨセフス、そして当時のその他ほとんど全ての人たちがこのように考えることができた。彼らの表現の仕方が他とは異なるからといって、黙示作家たちが孤立していたということにはならない。彼らのそうした表現方法は、特定の社会・文化的状況の中から生まれてきたと見ることができる。

　本当の問題は、こうしたテクストの現代の解釈の多くが、暗黙の内に理神論的枠組の中で行われてきてしまったことだ。こうした枠組の中で信じられているのは、(a)「不在の神と、閉じられた連続体としての時空間」、あるいは (b)「いつもは不在だが、時折その閉じられた連続体に外部から介入する神」なのである。1世紀のユダヤ人たちは、世界の創造者である彼らの神が、どうにも他に説明しようがない方法で行動を起こすことができると信じていただろう。しかし、神は通常不在にしていて、その世界と民を思うがままに行動させているのだと考えていたユダヤ人作家がいたと

は寡聞にして知らない。彼らの内の幾人かを当惑させていた問題とは、なぜ神が彼らの願うようには行動して下さらないのか、ということだった。その問いへの答えは全く別の形でもたらされた。特に、神の契約への忠実さという概念と取っ組み合うことでそれはもたらされたのだ。[41]

これまでの考察によって、「黙示的」な文学は「世界の終焉」について語っているはずだという見方には何の正当性もなくなる。「黙示的」とは「二元的」なものなのだという現代的な考えは、私たちが考察している時代にはどこにも見当たらない。黙示文学の大部分には時空間的宇宙は邪悪だという考えはないし、その終わりが待ち望まれているのでもない。そこにあったのは、現在の世界の秩序の終焉という考えだった。ソロモン神殿の崩壊という恐るべき出来事に際してエレミヤがそうしたように、黙示的言語こそが当時の恐るべき出来事を適切に表現できるものだった。[42] だがそれは、時空間的世界の終焉について語っているのではない。この1世紀の間、学界を支配していた暗黙の議論とは、(a) 宇宙的大異変についての極めて象徴的な言語は文字通りに解釈されねばならない、(b) 黙示に本来備わっている明確な二元性は、現在の世界の完全な破壊を希求する過激な二元論を示している、というものだ。[43] このような暗黙の議論に代わるものとして、私たちは問題となる作品群の文学的性質に即した解釈、それらを歴史的文脈の中にしっかりと据えた解釈をすることを主張すべきである。そのような歴史的背景の中で、様々な見解を持ったユダヤ人たちは神が歴史の中で行動されることを待ち望んでいたのだ。そしてその解釈は、ユダヤ人の根本的な世界観と神学を捉えたものでなければならない。ユダヤ人

41　本書9章、474-483ページを参照せよ。

42　エレミヤ4章23-28節、来るべきユダ王国とその神殿の崩壊について語っており、その時空間での出来事に神学的解釈を付与している。これは反創造そのもののようだ。

43　このような暗黙の議論は、初期のキリスト教文学のいくつかの解釈に移植されている。マルコ福音書のいわゆる過激な二元論に対する有効な反論として、Mack 1988 を見よ。

にとって、現在の世界は神の通常の活動領域なのである（それが人の目から隠された活動であれ、目に見える活動であれ）。文学、歴史、そして神学を結びつければ、大部分のユダヤ教とキリスト教の黙示文学は、時と場の現実に神学的意味を付与するための複雑な比喩的システムとして読まれるべきだということが強く示唆される。このことから導かれることについて、以下で検討しよう。

2. 捕囚の終わり、来るべき世、そして新しい契約

　これまで論じてきたように、ユダヤ人の根本的な希望とは抑圧からの解放であり、聖地の復興であり、そして正しい神殿が再建されることだった。こうした複合的な期待感は、一方ではイスラエルの神が世界の王であるという信仰から、他方ではイスラエルの惨めな現状から生まれてきた。旧約聖書の後半部分と中間期のユダヤ教文献には同じ組み合わせのテーマが現れるが、それはイスラエルの世界観全体を表す主要なシンボルを喚起する。神殿や聖地について語ることで捕囚と回復のイメージが呼び起こされ、それが人々に回復の希望の抱き続けるようにと促すのである。[44]
　この希望を言い表すための中心的な手だての一つが、時代を二つの区分に分割することだった。[45]「今の世」は創造主である神が御顔を隠されている時代であり、「来るべき世」においては被造世界の刷新を見ることができるだろう。「今の世」はイスラエルの不遇の時代だが、「来るべき世」ではイスラエルは回復されるだろう。「今の世」では邪悪な者たちが栄えているように見えるが、「来るべき世」では彼らはその悪に相応しい報いを

44　ユダヤ人の様々なグループがこの希望を言い表す異なる方法については、以下の議論と 7 章を参照せよ。ユダヤ人の希望については、Sanders 1992, 14 章と彼の要約（一例として 298）を見よ。

45　「ハオラム・ハゼ」と「ハオラム・ハバ」。二つの世については、一例として Schürer 2.495 を見よ。

受けるだろう。「今の世」ではイスラエルはトーラーを満足に守ってはいないし、主（ヤハウェ）の真の人間とはなれていないが、「来るべき世」では全てのイスラエルはトーラーを心から行うようになるだろう。「来るべき世」はしばしば「メシアの時代」だと形容されるが、[46] こうした全ての願望がメシアとされる人物を巡って形成されていたと考えるのは誤りだろう。これから見ていくように、メシア信仰が明確に言い表されているケースは比較的稀であり、それはより大きな、またより頻繁に表明される大いなる転換への期待の一側面でしかなかった。その期待とは、イスラエルの正しさが立証され、世界が真の王、イスラエルの契約の神の下で正しい状態に回復させられるというものだ。諸国民はシオンに集い、真の神について知り、どのようにその神を礼拝するのかを学ぶか、[47] さもなくば陶工の器のように粉々に砕かれるだろう。[48]

　ユダヤ人の期待という文脈での「救い」という言葉の意味について、ここで一言触れておく必要がある。これまで描いてきた世界観において、終焉を迎える物質世界から脱出し、イスラエルが非物質的で「霊的」天国において喜びを得る、という考えはほとんどなかったということを確認すべきだろう。このような考えは被造世界が邪悪で滅びるべきものだと仄めかしており、創造主である唯一の神への信仰とは明白に矛盾する。義人の不滅の魂について語る知恵文学においてさえ（例として、「知恵の書」3章1-4節）、歴史の中でのイスラエルの神の行動について絶えざる関心が注がれる（例として、10-19節）。そして「知恵の書」に書かれている不滅の魂は、非物質的な天国ではなく、刷新された世界で新たな責任を担うのである。「主の訪れのとき、彼らは輝き渡り、わらを焼く火のように燃え広がる。彼らは国々を裁き、人々を治め、主は永遠に彼らの王となられる」（3章7-8）。

46　例として、Schürer 2, 488-554 では、「メシア信仰」は「将来への希望」（それは時折メシア的希望を含む）だとされる。
47　イザヤ2章2-4節；ミカ4章1-3節；ゼカリヤ8章20-23節。
48　詩編2編8-9節；「ソロモンの詩編」17-18。

むしろ、当時のユダヤ教の文献で語られる「救い」とは、民族の敵からの救出、民族的シンボルの回復、そして誰もがぶどうの木、いちじくの木の下に憩うシャロームの状態に関するものなのである。[49]「救い」は全ての将来の希望を内包している。後にキリスト教徒がこの言葉を再定義したのだとしても、それはまた別の話だ。1世紀のユダヤ人にとって、この言葉が意味していたのは来るべき世の始まり、ローマからの解放、神殿の再建、そして彼ら自身の土地を自由に楽しむことだったのである。[50]

前章で見てきたように、このことが起こるためにはイスラエルの神はその民の罪を取り扱わなければならない。実際、捕囚の終わりはこれが実現したことの偉大なる徴として理解されただろう。このため、罪の赦しの約束と民族的復興の約束とが因果関係で結びつけられていたのは単なる偶然ではなかった。

> 娘シオンよ、喜び叫べ。
> イスラエルよ、歓呼の声をあげよ。娘エルサレムよ、心の底から喜び躍れ。
> 主はお前に対する裁きを退け
> お前の敵を追い払われた。
> イスラエルの王なる主はお前の中におられる。
> お前はもはや、災いを恐れることはない。
> その日、人々はエルサレムに向かって言う。
> 「シオンよ、恐れるな
> 力なく手を垂れるな。
> お前の主なる神はお前のただ中におられ
> 勇士であって勝利を与えられる。

---

49 第1マカバイ14章12節には列王記上5章5節；ミカ4章4節等への仄めかしが見てとれる。

50 Sanders 1992, 278 を見よ。「民族の存続は個人の死後の命よりもずっと大きな関心を集めていたのである。」298 も参照せよ。

主はお前のゆえに喜び楽しみ
愛によってお前を新たにし
お前のゆえに喜びの歌をもって楽しまれる。」
わたしは
祭りを祝えず苦しめられていた者を集める。
彼らはお前から遠く離れ
お前の重い恥となっていた。
見よ、そのときわたしは
お前を苦しめていたすべての者を滅ぼす。
わたしは足の萎えていた者を救い
追いやられていた者を集め
彼らが恥を受けていたすべての国で
彼らに誉れを与え、その名をあげさせる。
そのとき、わたしはお前たちを連れ戻す。
そのとき、わたしはお前たちを集める。
わたしが、お前たちの目の前で
お前たちの繁栄を回復するとき
わたしは、地上のすべての民の中で
お前たちに誉れを与え、名をあげさせると
主は言われる。[51]

　このことが達成される手段については様々な理解があった。神殿における動物などの「献げもの」、「苦難」、そして「捕囚の経験」そのものが、それぞれ違った形で救済的意味を持っていると理解されていたようだ。[52]

　それゆえ、来るべき世、「イスラエルの捕囚の終わり」は「神とイスラエルとの新しい契約の始まり」だと見られていた。イザヤ、エレミヤ、そ

51　ゼファニア3章14-20節。
52　本書9章の議論を参照せよ。

してエゼキエルによって先に表明された回復の希望に基づいて、捕囚後の、そして中間期の書には、彼らの神がすぐにも契約を更新されるだろうという信仰が様々な形で表現されていた。エッセネ派の場合、神は既に契約を新たになさったという信仰が表明された。この契約の更新は、私たちがこれまで論じてきたことと異ならない。「契約の更新」という考えは、これらの同じ出来事に特定の光を当てる。イスラエルがとうとう「捕囚から帰還」する時に、神殿は適切に再建され、相応しい人々によって再び運営されるだろう。それはシナイ山での契約の締結と比肩するものとして見られるだろう。それは主（ヤハウェ）とイスラエルとの、離婚の後の再婚となるだろう。[53] それは真の罪の赦しとなろう。イスラエルの神は聖霊を注ぎ、イスラエルはトーラーを心から完全に守れるようになるだろう。[54] れは申命記やエレミヤが語る「心の割礼」となるだろう。[55] そしてそれは何よりも、ユダヤ人にもキリスト教徒にも含蓄の深い言葉、「神の王国」となるだろう。イスラエルの神は、既にそうであると信じられていた存在になるだろう。すなわち、神は全世界の王となるだろう。

---

53 イザヤ54章4-8節；ホセア諸所に。

54 エレミヤ31章31節以降；エゼキエル11章19節以降；36章22-32。以下も参照せよ。エゼキエル39章29節；ヨエル2章28節；イザヤ32章15節；ゼカリヤ12章10節。死海文書では、1QS 1.16-2.25; 1QH 5.11f.; 7.6f.; 9.32; 12.12; 14.13; 16.7, 12; 17.26; 1QS34bis 2.5-7; 4QDibHam 5。Cross 1958, 164 n.40 を参照せよ。

55 申命記10章16節；29章6節；30章6節；エレミヤ4章4節；31章31節；32章39、40節；エゼキエル11章19節；36章26-7節；44章7節。「心に割礼を受けていない」という糾弾も同様の点を否定的に言い表している。レビ記26章41節；エレミヤ9章23節以降；エゼキエル44章7節；出エジプト記6章12、30節（唇）エレミヤ6章10節（耳）。このテーマもまた死海文書に登場する。1QS 5.5; 1QpHab 11.13（否定的な面については Leaney 1966, 167 を見よ）。初期キリスト教文献（使徒言行録7章51節；ローマ2章26-29節；「バルナバ」9諸所に；10.12）も見よ。SB 3.126; *TDNT* 6.76ff.（R. Meyer）。

3. 神より他に王なし

　当時の革命家たちの夢として際立った一つのスローガンがあった。ヨセフスは「第四の哲学」党がローマの支配を取り除くことに「熱心」であると語った。なぜなら彼らは「神より他に王（ヘゲモン、デスポテス）なし」だと信じていたからだ。こうした見解は一部の過激派だけに限定されるものではなかった。住民登録に反対して反乱を起こした人々を突き動かしたのはこうした見解だった。若者たちに黄金の鷲を打ち倒すようにと促した教師たちも同じ見解を持っていた。66 年から 70 年にかけての革命運動も同様の思想によって燃え上がった。歴史的、神学的に見れば「神の王国」というスローガンが基本的に意味するのは、イスラエルを（そして全世界を）支配すべき方はイスラエルの神であり、カエサルやヘロデその他ではない、という希望だった。これが意味するのはトーラーがついに成就されることであり、神殿が再建され、聖地が清められることだった。それは必ずしも神政無政府状態を意味しない（そのような状態を望んだ人もいたかもしれないが）。むしろこのスローガンが意味していたのは、イ

56　ヨセフス「ユダヤ古代誌」18.23 は、「熱心党」とファリサイ派との唯一の違いは解放への情熱の度合いだと指摘している。この見方が長い間持たれていたことは「ユダヤ戦記」7.323 によって確認できる。以下の議論を見よ。Goodman 1987, 93f.; Hengel 1989 [1961], 71-3, 86f., そして特に 90-110; Sanders 1992, 282f.

57　ヨセフス「ユダヤ古代誌」18.3-5。住民登録を受け入れることは、「奴隷の状態となることに等しい」と彼らは論じた。

58　「ユダヤ古代誌」17.149-63。

59　「ユダヤ古代誌」18.24;「ユダヤ戦記」7.323ff.

60　Sanders 1992, 282 を見よ。「ユダヤ古代誌」18.23 も見よ。「もし人間を主人と呼ぶことを回避できるのなら、彼らは死をも何とも厭わなかった」。「ユダヤ戦記」2.433, 443 も見よ。メナヘムはガリラヤのユダの子孫だが、「神より他に王なし」という教理を彼以上に文字通りに受け止め、メナヘムを支配者にしたくなかったグループに殺害された、とヨセフスは記している。

スラエルの神は適切に任命された人々と手段を通じてその民を統治されるだろうということだった。(ファリサイ派、エッセネ派、そして熱心党と形容された人々の視点からは)、それは大祭司制度の変更を意味していただろう。[61] いくつかの文献では、これはメシアをも意味していた。もっとも当時の顕著な特徴の一つは、王家の人物への期待は比較的稀にしか見られず、また体系立った期待ではなかったということなのだが。[62] しかし、このスローガンがどのように理解されていたにせよ、それはイスラエルの正しさが立証され、イスラエルの神によって治められる新しい秩序を明確に示唆し、よって他の世界の国々がイスラエルを通じて統治される（それが祝福であるにせよ、裁きであるにせよ）ことを意味していた。

新しい世、新しい契約はどのようにもたらされるのだろう。6章では、1世紀前半における政治的または軍事的な革命機運の高まりについて論じた。私自身の見解は、グッドマンのそれと概ね同じである。「アンチ異邦人的な態度は紀元6年よりずっと以前に遡る。おそらくマカバイ戦争の頃からだろう。このような態度は多くの異なるグループを触発し、全ユダヤ民族にあまねく広がっていた。異なっていたのはその強さの度合いだけだった。」[63] 当時の一般的な背景、聖書的な背景、マカバイ戦争という実例、ヘロデ統治下での暴動、ローマの代官たちの下での散発的な反ローマ的暴力事件、そして厳格で「熱心」なユダヤ人たちが起こした2度の戦争、これら全てはローマに対する暴力的革命が当時のユダヤ人たちにとっての有力な政治的オプションだったことを示している。そしてこうした動きは

61　ヨセフス「ユダヤ戦記」4.151-61の、熱心党の新しい大祭司の任命についての記述を見よ。「ユダヤ古代誌」13.288-92では、ファリサイ派のヒルカヌスが大祭司の地位を持つことへの反対が記されている。エッセネ派の立場については、Schürer 2.582等を見よ（一例として、1QM 2を見よ。聖戦の間に真の大祭司を立てる計画が書かれている）。このような論争が2世紀よりもかなり前から生じていたというRofé 1988の提案を見よ。

62　第Ⅳ部を参照せよ。

63　Goodman 1987, 108。

「非宗教的」目的を持った人々に支持されていただけでなく、堅固な宗教的伝統によっても裏打ちされていた。イスラエルの神が王になられるのなら、どんな手段に訴えてでも我こそはキング・メーカーになろうという者が数多くいたのである。

したがって、「神の王国」というフレーズは当時の文献にはごくたまにしか登場しないものの、それは様々な形で表現されうるコンセプトを凝縮した決め言葉だった。様々な表現というのは、イスラエルの神以外のどんな支配者を戴くこともできないという声明であったり、現在の政治的状況を覆し、イスラエルと神殿と土地とトーラーを再建するのは神のご意思なのだという声明などである。「神の王国」という複雑なコンセプトは、当時のあらゆる社会的、政治的、文化的、また経済的なユダヤ人の願望を含み、結合させたもので、そこには宗教的で神学的な側面も付与されていた。もちろんこうした側面は、主流のユダヤ人の思考様式に常に備わっていたものだった。

イスラエルの神が王となるという考えはイスラエルのあらゆる歴史的期待の中に見られるもので、それは旧約聖書に表明されている神の全世界的支配という希望に根ざしている（特に自分たちの伝統の重要性を痛切に意識している人々にとって）。そのような希望のいくつかの例を挙げてみよう。

  主よ、造られたものがすべて、あなたに感謝し
  あなたの慈しみに生きる人があなたをたたえ
  あなたの主権 [kingdom] の栄光を告げ
  力強い御業について語りますように。
  その力強い御業と栄光を
  主権 [kingdom] の輝きを、人の子らに示しますように。

---

64 Goodman 1987 は傀儡のユダヤ人貴族の件について論じている。
65 マサダの例などに見られるように、革命家たちの宗教的献身については確固たる証拠がある。本書 6、7 章を見よ。

あなたの主権はとこしえの主権
あなたの統治は代々に。[66]

まことに、主は我らを正しく裁かれる方。主は我らに法を与えられる方。主は我らの王となって、我らを救われる。[67]

いかに美しいことか
山々を行き巡り、良い知らせを伝える者の足は。
彼は平和を告げ、恵みの良い知らせを伝え
救いを告げ
あなたの神は王となられた、と
シオンに向かって呼ばわる。[68]

　もちろんこれらの聖句に示されているのは一部の思想家や書き手たちが抱いていた考えだけではない。実にそれはユダヤ人の礼拝の中で繰り返し表明されてきた人々の希望であった。
　このようなテーマを強調していた中心的な聖書の文書の一つはもちろんダニエル書だった。注目すべきことに、ダニエル書は1世紀の革命を目指すユダヤ人たちのお気に入りの書であった。彼らは、ダニエル書は現在のローマの圧政の打倒と、神の王国の樹立について語っていると理解していた。[69] ヨセフスは彼のパトロンであるローマに気兼ねして、ダニエル書の

66　詩編145編10-13節；詩編93編、96編、97編等も参照せよ。
67　イザヤ33章22節。
68　イザヤ52章7節。この節全てが示唆に富んでいる。捕囚の終わり、主（ヤハウェ）のシオンへの帰還が、イスラエルの圧迫への答えであり、イスラエルの神の全世界的統治の始まりとして見られている。この節が第四の「僕の歌」（52章13-53章12節）のすぐ前に置かれていることはさらなる考察の機会を与えている。ゼファニア3章14-20節と、15節の王権のモチーフをも参照せよ。
69　本書7、8章を見よ。

第 10 章　イスラエルの希望　537

詳しい解釈についてあまり語ろうとはしないが、彼の同時代のユダヤ人たちがどのようにこの書を読んでいたかについては疑問の余地はほとんどない。「ユダヤ古代誌」の 10.203-10 において、ヨセフスはダニエル書 2 章 1 -45 節の夢について記述している。そこには偶像的な像が「石」によって粉々にされると書かれている。ヨセフスはその像の鉄と陶土から成る部分がローマ帝国を象徴しているとは書かず、またローマが「石」によって滅ぼされると示唆しようとはしなかった。この点について、ヨセフス文献の現代の編者であるラルフ・マーカスによって次のような明らかな推測がなされている。紀元 1 世紀の解釈では、「石」はローマ帝国を打倒するメシアの王国の預言であると見られていた。特に重要なのは「ユダヤ戦記」6.312-15 で、そこには旧約聖書の「曖昧な神託」が「他の何にも増してユダヤ人たちを戦争に駆り立てた」との記述がある。その神託は、「彼らの国から出る者が世界の統治者になるだろう」と宣言している。もちろんヨセフスは、この世界の統治者をウェスパシアヌス皇帝だと解釈している。この皇帝は、そのような主張をユダヤの地で初めて表明した。しかしヨセフスは、多くの「賢明な者たち」がこの神託が指しているのはユダヤ民族の中から出る人物であると信じていたと記し、次のように結んでいる。「彼らの国が荒廃し、彼ら自身が滅びるまで、この愚かな解釈の誤りに気づかなかった。」この神託のことは、ローマの歴史家であるタキトゥスと

70　ロエブ版、6.275; Sanders 1992, 289 によれば（私の主張するポイントの劇的で不正確な確証として）「今日のダニエル書の読者でさえ、他の全ての王国を打ち倒す石が神の王国、つまりイスラエルであることを理解できる」（N. T. ライトによる強調）。

71　大きな重要性を持った預言者としてのダニエルへのヨセフスの見解については、本書 471 ページと、特に「ユダヤ古代誌」10.266-8 を見よ。ダニエル 8 章 21 節をアレキサンダー大王に当てはめていることについては、「古代誌」11.337。同書 11 章 31 節と 7 章 25 節のマカバイ時代への適用については、「古代誌」12.322。ダニエル 11-12 章のローマの台頭とエルサレムの崩壊への適用については、「古代誌」10.276-7。この最後の一連の出来事についてヨセフスはさらに考察することはせず、代わりに摂理の教理を否定するエピクロス主義者の愚かさへの一般的なコメントをするのに留めている。

スエトニウスにも（恐らく別々に）伝わっている。ヨセフスのこのような再解釈にもかかわらず、1世紀のこの神託への多くのユダヤ人の解釈は光芒を放っている。ユダヤ人の中からひとりの指導者、偉大な王が現れるだろう。彼は全世界を支配し、敵対する全ての帝国を滅ぼすだろう。

　紀元1世紀に流布していたことが分かっている二つのテクストによって、この点がはっきりする。第一に、「モーセの遺訓」では主人公の口から以下の「預言」がなされている。そこには第二神殿期の腐敗や邪悪さと、来るべき王国によって異教の国々が滅ぼされ、イスラエルの正しさが確証されることが預言されている。これらの極めて現世的な出来事は、イスラエルの神の勝利として解釈されている。

　　そして彼の王国は全被造世界にあまねく現れるだろう。
　　悪魔はその終わりを迎える。
　　そして悲しみも悪魔と共に消え失せるだろう。
　　使者が天に現れる時、彼の手は満たされるだろう。
　　そして彼は彼らの敵たちに報復するだろう。

　　天におられる唯一の方はその王座から立ち上がられるだろう。
　　そして彼は天の住まいから出てゆかれる、
　　彼の子らのために憤りと怒りを携えて。
　　大地は震え、地の果てまで揺り動かされるだろう。
　　そして高い山々は低くされるだろう。
　　渓谷は沈みゆくだろう。

　　太陽は光を放たず
　　月の角は闇へと変わる。

72　タキトゥス「同時代史」5.13; スエトニウス「ウェスパシアヌス」4。ヨセフスは、彼自身がウェスパシアヌスに対し、彼が皇帝になることを予言したと主張している。「ユダヤ戦記」3.399-408。本章552ページ以降を見よ。

そしてそれらは粉々にされる。

月は血に変わる。
そして星々の帯でさえ混沌の中に投げ込まれる。

海は奈落へと落ちてゆき、
そして水の源は消え失せ
川は消え去るだろう。

いと高き神、唯一の永遠の方は立ち上がり、
国々を滅ぼし偶像を粉々にするために自らを顕されるだろう。

そしてイスラエル、お前は歓喜する。
お前は鷹の首と羽とによじ上るだろう。
そして全てのものは満たされよう。

そして神はお前を高みへと上げ、
お前を天の星々の中、神の住まう場所に住まわせるだろう。

そしてお前はそこから見下ろし、
地にあるお前の敵たちを見るだろう。

彼らを見いだし、お前は歓喜するだろう。
そしてお前は感謝を捧げ、創造主を賛美する。[73]

この詩の文脈から、宇宙的なイメージを「文字通り」の意味に取るべき

---

[73] 「モーセの遺訓」10.1‐10。[原著では J. Priest の訳が引用されているが、著者の了解の下、ここでは Johannes Tromp の訳に従った（The Assumption of Moses: A Critical Edition with Commentary. 1993. Brill: Leiden）]。

ではないことは明らかだろう。太陽、月、そして星々は、このような詩においては世界の強大な権力を指すシンボルという役割を担っている。それらが揺り動かされ暗くなるという表現は、重大な政治的出来事の重要性を表すために 1 世紀の書き手が用いていたある種の言語だったのである。四人のローマ皇帝が相次いで非業の死を遂げ、五人目はパレスチナに進駐して王位を名乗るという出来事が続けざまに起きたローマ内乱の年（紀元 68-69 年）のような。イスラエルの正しさが確証されることはイスラエルの神が王となることと関連していたが、それはイスラエルが時空間宇宙から超越的な領域に移されることを指していると考えるべきではない。この希望はそれに先行する出来事と直接的な連続性があるが、（書き手の視点からは）それは未来の出来事であるため、過去の出来事を描くようには描くことができない。この詩の言語やイメージは未来の社会・政治的な出来事を示すために、またそれらの出来事に十分な「神学的な」意味を付与するために考案された。イスラエルは天に現れる「使者」（おそらく祭司）[74]の指揮の下、その敵を打ち倒す。そしてこれが意味するのは、イスラエルの神が王となるということである。

同様のポイントは死海文書の「戦いの書」の中の鮮やかな記述から浮かび上がってくるが、そこでは詳細な戦いのための準備と、イスラエルの神が王となることとが同時に語られている。

> そして歩兵の二個師団は前進し、二個編隊の間に駐屯する。第一師団はやりと盾で武装し、第二師団は盾と剣で武装する。神の裁きによって滅ぼすべき者を打ち倒し、神の力によって敵の編隊を屈服させ、全ての虚しい国々にその邪悪さの報いを与えるために。そして主権［メルカ、王権］はイスラエルの神のものとなり、神はその聖なる民によって偉大なる御業を成し遂げられる。[75]

---

74 「彼の手は満たされる」という表現は、祭司の叙階を指す専門用語。
75 1QM 6.4-6（Vermes 1987 [1962], 111）。

ここで、詳細な軍事計画が来るべき王国を実効ならしめるためであるのは明白だ。つまり「戦いの書」の著者は、自分があらかじめ描いた軍事行動を通じてイスラエルの神が王となると信じていたのだ。イスラエルが勝利を収めるとき、それは主（ヤハウェ）の王国の到来として理解されるだろう。主の「聖徒たち」の行動は主御自身の力強い行動に他ならない。両者は一致しているのである。社会・政治的な出来事と「超越的」な出来事という現代的な区別は、1世紀のユダヤ人の世界観において彼らは様々に異なる言語を用いて同一の出来事を表すことができたという点を理解して初めて意味をなす。[76]

　全く異なる文脈からの別の例によって、いかにこの「王国」的言語が広く流布していたかを示すことができる。「知恵の書（ソロモンの知恵）」を革命的な論争の書だと思う人はほとんどいないだろうが、そこには義なる者の正しさが立証されることによって神的な王権が確立されることが描かれている。

> 主の訪れのとき、彼らは輝き渡り、
> わらを焼く火のように燃え広がる。
> 彼らは国々を裁き、人々を治め、
> 主は永遠に彼らの王となられる。[77]

　これらの例は、当時「王国」的言語がどのように使われていたのかを非常にはっきりと示している。それは国家的な希望を表すための一般的な表現方法であり、イスラエルの神が唯一の神であるという信仰を喚起するものだった。言い換えれば、ユダヤ人の唯一神信仰と契約神学とがユダヤ人の終末論を支えていたのだ。イスラエルの神は、捕囚を終らせ、契約を更

76　1QM 12.7 もこの文脈にある。
77　知恵の書3章7–8節。

新なさるだろう。イスラエルの神は創造の神でもあるので、このような出来事を描くためには宇宙的なイメージを用いる必要があった。イスラエルの諸国民に対する勝利、神殿の再建、土地の清め、これら全てを通じ、新しい創造、新たなエデンが実現する。

したがって、この神の王国について語ることは二元的思考に陥ってしまうことではないし、時空間における出来事とほとんど無関係な出来事を思い描いているのでもない。この王国は時間を超越した真理でもなければ抽象的な倫理的観念でもないし、来るべき時空間宇宙の消滅でもない。また、「神の王国」というフレーズは共同体を意味しているのでもない。もっともそれは、新しい契約共同体の誕生を暗示してはいるが。むしろそれが意味しているのはイスラエルの歴史における契約の神の行動であり、彼らの繁栄を取り戻し、苦しい捕囚の期間を終わらせ、世界を支配する悪をイスラエルを通じて打ち倒すことなのである。通常の祭儀で祝われるイスラエルの回復は、イスラエルの神が王となることの一部だったのだ。王である神は、イスラエルを通じて世界を統治する。

ここで陥りやすい間違いについて触れておこう。「神の王国」というシンボリックな言葉とメシアの到来を直接結びつけるような証拠はあまりない。[78] メシアについて語るテクストが神の王国について語るテクストと結び合わされることはもちろんある。メシアは王国をもたらすために戦うだろう。しかし主（ヤハウェ）が王であることと、メシアが王であることとの明らかな緊張関係は実際には生じない。なぜなら両者は通常同じ文脈で語られることがなかったからだ。いずれにせよ、主（ヤハウェ）が王になることはイスラエルには統治者がいなくなるという意味ではないし、イスラエルが正しい統治者を持つようになるということでもない。イスラエルと世界を統治するであろう人々はハスモン家でも、ヘロデ家でも、カイファ一門でも、またローマ皇帝カエサルでもない。むしろ、正しい血筋の祭司たちが主（ヤハウェ）の前で祭儀を司り、人々に真のトーラーを教える

78　Beasley-Murray 1986 等にこのことが示唆されている。

だろう。そして（おそらく）ダビデの真の末裔である王が、陶器を砕くように国々を粉砕し、イスラエルに真の公義をもたらすだろう。「メシア的」と呼ばれるこうした希望は断片的なものでしかない。これらの希望は、主（ヤハウェ）の王国の到来という、より大きくもっと重要な希望の枠内に難なく収まる形で実現するだろう。この点を明確にすべく、私たちはここでメシア到来の希望についてもう少し詳しく見ていくことにしよう。

4. 来るべき王

　現在の学界は一つの点を明確にした。それは、1世紀のユダヤ人たちの間に単一で統一的な「メシア待望」などというものは存在していなかったということである。[79] 私たちが手にしている当時のユダヤ文献の大部分はメシアに言及していない。当時の多くの重要な文書は、このテーマを全く無視している。証拠となる箇所は様々な文献のあちらこちらに散見され、仄めかされてはいる。だが、主（ヤハウェ）の怒りを異邦人の上に注ぎ、あるいは神殿を再建し、イスラエルの希望を満たしてくれるはずの来るべきダビデの子についてはっきりと書かれているケースはごく僅かである。また、第二神殿期以降のラビ時代の文献を用いることにも問題がある。来るべきメシアについてのラビたちの理解は2度のローマとの戦いの敗北によって曇らされており、もっと早い時代の文献が手つかずのままラビ文献の中に残されている可能性は低い。[80] したがって、キリスト教徒やユダヤ教徒による長年の自信に満ちた発言にもかかわらず、当時の平均的な普通のユダヤ人たちがメシアの到来を信じていたと、現時点では結論づける

79　メシア待望については特に Neusner (ed.) 1987; Horsley & Hanson 1985, 3章; Sanders 1992, 295-8; Schürer 2.488-554, 特に 488-92 の引用文献を見よ。

80　後の時代のメシア信仰については Landman 1979 を見よ。そのタイトル [Messianism in the Talmudic Era] にもかかわらず、もっと早い時期についての貴重な学術研究を含んでいる。

ことはできない。現在残されている文献では、「個人のメシアが描かれている場合、彼の役割や性格は曖昧で漠然としている。[81]」

なぜメシアについての記述がこんなに乏しいのか、説明が必要だろう。三つの可能性が考えられる。一つ目は、メシアという考えは当時あまり重要でなかったという可能性である。二つ目は、私たちが手にしている文献は当時の代表的な考え方を示すものではないという可能性である。三つ目は、ユダヤ人の間での自称メシア運動の失敗により、またはキリスト教の台頭により、当時の文書からメシアに関する記述が編纂者たちの手によって削除されてしまったという可能性である。これら三つの可能性全てに、幾らかの真実が含まれているのだろう。だが同時に、非常に雑多な証拠から、ユダヤ教各派においてメシアという考えは少なくとも潜在的なものに過ぎなかったことが示唆される。それは必要とされる時に人々の意識に上ってくるような考えだった。そして多様な中にも、少なくともいくつかの共通項を見いだすことのできる考えでもあった。私たちはここでメシアについての証拠を検証し、そこから何が導き出せるのかを考えてみよう。

まず始めに、確実な四つの歴史的ポイントから考察を始めよう。第一に、ヨセフスは66年から70年の戦争に至るまでの期間やその最中に様々なメシア運動が起こったことを記しており、またその後のバル・コクバによるメシア運動についても多くのことが分かっている。これらの運動については6章と7章で既に見てきた。ここで大切なのは、そうした運動が起きていたという事実そのものである。つまり、ある特定の状況下では相当多数のユダヤ人がそれまで知られていなかった人物(または、シカリ党の場合は自称王家の人物)を選び、彼を王へと押し上げ、彼に王冠を与え、ある種の革命運動へと民衆を導いてくれることを期待した。これらの様々な運動には明らかに相違点があったことだろう。だがそれら全ては、彼を通じてイスラエルの神がその民を解放するであろう王の到来へのユダヤ人たちの期待がいくつかの階層の人々の間でかなり広がっていたことを指し示し

---

81 Harvey 1982, 77 を見よ。そこでは Scholem 1971 も言及されている。

第10章　イスラエルの希望　545

ている。少なくとも一つのケースでは、その運動は明らかに「ダビデ的」な姿を取っていたように思われる。[82] もし私たちがこのケースについてしか知らなかったとしても、既に多くのことを知っていただろう。[83]

　第二に、ヘロデ大王は明らかにこのメシア的熱望の重要性について認識していただろう。ヨセフスによれば、ヘロデが神殿再建の壮大なプロジェクトに着手した時、彼は意図的にダビデの子であるソロモンを模倣するか、恐らくは凌駕しようとしていた。[84] 8章で神殿思想について見たように、神殿を建てる者は自らの王権の正統性を示すことができる。マカバイ戦争の勝利が1世紀にも及ぶ王朝の樹立につながったのも、なんといってもユダ・マカバイが異邦人の穢れから神殿を首尾よく清めることができたからだった。ヘロデはユダヤ人たちが自分を彼らの希望の体現者だとは思わないだろうということに気づいていて、ハスモン家の王女であるマリアムネと結婚し、彼女との間に生まれた子が神殿を完成してくれることに期待を賭けていたのだろう。だが同時に、ヘロデ自身が王位を簒奪した前王朝の名を不朽のものにしてくれることをも期待していたのだろう。ここで問題なのは彼の試みが失敗したことではない。神殿はヘロデ家の権勢が失われる頃にやっと完成したし、マリアムネとその二人の息子は謀反の咎でヘロデ存命中に命を奪われている。多くのユダヤ人はハスモン家の主張を受け入れなかったし、もっと多くのユダヤ人はヘロデの主張を拒否した。だがここで問題なのはそのような主張がなされたことなのである。ヘロデは当時の人々が何を考えていたのか分かっていたと見ることができよう。ヘロデが来るべきメシア的な王という広く流布していた考えに便乗しようとし

82　シモン・ベン・ギオラについて、Horsley & Hanson 1985, 120ff. を見よ。
83　ヨセフスが「慎重に『若枝』や『ダビデの子』や『メシア』といった言葉を避けていた」（Horsley & Hanson 1985, 114）というのは言い過ぎだろう。彼がダニエル2章44以降とダニエル7章という二つの重要な聖句を足早に通り過ぎたのは確かだ（「ユダヤ古代誌」10.210 と恐らく「ユダヤ戦記」6.312f. も。上記参照）。しかし先の語群はこの二つの聖句には登場しない。
84　「ユダヤ古代誌」15.380-7, 特に385。

たのならば、少なくともそのような思想が存在し、またヘロデが自己流に解釈できるほどに曖昧な思想だったと考えるべきだろう。

　第三に、バル・コクバの反乱の重要性に着目できよう。これは間違いなくメシア的運動だった。ミシュナーの英雄のひとりであるラビ・アキバが不運な反乱の首謀者を「星の子」ダビデの子として歓呼して迎え入れたという確固たるラビ伝承がある。[85] ここでもまた、細かな点は重要ではない。大切なのは、第二神殿期を通じてある状況下ではメシア思想が喚起されうるものだったということだ。普通の人々は何について語られているのかを理解していた。そして多くのユダヤ人は、直感的に信頼できそうなメシア候補者の下に馳せ参じたのである。

　第四に、この歴史的素描における新約聖書そのものの重要性に注目すべきだろう。原始教会はすぐにユダヤ的なメシア思想を捨てて、イエスに全く別の観点から称号を与えたのだと学者たちが主張するようになって久しい。しかしユダヤ教自体にメシア思想があまり見られないという事実からすると、イエスの1世代後、恐らくはユダヤ戦争後に書かれたと一般に考えられている福音書に、メシアのギリシャ語名であるクリストスや他のメシア的なテーマ（ダビデの子孫、旧約聖書の重要なメシア的テクスト、神殿との結びつきというようなテーマ）がこれほど登場するのは驚くべきことだ。私自身は、学者たちはキリスト教からあらゆるユダヤ的要素を引きはがそうと躍起になっていた先の世代によって間違った方向に誘導されており、原始キリスト教徒たちは修正されたメシア思想をなおも抱き続けたと考えている。[86] 2世紀中葉に活躍した殉教者ユスティノスでさえ、イエスが真のユダヤ人のメシアであったことが重要だと考えていた。だが、キリ

85　本書6、7章を見よ。アキバのものとされる他の言葉によると、アキバはダニエル7章9節が二つの玉座、一つは「日の老いたる者」のため、もう一つはダビデ（つまりメシア）のための玉座を指していると解したが、このことは重要かもしれない；Horbury 1985, 36-8, 45f. は、バビロニア・タルムード「ハギガー」14a、「サンヘドリン」38bについて論じている。

86　第Ⅳ部を参照せよ。パウロのメシア思想についてはWright 1991a, 2-3章を見よ。

スト教が正式にメシア思想を断念したとする学者たちの見解が正しかったとしたら、新約聖書のほとんどに絶え間なく現れるメシア的テーマは尚のこと以下の事実を強力に証するものだ。それは、1世紀のユダヤ教についての多くの証拠があろうとなかろうと、またユダヤ人の希望についての統一した見方を再構築できようができまいが、メシア思想は確かにそこに存在していたということだ。原始キリスト教徒たちはある意味でヘロデがしたことをしていたように見える。つまり彼らは漠然としたメシア思想を、イエスという確固たる土台を中心に描き直したのだ。そしてメシア思想に正確さと方向性を付与したのである。イエスのダビデ的メシア性にこれほどの重要性が与えられたことは特に重要である。[87]

これらの確固とした歴史的出発点を持つことによって、黙示文学やその他の奇妙な文献を参照するよりもずっと確かな枠組を持つことができる。さらには、これらの点はより確かで議論の余地のない事実を指し示す。もし私たちが当時のユダヤ人たちの信仰や期待を形作ったものについて何か知っているとしたら、それは聖書を読むことを通じてだったということだ。そして多くのユダヤ人が親しんできたヘブライ語聖書やギリシャ語の七十人訳聖書は、王の到来について多くのことを語っている。ダビデになされた約束、その後もその約束はしばしば繰り返されたが、それは聖書からはっきりと聞こえてくる。[88] それらは詩編において祝われている。[89] 聖書全体の中でもっとも素晴らしい詩のいくつかには、来るべき解放がはっきりと言い表されている聖句が含まれている。それらの例として、イザヤ9章、11章、42章などを挙げることができよう。なるほど、私たちがヘブライ語聖書の中に潜在的な「メシア的」テクストを見いだしたからといって、1世紀のユダヤ人たちがそれらのテクストをメシア的に読んだとは限らない。しかし、聖書朗読や朗唱がユダヤ人のあらゆる世界観(それには

87　Sanders 1992, 526 n.17 を見よ。
88　サムエル記下7章4-29節；列王記上3章6節、同8章23-26節等を参照せよ。
89　詩編2編89節等を見よ。

メシアへの待望も含まれる）を形成する上で非常に重要な役割を果たしていたことを見逃してはならない。

　メシアについてはっきりと言及している第二神殿期の4種類の資料を検証することで、この点は明確になる。そのいずれにおいても、メシアについての見方は聖書にしっかりと根ざしている。まず死海文書から始めよう。クムランの第4洞窟から発見された特筆すべき断片を取り上げたい。それはほぼ間違いなく紀元前1世紀後半のもので、主要な聖句を紡ぎ合わせて、来るべき王についての一つの声をまとめあげている。サムエル記上7章10-11節の詳細な釈義に続いて、この文書の著者はそこに出てくる共同体のことを神殿と解釈していることが示される。そしてテクストは以下のように続く。

　　彼はあなたに家を建てるだろう、と主は言われる。私はあなたの身から出るものを興す。私は彼の王国の王座を［とこしえに］固く据える。わたしは彼の父となり、彼はわたしの子と［なる］。彼はダビデの若枝で、［終わりの］時にシオンから［統治する］ために律法の解釈者と共に現れるだろう。わたしはダビデの倒れた仮庵を復興し、と書いてある通りに。つまり、倒れたダビデの仮庵とはイスラエルを救うために現れる者のことである……

　　なにゆえ、国々は［騒ぎ立ち］、人々は［むなしく］声をあげるのか。なにゆえ、［地上の王］は構え、支配者は結束して主に逆らい、［主の油注がれた方］に逆らうのか。この解き明かしは、終わりの日にイスラエルの選ばれた者たち［にいきり立つ］［地上の王たち］に関することである……[90]

90　4Q174（=4QFlor）1.10-13, 18f.（Vermes 1987 [1962], 294）。聖書の引用は、サムエル記下7章11、12、13、そして14節；アモス9章11節；詩編2編1節。詳細は Vermes 1987 [1962], 293。このテクストについては、Brook 1985 を見よ。

第 10 章　イスラエルの希望　549

　ここから、ヘロデ大王が死に、そしてイエスが生まれた頃、あるユダヤ人たちが何を考えていたのかを知ることができる。よく知られているように、死海文書は王としてのメシアだけでなく、もうひとりの人物、つまりある教師（ここでは「律法の解釈者」）または「メシアの支配」における祭司についても描いている。[91] しかし、王としてのメシア像の聖書的根拠は明白で、「祝福の言葉」の中のくだりからさらに詳しく見て取ることができる。

> 主があなたをとこしえまで高めて下さいますように。そして高き壁の上の堅固な櫓となりますように。
> あなたが力強いその手によって［人々を打ち倒し］、笏によって地に報復をもたらしますように。あなたがその唇の息吹によって不敬虔な者どもに死をもたらしますように。
> 主があなたに［思慮の霊と］、とこしえの力と、主を知り畏れ敬う霊とを［下さいますように］。正義を［その腰の］帯とし、［忠実さを］その手綱とされますように。
> 主があなたの角を鉄とし、あなたのひづめを銅とされますように。あなたが若き牛のようになぎ倒し、通りの泥のように人々を［踏みつけますように］。
> なぜなら神はあなたの王笏を固く据えられるからです。支配者たち……と諸国の［全ての王たち］はあなたに仕えるでしょう。主はその御名によってあなたを強め、あなたは［獅子となるでしょう。あなたはその獲物を食らうまで伏せることはありません。］その獲物を助け出すものは何もありません……[92]

91　1QSa 2.11–21 など。クムランにおける「二人のメシア」については、Vermes 1977, 184ff. と特に Talmon 1987 を見よ。この考え方は、おそらくゼカリヤ 6 章 11 節；エレミヤ 33 章 14–18 節などにまで遡れるだろう。

92　1QSb 5.23–9（Vermes 1987 [1962], 237）。Horsely & Hanson（1985, 130）では、この引用した部分について驚くべき主張がなされている。それによれば、未

ここでも聖書的根拠は明白である。詩編（61編2節以降）、そして特にイザヤ書（11章1-5節）とミカ書（4章13節）からの引喩はその基となっている。これは、（少なくとも）あるユダヤ人たちが特筆すべきいくつかの聖句をどのように理解していたのかを示すものだと自信を持って言えるだろう。

　クムランを後にして、二番目の資料に移ろう。私たちは似たようなメシア像を「ソロモンの詩編」の有名な箇所の中に見いだすことができる。

> 主よ、ご覧下さい。そして彼らの王を呼び出して下さい。
> あなたの僕であるイスラエルを治めるダビデの子を、
> あなたのお定めになった時に、神よ。
> 力をもって彼を支えて下さい。不義な支配者たちを滅ぼし、
> エルサレムを踏みにじる異邦人たちからその地を清めるために。
> 知恵と義をもって、罪人たちを嗣業から追い払うために。
> 罪人たちの傲慢を陶工の坪のように打ち砕くために。
> 全ての彼らの財を鉄のさおによって粉砕するために。

　来の王は「口から出る言葉」によって諸国を打ち倒すとあるので、この節は「非現実的で超越的」なトーンを帯びており、それゆえ私たちはこれを実際の軍事的交戦というより理想化された天上の戦争絵巻として見るべきだ、ということになる。だが、残りの節はこの仮説と相容れない。この仮説はこの二人の学者たちの当惑、つまり貧農以外の人々の間にもメシア待望が存在していたことへの当惑から生まれたものだ。「力強い手」と「鉄の角と銅のひづめ」、また若い牛が人々をなぎ倒すイメージが非現実的かつ超越的、または天上的なものだとは思えない。いずれにせよ、「口から出る言葉」も「唇の息吹」も当然ながらイザヤ11章4節からの引用であり、それがこの文章全体のイメージの主な源泉となっている。ホースレーとハンソンがクムランのメシアたちについて「上品で、精神的な人物像」だと要約しているのは、イデオロギーの歴史学方法論への驚愕すべき勝利である（特に、1QM 1.9ff. やそれに類する節の現実主義を勘案すれば！）。

第10章　イスラエルの希望　551

口から出る言葉によって不法な国々を滅ぼすために。
彼の叱責により、諸国は彼の前から逃げ失せます。
そして彼は罪人らを彼らの思いと心によって罪に定めます。

彼は聖なる民を呼び集め、義によって彼らを導きます……
彼の時代には、その民らの間に不義は見られません、
彼らは皆、聖なる者となるからです。
そして彼らの王は主であるメシアです[93]。

　ここでもまた、聖書的響きがはっきりと聞こえてくる。詩編2、18、104、そして101編の全てが聞こえてくるし、イザヤ書42章やその他も同様だ。極めて明白なのは、ローマ統治下のあるユダヤ人たちは、聖書に預言され、彼らを異邦人の手から救うためにやって来るメシア的な人物への明確な見方を持って聖書を読んでいたということだ。もし「ソロモンの詩編」がファリサイ派によるものならば（これまでそう考えられてきたし、その見方は反証されていない）、それはユダヤ人のメシア理解の全体像について非常に興味深い示唆を与える[94]。
　私たちはここで、別の箇所で既に触れている三番目の資料について考えてみよう。紀元66年の戦争に向かって行く状況の説明の中で、ヨセフスは来るべき破滅を予感させる様々な凶兆や預言があったことを記述している。ではなぜユダヤ人たちは破局への道を歩んでしまったのか、とヨセフ

93　「ソロモンの詩編」17.21–32（訳：R. B. ライト in Charlesworth 1985, 667）。残りの詩編は来るべき武人のメシアについて描写している（18.5–9）。ここでもまた、ホースレーとハンソン（1985, 105f., 119, 130f.）はこの1節は軍事的リーダーではなく「教師である王」（106）についてであり、ここでのメシア思想は貧民の間での真剣なメシア待望とは何の関係もなかったと主張する。彼らが繰り返し参照する「口から出る言葉」は、打ち砕かれる陶工の坪や鉄のさおという文脈で理解される必要がある。
94　Schürer 3.194f.; Nickelsburg 1981, 203; そして慎重な見方として Charlesworth 1985, 642 を参照せよ。

スは問う。滅亡を警告する聖書の「託宣」があったのにもかかわらず。それは、別の託宣があったからだ。

　しかし、他の何にも増して彼らを戦争へと駆り立てたのは、ある一つの曖昧な託宣だった。その託宣もまた、彼らの聖なる書に見いだされるものだった。それは、この時代に彼らの国から現れる者が世界の支配者になるだろうという趣旨の託宣だった。彼らはその人物が彼ら自身の民族に属する者だと理解し、そして多くの賢明な者たちがその解釈によって道を誤ってしまった。しかし、実際にその託宣が告げていたのは、ユダヤの地で皇帝であることを宣言したウェスパシアヌスの統治のことだったのだ。とは言うものの、人は自分の運命から逃れることはできない。たとえそれを予見していたとしても。それで、それらの凶兆のいくつかをユダヤ人たちは自分に都合の良いように解釈し、他のいくつかについては馬鹿にして取り合わなかった。彼らの国土と彼ら自身の破滅が、彼らに自分たちの愚かさを気づかせてくれるまでは。[95]

　もしヨセフスにその全著作集に一つだけ何か付け加えてもらえるのならば、このテクストに脚注を付けて彼がどの聖書箇所を念頭に置いていたのかを教えてもらいたいものだ。だが、ここには重要なヒントがある。この託宣は「賢明な者たち」によってヨセフスが言うように解釈されていた。

95　ヨセフス「ユダヤ戦記」6.312-15。サッカレーはタキトゥス「同時代史」5.13 とスエトニウス「ウェスパシアヌス」4 の類似した記述を引用し、タキトゥスがヨセフスを読んでいたというのはありそうもなく、共通の資料を用いたのだろうと仮定している。私はヨセフスがこの情報を得るために何かの資料を必要としたとは思えない。他の誰よりも、ヨセフスは 60 年代中葉のエルサレムで「賢明な者たち」が何を語っていたのか知っていたことだろう。また、「ユダヤ戦記」6.299f. とタキトゥス「同時代史」5.13 の類似などから考えても、タキトゥスがヨセフスを読んでいた可能性は極めて高いように思われる。Rajak 1983, 193 を見よ。

そしてこれは年代に関するものだった（「この時代に」）。[96] この託宣が含まれている可能性がもっとも高い書は、「ダニエル書」である。もし私たちが1世紀の人々がどのような年代計算をしていたのかについて何か知っているとするならば、それは以下のことだ。ダニエル書は終末的なタイム・スケジュールについての情報を得るために、特に「賢明な者たち」である1世紀の学者らによって徹底的に調べ上げられていた（ダニエル書12章3節を見よ）。ではダニエル書のどの箇所を調べていたのだろう？年代計算について書かれている箇所は明らかに8-9章である。それはエルサレムの回復の時期を計算するためのバビロン捕囚以降のタイム・スケジュールを提供している。その時期について計算していた形跡は当時の様々な文献に見られる。現在の学者たちは次のことを力強く論じている。ダニエル書9章24-27節にある「七十週の預言」における捕囚から神殿の再建、そして「油注がれた君」の到来という時間軸のどこかに最後の「1週［つまり7年間］」が来るのだが、ある種の計算の仕方によればそれは紀元60年代半ばに到来することになる。ファリサイ派は基本的にこのように計算していたが、このことはなぜ彼らがこの時期に反乱を支持する動きに加わっていったのかを説明する助けになるだろう。[97] だが、ダニエル書9章24-27

96　ギリシャ語の「カタ・カイロン・エケイノン」は非常に特定的で、一般的なニュアンスではない。

97　ベックウィズによる非常に詳細な説明を見よ（Beckwith 1981）。ベックウッズはダニエル書の有力なライバルである民数記24章17-19節について（ヘンゲルらによって支持されている説；Hengel 1989 [1961], 237-40）、民数記は年代計算スキームを何ら提供していない一方、ヨセフスはダニエル書にはそれができたと明確に語っているという事実（「古代誌」10.267）から自説の正しさを論じている（532）。私のここでの主張は、ダニエル書7章そのものが一次的な指示対象だということではない（この説をヘンゲルは否定している）。むしろダニエル書9章と2章のことを言っているのであり、それに7章が暗黙の内に関連しているということだ。Rajak 1983, 192 はヨセフスがどの聖書箇所を念頭に置いていたのかを探求するのは不毛だと言っているが、それは明らかに有力な候補が見当たらない場合にのみ言えることだろう。

節が年代計算のためのスキームを提供しているのなら、「世界の支配者」[98]というアイデアはどこから来たのだろうか。明らかな箇所はダニエル書2章35、44-45節である。四つの金属から成る像によって象徴される四つの偉大な王国の後に、[99]「一つの石が人手によらずに切り出され、その像……を打ち砕きました」。「その像を打った石は大きな山となり、全地に広がったのです」。ダニエルの解釈では、この幻が示しているのは、「この王たちの時代に、天の神は一つの国を興されます。この国は永遠に滅びることなく、その主権は他の民の手に渡ることなく、すべての国を打ち滅ぼし、永遠に続きます。」[100] ヨセフスはこのストーリーを「ユダヤ古代誌」10において語り直しているが、それは色々な意味で興味深い。彼はこの「石」がしたことについて語るのを省いただけではない。さらにダニエル書2章29節について、「先々のことを思いめぐらしておられた王様に」という下りを「あなたの次に全世界を支配する者は誰なのだろうかと思いめぐらしていた時に」と言い換えているのである。[101] これはある意味でバビロニアに続く全ての王国を指しているが、特にそれが指し示しているのは最後の王国、石に象徴される王国である。まるでヨセフスが残してくれなかった脚注をここに見ているかのようだ。未来に起きる事柄だけでなくその時期までも告げ知らせるダニエル書は、すぐにも起きるはずのメシアによる救済の預言として紀元60年代に読まれていた。とくに2章と9章とを併せて解釈することによって。

だが、ヨセフスの仄めかす神託がダニエル書2章と9章を指しているという議論が正しいのなら、ダニエル書7章がそこには含まれていなかった

---

98 ギリシャ語で、ティス・アルヘイ・テス・オイコウメネス。
99 ダニエル2章40-43節によれば、鉄と陶土から成る足は第五番目の王国ではなく、第四の王国の分裂を表していることに注意する必要がある。ヨセフスもそのように理解していた(「古代誌」10.206-9)。
100 ダニエル2章34節以降、44節。
101 ギリシャ語で、ティス・アルヘイ・トウ・コスモウとある。「ユダヤ戦記」の記述と非常に似た響きがある。

と考えるのは難しい。二つの証拠がそれを支持している。第一に、ダニエル書の2章と9章が非常に近い平行関係にあることを既に見てきた。連続する四つの王国と、それに続く神ご自身が打ち立てる永遠の新しい王国というテーマとはどちらの章にも等しく見られる。第二に、ダニエル書7章は1世紀において、非常に異なったいくつかのメシアについての憶測を生み出す情報ソースとなっていたということだ。ある1世紀の解釈者たちは、ダニエル書9章（明白にメシア的である）と2章（これも「石」というメシアを連想させる言葉によってメシア思想と結びつけられる）[102]とを組み合わせることで、ダニエル7章にラディカルな解釈を施すに至ったように思われる。つまり、ダニエル7章13節以降が個人を指していると解するようになったということだ。

そこで、メシアを巡る考察において、（ヨセフスが指し示した）あるグループはダニエル書の2章と9章だけに着目し、他のグループ（第4エズラや第2バルクに代表されるような人々）はダニエル書7章だけを用いたという風に考えるのでない限りは、以下のように結論づけるのが妥当だろう。メシアに関するものだと広く信じられていたとヨセフスが曖昧に言及した神託とは、ダニエル書全般と、特に2、7、9章だということだ。ヨセフスはダニエル書の他の箇所については詳しく解説したにもかかわらず、この三つの章については沈黙を守っている。[103] 沈黙からの議論には危険が伴うが、この場合には沈黙は雄弁に語っている。

ヨセフスから第4エズラ、第2バルク、そして第1エノクに移るのは大きな飛躍に見えるだろうが、これらの書は1世紀における聖書的なメシア待望の存在を示す四番目の証拠なのである。少なくとも第4エズラと第2

---

102 例としてイザヤ28章16節；詩編118編22節以降；そしてマタイ福音書21章42節以降とその並行記事；使徒言行録4章11節；ローマ9章33節；第1ペテロ2章6節。

103 「ユダヤ古代誌」10.186-281はダニエル書のほとんどの部分をカバーしているが、7章については省いている（10.263の後）。ダニエル書がローマによるエルサレムの破壊を預言したとしている10.276は、クリュソストモスによれば他の写本に付け加えられたものだ。

バルクの場合、この待望は紀元70年の壊滅の後も生き残り、来るべき解放を待ち望み続けていたのである。[104]

まず始めに、第4エズラの大半の部分においてイスラエルの未来に関する問いは、メシアについての詳しい言及なしに論じられることができたことに注目すべきだ。[105] 11-12章の「鷲のビジョン」において見いだされるのは単なるメシアではない。それはダニエル書7章が再解釈されたメシアなのである。「エズラ」は多くの頭と多くの翼を持つ鷲を見るが、それらの頭や翼は明らかに（文学的な意味で）王国の様々な王たちを表象している。そして新たな生き物が登場する。

> わたしは見た。すると、森から獅子のようなものがほえながら起き上がって出て来た。そして、それが鷲に向かって人の声を発して言うのが聞こえた。「聞け、お前に言うことがある。いと高き方はお前にこう言われる。『お前は、わたしが世を支配させ、わたしの時の終わりを来させるために造った四つの獣の生き残りではないか』と。お前は四番目にやって来て、それまでの獣をすべて征服し、権力を振るって世を大いに震え上がらせ、全世界をひどく苦しめ、またこれほど長い間、世に住み着いて欺いた……お前の非道はいと高き方に、お前の傲慢は力ある者に達した。そこでいと高き方は、御自分の定めた時を顧みられた。すると、時は終わり、世は完了していた。それゆえ、鷲よ、お前は消えうせるのだ。お前の恐ろしい翼も、最も邪悪な小さな羽も、悪意に満ちたお前の頭も、最も邪悪なつめも、むなしいお前の体全体も消えうせるのだ。そうすれば、全地は、お前の暴力から解放されて力を取り戻し、地を造ら

---

104 この分野全体については、Charlesworth 1979 を見よ。
105 例外は7章28節以降である。「わが子であるメシアが、彼に従う人々と共に顕され、生き残った人々は四百年の間大いに喜ぶ。その後、わが子メシアも息ある人も皆死ぬ。」その後に死者の復活と裁きとがある。第4エズラのメシア思想については、Stone 1987; 1990, 207-13 と他の文献を参照せよ。

れた方の裁きと憐れみを待ち望むことができるであろう。」[106]

このジャンルではお馴染みなように、「エズラ」はこの幻に当惑し、この解き明かしを祈り求めた。そしてそれが与えられた時、ダニエルとの関連が明らかになる。

> 「あなたの見た幻を解き明かせばこのようになる。海から昇って来るのが見えたあの鷲は、あなたの兄弟ダニエルの幻に現れた第四の王国である。しかし、彼にはわたしが今、あなたに解き明かしているように、あるいは既に解き明かしたようには、明らかにされていなかった。見よ、時が来て、地上に一つの王国が興る。その王国は、それまでにあったどんな王国よりも、恐ろしいものである……［続いて鷲とその様々な翼と頭についての解き明かしが続く。］あなたは、獅子が森の中からほえながら、起き上がって出て来るのを見た。その獅子は鷲に話しかけ、言葉の限りを尽くして、鷲の不正な業を非難していた。これはあなたが耳にしたとおりである。この獅子とは、いと高き方が王たちとその不敬虔のために、終わりまで取って置かれたメシアである。彼は、王たちの不正を論証し、王たちの前に、その侮辱に満ちた行いを指摘する。メシアはまず、彼らを生きたまま裁きの座に立たせ、彼らの非を論証してから滅ぼす。彼は、残ったわたしの民を憐れみをもって解放する。彼らはわたしの領土で救われた者であり、メシアは終末、すなわち、裁きの日が来るまで、彼らに喜びを味わわせるであろう。裁きの日のことは、初めにあなたに話しておいた。これがあなたの見た夢とその解き明かしである。[107]

106　第4エズラ11章36-46節。
107　第4エズラ12章10-35節（訳：B. M. メツガー in Charlesworth 1983, 549f.）。「終末」のメシア的王国（12章34節）については、7章29節；第1コリント15章24-28節を見よ。

この1節には多くの特筆すべき点がある。第一に、これはダニエルの四番目の獣が何であるか特定されていないことを活用し（最初の三つの獣は獅子と熊とひょう）、それを鷲だとしているが、これは明らかに（文学的表象として）ローマ帝国を表している。実際に鷲のイメージは社会・文化的システムの中でローマ帝国を象徴するものとして用いられていた。第二に、この幻は明確に新たな解釈を提供している。第三に、幻の中でダニエルが「人の子のような者」を登場させるところで、この幻は「人の声を発する獅子」を登場させる。このことのもっとも良い説明は、獅子の「人の声」をダニエルの「人の子」と関連づけていることのように思える。彼が獅子であること自体、ダニエル7章の1匹目の生き物も獅子であるという事実から甚だ紛らわしいのだが、ここにダビデ的なメシア思想を見て取ることができる。[108] 最後に、この場面の大円団の一つは鷲への裁きであり（ダニエル7章で第四の獣が裁かれるように）、もう一つは「我が民の残れる者たち」の救済と解放である。[109] ダニエル7章18、27節の「いと高き者の聖者ら」とは、元々の文脈では7章13節の「人の子のような者」の解釈なのだが、ここでは独自の意味を帯びている。この1節全体をダニエル書7章の再解釈だと考えるなら、第4エズラにおいては「人の子のような者」は文学的な意味ではメシアを指しており、彼はまた社会的な意味ではイスラエルの残れる者たちを表象している。そして、この再解釈において物事が現実世界の観点で描かれていることは明らかである。「これと次のビジョンにおけるメシアの主な活動とはローマ帝国の破壊である。」[110] ダ

---

108 創世記49章9節の重要性については、ヨハネ黙示録5章5節等に使われていることからも分かる。Stone 1990, 209 では、1QSb 5.29（上記参照）等を引用している。

109 Stone 1987, 211f. では、司法的裁きという考えはダニエル書から採られたのではなく、論理的帰結であると述べられている。しかしながら、ダニエル書の情景もまた概略において司法的であるように思われる。ストーンは第4エズラにおけるメシアの支配は「軍事的というより法廷的なものだ」と示唆している（1987, 219f.）のは行き過ぎである。

110 Stone 1987, 212。

ニエル7章全体、そして特に13-14節の明らかな再利用が示しているのは、ダニエル7章のイメージの根本的な意味を考えること無しに「人の子」の解釈にまつわる問題を論じようなどというのは論外だということだ。[111]

第4エズラからの最後の1節は、「海から昇って来た人」[112]と「天の雲とともに飛んでいる」人（13章3節）に関するものだ。

> その後、わたしが見ていると、見よ、無数の人々の群れが天の四方から集まって来て、海から昇って来た人と戦おうとしていた。更に見ていると、見よ、その人は自分のために大きな山を刻み出し、その上に飛び上がった……すると、見よ、彼は群衆の襲撃を見ても手を上げず、投げ槍も取らず、何の武器も取らなかった。ただわたしが目にしたのは、彼が口から火の流れのようなものを、唇から炎の息を、舌からは稲妻の嵐を発している有様だった……［それらは無数の群衆を粉砕した］。この後、わたしは、この人が山から下りて、別の平和な群衆を自分のもとに招いているのを見た。彼のもとに、様々な顔の人々が近づいて来た。喜んでいる者もいれば、悲しんでいる者もいた……[113]

またもやこの幻は「エズラ」を当惑させた。彼はこの解き明かしを願った。海から昇って来た人は、いと高き方によって定められた時まで取って置かれ、彼は裁きを下すために出て行くだろう、とエズラは言われた。そして、

---

111 最近の例では、Hare 1990, 9-21。目次が示すように、ヘアは第4エズラ13章のみに着目し、12章については僅かに触れるに留めている。そして強力で明確なダニエル書への依拠については決して語ろうとはしないのだ。

112 これは混乱させられる記述である。なぜならダニエル書や第4エズラ11章では海は邪悪な獣たちの生まれる場所だからだ。その説明は13章51節以下で与えられる。海の深みに何があるのかは誰も知らないように、子も彼が顕される時までは誰も見ることができない。

113 第4エズラ13章5-13節（訳：メツガー 551f.）。

これらのことが起こり、わたしがさきにあなたに示ししるしが現れるとき、そのとき、わたしの子が登場する。わたしの子とは、海から昇るのをあなたが見た人のことである。すべての民は彼の声を聞くと……一つに集結し、無数の群衆となって、あなたが見たとおり、彼に戦いを挑むであろう。しかし彼は、シオンの山の頂に立つ。あなたは山が手によらずに刻み出されるのを見たが、シオンは整えられ、建てられた姿で到来し、すべての人々に現れる。そこで、わたしの子は、立ち向かって来た民に対して、その不敬虔を論証する……[114]

ここでもまた、ダニエル書との関連がある。だが、ここでは 7 章よりも 2 章との関連が強調される。ダニエルでは石が切り出されて山になるが、エズラでは山が刻み出されてシオンの山となる。ダニエル 7 章との関連は、「天の雲とともに飛んでいる」人についての初めの言及による。だがそれは先の段落の場合とは異なり、思考の流れ全体というより一つのイメージによって橋渡しされる関連でしかない。

　この 1 節について二つのことを言っておく必要がある。第一に、第 4 エズラが書かれた紀元 1 世紀末までには、ダニエル書のイメージは様々な形で再利用されることが可能になった。それはイスラエルの来るべき救済に焦点を当てたもので、来るべき救済者について様々な文学的イメージで表している。だが、ダニエル書 2 章と 7 章がこのように用いられていたことについては疑問の余地はない。第二に、ダニエル書そのものについても、またそれを再利用した文学についても言えることだが、当時のユダヤ人たちがこのような 1 節を物理的な出来事の文字通りの予言として捉えていた、と考えるのは黙示文学というジャンルを誤解してしまっている。この点について納得できない方は、第 4 エズラ 11 章の鷲の幻を再読すべきだろう。問われるべきは、これらの文学的イメージが時間と空間と歴史の世界において何を表象しているのか？ということなのである。

114　第 4 エズラ 13 章 32-37 節（訳：メッガー 552）。

これらの点のいずれも、第4エズラと非常に近い他の黙示文学、つまり第2バルクにおいても同様に関連性がある。先に見てきたように、39-40章では四つの王国というダニエルのイメージが用いられ、それに続いて油注がれた者が顕され、そしてシオンの山で邪悪な支配者たちの最後の者が裁きを受け、そして「彼の支配は腐敗の世界が終わるまでとこしえに続く。先に示したその時が満ちるまで。」[115] 第2バルクが第4エズラに依拠しているかどうかはさておき、よってこれが完全に独立した証拠ではないにせよ、この箇所はダニエル7章がメシア・テクストとして読まれていたもう一つの証拠だと言える。1世紀の末頃には、ダニエル7章は他の聖書のテーマと結びつけられメシア預言の書として理解されていたのだ。

　第4エズラと第2バルクから第1エノク、特に「エノクのたとえ」（37-71章）に話題を移そう。これは比較的明確な分野から比較的困惑させられる分野へと移ることを意味する。このように言うことは非常に主観的だが、しかし強調すべきは第1エノクの「人の子」とは何を意味するのかについて長いこと議論が続けられてきた一方、これまで考察してきたテクストについてはダニエル7章が再利用されているのが容易に見て取れるということだ。私たちの研究にとって、第1エノクの散漫で入り組んだ詳細について研究するのは重要ではない。必要なのは、イメージの異なった使われ方に着目することだ。[116]

　特に、第二のたとえ（45-47章）は明らかにダニエル7章に基づいているが、第4エズラや第2バルクのようにはこの章のストーリーを語り直そうとはしていない。むしろダニエル書が触れないでいた部分から話が始まる。人の子は既に日の老いたる者の前の玉座に着いていて、裁きの詳細と

---

115 「第2バルク」40.3（訳：A. F. J. クライン in Charlesworth 1983, 633）。ダニエル書の四つの王国に関連した森の幻の解釈については、39.2-8。

116 「エノクのたとえ」の執筆時期という困難な問いについては、Schürer 3.256-9 の議論と、Charlesworth 1983, 7 のアイザックの要約を見よ。多くの学者はこの書がキリスト教徒によるのではないこと、また紀元1世紀に書かれただろうということを支持している。

ダニエルの幻と解き明かしの結論部分である義なる統治に焦点は移っている。[117] 日の老いたる者と人の子(または45.3やその他の「選ばれし者」；または52.4などのメシア)の登場はこれから展開されていく詳細な裁きの出発点となっている。この二人の神的人物は所与とされていて、彼らの特別な働きについては書かれていない。本シリーズの続巻で、これらの箇所と、同様のイメージを用いたキリスト教徒による書簡との関係について論じる。ここでは、第1エノクは「人の子」について紹介したり説明したりはせず、単にそれを前提としているとだけ言っておけば十分だろう。[118] これが示唆するのは、「エノクのたとえ」がどの時期に書かれたにせよ、ダニエル7章、第4エズラ、そして第2バルクについて詳細に考察してきた情景を「たとえ」の記者はよく知っていただろうということだ。四つの王国、大いなる転換、そして選ばれしものの正しさが立証されること、それらは前提とされている。そこで次のステージ、つまり難解な裁きの座の場面へと移ることができるのだろう。

　「第三のたとえ」(58-69章)がまさしくそうである。62-63章では本書全体のクライマックスとして裁きの場面が登場する。[119] ここでもまた、「選ばれし者」(62章1節)、「人の子」(62章5-9節)は何の前置きもなく登場する。彼は四つの王国の後に現れるのでもなければ、ダニエル書7章21-22節にあるような苦難の後に栄誉を与えられるのでもない。彼は単に「霊なる主」の選ばれし者として全世界の前に示されるのみである。そしてその裁きの結果は、彼の前に立つある者たちにとっては喜ばしいもので

117　「第1エノク」46.2-8; 48.1-10。48.10には詩編2編2節のエコーが聞き取れる。

118　これはMoule (1977, 14-17その他) によって指摘された点で、ダニエル書7章では無冠詞の「人の子」は第1エノクにおいては「あの人の子」となっている。つまり、「人の子」とはダニエル書によって知られている人物だということだ。第1エノクのダニエル書への依拠はより広い文脈から明らかであるように思われる。言語学的な点が更なる裏づけとなろう(だが、Casey 1991, 40f. を見よ)。

119　Nickelsburg 1981, 219。

(62章14節)、他のある者たちにとっては恥辱となる（63章11節）[120]。

「第1エノク」に見られるのは、ダニエル7章の情景からの実質的な展開である。だが、このような展開が直ちに起こったと考えるべきではない。異なるグループや個人があるテーマについて様々に解釈し、新たなインスピレーションを得ようとオリジナルなテクストについて再考したり、そのテクストについての別の解釈を参照したりするのはよくあることだ[121]。また、第1エノクと、第4エズラ、第2バルク、そして福音書との間の文学的その他の依存関係について想定する必要もない。むしろ私たちがここで見いだすのは、1世紀のユダヤ人のメシア信仰と聖書の読み方についての非常に多彩なタペストリー的思考の流れなのである。そしてその流れが示唆するのは、これらの著者たちはこのような思考が広く知られていると考えていたということだ。ある一つの文学作品は、それ故もっと大きな世界を見通すための窓となりうる。

これら非常に異なる四つの証拠、クムラン、ソロモンの詩編、ヨセフス、そして黙示文学、これらの研究から私たちは何を学んだのだろうか[122]。私たちは一般に受け入れられている見方、つまり当時はメシアについての一つの固定的な見方は存在しなかったということを確認した。しかし同時に、一般的で緩やかに形成されたメシア的テーマや思想が流布し、広く知られ

---

120 実質的に同様の図が要約の形で69章27-29節に提示される。よく知られているように、「たとえ」の結論には予期せぬひねりが加えられる。エノクその人が「人の子」であることが明らかになるのだ（71章14節）（訳：アイザック in Charlesworth 1983。彼の訳については、Sparks 1984 を参照する必要がある。ここでは256ページを見よ）。

121 このような理由から、Nickelsburg 1981, 222 の議論には説得力がないと考える（彼がダニエル書では裁きが人の子の高挙の前に起きるのに対し、第1エノクや福音書ではそれが後に起きることを決定的な違いとして指摘するとき、彼はあまりにもシステマチックに考え過ぎているように思える）。これはダニエル書7章のようなテクストに対する平板で非文学的な解釈である。

122 もう一つの全く異なるジャンル、すなわち悲劇もまた同様の思考パターンを指し示している。悲劇作家エゼキエルについて論じた、Horbury 1985, 42f. を見よ（Charlesworth 1985, 811f. をも参照せよ）。

ていたということも見てきた。それらはよく知られた聖書の聖句やモチーフを引用し、再利用した。そこで用いられている言語はしばしばとても象徴的だが、多くの場合それらの指示対象は至極現世的な支配者や裁き司である。彼らはイスラエルの中から登場し、イスラエルに敵対する者たちに神の裁きと報復とをもたらすのである。[123] 特に、何度も用いられてきた聖書テクストがダニエル7章であることをこれまで見てきた。この章を巡る論争はあまりにも多様で複雑であるので、ここで論じることはできない。だが、私がこれまで提示してきた黙示思想一般、そして特にメシア思想についての解釈が的を射たというにはほど遠いのだとするならば、この件についてのもっとも包括的な論文の一つにおいてホーバリーが下した判断に私は同意するだろう。

　キリスト紀元の初め頃、ダビデのような王への期待は、パレスチナでもディアスポラでも既にメシア待望の中核部分となっていた。「人の子」がその幅広い意味の中でも、特にこのような希望との結びつきを得ていたであろうことは釈義的な相互関連性によって裏づけられる。[124]

　これまでの議論から、いくらか留保付きながら1世紀のメシア待望についていくつかの結論を導くことができよう。これらは一連の声明として書くことができる。
1. 期待はある特定の個人よりもむしろ民族に向けられていた。本章の前半で考察した期待は本質的なもので、メシアやそれに類する人物への期待よりも広範に見られるものだった。実際、時としてメシアについて語っていると考えられたテクストは共同体全体について言及しているとされた。こうしたプロセスはヘブライ語聖書の中にも既に見て

123　こうした情景は、これまで考察してこなかった多くの節に見られる。例として「アブラハムの黙示録」31.1-8。
124　Horbury 1985, 52f.

取ることができる。[125]

2. ある特定の状況下では、こうした期待は特定の個人に向けられた。それは切迫した期待感であることもあれば、現実の期待であることもあった。これが可能になる状況は3通りあるように思われる。ある種の機会到来（例えばヘロデ王の死）、異邦人による反ユダヤ的圧力（例えば皇帝ハドリアヌス治世下）、そしてメシア到来時期を巡る憶測の高まりである。

3. このような状況が実際に生じた場合、来るべき人物への一般的な期待感はその状況、または渦中の人物にあわせて再定義される。ダビデの子孫への期待は捨て去られることができた。二人のメシアという考えは矛盾したものではなかった。当時の特定の要望にあわせてメシア的希望の中身も変化したのだ。ヘロデは二人の息子が真の王になることを望むことができた。シカリ党はメナヘムや、あるいは小作農のシモン・ベン・ギオラを担ぎ出すことができた。

4. メシアの主な役割はあくまでイスラエルの解放であり、創造主である神の真の民を復活させることだ。このことはしばしば軍事行動を伴うものであり、それは法廷での裁きとして見ることができる。それはまたエルサレム神殿での行動を伴うものであり、神殿は清められ、回復され、再建されねばならない。

5. メシアが現れるのがいつであろうと、また一体誰がメシアであろうとも、彼がイスラエルの神の代理人であることは明らかである。このことは、彼が時間と空間を持つ世界に現れる前は超越的・天上的存在だった、といういかなる示唆ともはっきり区別されねばならない。何世代もの間、学者たちはこの点がユダヤ人のメシア待望の焦点だったかのように論じてきた。だが、多くの主要なテクストでこうしたテーマは全く見いだされない。唯一それが見いだせそうなのは第1エノク

---

125 一例として、アモス9章11節のダマスカス文書7.16f.における解釈を見よ。イザヤ55章3節と比較せよ。

なのだが、これまであまりにも頻繁に取り上げられてきたフレーズがどんな意味であるにせよ、それが大げさな文学的表象なのか、あるいは文字通りに理解すべきものなのか、というのは差し迫った疑問であるように思われる。ともあれ、来るべきメシアがイスラエルの神に召し出された普通の人間以上の存在だという信仰が広く流布していた、と仮定するのは大変困難であるのは間違いない。

6. メシアが苦難に遭うと思われていたのでもなかった。メシアの死について語る節は一、二あるが（例として、第4エズラ7章29節）、それらが示唆しているのは人間の打ち立てるメシアの王国はこの地上世界の歴史の中で始まり、そして終焉を迎え、「最終的な来るべき世」がそれに続くだろうということだ。戦いの中で幾人かのユダヤ人たちが経験する贖いのための苦難について語るテクスト（一例として、第2マカバイ7章）はメシアについて語っているわけではない。[126]

待ち望まれていた来るべき王は、偉大なる救出の中心に位置していたようだ。だが、この救済とは実際には何を意味していたのだろう。それは政治的な救済なのか、霊的な救いなのか、それともある意味でその両方なのだろうか。

5. 世界、イスラエル、そして人類の刷新

ここまでの数章で、第二神殿期のユダヤ教を理解するために、しばしば別々に取り扱われる事柄を統合的に考える必要があることを見てきた。このことはユダヤ人の希望について研究する際に何よりも重要になる。曖昧な思考を避けるために、異なった側面やテーマについてあたかもそれらがこの世界でただ一つのものであるかのように研究するのは全く正しい。だが細分化され過ぎた研究アプローチを避けるために、新たに磨き直した要

---

126 Schürer 2.547–9 の議論と参考文献を見よ。

素をあるべき所に戻す必要がある。当時のユダヤ人たちは捕囚からの「真の」帰還を待ち望んでいた。彼らはまた、完全な「罪の赦し」を切望していた。それらは二つの別々の事柄ではなく、同一の事柄についての二つの見方なのである。彼らは契約の神が自らの「義」を示すという約束を果たされることを待ち望んでいた。これもまた、同じ事柄への異なった見方である。ある者たちは来るべきメシアが神の代理人として救済を成し遂げるのを期待していた。しかし、成し遂げられる救済は同じである。彼らは神殿が再建され、神が戻られそこに住まわれるのを切望していた。これは彼らの希望の中でももっとも大きな事柄だったが、それでもなおその期待の一側面だった。そのどの側面も他から切り離すことはできない。

もしこれら全ての信仰や希望が互いに密接に結びついているのならば、それらは基本的な1世紀のユダヤ人の世界観とも結びついているはずだ。私たちは彼らの世界観について学んでみたが、このような研究は歴史を理解する助けになる。第Ⅱ部で見てきたように、それらは私たちに出来事の背後の意味を明らかにしてくれるのだ。

これらの様々な事柄を撚り合わせる前に、黙示文学の研究から生じてくる問いに向き合わねばならない。それは、民族的回復の期待がどのように非空間・非時間的な死後の世界での生活の希望と係わってくるのかという点である。「霊的」な渇望はどのように「政治的」希望と結合できるのだろうか。そしてその狭間にある復活の希望についてはどうか。

少なくとも幾人かの1世紀のユダヤ人たちはヘレニズム的な未来への希望を受け入れていたのは間違いない。すなわち、義人や祝福された者は非物質的（または「霊的」）な世界に招かれ、一方で悪人たちは非物質的な地獄で苦しめられるという希望である。このような用語を用いているテクストがいくつか存在する。そのようなテクストを、純粋に歴史的な用語を非歴史的なものに置き換えただけだと考えるべきではない。むしろ非標準的なユダヤ教思想の混入により、あらゆるグループの人々や個人は死後の生活について様々な考えを抱くことができただろう。それらの中には復活や被造世界とその歴史の刷新といった考えよりも、ヘレニズム的死後の世

界観に近いものもあっただろう。

　にもかかわらず、ヘレニズム的な期待を第一とし、社会・政治的期待を二義的なものとするのは大きな間違いだろう。この第Ⅲ部を通じて、第二神殿期のユダヤ教はポスト啓蒙思想家たちが切り離そうとしてきたもの、つまり聖なるものと俗なるものを統合しようという真剣な努力を続けていたということを考察してきた。文学的表象（時空間での出来事やその神学的意味を描くために鮮やかなイメージを用いること）と、超自然的表象（それによって「霊的」または「超常的」な存在と地上界での現実との対応関係が示される）とが容易に混同されてしまいがちだということは既に指摘した。このような混同においては、当時の人々にとっては極めて比喩的だと考えられるような言語も、現在の私たちは文字通りの意味だと想像してしまうようなことがいとも簡単に起きてしまう。ヨセフスがユダヤ人グループの信仰について説明する際に、ユダヤ人にとっては明白に政治的な意味のある内容を異邦人読者が受け入れやすいような穏健な内容に「翻訳」する傾向があることも見てきた。

　ここでの問題は、こうした言語は両方の意味での比喩に取れてしまうということだ。一方で、ヨセフスやいくつかの黙示文学では肉体的な復活を指すために不滅の霊魂、つまり死後の非物質的な命に関する言語が用いられた。他方では、肉体的な復活についての言語を用いながら死後の霊魂のことを語っていることもある。そうすることでこの希望をより鮮やかに描こうとしたのだ。[127] この問題について、どのような足場を築くことができるだろうか。シューラーはその大規模な改訂版でこのように言っている、「ユダヤ人の宗教思想についてはあまりにも多くの見解があるので、ここでそれら全てについて検討するのは現実的ではない。」[128] もっとも良いアプローチは、（現代の学者たちではなく）古代のユダヤ人たちの種々の見解の概略を描き、その多様性を浮かび上がらせることだろう。[129]

127　Vermes 1987 [1962], 55f. の議論を見よ。
128　Schürer 2.539。
129　この主題についての数多くの参考文献の中から特筆すべきは、Nickelsburg

ここでもまた、しっかりとした土台から始めよう。ダニエル書である。

> その時まで、苦難が続く。国が始まって以来、かつてなかったほどの苦難が。しかし、その時には救われるであろう。お前の民、あの書に記された人々は。多くの者が地の塵の中の眠りから目覚める。ある者は永遠の生命に入り、ある者は永久に続く恥と憎悪の的となる。目覚めた人々は大空の光のように輝き、多くの者の救いとなった人々はとこしえに星と輝く。[130]

引用文の中で傍点を付した部分は間違いなく肉体的な復活を指している。この場合は義人も不義な者も同様に復活する。だが、これには他の二つの事柄が伴う。第一に、冒頭の一文は大いなる民族的苦難の時について語り、偉大なる国家的救済がそれに続く。復活の希望は「メシアの艱難」の後の国家的回復の要である。第二に、最後の一文は祝福された者、「賢明な」者たちの輝きを指している。彼らは大空、あるいは星のように輝く。[131]それ自体では、この1節は非物質的な「天上的」存在を指しているものと見ることもできよう。ここでの文脈からは、永遠の命へと起き上がらされる者たちの味わう栄光の比喩として復活は理解されるべきだろう（ヘブライ語やギリシャ語では「来るべき世の命」となっており、単に「終わりのない命」という意味ではない）。イザヤ書26章19節、エゼキエル書37章1－14節、そしてホセア書5章15－6章3節のような下りがマカバイ時代より前の時代に文字通りの復活を指すと理解されていたのかどうかは定かではない。これらが文字通りに意味するのは、イスラエルの将来の回復に神学的意味が付与されているということである。しかし、ダニエル書12章をこれまで描いてきたような意味で読んだ人々は、それらの聖書箇所が自

1972; Perkins 1984; Schürer 2.539-47 である。

130　ダニエル12章1b-3節；Nickelsburg 1972, 11-31 を見よ。

131　Nickelsburg 1972, 24f. によれば、この箇所にはイザヤ52-53章の影響を受けているであろう証拠がいくつか見られる。

分たちの理解に確証を与えるものと取っただろう。結局のところ、本書第Ⅲ部を通じて見てきたように「民族的希望」対「個人的希望」、「政治的希望」対「霊的希望」というような対比は時代錯誤なのである。[132]

　第二の確かな足場は第2マカバイ書の上に築くことができる。この書の中でもっとも身の毛もよだつような1節の一つは、7人の兄弟をアンティオコス・エピファネスの勅令に従わせようと拷問にかける場面である。この強要を拒み、彼らの内の多くが明確に将来の復活について語っている。それによって彼らの正しさは立証され、拷問によって引き裂かれようとしている彼らの肉体はその時には元通りにされるだろう。

　　息を引き取る間際に、彼は言った。「邪悪な者よ、あなたはこの世から我々の命を消し去ろうとしているが、世界の王は、律法のために死ぬ我々を、永遠の新しい命へとよみがえらせてくださるのだ。」
　　死ぬ間際に［もう一人の］彼は言った。「たとえ人の手で、死に渡されようとも、神が再び立ち上がらせてくださるという希望をこそ選ぶべきである。だがあなたは、よみがえって再び命を得ることはない。」
　　［母親は］彼らに言った。「わたしは、お前たちがどのようにしてわたしの胎に宿ったのか知らない。お前たちに霊と命を恵んだのでもなく、わたしがお前たち一人一人の肢体を組み合わせたのでもない。人の出生をつかさどり、あらゆるものに生命を与える世界の造り主は、憐れみをもって、霊と命を再びお前たちに与えてくださる。それは今ここで、お前たちが主の律法のためには、命をも惜しまないからだ……喜んで死を受け入れなさい。そうすれば、憐れみによってわたしは、お前を兄たちと共に、神様から戻していただけるでしょう。」
　　［若者は言った］我々の生ける主は、戒めと教育のため、しばしの間怒られても、御自分の僕たちと必ず和解してくださるのだ……わたしたち

132　Nickelsburg 1972, 23 を見よ。対極の見方としては、Schürer 2.546f. の C. H. Cave を見よ。

兄弟は、永遠の命のために、つかの間の苦痛を忍び、神の契約の下に倒れたのだ。だがあなたは、神に裁かれ、その高慢さに似合った罰を受けるがいい。わたしも、兄たちに倣って、この肉体と命を、父祖伝来の律法のために献げる。神が一刻も早く、わが民族に憐れみを回復し、また、あなたには苦しみと鞭を与えて、この方こそ神であるとあなたが認めるよう、わたしは願っている。わたしたち一族の者全員に、正しくも下された全能の神の怒りが、どうかわたしとわたしの兄弟たちをもって終わるように。」[133]

この驚くべき1節は、復活の期待が非常に肉体的なものだったことを物語っているだけではない。この信仰が他の四つの事柄と深く結びついていることをも示している。第一に、復活が約束された者たちとは父祖伝来の律法のために死んだ者たちである。第二に、未来の体の甦りは宇宙の創造者からの贈り物であり、単に不死の魂の存続のことではない。第三に、この希望はより一般的な言葉で表すことができたが（「わたしたち兄弟は、永遠の命のために」）、それはヘレニズム的傾向を示していると取ることができたとしても、本章を通じて見てきた肉体的復活の強調を損なうものではない。第四に、復活の希望はまさしく民族的、契約的期待に根ざしたものであり、殉教者たちの苦難が罪深い民への神の怒りを担う意味を持っているという信仰と結びついていた。1世紀に流布していたこの書からは、ユダヤ人の世界観の一つの形の強力な声明を見ることができる。

第2マカバイについてはもう一つ触れておくべきことがある。第4マカバイとして知られる1世紀の書は概ね第2マカバイに基づいており、第4

---

[133] 第2マカバイ7章9、14、21-23、33、36-38節。12章43-45；14章45節以降も見よ。ラジスという人物は拷問を避けようと剣の上に身を投じ、それから群衆の中に駆け込み、「血を流し尽くした彼は、はらわたをつかみ出し、両手に握り、これを群衆目がけて投げつけ、命と霊とを支配しているお方に、これらを再び戻してくださるように、と祈りつつ息絶えた。」7章についてはNickelsburg 1972, 93-111 と、特に Kellerman 1979 を見よ。

マカバイ（8-17章）は第2マカバイ7章の語り直しと拡張版であると言えよう。だが、美徳を捨て去るよりはむしろ苦難を選ぶという歴史上の人物たちの模範によって理性を称揚しようという本書において、体の甦りはほとんど完全に隅に追いやられており、ヘレニズム的アプローチにより傾いている。第4マカバイにおいて若者たちは、「私たちは、この艱難辛苦を通じて美徳の誉れを得、神と共にいるようになるだろう。この方のために私たちは苦しんでいるのだ」（9章8節）。ある者はこう言う、「美徳から来る喜びによって、私の苦しみも軽くなる」（9章31節）。他の者はこう言う、「見よ。ここに切り落とされた舌がある。だが、それでも私たちの理性を黙らせることはできない」（10章19節）、等々である。これはヨセフスに見られるようなケースの格好の一例である。つまり、肉体的な復活はいとも容易にヘレニズム的な教理である、美徳の誉れ高い人物の不滅の記憶へと「翻訳」されてしまう。[135]

ヨセフス自身の記述を並べてみれば、まさにこうした例を見いだすことができる。ヨタファタが陥落した後に自害しないという自分の信念について、彼自身が述べたことをまず初めに取り上げよう。彼は自らの手で非業の死を遂げた者たちは暗い黄泉に下ったと語る一方、彼自身についてはこのように信じていた。

134 　13章16節以下；15章2節以下；16章18節以下と比較せよ（神は創造主であるので、人は神のために苦しむ備えをすべきだ、と論じている。神は創造主なのだから、死後に新たな命を与えることができる、と論じる第2マカバイ7章23、28節とは異なる）；16章23節；17章5節、18節。Nickelsburg 1972, 110; Schürer 2.542 n.99 を参照。

135 　同様のプロセスはタキトゥスの「同時代史」5.5におけるユダヤ人の信仰についての説明にも明らかに見られる。Hengel 1989 [1961], 270 を見よ。ここでもタキトゥスはこのユダヤ人の信仰を殉教の概念と結びつけている。同時に、第4マカバイ7章19節の「神に生きる」というフレーズに注目すべきである。これは族長たちの復活を示唆している。ルカ20章38節、ローマ6章10節；14章8節以降；ガラテヤ2章19節と比較せよ。これらにおいて、ある意味で復活が視野に入っている。この点について私は S. A. Cummins に負っている。

自然の法則に従ってこの世を去り、また神が求める時に神から受けたものを返す者たちは永遠の誉れを勝ち取る。彼らの家や家族は守られる。潔白で従順だった彼らの魂は天においてもっとも聖なる場所をあてがわれ、代々の革新には清い体で新たな住まいを見いだすために戻って来るのだ。[136]

これは私たちが望みうる限りの、一つの主流派ユダヤ人の見解の明確な表明である。義人であった死者は今「天」、創造主である神の領域にいる。だが、来るべき新しい世、ハオラム・ハバが到来する時には、神の創造された世界は廃棄されるのではなく、刷新される。死にある義人たちはそこで新しい体が与えられるが、それは正に彼らが刷新された地球に住まうためだ。「代々の革新」とは、世界が火の玉になって燃え尽きても不死鳥のように復活するというストア派の教理のことではなく、今の世と来るべき世とのユダヤ的区分のことである。来るべき世とは刷新された物質的時空間であり、死んだ義人たちは今「天」にいてもこの新しい物質的世界に生きるために戻ってくるのだ。

ヨセフスが個人的見解を述べた上記の文章ですら、「アピオーン」において彼がユダヤ人の信仰について解説した文章と比較すれば若干控えめに見えてしまう。ヨセフスが誇りを持って主張するのは、父祖伝来の律法に従った者たちを待つ、単なる経済的その他の利得を超えた誉れである。

各人は以下のことを力強く説かれている。すなわち、律法を守り、また律法のためには死をも喜んで受け入れる者たちに神は新たな存在と、代々の革新の時にはより優れた命の賜物を与えて下さるだろうと。[137]

---

136 ヨセフス「ユダヤ戦記」3.374。
137 「アピオーン」2.218。

この文章だけを見れば、ストア派のものか、あるいは少なくとも概ねヘレニズム的な解釈だと思われてしまうかもしれない。だが、先に引用した文を鑑みればここでもまた第2マカバイに見られたものと同じ信仰がはっきりと見て取れる。
　もしこれらの明確な声明がなければ理解が難しかったであろう、ヨセフスの別の学派についての文章に目を移そう。彼曰く、ファリサイ派は限定的な復活の教理を掲げる一方、サドカイ派はそれを拒否した。

> 彼ら[ファリサイ派]は全ての魂は不滅であると主張したが、良き者たちの魂だけが別の体へと移り、邪悪な者たちの魂は永遠の刑罰に苦しむ……死後の魂の永続性、死後の世界における刑罰、そして報い、そのいずれをも彼ら[サドカイ派]は受け入れなかった。[138]

　ここでもまた、もし私たちがこれらの文章のみを参照したならば、体の復活よりも魂の不滅性こそがファリサイ派の中心的教理なのだと思ってしまうかもしれない。魂が「別の体へと移る」という考えは純粋なプラトン主義（魂が肉体という牢獄から逃れて非物質的な至福を得る）ではないものの、この言い回しそのものは輪廻（魂が死を通り抜けて別の物質的存在へと移っていく）と理解されうる。実際、何人かの現代の学者たちはそう示唆している。[139]これよりかなり後の「ユダヤ古代誌」の並行記述で、この不滅の魂の強調はさらに一歩進んだ形で示される。

> 彼ら[ファリサイ派]は魂が死んだ後も存続し、地上においての有徳または背徳の生き方に応じて報いまたは刑罰があることを信じていた。永

---

138 「ユダヤ戦記」2.163, 165。先に引用した「ユダヤ戦記」3からの引用によって、ファリサイ派の見解を「魂の輪廻」（ロエブ版の該当箇所でのサッカレーの注）とするのは誤解を招きやすい。ロエブ版9巻（「ユダヤ古代誌」18-20)、13での、フェルドマンのサッカレーの見解への批判を見よ。

139 Schürer 2.543 n.103 と上記の脚注を参照せよ。

遠の刑罰は邪悪な魂に定められた運命であり、一方で善良な魂は新たな命への平かな道が備えられている。こうした見解の故に、彼らは人々の間で大変な影響力を持つようになった……サドカイ派は、魂は肉体と共に滅びると考えていた。[140]

再び、もし私たちがこの一文しか読んでいないとしたら、ヨセフスはヘレニズム的な不滅の魂の教理にどっぷりと浸かり込んでしまったのだと結論づけたかもしれない。魂は「黄泉に下って」行くが、そこで彼らは報いと刑罰を受ける。「新たな命への平らかな道」という言及は、幸運なプラトン主義者が死後に与るであろう至福の非肉体的な生活のことだろうと。しかし先に引用した文章の文脈からは、「新たな命への平らかな道」とは、たとえ不滅の魂という言葉のせいで曖昧になっていようとも、他の箇所ではっきりと示されている立場のことを仄めかしているのだと結論づけられよう。死によって、義人たちの魂は天国に行くか、または神と共にいるか、または地の下に向かう。だがそのいずれも一時的な状態だ。新しい、肉体を伴った生活が来るべき時に彼らを待ち受けているのである。

ヨセフスは、不滅の魂が肉体という牢獄に閉じ込められているというヘレニズム的考え方をよく知っていた。なぜなら、彼はエッセネ派がこのように考えていたとし、それを特に「ギリシャの子らの信仰」だと呼んでいたからだ。ヨセフス曰く、エッセネ派によれば義人たちの魂は海を越えて至福の地に至るが、それはギリシャの「至福者の島」に対応するものだ。[141] エッセネ派についてのこの記述がどの程度まで真実なのかを判断するのは難しいが、ヨセフスの解説はユダヤ教各派をヘレニズムの哲学学

---

140 「ユダヤ古代誌」18.14, 16。フェルドマンはこの箇所についての注記で、「新たな命へ」と訳された言葉はアナボイウムであり、アナボイオシスという第2マカバイ7章9節の言葉と同語源であることを指摘している。第2マカバイのその箇所では体の甦りが明確に示されている。

141 「ユダヤ戦記」2.154-8 の 155 。同様の立場についての要約的記述が「ユダヤ古代誌」18.18 にある。このエッセネ派の教理は「ヨベル書」23.31 にはっきりと示されているように見える。

派のように見せたいという彼の願望によって相当歪められてしまっている。だが興味深いのは、ヨセフスはファリサイ派の教理についてはその堅固な復活信仰を和らげるような書き方をしているものの、エッセネ派の場合のようには完全にヘレニズム的な考え方として描いていないということだ。

ヨセフスの著作の中で、もっとも驚くべきヘレニズム的記述は、マサダにおけるシカリ党のリーダーであるエリアザルに帰せられた台詞である。エリアザルは集団自決を提唱し、彼の追従者たちに魂の解放としての死を受け入れるように促すのだ。

> 死ではなく、生が人の不幸なのだ。死こそが魂に解放を与え、その清らかな住処へと旅立たせてくれるのだ。そこはあらゆる悲運から自由になれる場所だ。だが、死すべき肉体に閉じ込められあらゆる悲惨に染まっている限りは、厳粛な真理としてそれは死なのだ。なぜなら、死すべき物と係わることは神的なものにとって相応しくないからだ。確かに魂には偉大な力があり、それは肉体に閉じ込められている時にすら備わっている……しかし、地上に引きずり落としそこに留めておく重みから自由になって初めて、魂は本来の相応しい場所に戻ることができる。そこでは祝福された活力、何にも縛られない力、そして神そのもののように人の目では見ることのできない存在となる……その魂が触れるものは何であれ生き、それが捨て去るものは何であれ枯れ果てる。魂の不滅性の豊かさはそのようである。[143]

---

142 ある学者たちは、例えば 1QH 6.34 は復活を指していると考える。だが、大部分の学者たちはこれを比喩的なものの取っている。Vermes 1987 [1962] を参照せよ。少なくとも幾人かのエッセネ派は復活の教理を抱いていたというヴェルメシュの見解に私も傾いている。このセクトの人々がその希望が成就することなく死んで行った場合は特にそうだと言えよう。

143 「ユダヤ戦記」7.343-8。

第10章　イスラエルの希望　577

どんなストア派の修辞家でもこれほどうまく自説を説明できないだろう。だが、ポイントはおそらくここにある。ヨセフスはほぼ間違いなくこの反乱の首謀者に、ローマの聴衆が感銘を受けそうな演説を語らせたのだ。ソフォクレスへの詩的な引喩を含んだこの演説は、ローマの聴衆にとって親しみやすいものだっただろう。[144] 特筆すべきは、エリアザルはこの後で死を眠りに喩えていることだ。その眠りは再び起き上がるためではない（第1コリント書15章20節；第1テサロニケ書4章13-15節などと比較せよ）。ヨセフスはここで完全に異邦人的な考え方、つまり人は眠りの間独立した存在となり、神的なものと交流したり、宇宙の一部となったり、未来を予告したりできるという思想に依拠している。[145]

ヨセフスがシカリ派の首領を描くために的外れにも異邦人的な、特にストア派的言語を用いたのだとすれば、死に臨んだファリサイ派の人物にヨセフスが語らせた別の演説では、このような極端な立場が後退しているのは興味深いことだ。ヨセフスによれば、神殿からローマの鷹の飾りを取り除くようにと若者たちを教唆した博識の博士たちは、たとえそのような行動が危険なものであってもそうするようにと彼らを諭した。

> 自らの国の律法のために命を落とすことは気高い行動であった。そのような最後を遂げた者たちの魂は不滅なものとなり、永遠の至福を味わうことになる。[146]

不滅性はここでは美徳に対する褒美であり、魂の内在的特質ではない。

144　ソフォクレス「トラキスの女たち」235。最後の文章への仄めかしが見てとれる。ロエブ版のサッカレーの該当箇所の注記を見よ。

145　「ユダヤ戦記」7.349f. Lane Fax 1986, 149-67 を参照せよ。4世紀の哲学者にして錬金術師であるシネシオス（*Patrologia Graeca* 66.1317、Lane Fox 149f.）が引用されているが、それはこの点でエリアザルの演説と非常に近い。この考え方はどちらの時代でも、またいずれの地域でも広く知られていた。

146　「ユダヤ戦記」1.650。首謀者たち自身の言葉でほぼ同じことが繰り返される（1.653）。

ここで語られているのは魂の不滅性であり復活についてではないが、魂が肉体によって引きずり落とされているというような表現はない。同じ事件についてのヨセフスの後の記述では次のように書かれている。

> 祖父伝来の生き方を保持し守るために死んでいこうとする者たちにとって、死において彼らが獲得する美徳は生きる喜びよりもずっと有益なものに思えたことだろう。自らのために不朽の誉れと栄光とを勝ち取ることによって、彼らは今生き残っている人々によって賞賛され、将来の世代からは長く記憶される生き方の模範と見なされるようになるだろう。さらには、彼らによれば現在何の危険もなく生きている人々もいずれは死を免れないのだから、美徳を追い求める彼らはこの世を去る時に、賞賛と誉れと共にその運命を受け入れるのだ。[147]

この一文からは復活についてのどんな暗示をも見いだせないだろうが、ストア派の見解も同様に見いだすことはできない。そこにあるのは美徳のためには死をも辞さないという態度である。ほかの情報からここに出てくる教師たちがファリサイ派であることを私たちは知っているので、ヨセフスの弁明的なカモフラージュの背後にあるものを見通すことができる。ヨセフスはローマの聴衆に対し、良きローマ人たちがそうするように、この教師たちもその追従者たちに大義のために死ぬようにと促しているように見せたかったのだ。だが、教師たちが実際に語ったのは以下の内容だったに違いない。「律法のために死になさい。そうすれば私たちの神がその民の正しさを立証なさる時に君たちも復活に与るだろう」と。彼らは第2マカバイを読んでいたのかもしれない。

ヨセフスの記述は二つの点で重要である。第一には、彼がはっきりと体の甦りについて語っている場合だ。第二には、体の甦りについての教理はいともたやすく不滅の魂を指す言語として理解されてしまうことを示した

---

147 「ユダヤ古代誌」17.152f.

ことだ。ヨセフスという一人の作家の中で第2マカバイから第4マカバイへの変遷が起きているのをここで見ることができる。

では、「ソロモンの詩編」はどのように位置づけられるだろう。

> 罪人は永遠に滅びる。
> 神が義人らを訪れるとき、罪人のことを思い出すことはない。
> これが罪人らに永久に定められたものだ。
> しかし主を畏れる者たちは永遠の命へと起き上がる。
> そして彼らの命は主の光の下にあり、いつまでも果てることはない。[148]

この1節についてR. B. ライトは、これが体の甦り（墓から起き上がる）を指しているのか、あるいは魂の不滅性（神となる）を示しているのか、はたまた著者がこれら二つを区別しているのか明らかではないと述べている。[149] この詩編の14編10や15編13を読むとき、同様の問いに読者は直面する。つまり昔からの見解、これらの復活の教理について書いた人々はファリサイ派の信仰に基づいてそうしたのであり、その逆ではないのではないかと。だが、こうした詩編に正確な教理を見いだそうとするのは行き過ぎだろう。これらの詩編は第2マカバイやヨセフスの復活信仰と非常に近似性があるが、そこから明確な教理的表明を引き出そうとすべきではない。

「ソロモンの詩編」についてどのように考えようとも、ヨセフスや新約聖書、そして後のラビ文献などの証拠から、復活信仰がファリサイ派の際立った旗印の一つだったのは明らかである。いや、復活の否定がファリサイ派の主たる反対勢力としてのサドカイ派のトレード・マークだったと言うほうがより正しいかもしれない。[150] 先に見てきたように、ファリサイ派

---

148 「ソロモンの詩編」3.11f.（14f.）（訳：S. P. ブロック in Sparks 1984, 659）。「ソロモンの詩編」における復活については、Nickelsburg 1972, 131-4 を見よ。
149 R. B. Wright, Charlesworth 1985, 655 を見よ。Sanders 1977, 388 も参照せよ。
150 マタイ福音書22章23、34節とその並行記事。使徒言行録23章6-9節。

とサドカイ派のこの論争は決して単独の争点ではなく、彼らの間での主要な論点に密接に関わる点なのである。ファリサイ派は現在の状況が劇的に変化する偉大なる刷新を待ち望んでいたのに対し、サドカイ派は現状を維持できれば良かったのである。その意味では、原始キリスト教徒たちがサドカイ派に迫害されていたのは彼らが「イエスに起こった死者の中からの復活を宣べ伝えている」からだと使徒言行録が伝えているのは驚くには当たらない。[151] ここには初期の伝承のしるしが見られる。後になると、イエスの名前そのものが問題となったが、キリスト教初期の段階では権力の座にある者たちが恐れたのは復活についての興奮した告知であり、それに伴う社会・政治的含意なのだった。このことは、ヨハネ福音書においてイエスが甦らせたラザロを大祭司たちが亡きものにしたかった理由を説明してくれる。[152] 原始キリスト教の文書は、復活信仰の同様の広がりを裏づけている。イエスが死から復活した洗礼者ヨハネだという推測を原始教会がでっち上げたということはまずありそうもない。それは復活の概念の可能性を受け入れていた（必ずしもはっきりと定義していたのではないが）人々の間からのみ生じるものだろう。[153] この点ではサンダースの見解は正しいように思われる。すなわち、当時の大多数のユダヤ人はどのような形にせよ復活を信じていたのだ。[154] 同化の道を選んだ者、それゆえ非物質的な魂の不滅性を信じることを受け入れた者、または社会・政治的理由から死後の命について考えるのを控えた者、こうした人々だけが復活信仰を避けていた。[155]

　4章1節以降も参照せよ。ミシュナー「アボダー・ザーラー」4.22、「サンヘドリン」10.1（これらについては Urbach 1987 [1975, 1979], 652、そしてミシュナー「ベラホット」5.2、「ソター」9.15 については注 991f. を見よ）。十八の祝福の第二番目は死者を生かされる創造主を讃えている。

151　使徒言行録4章1節以降。
152　ヨハネ福音書12章10節以降。
153　ルカ福音書9章7、19節などを見よ。
154　Sanders 1985, 237。より慎重な立場からは、1992, 303。
155　もちろんこれら二つのグループは重なりあっていただろう。つまり政治的

第10章　イスラエルの希望　581

　この広く受け入れられた復活への信仰は1世紀前後の幅広い黙示文学の中に見ることができる。「アダムとエバの生涯」[156]では、創造主の神がアダムを終わりの日に復活させると約束したとはっきり書かれている。それは彼に連なる子孫すべての全般的復活であり、大天使ミカエルはアダムの息子セトに全ての死者は「復活の日」まで葬られ、また安息日は「復活のしるし」だと語っている。[157]「第1エノク」はシェオルや地獄が死者を出す時、全被造世界の一部は大いなる喜びに包まれると語る。[158]「第4エズラ」は、大地が「そこに眠る者たち」を戻すと語る。[159]「ユダの遺訓」では族長たちは死から甦るが、その時には、

悲しみの中で死んでいった者たちは喜びの中で甦る。
そして主のために貧困の中で死んでいった者たちは豊かにされるだろう。
主のために死んだ者たちは命のために起き上がる。
そしてヤコブの鹿は歓喜の中で走り回り、
ヤコブの鷲は喜びと共に舞い上がる。
不敬虔な者は嘆き、罪人は涙する。
しかし全ての人々は永遠に主を賛美する。[160]

　同化と哲学的同化とは歩を共にし、それらは共に主流のユダヤ人の希望を弱める方向に働いただろう。

156　これは時として誤解を招くように「モーセの黙示録」と呼ばれることがある。

157　「アダムとエバの生涯」41.3; 43.2f.; 51.2。

158　「第1エノク」51.1-5; 90.33; 91.10 も参照せよ。第1エノクの個人の終末論については、Schürer 3.757。

159　第4エズラ7章32節；7章97節を参照せよ。「第2バルク」30.1; 50.1-4。第4エズラは死と復活の間の待機期間についても語っており、それはその希望が単に魂の不滅についてのものではないことを物語っている。4章35節；7章95、101節；「第2バルク」30.2 と比較せよ。

160　「ユダの遺訓」25.1-5（引用は4-5から）。「ベニヤミンの遺訓」10.2-9 と比較せよ。

これら全てのテクストが一つだけのグループによって書かれたとは到底思えないが、これらから一つのしっかりとした信仰が見てとれる。義人たちは彼らに相応しい報いを受けるために来るべき世で命へと甦る。この信仰はイスラエルの神と律法のための苦難と殉教という文脈の中で生きてくるものだが、それゆえより徹底した律法遵守と、ユダヤ教とそれを体現するもの全てのより熱心な保持とのインセンティブとなった。[161] 復活信仰はしばしば特に個人の将来の命の問題として考えられがちだが、それは第二神殿期の主流のユダヤ教の信仰、希望、そして世界観の本質的部分でもあったのだ。

「知恵の書」は祝福された、だが非物質的な未来について語っていると通常考えられている。それは次の一文によって例示される。

> 神に従う人の魂は神の手で守られ、
> もはやいかなる責め苦も受けることはない。
> 愚か者たちの目には彼らは死んだ者と映り、
> この世からの旅立ちは災い、
> 自分たちからの離別は破滅に見えた。ところが彼らは平和のうちにいる。
> 人間の目には懲らしめを受けたように見えても、
> 不滅への大いなる希望が彼らにはある。[162]

しかし、これは死者の恒常的な状態を指しているのではなく、彼らの一時的な住まいを指しているように思われる。この1節は次のように続いていく。

161　Nickelsburg 1972、諸所に。
162　知恵の書3章1-4節。4章7節；5章15節以降；6章17-20節も参照せよ。最後の1節はこのような流れになっている。教えを慕うことは知恵への愛につながり、それゆえ律法を守ることになる。そしてそれゆえ「不滅性を保証する。」それは次いで「人を神に近づける。」；「そのため知恵への欲求は王国につながる。」トビト3章6、10節も参照せよ。

るつぼの中の金のように神は彼らをえり分け、
焼き尽くすいけにえの献げものとして
受け入れられた。
主の訪れのとき、彼らは輝き渡り、
わらを焼く火のように燃え広がる。
彼らは国々を裁き、人々を治め、
主は永遠に彼らの王となられる……
神に従う人の死は、神を信じない者の生を裁き……
悪人どもは知恵ある者の最期を見ても、
その人への主の配慮を悟らず、
なぜ主が彼を安全な場所に移されたかを理解しない。

彼ら［不敬虔な者ら］はおののきながら罪の裁きを受け、
不法のゆえにあからさまに断罪される。
裁きの時、神に従う人は、大いなる確信に満ちて立つ。
彼を虐げ、彼の労苦をさげすんだ者どもの前に。
彼らはこれを見て大いなる恐れに捕らえられ、
思いもよらぬ彼の救いに茫然自失する……

しかし、神に従う人は永遠に生きる。主から報いを受け、
いと高き方の配慮をいただく。
それゆえ彼らは輝かしい王位を授かり、
主の御手から見事な冠を受ける。主は右の手で彼らを覆い、
その腕で彼らを守られる。[163]

これらの文は、初めの１節で言われている「不滅性」とはヨセフスの語

163　知恵の書３章６−８節；４章16節以降；４章20−５章２節；５章15節以降。

る復活前の一時的休息としての「天」と同義であることを明確に示しているように思われる。ここにははっきりとした時間的推移がある。初めに義人が死に、不義な者たちはそれを喜ぶ。次に、不義な者たちは義人が自分たちを裁くことを知り、自分たちの誤りに気づく。「知恵の書」をヘレニズム的に読んだある人々は要点を取り違えてしまったかもしれない。しかし、ユダヤ的背景から考えればこの書がヘレニズムではなく主流のユダヤ的立場を体現しているように思える。[164]

もしヘレニズム的見解を見いだしたいのなら、フィロンを見ればよい。

> アブラハムが地上での生涯を終えた時、先祖の列に加えられた［創世記25章8節からの引用］。そこで彼は朽ちない状態を受け継ぎ、天使と同じようになった。[165]

> モーセは良き人間を代表し、死んだのではなく旅立った……彼は完全に清い魂の性質を持っていたのだ。それは消え失せることのない不滅なものであり、天国に旅立つ運命にあり、死がもたらすであろう死滅や腐敗に遭うことはない。[166]

> 人々が死ぬとき、その人格の多くは墓に残される。

> だがどこにおいてでも……美徳を愛する傾向が育つなら、記憶から忘れ

---

164 知恵の書5章1節ではステセタイという動詞が使われているが、これはアナスタシアと同語源の言葉である。七十人訳のサムエル記下7章12節にも、カイ・アナステソ・ト・スペルマ・ソウ・メタ・セ、「そしてあなたの身から出る子孫を起き上がらせ……」。
165 フィロン「ささげものについて」5。ルカ福音書20章36節の信仰と通じるものがあるのだろうか。
166 フィロン「神の賜物を受け継ぐのは誰か」276。

第10章　イスラエルの希望　585

去られることを免れることができるだろう。それは気高い性質の炎を絶やさないための手段なのだ。[167]

このような見方はヘレニストやアレクサンドリア学派の思索的な哲学者に限られていたのではない。例を挙げれば、黙示文学の中にもそれを見いだすことができる。「アブラハムの遺訓」において、天使たちはアブラハムをパラダイスに導くようにと指示される。

そこには義人たちの天幕と住まいがあり、そこでは聖なる者たち、イサクとヤコブはアブラハムのふところにあり、そこには苦役も悲しみも嘆きもなく、平和と歓喜と永久の命とがあるのだ。[168]

当時のユダヤ人の間には、三つの基本的な立場があったように思われる。もちろん、それぞれの立場の中にも細かな違いがあったが。サドカイ派は、魂の不滅性も体の甦りも、未来の命に関するものは全て否定したという点で際立った存在だった。プラトン主義やヘレニズム思想を深く吸収した人々は魂の不滅性について語っただろうし、そうした立場の人々は少数派ながらも増えていただろう。だが大多数の人々は死者の体の甦りについて語っていたし、復活までの間の中間的な状態の問題についてしばしば取り上げていた。最後の点そのものが体の甦りについての信仰の強い証拠である。なぜなら体の甦りという前提がなければ、こんな議論は持ち上がらないからだ。時々この中間的状態を表すために、恒常的に肉体から遊離した状態を示すためのヘレニズム的言語が用いられた。だがこの場合でも、最

167　フィロン「アブラハムの移住について」16。
168　「アブラハムの遺訓」[校訂A] 20.14（訳：E.P. サンダース in Charlesworth）。サンダースはここでの注で、イサクとヤコブがアブラハムより先にパラダイスに入ることやアブラハムのふところがそこに先に存在することの不合理性を指摘している。パラダイスが元来は長い旅の一時的な出発点だったが、後のユダヤ教文献では旅のゴールそのものへと徐々に同一視されていったことについては、Schürer 2.541f. 参照。

終状態の体の甦りを念頭に置いているのは明らかだ。

なぜ復活信仰が生まれ、それがどのようにユダヤ人の世界観や信仰体系と関連しているのだろうか。この信仰が迫害の中で先祖伝来の律法に忠実であろうとする奮闘と固く結びついていることを、私たちはこれまで何度も見てきた。復活は、殉教への神からの報いなのだ。それは大いなる艱難の後に起きることだろう。しかし復活は特別な苦難を乗り越えてきた者たちへの報いであるのに留まらない。むしろ、当時の大多数のユダヤ人の終末的期待は現在の時空間的秩序全体の断念ではなく刷新であり、その中での彼ら自身の刷新だったのだ。これは創造主である神の義と憐れみに基づくものだから、この新たな世界をもたらすための奮闘の中で散っていった者たちが、国家とそして世界に最終的に祝福がもたらされる時にその恵みから漏れるなどということは考えられなかったのである。[169]

少なくともエゼキエルまで遡る死体の甦りというメタファーは、捕囚からの帰還をもっとも鮮やかに表すものの一つであり、また契約と全被造世界の刷新を示唆するものだ。シリアやローマ時代での、トーラーのための迫害と闘争という文脈においてはこのメタファーは新たな命を吹きこまれた。もしイスラエルの神がその民を捕囚から連れ戻すことで彼らを（比喩的な意味で）起き上がらせるのなら、その神はまた、その民をも国家的、契約的な正しさの立証という文脈において（文字通り）起き上がらせるだろう。「復活」は、個人の新たな体という点に焦点を当てつつも、契約の神によるイスラエルの復興という元々の意味を失ってはいなかった。「復活」とは単に死者のための新しい命という敬虔な希望に留まるものではなかった。それは捕囚からの帰還と関連するあらゆる事柄を含意する概念なのだ。それらは、罪の赦し、契約の神の真の人間としてのイスラエルの再建、そして全被造物の刷新である。[170] 復活と被造物の刷新は切り離して考

---

169 この考えは、変更すべきところは変更されてはいるが、詩編49編15節；73編24節にまで遡る。

170 Sanders 1992, 303 では、死後の命についてのユダヤ人の信仰と新しい世界の秩序とを並行的に扱っているが、それらの間のつながりについては探ろう

えることはできない。もし時空間世界が消滅してしまうのなら、復活は何の意味もなさなくなる。また反対に、もし復活がなければ、誰が新しくされた宇宙に住まうのだろうか？

従って、復活を信じていたユダヤ人たちは全被造秩序の刷新という信仰の一部としてそれを信じていたのだ。復活とは契約の追認、また被造世界の追認なのである。イスラエルは宇宙の復興という枠組の中で復興されるだろう。ついに世界は、誰が創造主なる神の真の民であるのかを目撃することになる。[171] ここにおいて二つのユダヤ人の「基本的な信仰」が一つになる。唯一神信仰と選びが一つになれば、終末論が必要とされる。創造的・契約的唯一神信仰が選びと捕囚との緊張関係と一つに結び合わされる時、復活と新しい世界とが求められる。預言者たちがこれから起こる事を豪勢な神秘的言語を用いて表現したのはこのためだ。獅子と子羊は共に伏し、木々は毎月実りを結び、エルサレムは新しいエデンのようになる。これもまた、宇宙の創造者であるがイスラエルの神であり、逆もまた真であるという基本的な信仰が行き着くべきものなのだ。神が行動する時は大いなる祝宴の時となる。原則として全ての被造物がそれに加わるだろう。

これまで論じてきたことは、議論の余地のないユダヤ人の信仰の歴史的要約であろう。この時代の多くのテクストはこのように指し示している。これは圧倒的に堅固な歴史的土台に基づいている。当時のユダヤ人の希望を要約して、サンダースはこのように記している。

> 多くのユダヤ人たちは新しく、より良い時代を待ち望んでいた……その希望の中心にあったのは、人々の回復、神殿とエルサレムの再建や浄化、異邦人たちの打倒あるいは回心、そして清めと義の確立……神が物事を根本的に改革するだろうという希望は、聖書を読み、また世界を創造し自分の民を救うために時に大胆な介入をする神を信じる人々にとって至

とはしていない。Schürer 2.546f. における C. H. Cave は、関連づけられるべきそれらの事柄を切り離きすという古典的な例である。

171 ここでもまた、知恵の書 3-5 章の鮮やかな情景と比較できるだろう。

極まっとうな希望だった。[172]

だが、サンダースが決してしようとしないのは、このような主張の非常に議論を呼ぶ性格を抽出することだ。それは1世紀のユダヤ人のテクスト、特に自らをキリスト教徒と呼ぶ1世紀のユダヤ人によるテクストを、20世紀の文脈に当てはめた場合に生じる問題である。[173] しかし、この点はしっかりと銘記すべきである。様々な文体やジャンル、政治的主張や神学的見解を含む当時の主流のユダヤ人の文書からは、ユダヤ人たちが時空間的世界が終わると期待していた証拠はどこにもない。エレミヤや彼の先達たちがしたように、彼らは自分たちが目撃した驚天動地の社会・政治的出来事の神学的重要性を描写するために、優れた比喩的表現として宇宙的イメージを用いる術をよく心得ていたのだ。彼らがストア派の人々のように世界が終わると考えていたことを示すものはほとんど何もない。反対に、彼らのストーリー、シンボル、実践、特に彼らの革命指向と神学全般、それらほとんど全てが示唆するのは、彼らはそうは考えていなかったということだ。

では、彼らは何が起きると考えていたのだろうか。彼らが信じていたのは、現在の世界秩序が終わりを迎えるということだった。異邦人が権力を握り、創造主である神の契約の民であるユダヤ人がそうでないという今の世界秩序が終焉を迎えるということを。[174] エッセネ派のようなセクトは悪いユダヤ人たちが権力を握る現在の秩序が終わりを迎え、正しいユダヤ人、

---

172 Sanders 1992, 298, 303; 456f. と比較せよ。

173 この点にサンダースがもっとも肉迫したケースとして、Sanders 1992, 368 を見よ。彼はそこで、クムランの人々が見つめていた未来における劇的な変化のことを現代の学者たちがするように「終末（エスカトン）」、「終わり（の出来事）」と呼ぶべきではない、「なぜならエッセネ派のような他のユダヤ人たちは世界が終わるとは考えてはいなかったからだ」と述べている。

174 Sanders 1985 では、「現在の世界秩序」というフレーズが幾分違った意味で使われている。つまり、非物質的未来の希望という可能性の余地を残している。だが彼は今や（1992）、私の立場に近くなっている。

つまり彼らがそれに取って代わる新しい世界秩序が始まると信じていた。もちろんあるユダヤ人たちが物質的世界の終わりを信じていた可能性を排除することはできない。ユダヤ人の中には5人の神を信じていた者がいたかもしれないし、またエジプト人が創造主である神から選ばれた民だと信じていた者もいたかもしれない。それと同じことだ。しかし、現存する当時の文献を見ても、またユダヤ人のシンボル、ストーリー、そしてなにより実践から再現してきた彼らの主流の世界観から考えても、こうした見方は少数派に留まる。時空間が消滅するとはユダヤ人たちは信じていなかったのである。

　1989年11月の聖書文学学会の年次大会で、ユダヤ人の終末的見解ついてジョン・コリンズ教授が語るのを聞く機会があったが、それはここまで私が論じてきたものとさほど変わらないものだった。講演の終わりに、もしアルベルト・シュヴァイツァーが百年前に今日の話を聴いていたら、20世紀の新約聖書全体が違ったものになっていただろう、と私は発言した。コリンズは控えめながらも、そうかもしれないと合意した。[175] 20世紀初頭に、キリスト教の母体としての黙示思想に注目した点でシュヴァイツァーは正しかっただろう。しかし20世紀が終わりを迎えようとしている今こそ、シュヴァイツァーの見解に対し、黙示的母体とはいったい何であるのかを問い直すべきだろう。

　「復活」は確かに個人の希望である。自分自身についてであれ、また自分の愛する人についてであれ。だが、私たちが学んできたこの希望は常に、この時代の終わりと来るべき世の始めに起きるだろう一般的な復活に焦点が当てられていたことは強く強調すべきだ。全てのイスラエルが（例外はある。どのような見解に立つかによるが）命への甦りに与るだろう。ある角度から見れば、これはイスラエルの救いを意味する。長年にわたる抑圧と悲惨の後に、イスラエルはついに救い出される。別の角度から見れば、

---

[175] コリンズは今でも本書で私が論じてきたいくつかの点について同意しないだろう、と断っておくべきだろう。

これはイスラエルの正しさが立証される（もしくは「義認」）ことを意味する。その歴史を通じて創造主である神の民だと主張し続けてきた彼らにとって、復活はその主張を裏づけることになる。創造的また契約的唯一神信仰、そうした信仰が生み出す終末論、それらはしばしば「ユダヤ教の救済論」と呼ばれる信仰が位置づけられるのに相応しい文脈を形成する。このことをもう少し詳しく説明するのは重要である。

6. 救いと義認

　本章を通じて学んできたように、1世紀のユダヤ人にとって「救い」という言葉は、異邦人の抑圧からの神によるイスラエルの救済を意味していた。それはイスラエルの神からその民への、突然の贈り物となるはずだった。個人としてのユダヤ人は、自らの「救い」をイスラエルの一員であること、つまり契約を通じて見いだすだろう。現在において契約の民の一員であることは、将来の「救い」を（大なり小なり）保証してくれるものだったのである。

　私たちは既に、1世紀のユダヤ人たちが契約の一員であることの意味をどのように理解していたのかを見てきた。ユダヤ人の世界観全体と、そのストーリーと、そのシンボルと、その実践とが、それに対する明確な答えを与えてくれる。契約に入るためにはユダヤ人として生まれるか、改宗のための儀式を通る必要がある。男性の場合、それは割礼の儀式であった。契約の一員としての地位は、契約条項、つまりトーラーへの忠誠によって維持される。このことは非常に重要である。サンダースが包括的に論じたように、契約の一員であることは獲得されるというよりも、むしろ行動によって示されるものだった。それはトーラーを持つことと、それを守るように努めることだった。来るべき世が始まる時、契約に忠実である者はその正しさが立証されるだろう。それは「トーラーを完璧に守ってきた人々」のことではない。なぜなら、献げものの制度が存在するのは、自分が罪深

いことを知るイスラエル人たちが契約の一員としての地位を維持する、正にそのためだったからだ。そしてトーラーを守ろうとする試みは、その成功如何にかかわらず人間側のイニシアティブによるものではなく、神の恵みへの応答として通常考えられていた。これがサンダースの主張であり、いくらかの批判が向けられているものの、1世紀のユダヤ教の記述としては完全に妥当なものであるように思える。[176]

このような文脈の中で、契約の神がついにイスラエルを解放するべく行動を起こす時、誰がその正しさを立証されるのかという議論がこの時代に生じた。「全てのイスラエルは来るべき世に与ることができる」、だがサドカイ派、トーラーを否定する者、エピクロス派は除外される。[177] 死海文書を書いたセクトの人々はこの考えを共有していただろうが、彼らは別の除外者リストを持っていた。彼らだけが「イスラエル」なのであり、ファリサイ派(「滑らかなものを追い求める者たち」)や公に神殿を管理する人々は間違いなく闇の子らと嗣業を共にするだろう。異なる派閥は互いに破門宣告を突きつけあうものなのである。

そこで、1世紀の救済論において問われていたのは次の事柄だった。救われ、正しさが立証され、(既に死亡していた場合には)命へと甦る、または(存命中の場合には)権力の座へと高められる、そのようなグループの一員であることを示すバッジとは何か、ということだった。ファリサイ派の場合、それはトーラーをより厳格化した彼らのプログラムに従っているかどうかであった。エッセネ派の場合、それは(いくつかの異なった)共同体の規則に従うことと、義の教師に忠誠を尽くすことであった。多くの反乱グループの場合、そこには微妙に異なるアジェンダがあった。シカ

---

176 Sanders 1977, 1983, そして今や 1992, 262-78。サンダースへの批判については他で論じる。

177 ミシュナー「サンヘドリン」10.1。このリストにつけ加えるためにアキバが引用されているという事実(異端の書を読む者、あるいは魔術的呪いを行おうとする者をリストに加えるため)は、この言葉は遅くとも紀元1世紀の後半にはその基本形が存在していたことを指し示している。

リ党の場合、自ら称した王朝への忠誠が問われただろうし、狭い意味での「熱心党」の場合、ある特定のアジェンダへの忠誠や、反乱のある段階においてはある特定の指導者（シモン・ベン・ギオラ）への忠誠がそのようなバッジとなっていただろう。ヨセフスの場合は非常に異なっていた。非常に実際的な意味で、救済とはイスラエルの神がローマへと去ってしまったことを認識し、それに従うことだった。

これら全てのケースで、私たちは根本的なユダヤ人の救済論の様々な解釈を見いだす。基本的なユダヤ人の世界観を表すものとしてこれまで見てきた多くのストーリーは正にこのような思考の流れなのである。それは論理的には次のように示すことができる。

a. 創造主である神は、イスラエルをご自身の民として召し出した。
b. イスラエルは現在「捕囚」の中にあり、贖われる必要があるが、それは正にイスラエルがこの神の契約の民であるからなのだ。
c. 現在の契約への忠誠は、将来の救済のしるしとなる。
d. この契約への忠誠は、危機において試されることになる。
e. この時に、忠誠であると見なされ、しかがって救われ、正しさが立証され、命へと甦るであろうグループの一員であるとされるのは……［この部分はそれぞれのグループのアジェンダによって異なってくる］。

私たちはこれまで、非常に多くのユダヤ教の文献がこのストーリーをある形式で語っていることを見てきた。

問題は、サンダースがいうような「参入（getting in; どのように契約の一員となるのか）」と「留まること（staying in; どのように契約の一員として留まるのか）」といった点に留まらなかった。イスラエルのシンボルが脅かされ、ユダヤ人であることの意味があらゆる場面で問われながらもその解決が見えない状況、そうした状況において大切なことは、危機にあって契約に留まることができるかどうかだった。別の言い方をすれば、自分が突然契約から除かれる危険にあったり、または自分が既に契約から排除

されている場合には、どうすれば再びその一員となることができるのか、という点だった。[178] セクトの人々はこのような問いを抱く人にその答えを与えた。そしてこれが正に1世紀のパレスチナの状況だったのである。

　このような危機の時代に何よりも重要だったのは、正しいシンボルを遵守することだ。神殿、トーラー、そして土地といった主流のシンボルを保持するだけでは十分ではなかった、なぜならライバルのグループも同じことをしていたからだ。自分がイスラエルの中の正しいサブ・グループに所属していることを示すシンボルが必要だった。トーラーを破るよりもむしろ殉教の死を遂げた者たちは再び体を得ることができるだろう（とマカバイの殉教者たちは語った）。[179] 義の教師によって、「信仰を持つ」人々は救い出されるだろう（とエッセネ派のある者は語った）。[180] 神殿の門から黄金の鷲を引きずり下ろした者たちは、栄光の復活を待ち望むことができただろう（と彼らを教唆した教師たちは語った）。[181] メナヘムに従った者たちは、戦争に勝利した時にその正しさが立証されるだろう（とシカリ党員たちは語った）。[182] 父祖たちの伝承による厳格なトーラーの解釈に従った者たちは、真のイスラエルとしてその正しさが立証されるだろう（とラビたちと、彼らの先達とされるファリサイ派の人々は語った）。[183] これが1世紀のスタイルの、実践的な救済論だった。それは道徳や抽象的な美徳を静かに実践するようなこととはほとんど何の関係もなかった。問題は、もしある人が偉大なる時代が始まる前に死んでしまったとしたら（殊に、闘争の中で殉教の死を遂げたのなら）、救いが実現し、神殿の復旧が完成し、土地が清められ、イスラエルがとうとうその敵に対し称揚される時に、その人がそれ

178　Harper 1988 を参照せよ。
179　第2マカバイ7章他。
180　1QpHab 8.1-3 は新約聖書の読者にはよく知られたテクスト（ハバクク2章4節）を解釈している（ローマ1章17節；ガラテヤ3章11節）。
181　「ユダヤ戦記」1.648-50。
182　「ユダヤ戦記」2.433-48 を参照せよ。
183　ミシュナー「サンヘドリン」10.1。

らの恩恵から漏れるようなことがあってはならないということなのだ。

　ここが重要な神学的動きの生じるポイントだった。来るべき世がついに実現する時に、契約の真の一員である者たちはその正しさが立証されるだろう。しかし、誰が真の契約の一員であるのかを示すしるしやシンボルが何であるのかが既に分かっているのなら、この正しさの立証、この「**義認**」は現在においても確認することができる。現在における契約への忠実さは、将来における契約的立証のしるしとなる。現在の契約への忠実さを示すバッジはグループ毎に異なるものの、適切なバッジを付けている者に対して真の神は忠実であり、すぐにも実現するであろう新たな世界に彼らを安全に導き入れて下さるだろう。ここでもまた、エッセネ派を例にとることができる。選ばれし者と苦難を共にすること、義の教師に忠実であり彼の教えに従うこと、これが現在において正しいグループに属していることを示すしるしとなる。そのグループは、今は弱小であっても、将来には真のイスラエルとしてその正しさが立証されるだろう。契約の神はこのグループと既に契約を更新されたので、彼らは神の契約への忠実さ（**ツァディーク、「義」**）に信頼することができる。神の行動は現在は秘密にされているが、それは将来において公にされる。その時、神は彼らの正しさを立証され、彼らに新しい契約の民として好意的な判決を下されるだろう（**ミシュパット、「義認」**）。

　　私について言えば、
　　私の義認は神と共にあります。
　　その御手の中で私の道は完全なものとなり、
　　私の心は真っすぐなものとなります。
　　神は神ご自身の義によって私の咎をぬぐい去って下さるでしょう。

　　私の義認は神の義を源とし、
　　私の心の光は神の驚くべき神秘から来るのです。

私について言えば、
もし私がつまずいても、神の憐れみは私の永遠の救いとなるでしょう。
もし私が肉の罪のためによろめいても、私の義認は永遠に続く神の義によるのです。[184]

　義認とは、将来の義認（イスラエルの神が最終的に行動を起こされる時に正しさが立証されること、「裁き」）と現在の義認とを包んでいる。そのどちらも、神の契約への忠実さに基づいている。どちら場合も、礼拝者の相変わらずの罪深さにもかかわらず、それは実現するのである。現在の義認は隠されたもので、それはセクトの一員としての身分を維持することによっている。将来の義認は公然たるもので、それはセクトの勝利と、そのメンバーがイスラエルと世界の支配者として確立されることとを包むものだ。
　どうすればこの輝かしい運命が待ち受けるグループの一員となることができるのだろうか、また将来正しさが立証されることを現在（密かに）予期することができるのはどんな人だったのだろうか。セクトに関して言えば、それは選択の問題だった。エッセネ派は独身主義者だったので、生まれながらにエッセネ派ということはあり得ない。しかし死海文書は、この選択は先行する神の選択を反映したものだと教えている。これは聖書の教えのごく自然な延長線上にある。申命記は、イスラエルが創造主である神の民であるのはイスラエルが特別だからではなく、神が単にイスラエルを愛したからだとはっきり教えている。[185] エッセネ派は、自分たちが真のイスラエルだと信じていた。それゆえ、イスラエルにおいて真実なことは彼らにとって真実なのであった。彼らは選ばれし者たちであり、来るべき世においてイスラエルの運命を担うべく選ばれたのである。[186] 他のユダヤ人

184　1QS 11.2-3, 5, 11-12。

185　申命記7章7節以降、その他。

186　死海文書における選びについては、たとえば Vermes 1987 [1962], 41-6 を見よ。

のグループやセクトが別の考え方をしていたと考える理由はない。

それゆえ、救いとは新しい世界、被造世界の刷新に関することなのである。その中で、イスラエルの神はその国の中からある者たちを新しいイスラエル、神の目的のための初穂として召し出すだろう。ここでもまた、この刷新される人々は聖なる、清い、刷新された人類であり、創造主である神の契約への忠実さに応答する契約への忠実さの中に生き、そしてそれは彼ら自身の体の刷新、つまり復活へと結実していくだろう。この神が行動を起こされる時、神の恵みのみによってこのグループに属している人々は救われ、そして彼らがそう主張し続けてきたように神の真の民としての正しさが立証されるだろう。その日の到来の前に死んで行った人々は、それに与るために復活させられるだろう。それゆえ、イスラエルの全ての将来の希望という文脈において、そして特に復活の約束という文脈において、第二神殿期のユダヤ人の救済論を本質的に理解することができる。義認と救いの教理は、ユダヤ人の根本的な世界観を特徴づけるストーリーの枠内にあるものなのである。

7. 結　論：1世紀のユダヤ教

本章において、世紀の変わり目に股がる2世紀の間にユダヤ人によって抱かれてきた様々な形の希望の、特定の理解の仕方について論じてきた。第二神殿期のユダヤ人の歴史、世界観、そして信仰体系を扱う本書の第Ⅲ部は、この研究をもって完結する。その大部分は論争を巻き起こすことを意図したものではないが、ある人々は間違いなく、私のあれやこれやの主張に対して異論を唱えたいだろう。その結果起こる論争は、ユダヤ教そのものについてよりも、このユダヤ教の復元図が原始キリスト教理解に及ぼす影響への懸念から生まれるだろう。

様々なグループ間の強調点の相違、実践における違い、文学の多様性などの観点からは、当時のユダヤ教は複数のユダヤ教（Judaisms）と呼ぶの

が妥当だろう。にもかかわらず、当時の大多数のユダヤ人たちが共有していたであろう「主流」のユダヤ教の世界観と信仰体系の概略を描くことは可能である。私たちは彼らの歴史から始めて、ユダヤ人たちが生活の中でその歴史を体現しながら物語ってきたいくつかのストーリー、それらのストーリーを語る者たちが共有していたシンボル、そしてそれらのシンボルと協同する実践について考察を続けてきた。ここから、そして私たちが手にしている当時の文献から、私たちは今や1世紀のユダヤ人の信仰体系を検証することができ、そして特に彼らが温めていた希望について見ることができる。その希望はシンボル、ストーリー、そして信仰を結びつけ、それらを礼拝、祈り、そして行動へと変えていくものだった。説明の輪はここに完結する。私たちはこのような歴史の中にこの希望を発見した。この希望のゆえに、彼らの歴史はあのような経過を辿ったのだった。

　このような希望を抱き、そして緊張と渇望（それらはしばしば混じり合っていた）の中にいた人々に対し、ヨルダンの荒野に預言者が現れた。彼は人々に悔い改めと「罪の赦し」のためのバプテスマを受けるように呼びかけ、イスラエルは峻厳な裁きを通り抜けねばならないと彼らに警告した。その裁きの中からアブラハムの新たな民が形作られるだろう。その同じ民に対してもう一人の預言者がやって来た。彼はガリラヤの村々で、イスラエルの神が今や王になられると告げ知らせていた。その次に起こることについて、驚いてはならない。

訳者あとがき

N. T. ライトについて

　N. T. ライトは、欧米の新約聖書学者の中でもっとも注目を集めてきた学者の一人です。ライトは母校であるオックスフォード大学を振り出しに、ケンブリッジ大学、カナダのマギル大学などで新約学を教えてきましたが、その後はイギリス国教会の要職（イングランド北部ダラムの主教）及びイギリス貴族院の議員職に就いていたため大学を離れていました。2010年より大学に復帰、創立六百年を迎えたスコットランド最古の大学、セント・アンドリュース大学で新約学の教授を務めています。ライトは2014年に英国学士院より聖書学者としての殿堂入りとも呼ぶべきバーキット・メダルを授与されています。同賞は日本でもお馴染みの C. H. ドッド、W. D. デイビス、C. F. D. モール、エルンスト・ケーゼマン、F. F. ブルース、マルティン・ヘンゲル、リチャード・ボウカムなど、歴史に名を残す聖書学者たちが受賞しています。

　ライトは幅広い読者層を持つベスト・セラー作家でもあり、特に北米において彼の知名度は圧倒的とも言えます。本書は、そのライトのライフワーク「キリスト教の起源と神の問題」という、現在も執筆が続けられているシリーズの第一巻にあたります。本書を日本で初めて紹介したのは東京基督教大学の伊藤明生教授で、2000年に発刊された『基督神学』12号に本書1章の一部が記載されています。

　本書の序文（14ページ）でライトは、本シリーズが5巻からなる予定だと書いていますが、現在のところ、それはさらに拡張される予定です。本書に続く第2巻はイエスについて扱いますが（*Jesus and the Victory of God*）、実際は第3巻でもイエス、特にその復活について論じられていま

す（*The Resurrection of the Son of God*）。そして 2013 年に上梓された 1700 ページにも及ぶ大作はパウロの神学を扱う、本シリーズ第 4 巻となります（*Paul and the Faithfullness of God*）。今後の予定では、第 5 巻で福音書を取り上げ、第 6 巻では本シリーズ全体を総括します。したがって、現時点では 6 巻からなるシリーズとなる予定です。

　ライトはオックスフォード大学で西洋古典学および神学・聖書学を学んでいますが、彼の博士論文の指導に当たったのがジョージ・ケアードです。ケアードは聖書における文学的技法、特に比喩的・象徴的表現やイメージの用い方に着目しましたが、その視点はライトに確実に受け継がれています。そのケアードが師事したのがイギリス聖書学の師父とも言うべき C. H. ドッドでした。ドッドは、イエスの宣べ伝えた「神の王国」とは遠い来世的なものではなく、イエスの宣教の中で既に実現していた神の支配の到来を指していると論じ、その後のイギリスの聖書学に決定的な影響を及ぼしています。ライトの支持する「開始された終末論（Inaugurated Eschatology）」もこの神学的流れの中にあると言えるでしょう。またドッドは、第二次大戦後のパウロ研究の先導者の一人、W. D. デイビスの指導にも携わっていますが、デイビスは私の見るところライトにもっとも大きな影響を与えた学者の一人だと思われます。デイビスは、パウロと 1 世紀当時のユダヤ人あるいはユダヤ教とは神学的に相容れないという、それまで学界で支配的だった考えに挑み、パウロはイエスこそユダヤ教の真の完成者だと信じたと論じました。イエスがイスラエルのメシアであり、全世界の主であるという確信こそ、パウロを異邦人伝道に突き動かしたのだと。またデイビスは、パウロの救済論の背景にあるのはヘレニズム密儀宗教ではなく「新しい出エジプト（the New Exodus）」であると強力に論じた最初の学者でもありました。そのデイビスは、20 世紀後半のパウロ研究に革命的影響を及ぼした E. P. サンダースの指導教授でもあります。サンダースは、パウロの時代のユダヤ教は悔い改めや神の赦しを知らなかったのだという学会の通説を覆し、その後のパウロ研究の流れを一変させてしまいました。第二神殿期のユダヤ教理解において、サンダースがライト

に与えた影響も計り知れないものがあります。こうして見ると、ライトはC. H. ドッドの流れを汲む「オックスフォード学派」とも言うべき学風に連なる学者であると言えるでしょう。また一方で、ライトは偉大な宗教改革者ジャン・カルヴァンの強い影響を受けていることを自ら認めています。いかにライトの聖書釈義が新しく響いたとしても、彼の神学は「律法」と「福音」を対立ではなく調和するものとして見る改革派神学の大きな枠組みの中にあると考えることができるでしょう。それはまた、ユダヤ教とキリスト教（あるいは「旧約聖書」と「新約聖書」）の不連続性を強調するドイツ神学ではなく、そこに連続性を見いだそうとする英国の神学の伝統にライトが忠実である証だとも言えるでしょう。

本書について

　本書において、ライトはその気宇壮大な研究の目論みを余すところなく述べています。20世紀後半の「新約聖書学」はあまりにも細分化・専門化されすぎてしまい、学問分野全体を鳥瞰的に見ることが困難になっていきました。また、方法論についても歴史を重視するこれまでの研究方法から、歴史的問題をバイパスして、テクストを読む読者そのものに焦点を当てようというポストモダン的な手法が広く受け入れられるようになってきました。そうなると、読者が十人十色であるように、新約聖書の読み方にもありとあらゆる可能性が生まれます。こうした解釈学の百花撩乱、あるいはカオスとも言える状況は、聖書を人生の指針・あるいは社会の規範として読もうとする伝統的な教会のあり方との両立を困難にしました。そして欧米では、「教会」と「学会」とがまったく別々の聖書の読み方を提唱するという状況が生まれてきてしまったのです。

　ライトは本書と本シリーズにおいて、そのような混沌とした状況を打開しようという、非常に意欲的な試みを提示しています。長年イギリス国教会の現場で司祭として働きながら、アカデミックな世界でも活躍し続けたライトは、この困難な課題に挑むのに相応しい人物の一人であるとも言えるでしょう。欧米の大学では、「聖書学」と「神学」が異質な学問分野

であるかのように捉えられる傾向があります。前者は神学的問題については問わずに歴史的関心に集中し、後者はその逆をするということです。ライトは「聖書学（歴史）」と「神学」を統合する必要性を強調しています。さらにライトは、「文学」の統合の必要性をも訴えます（ちなみに彼が現在教鞭を取るセント・アンドリュース大学の神学部は、「聖書学」と「神学」、そして「文学」との間での対話に力を入れることを特色としています）。それら三つの統合の鍵となる方法論として、ライトは「批判的実在論」を提唱します。これは複眼的な解釈法とも言えますが、人生においてなによりもバランスを採ることを重視する、まことにイギリス人らしいあり方だとも言えるかもしれません。

「世界観」について

　ライトは、人々の考え方や信仰の土台には「世界観」があると指摘します。よって、その世界観を理解することなしに人々の信仰を正しく理解することもできない、と論じます。このことはキリスト教についても当てはまります。つまりキリスト教を生んだ古代ユダヤ民族の世界観を知ることなしに、ユダヤ人であるイエスやパウロの教えを理解することはできないということです。ユダヤ人の世界観の中核にあるのは、「唯一の神が世界を創造された」ということと、「唯一の神が御自身の民としてイスラエルを選んだ」という二つの信仰に集約できるでしょう。このような世界観に立脚する考え方は、現代人のそれとは大きく異なる場合があります。一例として「宗教と政治」について考えてみましょう。啓蒙思想の時代を経てきた私たちは、意識的にあるいは無自覚のうちに、宗教と政治を分けて考えてしまいがちです。「宗教は心の平安の問題、あるいは来世での安寧の問題であり、現実社会の政治問題は宗教とは直接係わりがない」というような見方です。ライトが繰り返し述べているのは、このような政治と宗教との分離という考え方は古代のユダヤ人にとっては思いもよらないものだったということです。なぜなら、イスラエルの神は宗教の神であるのと同時に政治の神、あるいは王でもあったからです。ユダヤ人にとっての「神

の国」、あるいは神の支配が「宗教的」なものか「政治的」なものかと論じること自体、現代人の発想を時代錯誤的に1世紀のユダヤ人に押し付けてしまう危険をはらんでいるのです。

　イエスとファリサイ派の論争も、純粋に「宗教的な」事柄についての論争ではなかったとライトは指摘します。ある種の律法（トーラー）についての論争は、大きな政治的意味を持っていました。トーラーを守らないことはギリシャ・ローマの影響に屈服することを意味し、イスラエルの神への忠誠を捨てることにつながるからです。トーラー遵守には、ユダヤの地を支配していたローマ帝国の文化的侵略から祖国を守るレジスタンスの手段という意味合いがあったと、ライトや他の新約学者たちは指摘します。こうした見方からすれば、トーラーを守らないことは祖国への裏切りという意味合いを帯びてきます。イエスとファリサイ派の間のトーラーを巡る激しい対立の背後にも、こうした目指すべき国家観（より正確には「神の王国」観）の相違とも言うべき問題が横たわっていたのではないか、とも考えられます。このような1世紀のユダヤ人たちの置かれていた状況をできる限り正確に把握していくことで、より豊かで多面的な新約聖書の世界が広がっていくのだとライトは論じています。

新約聖書のユダヤ的背景

　このように、ライトの新約聖書研究の主眼は、新約聖書をその豊かな「ユダヤ的背景」から読み直すことにあります。ライトのみならず、第二次世界大戦後のヨーロッパにおける聖書学の流れを読み解くキーワードは、実に「ユダヤ性」だと言えます。終戦後の廃墟の中からスタートしたヨーロッパの聖書学、特に新約聖書学においてもっとも大きな課題として浮かび上がってきたのが、「反ユダヤ主義」をいかにして克服するのかという点でした。反ユダヤ主義は明白な人種差別です。ユダヤ人であるという理由だけで、特定の人々が大きな不利益を被るということは許されないことです。しかし、宗教改革を生んだキリスト教世界の一つの中心とも言えるドイツで、人類史上で最悪の汚点の一つであるホロコーストが起きまし

た。ヨーロッパの長いキリスト教の歴史の恥部とも言える反ユダヤ主義の原因として、新約聖書学のあり方にも問題があったのではないか、という強い反省が生まれました。20世紀最大の聖書学者の一人であるドイツのルドルフ・ブルトマンによれば、使徒パウロやヨハネはグノーシス主義をイエスの創始したキリスト教に導入することで、キリスト教をユダヤ教の悪しき影響（ブルトマンによれば、硬直した律法主義と病的な終末待望という奇妙な組み合わせの宗教）から「救った」ということになります。このようなユダヤ教に対する「悪い宗教」というレッテル、ユダヤ人に対する「偽善的」、「律法主義的」というステレオ・タイプのイメージを新約学者たちは無条件に受け入れてきてしまったのではないか、という懸念です。

　また時を同じくして、イスラエルのクムランの洞窟から「死海文書」と呼ばれる大量の文書が発見されました。この文書群については、エッセネ派というグループがローマとの戦争による消失を恐れてクムランの洞窟に隠したとする説がもっとも広く支持されています。エッセネ派について新約聖書は全く触れておらず、彼らがどのような信仰や信条を持ったグループなのかはヨセフス等の残した記録により断片的にしか知られていませんでしたが、これらの文書群の発見によって彼らの生活様式や思想などについて非常に多くのことが分かるようになりました。また彼らは自分たちのグループが書き残したもの以外の文書をも保管していたので、「第二神殿期」と呼ばれるバビロン捕囚以降のユダヤ人の思想・信条についても多くの情報が得られるようになりました。この文書発見以前にはイエスやパウロの時代背景を知る資料はフィロンなどを除けばほとんど新約聖書に限定されていましたが、今や私たちは新たに膨大な資料を手にすることができるようになったのです。こうして、より多面的で複雑な1世紀のユダヤ人たちの実像が浮かび上がってきました。イエスやパウロの生きた時代のユダヤ教とは、神の恵みに頼らず徹底した律法の遵守によって神に自らの正しさを認めさせようとする傲慢な宗教、仏教用語でいう「自力本願」の宗教、キリスト教神学でいう「ペラギウス主義」の原型のような宗教だというような従来の見方を根底から覆す文書群に学者たちは向き合うことにな

りました。そうして、非常に深い罪の自覚を持ち、救いについては神の恵みにより頼むユダヤ人たちの姿が浮き彫りにされてきました。そこには、律法の成就は罪深い自らの肉の力によるのではなく、上から与えられる聖霊の力のみによるのだという、パウロを彷彿とさせるような救済理解が表明されています。もちろん、イエスが厳しく糾弾したような自己欺瞞的なユダヤ人も当時はいたことでしょう。しかし、そのような人々はいつの時代にも、またどのような宗教グループにも存在します。ですからイエスの批判の言葉を、当時の多様なユダヤ人の全てに当てはめることはできないのです。

さらには、それまで新約聖書の研究にほとんど参加してこなかったユダヤ人研究者たちが大挙して新約聖書学の研究に加わるようになり、それまでとは違った新しい視点でこの分野の学問的発展に寄与していきました。本書にもたびたび登場するオックスフォード大学のゲーザ・ヴェルメシュ教授やヘブライ大学のダーフィト・フルッサー教授らがその代表格と言えましょう。彼らは先に触れた「第二神殿期」と呼ばれる時代の文献から、ローマによって神殿が破壊された後の時代に書かれたミシュナーを始めとするラビ文献に至るまで、非常に広範な文献を包括的に扱います。そのような幅広い知識を持った彼らは新約聖書をも大きなユダヤ教の流れの中で理解しようとします。彼らの研究を通じて新約聖書の独自性、同時にユダヤ教との連続性をも明確になってきました。

以上のような複合的な要因から、現在の新約聖書研究者にとって、「1世紀のユダヤ人、ユダヤ教の真の姿はどのようなものだったのか」を問うことは必須の課題となりました。「史的イエスへの第三の探求（サード・クエスト）」や、「パウロ理解への新しい視点（ニュー・パースペクティブ）」と呼ばれる近年の新約学における学問的潮流も、このような歴史的文脈から生じたものです。

ライトも本書において、この難しい課題に挑んでいます。冒頭にも記したように、本書は「キリスト教の起源シリーズ」という彼のライフワークの第一巻の前編ですが、キリスト教誕生の主役であるイエスやパウロは本

巻にはほとんど登場しません。むしろ、彼らが生きたユダヤ的背景を描写することに全ての精力が注がれています。その理由はまさに上記に書いたとおりです。新約聖書を理解するために、私たちは「1世紀のユダヤ人の世界観」を通じてテクストを読む必要があるので、まずはユダヤ人の世界観をしっかりと考察せねばならない、ということなのです。ライトが常々指摘するのは、キリスト教の根幹にあるのが、イエスは完全な神であるのと同時に完全な人間でもあるという、パラドックスともいえる信仰だという点です。つまりイエスは1世紀のパレスチナ地方に生きた、まぎれもない生身の一人のユダヤ人だということです。イエスが歴史上の人物である以上、イエスについての歴史的研究はキリスト教信仰における必須の課題なのだとライトは主張します。神がイエスをユダヤ人として生まれさせ、彼の活躍する舞台として1世紀のユダヤを選んだのは意味のないことではない、それどころかイエスを真に理解するために、1世紀のユダヤの歴史的背景は決定的な鍵になるのだ、というのがライトの考えなのです。

ライトとカルヴァン

　ライトの提唱する歴史的文脈に即した聖書理解というのは、宗教改革の代表的人物であるジャン・カルヴァンの聖書釈義に立ち返ることでもあります。一例をあげれば、イザヤ書64章6節の「われわれの正しい行いは、ことごとく汚れた衣のようである」（口語訳）という一文は、「人間の最善の行いでさえ、神の前では全く汚れていて、無価値である」という教理の『証拠聖句』として用いられることがよくあります。しかし、カルヴァンはイザヤ書の注解書の中でそのような釈義を批判し、これは全人類の行いを指しているのではなく、バビロン捕囚の恥辱の中にいたユダヤ人たちの罪の告白として理解すべきだと述べています。聖書の個々のテクストを文脈から切り離して特定の教理の『証拠』として用いるのではなく、その歴史的な背景、さらに言えば聖書の「ストーリー」に照らして理解すべきだというのはライトが常々主張していることですが、実は何世紀も前にカルヴァンによって実践されていたことでもあります。

カルヴァンのライトへの影響について、もう一つ例をあげましょう。本書10章で論じられているように、ライトは「義認」を1世紀のユダヤ人の世界観の枠組みの中で捉えようとします。このような最新のユダヤ教研究の成果に基づくライトの義認理解は、中世神学の誤謬を正すために宗教改革を経て形成された義認論とはかなり様相を異にします。しかし、ライトの義認理解にも宗教改革者たちの洞察が影響を及ぼしているのは確かです。ここでカルヴァンが信仰義認について聖書に基づいて詳しく説明している箇所を見てみましょう。第1コリント1章30節の注解において、カルヴァンは次のように記しています。

> パウロが言っているのは、私たちは生まれながらには聖なる者ではありませんが、神の御霊により聖性へと新しく生まれ、そうして神に仕えるようになるということです。これから次のことが分かります。すなわち、私たちは信仰のみで値なしに義とされることはありえません、もし私たちが同時に聖性に生きることがなければ。なぜならこれらの恵みの賜物は分かちがたく結ばれ、もし誰かがそれを分離しようとするならば、それはある意味でキリストをばらばらにしてしまうことになるからです。

義認と聖化を「区別するが、分離せず」というカルヴァンの姿勢は、ライトの義認論、救済論にも深く影響を及ぼしています。ライトはカルヴァンを例に引いて、キリストの十字架による恵みと、「キリストの霊」によって新しい命が成長する恵み（聖化）とを分離すべきではないと語り、また義認と聖化とをはっきり区別するという意味では、アウグスティヌスではなく、ルターやカルヴァンの立場を踏襲していると言えます。しかし、それでもカルヴァンとライトの義認論が異なる印象を与えるのは、カルヴァンが個人の義認という問題を中心に論じているのに対し、ライトは神の民であるイスラエルの終末論的義認という枠組みの中で個人の義認を考えているからでしょう。パウロが果たしてユダヤ教に背を向け、ヘレニズム的世界観の中で個人の救いを考えたのか、またはキリストと聖霊の光によ

って劇的な転換を経験しつつも、パウロはあくまでユダヤ的世界観に留まっていたのかが、ライトの義認論を評価する上での試金石となるでしょう。

　ともあれ、宗教改革者たちの中でカルヴァンほど旧・新約聖書の連続性と、イスラエルの選びの不変性を強調した人物はいませんでした。カルヴァンにとって、異邦人は旧約から続くユダヤ人の教会に接ぎ木されたのです。

　カルヴァンの聖書解釈の方法論についてここで詳しく論じることはできませんが、恐らくカルヴァンは宗教改革者たちの中でも最も偉大な聖書解釈者でした。ライトにとってもカルヴァンの聖書釈義は偉大なる教会的遺産なのです。

本書出版までの経緯

　本書の翻訳は、私がセント・アンドリュース大学の神学部の学士課程を終えて博士課程に進む際に、指導教官の一人であるライト教授と喫茶店で会話をしていた際に持ち上がった話でした。私が「日本のクリスチャンの方々に、あなたの著作を紹介するとしたらどの本が一番良いと思われますか」と尋ねたところ、言下に本書だとの回答がありました。さらには私に、日本語に翻訳してみてはどうか、と水を向けてこられました。実は私自身、本書を学部時代に読んでいて十分に内容を消化しきれなかった面があったので、もう一度本書に本格的に取り組みたいという気持ちがあった一方、翻訳となれば大変なことだ、と尻込みする思いもありました。それから日本に一時帰国した際に、日本でN. T. ライトを紹介する活動をなさっている聖泉巣鴨教会の小嶋崇牧師から、新教出版社が本書の出版を検討しているという話を伺い、担当者の深谷主任を紹介されました。ちょうどライト教授が話されていた本を日本で出版したいという出版社があるということに不思議な摂理を感じ、では頑張って翻訳してみよう、と私もそこで意を決したのでした。本書の翻訳を始めた頃の状況とはうってかわり、今ではいくつかの出版社が競うようにしてライト教授の著作の出版に乗り出しているというニュースを聞き、大変嬉しく思っています。

訳者あとがき

　博士課程に入る前の私にとって、ライト教授は仰ぎ見るような存在でした。しかし、5年もの間、多くの時間を共に過ごしていく内に、私のライト教授に対する態度や見方も自然と変わっていったように思います。私も初めは熱烈にライト教授の考えを受け入れ、そして時が経つにつれて批判的になり、またそのような時期を通り過ぎて彼の考えがもっとよく理解できるようになりました。このようなプロセスはまさに「批判的実在論」の実地訓練だったのかもしれません。ライト教授は批判に対して非常にオープンな方です。私のような学生からの批判を喜んで聞いて下さるその懐の深さこそが、N. T. ライトの魅力なのかもしれません。読者の皆様も、納得したり、疑問を呈したりしながら、「批判的実在論」的に本書を読み進めていただきたいと思います。

　ここで本書の翻訳方針について簡単に触れさせていただきます。ライト教授のイギリス的なウイットやユーモア、さらにはアイロニーに溢れた本書を日本語にするのは大変難しいことに思えました。意味が曖昧な部分や不明な箇所については、逐一著者であるライト教授に確認して訳を進めました。通常、authorial intention（作者が文章に込めた意味）は訳者の方で推測して訳出する以外に手だてがないことが多いのですが、本書の場合は著者が訳者の指導教授であるという幸運な事情があり、それを最大限活用させていただきました。ライト教授からも、もしそれが日本の読者にとって有益であるならばある程度原書から離れた自由な翻訳をしても構わない、と励まされたこともありました。本書の翻訳技法は相当程度意訳とも取れる部分が散見される、と賢明なる読者諸氏は思われるかもしれませんが、それはこのような事情があることをご勘案下さい。

　一般読者の目線から、私の訳についての感想を数多く与えてくれた両親（秀生・藤子）に、いつもながら感謝の意を表したいと思います。そしてスコットランドでの七年間の学びと研究を常にご支援くださった日本同盟基督教団、中野教会の故石川弘司牧師、現職の河村冴牧師をはじめとする皆様に特別の感謝を申し上げます。また、ご多忙の中、私の翻訳原稿を読んで下さり、様々な示唆を下さった日本同盟基督教団の山村諭牧師には感

謝の言葉もありません。日本におけるN.T.ライト紹介のパイオニアである小嶋崇牧師からも様々な示唆をいただきました。当然ながら翻訳上の誤りがあれば、それは全て私の責任です。末尾になりますが、本書出版のために大変なご尽力を下さった新教出版社の小林望社長に厚く御礼を申し上げます。

セント・アンドリュースにて
2015年7月
山口希生

＊付録・参考文献・索引は下巻に収録します。

著者 N. T. ライト（Nicholas Thomas Wright）

1948年生まれ。オックスフォード大学で学び、ケンブリッジ、オックスフォード等で教鞭を執った後、現在はセントアンドリュース大学神学部教授。2010年に退任するまで国教会ダラム主教も務めた。新約聖書研究、とりわけ「パウロへの新たな視点」と呼ばれる新潮流を精力的にリードしている。邦訳されている著書は、『コロサイ人への手紙、ピレモンへの手紙』（いのちのことば社）、『クリスチャンであるとは』（あめんどう）。

訳者 山口希生（やまぐち・のりお）

1970年生まれ。早稲田大学法学部卒業。セントアンドリュース大学神学部卒業。2015年6月、同大学より哲学博士号（新約聖書学）を取得。訳書：リチャード・ボウカム『イエス入門』（共訳、新教出版社）ほか。

新約聖書と神の民　上巻
（キリスト教の起源と神の問題 1）

2015年12月25日　第1版第1刷発行

著　者……N. T. ライト
訳　者……山口希生

発行者……小林　望
発行所……株式会社新教出版社
　〒162-0814 東京都新宿区新小川町9-1
　電話（代表）03（3260）6148
　振替 00180-1-9991
印刷・製本……モリモト印刷株式会社

ISBN 978-4-400-12441-2　C1016　2015 ©

新教出版社

R・ボウカム著／横田法路・山口希生訳
イエス入門 1900 円

R・ボウカム著／浅野淳博訳
イエスとその目撃者たち
目撃者証言としての福音書 7600 円

R・ヘイズ著／河野克也訳
イエス・キリストの信仰
ガラテヤ3章1節―4章11節の物語下部構造 6500 円

R・ヘイズ、E・デイヴィス編／芳賀力訳
聖書を読む技法
ポストモダンと聖書の復権 5000 円

J・D・クロッサン著／太田修司訳
イエス
あるユダヤ人貧農の革命的生涯 3600 円

J・D・クロッサン著／飯郷友康訳
イエスとは誰か
史的イエスに関する疑問に答える 1900 円

G・タイセン著／廣石望訳
イエス運動
ある価値革命の社会史 5000 円

G・タイセン著／大貫隆訳
原始キリスト教の心理学
初期キリスト教徒の体験と行動 9500 円

表示価格は消費税を含まない本体価格です